PRÉCIS ÉLÉMENTAIRE

DE

DROIT CONSTITUTIONNEL

(Organisation des Pouvoirs publics et Libertés publiques)

PAR

Félix MOREAU

DOYEN DE LA FACULTÉ DE DROIT DE L'UNIVERSITÉ D'AIX-MARSEILLE

NEUVIÈME ÉDITION

complètement revue

LIBRAIRIE
DE LA SOCIÉTÉ DU
RECUEIL SIREY
Anne Mson LAROSE ET FORCEL
LÉON TENIN, Directeur
22, Rue Soufflot, PARIS-5e

1921

PRÉCIS ÉLÉMENTAIRE

DE

DROIT CONSTITUTIONNEL

PRÉCIS ÉLÉMENTAIRE

DE

DROIT CONSTITUTIONNEL

(Organisation des Pouvoirs publics et Libertés publiques)

PAR

Félix MOREAU

DOYEN DE LA FACULTÉ DE DROIT DE L'UNIVERSITÉ D'AIX-MARSEILLE

NEUVIÈME ÉDITION

complètement revue

LIBRAIRIE
DE LA SOCIÉTÉ DU
RECUEIL SIREY
Anne Mson LAROSE ET FORCEL
LÉON TENIN, Directeur
22, Rue Soufflot, PARIS-5e

1921

Bordeaux, Imprimerie Cadoret, 17, rue Poquelin-Molière

ABRÉVIATIONS

A. . . . . .   Arrêté.
A. C. . . .   Arrêté consulaire.
C. . . . . .   Constitution.
C. c. . . . .   Code civil.
C. co. . . .   Code de commerce.
C. I. cr. . .   Code d'instruction criminelle.
C. P. . . . .   Code pénal.
C. P. C. . . .   Code de procédure civile.
D. . . . . .   Décret.
D. R. . . .   Décret réglementaire.
L. . . . . .   Loi.
L. C. . . . .   Loi constitutionnelle.
L. O. . . .   Loi organique.
L. R. . . . .   Loi de révision.
O. . . . . . .   Ordonnance.
R. . . . . . .   Règlement.
Scs. . . . .   Sénatusconsulte.

PRÉCIS ÉLÉMENTAIRE

DE

DROIT CONSTITUTIONNEL

INTRODUCTION

CHAPITRE I

Objet et sources du Droit constitutionnel.

I

Objet du Droit constitutionnel.

1. Le *Droit,* considéré comme objet d'étude et dans un sens général, comprend l'ensemble des institutions d'un peuple.

Les institutions peuvent être rangées en deux catégories : les unes concernent les rapports des particuliers entre eux, les hommes considérés comme individus; leur ensemble forme le *Droit privé,* susceptible à son tour de subdivision; — les autres concernent les sociétés et notamment l'*État,* formées par le peuple, l'organisation et le fonctionnement des puissances publiques, les rapports des individus avec l'État et les puissances publiques, les hommes considérés comme membres d'une société; leur ensemble forme le *Droit public.*

Le *Droit public* se divise en plusieurs branches. Le *Droit international public* a pour objet les rapports juridiques entre les États. Quant au *Droit public national,* il se divise tradi-

1

tionnellement en *Droit constitutionnel* et *Droit administratif*.
Cette division a été quelquefois contestée, parce que la frontière qu'elle implique n'est pas parfaitement nette, et que
certains agents d'ordre constitutionnel, comme les ministres,
sont en même temps agents d'ordre administratif. La distinction est cependant fondée et résulte assez clairement des deux
remarques suivantes.

En premier lieu, l'homme appartient à plusieurs groupes
concentriques (commune, province ou département, etc.),
dont l'un, l'*État,* est le plus général et embrasse à la fois
toutes les personnes et tout le territoire d'un peuple : le droit
constitutionnel ne s'occupe que de l'État; les institutions
communales, provinciales ou départementales, etc., rentrent
dans le droit administratif.

En second lieu, parmi les institutions de l'État, les unes
portent leur activité sur tous les objets d'intérêt national,
pour les régler et les diriger de haut et de façon générale ;
les autres s'attachent à un objet, pour s'en occuper de près
et techniquement. Celles-ci rentrent dans le droit administratif; les premières, dans le droit constitutionnel.

Le droit constitutionnel a donc pour objet les institutions
générales de l'État. Il ne se borne pas à en décrire l'organisation intime : il fixe les limites de leur action à l'égard des
particuliers, et cela habituellement depuis 1789, de façon
indirecte, en indiquant les droits individuels que l'État ne
peut violer. Il se divise donc en deux parties : l'une comprend
l'*organisation des pouvoirs publics;* l'autre les limites de la
puissance publique, les droits des particuliers à l'égard de
l'État, la *théorie des droits individuels* ou *des libertés publiques.*

II

Sources du droit constitutionnel.

2. Elles se ramènent à deux catégories : les textes écrits,
la coutume. Entre ces deux catégories, la différence la plus
saillante consiste en ce que les textes écrits ne peuvent perdre

leur force obligatoire que par une abrogation (1) analogue à
leur création, c'est-à-dire par un acte positif émanant d'une
autorité publique compétente à cet effet; il en est autrement
des coutumes, que remplacent ou modifient valablement des
coutumes nouvelles.

3. Les textes écrits portent habituellement le nom de
constitution (quelquefois *statut, charte, loi fondamentale*),
qui désigne alors « l'acte par lequel sont déterminés les
droits politiques d'une nation, la forme de son gouvernement et l'organisation des pouvoirs publics dont son gouvernement se compose ». Pour que ce mot ait son sens plein, il
faut encore que le texte constitutionnel diffère en quelque
manière des autres actes, même législatifs, du gouvernement
qu'il organise; par exemple, qu'il émane d'une autorité spécialement compétente; ou bien, s'il émane des autorités
ordinaires, qu'il soit soumis, pour sa modification, à des
règles spéciales, plus rigoureuses et plus solennelles. Ces
textes écrits ne sont nombreux que depuis la Constitution
des États-Unis (1787) et la Révolution française de 1789.

Parmi les constitutions explicites, les unes donnent à un
État nouveau sa première organisation, ainsi celle des États-
Unis. Les autres, plus nombreuses, donnent à un État ancien
des règles nouvelles.

La constitution est *unitaire* ou *fédérale*. Dans le premier
cas, elle organise une nation formant un seul corps, une
seule souveraineté; dans le second, elle fixe les rapports des
divers États confédérés, de la souveraineté collective de la
Confédération et des souverainetés particulières des États.

4. La coutume est contemporaine des premières sociétés.
En ce sens, on peut dire que toute société humaine a une
constitution, parce que toute société a nécessairement un
gouvernement et des usages à ce sujet. L'ancienne France
n'avait que des usages ou des ordonnances que rien ne dis-

_____

(1) On admet cependant que chaque constitution issue d'une révolution abroge
implicitement la constitution antérieure, sauf les rares articles compatibles avec
le régime nouveau.

tinguait de la législation ordinaire. L'Angleterre contemporaine n'a encore qu'une constitution coutumière; les actes
solennels ne sont pas rares dans l'histoire constitutionnelle
de l'Angleterre, mais ce sont en général des contrats inter-
venus entre le roi et le peuple pour fixer leurs droits respectifs (nᵒ 111). Les matières constitutionnelles sont réglées par
des lois ordinaires et par des usages.

5. Vaut-il mieux pour un peuple avoir une constitution
écrite (1) ou une constitution coutumière? C'est une question
discutée.

Certains pensent que la coutume doit avoir, même en droit
constitutionnel, une place prépondérante. La constitution
coutumière permet seule les modifications insensibles et con-
tinues que réclament des changements analogues dans l'état
social; elle entretient l'harmonie entre la nation et les institutions; elle prévient les révolutions. — L'exemple de l'Angleterre est instructif. Son gouvernement actuel est très
différent du régime pratiqué au xviiiᵉ, au xvᵉ, au xiiᵉ siècle,
et cependant aucune loi solennelle n'a modifié l'organisation
politique. C'est la coutume qui a tempéré le pouvoir royal,
restreint l'influence de la Chambre des Lords, concentré le
pouvoir réel dans la Chambre des Communes et le Cabinet
qui en est l'expression, groupé les deux partis dont la succession au pouvoir assure le jeu des forces conservatrices et des
forces progressives. Et ce régime coutumier a donné aux
Anglais la liberté et la prospérité.

Les constitutions explicites ont aussi leurs partisans. Elles
apportent, dans les matières les plus importantes, une précision souvent utile; elles fixent officiellement la part d'influence reconnue à chaque pouvoir, et suppriment les conflits
qui naissent souvent d'une coutume incertaine. Après les
révolutions politiques, une constitution explicite a l'utilité de

(1) On dit souvent *une constitution rigide,* pour indiquer que la modification
exige des formes spéciales et solennelles. Expression un peu étrange; elle est
toujours accompagnée de la remarque que la coutume exerce une influence
déformatrice sur ces constitutions prétendues rigides.

constater leurs résultats, d'organiser la victoire du parti triomphant, d'assurer l'obéissance des vaincus et la modération des vainqueurs. Ellle est surtout nécessaire, lorsqu'elle constate les concessions d'un pouvoir absolu et les droits conquis par le peuple.

6. Il semble qu'il y ait du vrai dans les deux doctrines. La question ne peut être résolue abstraitement, et dépend plutôt du tempérament de chaque peuple et des circonstances. Le peuple anglais s'est accommodé d'une coutume un peu vague, qui, par cela même, est à la fois plus facile à conserver et à modifier, qui se prête mieux à une évolution prudente et continue; il ne s'embarrasse pas des incertitudes, des variations qu'elle comporte. Les Français, élevés à l'école des jurisconsultes romains, aiment la précision, la logique et, par conséquent, les textes. Dès longtemps, ils considèrent comme un progrès la mise en lois des coutumes, la codification, et ce n'est pas tout à fait à tort.

On devra convenir aussi que les partis politiques sont en France plus divisés qu'en Angleterre. Ils discutent et veulent résoudre avec netteté des questions, comme la forme du gouvernement, qui ne troublent pas les Anglais; cependant ces divisions et ces questions naissent chez nos voisins, et quelques esprits ont senti l'utilité d'une constitution écrite (1).

Il serait encore injuste d'imputer aux constitutions écrites les nombreuses révolutions que la France a subies depuis 1789; chaque révolution, au contraire, rendait nécessaire la rédaction d'un acte solennel qui en déterminait les caractères. Les Anglais d'Amérique n'ont-ils pas donné aux États-Unis une constitution écrite (n° 116)?

En revanche, c'est à tort que certaines constitutions françaises ont prétendu tout prévoir et tout régler; la vie d'un peuple ne se laisse pas enchaîner dans des formules immuables, et la coutume y a un rôle nécessaire. S'il ne lui est pas ménagé par les textes, il arrive de deux choses l'une : ou la

___

(1) C'est sous la forme d'une loi qu'a été opérée la réduction des pouvoirs de la Chambre des Lords (n° 115).

coutume se fait sa place malgré les textes, c'est ce qui est arrivé aux États-Unis, où elle a non seulement complété, mais aussi modifié la constitution; ou bien elle n'y réussit pas, et la constitution succombe faute de pouvoir fonctionner, telle notre Constitution de 1791.

Lorsque les temps sont calmes, que l'accord s'est fait dans la nation sur un certain nombre de questions, que des mœurs politiques commencent à se former, les constitutions explicites peuvent se faire brèves, ne régler que les points principaux ou encore controversés, et abandonner le surplus à la coutume. C'est ce qui s'est passé en France il y a quarante-cinq ans : les lois de 1875, qui nous régissent actuellement, se bornent à organiser les pouvoirs publics et à fixer sommairement leurs attributions; elles supposent, sans les proclamer, un grand nombre de principes ou d'usages que la nation paraît avoir définitivement acceptés, et laissent à la coutume un domaine assez considérable.

7. La coutume constitutionnelle et les constitutions écrites subissent également l'influence des théoriciens du droit constitutionnel, l'influence aussi des orateurs et des hommes d'État qui ont pris part au fonctionnement des institutions représentatives. Assez souvent les théoriciens sont devenus des hommes d'État et des orateurs, et réciproquement, les hommes politiques ont été amenés à exposer des théories de droit constitutionnel.

Avant la Révolution de 1789, sans remonter au delà du XVIII° siècle, sans parler des canonistes, des romanistes et des jurisconsultes qui ont cependant, soit en tirant de leur propre fonds, soit en faisant appel aux anciens, élaboré mainte théorie intéressante et devancé la pensée moderne, — sans sortir de France et sans invoquer les Anglais Hobbes (*Elementa philosophica de cive*, 1642; *Leviathan*, 1651) et Locke (*Two treatises on government*, 1690), ni l'école du droit naturel, Grotius (*De jure belli ac pacis*, 1613), Pufendorf (*De jure naturæ et gentium*, 1672), Wolf (*Jus naturæ methodo scientifica pertractatum*, 1740), etc., — la littérature du droit public est très riche et très importante. Les auteurs principaux sont : Montesquieu, dont l'*Esprit des lois* parut en 1748; J.-J. Rousseau, dont le *Contrat social* est de 1762; Mably, *De la législation* ou *Principes des lois*, 1776 ; de Lolme, *Constitution de l'Angleterre*, 1771.

Les débats de la Constituante mirent aux prises des orateurs éminents, dont les discours ont souvent une haute valeur doctrinale : Mirabeau avant tous, mais aussi en des sens divers : Barnave, Cazalès, Dupont de Nemours, Duport, Lally-Tollendal, Lanjuinais, Malouet, l'abbé Maury, Mounier, Thouret, et déjà Robespierre. A la Législative et à la Convention, ce sont les Girondins, Vergniaud, Barbaroux, Buzot, Isnard, etc., et les Montagnards, Robespierre, Saint-Just, Hérault de Séchelles, etc.

Puis c'est le silence du Consulat et de l'Empire.

La Restauration, en rétablissant le régime représentatif et en relevant la tribune, donna au droit constitutionnel des voix et des plumes. C'est le moment où Benjamin Constant publie son *Cours de politique constitutionnelle,* 1818 à 1820 ; Chateaubriand, de nombreux écrits politiques et surtout la *Monarchie selon la Charte*, 1816, et Guizot, son *Gouvernement représentatif,* 1816. L'application et l'interprétation de la Charte donnent lieu à d'importants débats parlementaires avec des orateurs comme Royer-Collard, Laîné, de Serres, Decazes, de Villèle, Martignac, Camille Jordan, Manuel, de Bonald, Foy, Benjamin Constant, de Broglie et tant d'autres. Une presse ardente et instruite, où Thiers et Mignet tiennent les premiers rangs, travaille de son côté à fonder ou à combattre le régime représentatif et parlementaire.

Avec la Révolution de 1830, l'âge héroïque est fini. Les institutions sont mieux réglées, moins fiévreusement étudiées. Les livres de doctrine paraissent, ainsi celui de Berriat-Saint-Prix (*Commentaire sur la Charte constitutionnelle,* 1836), surtout celui de Tocqueville (*De la démocratie en Amérique*, 1835-1840). Le droit constitutionnel est enseigné par Rossi à la Faculté de droit de Paris depuis 1834. La tribune est occupée par Casimir-Perier, Berryer, Thiers, Guizot, Lamartine, Ledru-Rollin, Dupin, Marrast, Dufaure, etc., etc.

Après la crise de 1848 et la phase dictatoriale du Second Empire, les idées libérales reprennent à la fois de la faveur, de la force et de l'éclat. Elles s'expriment surtout en deux ouvrages considérables : *La France nouvelle* de Prévost-Paradol (1868) et les *Vues sur le gouvernement de la France* du duc de Broglie (1870). La parole est représentée par Rouher, Thiers, Émile Ollivier, Jules Favre, Jules Simon, Gambetta, etc.

Sous la troisième République, les travaux relatifs au droit constitutionnel sont devenus si nombreux qu'il est difficile de les mentionner. L'entrée du droit constitutionnel dans le programme de la licence en droit a consacré l'importance qu'avaient donnée à ces études, avant 1870, les débats à la Constituante de 1848 et la lutte pour la liberté publique sous le Second Empire, et depuis 1870, les travaux relatifs aux lois constitutionnelles de 1875 et à leur revision en 1879 et en 1884. La presse contemporaine, qui accorde aux débats parlementaires une place considérable, permet de suivre jour par jour le fonctionnement des institutions politiques, le développement de la coutume constitutionnelle.

CHAPITRE II

L'État. — La souveraineté. — Classification des pouvoirs.

———

I

L'État.

8. On donne le nom d'*État* à toute société humaine complète (c'est-à-dire ayant une population, un territoire, un gouvernement) et distincte. Dans d'autres sens, voisins de celui-ci, le même mot sert à désigner la personnification juridique de cette société, et aussi les institutions qui organisent cette société et cette personne juridique.

9. L'origine de l'État est discutée. Les uns la trouvent dans le *contrat social*. Les hommes auraient d'abord vécu dans un *état de nature*, qui les laissait indépendants et isolés. Leur convention unanime aurait plus tard formé la société, qui leur donne les avantages de la vie commune et qui restreint leur indépendance, sauf à la leur restituer sous la forme de droits politiques. A cette doctrine, on a justement objecté que ni l'état de nature ni le contrat social n'ont jamais été constatés, et qu'ils sont contraires à ce qu'on sait de plus positif sur la nature humaine et sur l'histoire de l'humanité.

Le groupement des hommes en États est un fait commun à tous les temps et à toutes les contrées; c'est la manifestation universelle d'un attribut de la nature humaine, la *sociabilité*. Il n'est l'effet ni des combinaisons du hasard, ni des caprices arbitraires des hommes; c'est un phénomène naturel,

dû à l'action des causes naturelles. Pour que l'État existe, il
ne suffit pas que plusieurs hommes vivent ensemble, habitent
le même territoire, reçoivent les mêmes lois d'un même
pouvoir; il faut entre eux une suffisante communauté de race,
de langue, de religion, de civilisation, de mœurs publiques
et privées, d'organisation sociale, politique, économique,
domestique; il faut encore que le temps ait donné aux liens
ainsi formés la consécration de la durée.

10. On discute aussi si l'État est un *but* ou un *moyen* : un
but, en sorte que l'intérêt collectif doive toujours l'emporter
sur l'intérêt individuel, et que les droits des particuliers soient
subordonnés aux nécessités de l'État; — un *moyen,* en sorte
qu'il existe uniquement pour rendre aux hommes des services
que l'association seule peut fournir, et que les intérêts de
l'État doivent toujours céder devant ceux des individus.

Si on considère que l'État a une durée beaucoup plus
longue que la vie de l'individu, et qu'en lui les individus
apparaissent et disparaissent, sans qu'il semble en général
être affecté par ce mouvement continuel, on aura peine à
admettre que l'État n'existe pas par lui-même et pour lui-
même. Comment expliquer autrement que chaque génération
d'hommes puisse imposer aux générations futures les lois
qu'elle promulgue, les dettes qu'elle contracte, les traités
qu'elle conclut? — On prétend à tort que cette conception
conduit à la tyrannie, à l'oppression de l'individu; car abstraction faite de toute idée de justice, l'État ne peut exiger des
individus que ce qui est indispensable pour la conservation
de la société, et ses droits ont dans leur principe même, qui
est l'existence indépendante de l'État, leur limite. — Cette
doctrine, en revanche, professe que l'individu ne peut faire
servir l'État à la satisfaction de ses besoins égoïstes et momen-
tanés, et qu'un bon gouvernement ne doit perdre de vue ni
le passé, ni l'avenir, ni la tradition, ni les générations futures.

II

La ouveraineté.

11. On a vu (n° 8) , le Droit assimile l'État à une personne. Cette personne est nettement distincte et des individus qui la composent et des personnes similaires, les autres États. En un mot, elle est un *individu;* en son individualité consiste la *souveraineté*.

La souveraineté de l'État est *externe* ou *interne*, selon qu'on étudie ses rapports avec les autres États ou avec ses propres membres. La *souveraineté externe* est l'affirmation de l'existence propre et autonome de l'État au regard des autres États; la *souveraineté interne* est l'affirmation de l'existence de l'État au regard des autres collectivités qu'il contient et des particuliers.

La *souveraineté externe* et ses conséquences sont étudiées par le *Droit international public*.

La *souveraineté interne* signifie que l'être collectif de l'État, avec les intérêts nationaux et permanents, existe en dehors et au-dessus des individus éphémères qui le composent. Les particuliers lui doivent obéissance, sinon la société se dissoudrait dans le désordre et l'anarchie; et s'ils manquent à leur devoir, la force peut les contraindre.

Ainsi les pouvoirs de commander et de contraindre découlent de la souveraineté; mais ils ne se confondent pas avec elle, et sont seulement deux manifestations juridiques de l'existence de l'État.

12. Cette notion de la souveraineté conduit directement à la théorie de la souveraineté nationale. C'est la nation, en effet, qui forme l'État, et la souveraineté réside naturellement dans la nation tout entière. Je dis : la nation entière, et non pas seulement les citoyens investis des droits politiques, de l'électorat. De même que tous les individus, sans distinction d'âge, de sexe ou de fortune, sont membres de l'État, de même ils participent à la souveraineté.

13. Si la souveraineté est l'expression juridique de l'individualité de l'État, et si la formation de l'État est un phénomène naturel, il est superflu de discuter sur l'origine de la souveraineté; de rechercher si elle est une délégation de Dieu, créateur et maître des hommes, ou si elle résulte du contrat social formé entre les individus.

Les deux théories ont été soutenues. Elles me paraissent confondre d'abord la souveraineté avec les pouvoirs qui en découlent, et ensuite les pouvoirs eux-mêmes avec les hommes qui les exercent. On a vu souvent un homme exercer tous les pouvoirs sociaux, et par conséquent manifester de toutes manières la vie, l'individualité, la souveraineté de l'État, et on a appelé cet homme le *souverain*. On a fait de même pour les groupes plus ou moins nombreux par lesquels se sont exercés les pouvoirs sociaux. Il faut, au contraire, proclamer que l'État seul est souverain et que les dépositaires du pouvoir ne sont que les agents de la souveraineté nationale.

Cette double confusion est d'autant plus regrettable que l'on a souvent conçu la souveraineté comme absolue, illimitée, irresponsable, et cette conception se rencontre même chez ceux qui attribuent à la souveraineté une origine populaire. Une pareille idée est inquiétante; pour l'écarter, on a fait appel soit aux notions religieuses, soit aux notions de justice, soit aux notions d'intérêt, les unes et les autres étrangères au Droit. Ces ressources illégitimes ne sont pas indispensables; si l'État souverain a des droits sur les individus, c'est parce que, vivant, il a le droit de vivre; par conséquent, ses droits sont épuisés dès que son existence est assurée.

14. Le principe de la souveraineté nationale est souvent justifié d'une autre manière.

Rousseau (*Contrat social*, liv. I, chap. vII) le fait découler du contrat social, par lequel chaque individu, quittant l'état de nature qui est l'isolement et qui le laisse exposé à mille dangers, abdique son indépendance entre les mains de la société qui le protège efficacement. Ce contrat est nécessairement unanime, et il assure à tous une part dans la souveraineté, sinon il ne se formerait pas. Une fois la société formée, les hommes y jouissent également des droits politiques, du droit de vote ; mais, dès lors, pour que l'État fonctionne, il faudra renoncer à l'unanimité dans les décisions et se contenter de la majorité. Rousseau (*Contrat social,* liv. IV, chap. II) console la minorité en lui disant qu'elle s'est sûrement trompée dans son appréciation sur la conformité entre la décision prise et les termes du contrat social.

D'autres écrivains s'attachent à des vues pratiques. La puissance publique existe dans l'intérêt de tous ; donc, tous doivent concourir au règlement de leurs intérêts. D'un autre côté, un pouvoir ne peut s'établir et durer que par deux moyens : ou bien par la force, ce qui suppose des conditions exceptionnelles, ou bien par l'opinion publique ; or, la seule manière de donner à l'opinion les moyens de s'exprimer clairement et sûrement, c'est de faire participer tous les hommes au pouvoir. Cette manière de voir est comme traditionnelle en France. Elle a été exposée souvent dans les États généraux de l'ancienne France. Elle est la forme populaire des principes de 1789 ; elle se retrouve en d'assez nombreux ouvrages.

Ces deux systèmes confondent la souveraineté et le pouvoir. De plus, le premier se rattache à la théorie erronée du contrat social. Le second identifie à tort l'intérêt national avec la somme des intérêts individuels (n°s 10 et 11) et ne voit dans l'État qu'un moyen. Si la théorie ci-dessus exposée avait besoin d'un complément utilitaire, je dirais plutôt que l'État a intérêt à associer le plus grand nombre possible de collaborations, à ne négliger la valeur d'aucun de ses éléments. Ceci d'ailleurs justifie le suffrage universel plutôt que la souveraineté nationale (n°s 35 et s., 158 et s.).

15. La doctrine de la souveraineté nationale est assez généralement acceptée aujourd'hui. Mais d'autres théories ont été soutenues.

L'une fonde la souveraineté ou plus exactement le pouvoir sur une délégation divine : les rois seraient investis de leur autorité par Dieu, et ne seraient comptables de leurs actes qu'à Dieu seul. Cette doctrine a été celle de notre ancienne monarchie absolue; elle est clairement exposée par Bossuet dans sa *Politique tirée des propres paroles de l'Écriture Sainte* (1709); plus récemment, elle a été défendue en France par Joseph de Maistre (*Étude sur la souveraineté*, 1794-1796) et de Bonald (*Législation primitive*, 1802).

La tradition des canonistes catholiques, tout en affirmant que la souveraineté vient de Dieu, admet la souveraineté nationale. Non que le peuple soit la source de la souveraineté, mais il en est le dépositaire, et s'il en confie l'exercice à des princes, ceux-ci sont immédiatement responsables devant lui.

Une autre théorie fonde la souveraineté et le pouvoir sur une longue possession, et elle se ramène à la doctrine de l'opinion publique, laquelle conduit à la souveraineté nationale. La prescription d'ailleurs ne fonde pas le droit; elle le sacrifie à un intérêt jugé supérieur.

Une autre doctrine voit dans la formation du pouvoir un phénomène naturel et fatal, comme la formation de la nation elle-même. Elle ne démontre pas que l'intelligence et la volonté humaine soient étrangères à ce phénomène.

Enfin quelques penseurs éminents proclament la souveraineté de la Raison, de la Justice, du Droit, effort louable pour mettre des limites à l'omnipotence de la souveraineté nationale; idée vague et insuffisamment juridique.

16. On a beaucoup discuté sur les caractères que Rousseau et, après lui, la Constitution de 1791 (tit. III, préamb., art. 1) donnent à la souveraineté : unité, indivisibilité, inaliénabilité, imprescriptibilité. Peut-être, pour résoudre toutes ces questions, suffirait-il de distinguer entre la souveraineté elle-même et son exercice. La souveraineté de l'État, comme toute personnalité, est indivisible, inaliénable, imprescriptible, sinon elle s'évanouit. Mais son exercice sera utilement confié : à des autorités (nos 37 et s.), et le régime représentatif se concilie avec la souveraineté nationale dont il est un

des modes pratiques ; — à plusieurs autorités, qui se parta-
geront la tâche pour la mieux remplir (n°° 401 et s.). S'il est
difficile d'accepter qu'un homme ou une dynastie usurpe sur
la souveraineté nationale, il est légitime que la nation accorde
sa confiance à ceux qui la gouvernent bien, même s'ils ont
employé la force pour prendre la place de leurs prédécesseurs.

III

Classification des pouvoirs.

17. La personnalité de l'État, comme toute personnalité,
se manifeste par des fonctions, et ces fonctions sont remplies
par des organes. Le même mot *pouvoir* sert à désigner et les
fonctions et les organes de l'État. Ainsi on dira que le pouvoir (fonction) législatif appartient en France à deux Chambres, et aussi que les pouvoirs (organes) législatif et exécutif
sont d'accord ou en conflit (1).

Cette confusion a fortement embrouillé la question de la
séparation des pouvoirs. En réalité, il y a deux questions :
1° Combien dans un État y a-t-il de fonctions distinctes et
irréductibles ? — 2° Convient-il de confier l'exercice de ces
fonctions diverses aux mêmes organes ou à des organes différents ? La première est d'ordre scientifique, d'analyse, de
classification ; elle n'est pas susceptible de plusieurs solutions,
si du moins on l'envisage au même point de vue. La seconde
est une question d'art politique, d'arrangement contingent.
On la retrouvera plus tard (n°° 401 et s.).

Quant à la classification des fonctions, elle aboutit, selon
les points de vue adoptés, à des résultats différents. Si l'on
examine les différents objets auxquels peut s'appliquer l'ac-

---

(1) Cette confusion a pénétré jusque dans les textes constitutionnels. La L. C.
25 fév. 1875 est intitulée ; *Loi relative à l'organisation des pouvoirs publics*, la
L. C. 16 juill. 1875, *Loi sur les rapports des pouvoirs publics*, désignant ainsi
le Président de la République et les Chambres, c'est-à-dire des *organes*. D'autre
part, la L. C. 25 fév. 1875, art. 1, dit : « Le pouvoir législatif s'exerce par deux
assemblées », visant alors la *fonction* législative.

tivité de l'État, on sera amené à parler de la fonction économique, militaire, éducative, etc., de l'État. Le Droit, qui est surtout descriptif, qui étudie les caractères extérieurs des manifestations de l'État, sans se préoccuper du but poursuivi, est forcé de reconnaître que ces manifestations consistent ou bien dans l'émission d'une règle obligatoire, ou bien dans l'accomplissement d'un acte positif; le droit distingue ainsi la *fonction* (ou pouvoir) *législative* et la *fonction* (ou pouvoir) *exécutive*.

18. Une autre théorie, presque classique, reconnaît trois pouvoirs : le *législatif*, qui édicte la loi; l'*exécutif*, qui l'accomplit; le *judiciaire*, qui juge les procès. Elle invoque principalement l'autorité de Montesquieu qui en ces matières vaut un argument; mais le fragment habituellement cité est loin d'être précis :

« Il y a dans chaque État trois sortes de pouvoirs : la puissance législative, la puissance exécutrice des choses qui dépendent du droit des gens, et la puissance exécutrice de celles qui dépendent du droit civil. — Par la première, le prince ou le magistrat fait des lois pour un temps ou pour toujours et corrige ou abroge celles qui sont faites. Par la seconde, il fait la paix ou la guerre, envoie ou reçoit des ambassades, établit la sûreté, prévient les invasions. Par la troisième, il punit les crimes ou juge les différends des particuliers. On appellera cette dernière la puissance de juger, et l'autre simplement la puissance exécutrice de l'État... Des trois puissances dont nous avons parlé, celle de juger est en quelque façon nulle. Il n'en reste que deux (1)... » Ainsi, non seulement Montesquieu ne fait aucune place aux attributions d'ordre intérieur, c'est-à-dire proprement exécutives, de la puissance exécutrice dont il ne marque que le rôle extérieur et international, mais encore il réduit finalement les pouvoirs à deux, et la suite du chapitre oppose constamment le pouvoir législatif au pouvoir exécutif, sans mention du pouvoir judiciaire.

(1) *Esprit des Lois*, liv. XI, chap. vi.

Ailleurs, il est vrai, Montesquieu insiste sur la nécessité de séparer le pouvoir de juger des pouvoirs législatif et exécutif; mais la question n'est plus la même. Montesquieu n'analyse plus la puissance publique, il propose des règles d'organisation. Or, il peut y avoir, il y a de bonnes raisons (n° 401 et s.) pour ne pas confier aux mêmes hommes les diverses branches du pouvoir exécutif, comme pour attribuer à différents organes les divers modes de la puissance législative. Cette division utilitaire n'implique pas une distinction scientifique identique.

On argumente encore de l'inamovibilité des juges, caractéristique du troisième pouvoir. A ce compte, dans les régimes où le juge n'est pas inamovible, il n'y aurait que deux pouvoirs; la loi positive, en établissant ou supprimant l'inamovibilité, pourrait donc augmenter ou réduire le nombre des fonctions essentielles de l'État? L'inamovibilité, qui n'appartient pas à tous les juges (1), appartient à d'autres que les juges (2); y aura-t-il donc autant de pouvoirs que de catégories de fonctionnaires inamovibles?

Au surplus, l'inamovibilité est l'une des garanties d'une bonne justice, pas davantage. Ce qu'il faudrait démontrer, c'est que le juge a une autre fonction que l'application des lois, ou au moins qu'il y a une différence essentielle entre ce mode d'exécution et les autres. Cette démonstration n'a pas été faite; on peut affirmer qu'elle ne sera pas donnée. Les partisans de la théorie classique se bornent à donner d'excellentes raisons pour rendre les juges indépendants de l'Administration. En un mot, ils ne songent qu'aux organes; et pour le moment il ne s'agit que des fonctions.

19. Un grand nombre d'autres théories ont été proposées. Les unes ajoutent aux trois pouvoirs connus un quatrième : ici pouvoir administratif, là pouvoir royal, ailleurs pouvoir modérateur, pouvoir conservateur. Telle autre

---

(1) En France, les juges de paix et la plupart des juges administratifs ne sont pas inamovibles.
(2) Ainsi en France aux professeurs de l'enseignement supérieur et secondaire.

ajoute les finances et la culture publique, et divise le pouvoir exécutif en pouvoir représentatif, gouvernement et administration. Telle mentionne le pouvoir inspecteur exercé à Sparte par les éphores; ou le pouvoir dictatorial de la République romaine; ou le pouvoir censorial organisé à Rome et en Chine; ou le pouvoir électoral; ou ceux qui représentent l'opinion et la durée. — Certaines abandonnent la division classique. L'une distingue six pouvoirs : électoral, représentatif, modérateur, ministériel, judiciaire, royal; une autre, sept : pouvoirs sur les personnes, sur les choses, sur les choses publiques, sur les individus, sur les classes de personnes, pouvoir de spécification, pouvoir attractif; une autre, huit : pouvoirs déterminateur, opérateur, modérateur, postulateur, coercitif, certificateur, prédominant.

Il ne peut être question de discuter ces théories, et il y en a bien d'autres, qu'il faudrait, au préalable, longuement expliquer. Elles ont été mentionnées pour faire voir les résultats de la confusion qui est la cause de la controverse.

20. En résumé, réserve faite sur la séparation pratique des pouvoirs, qui sera étudiée à sa place (nᵒˢ 401 et s), on reconnaîtra dans l'État la fonction législative qui formule les règles, et la fonction exécutive qui les applique. Il faut donner à cette distinction son sens exact.

21. Les règles, dont l'expression constitue la fonction législative *lato sensu*, n'ont pas toutes la même importance.

Les unes fixent l'organisation, le fonctionnement et les rapports des autorités supérieures de l'État, posent les principes généraux selon lesquels chacun, autorités et particuliers, doit collaborer à la vie sociale. Ce sont les *lois constitutionnelles;* leur énonciation constitue l'exercice du *pouvoir constituant*.

D'autres s'appliquent aux divers intérêts sociaux, d'une manière générale et sans acception de personnes. Ce sont les *lois* proprement dites; leur énonciation est l'exercice du *pouvoir législatif* proprement dit.

D'autres concernent les détails pratiques, préparent, facilitent l'application de la constitution et des lois, les suppléent quelquefois. Ce sont les *règlements;* leur énonciation constitue l'exercice du *pouvoir réglementaire* (n°ˢ 343 et s.).

Pouvoir constituant, pouvoir législatif, pouvoir réglementaire, voilà les trois aspects de la fonction législative.

22. Les limites de ces trois pouvoirs sont indécises et ne peuvent être fixées *a priori*. Telle constitution règle jusqu'à la tenue des séances législatives (1), telle autre se borne à quelques décisions de principe (2). Selon les régimes, le domaine du pouvoir réglementaire est plus ou moins vaste, la compétence du pouvoir législatif subit des variations correspondantes. Les variations dépendent sans doute de la volonté du constituant et du législateur; mais cette volonté, quelquefois gouvernée par des théories politiques ou sociales, subit plus souvent l'influence des circonstances : tantôt il est utile que la Constitution soit très détaillée, ainsi quand elle met fin à une crise longue et profonde, quand elle résout des questions nombreuses et aiguës; — tantôt cela est plutôt nuisible; si l'accord règne dans la nation sur la plupart des règles constitutionnelles, il est inutile d'accumuler les textes.

23. Les trois pouvoirs ont parfois des organes communs. Il peut arriver, il arrive qu'il y ait trois organes, ou, plus exactement, trois catégories d'organes. Il peut arriver aussi, il arrive qu'il n'y en ait que deux; que le pouvoir constituant et le pouvoir législatif, par exemple, soient confiés aux mêmes personnes; qu'un seul homme ou un seul corps exerce les trois pouvoirs. — Dans le cas où les trois pouvoirs sont distincts, il n'est pas rare que telle décision de portée minime soit prise par l'autorité législative, et que l'autorité réglementaire prenne des décisions très importantes.

A l'inverse, la même fonction peut être exercée par plusieurs organes; ainsi, dans un grand nombre de pays, la loi est faite en collaboration par le chef de l'État, une Chambre

---

(1) Ainsi les constitutions françaises de 1791 (tit. III, chap. III, sect. 2) et de l'An III (art. 60 et s.).

(2) Ainsi nos lois constitutionnelles de 1875.

Haute et une Chambre Basse; ainsi encore, le pouvoir réglementaire est reconnu, avec une importance inégale, à beaucoup de fonctionnaires administratifs.

24. Passons à la fonction exécutive (1). Ses aspects sont aussi multiples et divers.

L'exécution de la règle peut être *contentieuse* ou *non contentieuse*.

Dans le premier cas, elle soulève des difficultés et des controverses résolues par des jugements; elle est souvent confiée à des organes spéciaux dont l'ensemble constitue l'*autorité judiciaire*, ou, plus exactement, *juridictionnelle*. Celle-ci se distingue souvent en *justice judiciaire*, qui statue sur les questions d'intérêt purement privé, et *justice administrative*, qui statue sur les questions où la puissance publique est en cause. Chacune de ces justices est exercée par un nombre plus ou moins grand d'organes spéciaux, de *tribunaux*.

L'application non contentieuse suppose que la loi *lato sensu* ne soulève, quant à sa portée et à son sens, aucune contestation. Ses organes se divisent à leur tour en deux grandes catégories :

1° Le *Gouvernement*, qui exerce pour tout le territoire, toutes les personnes et toutes les matières, la fonction exécutive de l'État; il comporte des subdivisions correspondant à la division du travail exécutif;

2° L'*Administration*, qui exerce pour un territoire restreint, pour certaines personnes, pour certaines matières, la même fonction exécutive de l'État; elle se subdivise à son tour selon les nécessités de la division du travail.

25. La précision de ces formules et classifications n'existe pas dans les faits. Comme le Gouvernement et l'Administration ne diffèrent que par la sphère de leur action et non par la nature de leurs attributions, la limite entre leurs compétences est très mobile : tantôt l'Administration jouit de larges

---

(1) L'exécution de la loi est souvent procurée par l'activité spontanée et libre des particuliers.

pouvoirs, tantôt au contraire le Gouvernement se réserve la connaissance et la décision de toutes les affaires.

En outre, si l'analyse sépare aisément l'exécution contentieuse et l'exécution non contentieuse, la distinction est, en certains cas pratiques, difficile à faire. Ainsi, l'acte par lequel un ministre liquide une créance d'un particulier sur l'État a été longtemps considéré comme un jugement; l'opinion générale y voit aujourd'hui un cas administratif. — Les organes qui président à l'une et à l'autre ne sont pas toujours distincts. Plusieurs agents de l'exécution non contentieuse sont appelés à rendre la justice. Ce cas est devenu très rare; cependant on ne peut nier que les ministres soient juges pour certaines élections (par exemple celles au Conseil supérieur de l'Instruction publique, D., 16 mars 1880, art. 12). D'autre part, les tribunaux ont des attributions non contentieuses, comme en matière de tutelle (C. c. 458, 466, 467).

26. La fonction législative et la fonction exécutive sont en partie exercées par les mêmes organes : le pouvoir réglementaire, qui est un mode de la fonction législative (n° 343), appartient à des organes de la fonction exécutive; les Chambres, organes de la fonction législative, ont souvent des attributions juridictionnelles (n°⁵ 294 et s.) et administratives (n° 290), c'est-à-dire exécutives.

27. Entre l'État et l'individu, il y a des groupes intermédiaires (commune, province ou département), naturels ou artificiels, qui peuvent aussi être comparés à des êtres collectifs, ayant leurs fonctions et leurs organes. Or, s'il arrive que leurs fonctions soient exercées par des organes spéciaux, il arrive aussi qu'elles soient confiées à des organes de l'État, soit en totalité, soit en partie, ainsi au préfet pour le Département; d'autre part, l'État se sert, pour certaines de ses fonctions, des pouvoirs locaux, conseil général, maire, etc., etc. Il suffit de jeter un coup d'œil sur nos lois départementales et communales pour vérifier cette assertion.

28. Ainsi la distinction qu'une analyse exacte établit

entre la fonction législative et la fonction exécutive n'entraîne pas une distinction identique entre les organes qui les exercent; et la distinction entre les fonctions de l'État et celles du Département et de la Commune ne conduit pas à une égale séparation entre les organes. Dans la vie sociale comme dans la vie organique, les fonctions et les organes sont, non pas isolés, mais étroitement unis. L'analyse scientifique seule les sépare.

CHAPITRE III

Des diverses formes de l'État.

---

29. Les formes que prend l'État chez les divers peuples, aux différentes époques de leur histoire, sont extrêmement nombreuses. Elles se ramènent cependant à quelques types généraux; la classification peut être faite à différents points de vue.

I

30. Si on recherche en qui réside l'ensemble des pouvoirs sociaux, sans considérer leur mode d'exercice, on distinguera avec Aristote (*Politique*, liv. III, chap. v) trois formes d'État : la *monarchie*, qui concentre tous les pouvoirs entre les mains d'un seul homme ; l'*aristocratie*, qui les attribue à une classe peu nombreuse ; la *démocratie*, qui les donne à l'universalité de la nation.

On a proposé une quatrième forme, la *théocratie*, où l'autorité résiderait dans la divinité : elle n'est qu'une modalité des trois autres, due à l'invasion de la religion dans la politique. Il y a des monarchies théocratiques, où souvent le monarque devient Dieu ; — des aristocraties théocratiques, administrées par les prêtres ; — des démocraties théocratiques, où le peuple croit servir Dieu en nommant ses chefs.

On a dit aussi que jamais l'une ou l'autre de ces trois formes n'avait existé à l'état pur ; que tout gouvernement humain est mixte, combine à des degrés divers les trois types fondamentaux. Cette opinion repose sur une confusion entre le siège du pouvoir et le mode de son exercice, ou encore entre les influences que subit un gouvernement et ce gouvernement même. Il est sinon impossible, du moins rare qu'un homme suffise à régir un État; qu'une aristocratie ou une démocratie ne soit pas contrainte de déléguer ses pouvoirs en totalité ou en partie, en bloc ou par sections, à un ou plusieurs hommes; qu'un monarque soit assez autoritaire pour n'écouter ni les conseils d'une classe supérieure, ni la voix de l'opinion publique; que les peuples n'obéissent pas à un groupe dirigeant ou à un chef. Tout cela est vrai, et les faits abondent pour le démontrer. Mais tout cela n'empêche pas que le pouvoir, quel que soit son mode d'exercice, quelques influences qu'il subisse, réside ou dans un homme, ou dans un groupe d'hommes, ou dans l'universalité des hommes. Et ceci est bien mis en lumière par les concessions ou délégations consenties par les titulaires du pouvoir, lesquelles sont toujours strictement limitées dans leurs termes et révocables. Les autres éléments créent les diverses modalités de chaque type.

31. A. *La monarchie.* — La *monarchie* ne suppose pas nécessairement un despote, exerçant seul, sans limite, sans contrôle, la totalité des pouvoirs sociaux. Non seulement l'énormité de sa tâche contraint le monarque à déléguer la plupart de ses attributions, mais aussi le monarque peut, sans abdiquer ses droits, réclamer les conseils de la nation gouvernée, ou de ses représentants, ou d'une classe supérieure; il peut encore associer au gouvernement le peuple, ses délégués, une aristocratie. Ainsi la monarchie est ou *absolue,* ou *tempérée* par l'influence concédée aux sujets dans l'exercice du pouvoir monarchique. Elle est dite *représentative,* lorsque des délégués élus par la nation ou par certaines classes partagent le pouvoir avec le monarque; — *constitutionnelle,* lorsqu'un acte formel fixe les droits respectifs du monarque et de ses collaborateurs aristocratiques ou populaires.

On distingue aussi, en suivant l'évolution de l'idée monarchique, diverses formes revêtues par le pouvoir d'un seul. La monarchie est *patriarcale*, lorsqu'elle se confond avec l'autorité exercée par le père sur la famille entendue largement et embrassant, outre les parents aux divers degrés, les clients, les esclaves, les affranchis; — *patrimoniale*, lorsqu'elle s'analyse en un droit de propriété plus ou moins vague sur le territoire et même les hommes de l'État; — *guerrière*, lorsqu'elle se voue surtout aux expéditions militaires; et ainsi de suite. Ces distinctions n'ont guère d'importance juridique.

On distingue encore : la *monarchie de droit divin*, dans laquelle le monarque tient de Dieu le pouvoir qu'il exerce, et qui, en acceptant des limitations, fait à la société gouvernée des concessions gracieuses et peut-être illégitimes; — la *monarchie de droit populaire*, au profit de laquelle le peuple a, non pas délégué, mais abdiqué ses pouvoirs, et qui, si elle associe la nation au gouvernement, lui restitue une partie du don qu'elle a reçu.

La monarchie, surtout la monarchie tempérée, représentative ou constitutionnelle, n'empêche pas que l'opinion publique, les principaux ou les délégués de la nation, ne suivent des courants divers et ne se partagent en partis politiques. Le monarque est en dehors et au-dessus des partis; il n'est le serviteur, l'oppresseur d'aucun, car il ne doit ses pouvoirs à aucun. Il lui faut au contraire tenir la balance égale entre les factions, et, au besoin, empêcher la tyrannie de la majorité, l'indocilité de la minorité.

32. B. *L'aristocratie.* — L'*aristocratie* est, d'après l'étymologie, le *pouvoir des meilleurs,* d'une minorité par conséquent. Les éléments déterminateurs de l'aristocratie peuvent être la naissance, l'âge, la science, la richesse (immobilière surtout), la profession industrielle ou commerciale, le caractère sacerdotal; parfois deux ou plusieurs qualités concourent pour former la classe supérieure.

L'aristocratie gouverne directement ou par délégation, et

combine souvent les deux modes. Le pouvoir législatif est, en général, exercé directement par l'assemblée générale des *meilleurs,* à moins que ceux-ci ne soient trop nombreux pour être réunis en corps délibérant et ne doivent nommer des représentants. Le pouvoir exécutif, par la force des choses, est ou confié à un homme, qui n'est pas un monarque, puisque ses pouvoirs lui sont délégués et ne lui appartiennent pas, ou partagé entre plusieurs délégués, ou divisé entre les membres de l'aristocratie, dont chacun alors a sa part d'influence dans la délibération et dans l'exécution. L'aristocratie peut donc être directe, représentative, ou l'un et l'autre en même temps.

33. La forme aristocratique, parce qu'elle reconnaît le pouvoir de plusieurs hommes, oblige à prévoir le cas où tous ne seraient pas d'accord sur la décision à prendre ou la délégation à instituer. Sans parler des moyens à employer pour obtenir l'unanimité, certains régimes font prévaloir l'opinion de la majorité en fixant diversement le taux de cette majorité, et obligent la minorité à accepter cette opinion; d'autres régimes reconnaissent à une seule dissidence le pouvoir d'empêcher toute décision. Le premier système permet seul un gouvernement régulier ; il suppose une forte cohésion sociale; il tolère, à défaut de bonnes mœurs politiques, l'oppression des minorités par les majorités, de la sagesse par le nombre. Le second est la marque d'un régime fédératif encore existant ou à peine effacé; il assure le respect des droits les plus faibles ; il condamne le pouvoir central à l'inaction, et suppose que les vies locales suppléent à la stagnation de la vie générale.

34. C. *La démocratie.* — La démocratie serait, au sens propre, le *pouvoir du peuple.*

Qu'est-ce que le *peuple?* Question simple en apparence et qui a reçu bien des réponses différentes. S'il est vrai que le peuple s'identifie avec la société et que tous les individus collaborent à la vie collective, le peuple se compose de tous les individus, sans distinction, qui composent l'État. Il comprend les hommes et les femmes, les majeurs et les mineurs, les riches et les pauvres, les savants et les ignorants, les vertueux et même les criminels.

Mais tous les individus ne collaborent pas à la vie sociale d'une manière égale ni semblable ; certains la troublent par leurs méfaits, et la feraient bientôt cesser, sans la répression qui corrige et la prévention qui arrête ; les autres apportent un concours plus ou moins heureux selon leurs capacités intellectuelles et scientifiques, selon leur activité, selon leur richesse, selon leur fécondité ou leur stérilité. Les lois vraiment démocratiques doivent, en fixant les droits politiques de chacun, tenir compte des différences principales ; et si elles ne peuvent traduire exactement les innombrables et subtiles nuances de l'organisation sociale, elles doivent, en modelant l'organisation politique, en rappeler les traits généraux. Au moins ne doivent-elles pas admettre des règles qui violent ouvertement la nature des choses, par exemple donner au nombre seul l'influence prépondérante.

35. Ici commencent les divergences.

On ne fait pas de difficulté pour établir une différence entre les criminels et les gens de bien, entre l'enfant et l'homme fait ; pour accorder à l'homme vertueux et d'âge mûr sa part dans le pouvoir du peuple, et pour la refuser au criminel, parce qu'il est criminel, à l'enfant, parce qu'il est incapable.

L'accord cesse dès qu'on veut serrer de près ces formules vagues, et surtout pousser au bout le principe qui les inspire. Quels crimes excluent-ils des droits politiques ? Si la frontière morale entre l'homme de bien et le méchant est parfois incertaine, combien douteuse la frontière politique ! Quel est l'âge qui porte en soi l'aptitude aux affaires publiques ? Et s'il faut se contenter d'une présomption, cet âge sera-t-il le même que pour les affaires civiles ? Le sexe doit-il être, en tout cas, une présomption irréfragable de capacité politique pour les uns, d'incapacité pour les autres ? Enfin et surtout, l'art poli-

tique, qui admet plusieurs des différences que la nature a
établies entre les hommes, ne doit-il pas les admettre toutes?
Il existe dans la partie masculine, adulte et honnête du peuple,
des différences aussi graves que celles qui tiennent au sexe
ou à l'âge; ne faut-il pas en tenir compte pour fixer la part
proportionnelle que chacun doit prendre dans le pouvoir
populaire?

36. Les questions sont redoutables, difficiles, ne peuvent
sans doute pas recevoir une solution uniforme chez tous les
peuples. Il y a une doctrine simple et presque brutale : tous
les hommes ayant atteint la majorité civile et exempts de
graves condamnations pénales forment une seule catégorie à
laquelle les lois confient l'exercice des pouvoirs du peuple, et
dans laquelle chacun a une part égale d'influence, quelles
que soient ses capacités, sa richesse, même sa vertu.

Telle est la conception dominante aujourd'hui du peuple,
de la démocratie; elle se résout dans l'égalité absolue entre
les membres d'une catégorie. Mais c'est vainement qu'on tente
de faire violence à la nature. Tandis que les lois écrites
essaient de créer une égalité à la fois excessive et incomplète,
la pratique, les mœurs tendent à constituer une hiérarchie
analogue à celle qui existe réellement dans la société et dans
la nature. Cette hiérarchie est instable comme la composition
même du corps social; sinon dans les principes, car les fac-
teurs de ce mouvement sont peu nombreux, du moins dans
les personnes; différence avec la hiérarchie aristocratique,
le plus souvent immobile.

37. Le peuple exerce ses droits directement ou indirectement.

L'exercice direct est présenté par Rousseau (*Contrat social*,
liv. III, chap. XII et s.) comme la conséquence inévitable de
la souveraineté nationale : la loi est l'expression de la volonté
nationale; or, la volonté ne se représente pas; donc, la
volonté nationale doit s'exprimer directement. Rousseau
reconnaît ainsi que l'exercice direct n'est applicable qu'au
pouvoir législatif. L'assemblée générale de la communauté

politique peut discuter et voter la règle obligatoire (1). Pour les actes d'exécution, elle sera le plus souvent obligée de déléguer un petit nombre d'hommes, un seul homme (2).

Même ainsi limité, l'exercice direct est pour les membres de la société un travail considérable et incessant. Il suppose : que les citoyens sont libres de toute autre occupation, exempts de la nécessité de travailler pour vivre, et c'est pourquoi les démocraties directes de l'antiquité étaient fondées sur l'esclavage; — que les citoyens brûlent d'un zèle constant pour les affaires publiques, qu'ils jouent en conscience, avec assiduité, leur rôle politique, et qu'ils l'étudient profondément afin d'en résoudre sûrement les difficultés. — Il ne convient qu'aux peuples peu nombreux : comment réunir et diriger une assemblée de plusieurs milliers, de plusieurs millions d'hommes? La remarque est de Rousseau (*Contrat social*, liv. III, chap. III et IV), apôtre de la démocratie directe. — Si toutes ces conditions ne sont pas réunies, l'exercice direct devient pour les citoyens une gêne horrible, et il cède rapidement la place à une dictature, à l'ombre de laquelle le peuple, délivré de ses droits politiques, vaque à ses affaires et gagne son pain.

Considérée dans son application, la démocratie directe court de graves dangers. Sans autre frein que sa courte sagesse et son expérience toujours jeune, rebelle à toute autorité même issue d'elle, elle manque des qualités nécessaires au gouvernement des peuples. Elle est capricieuse dans ses décisions comme dans ses choix, change arbitraire-

---

(1) Elle pourrait aussi siéger comme tribunal.

(2) La démocratie directe fonctionne, sous une forme atténuée, en différents cantons suisses où les citoyens, assemblés en *landsgemeinde*, exercent les pouvoirs les plus importants et ne laissent au Conseil cantonal élu et au Gouvernement élu que les attributions secondaires (V. par exemple la constitution du demi-canton d'Appenzel Rhodes Extérieures, dans Dareste, *Les constitutions modernes*, 3ᵉ éd., t. I, p. 609 et s., et le règlement pour la Landsgemeinde d'Unterwald-le-Haut, dans Moreau et Delpech, *Les règlements des assemblées législatives*, t. II, p. 632 et s.). Il s'agit de populations peu nombreuses, menant une vie purement rurale et presque pastorale; encore ont-elles dû se donner des délégués pour les actes ordinaires et courants. Leur exemple n'est pas un argument en faveur de la démocratie directe.

ment ses lois et ses chefs, vit dans une agitation maladive
dont elle n'est tirée le plus souvent que par la dictature
subie, acceptée ou implorée.

Enfin, il est aisé de montrer que la démocratie directe ne
peut fonctionner normalement. Comment réunir en une seule
assemblée tous les citoyens d'une grande nation? Et par
contre est-il légitime de la fractionner en groupes et de méconnaître ainsi l'unité nationale? Supposons même l'assemblée réunie; elle aura un président; un projet rédigé à
l'avance lui sera soumis. Or, personne n'ignore l'influence
prépondérante qu'exerce sur une assemblée incertaine une
volonté nette.

Quant au syllogisme de Rousseau, il ne vaudrait pas contre
des raisons aussi fortes, même s'il était exact. Et il ne l'est
pas : la loi n'est pas l'expression de la volonté générale ; elle
est la solution d'un problème pratique, la satisfaction donnée
aux besoins et aux vœux du peuple. La question est de savoir
si la démocratie directe est apte à cette tâche.

38. Pour toutes ces raisons, l'exercice indirect est le plus
fréquent. Le peuple n'est pas appelé à faire acte législatif ou
exécutif; son rôle se borne à choisir dans son sein, par voie
d'élection, des représentants, qui, soit par eux-mêmes, soit
par des désignations successives, se chargeront de faire la loi
et de l'appliquer.

Le régime représentatif offre un grand nombre de variantes,
d'abord quant au mode d'élection, ensuite quant à l'organisation des pouvoirs. Il présente avec l'aristocratie une res-
semblance apparente, car l'élection peut être considérée
comme un procédé pour découvrir les meilleurs et leur confier l'exercice des pouvoirs sociaux. L'apparence est fausse.
Dans la forme aristocratique, les meilleurs ont les pouvoirs
qu'ils exercent; dans la forme démocratique indirecte, le
pouvoir appartient au peuple, qui élit ses agents. Il en résulte
que la responsabilité, au moins morale, des élus devant les
électeurs, qui est un ressort important de la démocratie,
n'existe pas dans la forme aristocratique, les meilleurs devant

leur situation à une qualité qui leur est propre ; dans la forme
démocratique, ils la tiennent de l'élection populaire.

39. La forme la plus atténuée de la démocratie directe
consiste à reconnaître au peuple, sinon le droit de voter la
loi, du moins le droit de la contrôler. Le *referendum* appelle
le peuple, non pas à discuter un projet de loi article par
article, mais à accepter ou à rejeter en bloc la loi votée par
les pouvoirs publics. On dit que le referendum est *obliga-*
toire, quand la consultation du peuple est nécessaire de plein
droit pour tous les actes ou pour certains actes ; qu'il est
facultatif, quand il n'a lieu que sur la demande d'une autorité ou d'un certain nombre de citoyens (1).

L'idée a été appliquée en France, en Suisse, aux États-
Unis, en Danemark, dans la Fédération australienne, soit pour
la constitution, soit pour les lois.

En France, le 21 septembre 1792, « *la Convention natio-*
» *nale déclare qu'il ne peut y avoir de Constitution que celle*
» *qui est acceptée par le peuple* ». Aussi les deux constitutions
votées par la Convention, celles de 1793 et de l'An III, furent-
elles soumises au vote populaire, et réservent-elles l'assentiment du peuple (nos 54 et 58) pour les changements constitutionnels. Plusieurs autres constitutions, celle de l'An VIII,
les sénatus-consultes du 16 thermidor An X et du 28 floréal
An XII, la C. 14 janvier 1852, le sénatus-consulte du 7 novembre
1852, le sénatus-consulte du 20 avril 1870, furent encore
déférés au vote du peuple, mais dans des conditions assez
différentes. La C. An VIII fut, comme les deux précédentes,
soumise en entier au vote, et il en fut de même de l'Acte
Additionnel, du sénatus-consulte du 7 novembre 1852 et du
sénatus-consulte de 1870 ; pour la C. 1852, l'intervention du
suffrage universel consista à adopter cinq principes, sur lesquels la constitution devrait être bâtie ; en l'An X, le peuple
avait été appelé, avant le sénatus-consulte, à voter sur le Con-

---

(1) Certains auteurs distinguent le *referendum,* qui est une part faite au gouvernement direct, du *plébiscite,* qui tend, par une délégation de la souveraineté à un
homme, à créer un gouvernement représentatif.

sulat à vie. Le sénatus-consulte du 21 mai 1870, art. 44, est seul, avec les C. 1793, art. 116, et An III, art. 26 et 346, à exiger le vote des citoyens sur les changements constitutionnels. La C. de 1852 l'exige seulement pour toucher aux principes consacrés par le plébiscite de 1851 (art. 32).

La France a donc fait une ample et fréquente expérience du vote populaire en matière constitutionnelle. On constate que d'énormes majorités ont toujours ratifié des actes fort différents : le plébiscite n'est ni éclairé, ni constant.

En matière législative, la C. 1793 organisait seule un contrôle des assemblées primaires sur les actes du Corps législatif (art. 59-60) : elle n'a jamais été appliquée.

Il reste à signaler la formule, commune aux matières constitutionnelles et aux matières législatives de la C. 1852, art. 5, et du Scs. 1870, art. 13, en vertu de laquelle le chef de l'État avait toujours le droit de faire appel au peuple; ce qui signifiait sans doute qu'il pouvait vaincre par un plébiscite la résistance des corps constitués.

En Suisse, le referendum, qui a des origines anciennes, s'est précisé et fortifié sous l'influence de la Révolution française, et est devenu une partie essentielle des institutions soit fédérales, soit cantonales. Les cantons lui donnent une portée plus ou moins vaste, l'appliquant soit à la constitution seule, soit aux lois ordinaires aussi. En outre, les uns reconnaissent seulement aux citoyens le droit d'exiger la consultation générale des citoyens. D'autres admettent le referendum facultatif : les actes sont solennellement communiqués au peuple et un certain nombre de citoyens peuvent exiger la consultation générale. D'autres y soumettent obligatoirement tous les actes. Enfin quelques constitutions cantonales admettent l'initiative populaire et permettent aux citoyens de soumettre un projet de loi soit à l'assemblée législative, soit au peuple. Selon la constitution fédérale, le referendum est obligatoire en matière constitutionnelle, facultatif en matière législative, et l'initiative populaire est reconnue en matière constitutionnelle.

Le peuple suisse, malgré sa sagesse et les heureuses conditions politiques qui lui sont faites, n'a pas entièrement à se louer du referendum. Il a détruit des lois bien conçues, il a cédé à des passions, enfin les abstentions sont souvent nombreuses.

Aux États-Unis, le referendum constitutionnel est la règle pour les États particuliers (mais non pour l'Union). Le peuple vote : 1° pour décider s'il y a lieu de nommer une Convention pour la revision totale de la constitution, et pour approuver le texte rédigé par la Convention; 2° pour approuver les revisions partielles élaborées par les assemblées législatives. En matière législative, le referendum, de plus en plus employé, s'applique soit à une loi déjà faite, soit au principe d'une loi à faire.

En Danemark et dans la Fédération Australienne, les modifications à la constitution sont obligatoirement soumises à la ratification populaire.

40. La démocratie, faisant résider le pouvoir dans un nombre d'hommes plus ou moins considérable, est forcée de prévoir le cas, très fréquent sans doute, où les hommes ne sont pas unanimes, soit sur la décision à prendre, soit sur les représentants à choisir. La loi du nombre, le triomphe de la majorité, la soumission de la minorité, s'imposent fatalement, car il n'y a pas de supérieur commun qui puisse indiquer et faire prévaloir la solution préférable. Au moins faut-il que toutes les précautions soient prises pour qu'une majorité se forme réelle, sincère, éclairée et sage. Comment ne pas remarquer que la théorie vulgaire de la démocratie omet ces précautions en égalisant politiquement les suffrages d'hommes naturellement inégaux? Il est plus exact et plus sûr de proportionner le rôle politique à l'importance et à la valeur des éléments sociaux.

41. Que la démocratie soit égalitaire ou hiérarchisée, qu'elle fonctionne directement ou par représentants, les pouvoirs populaires ne sont jamais exercés que par des catégories plus ou moins larges, déterminées par l'exclusion des

membres réputés incapables ou indignes. Il suit de là, mais
la conséquence est contestée, que les individus appelés par
les lois à un rôle politique exercent une fonction et non pas
un droit (n° 160). De cette idée, on conclura notamment que
ces fonctions ne sauraient être décernées avec trop de soin
et de précaution, et qu'elles doivent être exercées dans l'intérêt commun du peuple entier, non pour l'avantage particulier de leurs détenteurs.

II

42. On sait que le pouvoir monarchique, aristocratique ou
démocratique peut être exercé soit *directement,* soit par
délégués ou *représentants.* Cette deuxième classification des
formes d'État est donc suffisamment connue ; on évitera pourtant de confondre les *délégués* et les *représentants.*

Dans les régimes monarchiques ou aristocratiques, les
délégations ont pour motif l'impossibilité matérielle de faire
régler par un seul homme ou par un petit nombre d'hommes
les innombrables affaires que suscite le gouvernement d'un
pays.

Dans la forme démocratique, le régime *représentatif* est
dû d'abord à des causes de même nature, quoique différentes,
à la difficulté de réunir des assemblées trop nombreuses, à
l'impossibilité d'enlever fréquemment les citoyens à leurs
travaux ; il est dû encore à d'autres motifs, à l'incapacité du
citoyen pour régler les questions politiques, aux dangers
spéciaux que recèle la foule. Les représentants sont une
élite que le peuple, supposé apte à bien choisir, désigne
pour appliquer aux affaires publiques une intelligence et des
connaissances supérieures.

Le *délégué* peut donc être assez exactement comparé à un
mandataire ; le *représentant* ne peut l'être. Le délégué a des
pouvoirs strictement limités et rend compte de leur usage au
mandant ; le représentant a une large mission, dans l'accomplissement de laquelle il doit s'inspirer des besoins réels

plutôt que des volontés du peuple. La nation exerce sur ses actes un contrôle actif; mais ce n'est pas en lui imposant un programme précis et en vérifiant l'exécution de chaque article, c'est en appréciant l'effet de ses actes sur la vie sociale. Si l'on tient à l'idée inexacte de mandat, on dira que le délégué a pour mandat d'accomplir tels actes déterminés, et que le représentant est chargé de gérer au mieux les intérêts communs. Il est plus exact de dire que le délégué accomplit un *mandat*, le représentant exerce une *fonction*. Cette distinction, entre autres conséquences, refuse au peuple le droit de révoquer ses représentants, et laisse à ceux-ci une large initiative.

III

43. En considérant l'organisation seule du pouvoir exécutif et, dans celle-ci, le mode seul qui pourvoit à la magistrature suprême de l'État, on distingue la *forme royale* et la *forme républicaine*.

La *forme royale* est caractérisée par le principe de l'hérédité, qui assure aux membres d'une famille, selon des règles variées, la transmission de la fonction exécutive la plus élevée; la *forme républicaine* pratique les modes autres que l'hérédité, habituellement l'élection sous des combinaisons diverses (1).

On ne confondra pas *monarchie* et *royauté*. La monarchie revêt en général la forme royale; mais on comprendrait que le pouvoir social résidât sur un homme, en l'absence d'une transmission héréditaire, ainsi en vertu d'une désignation divine plus ou moins authentique, en vertu du sort diversement consulté. D'un autre côté, la royauté peut coexister avec la forme aristocratique ou démocratique; la famille royale n'est alors qu'un élément social de premier ordre, ou

(1) L'histoire offre quelques exemples de royauté élective, c'est-à-dire d'un pouvoir électif et viager; il n'y a pas lieu d'en faire une forme distincte. Un pouvoir viager peut différer dans une certaine mesure d'un pouvoir temporaire; mais les différences sont faibles et permettent de ranger la royauté élective dans les formes républicaines.

bien le roi compte parmi les représentants du peuple. La monarchie reconnaît en un seul homme la plénitude du pouvoir social; la royauté peut ne conférer au roi que l'exercice limité de pouvoirs qui appartiennent aux meilleurs ou au peuple.

On ne confondra pas davantage *démocratie* et *république*. L'aristocratie a souvent revêtu la forme républicaine et organisé des délégations temporaires ou viagères de tel ou tel pouvoir. La royauté peut être démocratique : le peuple, en se réservant l'exercice du pouvoir législatif et l'autorité judiciaire, peut déléguer à titre héréditaire le pouvoir exécutif proprement dit.

La distinction en *royauté* et *république* ne vise que le procédé qui pourvoit à la magistrature suprême de l'État; elle omet les attributs de cette magistrature et l'organisation entière du pouvoir législatif. De ces deux chefs peuvent naître une foule de combinaisons variées, en général conciliables avec la royauté comme avec la république. La forme républicaine peut être une dictature temporaire; la royauté, un titre vain. L'hérédité est la seule caractéristique sûre, exclue par l'une, admise par l'autre.

IV

44. Supposons enfin les divers pouvoirs confiés à des organes différents. Selon les rapports que ces organes auront entre eux, selon qu'ils seront cantonnés dans leurs domaines respectifs ou associés avec influence réciproque, le gouvernement sera dit *indépendant* ou *parlementaire*. On comprendra mieux plus tard cette distinction (nº 394 et s.).

Elle est indépendante de la forme royale ou républicaine du pouvoir exécutif, de la source monarchique, aristocratique ou démocratique du pouvoir. Elle n'a place que dans un régime de représentation ou de délégation; elle ne se comprend pas dans un régime où les pouvoirs sont exercés directement.

LIVRE I

LES CONSTITUTIONS DE LA FRANCE [1]

CHAPITRE IV

La Constitution de 1791.

---

45. La question qui se posait devant les États Généraux réunis à Versailles, le 5 mai 1789, était avant tout une question constitutionnelle.

L'ancienne France n'avait qu'une constitution coutumière. Les jurisconsultes et les politiques des XVIIe et XVIIIe siècles s'accordent à reconnaître l'existence des *lois fondamentales* du royaume, mais leur analyse est l'affirmation claire et complète de l'absolutisme royal. Depuis 1614, les États Généraux n'ont plus été convoqués; d'ailleurs, leurs droits et attributions n'ont jamais été certains, et leur dernière réunion, où l'égoïsme des classes a supplanté toute autre préoccupation, a révélé leur insuffisance. Les Parlements prétendent à un rôle politique que ne justifie pas le principe de leur institution. La Noblesse, domestiquée dans la cour royale, a cessé d'être une aristocratie; le Clergé n'a que des intérêts

---

(1) Pour le texte des constitutions et les détails de leur élaboration, Duguit et Monnier, *Les constitutions et les principales lois politiques de la France depuis 1789*, 2e édit., 1908.

particuliers; le Tiers État, qui maintenant embrasse la nation presque entière, dont l'importance sociale n'a cessé de grandir, qui devrait être tout ou presque tout, n'est rien. L'incertitude qui règne sur les rapports des classes sociales et des pouvoirs publics ouvre à l'absolutisme une large carrière.

La discordance entre les institutions et l'état social, l'absence d'une constitution précise étaient vivement senties à la fin du xviiie siècle. L'étude des coutumes anglaises, l'établissement de la constitution américaine avaient donné un corps aux aspirations de la France, éveillées par d'innombrables écrits politiques. Les difficultés financières furent l'occasion des États Généraux de 1789; leur but réel, unanimement reconnu, était l'élaboration d'une constitution.

46. Les cahiers des États Généraux contenaient un vœu tendant à la rédaction d'une constitution explicite, nouvelle selon les uns, restaurée en son état primitif selon les autres, et même des indications précises sur les points principaux.

Ils étaient unanimes sur les points suivants : le gouvernement de la France est une monarchie, héréditaire de mâle en mâle, par ordre de primogéniture; — le roi est inviolable et sacré; il exerce le pouvoir exécutif; — la loi est faite par la nation ou ses représentants et complétée par la sanction royale; — les impôts et les emprunts doivent être votés par la représentation nationale; — l'impôt n'est voté que pour une durée limitée, d'une session à une autre; — le droit de propriété et la liberté individuelle sont garantis; — les agents administratifs sont responsables de leurs actes.

Il y avait désaccord sur la permanence ou la périodicité de l'assemblée, sa division en ordres séparés, sur les droits du roi à son égard, etc.

47. Les députés porteurs de ces cahiers avaient la ferme intention de donner à la France une constitution. Ils l'affirmèrent le 17 juin 1789, en se déclarant « Assemblée nationale », chargée « d'interpréter et de présenter la volonté générale de la nation », de travailler à « l'œuvre commune de la restauration nationale, de la régénération de la France... »

Plus solennel et plus précis est le serment du Jeu de Paume (20 juin 1789) : « *L'Assemblée nationale, considérant qu'appelée à fixer la Constitution du royaume, opérer la régénération de l'ordre public et maintenir les vrais principes de la monarchie, rien ne peut empêcher qu'elle ne continue ses délibérations dans quelque lieu qu'elle soit forcée de s'établir, et qu'enfin partout où ses membres sont réunis, là est l'Assemblée nationale : Arrête que tous les membres de cette Assemblée prêteront, à l'instant, serment solennel de ne jamais se séparer et de se rassembler partout où les circonstances l'exigeront, jusqu'à ce que la Constitution du royaume soit établie et affermie sur des fondements solides, et que ledit serment étant prêté, tous les membres, et chacun en particulier, confirmeront par leur signature cette résolution inébranlable.* »

48. En face de cette Assemblée résolue, Louis XVI ne sut pas prendre une attitude nette, et demeura hésitant entre ses intentions droites et libérales et les influences réactionnaires qui l'entouraient. En convoquant les États Généraux, il avait décidé que le Tiers État aurait autant de députés que la Noblesse et le Clergé réunis ; mais il avait voulu, contre toute logique, que les trois ordres votassent séparément, et cette double concession avait irrité les uns sans contenter les autres. Il continua comme il avait commencé, résistant et cédant tour à tour et inopportunément. Vainement sollicité de prendre la direction du mouvement en présentant un projet de constitution, il nia d'abord que les députés eussent mission de constituer la France et se borna à indiquer un programme de réformes : vote de l'impôt par les représentants de la nation ; garantie de la dette publique ; obligation pour tous de contribuer aux charges de l'État ; inviolabilité de la propriété, y compris les droits féodaux ; liberté individuelle ; liberté de la presse ; institutions provinciales ; réformes dans la justice, dans les lois civiles et criminelles (Déclaration du 23 juin 1789).

Ce plan pratique et non théorique ne pouvait suffire aux

députés qui rêvaient une grande œuvre doctrinale. Quelques-
uns résistaient comme le roi, alléguant le caractère impératif de leurs mandats, qui ne donnaient pas le droit de faire
une constitution, et demandant à retourner devant leurs
électeurs. Mais, dès le 27 juin 1789, le roi cédait, donnait
au Clergé et à la Noblesse l'autorisation de se joindre au
Tiers État qui avait déjà reçu l'adhésion de la majorité du
Clergé et de plusieurs nobles, déliait les députés scrupuleux
de leurs mandats impératifs, dont l'Assemblée, le 8 juillet,
décida de ne tenir aucun compte.

49. Dans l'Assemblée nationale, désormais Constituante,
il y avait, outre les derniers partisans de l'Ancien Régime,
deux groupes dont les idées politiques étaient fort nettes.
L'un, formé à l'école de Rousseau, répudiait tout exemple et
toute autorité et demandait à la seule raison un plan constitutionnel. L'autre, attaché aux principes de Montesquieu,
songeait à acclimater en France les institutions anglaises.
Entre les deux, oscillait la majeure partie de l'Assemblée;
fermement décidée à faire des réformes, et même ayant
dressé la liste des libertés nécessaires, elle manquait de
programme précis relativement à l'organisation des pouvoirs
publics.

50. Le 6 juillet, les trente bureaux de l'Assemblée furent
chargés de nommer et nommèrent les trente membres d'un
comité qui fixerait l'ordre dans lequel la Constitution serait
formée; le 9, le comité proposa de rédiger un préambule sur
les droits de l'homme et une constitution sur le gouvernement, et de distinguer désormais les lois constitutionnelles
et les lois d'administration. Le 14 juillet, un comité de
huit membres fut chargé de préparer la Constitution; le 27,
il présenta une déclaration des droits de l'homme et les principes du gouvernement français.

La nuit du 4 août, qui vit les privilégiés renoncer à leurs
avantages, donna au travail constituant une ampleur nouvelle. Après avoir voté (26 août) la Déclaration des droits de
l'homme et du citoyen, l'Assemblée commença une série de

lois ayant pour but l'abolition de l'Ancien Régime, la formule du droit nouveau, l'application des principes de 1789. Cet immense travail législatif retarda la confection des lois constitutionnelles, qui furent votées par fragments, à des intervalles assez éloignés.

Entre temps, le comité de constitution avait été renouvelé (15 sept. 1789). Sept membres lui furent adjoints (23 sept. 1790) pour séparer les lois constitutionnelles et en former un ensemble. La constitution fut lue le 5 août 1791, la discussion commencée le 8 août, le vote achevé le 3 septembre ; la sanction royale fut donnée le 13 septembre, et la Constitution fut jurée le 14.

51. La C. 1791 comprend : une déclaration des droits de l'homme et du citoyen, un préambule et sept titres, plus quelques dispositions.

La Déclaration, copiée sur celle du 26 août 1789, proclame les hommes « libres et égaux en droits. Les distinctions sociales ne peuvent être fondées que sur l'utilité commune » (art. 1). « Le but de toute association politique est la conservation des droits naturels et imprescriptibles de l'homme. Ces droits sont : la liberté, la propriété, la sûreté et la résistance à l'oppression » (art. 2). « Le principe de toute souveraineté réside essentiellement dans la nation » (art. 3). « La liberté consiste à pouvoir faire tout ce qui ne nuit pas à autrui » dans les bornes fixées par la loi (art. 4). « La loi n'a le droit de défendre que les actions nuisibles à la société » (art. 5). Elle « est l'expression de la volonté générale. Tous les citoyens ont le droit de concourir personnellement, ou par leurs représentants, à sa formation... » Tous les citoyens sont égaux à ses yeux, et admissibles à tous les emplois publics, « selon leur capacité, et sans autre distinction que celles de leurs vertus et de leurs talents » (art. 6). « Nul homme ne peut être accusé, arrêté ni détenu que dans les cas déterminés par la loi et dans les formes qu'elle a prescrites » (art. 7). Nul ne peut être puni qu'en vertu d'une loi antérieure au délit (art. 8). Tout homme est présumé innocent, et s'il est indispensable de l'arrêter, toute rigueur inutile doit être réprimée par la loi (art. 9). La liberté des opinions, même religieuses, et la libre communication des pensées et des opinions sont proclamées (art. 10-11). La force publique, garantie des droits, est instituée pour l'avantage de tous (art. 12). Les contributions doivent être réparties également entre tous les citoyens, selon leurs facultés (art. 13); et tous les citoyens ont le droit d'en constater la nécessité, de les consentir, d'en suivre l'emploi, d'en déterminer la quotité, l'assiette, le recouvrement et la durée (art. 14). « La société a le droit de demander compte à tout agent public de son administration » (art. 15). « Toute société dans laquelle la garantie des droits n'est pas assurée, ni la séparation des pouvoirs déterminée, n'a pas de constitution » (art. 16). « La propriété étant un droit inviolable et sacré, nul ne peut en être privé, si ce n'est lorsque la nécessité publique, légalement constatée, l'exige évidemment, et sous la condition d'une juste et préalable indemnité » (art. 17).

Le préambule « abolit irrévocablement les institutions qui blessaient la liberté et l'égalité des droits » (noblesse, distinctions héréditaires, régime féodal, justices patrimoniales, ordres de chevalerie, vénalité et hérédité des offices publics, jurandes et corporations, vœux religieux).

TITRE Ier. *Dispositions fondamentales garanties par la Constitution.* — La Constitution garantit en général les droits déclarés ci-dessus et en impose le respect au pouvoir législatif; en outre, les aliénations faites ou à faire selon les lois, et le droit pour tous les citoyens de nommer les ministres du culte. Elle promet un établissement général de secours publics, une instruction publique, des fêtes nationales, un Code des lois civiles communes à tout le royaume.

TITRE II. *De la division du royaume et de l'état des citoyens.* — « Le royaume est un et indivisible; son territoire est distribué en quatre-vingt-trois départements, chaque département en districts, chaque district en cantons. » — Suivent les règles relatives à l'acquisition et à la perte de la qualité de Français, au mariage contrat civil, au pouvoir municipal.

TITRE III. *Des pouvoirs publics.* — La souveraineté, « une, indivisible, inaliénable et imprescriptible », appartient·à la nation, qui ne peut l'exercer que par délégation. Le pouvoir législatif est délégué à une assemblée élue, le pouvoir exécutif au roi, le pouvoir judiciaire à des juges élus.

Chapitre Ier. *De l'Assemblée nationale législative.* — Il n'y a qu'une Chambre. Elle est permanente (c'est-à-dire se réunit chaque année) et se renouvelle en entier de plein droit tous les deux ans. Le roi ne peut la dissoudre. Elle comprend 745 membres ; 247 représentent le territoire, à raison de 3 par département, sauf Paris qui n'a de ce chef qu'un député ; 249 représentent la population et 249 la contribution directe, selon l'importance du département aux deux points de vue. Ainsi trois éléments concourent à la représentation nationale : le territoire, la population, l'impôt direct.

L'Assemblée nationale législative est élue au suffrage à deux degrés. — Les assemblées primaires se réunissent au chef-lieu de canton, de plein droit, sauf convocation antérieure, le deuxième dimanche de mars, tous les deux ans. En sont membres, les *citoyens actifs,* c'est-à-dire les Français, âgés de 25 ans, domiciliés dans le canton, payant une contribution directe égale à la valeur de trois journées de travail, inscrits au rôle des gardes nationales, ayant prêté le serment civique. Les domestiques, les accusés, les faillis, les insolvables en sont exclus. — Ces assemblées nomment les *électeurs,* à raison d'un électeur pour cent citoyens actifs. L'électeur doit être citoyen actif et occuper un bien d'une certaine valeur, variable selon les localités et selon le titre (propriété, usufruit, location) d'occupation. — L'assemblée électorale se réunit au chef-lieu du département, de plein droit (sauf convocation antérieure), le dernier dimanche de mars. Tous les citoyens actifs du département peuvent être élus députés, sauf des incompatibilités. — Le député sortant est rééligible une fois, puis il doit laisser passer une législature.

Le député représente la nation, et non le département qui le nomme ; il n'a pas de mandat impératif.

Des suppléants, en nombre égal au tiers du nombre des représentants, sont nommés en même temps.

Les députés se réunissent de plein droit le premier lundi de mai, sous la présidence provisoire du doyen d'âge. Ils vérifient leurs pouvoirs et élisent leur bureau.

Les représentants prêtent le serment de vivre libres ou mourir et jurent fidélité à la Constitution. Ils sont inviolables, sauf le cas de flagrant délit, à moins que l'Assemblée n'autorise la poursuite ou l'arrestation.

Chapitre II. *De la royauté, de la régence et des ministres.* — La royauté est indivisible, héréditaire de mâle en mâle, par ordre de primogéniture. Le roi des Français — c'est son seul titre — est inviolable et sacré; il est soumis à la loi; il prête serment à la nation, à la loi, à la Constitution. Il est réputé abdiquer lorsqu'il refuse ou rétracte le serment, lorsqu'il dirige une force armée contre la nation, lorsqu'il refuse de rentrer en France sur l'invitation du Corps législatif. Ses biens particuliers font partie du domaine de la nation; sa liste civile est fixée au début du règne par le Corps législatif.

Les ministres sont nommés et révoqués par le roi. Les députés, les membres du tribunal de cassation, les personnes portées sur la liste du haut jury ne peuvent être ministres, deux ans encore après avoir perdu leur qualité. — La signature d'un ministre est nécessaire pour qu'un ordre royal soit exécutoire. Les ministres sont responsables et peuvent être accusés par le Corps législatif pour les actes qui attentent à la sûreté nationale, à la Constitution, à la propriété, à la liberté individuelle et pour les dissipations de deniers. Leur responsabilité n'est pas dégagée par l'ordre même écrit du roi. — Ils doivent, à l'ouverture de chaque session, rendre compte des dépenses au Corps législatif.

Chapitre III. *De l'exercice du pouvoir législatif.* — L'Assemblée a l'initiative et le vote des lois. Le texte énumère les objets qui ne peuvent être réglés que par une loi. En outre, l'Assemblée déclare la guerre sur la proposition du roi, réclame la paix, ratifie les traités de paix, d'alliance et de commerce.

Le roi peut refuser la sanction aux lois votées par l'Assemblée, mais pour un temps seulement (*veto suspensif*) : la loi votée par trois législatures successives, c'est-à-dire par trois assemblées différentes et après deux renouvellements généraux, ne peut être repoussée. Certains actes sont valables sans la sanction royale.

Le roi, averti par l'Assemblée de sa constitution, peut ouvrir et clore la session en personne. Il peut aussi, en cas de besoin, convoquer le Corps législatif prorogé. Il correspond avec lui par des messages contresignés par un ministre ; il peut être reçu par l'Assemblée, alors celle-ci cesse d'être un corps délibérant.

Les ministres ont entrée au Corps législatif ; ils peuvent être entendus en toute matière, mais n'ont droit à la parole que pour les affaires de leur département, à moins d'une autorisation de l'Assemblée nationale.

Chapitre IV. *De l'exercice du pouvoir exécutif.* — Le roi, qui n'a pas l'initiative des lois et ne peut que recommander un objet à l'attention du Corps législatif, a le pouvoir exécutif suprême. Il est le chef de l'administration générale ; il a le commandement des armées, et est chargé de veiller à la sûreté extérieure du royaume ; il nomme à certaines fonctions énumérées par la Constitution.

Il est chargé de promulguer tous les actes du Corps législatif et de les envoyer aux tribunaux. Il ne peut faire que « des proclamations conformes aux lois pour en ordonner ou en rappeler l'exécution ».

Il dirige seul les relations diplomatiques et la guerre ; il signe les traités. La guerre est déclarée au nom de la nation.

Chapitre V. *Du pouvoir judiciaire.*

Titre IV. *De la force publique.* — Titre V. *Des contributions publiques.* — Titre VI. *Des rapports de la nation française avec les nations étrangères.*

Titre VII. *De la revision des décrets constitutionnels.* — « La nation a le droit imprescriptible de changer sa constitution », mais « par les moyens pris dans la constitution même ». Il y a lieu à revision lorsque trois législatures consécutives en ont émis le vœu; la sanction royale n'est pas nécessaire. La quatrième législature, augmentée de 249 membres élus pour la population, fait la revision en se limitant aux points indiqués; puis les 249 membres supplémentaires se retirent. Les députés de la troisième législature sont inéligibles à la quatrième.

Dispositions diverses.

52. Telle est la C. 1791. Malgré l'intelligence et la science déployées dans les mémorables débats qui l'ont élaborée, elle est une œuvre systématique et non pratique, philosophique et non politique. En organisant une seule Assemblée dotée de droits excessifs, en séparant les pouvoirs de manière à supprimer tous rapports entre le Législatif et l'Exécutif et aussi à priver celui-ci de ses attributs les plus légitimes, en laissant le *veto* suspensif, en écartant les ministres du Corps législatif, en refusant au roi le droit de dissolution qui remet au peuple la décision des conflits constitutionnels, elle préparait de redoutables difficultés sans en indiquer la solution légale. L'organisation qu'elle donnait aux pouvoirs locaux indépendants du gouvernement ouvrait la porte à l'anarchie. Sa prédilection pour l'Assemblée frayait les voies à la Convention.

CHAPITRE V

La Constitution de 1793.

53. La C. 1791 dura moins d'une année. L'Assemblée Législative, composée d'hommes nouveaux (1), sans relations avec le roi, se trouva immédiatement aux prises avec les difficultés créées, d'une part, par l'émigration et la coalition étrangère, d'autre part, par l'éclosion et la diffusion rapide des idées républicaines, par les passions politiques exaspérées, par la licence des municipalités et des clubs, enfin par les insurrections qui ne menaçaient guère moins la représentation nationale que le roi. Impuissante à dominer les événements, elle crut devoir abdiquer, et le 10 août 1792, elle vota quatre lois provisoires. La première suspendait le roi de ses pouvoirs jusqu'à la décision d'une Convention nationale (2), donnait asile dans l'enceinte du Corps législatif à la famille royale jusqu'au rétablissement de l'ordre et chargeait une commission extraordinaire (créée la nuit précédente) de préparer : un projet relatif à une Convention nationale, un autre organisant le nouveau ministère, un dernier sur l'éducation du prince royal. La deuxième loi réglait l'exercice provisoire du pouvoir exécutif : les six ministres étaient nommés par l'assemblée selon un mode bizarre et compliqué. La troisième loi décida que les actes du Corps législatif auraient force de loi sans la sanction royale. La

---

(1) La Constituante avait déclaré ses membres non rééligibles (D. 16 mai-17 juin 1791).

(2) Ce terme est employé pour désigner, comme aux États-Unis, une Assemblée constituante.

quatrième proclama électeurs pour la Convention tous les Français âgés de 21 ans, domiciliés depuis un an, vivant de leur travail. — La C. 1791 avait cessé d'exister.

Le 11 août fut votée la loi relative à l'élection de la Convention. Elle admet aux assemblées primaires tous les Français âgés de 21 ans, ayant un an de domicile, vivant de leur travail ou de leurs revenus, à l'exception des domestiques. Pour être électeur ou député, il faut en plus l'âge de 25 ans. C'était presque le suffrage universel, mais à deux degrés encore. Les représentants devaient être investis « d'une confiance illimitée ». Les assemblées durent « jurer de maintenir la liberté et l'égalité ou de mourir en les défendant ».

54. La Convention, dans sa première séance (21 septembre 1792), vota l'abolition de la royauté et la proclamation de la République, vainement demandées à l'Assemblée Législative par des pétitions des Marseillais, puis des Parisiens. Le même jour, il fut déclaré qu' « il ne peut y avoir de constitution que celle qui est acceptée par le peuple ».

La nouvelle assemblée était divisée en deux partis principaux. Les Girondins, dont la conduite d'ailleurs ne fut pas constamment d'accord avec les principes, mettaient une magnifique éloquence au service d'idées libérales et individualistes. Les Montagnards subissaient l'influence singulièrement accrue de Rousseau, et pratiquaient un dogmatisme rigoureux, dans lequel la société absorbait l'individu. L'incompatibilité des doctrines s'aggrava d'antipathies personnelles, et excita entre les partis des querelles sanglantes. Les Girondins, qui s'enivraient de leurs discours et croyaient à la toute-puissance de la parole, furent aisément vaincus par les Montagnards, qui, sans dédaigner les moyens oratoires, savaient agir après avoir parlé, et qu'appuyait le peuple parisien.

Le 11 octobre 1792, un comité de constitution composé en majeure partie de Girondins, avait été nommé. Le rapport de Condorcet fut déposé le 15 février 1793. La discussion subit

le contre-coup des querelles politiques qui déchiraient la
Convention. Commencée le 17 avril, elle fut arrêtée, après
le vote de la Déclaration des droits de l'homme, par l'insurrection du 31 mai et la chute des Girondins.

55. Une brève analyse suffira pour la C. girondine.

Elle comprend une déclaration des droits naturels, civils
et politiques de l'homme en 33 articles, un préambule, et
13 titres comptant ensemble 370 articles.

La Constitution distingue la division administrative et la
division politique. Le district est supprimé et remplacé par
de grandes communes divisées en sections (tit. I).

Sont électeurs, tous les Français âgés de 21 ans et remplissant certaines conditions de résidence; celles-ci ne sont pas
requises pour l'éligibilité, qui exige 25 ans (tit. II).

Les assemblées primaires comptent de 450 à 900 électeurs.
Elles élisent tous les fonctionnaires, interviennent dans la
confection des lois et des constitutions, délibèrent sur les
affaires publiques. Elles peuvent proposer des lois au Corps
législatif (tit. III).

Le pouvoir exécutif est confié à sept ministres élus par le
peuple; ils délibèrent en commun; ils n'ont pas l'initiative
des lois. Le Corps législatif peut les accuser devant un jury
national (tit. V).

Le Corps législatif est une assemblée annuelle. Il rend soit
des *lois*, actes généraux et durables, soit des *décrets*, actes
locaux ou individuels et passagers (tit. VII).

Tout citoyen peut saisir une assemblée primaire d'une
censure sur les actes des pouvoirs publics ou d'une proposition de loi. La demande approuvée par une assemblée est
soumise à toutes les assemblées du département; il suffit que
dans deux départements la majorité soit favorable pour que
toutes les assemblées primaires soient saisies (tit. VIII).

Les Conventions nationales se réunissent sur un vote du
Corps législatif approuvé par le peuple ou des assemblées
primaires; les modifications qu'elles apportent à la Constitution sont soumises à la ratification du peuple (tit. IX).

56. Les 29 et 30 mai 1793, cinq membres furent adjoints au Comité de salut public pour présenter à la Convention, dans le plus bref délai possible, un plan constitutionnel. Le rapport, par Hérault de Séchelles, fut déposé le 10 juin 1793 et la Constitution votée entre le 11 et le 24. Soumise au plébiscite (résultat proclamé à la séance du 9 août 1793), elle fut approuvée à une forte majorité; les abstentions étaient très nombreuses.

Elle comprend une Déclaration des droits de l'homme et du citoyen en 35 articles, et 124 articles groupés sous 25 rubriques.

La Déclaration des Droits, proclamée « en présence de l'Être suprême », est faite « afin que tous les citoyens pouvant comparer sans cesse les actes du Gouvernement avec le but de toute institution sociale ne se laissent jamais opprimer et avilir par la tyrannie, afin que le peuple ait toujours devant les yeux les bases de sa liberté et de son bonheur, le magistrat la règle de son devoir, le législateur l'objet de sa mission ».

« Le but de la société est le bonheur commun. Le gouvernement est institué pour garantir à l'homme la jouissance de ses droits naturels et imprescriptibles » (art. 1). Ce sont (art. 2) : l'*égalité* devant la loi (art. 3); « la loi est l'expression libre et solennelle de la volonté générale » (art. 4); tous les citoyens sont admissibles aux emplois publics (art. 5); — la *liberté*, qui « est le pouvoir qui appartient à l'homme de faire tout ce qui ne nuit pas aux droits d'autrui » (art. 6). Sont reconnues la liberté de manifester sa pensée et ses opinions soit par la presse, soit autrement, la liberté de réunion, la liberté des cultes (art. 7); — la *sûreté*, protection donnée par la société aux personnes, aux droits et aux propriétés (art. 8), spécialement « contre l'oppression de ceux qui gouvernent » (art. 9). La liberté individuelle est protégée contre les actes arbitraires (art. 10 à 15); — la *propriété*, « droit... de jouir et de disposer à son gré de ses biens, de ses revenus, du fruit de son travail et de son industrie » (art. 16); par suite, « nul genre de travail, de culture, de commerce ne peut être interdit à l'industrie des citoyens » (art. 17); la personne humaine n'est pas aliénable et « la loi ne reconnaît point de domesticité » (art. 18); l'expropriation suppose la nécessité publique et est compensée par une juste et préalable indemnité (art. 19); l'impôt est consenti par les citoyens (art. 20).

« Les secours publics sont une dette sacrée... » (art. 21). La société doit favoriser l'instruction (art. 22).

La garantie sociale, « action de tous, pour assurer à chacun la jouissance et la conservation de ses droits... repose sur la souveraineté nationale... » (art. 23), et ne peut exister sans la séparation des pouvoirs et la responsabilité de tous les fonctionnaires (art. 24).

« La souveraineté réside dans le peuple; elle est une et indivisible, imprescriptible et inaliénable » (art. 25). Aucune portion du peuple, aucun individu ne peut l'usurper (art. 26-27). « Un peuple a toujours le droit de revoir, de réformer et de changer sa constitution » (art. 28). « Chaque citoyen a un droit égal de concourir à la formation de la loi et à la nomination de ses mandataires ou de ses agents » (art. 29). Les fonctions publiques sont temporaires et entraînent la responsabilité (art. 30-31). Le droit de pétition « ne peut, en aucun cas, être interdit, suspendu ni limité » (art. 32). « La résistance à l'oppression est la conséquence des autres droits de l'homme » (art. 33). « Il y a oppression contre le corps social lorsqu'un seul de ses membres est opprimé. Il y a oppression contre chaque membre lorsque le corps social est opprimé » (art. 34). « Quand le gouvernement viole les droits du peuple, l'insurrection est pour le peuple et pour chaque portion du peuple le plus sacré des droits et le plus indispensable des devoirs » (art. 35).

I. *De la République* (art. 1). — Elle est une et indivisible.

II. *De la distribution du peuple* (art. 2-3). — Il est distribué, pour l'exercice de sa souveraineté, en assemblées primaires de canton; pour l'administration et la justice, en départements, districts, municipalités.

III. *De l'état des citoyens* (art. 4-6). — L'exercice des droits de citoyen est subordonné à de faciles conditions ; l'âge de 21 ans suffit ; les étrangers sont aisément naturalisés.

IV. *De la souveraineté du peuple* (art. 7-10). — Le peuple souverain nomme les députés, délibère sur les lois, nomme les électeurs qui choisissent les fonctionnaires administratifs et judiciaires.

V. *Des assemblées primaires* (art. 11-20). — Elles se composent de 200 à 600 citoyens domiciliés dans le canton depuis six mois au moins. Elles nomment leurs bureaux, font leur police. Le vote a lieu au scrutin ou à haute voix, au gré du votant.

VI. *De la représentation nationale* (art. 21-36). — Elle a pour base unique la population. Il y a un député pour 40.000 habitants. Tout électeur est éligible. Le député représente la nation entière. L'élection a lieu le 1er mai de chaque année.

VII. *Des assemblées électorales* (art. 37-38). — Elles se composent de membres choisis par les assemblées primaires, à raison d'un membre si l'assemblée a 300 citoyens au plus, de deux si elle compte plus de 300 citoyens, de trois si elle compte plus de 500 citoyens.

VIII-IX-X. *Du Corps législatif* (art. 39-44). — *Tenue des séances du Corps législatif* (art. 45-52). — *Fonctions du Corps législatif* (art. 53-55). — Il est unique, indivisible, annuel, permanent. Il se réunit le 1er juillet de chaque année. Ses membres sont inviolables et irresponsables, sauf le cas de flagrant délit ou l'autorisation de l'assemblée. Il propose des lois et rend des décrets sur les objets énumérés par le texte.

XI. *De la formation de la loi* (art. 56-60). — La loi, précédée d'un rapport, est votée par le Corps législatif, imprimée et envoyée aux communes. Elle devient définitive si dans les quarante jours il n'y a pas de réclamation formulée par un dixième des Assemblées primaires dans la moitié plus un des départements. S'il y a réclamation, toutes les assemblées primaires sont consultées sur la loi.

XII. *Intitulé des lois et décrets* (art. 61). — « Au nom du peuple français ».

XIII-XIV. *Du Conseil exécutif* (art. 62-74). — *Des relations du Conseil exécutif avec le Corps législatif* (art. 75-77). — Il se compose de vingt-quatre membres élus par le Corps législatif sur une liste élue par les électeurs à raison d'un candidat par département et renouvelée par moitié à la fin de chaque session. — Il est chargé de l'administration générale, de l'exécution des lois et décrets; nomme hors de son sein et révoque les agents en chef de l'administration dont le Corps législatif fixe le nombre et les fonctions, les agents extérieurs; négocie les traités. — Il est responsable devant le Corps législatif. Il y a entrée et place séparée, il est entendu lorsqu'il a un compte à rendre ou sur l'invitation de l'assemblée.

XV. *Des corps administratifs et municipaux* (art. 78-84). — XVI. *De la justice civile* (art. 85-95). — XVII. *De la justice criminelle* (art. 96-97). — XVIII. *Du tribunal de cassation* (art. 98-100). — XIX. *Des contributions publiques* (art. 101). — XX. *De la trésorerie nationale* (art. 102-104). — XXI. *De la comptabilité* (art. 105-106). — XXII. *Des forces de la République* (art. 107-114).

XXIII. *Des conventions nationales* (art. 115-117). — Ce sont des assemblées ordinaires, excepté qu'elles ont le droit de reviser, sur des points indiqués à l'avance, la constitution. Le peuple est consulté sur leur convocation, lorsqu'un vœu de revision a été formulé par un dixième des assemblées primaires, dans la moitié plus un des départements.

XXIV. *Des rapports de la République française avec les nations étrangères* (art. 118-121). — XXV. *De la garantie des droits* (art. 122-124).

57. Le résumé qui précède suffit pour comprendre que l'œuvre montagnarde était, comme l'œuvre girondine, insusceptible d'application. L'activité continue des assemblées primaires est la plus évidente de ses nombreuses impossibilités.

CHAPITRE VI

La Constitution de l'An III.

———

58. La C. 1793, qui ne fixait pas de date pour sa mise en activité, ne fut jamais appliquée. Dès la chute des Girondins, le pouvoir effectif était aux mains des Comités de salut public et de sûreté générale, de la Commune de Paris, des clubs. Les troubles intérieurs et les dangers extérieurs concouraient à rendre impossible le fonctionnement des institutions régulières. La L. 19 vendémiaire An II déclara le gouvernement « *révolutionnaire jusqu'à la paix* » (art. 1), plaça le conseil exécutif provisoire (composé des six ministres, D. 15 août 1792, art. 1), les généraux, les corps constitués sous la surveillance du Comité de salut public, qui devait, tous les huit jours, rendre compte à la Convention (art. 2).

Le *gouvernement révolutionnaire* fut organisé par la L. 14 frimaire An II, qui plaça dans la Convention « *le centre unique de l'impulsion du gouvernement* » (sect. II, art. 1). Les corps constitués et les fonctionnaires furent mis sous l'inspection des Comités de salut public et de sûreté générale, qui devaient rendre compte à la Convention tous les mois (art. 2). Le Comité de salut public était, en outre, chargé « *des opérations majeures en diplomatie* » (sect. III, art. 1). Les représentants en mission aux armées étaient sous sa dépendance, devaient correspondre avec lui tous les dix jours (art. 2), ne pouvaient suspendre les généraux sans lui en référer. D'autres représentants devaient aller épurer les autorités locales, également subordonnées aux Comités (sect. IV, art. 2).

La L. 12 germinal An II supprima le conseil exécutif et les ministères, et institua douze commissions composées, en général, de deux membres et d'un adjoint. La Convention les nommait sur la présentation du Comité de salut public, auquel, d'ailleurs, elles étaient subordonnées. La L. 7 fructidor An II porta leur nombre à 16. Le célèbre tribunal révolutionnaire fut créé par la L. 22 prairial An II.

Le gouvernement révolutionnaire, tyrannique et fort, succomba le 9 thermidor An II avec Robespierre, après avoir décimé la Convention. Les représailles ne furent guère moins cruelles, jusqu'au jour où les partis terrifiés songèrent à se contenir réciproquement par une constitution.

59. La C. 5 fructidor An III remplaça celle de 1793 sans que celle-ci eût été expressément abrogée, tant elle semblait impossible. La commission, nommée le 1ᵉʳ germinal An III pour préparer les lois organiques de la C. 1793, reconnut que celle-ci était inapplicable et proposa un nouveau projet. Le rapport de Boissy d'Anglas fut déposé le 5 messidor An III; la discussion commença le 16 messidor, et fut terminée le 30 thermidor. La Convention abandonna avec empressement les principes dont elle venait de faire l'expérience, adopta des doctrines notablement différentes, et prit des précautions contre le retour du gouvernement révolutionnaire et la tyrannie d'une Assemblée.

60. La C. An III comprend une déclaration des droits en 22 articles, une déclaration des devoirs en 9 articles, un préambule en 2 articles, 14 titres comptant 375 articles.

La *Déclaration des droits* proclame (art. 1) : la *liberté*, qui « consiste à pouvoir faire ce qui ne nuit pas aux droits d'autrui » (art. 2) — l'*égalité*, qui « consiste en ce que la loi est la même pour tous, soit qu'elle protège, soit qu'elle punisse » (art. 3) — la *sûreté*, qui « résulte du concours de tous pour assurer les droits de chacun (art. 4) — la *propriété*, « droit de jouir et de disposer de ses biens, de ses revenus, du fruit de son travail et de son industrie (art. 5).
On retrouve la définition de la loi, expression de la volonté

générale (art. 6), les prescriptions édictées en faveur de la liberté individuelle (art. 7 à 14), les règles connues sur l'engagement des services (art. 15), les contributions (art. 16), la définition de la souveraineté (art. 17, 18, 19), le droit des citoyens de concourir à la formation de la loi et aux élections (art. 20), la séparation des pouvoirs et la responsabilité des fonctionnaires publics (art. 22). « Les fonctions publiques ne peuvent devenir la propriété de ceux qui les exercent » (art. 21).

La *Déclaration des devoirs* est plus vague. « La déclaration des droits contient les obligations des législateurs... » (art. 1). « Tous les devoirs de l'homme et du citoyen dérivent de ces deux principes, gravés par la nature dans tous les cœurs : — Ne faites pas à autrui ce que vous ne voudriez pas qu'on vous fît. — Faites constamment aux autres le bien que vous voudriez en recevoir » (art. 2). Plus précisément, chacun doit respecter les lois et leurs organes (art. 3, 5, 6, 7), la propriété (art. 8), donner « ses services à la patrie et au maintien de la liberté, de l'égalité et de la propriété, toutes les fois que la loi l'appelle à les défendre » (art. 9). — « Nul n'est bon citoyen s'il n'est bon fils, bon père, bon frère, bon ami, bon époux » (art. 4).

Le préambule (art. 1-2) proclame que la République française est une et indivisible et que l'universalité des citoyens français est le souverain.

TITRE Ier : *Division du territoire* (art. 3-7). — Le territoire est divisé en départements subdivisés en cantons et en communes. La Constitution s'applique aux colonies, divisées aussi en départements.

TITRE II : *État politique des citoyens* (art. 8-16). — Le droit de vote et l'accès des fonctions publiques sont réservés aux citoyens. Les conditions se rapprochent de celles de 1791, mais l'âge est abaissé à 21 ans; il faut savoir lire, écrire, exercer une profession mécanique.

TITRE III : *Assemblées primaires* (art. 17-32). — Il y a dans chaque canton une ou plusieurs assemblées primaires, comptant entre 450 et 900 citoyens ayant un an de résidence dans le canton; elles se réunissent de plein droit le 1er germinal de chaque année pour élire les électeurs et divers fonctionnaires; elles sont convoquées pour la revision de la Constitution.

Le vote est secret. La corruption est punie de la perte temporaire, puis définitive des droits de citoyen. Nul ne peut paraître armé à l'assemblée, voter deux fois ou par procuration.

Titre IV : *Assemblées électorales* (art. 33-43). — Chaque assemblée primaire nomme annuellement de un à quatre électeurs, rééligibles après deux ans. Les conditions requises sont, outre la qualité de citoyen, l'âge de 25 ans, la possession comme propriétaire, usufruitier, ou locataire d'un bien d'une valeur déterminée. — L'assemblée électorale de chaque département se réunit pour dix jours au plus le 20 germinal de chaque année. Elle élit les membres du Corps législatif, du tribunal de cassation, des tribunaux civils et criminels, les hauts jurés, les administrateurs du département. Elle ne peut, sans commettre un attentat à la sûreté générale, se réunir spontanément, correspondre avec d'autres assemblées, recevoir des pétitions, émettre des vœux. — Ses opérations ne sont vérifiées que par le Corps législatif; mais le commissaire départemental du Directoire peut se faire communiquer les procès-verbaux et dénoncer les infractions à la Constitution.

Titre V : *Pouvoir législatif* (art. 44-131). — *Dispositions générales* (art. 44-72). — Le Corps législatif se compose de deux assemblées, renouvelées par tiers tous les ans. Il est permanent, mais peut s'ajourner; il se réunit de plein droit le 1er prairial de chaque année. Il n'a aucune part au pouvoir exécutif et au pouvoir judiciaire; il ne peut déléguer ses attributions, ni créer des comités permanents. Ses membres ne peuvent accepter des fonctions publiques, ni garder leurs sièges plus de six années consécutives, après lesquelles un intervalle de deux ans est nécessaire. Ils représentent la

nation entière. Leur indemnité est fixée à la valeur de
3.000 myriagrammes de froment.

La population est l'unique base de la représentation, fixée
tous les dix ans par le Corps législatif. Il n'y a pas lieu à
élections partielles, à moins que l'un des Conseils ne perde
plus d'un tiers de ses membres.

Les deux Conseils siègent séparés, mais dans le même lieu,
et publiquement. Ils nomment leur bureau chaque mois et
ont la police sur leurs membres et dans leur résidence. Ils
n'assistent à aucune cérémonie publique. Ils ont une garde.

Conseil des Cinq-Cents (art. 73-81). — Ses membres doivent
avoir l'âge de 30 ans et résider en France depuis dix ans au
jour de leur élection. Il a seul l'initiative des lois.

Conseil des Anciens (art. 82-109). — Il compte 250 membres. Les conditions requises sont : l'âge de 40 ans, la qualité
de marié ou veuf, la résidence en France depuis quinze ans.
Il approuve ou rejette les résolutions votées par l'autre Conseil, sans pouvoir les amender. La résolution approuvée
devient une loi; la résolution rejetée ne peut être représentée
avant un an. — Les Anciens ont seuls le droit de changer la
résidence du Corps législatif; leur décret est exécutoire sous
peine d'attentat à la sûreté de l'État.

Garantie des membres du Corps législatif (art. 110-123). —
Ils sont irresponsables et inviolables, sauf le cas de flagrant
délit ou l'autorisation du Corps législatif. Celui-ci peut les
renvoyer devant la Haute-Cour pour des faits déterminés; ils
sont alors suspendus. L'inviolabilité commence au jour de
l'élection et cesse trente jours après la fin des fonctions.

Relations des deux Conseils entre eux (art. 124-127). — Ils
s'avertissent l'un l'autre de leur constitution et correspon-
dent par quatre messagers élus. L'un des Conseils ne peut
s'ajourner plus de cinq jours sans l'assentiment de l'autre.

Promulgation des lois (art. 128-131). — Elle est faite, dans
la forme prescrite, par le Directoire exécutif, dans les deux
jours du vote, ou le jour même, si l'urgence a été déclarée.

Titre VI : *Pouvoir exécutif* (art. 132-173). — Il est délégué à un Directoire exécutif, comptant cinq membres élus par les Anciens sur une liste décuple formée par les Cinq-Cents.

Les Directeurs doivent être âgés de 40 ans et avoir été ministres ou membres du Corps législatif ; les députés sont inéligibles pendant la durée de leurs fonctions et encore un an après qu'elles ont pris fin.

Ils se renouvellent par cinquième tous les ans ; le membre sortant est inéligible pendant cinq ans. Il faut trois membres au moins pour délibérer. Chaque membre à tour de rôle préside pendant trois mois.

Le Directoire pourvoit à la sûreté intérieure et extérieure du pays, fait des proclamations conformes aux lois et pour leur exécution, dispose de la force armée sans la commander, peut décerner des mandats d'arrêt contre les conspirateurs et nomme à certaines fonctions énumérées.

Les ministres (six au moins, huit au plus) doivent avoir 30 ans et n'être ni parents ni alliés des Directeurs. Leurs attributions sont réglées par la loi. Ils ne forment pas un conseil et sont responsables.

Le Directoire peut inviter le Corps législatif à prendre tel objet en considération. Il lui doit chaque année un compte rendu de la situation financière. Il réside dans le même lieu, ne peut s'absenter plus de cinq jours sans l'autorisation du Corps législatif ; il correspond avec les Conseils par les messagers d'État.

Les Directeurs ont le logement, une garde et un traitement égal à la valeur de 50.000 myriagrammes de froment. Ils sont inviolables.

TITRE VII : *Corps administratifs et municipaux* (art. 174-201).

TITRE VIII : *Pouvoir judiciaire* (art. 201-273). — *Haute-Cour de Justice* (art. 265-273). — Elle comprend : 1° cinq juges élus par le Tribunal de cassation sur une liste de quinze membres tirés au sort ; ils nomment leur président ; — 2° deux accusateurs élus par le même tribunal dans son sein ; — 3° des hauts-jurés élus annuellement. — Elle connaît des accusations admises par le Corps législatif contre ses membres ou contre les directeurs. Le Conseil des Cinq-Cents la convoque, fixe son siège, rédige l'acte d'accusation.

TITRE IX : *De la force armée* (art. 274-295). — TITRE X : *Instruction publique* (art. 296-301). — TITRE XI : *Finances* (art. 302-325). — TITRE XII : *Relations extérieures* (art. 326-335).

TITRE XIII : *Revision de la Constitution* (art. 336-350). — Elle a lieu sur la proposition des Anciens, ratifiée par les Cinq-Cents, réitérée trois fois de trois ans en trois ans. Elle est faite par une assemblée spéciale à laquelle chaque département envoie deux membres réunissant les conditions requises pour les Anciens. L'assemblée de revision ne peut délibérer que sur les points indiqués et pendant trois mois au plus. Ses décisions sont soumises à la ratification des assemblées primaires. Ses membres sont irresponsables et inviolables.

TITRE XIV : *Dispositions générales* (art. 351-377).

61. La Constitution fut complétée : par les L. 5 et 13 fructidor An III, qui règlent les détails de la transition au nouveau régime, et qui ont pour but principal d'imposer aux électeurs l'obligation de faire entrer dans les Conseils nouveaux les deux tiers des membres de la Convention; lois qui provoquèrent une insurrection; — par la L. 25 fructidor An III, sur les élections.

Les deux premières lois et la Constitution furent soumises au plébiscite (résultat proclamé le 1er vendémiaire An IV) et approuvées par une majorité considérable; les abstentions étaient encore plus nombreuses.

CHAPITRE VII

La Constitution de l'An VIII et le Premier Empire.

—

62. La C. An III ne pouvait satisfaire, ni même désarmer les partis auxquels la fin du régime terroriste avait rendu la vie et la parole. Elle fut, dès sa naissance, menacée par deux conspirations, l'une révolutionnaire, l'autre royaliste. Entre ses organes mêmes, l'harmonie n'était pas parfaite, le Directoire appartenant au parti révolutionnaire, les Conseils comptant une forte minorité modérée, que les élections partielles de l'An V transformèrent en majorité. Le conflit, insoluble constitutionnellement, fut dénoué par la force; le Directoire arracha aux Conseils l'annulation des élections de 49 départements, la proscription de 53 représentants, de 2 Directeurs et de plusieurs autres citoyens (L. 19 fructidor An V). L'année suivante, il obtint encore un remaniement illégal des élections désagréables (L. 22 floréal An VI); mais celles de l'An VII durent être maintenues. En même temps, le Directoire, discrédité par certains de ses membres, était renouvelé; Sieyès y entrait, Barras changeait d'opinion, les plus anciens Directeurs étaient forcés de démissionner (30 prairial An VII), laissant aux Conseils une pleine victoire. Mais déjà Sieyès rêvait un coup d'État, un changement constitutionnel; il crut trouver un instrument en un général glorieux, Bonaparte, et tenta l'aventure.

63. Fréquemment violée, unanimement décriée, la C. An III succomba le 18 brumaire de l'An VIII, sans trouver d'autre

appui que la majorité du Conseil des Cinq-Cents, dont la
résistance pourtant faillit déconcerter Bonaparte et déjouer
la conjuration. L'acte voté le 19 brumaire par une petite
fraction des Cinq-Cents et par une forte majorité des Anciens
supprime le Directoire, frappe de déchéance 61 représentants (art. 1), ajourne le Corps législatif pour trois mois
et demi (art. 5), institue une commission consulaire exécutive
(Sieyès, Roger Ducos et Bonaparte) « investie de la plénitude du pouvoir directorial » (art. 2 et 3), et deux commissions de vingt-cinq membres, élues respectivement par les
deux Conseils et chargées d'expédier les affaires urgentes
(art. 8-9). Ces deux commissions devaient préparer des changements à la Constitution, sans autre but « que de consolider,
garantir et consacrer inviolablement la souveraineté du
peuple français, la République une et indivisible, le système
représentatif, la division des pouvoirs, la liberté, l'égalité,
la sûreté et la propriété » (art. 12). La commission consulaire
pouvait leur proposer ses vues (art. 13). — En fait, l'influence
prépondérante fut celle de Bonaparte, qui fit modifier dans
un sens monarchique le plan apporté par Sieyès.

64. La Constitution, négociée entre Sieyès et Bonaparte
avec le concours des sous-commissions déléguées par les
commissions des Conseils, porte la date du 22 frimaire An VIII.
Soumise à l'approbation populaire, elle fut ratifiée par
trois millions de citoyens (plébiscite publié le 18 pluviôse
An VIII). Elle compte 7 titres et 95 articles.

TITRE Ier : *De l'exercice des droits de cité* (art. 1-14). —
« La République française est une et indivisible. Son territoire européen est distribué en départements et arrondissements communaux. » Les citoyens (âgés de 21 ans et ayant
un an de domicile en France) de l'arrondissement communal
élisent un dixième d'entre eux pour former la liste communale de notabilité (*liste de confiance*), où devront être pris
les fonctionnaires communaux. Cette liste élit un dixième de
ses membres pour former la liste départementale appelée
à fournir les fonctionnaires du département. Cette dernière

liste élit enfin un dixième de ses membres pour former la liste nationale des éligibles aux fonctions politiques. Les listes sont revisées tous les trois ans.

TITRE II : *Du Sénat conservateur* (art. 15-24). — Il se compose de 80 membres inamovibles et à vie, âgés de 40 ans au moins. Il se recrute lui-même entre les candidats proposés par le Premier Consul, le Tribunat et le Corps législatif; il ne peut repousser le candidat présenté simultanément par les trois pouvoirs. Le Premier Consul sortant de charge est nécessairement sénateur; c'est une faculté pour les deux autres, qu'ils n'ont pas s'ils sont démissionnaires. Les sénateurs reçoivent un traitement et sont inéligibles à toute fonction publique. Le Sénat ne siège pas publiquement.

Il statue sur les actes qui lui sont déférés comme inconstitutionnels par le Gouvernement ou le Tribunat, et choisit sur la liste nationale les Consuls les membres du Corps législatif, du Tribunat, du Tribunal de cassation et les commissaires de comptabilité.

TITRE III : *Du Pouvoir législatif* (art. 25-38). — Toute loi doit être proposée par le Gouvernement, communiquée au Tribunat, décrétée par le Corps législatif.

Le Tribunat se compose de 100 membres âgés de 25 ans au moins, renouvelés par cinquième tous les ans et indéfiniment rééligibles. Il discute et vote l'adoption des lois et envoie trois de ses membres pour défendre son opinion devant le Corps législatif; il peut dénoncer au Sénat les actes inconstitutionnels, émettre des vœux, sauf sur des procès.

Le Corps législatif se compose de 300 membres âgés de 30 ans au moins, renouvelés par cinquième tous les ans et rééligibles après un an; tous les départements doivent y être représentés. Sa session dure quatre mois, à dater du 1er frimaire. Il vote la loi sans la discuter, après avoir entendu les orateurs du Gouvernement et ceux du Tribunat. La loi votée est promulguée le dixième jour qui suit le vote.

Deux cents personnes peuvent assister aux séances des deux Assemblées.

Les membres des deux Assemblées reçoivent un traitement.

Titre IV : *Du Gouvernement* (art. 39-59) (1). — « Le Gouvernement est confié à trois Consuls, nommés pour dix ans et indéfiniment rééligibles »; chacun est élu avec son rang.

Le Premier Consul a pour attributions propres la promulgation des lois et la nomination des fonctionnaires, sauf les juges de paix et de cassation. Pour les autres actes, les deuxième et troisième Consuls ont voix consultative.

Le Gouvernement propose les lois et fait les règlements nécessaires pour leur exécution ; il dirige les recettes et les dépenses conformément à la loi ; il pourvoit à la sûreté intérieure et extérieure de l'État, dispose de la force armée, décerne des mandats contre les conspirateurs, entretient les relations diplomatiques, signe les traités. Néanmoins, « les déclarations de guerre et les traités de paix, d'alliance et de commerce sont proposés, discutés, décrétés et promulgués comme des lois ».

Le Conseil d'État est chargé, sous la direction des Consuls, de préparer les projets de lois et les règlements d'administration publique, de juger le contentieux administratif. Ses membres sont désignés par le Gouvernement pour défendre les projets de loi devant le Corps législatif.

Les ministres procurent l'exécution des lois et règlements. « Aucun acte du Gouvernement ne peut avoir d'effet s'il n'est signé par un ministre. » Les administrations locales leur sont subordonnées. L'un d'eux est chargé du Trésor; il ne peut payer qu'en vertu d'une loi, d'un arrêté consulaire et

---

(1) C'est sur ce point que la C. An viii s'écarte le plus du plan de Sieyès. Celui-ci faisait nommer à vie par le Sénat un Proclamateur, qui avait six millions de traitement, qui faisait rendre la justice en son nom, représentait la France aux yeux de l'étranger, nommait et révoquait deux Consuls, l'un pour la paix, l'autre pour la guerre, pris sur la liste nationale. Les Consuls désignaient sur la même liste les ministres, investis de l'autorité exécutive, un Conseil d'État, intermédiaire nécessaire entre le Gouvernement et les Assemblées. Le Sénat pouvait toujours « absorber » un fonctionnaire, même le Proclamateur, et couper court ainsi aux essais d'usurpation. — Bonaparte, destiné par Sieyès à être Proclamateur, ne voulut pas être un « porc à l'engrais ».

d'un ordre ministériel. Les comptes des ministres sont publiés.

Les ministres et les conseillers d'État doivent être pris sur la liste nationale.

TITRE V : *Des tribunaux* (art. 60-68).

TITRE VI : *De la responsabilité des fonctionnaires publics* (art. 69-75). — « Les fonctions des membres soit du Sénat, soit du Corps législatif, soit du Tribunat, celles des Consuls et des conseillers d'État ne donnent lieu à aucune responsabilité. » Les délits de ces personnes ne peuvent être poursuivis qu'avec l'autorisation du corps auquel elles appartiennent.

Les ministres sont responsables des actes du Gouvernement déclarés inconstitutionnels, de leurs propres actes contraires à la Constitution, aux lois ou aux règlements, de l'inexécution des lois et règlements. Ils sont dénoncés par le Tribunat, mis en accusation par le Corps législatif, jugés par une Haute-Cour qui comprend des juges de cassation et des jurés pris sur la liste nationale.

Le Tribunal de cassation désigne la juridiction compétente pour les délits professionnels des magistrats.

« Les agents du Gouvernement, autres que les ministres, ne peuvent être poursuivis pour des faits relatifs à leurs fonctions, qu'en vertu d'une décision du Conseil d'État; en ce cas, la poursuite a lieu devant les tribunaux ordinaires » (art. 75).

TITRE VII : *Dispositions générales* (art. 76-95). — Elles contiennent : des règles protectrices de l'inviolabilité du domicile et de la liberté individuelle (arrestation et détention des citoyens); la reconnaissance du droit de pétition individuelle, la déclaration que « la force publique est essentiellement obéissante », et que « nul corps armé ne peut délibérer ». Elles annoncent des tribunaux militaires spéciaux, des pensions et récompenses nationales pour les militaires et leurs familles, la création d'un Institut. Elles permettent la suspension de la Constitution dans le cas de révolte à main armée ou de troubles menaçant la sûreté de l'État, suspension prononcée en principe par la loi, exceptionnellement par le Gouvernement. Elles confirment la confiscation des biens des émigrés et les ventes de biens nationaux. La Constitution se soumet à l'acceptation du peuple.

La C. An VIII fut complétée par d'importantes lois organiques (L. 28 pluviôse An VIII, sur l'administration ; L. 27 ventôse An VIII, sur l'organisation judiciaire ; L. 18 germinal An X, sur les cultes, etc.).

65. La C. An VIII répondait sans doute aux vœux intimes de la nation. Le Gouvernement des assemblées avait lassé par ses agitations stériles, ses vaines paroles, sa tyrannie. La C. An VIII le remplaça par un régime personnel, émietta le pouvoir législatif, accrut les attributions de l'Exécutif, réduisit les droits électoraux à la confection des listes de notabilité. Elle prit ainsi le contrepied des constitutions antérieures et se fit accepter pour cela même. Au reste, elle ne pouvait fonctionner que par l'absolue docilité de tous les organes envers le Premier Consul ; Bonaparte exigea une entière obéissance et l'obtint.

La C. An VIII n'arrêta pas la série des actes arbitraires ; seulement il existait désormais un corps suprême, le Sénat, pour couvrir de son autorité toutes les violations de la Constitution et des lois (comme l'épuration du Corps législatif et du Tribunat, par le Scs. du 22 ventôse An X).

66. Après la paix d'Amiens, le Tribunat émit le vœu (16 floréal An X) qu'une récompense nationale fût votée au Premier Consul. Le 18, le Sénat accorda la prorogation de ses pouvoirs pour dix ans. Le peuple, consulté par Bonaparte qui espérait mieux, lui conféra le consulat à vie.

Le plébiscite fut consacré par le Scs. du 14 thermidor An X, et organisé par le Scs. du 16 thermidor An X, qui compte 10 titres et 86 articles.

TITRE Ier (art. 1-3). — Il y a une assemblée par canton, un collège électoral par arrondissement et un autre par département.

Titre II : *Des assemblées de canton* (art. 4-17). — Elles se composent des citoyens domiciliés et inscrits dans le canton. Le Gouvernement les convoque pour des objets et une durée qu'il fixe. Elles élisent notamment les membres des collèges électoraux.

Titre III : *Des collèges électoraux* (art. 18-38). — Le collège d'arrondissement compte 1 électeur pour 500 habitants, 120 membres au moins, 200 au plus ; celui du département compte 1 électeur pour 1.000 habitants, entre 200 et 300 membres. Les électeurs sont élus à vie par les assemblées de canton entre les 600 plus fort imposés aux contributions directes, dont le ministre des Finances dresse la liste. — Cessent d'être électeurs, notamment ceux que rayent les trois quarts des électeurs sur la proposition du Gouvernement. Nul ne peut être membre de deux collèges. Les fonctionnaires sont admis, mais non les membres du Corps législatif et du Tribunat. Le Premier Consul peut, à toute époque, ajouter à chaque collège des membres pris dans la Légion d'honneur ou parmi les plus fort imposés ou signalés par leurs services ; il nomme le président de chaque collège.

Le collège d'arrondissement présente deux citoyens, dont l'un au moins étranger au collège, pour former la liste qui donne des tribuns.

Le collège de département présente deux citoyens domiciliés dans le département, dont l'un au moins étranger au collège, pour former la liste qui donne les sénateurs.

Les deux collèges présentent chacun deux citoyens domiciliés dans le département, dont l'un au moins étranger au collège, pour former la liste sur laquelle le Corps législatif doit être pris. Cette liste doit porter au moins 3 noms par place.

Titre IV : *Des consuls* (art. 39-53). — Ils sont nommés à vie ; ils sont membres du Sénat et le président. Le Premier Consul présente au Sénat des candidats pour le deuxième et le troisième consulats ; le troisième candidat est nécessairement nommé. De même, le Premier Consul peut désigner son successeur, qui entre dès lors au Sénat, ou déposer aux archives du Sénat un vœu, qui sera connu à sa mort.

Le Premier Consul est remplacé dans les vingt-quatre heures de sa mort. S'il a laissé un vœu écrit, le Sénat peut néanmoins rejeter son candidat, et choisit alors entre les candidats proposés par les deux autres Consuls; il est tenu de se décider à la deuxième présentation. Son obligation ne naît qu'à la troisième, s'il n'existe pas de vœu écrit.

Les dépenses du Gouvernement sont fixées par une loi au début de chaque consulat.

Titre V : *Du Sénat* (art. 54-65). — Il émet, sur l'initiative du Gouvernement : des Scs. organiques sur les matières constitutionnelles; il faut alors les deux tiers des voix; — des Scs. ordinaires sur divers objets spécifiés; la simple majorité suffit. Il conserve sa composition; cependant, les membres du grand conseil de la Légion d'honneur y siègent de droit, ainsi que les ministres, qui n'y ont pourtant pas voix délibérative; en outre, le Premier Consul a le droit de nommer des sénateurs, sans pouvoir porter le nombre total au delà de 120. Les sénateurs peuvent être Consuls, ministres, membres de la Légion d'honneur, inspecteurs de l'instruction publique ou employés à des missions temporaires.

Le Premier Consul nomme un conseil privé composé, outre les Consuls, de deux ministres, deux sénateurs, deux conseillers d'État, deux grands officiers de la Légion d'honneur. Le conseil privé délibère sur les projets de Scs., et donne son avis sur les traités, que le Premier Consul ratifie et communique au Sénat avant de les publier.

Titre VI : *Des conseillers d'État* (art. 66-68). — Ils ne peuvent être plus de cinquante. Ils se divisent en sections. Les ministres ont entrée et voix délibérative au Conseil d'État.

Titre VII : *Du Corps législatif* (art. 69-75). — Les départements, répartis en cinq séries, ont des députés en nombre proportionnel à la population. Le Gouvernement convoque, ajourne et proroge le Corps législatif.

Titre VIII : *Du Tribunat* (art. 76-77). — Il compte cinquante membres répartis en sections et renouvelés par moitié tous les trois ans. Le Tribunat et le Corps législatif peuvent être dissous par le Sénat, et sont alors renouvelés intégralement.

TITRE IX : *De la justice et des tribunaux* (art. 78-85).

TITRE X : *Droit de faire grâce* (art. 86). — Le Premier Consul l'exerce après avoir entendu en conseil privé : le grand juge, deux ministres, deux sénateurs, deux conseillers d'État et deux juges du Tribunal de cassation.

67. Le Scs. An x achève la concentration des pouvoirs entre les mains du Premier Consul. Le Tribunat, pour avoir pris au sérieux son rôle constitutionnel, est à peu près annihilé ; le Corps législatif perd plusieurs attributions ; le Sénat est désormais à la nomination de Bonaparte. La monarchie absolue est faite, et le Premier Consul a le droit de désigner son successeur.

Après lui, on peut citer encore le Scs. 12 fructidor An x, sur les séances du Sénat, et le Scs. 28 frimaire An xii, sur les séances du Corps législatif.

Le 13 floréal An xii, le Tribunat, interprète de l'adulation universelle, émit un vœu tendant au rétablissement de l'hérédité monarchique. Le 28, le Sénat vota le Scs. qui créait l'empire, et que le plébiscite, proclamé par le Scs. 15 brumaire An xiii, ratifia par trois millions et demi de suffrages.

Ce Scs. comprend 142 articles en 16 titres.

TITRE Ier (art. 1-2). — « Le Gouvernement de la République est confié à un Empereur, qui prend le titre d'Empereur des Français. — La justice se rend au nom de l'Empereur par les officiers qu'il institue. — Napoléon Bonaparte, Premier Consul actuel de la République, est Empereur des Français. »

TITRE II : *De l'hérédité* (art. 3-8). — TITRE III : *De la famille impériale* (art. 9-16). — TITRE IV : *De la régence* (art. 17-31). — TITRE V : *Des grands dignitaires de l'empire* (art. 32-47). — TITRE VI : *Des grands officiers de l'empire* (art. 48-51).

TITRE VII : *Des serments* (art. 52-56). — L'empereur, le

régent, les fonctionnaires et les corps constitués prêtent serment dans des formes réglées.

TITRE VIII : *Du Sénat* (art. 57-74). — Il se compose : des princes âgés de 18 ans; des grands dignitaires; de 80 membres élus par le Sénat entre des candidats choisis par l'Empereur sur les listes présentées par les collèges électoraux des départements; des sénateurs nommés par l'Empereur. — Le président est un sénateur désigné chaque année par l'Empereur; il convoque le Sénat soit sur l'ordre de l'Empereur, soit sur la demande d'un sénateur, d'une commission sénatoriale ou d'un officier du Sénat. — Le Sénat nomme deux commissions de sept membres, renouvelées par septième tous les quatre mois, l'une pour la liberté individuelle, l'autre pour la liberté de la presse. Elles reçoivent les plaintes et peuvent déclarer qu'il y a de fortes présomptions que la liberté a été violée; cette déclaration saisit la Haute-Cour.

Le Sénat peut annuler, comme inconstitutionnelles, les opérations électorales; s'opposer, dans les six jours du vote, à la promulgation d'une loi qu'un sénateur a dénoncée comme tendant au rétablissement du régime féodal, comme contraire à l'irrévocabilité des ventes des domaines nationaux ou aux prérogatives impériales ou sénatoriales, ou délibérées sans les formes requises. Le dernier mot est réservé à l'Empereur (1).

TITRE IX : *Du Conseil d'État* (art. 75-77). — Il compte au moins 25 membres, qui deviennent inamovibles après cinq ans d'exercice de leurs fonctions. La présence des deux tiers est nécessaire pour la délibération sur les règlements d'administration publique. Il y a six sections : législation, intérieur, finances, guerre, marine, commerce.

TITRE X : *Du Corps législatif* (art. 78-87). — Il ne peut constituer des commissions. Il renvoie au Tribunat les projets de loi dont il est saisi, et vote le jour où il entend les orateurs du Tribunat et du Conseil d'État.

_____

(1) Le Sénat avait demandé une part dans la confection des lois et l'hérédité de ses membres.

Il siège : en séance ordinaire, pour entendre les orateurs du Conseil d'État et du Tribunat et voter sur le projet de loi ; — en comité général, pour discuter les avantages et les inconvénients du projet de loi.

Il peut se former en comité général, soit pour ses affaires intérieures, sur l'invitation du président ou la demande de 50 membres, et alors la séance est secrète, soit en toute matière, sur la demande des conseillers d'État, et alors il siège publiquement. Les orateurs du Tribunat et du Conseil d'État n'assistent pas au comité général : la discussion y est permise, mais aucun vote ne peut être émis.

TITRE XI : *Du Tribunat* (art. 88-97). — Ses membres sont nommés pour dix ans et renouvelés par moitié tous les cinq ans ; son président est nommé pour deux ans entre trois can-didats élus.

Il est divisé en trois sections : législation, intérieur, finan-ces, dont les présidents sont nommés par le président du Tribunat sur la présentation des sections. La section compé-tente étudie les projets de loi, et désigne deux membres pour défendre son avis devant le Corps législatif ; elle peut deman-der à délibérer avec la section correspondante du Conseil d'État. L'assemblée générale du Tribunat est convoquée par le président ; elle ne peut s'occuper des projets de loi.

TITRE XII : *Des collèges électoraux* (art. 98-100). — Ils comprennent de droit les membres de la Légion d'honneur. Ils renouvellent simultanément les listes de candidats au Sénat et au Corps législatif ; les préfets et les chefs militaires ne peuvent être présentés pour le Sénat.

TITRE XIII : *De la Haute-Cour impériale* (art. 101-133). — Elle est compétente pour les délits de la famille impériale, des grands dignitaires, des grands officiers, des ministres, des sénateurs et des conseillers d'État ; pour les attentats contre l'État ou l'Empereur ; pour les délits d'office de cer-tains fonctionnaires civils et militaires ; pour les forfaitures des juges ; pour les atteintes à la liberté individuelle et à la liberté de la presse.

Elle siège au Sénat. Elle se compose de l'archichancelier de l'Empire, président, des princes, des grands dignitaires, des grands officiers, du grand juge, des présidents des sections du Conseil d'État, de 60 sénateurs, de 14 conseillers d'État, de 20 conseillers à la Cour de cassation.

Le ministère public est rempli par un procureur général nommé à vie par l'Empereur, assisté de trois tribuns nommés chaque année par le Corps législatif sur la présentation du Tribunat, et de trois membres des cours d'appel et des tribunaux criminels nommés chaque année par l'Empereur.

Un greffier en chef est nommé à vie par l'Empereur.

La Haute-Cour ne peut statuer que sur les poursuites du ministère public. Celui-ci est saisi soit par une plainte, soit par le renvoi des juridictions ordinaires, soit par la dénonciation du Corps législatif ou d'un ministre, soit par la déclaration du Sénat. Il est tenu de poursuivre, mais libre dans ses conclusions.

La Haute-Cour est convoquée par son président. Elle vérifie sa compétence. Elle ne peut juger avec moins de 60 membres; le ministère public et l'accusé peuvent récuser chacun 10 membres. Un juge de cassation, désigné par le président, fait un rapport sur l'acte d'accusation à une commission nommée par le président, moitié parmi les sénateurs et moitié parmi les autres membres. La commission décide s'il y a lieu à accusation; si l'affirmative est admise, le rapporteur décerne les mandats d'arrêts; au cas contraire, il en est référé à la Haute-Cour.

L'audience est publique; l'accusé a un défenseur. Les peines applicables sont celles du Code pénal; la Haute-Cour statue à la majorité absolue. En acquittant un accusé, elle peut le renvoyer sous la surveillance de la haute police. Ses arrêts sont sans recours; cependant les condamnations à une peine afflictive ou infamante ne peuvent être exécutées sans l'approbation de l'Empereur.

TITRE XIV : *De l'ordre judiciaire* (art. 134-136).

TITRE XV : *De la promulgation* (art. 137-141). — La formule en est donnée. Le texte prescrit en outre des formalités pour la rédaction et la conservation des lois et sénatus-consultes.

TITRE XVI (art. 142). — Il règle la formule du plébiscite.

68. Cet acte ferme le cycle ouvert en l'An VIII : l'Empereur absorbe la nation; les Assemblées poursuivent obscurément une existence vide et vaine, constamment menacée. Jamais la France n'a connu une puissance plus absolue, un pouvoir plus personnel. On ne peut oublier que le régime impérial a donné à la France ses Codes et son administration, en même temps qu'une gloire militaire incomparable; mais aussi comment oublier qu'il a confisqué toutes les libertés et déprimé les caractères? L'ingrate versatilité, qui s'étala dès la première défaite jusqu'à la catastrophe finale, en était le fruit naturel; elle en fut aussi l'exemplaire châtiment.

69. Le Sénat du Premier Empire rendit un grand nombre de Scs. J'en relève seulement deux. Celui du 19 août 1807 supprime tacitement le Tribunat en donnant la discussion des lois à trois commissions de 7 membres nommées par le Corps législatif; la commission compétente débat le projet devant le Corps législatif, contradictoirement avec les orateurs du Conseil d'État. Le même acte exige l'âge de 40 ans pour les membres du Corps législatif (art. 10). — Celui du 15 novembre 1813 donne à l'Empereur la nomination du président du Corps législatif (art. 1).

CHAPITRE VIII

La Charte de 1814 et l'Acte Additionnel (1).

---

70. Le Scs. An x, art. 54, donnait au Sénat le droit de pourvoir aux cas non prévus; ce texte suggéra à Talleyrand une ressource, après la capitulation de Paris (30 mars 1814). 64 sénateurs (sur 142) répondirent à sa convocation et nommèrent un Gouvernement provisoire de 5 membres, chargé de rédiger une Constitution dont les principes étaient indiqués (1er avril 1814). Les mêmes sénateurs votèrent, le 3 avril, la déchéance de Napoléon 1er et de sa dynastie, sous le prétexte de nombreuses violations de la Constitution, que le Sénat avait approuvées ou tolérées.

Ce vote fut ratifié le 4 avril par 77 voix sur 303 membres français du Corps législatif.

L'Empereur abdiqua le 4 avril, sous la condition que sa dynastie et les institutions actuelles seraient maintenues, puis le 11 avril, sans conditions.

Mais déjà le Gouvernement provisoire avait proposé un projet de constitution et le Sénat l'avait voté (5 et 6 avril). Le Corps législatif donna son adhésion le 7 avril.

71. Les principes indiqués dans l'acte du 1er avril 1814 étaient : la conservation du Sénat et du Corps législatif, sauf les réformes exigées par la liberté des élections et des opinions; — le maintien des droits et avantages des militaires;

---

(1) V. Duvergier de Hauranne, *Histoire du Gouvernement parlementaire en France,* 10 vol. in-8° (1857-1871).

— la consécration de la dette publique et des ventes de biens nationaux ; — la liberté des cultes, de conscience et de la presse ; — l'amnistie pour toutes les opinions politiques.

La Constitution du 6 avril 1814 se compose de 29 articles sans classification et même sans ordre.

Elle rétablit, au profit de Louis XVIII et des Bourbons, la monarchie héréditaire de mâle en mâle par ordre de primogéniture (art. 1). Le roi, inviolable (art. 21), a le pouvoir exécutif (art. 4), la sanction des lois, le droit d'inviter les Chambres à s'occuper d'un objet (art. 5), le droit de grâce, la nomination directe du ministère public et des premiers présidents, la nomination des magistrats sur la présentation du Tribunat (art. 19). Il jure fidélité à la Constitution (art. 29).

Le Sénat compte de 150 à 200 membres, nommés par le roi au titre héréditaire (art. 6) ; les princes y siègent à leur majorité (art. 7) ; les sénateurs de l'Empire y entrent de droit (art. 6). Le Sénat siège publiquement ou secrètement, à son gré (art. 8).

Le Corps législatif est élu tous les cinq ans par les collèges électoraux (art. 9). Il se réunit de plein droit le 1er octobre de chaque année. Il peut être convoqué extraordinairement par le roi ; il peut être dissous, mais doit être remplacé dans les trois mois (art. 10). Il discute et vote les lois. Il siège publiquement, à moins d'un vote contraire (art. 11).

Les deux Chambres ont l'initiative des lois ; les lois de finances doivent commencer au Corps législatif (art. 5).

Leurs membres sont inviolables, à moins d'autorisation de la Chambre ; ils ne peuvent être jugés que par le Sénat (art. 13).

Les ministres peuvent être pris dans leur sein (art. 14) ; ils contresignent les actes royaux et en sont responsables (art. 21).

72. Cette Constitution égoïste, œuvre d'un Sénat déconsidéré, était inacceptable. Louis XVIII, que l'exil avait convaincu de réformes nécessaires, sans le guérir de toutes ses illusions, l'écarta, après quelques hésitations, par la célèbre

Déclaration datée de Saint-Ouen (2 mai 1814), dans laquelle il se dit rappelé par l'amour de son peuple.

Il promettait un Gouvernement représentatif, deux Chambres votant l'impôt, la responsabilité des ministres devant les Chambres, dont l'une aurait le droit d'accusation et l'autre jugerait; il garantissait la liberté individuelle, la liberté des opinions, des votes, de la presse, des cultes, le droit de propriété, la dette publique, les pensions, grades et honneurs de l'armée, l'ancienne et la nouvelle noblesse, la Légion d'honneur, l'admissibilité de tous les citoyens aux emplois et aux grades, l'inamovibilité et l'indépendance du pouvoir judiciaire.

Le 18 mai, il désigna 9 sénateurs, 9 députés, 3 commissaires royaux et le chancelier pour appliquer ces idées. La Charte, rédigée par les commissaires, approuvée par la commission et par le roi, fut *octroyée* dans la séance d'ouverture de la session législative, le 4 juin 1814.

73. La Charte débute par un préambule qui en déduit les motifs. « Louis, par la grâce de Dieu, roi de France et de Navarre », constate les obligations que lui impose son retour, le désir de tous vers la paix et vers une charte constitutionnelle. Il considère que ses prédécesseurs n'ont pas hésité à modifier, suivant les temps, l'exercice de l'autorité entière qui réside dans la personne du roi, et que le temps présent réclame une charte où, dans l'intérêt même des peuples, l'autorité monarchique soit restaurée et les institutions retrempées dans le passé. « A ces causes, nous avons volontairement, et par le libre exercice de notre autorité royale, accordé et accordons, fait concession et octroi à nos sujets, tant pour nous que pour nos successeurs, et à toujours, de la Charte constitutionnelle qui suit. »

Elle compte 76 articles rangés sous 8 rubriques.

Droit public des Français (art. 1-12). — La Charte reconnaît : l'égalité devant la loi, au point de vue des impôts et des emplois publics; — la liberté individuelle; — la liberté des cultes; cependant la religion catholique est la religion de l'État, et ses ministres sont seuls salariés ; — la liberté de publier et faire imprimer les opinions ; — l'inviolabilité des propriétés, y compris les propriétés nationales. Elle promet l'oubli aux opinions et votes émis avant la Restauration. Elle abolit la conscription militaire.

Formes du Gouvernement du roi (art. 13-23). — Le roi, inviolable et sacré, est couvert par les ministres responsables. Il a le pouvoir exécutif, commande les armées, déclare la guerre, fait les traités, nomme à tous les emplois. Il propose, sanctionne et promulgue les lois ; il fait les règlements pour l'exécution des lois et la sûreté de l'État.

Il propose la loi à l'une ou à l'autre Chambre, à son choix ; la loi de l'impôt doit être portée d'abord à la Chambre des députés. Les deux Chambres, d'un commun accord, peuvent supplier le roi de proposer une loi sur tel objet et en indiquent le contenu désirable. « Toute loi doit être discutée et votée librement par la majorité de chacune des deux Chambres. »

La liste civile est fixée au début de chaque règne.

De la Chambre des Pairs (art. 24-34). — « Portion essentielle de la puissance législative », elle commence et finit sa session en même temps que la Chambre des députés. Le Roi nomme les pairs en nombre illimité, au titre viager ou héréditaire ; aucune condition n'est exigée pour la pairie, sauf l'âge. Les pairs siègent à l'âge de 25 ans et votent à 30 ans ; les princes du sang sont pairs de droit et votent à 25 ans, mais ils ne siègent que sur l'ordre du Roi.

La Chambre des pairs est présidée par le chancelier, à son défaut, par un pair désigné par le Roi. Elle juge les crimes de haute trahison et les attentats à la sûreté de l'État. Ses délibérations sont secrètes. Elle seule peut autoriser l'arrestation d'un pair et le juger.

De la Chambre des députés des départements (art. 35-53). — Les députés sont élus pour cinq ans par les collèges électoraux, et renouvelés annuellement par cinquième. Sont éligibles, les citoyens ayant 40 ans d'âge et payant 1.000 francs d'impôt direct. Sont électeurs, les individus ayant plus de 30 ans et payant 300 francs d'impôt direct. La moitié au moins des députés doivent avoir dans le département leur domicile politique.

Le Roi convoque la Chambre tous les ans; il peut la proroger et même la dissoudre, à la charge d'en convoquer une nouvelle dans les trois mois. Il nomme le président sur présentation.

La Chambre siège publiquement. Elle ne peut voter un amendement à une loi sans le consentement du Roi. Elle reçoit la première les lois d'impôts, qui ne deviennent définitives que par le vote de la Chambre des pairs et la sanction du Roi. L'impôt foncier est voté tous les ans; les impôts indirects peuvent être établis pour plusieurs années. La Chambre ne reçoit que des pétitions écrites.

Les députés sont affranchis de la contrainte par corps pendant la session, six semaines avant et six semaines après. Ils ne peuvent être poursuivis criminellement pendant la session qu'en cas de flagrant délit ou en vertu d'une autorisation de la Chambre.

Des ministres (art. 54-56). — Ils peuvent appartenir aux Chambres, y entrer et y parler. Ils sont accusés pour trahison ou concussion par la Chambre des députés et jugés par la Chambre des Pairs.

De l'ordre judiciaire (art. 57-68). — « Toute justice émane du Roi », qui a le droit de grâce. Nul ne peut être distrait de ses juges naturels. Les commissions et tribunaux extraordinaires sont interdits, sauf les commissions prévôtales. La confiscation est abolie.

Des droits particuliers garantis par l'État (art. 69-74). — Sont garantis : les grades, honneurs et pensions des militaires, la dette publique, la nouvelle noblesse (l'ancienne reprend ses titres). La Légion d'honneur est maintenue. Le Roi prête serment à la Charte.

Puis viennent deux dispositions transitoires (art. 75-76).

Enfin « nous ordonnons que la présente Charte constitutionnelle, mise sous les yeux du Sénat et du Corps législatif, conformément à notre proclamation du 2 mai, sera envoyée incontinent à la Chambre des Pairs et à celle des députés ».

74. La Charte de 1814 porte la trace sensible de deux influences opposées. Louis XVIII feignait, en l'*octroyant* et en la datant de la *dix-neuvième* année de son règne, d'ignorer les événements accomplis depuis 1789; il la rattachait à l'Ancien Régime. En même temps, l'institution des deux Chambres, dont l'une élective, qui partageaient avec le Roi le pouvoir législatif, est une concession évidente aux idées nouvelles. La concession porte l'estampille anglaise, et on peut se demander si Louis XVIII, qui avait vécu en Angleterre à une époque très intéressante, n'espérait pas restaurer le pouvoir absolu, à l'aide d'un souple mécanisme, sous des formes constitutionnelles ou tout au moins abriter son repos sous la responsabilité ministérielle.

A coup sûr, la Charte, comparée aux institutions impériales, était libérale; elle faillit devenir populaire. Son effet moral fut tel que Napoléon, en l'effaçant, se sentit obligé de la remplacer par un acte analogue. Le succès de la Charte, d'abord très vif dans la France entière, avide de paix et de liberté, fut promptement compromis par les difficultés d'une situation délicate, par l'inexpérience de tous à l'égard du régime représentatif et parlementaire, par les maladresses du Gouvernement (notamment les mesures relatives au clergé, à l'armée, aux émigrés), par son attitude envers la noblesse impériale, la bourgeoisie et le peuple, par le zèle intempestif de quelques royalistes exaltés. Le mécontentement général, succédant aux plus libérales espérances, fraya à Napoléon un facile chemin.

75. En rentrant de l'île d'Elbe, Napoléon prononça la dissolution des Chambres et convoqua les collèges électoraux pour le mois de mai, à Paris, afin de modifier la Constitution (D. 13 mars 1815). Avant la date fixée, il exposa des idées nouvelles et libérales à Benjamin Constant, et le chargea de rédiger une constitution, qui, approuvée par une commission

où dominaient les ministres et les conseillers d'État, fut promulguée le 22 avril 1815 et soumise au plébiscite par le D. 22 avril 1815. Le plébiscite, dont le résultat fut proclamé le 1er juin 1815, ratifia.

76. *L'Acte additionnel aux constitutions de l'Empire* a, comme la Charte de 1814, un préambule qui l'explique et le justifie. L'Empereur expose que son désir « d'organiser un grand système fédératif européen » avait fait ajourner « l'établissement de plusieurs institutions intérieures, plus spécialement destinées à protéger la liberté des citoyens ». De l'abandon de ce projet « résulte la nécessité de plusieurs modifications importantes dans les constitutions, sénatus-consultes et autres actes qui régissent cet empire ».

Les dispositions annoncées forment 67 articles en 6 titres.

TITRE Ier : *Dispositions générales* (art. 1-26). — Les constitutions de l'Empire sont maintenues sous les modifications qui suivent.

Le pouvoir législatif est exercé par l'Empereur et par deux Chambres. L'une, la Chambre des Pairs, se compose des membres nommés par l'Empereur en nombre illimité, à titre héréditaire; ils siègent à 21 ans et votent à 25 ans; les princes français y siègent à 18 ans et votent à 21; elle est présidée par l'archichancelier de l'Empire ou par un pair nommé par l'Empereur. — L'autre, la Chambre des représentants, compte 629 membres, élus par le peuple, renouvelés intégralement tous les cinq ans et rééligibles; l'âge requis pour l'éligibilité est 25 ans. La Chambre vérifie les pouvoirs de ses membres et nomme son président sous l'approbation de l'Empereur. Ses membres reçoivent une indemnité.

Les pairs et les députés sont exemptés de la contrainte par corps pendant la session et les quarante jours qui suivent; ils ne peuvent être poursuivis criminellement qu'en cas de flagrant délit ou en vertu d'une autorisation de leur Chambre. Les pairs ne peuvent être jugés que par leur Chambre.

La qualité de pair ou de député est compatible avec toutes les fonctions publiques, sauf celle de comptable; le préfet et le sous-préfet sont inéligibles dans leurs circonscriptions.

L'Empereur se fait représenter devant les Chambres par les ministres qui en sont membres, par les ministres d'État, par les conseillers d'État. Il ajourne la Chambre des députés et peut la dissoudre, sauf à en réunir une autre dans les six mois.

Les Chambres doivent siéger simultanément; les séances sont publiques.

Le Gouvernement propose les lois; les amendements sont soumis à son approbation. Chacune des deux Chambres peut solliciter une loi sur tel objet et en indiquer le contenu désirable.

TITRE II : *Des collèges électoraux et du mode d'élection* (art. 27-33). — Les collèges électoraux des arrondissements et des départements sont maintenus, tels qu'ils sont organisés par le Scs. An x; ils sont complétés chaque année par les assemblées de canton.

Les représentants peuvent être choisis hors du département; en ce cas, des suppléants domiciliés sont élus.

L'industrie et le commerce auront une représentation spéciale, élue par le collège de département, sur la présentation des chambres de commerce et des chambres consultatives.

TITRE III : *De la loi de l'impôt* (art. 34-37). — La loi seule peut établir un impôt, autoriser un emprunt, l'aliénation d'un domaine de l'État, l'échange d'un territoire, une levée de troupes.

La Chambre des représentants reçoit la première les projets de lois relatifs au budget et aux comptes, aux impôts, aux emprunts, aux levées de troupes. L'impôt direct est voté chaque année; les autres impôts peuvent être accordés pour plusieurs années.

TITRE IV : *Des ministres et de la responsabilité* (art. 38-50). — Tout acte du Gouvernement doit être contresigné par un ministre ayant portefeuille. Les ministres peuvent être accusés par la Chambre Basse et jugés par la Chambre des Pairs. Celle-ci est aussi compétente à l'égard des chefs mili-

taires accusés d'avoir compromis la sûreté ou l'honneur de
la nation ; elle a un pouvoir discrétionnaire pour qualifier
les faits et appliquer les peines. — L'art. 75 C. An VIII sera
modifié.

TITRE V : *Du pouvoir judiciaire* (art. 51-58). — La Haute-
Cour est supprimée. L'Empereur accorde les grâces et les
amnisties. « Les interprétations des lois demandées par la
Cour de cassation sont données dans la forme d'une loi. »

TITRE VI : *Droits des citoyens* (art. 59-67). — Sont garanties :
l'égalité devant la loi, les impôts et les emplois ; — la liberté
individuelle, la liberté des cultes, de la presse, des pétitions
individuelles, toutes les propriétés, la dette publique, la
suppression de la noblesse féodale, des droits féodaux, des
dîmes, de tout culte privilégié.

77. L'Acte Additionnel déçut ceux qui avaient cru que
Napoléon revenait défendre les conquêtes de 1789 contre la
réaction royaliste. Napoléon, de son côté, trouvait ses concessions excessives, avant même de les avoir appliquées, et
comptait les révoquer après la victoire.

Après Waterloo et la nouvelle abdication de Napoléon
(22 juin 1815), une proposition faite à la Chambre des représentants le 13 juin et votée le 20, en vue d'ordonner et
d'améliorer les constitutions de l'Empire, se transforma en
une demande de revision. Une commission composée d'un
député de chaque département fut nommée et délégua une
commission centrale de 9 membres ; le projet fut déposé le
29 juin. La discussion commença le 4 juillet à la Chambre
Basse, et fut interrompue le 7, par l'entrée à Paris des
armées étrangères.

Le projet de constitution comprenait 104 articles. Il copiait
les constitutions impériales ; cependant il accordait aux
Chambres l'initiative des lois, défendait au Chef de l'État de
commander les armées, de conclure les traités et de quitter
le territoire sans l'assentiment des Chambres, consacrait la
responsabilité ministérielle devant les Chambres.

78. Les Chambres, qui avaient paru hésiter entre Louis XVIII et Napoléon II, furent contraintes de se séparer le jour de l'occupation de Paris par les Alliés, la veille de l'arrivée de Louis XVIII à Paris.

Louis XVIII n'avait plus les illusions de 1814. Acceptant les faits accomplis sans désavouer publiquement les idées qui inspiraient la Charte, il s'attacha à appliquer celle-ci dans un esprit libéral et parlementaire.

Sa modération et son habileté politique trouvèrent leur plus sérieux obstacle dans la réaction ultra-royaliste. Contenue sous son règne, la réaction fut plus libre dès l'avènement de Charles X; elle souleva une ardente opposition et finalement une révolution.

Cette période est très importante pour l'histoire du régime représentatif en France. Elle a vu poser et résoudre toutes les grandes questions qui concernent le pouvoir législatif, le pouvoir exécutif et le peuple; elle a entendu d'admirables débats sur les institutions constitutionnelles; elle a vu se dessiner la théorie et la pratique de la responsabilité ministérielle et du régime parlementaire.

79. Voici les principaux actes relatifs aux questions constitutionnelles entre 1815 et 1830 :

L'O. 13 juillet 1815 donne aux Chambres le droit de reviser quelques articles de la Charte (art. 14) (1) et règle l'élection des députés, en conservant l'organisation de l'An x. Chaque collège d'arrondissement élit autant de candidats que le département a de députés (art. 5); le collège de département, qui nomme les députés, en prend au moins la moitié parmi les candidats (art. 7). Les membres   collège doivent avoir 21 ans; ceux du collège du département doivent en outre être les plus fort imposés (art. 8). Les éligibles doivent avoir 25 ans et payer 1.000 francs d'impôt direct (art. 10 et 13).

L'O. 19 août 1815 accorde l'hérédité à tous les pairs (art. 1).

---

(1) L'O. 5 septembre 1816 décida que la revision ne serait pas faite (art. 1).

L'O. 5 septembre 1816, obtenue par un ministère relativement modéré, dissout la Chambre plus royaliste que le Roi (*Chambre introuvable*); conserve l'organisation électorale, mais élève à 40 ans l'âge d'éligibilité (art. 8); prescrit de compter au mari, fils ou gendre, l'impôt payé par la femme; au père, l'impôt payé par les enfants mineurs (art. 9); enfin réduit le nombre des députés.

La L. électorale 5 février 1817 déclare électeurs tous les Français âgés de 30 ans, payant 300 francs d'impôt direct, jouissant de leurs droits civils et politiques (art. 1). L'élection a lieu au scrutin de liste par département (art. 7); les préfets et généraux commandants sont inéligibles dans leurs circonscriptions (art. 17). Les députés ne reçoivent aucune indemnité (art. 19).

La L. 25 mars 1818 exige l'âge de 40 ans pour l'éligibilité à la Chambre des députés, outre le cens de 1.000 francs (art. 1).

La L. 29 juin 1820 (*loi du double vote*) attribue des députés séparément aux collèges d'arrondissement et aux collèges de département; ces derniers collèges « sont composés des électeurs les plus imposés, en nombre égal au quart de la totalité des électeurs du département » (art. 2); en sorte que les électeurs les plus imposés votent deux fois, dans le collège d'arrondissement et dans le collège de département.

La L. 9 juin 1824 établit le renouvellement intégral de la Chambre des députés tous les sept ans.

80. Plus importants que ces actes sont les usages politiques qui s'établirent entre 1815 et 1830. Ils constituent le régime parlementaire à peu près parfait. Peu à peu, l'autorité royale fut effacée par l'action des ministres responsables. Les Chambres, la Chambre Basse surtout, acquirent une influence considérable et même une initiative que la Charte leur refusait presque formellement. Les ministres enfin ne purent plus se passer de l'appui du Parlement et cessèrent d'être exclusivement les agents du roi. Ces résultats étaient

acquis à la mort de Louis XVIII; Charles X perdit son trône pour avoir tenté de les anéantir.

81. Tels sont les faits les plus importants de la Restauration. On remarquera que la Charte pouvant être revisée par les Chambres d'accord avec le Roi, les lois constitutionnelles se confondaient sous ce régime avec les lois ordinaires. Charles X prétendit, contrairement à l'opinion dominante (1), pouvoir modifier la Charte par de simples ordonnances et provoqua, par l'exercice de ce droit, une révolution préparée par la politique réactionnaire de son règne.

(1) La controverse roulait sur l'art. 14 *in fine* de la Charte qui autorisait le roi à faire des ordonnances pour *la sûreté de l'État*.

CHAPITRE IX

La Charte de 1830 (1).

––––––

82. Louis XVIII, qui inclinait vers des idées relativement libérales, en avait été détourné par l'assassinat du duc de Berry; du moins ne céda-t-il pas à la pression de son entourage réactionnaire. Charles X, tempérament autoritaire, y obéit sans résistance. Le 8 août 1829, le ministre modéré (Martignac) fit place à un cabinet ultra-royaliste (Polignac). L'opinion publique s'émut; en réponse à un discours du trône menaçant, la Chambre des députés vota (par 221 voix contre 181) une Adresse célèbre, qui rappelle énergiquement les principes du régime représentatif et parlementaire (16 mars 1830). La Chambre fut dissoute (O. 16 mai 1830) et réélue. Charles X prit alors un parti extrême : par 4 ordonnances, la Chambre fut dissoute, les électeurs convoqués, le système électoral modifié, la liberté de la presse suspendue (2). Une émeute éclata aussitôt dans Paris. Le roi crut lui donner satisfaction en rétractant les ordonnances et en abdiquant au profit de son petit-fils (2 août), et nomma Louis-Philippe d'Orléans lieutenant général du royaume, avec la mission de

(1) V. Thureau-Dangin, *Histoire de la Monarchie de Juillet*, 1884-1892, 7 vol. in-8.

(2) Entre les O. 25 juillet 1830, rétractées le 29, je retiens celle qui concerne les élections. Le collège d'arrondissement élit autant de candidats que le département compte de députés et se divise en autant de sections qu'il doit nommer de candidats. Le collège de département, composé des plus forts imposés, jusqu'à concurrence du quart, élit les députés et doit en prendre la moitié au moins entre les candidats. La Chambre se renouvelle par cinquième tous les ans au scrutin de liste.

« faire proclamer l'avènement de Henri V à la couronne ».
L'opinion publique exigeait davantage, un changement de
régime et de dynastie.

Dès le 27 juillet, 63 députés présents à Paris protestent
contre les ordonnances. Le 29, ils nomment un gouvernement provisoire et offrent le titre de lieutenant général du
royaume au duc d'Orléans. Le 31, le prince accepte, et
95 députés signent une proclamation qui annonce cette
acceptation et promet le développement des institutions libérales.

Les Chambres se réunissent le 3 août. Le 6, une proposition tendant à la revision de la Charte est déposée et renvoyée à une commission ; le rapport de Dupin aîné est déposé
le soir même.

83. Le 7 août, la Chambre des députés, prenant en considération les faits accomplis, refuse d'accepter l'abdication de
Charles X, de consulter la nation sur les modifications de la
Charte, de faire nommer des députés nouveaux pour élire le
Roi. Elle « déclare que le trône est vacant en fait et en droit
et qu'il est indispensable d'y pourvoir..., que selon le vœu
et dans l'intérêt du peuple français, le préambule de la
Charte constitutionnelle est supprimé, comme blessant la
dignité nationale, en paraissant *octroyer* aux Français des
droits qui leur appartiennent essentiellement... », et que
certains articles de la Charte doivent être modifiés ou supprimés. Elle annule les nominations de pairs faites par
Charles X. Enfin elle appelle au trône, avec le titre de *Roi
des Français* et sous l'obligation de prêter serment à la Charte
modifiée, Louis-Philippe d'Orléans.

Le même jour, la Chambre des Pairs adhéra à cet acte, en
exceptant les nominations des pairs, pour lesquelles elle s'en
remettait à la prudence du prince.

Le 9 août, le duc d'Orléans écoute, en séance plénière des
deux Chambres, la lecture de l'acte revisé. Il déclare l'accepter et lui jure fidélité.

84. La Charte de 1830 est donc une seconde édition, mais revue et notablement corrigée, de celle de 1814. Elle n'est plus un octroi de la toute-puissance royale, elle est un contrat solennel entre le peuple et le Roi.

Elle ne reproduit pas le préambule, on sait pourquoi.

Elle compte 70 articles sous 8 rubriques : droit public des Français, formes du Gouvernement du Roi, Chambre des Pairs, Chambre des députés, ministres, ordre judiciaire, droits particuliers garantis par l'État, dispositions particulières.

Comparée à son modèle, la Charte de 1830 supprime, modifie, ajoute des dispositions.

Elle supprime les articles transitoires; ceux que rendent inutiles les innovations; ceux qui sont contraires aux doctrines triomphantes, comme les avantages reconnus au culte catholique, la censure sur la presse.

Elle modifie un grand nombre de textes. Elle partage entre le Roi et les Chambres l'initiative des lois (art. 15); — défend au Roi d'user de son pouvoir réglementaire pour suspendre les lois (art. 13); — abaisse à 25 ans l'âge requis pour l'électorat (art. 34) et à 30 ans l'âge d'éligibilité (art. 32); — donne à la Chambre des députés (art. 37) et aux collèges électoraux (art. 35) le droit d'élire leurs présidents; — fait renouveler la Chambre Basse intégralement tous les cinq ans (art. 31); — rend publiques les séances de la Chambre des Pairs (art. 27); — prohibe toutes les juridictions extraordinaires (art. 54); — enfin elle ne limite pas les cas de responsabilité criminelle des ministres (art. 47).

Elle ajoute que la loi seule peut admettre une troupe étrangère au service de la France (art. 13), que les nominations de pairs faites par Charles X sont annulées (art. 68), que « la France reprend ses couleurs » (art. 67), que le Roi prêtera serment à la Charte en présence des Chambres (art. 65).

Elle renvoie à la loi pour des conditions de l'électorat et de l'éligibilité, le nombre des députés (art. 30 et 32).

85. La Charte de 1830 (art. 68 et 69) promettait des lois sur l'organisation de la pairie, la responsabilité des ministres et fonctionnaires, la réélection des députés promus à des fonctions publiques salariées, le vote annuel du contingent militaire, etc.

Ce programme législatif ne fut que partiellement rempli.

La L. 12 septembre 1830 soumet à la réélection les députés nommés fonctionnaires.

La L. 19 avril 1831 fixe à 459 le nombre des députés (art. 38), abaisse à 200 francs (100 francs pour quelques catégories) le cens d'électorat (art. 1 et 3) et à 500 francs le cens d'éligibilité (art. 59). Le suffrage est direct; le scrutin est uninominal (art. 39). Les députés ne reçoivent pas d'indemnité (art. 67).

La L. 29 décembre 1831 donne au Roi la nomination des pairs, en nombre illimité, mais entre 21 catégories (anciens fonctionnaires, membres de l'Institut, propriétaires, industriels ou commerçants payant 3.000 francs d'impôt direct). L'hérédité est supprimée.

Un projet de loi sur la responsabilité des ministres et fonctionnaires fut présenté sans succès.

86. Les usages suivis entre 1830 et 1848 continuent et développent ceux du régime précédent. L'influence du Parlement, et surtout de la Chambre des députés, devient prépondérante; le choix et la durée des ministères dépendent principalement de la majorité parlementaire; le contrôle des Chambres sur le Gouvernement se fait encore plus minutieux et emploie quelques moyens nouveaux, l'interpellation par exemple.

87. La Charte de 1830 donnait aux idées libérales des satisfactions apparentes, mais elle réservait le rôle politique, l'électorat et l'éligibilité à la bourgeoisie riche et trompait ainsi les espérances populaires. Celles-ci provoquèrent d'abord des complots et des émeutes, puis s'organisèrent en une opposition légale et parlementaire. Desservi auprès de l'opinion publique par quelques incidents extérieurs où l'honneur national se crut atteint, le Gouvernement de L uis-

Philippe tenta néanmoins de lutter contre le mouvement démocratique, refusa notamment d'augmenter le nombre des électeurs en abaissant le cens électoral et en dispensant de cette condition les *capacités* (1). L'agitation organisée pour obtenir la réforme électorale dégénéra en une émeute qu'une répression sévère ou peut-être un accident transforma en révolution.

(1) Il convient de reconnaître que la L. 19 avril 1831 appelait à voter, d'une part, certaines catégories moyennant un cens de 100 francs seulement (art. 3), et, d'autre part, des citoyens payant moins de 20 francs en nombre suffisant pour que le collège électoral comptât au moins 150 membres (art. 2).

CHAPITRE X

La Constitution de 1848 (1).

————

88. Le 2i février 1848, la Chambre des députés, envahie par l'émeute, nomme, en dépit de l'abdication de Louis-Philippe en faveur de son petit-fils, le comte de Paris, un Gouvernement provisoire chargé de consulter la nation. Ce Gouvernement prononce le même jour la dissolution de la Chambre des députés, interdit à la Chambre des Pairs de se réunir ; il proclame la République deux jours après.

Le D. 5 mars 1848 convoque une Assemblée constituante (art. 1). Elle comptera 900 membres (art 3), élus au scrutin de liste (art. 9). Sont électeurs tous les Français âgés de 21 ans, et ayant six mois de résidence dans la commune ; sont éligibles tous les citoyens âgés de 25 ans (art. 7). Le chiffre de 2.000 voix suffit pour assurer l'élection (art. 9). Les députés recevront une indemnité de 25 francs par jour (art. 10).

Ce décret a établi en France le suffrage universel.

En attendant la réunion de l'Assemblée (4 mai), le Gouvernement provisoire exerça, au milieu du désordre, une véritable dictature qui mêla singulièrement les réminiscences révolutionnaires au plus extrême libéralisme.

L'Assemblée proclama à son tour la République (4 mai 1848). Elle confia le pouvoir exécutif à une commission de 5 membres (9 et 10 mai), puis au général Cavaignac (24 juin). Le 12 mai, elle décida la création d'une commission de cons-

———

(1) V. P. de la Gorce, *Histoire de la seconde République française*, 1887, 2 vol. in-8°.

titution de 18 membres, et la nomma les 17 et 18. Le rapport
d'Armand Marrast fut déposé le 30 août; le texte, discuté
une première fois du 4 septembre au 23 octobre, fut adopté
dans son ensemble le 4 novembre. Il ne fut pas soumis au
plébiscite, malgré deux motions en ce sens.

89. La Constitution du 4 novembre 1848 a un préambule
en huit paragraphes, qui expose les caractères (démocratique,
une et indivisible), les principes (la liberté, l'égalité et la
fraternité), les bases (la famille, le travail, la propriété,
l'ordre public), les tendances de la deuxième République,
indique les droits et les devoirs des citoyens et de la République.

Elle compte 12 chapitres et 116 articles.

Chapitre Ier : *De la souveraineté* (art. 1). — Inaliénable
et imprescriptible, elle réside dans l'universalité des citoyens
français.

Chapitre II : *Droits des citoyens garantis par la Constitution* (art. 2-17). — Ce sont : la liberté individuelle; notamment l'esclavage est supprimé en toute terre française, et la
peine de mort est abolie en matière politique; — la liberté
des cultes; tous les cultes sont salariés par l'État; — la liberté
d'association, de réunion, de pétition; — la liberté de la
presse et de l'enseignement; — l'admission de tous les Français aux emplois publics; — l'inviolabilité de la propriété; —
la liberté du travail et de l'industrie; — l'égalité devant
l'impôt; — le vote de l'impôt. — La Constitution garantit la
dette publique, promet la gratuité de l'enseignement primaire, des institutions de prévoyance et de crédit, des travaux
publics pour les bras inoccupés, l'assistance pour les enfants,
les infirmes et les vieillards.

Chapitre III : *Des pouvoirs publics* (art. 18-19). — « Tous
les pouvoirs publics, quels qu'ils soient, émanent du peuple.
Ils ne peuvent être délégués héréditairement. La séparation
des pouvoirs est la première condition d'un Gouvernement
libre ».

Chapitre IV : *Du pouvoir législatif* (art. 20-42). — Il est délégué à une Assemblée unique de 750 membres élus, d'après la population seulement, au suffrage universel, direct et secret, de tous les Français âgés de 21 ans et jouissant de leurs droits. Sont éligibles, les électeurs âgés de 25 ans, sauf les incapacités et les incompatibilités que fixera une loi électorale. L'élection se fait par département, au scrutin de liste; la date est fixée par une loi, sinon les élections se font de plein droit le trentième jour qui précède le terme de la législature. — L'Assemblée est élue pour trois ans et se renouvelle intégralement. Ses membres sont rééligibles. — Elle est permanente, mais peut s'ajourner, et nomme alors une commission, composée du bureau et de 25 membres, qui partage, avec le Président de la République, le droit de la convoquer.

Chaque député représente le peuple entier; le mandat impératif est nul.

Les députés sont irresponsables et inviolables, à moins que l'Assemblée n'autorise les poursuites. Ils ne peuvent renoncer à leur indemnité.

Les séances sont publiques; mais l'Assemblée peut se former en comité secret.

L'initiative des lois appartient à chaque député. Les lois, sauf le cas d'urgence, sont soumises à trois délibérations.

Chapitre V : *Du pouvoir exécutif* (art. 43-70). — Il est délégué à un Président de la République élu pour quatre ans, le deuxième dimanche de mai, au suffrage universel, direct et secret. L'Assemblée vérifie la validité de l'élection et, si aucun candidat ne réunit la majorité absolue des votants et deux millions de voix, choisit elle-même entre les cinq noms les plus favorisés par le scrutin. Le Président doit être âgé de 30 ans et n'avoir jamais perdu la qualité de Français; il n'est rééligible qu'après quatre ans; le même délai est imposé aux parents jusqu'au sixième degré du Président sortant et au Vice-Président. Le Président de la République prête serment à la République et à la Constitution.

Il a l'initiative et l'exécution des lois, la disposition, mais non le commandement de la force armée : il ne peut céder une portion du territoire, dissoudre ni proroger l'Assemblée, suspendre la Constitution ou les lois; il ne peut faire la guerre, signer un traité sans l'assentiment de l'Assemblée, ni faire grâce sans l'avis du Conseil d'État. Une loi seule peut gracier les individus condamnés par la Haute-Cour, accorder une amnistie.

Le Président promulgue les lois au nom du peuple, dans le mois du vote en principe, dans les trois jours si la loi est urgente; pendant ce délai, il peut demander à l'Assemblée une seconde délibération, alors définitive. La promulgation omise par le Président de la République est faite par le Président de l'Assemblée.

Le Président reçoit les lettres de créance des ambassadeurs étrangers; il préside aux solennités nationales; il nomme et révoque les ministres; il nomme et révoque en conseil des ministres les agents supérieurs et, sur la proposition du ministre compétent, les agents secondaires de l'administration. Il peut suspendre pour trois mois les fonctionnaires électifs et même, avec l'avis du Conseil d'État, les destituer.

Il doit, chaque année, exposer à l'Assemblée l'état des affaires de la République. Ses actes, sauf ceux qui concernent les ministres, doivent être contresignés par ceux-ci.

Les fonctionnaires, y compris le Président, sont responsables des actes du Gouvernement et de l'administration. Toute atteinte portée par le Président aux droits de l'Assemblée est un crime de haute trahison; dès lors, le pouvoir exécutif passe à l'Assemblée; la Haute-Cour entre immédiatement en activité.

La loi fixe le nombre et les attributions des ministres. Ils ont entrée à l'Assemblée, peuvent y être entendus et se faire assister de commissaires nommés par le Président de la République.

Il y a un Vice-Président de la République, nommé par l'Assemblée entre trois candidats proposés par le Président et pris hors de sa famille; il remplace le Président empêché; il est soumis au serment.

Chapitre VI : *Du Conseil d'État* (art. 71-75). — Il est consulté sur certains projets de loi du Gouvernement désignés par la loi et sur les projets d'initiative parlementaire que l'Assemblée lui renvoie; il prépare les règlements d'administration publique et peut être chargé par la loi de les rédiger; il contrôle et surveille les fonctionnaires. La loi fixe ses autres attributions.

Ses membres sont nommés pour six ans par l'Assemblée nationale, renouvelés par moitié et indéfiniment rééligibles. Ils ne peuvent être révoqués que par l'Assemblée, sur la proposition du Président de la République. La présidence appartient au Vice-Président de la République.

Chapitre VII : *De l'administration intérieure* (art. 76-80).

Chapitre VIII : *Du pouvoir judiciaire* (art. 81-100). — La justice est rendue gratuitement et publiquement au nom du peuple français.

Les délits du Président de la République et des ministres, les attentats contre la sûreté de l'État sont déférés par l'Assemblée à la Haute-Cour. Celle-ci comprend : 1° 5 juges élus annuellement par la Cour de cassation dans son sein, et 2 suppléants; ils nomment leur président; — 2° 36 jurés et 4 suppléants tirés au sort sur une liste à laquelle chaque département fournit un conseiller général (non député) tiré au sort; les récusations sont soumises au droit commun. Le ministère public est nommé suivant les cas par le Président de la République ou l'Assemblée. Les deux tiers des voix sont exigés pour la condamnation.

Le Président de la République n'est justiciable que de la Haute-Cour; l'Assemblée peut renvoyer les ministres devant les tribunaux ordinaires.

Chapitre IX : *De la force publique* (art. 101-107). — Chapitre X : *Dispositions particulières* (art. 108-110).

Chapitre XI : *De la revision de la Constitution* (art. 111). — Le vœu en doit être émis trois fois à un mois d'intervalle et à la majorité des trois quarts sur 500 votants au moins, pendant la dernière année d'une législature. Elle est faite par une assemblée de 900 membres, élue pour trois mois, et qui doit se borner, sauf les cas urgents, à la revision.

Chapitre XII : *Dispositions transitoires* (art. 112-116).

90. La L. 11 décembre 1848, conformément à l'article 115 de la Constitution, indiqua les sujets à régler par des lois organiques avant la séparation de l'Assemblée nationale : responsabilité des dépositaires de l'autorité publique, Conseil d'État, élections, etc. Deux lois seulement furent votées par la Constituante, l'une sur le Conseil d'État (3 mars 1849), l'autre sur les élections (15 mars 1849) ; celle-ci admet au vote tous les Français âgés de 21 ans, domiciliés depuis six mois dans la commune, exempts des incapacités légales.

L'Assemblée législative, réunie le 28 mai 1849, vota des lois sur l'organisation judiciaire (8 août 1849), l'état de siège (9 août 1849), le Tribunal des conflits (4 février 1850), et modifia la loi électorale (31 mai 1850) pour restreindre le suffrage universel en exigeant trois ans de domicile.

91. L'Assemblée constituante était républicaine ; animée des plus généreuses, mais des plus chimériques intentions, elle avait organisé à Paris, pour les ouvriers sans travail, des *ateliers nationaux*, d'où sortit l'insurrection socialiste de juin 1848, péniblement vaincue. L'Assemblée, amenée ainsi à révoquer certaines concessions, rédigea cependant une constitution démocratique, où l'influence de la période révolutionnaire est apparente.

La C. 1848 portait en elle un vice mortel : elle assignait à l'Assemblée et au Chef de l'État la même origine populaire, donnant ainsi au Président élu par tous les Français un prestige supérieur à celui des députés départementaux, et n'indiquait pas la solution légale des conflits qu'un tel régime devait fatalement engendrer. Le vice fut plus saillant lorsqu'à l'Assemblée constituante, républicaine et homogène, eut succédé l'Assemblée législative, élue en haine des socialistes, divisée en plusieurs partis, sans majorité stable ; lorsque la popularité d'un nom glorieux et une habile campagne électorale eurent porté à la présidence le prince

Louis-Napoléon Bonaparte. Le désaccord éclata rapidement
entre le Président, qui rêvait l'Empire populaire, appuyé sur
le suffrage universel, et l'Assemblée, dont la majorité souhai-
tait une restauration monarchique et avait compromis sa
popularité en restreignant le droit de vote.

L'unique précaution prise par la C. 1848 contre les coups
d'État, l'interdiction de réélire le Président, fut la cause
occasionnelle, sinon effective, de sa chute.

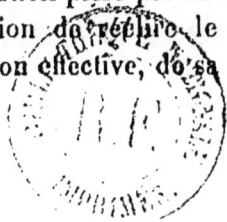

CHAPITRE XI

La Constitution de 1852 et le Second Empire (1).

---

92. Un million de pétitionnaires sollicitaient la revision
de la Constitution pour assurer la réélection de Louis-Napoléon Bonaparte comme Président de la République. Plusieurs
propositions de revision furent soumises à l'Assemblée. Malgré un rapport favorable de Tocqueville, la majorité des
trois quarts requise par la Constitution ne fut pas atteinte
(19 juill. 1851). Le Président passa outre, après avoir préparé l'opinion en demandant à l'Assemblée, qui refusa,
l'abrogation de la loi électorale du 31 mai 1850 (13 nov. 1851).
Un D. 2 décembre 1851 prononça la dissolution de l'Assemblée et du Conseil d'État, rétablit le suffrage universel et
convoqua le peuple dans ses comices; une proclamation du
même jour soumit aux suffrages des Français, non pas une
constitution toute faite, mais les bases de la constitution
future (2). Le plébiscite qui eut lieu les 20 et 21 décembre
(D. 4 déc. 1851, art. 4) et dont le résultat fut proclamé par
le D. 31 décembre 1851, à une énorme majorité, ratifia les
faits accomplis et accepta les bases constitutionnelles. La
rédaction de la constitution, d'abord confiée à une commission de 5 membres qui ne se pressait pas assez, fut ensuite
remise à M. Rouher; le texte, rédigé en vingt-quatre heures
(dit-on), fut promulgué le 14 janvier.

(1) V. P. de la Gorce, *Histoire du Second Empire*, 1896-1905, 7 vol. in-8.
(2) J'omets les mesures violentes prises pour éliminer les opposants et rallier les
hésitants. Elles n'ont aucun rapport avec les institutions.

93. La C. 1852 rappelle dans un préambule les cinq bases soumises au plébiscite : un Chef de l'État responsable, nommé pour dix ans ; des ministres dépendant du Chef de l'État seul ; un Conseil d'État préparant les lois et les soutenant devant le Corps législatif ; un Corps législatif, nommé par le suffrage universel sans scrutin de liste, discutant et votant les lois ; « une seconde assemblée formée de toutes les illustrations du pays, pouvoir pondérateur, gardien du pacte fondamental et des libertés publiques ».

Puis viennent 58 articles répartis en 8 titres.

TITRE Iᵉʳ (art. 1). — « La Constitution reconnaît, confirme et garantit les grands principes proclamés en 1789 et qui sont la base du droit public des Français. »

TITRE II : *Formes du Gouvernement de la République* (art. 2-4). — Louis-Napoléon Bonaparte est nommé Président pour dix ans. Il « gouverne au moyen des ministres, du Conseil d'État, du Sénat et du Corps législatif. La puissance législative s'exerce collectivement par le Président de la République, le Sénat et le Corps législatif ».

TITRE III : *Du Président de la République* (art. 5-18). — Il est responsable devant le peuple, auquel il peut toujours faire appel. Il est le Chef de l'État, commande l'armée, déclare la guerre, signe les traités, nomme aux emplois, a seul l'initiative des lois, les sanctionne et les promulgue, fait les décrets et règlements nécessaires pour leur exécution. Il a le droit de grâce. Il peut déclarer l'état de siège, à charge d'en référer au Sénat. La justice est rendue en son nom.

Chaque année, il expose aux Chambres l'état des affaires. Son traitement est fixé par un sénatus-consulte pour toute la durée de ses fonctions. Il peut recommander au peuple un candidat à sa succession ; s'il meurt en exercice, le Sénat convoque le peuple, et son président gouverne provisoirement avec les ministres formés en conseil.

Les corps constitués et les fonctionnaires jurent fidélité à la Constitution et au Président.

« Les ministres ne dépendent que du Chef de l'État ; ils ne

sont responsables que, chacun en ce qui le concerne, des actes du gouvernement; il n'y a point de solidarité entre eux; ils ne peuvent être mis en accusation que par le Sénat. »

TITRE IV : *Du Sénat* (art. 19-33). — Composé de 80 membres la première année et de 150 au maximum, il comprend les cardinaux, les maréchaux, les amiraux et les sénateurs nommés par le Président. Les fonctions de sénateur sont viagères et gratuites; le Président peut accorder à chaque sénateur une dotation de 30.000 francs au plus.

Le Président de la République nomme annuellement le bureau du Sénat, convoque et proroge le Sénat à son gré. Les séances ne sont pas publiques.

« Le Sénat est gardien du pacte fondamental et des libertés publiques. Aucune loi ne peut être promulguée avant de lui avoir été soumise. » Il peut s'opposer à la promulgation des lois contraires à la constitution, à la religion, à la morale, à la liberté des cultes, à la liberté individuelle, à l'égalité des citoyens devant la loi, à l'inviolabilité de la propriété et au principe de l'inamovibilité de la magistrature, ou qui pourraient compromettre la défense du territoire. — Il règle par des sénatus-consultes, que le Président de la République sanctionne et promulgue : la constitution de l'Algérie et des colonies, les lacunes et l'interprétation de la constitution. Il annule les actes dénoncés comme inconstitutionnels par le Gouvernement ou par une pétition. — Il peut proposer au Président un projet de loi « d'un grand intérêt national », apporter à la constitution des changements soumis à l'assentiment du Président. Les cinq bases ci-dessus ne peuvent être modifiées sans l'approbation du peuple. — Enfin, lorsque le Corps législatif est dissous, le Sénat, sur la proposition du Gouvernement, pourvoit aux cas urgents.

TITRE V : *Du Corps législatif* (art. 34-46). — « L'élection a pour base la population », à raison d'un député pour 35.000 électeurs. Les députés sont élus pour six ans, au suffrage universel, sans scrutin de liste. Les ministres ne peuvent être députés. Les députés ne reçoivent pas d'indemnité.

Le Chef de l'État convoque, ajourne et proroge le Corps législatif; il peut le dissoudre, à charge de convoquer le nouveau dans les six mois; il en nomme annuellement le bureau parmi les députés.

La session ordinaire du Corps législatif dure trois mois. Les séances sont publiques, à moins de comité secret. « Le Corps législatif discute et vote les projets de loi et l'impôt. » Les amendements ne sont discutés qu'après leur admission par le Conseil d'État.

Les pétitions ne peuvent être adressées qu'au Sénat.

TITRE VI : *Du Conseil d'État* (art. 47-53). — Il compte de 40 à 50 membres pour le service ordinaire, nommés et révoqués par le Chef de l'État. Celui-ci préside le Conseil d'État et nomme un vice-président; les ministres ont voix délibérative.

Le Conseil d'État est chargé, sous la direction du Gouvernement, de rédiger les projets de loi et les règlements d'administration publique, de juger en matière administrative. Le Chef de l'État peut désigner des conseillers pour défendre les lois devant le Sénat et le Corps législatif.

TITRE VII : *De la Haute-Cour de justice* (art. 54-55). — Elle juge, sur l'accusation du Président de la République, les attentats contre la sûreté de l'État et contre la personne du Président. Elle sera organisée par un sénatus-consulte.

TITRE VIII : *Dispositions générales et transitoires* (art. 56-58). — La constitution entrera en vigueur dès la formation des corps qu'elle crée. Les décrets rendus entre le 2 décembre 1851 et cette date auront force de loi.

En fait, la mise en activité eut lieu le 29 mars 1852.

94. Entre les nombreux décrets-lois rendus avant la mise en activité de la constitution, il faut signaler : celui du 25 janvier 1852 sur le Conseil d'État et celui du 2 février 1852 sur l'élection des députés (1). Ce dernier fixe à 261 le nombre des députés (art. 1) élus au scrutin uninominal (art. 2);

---

(1) Il faut rattacher à celui-ci un D. réglementaire du même jour et sur le même objet. Ces deux actes sont encore en vigueur presque intégralement.

l'Algérie et les colonies n'en élisent pas (art. 1); le Gouvernement fixe les circonscriptions (art. 2) et convoque les électeurs (art. 4). Sont électeurs, tous les Français âgés de 21 ans et jouissant des droits politiques (art. 12), excepté différentes classes d'incapables (art. 15 et s.). Sont éligibles, tous les électeurs âgés de 25 ans (art. 26), sauf les incompatibilités (art. 29) et les incapacités (art. 30).

La Haute-Cour fut organisée par un Scs. 10 juillet 1852. Elle se compose : 1° d'une chambre d'accusation et d'une chambre de jugement, formées chacune de 5 conseillers à la Cour de cassation nommés, ainsi que le président et le ministère public, par le Chef de l'État; — 2° d'un haut jury de 36 membres et 4 suppléants, tirés au sort sur une liste à laquelle chaque département fournit un conseiller général, également tiré au sort. La procédure et les peines sont, en général, celles du droit commun.

95. La C. 14 janvier 1852, qui se résume en l'abdication presque totale des droits populaires entre les mains d'un homme, contenait virtuellement l'Empire. Le Scs. 7 novembre 1852, rendu après une tournée présidentielle dans les départements, sur de nombreuses pétitions et un message présidentiel, put rétablir la dignité impériale sans toucher aux institutions elles-mêmes. Son objet principal est l'organisation de l'hérédité dans la famille impériale; à défaut d'héritier, l'Empereur sera nommé par un sénatus-consulte proposé par le conseil des ministres et les présidents du Sénat, du Corps législatif et du Conseil d'État, et soumis à l'acceptation du peuple (art. 5). — Le plébiscite des 21 et 22 novembre (dont le résultat fut proclamé par le D. 2 déc. 1852) consacra le Second Empire, à une majorité très considérable.

Le Scs. 25 décembre 1852 augmente sur certains points les attributions du pouvoir exécutif. L'Empereur acquiert le droit d'amnistie (art. 1), le droit de présider le Sénat (art. 2), de faire seul les traités de commerce (art. 3), de déclarer l'utilité des travaux publics pour lesquels les crédits sont votés par le Corps législatif (art. 4). Il accorde aux princes français le droit de siéger au Sénat et au Conseil d'État (art. 7) ; il ne peut nommer plus de 150 sénateurs (art. 10).

Le budget est divisé en chapitres et articles, voté par ministère : la répartition des crédits et les virements se font par décrets en Conseil d'État (art. 12).

Le compte rendu annuel des affaires publiques est présenté aux présidents des bureaux du Corps législatif, sous la présidence du président du Corps. Le procès-verbal des séances de l'Assemblée ne mentionne pas les discours, mais seulement les opérations et les votes (art. 13). Les officiers généraux en réserve sont éligibles au Corps législatif ; ils sont réputés démissionnaires dès qu'ils reprennent de l'activité (art. 15). Les membres du Sénat et du Corps législatif reçoivent une indemnité (art. 11 et 14).

Le Scs. 27 mai 1857 accorda un député de plus aux départements où le nombre des électeurs dépassait de plus de 17.500 un nombre exact de fois 35.000. Celui du 17 février 1858 imposa à tout candidat à la députation un serment de fidélité envers la Constitution impériale que quelques députés avaient refusé. Celui du 4 juin 1858 étendit la compétence de la Haute-Cour.

Ces actes, joints à certaines lois organiques, donnaient au Second Empire le caractère d'une monarchie autoritaire, sinon absolue.

96. Peu après, une évolution en sens contraire, vers l'Empire libéral, commence à se dessiner sous la pression de l'opinion publique.

Le D. 24 novembre 1860 autorise les Chambres à voter annuellement une adresse à l'Empereur (art. 1), accorde le droit d'amendement au Corps législatif (art. 3) et promet le compte rendu sténographique des séances (art. 4), organisé par le Scs. 2 février 1861. L'Empereur peut nommer des ministres sans portefeuille (art. 5).

Le Scs. 31 décembre 1861 décide que le budget sera divisé en sections de ministères, en chapitres et en articles ; qu'il sera voté par sections (il y en avait 66); qu'une loi seule pourra ouvrir des crédits supplémentaires ou extraordinaires.

Le D. 23 juin 1863 supprime implicitement les ministres sans portefeuille.

Le Scs. 18 juillet 1866 abroge la restriction à trois mois de la durée de la session législative, élargit légèrement le droit d'amendement, prohibe toute discussion de la constitution en dehors du Sénat, fixe l'indemnité des députés à 12.500 francs par session.

Le D. 19 janvier 1867 supprime l'adresse (art. 8) et organise le droit d'interpellation (art. 1 et s.).

Le Scs. 14 mars 1867 donne au Sénat, qui tend ainsi à devenir une Chambre Haute, le droit d'exiger en tous cas une nouvelle délibération, renvoyée à la session suivante du Corps législatif, sur une loi.

Le Scs. 8 septembre 1869 est le plus significatif. Il donne l'initiative des lois au Corps législatif comme à l'Empereur (art. 1); les amendements ne peuvent être votés qu'après communication au Gouvernement et avis du Conseil d'État (art. 8). Le Sénat peut s'opposer à la promulgation d'une loi ou exiger une nouvelle délibération (art. 5); il siège publiquement (art. 4). Le Corps législatif nomme son bureau (art. 6). Les assemblées peuvent interpeller le Gouvernement et voter des ordres du jour motivés (art. 7). Le budget est voté par chapitres (art. 9). La loi seule peut modifier les tarifs douaniers ou postaux (art. 10). Les ministres ne dépendent que de l'Empereur; ils forment un conseil sous sa présidence; ils peuvent faire partie des Chambres, y entrer et y parler; le Sénat peut les accuser (art. 2-3).

97. La tendance libérale aboutit enfin à la formation d'un ministère parlementaire (cabinet Émile Ollivier, du 2 janvier 1870) et au Scs. 20 avril 1870, approuvé le 8 mai par le plébiscite et promulgué le 21 mai par l'Empereur.

Le préambule rappelle le plébiscite; puis se succèdent 8 titres contenant 45 articles.

Le TITRE Ier (art. 1) se borne à consacrer les principes de 1789.

Le Titre II (art. 2-9) confirme l'Empire et règle l'hérédité. A défaut d'héritier, l'Empereur sera nommé et l'hérédité sera réglée par un plébiscite, dont le texte sera délibéré par les Chambres, sur la proposition du Conseil des ministres. — Les princes entrent au Sénat et au Conseil d'État à l'âge de 18 ans, en vertu d'une permission de l'Empereur.

Titre III : *Formes du gouvernement de l'Empereur* (art. 10-12). — « L'Empereur gouverne *avec le concours* (1) des ministres, du Conseil d'État, du Corps législatif et du Sénat. » Il partage avec les Chambres l'initiative des lois. Le Corps législatif reçoit le premier les lois d'impôts.

Titre IV : *De l'Empereur* (art. 13-22). — Il est responsable devant le peuple, auquel il peut toujours faire appel. Il est le Chef de l'État, commande les armées, déclare la guerre, fait les traités et les règlements d'administration publique, nomme aux emplois, sanctionne et promulgue les lois, a le droit de grâce et d'amnistie. La justice est rendue en son nom ; les juges sont inamovibles.

La loi seule peut modifier les tarifs douaniers et postaux.

Les ministres, nommés par l'Empereur et responsables devant lui, forment un conseil. Ils peuvent faire partie des Chambres, y entrer et y parler.

Les fonctionnaires de tout ordre et les membres des Chambres jurent fidélité à l'Empereur.

Titre V : *Du Sénat* (art. 23-30). — La composition et le recrutement du Sénat ne sont pas modifiés ; les décrets de nomination devront être motivés. Les nominations annuelles ne peuvent excéder le chiffre 20, et le nombre total, les deux tiers du nombre du Corps législatif. Les sénateurs sont viagers et inamovibles. L'Empereur nomme le bureau annuel du Sénat parmi ses membres. Il convoque et proroge le Sénat ; le Sénat siège publiquement ; il discute et vote les lois, devenant ainsi une véritable Chambre Haute.

Titre VI : *Du Corps législatif* (art. 31-36). — Les députés

(1) Cpr. C. 14 janv. 1852, art. 3 : « Le Président de la République gouverne au moyen des ministres, du Conseil d'État, du Sénat et du Corps législatif. »

sont élus pour six ans au moins, par le suffrage universel, au scrutin uninominal. Ils discutent et votent les lois, élisent leur bureau à chaque session, siègent publiquement.

L'Empereur convoque et ajourne le Corps législatif; il peut le dissoudre, à la charge d'en convoquer un autre dans les six mois.

TITRE VII : *Du Conseil d'État* (art. 37-40). — Il est chargé de préparer, sous la direction de l'Empereur, les lois et règlements, de juger le contentieux administratif, de soutenir devant les Chambres les projets du Gouvernement. Ses membres sont nommés et révoqués par l'Empereur. Les ministres y siègent et y votent.

TITRE VIII : *Dispositions générales* (art. 41-45). — Les pétitions peuvent être adressées au Sénat et au Corps législatif. Différents articles de la C. 1852 sont expressément abrogés ou confirmés. — La constitution ne peut être modifiée que par le peuple sur la proposition de l'Empereur.

98. Le Second Empire avait été accueilli avec joie par ceux — ils étaient nombreux — qu'avaient effrayés les exagérations de 1848. Les années, en s'écoulant, atténuèrent le souvenir des dangers courus et ravivèrent le regret des libertés perdues. Ce dernier sentiment eut de bonne heure des représentants dans le Corps législatif; à côté de la majorité impérialiste, en dehors du groupe républicain, se forma un tiers parti dynastique et libéral, dont les progrès forcèrent la main de l'Empereur, dont le triomphe aux élections de 1869 eut pour résultats les derniers actes cités et la constitution du cabinet Émile Ollivier, « représentant fidèlement la majorité du Corps législatif ». Le temps a manqué à cette nouvelle forme de l'idée impériale pour faire la preuve de sa sincérité et de sa vitalité.

CHAPITRE XII

Les événements de 1870 à 1875.

────

99. Le 4 septembre 1870, deux jours après le désastre de Sedan, le Corps législatif fut envahi et forcé de se séparer, avant d'avoir pu statuer sur le projet de loi présenté au nom du Gouvernement par le comte de Palikao et instituant un Gouvernement provisoire de 5 membres, sur la proposition Thiers tendant à la nomination d'un conseil exécutif, sur la proposition Jules Favre portant déchéance de Napoléon III et création d'un conseil de gouvernement.

Dans la soirée du même jour, les députés de la Seine, réunis à l'Hôtel de Ville de Paris, proclamèrent la République et constituèrent un Gouvernement de la Défense nationale, composé de 11 membres sous la présidence du général Trochu. Une délégation fut bientôt (D. 12 sept. 1870) chargée d'organiser la lutte en province, pendant que le Gouvernement provisoire s'enfermait dans Paris assiégé.

Ce Gouvernement et sa délégation exercèrent les pouvoirs les plus absolus. La proclamation du 8 septembre convoquait pour le 16 octobre les électeurs pour la nomination d'une Constituante, selon la L. 15 mars 1849; le D. 16 septembre 1870, art. 5, fixa la date des élections au 2 octobre; par le D. 23 septembre, art. 3, elles furent ajournées indéfiniment, et, de fait, le pouvoir fut exercé sans contrôle et sans contre-poids par le Gouvernement (1) et la délégation. Les actes

───

(1) Celui-ci eut soin de demander à la population parisienne la confirmation de ses pouvoirs (D. 1er nov. 1870).

accomplis pendant cette période troublée ont été soumis à
une revision sévère par l'Assemblée nationale. Quelques-uns
ont été annulés; ceux qui ont été maintenus ont acquis une
pleine valeur législative.

100. Après l'armistice conclu le 28 janvier 1871, deux
décrets (29 janv. et 2 fév. 1871) prescrivirent pour le 8 février
l'élection d'une Assemblée nationale, qui devait se réunir à
Bordeaux. La loi électorale du 15 mars 1849 était remise
en vigueur; cependant l'incompatibilité de toute fonction
publique salariée avec la qualité de député était supprimée.

L'Assemblée nationale, où les divers partis monarchistes
formaient une majorité hétérogène, se réunit le 12 février.

Elle était alors l'unique autorité qui pût légitimement
représenter la France, les institutions impériales ayant succombé et le Gouvernement de la Défense nationale ayant
résigné ses pouvoirs. Sa situation ressemblait à celle dans
laquelle précédemment s'étaient trouvés les États généraux
de 1789, la Convention, la Chambre des députés de 1830, la
Constituante de 1848. Ses membres, ou du moins la majorité
de ses membres, en concluaient qu'elle était dépositaire de
tous les pouvoirs, et notamment qu'elle avait le pouvoir constituant, le droit de donner à la France une constitution. Le
parti républicain, qui était au début la minorité dans l'Assemblée et qui voyait se dessiner des plans de restauration
monarchique, niait le pouvoir constituant. Il disait que
l'Assemblée avait été élue en vertu de l'armistice du 28 janvier 1871 et pour la mission définie par cet acte : se prononcer
« sur la question de savoir si la guerre doit être continuée
ou à quelles conditions la paix doit être faite »; que le D.
29 janvier 1871 (art. 1) convoquait les électeurs pour une
Assemblée nationale et non pour une *Assemblée constituante;*
que l'Assemblée avait été investie par les électeurs du droit
de guerre et de paix, non du pouvoir constituant; que d'ailleurs
les députés avaient été élus en raison de leur opinion sur la
question de paix ou de guerre, et nullement à raison de leurs
doctrines constitutionnelles.

A ces arguments, on répondait : en droit, que les pouvoirs de l'Assemblée ne pouvaient être déterminés par un acte militaire dicté par l'ennemi ; que le D. 29 janvier 1871 n'est que le complément des décrets de septembre 1870 qui parlent d'une *Assemblée nationale constituante;* — en fait, que les électeurs, moins subtils qu'on ne les disait, avaient chargé l'Assemblée de pourvoir à tous les besoins urgents du pays, et que, parmi ces besoins, figurait assurément celui d'une constitution ; que si l'Assemblée n'avait eu que les droits mentionnés dans l'armistice, elle eût dû se séparer aussitôt après les avoir exercés, s'abstenir des pouvoirs législatif et exécutif comme du pouvoir constituant, conséquences évidemment inacceptables.

101. Le 17 février 1871, l'Assemblée, « dépositaire de l'autorité souveraine » et conservant l'exercice du pouvoir législatif, nomma Thiers, que son opposition à la guerre avait rendu populaire et fait élire dans vingt-six départements *Chef du pouvoir exécutif de la République française,* pour exercer ses fonctions sous l'autorité de l'Assemblée, avec le concours des ministres choisis et présidés par lui-même. Thiers cependant gardait son siège de député. Le 19 février, Thiers proposa d'ajourner les questions relatives à la forme du Gouvernement futur pour se vouer à l'œuvre patriotique plus pressante. Ce *pacte de Bordeaux* fut ratifié par l'Assemblée. Celle-ci, le 1er mars, prononça la déchéance de la dynastie impériale ; puis, sur la proposition de Thiers, elle décida (10 mars) de se séparer, et se sépara en effet (11 mars) pour se réunir à Versailles, le 20 mars.

Sans négliger les lois rendues nécessaires par les malheurs publics, l'Assemblée tenta de donner une organisation au pouvoir intérimaire qu'elle avait créé.

Deux lois spéciales réglèrent la mise en état de siège (L. 28 avril 1871) et l'exercice du droit de grâce et d'amnistie, notamment pour les faits relatifs à la Commune (L. 17 juin 1871).

Au mois de juin, quelques membres avaient proposé de

donner à Thiers la présidence de la République pour cinq ans et de l'écarter de la tribune. Le 12 août, M. Rivet déposa une proposition aux termes de laquelle Thiers exercerait, « sous le titre de *Président de la République* », les fonctions à lui dévolues par la résolution du 17 février 1871. Ses pouvoirs étaient prorogés pour trois ans, mais si l'Assemblée se dissolvait, ils cesseraient dès la réunion de la nouvelle Assemblée, qui « aurait à statuer sur le pouvoir exécutif ». Ses attributions étaient énumérées ; chacun de ses actes devait être contresigné par un ministre. Les ministres seuls étaient déclarés responsables devant l'Assemblée. Le préambule de cette proposition ne faisait aucune allusion au pouvoir constituant de l'Assemblée.

L'Assemblée vota, le 31 août 1871, conformément aux conclusions de sa Commission et sur le rapport de M. Vitet, une loi connue sous le nom de *Constitution Rivet*. Le préambule, adopté après une vive discussion, lui réserve le pouvoir constituant. Le *Chef du pouvoir exécutif* reçoit le titre de *Président de la République française;* il exerce, sous l'autorité de l'Assemblée et jusqu'au terme des travaux de celle-ci, les pouvoirs délégués par la résolution du 17 février 1871 ; il est responsable devant elle ; ses actes sont contresignés par un ministre. Il réside auprès de l'Assemblée, et doit être entendu par elle, lorsqu'il a informé le président de son intention. Il promulgue les lois dès qu'elles lui sont transmises, en surveille et assure l'exécution. Il nomme et révoque des ministres, qui sont responsables devant l'Assemblée, soit solidairement, soit individuellement.

Entre temps, l'Assemblée avait refusé de prendre en considération plusieurs propositions tendant à fixer un terme à ses pouvoirs et à faire commencer le travail constituant.

102. Cet acte qui maintient le Président sous la tutelle de l'Assemblée et restreint l'influence de son éloquence, montre quelle tension existait dans les rapports entre la majorité parlementaire, qui méditait une restauration monarchique, et Thiers, qui inclinait aux idées républicaines. Dès le 20 janvier 1872, Thiers donna sa démission et ne la retira que sur une manifestation de confiance de l'Assemblée, qui refusa sa démission. Par un message du 13 novembre, il invita l'Assemblée à organiser la République. Une commission de 30 membres fut, à la demande du Gouvernement, chargée (délibération du 29 nov. 1872) de préparer une loi sur les attributions des pouvoirs publics et les conditions de la responsabilité ministérielle. Ainsi fut faite la L. 13 mars 1873, sur le rapport de M. de Broglie.

Cette loi (*loi des Trente*) réserve à son tour le pouvoir constituant de l'Assemblée, qui avait été de nouveau fortement contesté. Le Président de la République ne communiquera désormais avec l'Assemblée que par des messages lus par les ministres ; il ne portera la parole qu'après avoir averti l'Assemblée, qui cessera aussitôt sa délibération ; il sera entendu le lendemain et la séance sera levée après son discours ; il ne peut être présent aux délibérations (art. 1). — Les lois doivent être promulguées dans le mois qui suit le vote ou, sur un vote spécial, dans les trois jours. Le Président peut demander une nouvelle délibération d'une loi déclarée urgente et, en dehors de ce cas, demander que la mise à l'ordre du jour de la troisième lecture ne soit fixée qu'après le délai de deux mois (art. 2). Ces droits n'existent pas relativement aux lois constitutionnelles (art. 3). — Les interpellations sont adressées aux ministres. Le Président ne peut parler qu'à propos des interpellations ou pétitions concernant les affaires extérieures ou celles des affaires intérieures au sujet desquelles le conseil des ministres déclare à l'Assemblée qu'elles intéressent la politique générale et la responsabilité présidentielle (art. 4).

Enfin « l'Assemblée nationale ne se séparera pas avant d'avoir statué : 1° sur l'organisation et le mode de transmission des pouvoirs législatif et exécutif ; 2° sur la création et les attributions d'une seconde Chambre ne devant entrer en fonctions qu'après la séparation de l'Assemblée actuelle ;

3° sur la législation électorale. — Le Gouvernement soumettra à l'Assemblée des projets de loi sur les objets ci-dessus énumérés » (art. 5).

103. Le 24 mai 1873, Thiers, blâmé par l'Assemblée à l'occasion de sa politique intérieure, démissionna et fut remplacé par le maréchal de Mac-Mahon.

Un essai de restauration monarchique fut alors tenté par la majorité de l'Assemblée, au profit du comte de Chambord, à qui les princes d'Orléans déclarèrent se rallier. L'essai échoua sur la question, un moment célèbre, du drapeau tricolore (27 oct. 1873). Il fallut revenir à l'organisation de la République.

Le 5 novembre 1873, l'Assemblée, après avoir entendu un message présidentiel qui semblait ajourner indéfiniment l'étude d'une constitution définitive, mais qui réclamait « un pouvoir exécutif durable et fort », fut saisie de la proposition Changarnier, qui confiait pour dix ans le pouvoir exécutif au maréchal de Mac-Mahon, pour être exercé dans les conditions précédentes, jusqu'au vote de lois constitutionnelles qu'une Commission de 30 membres serait chargée de préparer. Le rapport de M. Laboulaye sur cette proposition demandait que le Maréchal fût nommé *Président de la République* pour un délai de cinq ans, à compter de la réunion de la prochaine législature ; que le pouvoir exécutif fût exercé dans les mêmes conditions, jusqu'au vote des lois constitutionnelles, qui pourraient admettre ou repousser la présente attribution de la Présidence au Maréchal.

L'Assemblée vota la *Loi du Septennat* (20 nov. 1873) : « *Le pouvoir exécutif est confié pour sept ans au Maréchal de Mac-Mahon, duc de Magenta, à partir de la promulgation de la présente loi; ce pouvoir continuera à être exercé avec le titre de Président de la République et dans les conditions actuelles jusqu'aux modifications qui pourraient y être apportées par les lois constitutionnelles* » (art. 1). « *Dans les trois jours qui suivront la promulgation de la présente loi, une commission de 30 membres sera nommée en séance publique*

*et au scrutin de liste, pour l'examen des lois constitution-
nelles »* (art. 2).

Cette loi souleva presque aussitôt une question célèbre :
avait-elle institué un septennat *personnel* ou *impersonnel?
Personnel,* en ce sens qu'elle ne concernât que le Maréchal,
que celui-ci mourant ou démissionnant, elle cessât de plein
droit et que tout pût être remis en question? *Impersonnel,* en
ce sens que les pouvoirs du Président de la République, quel
qu'il pût être, fussent fixés à la durée de sept ans.

104. Malgré le message du 5 novembre qui tendait à
ajourner la discussion, la L. 20 novembre 1873 avait décidé
qu'une commission de 30 membres serait nommée pour
l'examen des lois constitutionnelles. Cette commission fut
nommée en plusieurs séances du 26 novembre au 4 décembre
1873. Ses travaux traînèrent en longueur. On lui renvoya les
projets déposés les 19 et 20 mai 1873 par le Gouvernement
de Thiers (1), celui du Gouvernement nouveau déposé le
15 mai 1874 (2), la proposition Casimir-Perier (15 juin 1874)

(1) Dans le projet du 19 mai 1873 (celui du 20 concernait la loi électorale), qui
organisait la République comme gouvernement définitif, le Sénat comptait
265 membres élus, au scrutin de liste, par le suffrage universel direct: chaque
département avait 3 sénateurs ; le territoire de Belfort, les départements algériens,
les colonies de la Réunion, de la Guadeloupe, de la Martinique avaient chacun
1 sénateur. Les éligibles devaient être âgés de 35 ans et appartenir à l'une de
quinze catégories. Le Sénat, élu pour dix ans, se renouvelait par cinquième tous
les deux ans. La Chambre des représentants était élue pour cinq ans, au scrutin
uninominal, par le suffrage universel direct, et se renouvelait intégralement;
chaque arrondissement avait 1 député par 100.000 habitants ou fraction de 100.000;
chaque département algérien avait 2 députés; 6 colonies (Réunion, Martinique,
Guadeloupe, Sénégal, Guyane, Inde) avaient chacune 1 député. — Le Président
de la République était élu pour cinq ans par une Assemblée composée des deux
Chambres et des délégués des Conseils généraux (3 par département); il devait
être âgé de 40 ans. Il pouvait dissoudre la Chambre, avec l'autorisation du Sénat.

(2) Le Gouvernement demandait seulement l'organisation des pouvoirs du
Maréchal de Mac-Mahon, du *Septennat personnel.* Il se bornait à créer, pour le
temps où l'Assemblée nationale aurait cessé d'exister, une Chambre Haute sous
le nom de Grand Conseil; il y faisait entrer : 1° des membres de droit (cardinaux,
maréchaux, premiers présidents des Cours de cassation et des Comptes); 2° des
membres élus (1 à 3 selon la population du département) pour sept ans par un
collège électoral composé de quatorze catégories: 3° 100 (au plus) membres nommés par le Président de la République entre des catégories et inamovibles. L'âge
requis était 35 ans. Les fonctions étaient gratuites. Le Grand Conseil était appelé
à donner son assentiment à la dissolution de la Chambre par le Président de la

reconnaissant la République et fixant les bases de la constitution, le message présidentiel du 9 juillet 1874, réclamant
des lois constitutionnelles, enfin les nombreux projets dus à
l'initiative des députés.

Le 15 juillet, M. de Ventavon déposa un rapport sur quelques dispositions; le 3 août, M. Lefèvre-Pontalis déposa un
rapport sur l'organisation d'un Sénat. La session de 1874 fut
close, le 31 juillet, sans vote positif; l'Assemblée se contenta
de repousser, le 23 juillet, la proposition Casimir-Perier.

Enfin, le 21 janvier 1875, la discussion des lois constitutionnelles fut abordée. La commission ne voulait qu'organiser
le septennat personnel du Maréchal de Mac-Mahon (1);
l'Assemblée alla plus loin et fit une constitution. La majorité,
à la suite d'élections partielles, avait passé aux républicains,
qui cessèrent dès lors de nier que l'Assemblée fût constituante, tandis que les partis adverses, qui lui attribuaient
jadis ce caractère, en contestèrent désormais les conséquences. La discussion fut d'ailleurs assez confuse et incer-

République, à ratifier les traités, et à siéger comme Haute-Cour de Justice. L'organisation de la Chambre des représentants était renvoyée à une loi; cette Chambre avait la priorité en matière financière.

(1) Le projet de la première loi proposée par la Commission se bornait à établir
l'irresponsabilité du Président, sauf le cas de haute trahison, et la responsabilité
des ministres, à annoncer deux Chambres, à donner au Président le droit de
dissoudre la Chambre des députés avec l'obligation de procéder aux élections
dans les six mois, à réserver au Maréchal l'initiative de la revision constitutionnelle, à prescrire aux ministres, à l'expiration du septennat, la convocation des
deux Chambres en congrès pour prendre les résolutions nécessaires.

Le projet de la Commission relatif au Sénat admettait des membres de droit
(amiraux, maréchaux, cardinaux, les premiers présidents des Cours de cassation
et des Comptes, 5 membres de l'Institut élus par leurs collègues), 150 membres
inamovibles nommés par le Président entre 12 catégories, enfin 150 membres élus
dans les départements (1 à 4 selon la population), par 12 catégories, pour neuf ans
et renouvelés par tiers tous les trois ans. Leurs fonctions étaient gratuites. — Son
deuxième projet, rédigé après le vote de l'amendement Pascal Duprat (11 fév.
1875), qui faisait élire le Sénat au suffrage universel, et lu dans la séance du
22 février 1875, et après l'intervention en sens opposé du Maréchal, admettait :
1o 200 sénateurs élus dans les départements par les députés, conseillers généraux et d'arrondissement, les délégués (un par commune) élus par le Conseil
municipal assisté, à nombre égal, des plus imposés ; ils étaient élus pour neuf ans
et renouvelés par tiers ; 2o 100 membres nommés à vie par le Président sur une
liste triple dressée par le Sénat. Les sénateurs ne recevaient aucune indemnité.

taine ; ainsi l'Assemblée, après avoir refusé de reconnaître ouvertement la République (rejet de l'amendement Laboulaye, le 29 janv. 1875), la consacra implicitement en réglant (à une voix de majorité) l'élection du Président de la République (30 janv. 1875). Ce vote était décisif : le septennat personnel était écarté ; c'était une constitution qui s'élaborait. La majorité, d'ailleurs, allait devenir assez forte sur les autres points. Les lois de 1875 sont dues dans l'ensemble aux transactions convenues entre le parti républicain et les plus modérés des autres partis.

L'Assemblée vota, le 24 février 1875, une loi en 11 articles fixant l'organisation et les attributions du Sénat, et, le 25 février, une autre loi en 9 articles, sur l'organisation des pouvoirs publics, fixant la composition du pouvoir législatif, l'organisation et les attributions du pouvoir exécutif, la procédure de la revision de la constitution et le siège des pouvoirs publics.

L'insuffisance de ces deux lois rendit nécessaire la L. 16 juillet 1875 sur les rapports des pouvoirs publics, dont les 14 articles concernent les relations du Gouvernement et des Chambres, certaines attributions du Chef de l'État, sa responsabilité et celle des ministres, l'inviolabilité des députés et des sénateurs.

Le projet, déposé par le Gouvernement le 10 mai 1875, fut très peu modifié par la Commission et par l'Assemblée.

105. Les lois du 24 février, du 25 février et du 16 juillet 1875 sont actuellement les lois constitutionnelles de la France (1). De nombreuses propositions de revision ont été déposées depuis 1875. La plupart ont été abandonnées ou repoussées. Deux lois de revision seulement ont été rendues : celle du 21 juin 1879 a abrogé l'art. 9 L. C. 25 février 1875 ;

---

(1) La L. C. 16 juillet 1875 est la seule qui ait été, dès 1875, qualifiée *constitutionnelle* ; celle du 25 février 1875 l'a été pour la première fois dans la L. R. 21 juin 1879 ; celle du 24 février 1875, dans la L. R. 14 août 1884, art. 3. Aucun doute n'a jamais été élevé sur leur nature. Elle est reconnue explicitement par le rapport relatif à la L. 25 février 1875, et implicitement par l'art. 8 de la même loi qui organise la revision des *lois constitutionnelles*.

celle du 14 août 1884 a abrogé l'art. 1, § 3, L. C. 16 juillet,
modifié l'art. 5, § 2, et l'art. 8, § 3, L. C. 25 février, enlevé le
caractère constitutionnel aux art. 1 à 7 L. C. 24 février 1875.

Les lois constitutionnelles ont été suivies de deux lois
organiques : l'une, celle du 2 août 1875 sur l'élection des
sénateurs, a été modifiée notamment par la loi du 9 décembre 1884 ; l'autre, celle du 30 novembre 1875 sur l'élection
des députés, a été modifiée notamment par les lois du
16 juin 1885, des 13 février et 17 juillet 1889, 30 mars 1902,
2 avril 1903, 29 juillet 1913, 20 et 31 mars 1914, 12 juillet
et 17 octobre 1919. En outre, les L. 10 avril 1889 et 5 janvier 1918 règlent la procédure à suivre devant la Haute-Cour
de justice.

La mise en activité de la nouvelle constitution a été réglée
par la loi du 30 décembre 1875. Elle convoqua les électeurs sénatoriaux pour le 30 janvier 1876 (art. 2), fixa au
20 février 1876 l'élection des députés (art. 3), au 8 mars la
réunion des deux nouvelles Chambres et la séparation de
l'Assemblée nationale (art. 5). — D'autre part, l'Assemblée
nationale élut les 75 sénateurs inamovibles entre le 9 et le
21 décembre 1875.

106. Les lois constitutionnelles de 1875 diffèrent de la
plupart des constitutions françaises par leur caractère purement pratique. Elles ne contiennent aucun exposé solennel
de principes, aucune déclaration sur la souveraineté nationale. La forme républicaine du Gouvernement y est indiquée
seulement par le titre donné au Chef de l'État. Les droits des
particuliers n'y sont pas proclamés. L'organisation des pouvoirs publics en est l'objet unique.

Aucun doute n'est d'ailleurs possible. Les lois de 1875
organisent la souveraineté nationale, puisqu'elles font sortir
de l'élection toutes les autorités constitutionnelles et que le
suffrage universel est en même temps le fondement, le
moteur principal et le contrôleur suprême des institutions.

Quant aux droits des individus, ils n'ont été omis sans
doute que parce qu'ils sont définitivement entrés dans la
coutume constitutionnelle.

107. On a souvent dit, habituellement dans une intention de critique, que les lois de 1875 avaient mis l'étiquette républicaine sur des institutions essentiellement monarchiques. Le reproche ne paraîtra sérieux qu'à ceux qui rattachent fatalement telles institutions à telle forme de Gouvernement et qui en croient la raison pure plus que l'expérience. L'expérience de ces dernières années tend à fortifier l'opinion qui se défie des constructions trop apparemment logiques. Elle a montré que la République s'accommode, aussi bien que nombre de pays monarchiques, des institutions parlementaires nées dans le royaume d'Angleterre et que d'ailleurs, sous le Second Empire, l'opinion libérale, sans distinction de nuances, avait réclamées. Si ces usages méritent quelques critiques (nos 406 et s.), il en est de même de beaucoup d'autres.

108. Les lois de 1875 n'ont pris aucune précaution pour le cas où le fonctionnement des autorités régulières serait entravé. Elles laissent en vigueur à ce sujet la loi du 15 février 1872; telle est du moins l'opinion générale.

Cette loi a réglé le cas où les Chambres viendraient à être illégalement dissoutes ou empêchées de se réunir. Le Conseil général de chaque département se réunit sans convocation (art. 1), pourvoit au maintien de l'ordre (art. 2) et nomme 2 délégués. Les délégués se réunissent auprès du Gouvernement légal (art. 3). L'assemblée des délégués prend les mesures nécessaires pour rétablir les autorités régulières, et pourvoit provisoirement à l'administration du pays (art. 4); elle se dissout dès que les Chambres se sont reconstituées. Si elles ne le sont pas après un mois, l'Assemblée prescrit des élections générales (art. 5). — Chaque Conseil général ne peut siéger qu'avec la majorité de ses membres (art. 1); l'Assemblée des délégués ne peut délibérer que si la moitié des départements au moins s'y trouve représentée (art. 3) (1).

109. Les lois de 1875 n'ont pas sanctionné le respect dû à la constitution, elles se sont bornées à prévoir le crime

(1) Cpr. O. 11 mars 1815.

d'attentat à la sûreté de l'État, sans même le définir (L. C. 24 fév. 1875, art. 9; 16 juill. 1875, art. 12).

La L. 29 décembre 1875, article 1, après un grand nombre de lois rendues sous tous les régimes, punissait les attaques dirigées par la parole ou la presse, soit contre les lois constitutionnelles, soit contre les droits et les pouvoirs du Gouvernement de la République. La L. 29 juillet 1881 (art. 68) a abrogé cette disposition.

CHAPITRE XIII

Les Constitutions étrangères (1).

110. Deux formes constitutionnelles ont exercé une influence considérable sur le développement politique de la France et du monde : celle de l'Angleterre et celle des États-Unis, actuellement fort différentes l'une de l'autre et provenant cependant d'origines communes.

111. *Angleterre* (2). — On a très justement remarqué que les seuls actes solennels du droit constitutionnel anglais sont des conventions. Ce caractère contractuel appartient, d'une part, aux traités d'union avec l'Écosse (1707) et d'Irlande (1800); d'autre part, aux actes par lesquels le roi reconnaît — et ne concède pas — les droits de ses sujets : actes assez nombreux depuis la conquête normande et dont les principaux sont : la Grande Charte (1215), le Statut de tallagio non concedendo (1297), la Pétition du droit (1628). Il faut y ajouter quelques actes du Parlement; ainsi le Bill des droits (1689) et l'Acte d'établissement (1701).

Quant à l'organisation des pouvoirs publics, elle est sous la dépendance ou de la coutume ou de simples lois.

112. Au lendemain de la conquête normande, la situation

---

(1) V. Dareste, *Les Constitutions modernes*, 3e édit., 1910, 2 vol. in-8°.

(2) La Constitution anglaise a été l'objet d'innombrables études. Je me bornerai à signaler : Todd, *Le Gouvernement parlementaire en Angleterre* (trad. franç. dans la Bibliothèque internationale de droit public de MM. Boucard et Jèze), 1900, 2 vol. in-18 ; Anson, *Loi et pratique constitutionnelles de l'Angleterre* (trad. franç. dans la même Bibliothèque), 1903-1905, 2 vol. in-8°; de Franqueville, *Le Gouvernement et le Parlement britanniques*, 1887, 3 vol. in-8°.

juridique du roi d'Angleterre est à peu près celle du roi de France. Il est le chef d'une féodalité, il a seulement les droits du suzerain. Mais, tandis que la royauté française évolue vers l'absolutisme, la royauté anglaise reste contenue et limitée.

Le roi d'Angleterre gouverne avec l'assistance d'un conseil de barons auquel se joignent, pour des raisons plus féodales que religieuses, des prélats. Au xiiie siècle, apparaissent les députés des comtés et ceux des bourgs. Les premiers représentent en même temps les francs-tenanciers roturiers et la petite noblesse que les hauts barons écartent de l'administration. Leur rôle se fortifie et se développe, parce que le roi d'un côté et les barons de l'autre se voient forcés de rechercher leur appui. La représentation des bourgs est créée par les rois qui recherchent le concours des villes enrichies.

A la fin du xiiie siècle, les divers éléments du Parlement sont constitués; leur forme est encore féodale et chaque groupe négocie séparément avec le roi. Progressivement, la haute noblesse forma un groupe plus nettement distinct, tandis que les députés des comtés et des bourgs se réunissaient. Ainsi se formèrent, vers le milieu du xive siècle, les deux Assemblées actuelles : Chambre des Lords, Chambre des Communes.

Le Parlement fut longtemps subordonné à la puissance royale, qu'il limitait cependant, grâce surtout à son pouvoir financier. Au xviie siècle, il s'émancipe définitivement, tue un roi, contraint un autre à l'abdication. La nouvelle royauté, appelée en 1688, ne peut songer à une lutte victorieuse. Elle doit choisir ses ministres dans le Parlement pour s'y concilier une majorité devenue indispensable. Le roi, ignorant la langue anglaise, perd l'habitude d'assister aux délibérations des ministres sur lesquels son influence s'affaiblit. Les partis whig et tory, qui remontent au xviie siècle, prennent assez d'influence et de cohésion pour qu'il devienne nécessaire de choisir tous les ministres dans le parti qui a la majorité dans le Parlement, et en particulier dans la Chambre des Communes. Cette transformation s'accomplit lentement, et

non sans quelques retours en arrière dans le courant du
xviii° siècle.

Les germes du régime parlementaire existent déjà; mais
les pouvoirs sont encore séparés. C'est ce que Montesquieu
constate dans l'*Esprit des Lois*, et quarante ans après, les
Américains consacreront le principe anglais dans leur constitution, visiblement inspirée par les usages de l'Angleterre
à cette date.

Le xix° siècle, et spécialement le règne de la reine Victoria, a vu s'épanouir le régime parlementaire, les prérogatives royales s'affaiblir, le pouvoir réel passer aux mains
des ministres qui sont les chefs de la majorité parlementaire.

D'un autre côté, à mesure que la féodalité déclinait, la
Chambre des Lords s'effaçait devant la Chambre des Communes. Celle-ci, sous l'influence des principes démocratiques, s'est transformée; les réformes électorales de 1832,
1867, 1884, 1885, 1918 ont amené au suffrage universel, sans
excepter les femmes. En même temps, les antiques circonscriptions ont été remaniées; les bourgs ruinés ont perdu
leurs députés au profit des grandes villes modernes, au
profit surtout des comtés qui finiront par absorber les villes.

113. A l'heure actuelle, l'organisation constitutionnelle
de l'Angleterre comprend :

le roi héréditaire, considéré comme représentant de la
nation et fraction du Parlement. Son rôle apparent est
immense, universel, car tous les actes portent son nom. Son
rôle réel est presque uniquement persuasif, moral; son efficacité peut être très grande, si le roi possède une haute
valeur intellectuelle et morale : ce fut le cas de la reine
Victoria, d'Édouard VII. Les attributions royales sont exercées par les ministres. — Ceux-ci sont théoriquement nommés et révoqués par le roi; en réalité, à chaque crise, le
roi remet le Gouvernement au chef de la majorité parlementaire qui, sous le contrôle atténué du roi, choisit ses collaborateurs. Les ministres gouvernent en cabinet, c'est-à-dire

que les mesures importantes sont arrêtées en commun et de concert. Le premier ministre exerce d'ordinaire une réelle autorité sur ses collègues.

la Chambre des Lords, assemblée assez complexe où siègent des prélats de l'Église officielle, des pairs nommés par la couronne à titre héréditaire, des pairs légistes, des représentants de la pairie d'Écosse et d'Irlande (1). Elle n'a aucune initiative, mais pendant longtemps elle a exercé sur les votes de la Chambre Basse un contrôle sérieux et efficace. Sa résistance, le cas échéant, ne cédait que devant une nette manifestation de la volonté nationale. Une réforme récente a notablement diminué ses droits (nos 115 et s.).

la Chambre des Communes, élue par un corps électoral très nombreux. Elle est le véritable centre de la vie politique ; c'est elle qui renverse les ministres et les élève. Toutefois elle ne les fournit pas exclusivement ; l'usage veut que les Lords figurent dans le Cabinet et le premier ministre a souvent été un Lord. La volonté de la Chambre des Communes est, depuis la dernière réforme (n° 117), assurée de l'emporter immédiatement en matière financière, après un délai, dans les autres matières. La Chambre des Communes doit son autorité prépondérante à son caractère électif : tous les Anglais sont convaincus qu'elle est l'organe de la volonté nationale et qu'elle doit triompher pour ce motif. Mais les Anglais admettent encore que le Gouvernement puisse contester que la Chambre des Communes, élue depuis plusieurs années, exprime réellement la volonté du peuple et qu'elle soit dissoute pour que les élections révèlent les sentiments actuels de la nation.

Cette organisation a été longtemps complétée et vivifiée par une excellente organisation de deux grands partis politiques : le parti *whig* ou libéral et le parti *tory* ou conservateur. Ils étaient d'accord sur les points essentiels, la forme du Gouvernement, le régime parlementaire, et différaient

_____

(1) La Chambre des Lords se renouvelle avec une rapidité relative. Des pairies s'éteignent ; des pairies nouvelles sont créées.

surtout par leurs opinions en matière économique et administrative. Le parti qui avait la majorité dans le Parlement occupait le ministère, l'autre parti, l'opposition, le surveillait, le critiquait, le remplaçait au pouvoir, lorsque la majorité changeait de côté.

La nation enfin, douée d'excellentes mœurs politiques, aidait au fonctionnement de cet ingénieux système en donnant alternativement la majorité aux deux partis. Le progrès se faisait ainsi sûrement et lentement. Les partis, d'ailleurs, n'étaient pas enfermés dans d'immuables programmes : on a remarqué qu'au xixᵉ siècle, les principales réformes ont été proposées par les whigs et réalisées par les tories.

114. Mais déjà ce régime tant admiré commence à s'altérer. Il est né dans une constitution aristocratique, et la démocratie a fait en Angleterre des progrès énormes. Le droit de suffrage, jadis réservé à des catégories peu nombreuses, a été considérablement étendu. Le groupement traditionnel des partis a subi des atteintes sérieuses ; la question irlandaise a divisé le parti libéral dont une fraction a grossi le parti conservateur (ou plutôt *unioniste*), qui d'autre part subit l'influence d'un radicalisme hardi et pressant ; quelques tories ont tenté de rajeunir leur parti. Le parti ouvrier (*travailliste*) s'est constitué et a fait de sérieux progrès. Il n'y a plus deux partis, mais plusieurs. Les majorités, surtout la majorité libérale, ne sont plus homogènes, et il devient de plus en plus difficile de les maintenir groupées. La guerre de 1914-1918 a achevé de rompre le jeu normal des institutions traditionnelles, en suscitant des cabinets où tous les partis collaboraient.

Enfin une réforme importante a diminué les pouvoirs de la Chambre des Lords et a changé le système des forces constitutionnelles. La Chambre des Lords, où le parti conservateur (*unioniste*) possède toujours une majorité très forte, a repoussé parfois des mesures chères au parti libéral, qui, par contre, a souvent la majorité dans la Chambre des Communes, et qui reproche à la Chambre des Lords de ne pas sortir de l'élection, de manquer de titres pour résister aux volontés du peuple. Il en résultait des conflits entre la Chambre des Lords d'une part, le ministère et la Chambre des Communes d'autre part. Il y a quelques années, le conflit était devenu aigu.

115. La pratique anglaise donne certainement à la Chambre des Communes une supériorité marquée. Cependant le Parlement a longtemps refusé d'exprimer cette prépondérance en termes catégoriques ; et, le 26 mai 1903 encore, la Chambre des Communes rejetait une motion déclarant que l'opposition faite par la Chambre des Lords à une mesure votée par la Chambre Basse ne pourrait durer au delà d'une session du Parlement.

Dans la suite, les idées se modifièrent et la lutte ouverte s'établit. La nécessité d'une réforme était assez généralement reconnue. Mais la Chambre des Lords voulait maintenir ses droits et changer son recrutement ; le Gouvernement et la Chambre Basse préféraient réduire les pouvoirs de la Chambre Haute sans toucher à sa composition, sachant bien qu'une Chambre Haute rajeunie, modernisée, ne pourrait être trop inférieure en droits à la Chambre Basse.

Après des difficultés très vives, après de laborieuses et inutiles négociations entre les deux Chambres, après deux dissolutions (en 1910) de la Chambre des Communes, la Chambre des Lords, menacée d'une fournée de 500 pairs, se résigna à accepter une réforme que réalisa la loi du 18 août 1918.

Cette loi détermine les pouvoirs de la Chambre des Lords par une distinction entre les bills financiers et les bills non financiers.

Les bills financiers, votés par la Chambre des Communes, doivent être transmis à la Chambre des Lords un mois au moins avant la clôture de la session. Dans le mois qui suit la transmission, la Chambre des Lords est tenue de les voter sans amendement. Sinon, ils sont soumis à la sanction royale et deviennent des lois sans l'assentiment de la Chambre des Lords. Celle-ci est donc réduite, en matière financière, à un rôle de pure forme ; elle n'est qu'une Chambre d'enregistrement. Aussi la loi de 1911 définit-elle avec précision le bill financier : c'est celui qui porte sur une des matières limitativement énumérées par le texte et évidemment financières; en outre, le bill financier est certifié tel par le *Speaker* (président) de la Chambre des Communes.

Les autres bills doivent également être transmis à la Chambre des Lords un mois avant la clôture de la session. Elle est en droit de les rejeter ou de les amender. Mais s'ils ont été votés par la Chambre des Communes trois fois dans des sessions différentes et successives, avec un intervalle de deux ans entre la deuxième lecture et le troisième vote, ils sont soumis au roi, avec un certificat de Speaker attestant que toutes ces conditions sont remplies, et ils deviennent lois sans l'assentiment des Lords. Du reste, un bill est tenu pour rejeté par la Chambre des Lords si elle le vote avec des amendements repoussés par la Chambre des Communes.

La même loi fixe à cinq ans la durée de chaque législature et assimile aux bills financiers ceux qui tendraient à allonger cette période.

116. *États-Unis* (1). — Les treize colonies de la Nouvelle-Angleterre, fondées par les Anglais dans l'Amérique du Nord, relevaient juridiquement du roi seul et non du Parlement. Leurs rapports avec la couronne étaient régis par le droit féodal, soit que le roi en eût gardé l'administration directe, soit qu'il eût passé avec elles un contrat bilatéral, soit qu'il les eût cédées à un concessionnaire. Or le Parlement anglais, outrepassant ses droits, voulut soumettre ces colonies à l'impôt, et le roi se rendit complice de cet attentat en l'approuvant expressément ou tacitement. Aussitôt et conformément aux principes féodaux, les colonies rompent avec un suzerain déloyal, et la communauté des situations, des intérêts et des dangers noue leur association. C'est ainsi qu'ont lieu successivement la réunion du premier Congrès

(1) Les travaux relatifs à la Constitution américaine sont très nombreux. V. notamment Bryce, *La République américaine* (trad. franç. dans la Bibliothèque internationale de droit public de MM. Boucard et Jèze), 1900-1902, 4 vol. in-8.

(5 sept. 1774), la réunion du second Congrès (10 mai 1775) qui décrète la confédération des colonies (20 mai), la réunion du troisième Congrès qui formule la déclaration d'indépendance du 4 juillet 1776, le traité de confédération du 4 octobre 1776, et celui du 9 juillet 1778 qui crée l'organisation fédérative et est successivement approuvé par les 13 États. Cette première organisation donnait au pouvoir fédéral des attributions insuffisantes, surtout en matière financière et militaire. Elle fut remplacée par la C. 17 septembre 1787 actuellement en vigueur; dix amendements lui ont été ajoutés en 1789 et cinq dans les années 1798, 1804, 1865, 1868, 1870. D'un autre côté, de nouveaux États se joignaient aux premiers.

L'Union américaine se compose actuellement de 48 États ayant chacun une constitution, du district fédéral de Colombie, de deux territoires, des îles d'Hawaï, de Porto-Rico, des Philippines. Ces îles ont reçu des constitutions.

117. Les institutions américaines sont empruntées aux usages anglais du xviii⁰ siècle. Toutefois deux influences les ont touchées. D'un côté, la forme républicaine s'imposait inévitablement. D'un autre côté, les Américains, s'ils voulaient que l'Union fût forte et respectée, tenaient encore davantage à l'autonomie des États particuliers, aux libertés locales et individuelles au profit desquelles l'indépendance avait été déclarée. De ces influences diverses voici les résultats.

L'Union n'a que les droits qui lui sont indispensables ; ils sont aujourd'hui à peu près ce qu'ils étaient en 1787. Les États ont gardé une très large autonomie.

L'organisation constitutionnelle comprend :

un Président, élu à deux degrés (1) par le peuple américain, pour quatre ans. Il n'a que des attributions exécutives, mais il y est pleinement indépendant. Cependant, d'une part, il peut demander aux Chambres une nouvelle délibération

---

(1) En réalité, l'élection est directe, les électeurs du second degré recevant un mandat impératif qu'ils respectent toujours.

sur une loi, et d'un autre côté, le Sénat est appelé à donner
son assentiment aux traités internationaux et à la nomination
des principaux fonctionnaires. Les ministres sont choisis
hors des Chambres, et sans souci de la majorité parlementaire; ils restent les collaborateurs subordonnés du président.
Celui-ci peut, comme tous les fonctionnaires, être mis en
accusation. Il est indéfiniment rééligible, mais il est sans
exemple qu'un président ait gardé le pouvoir plus de huit ans;

un Sénat, composé de 2 membres par État, élus par les
Chambres de l'État. Il participe à la confection des lois; on
a vu qu'il participe aussi au pouvoir exécutif; enfin il juge,
le cas échéant, le président. Son influence est depuis longtemps supérieure à celle de la Chambre Basse;

une Chambre des représentants, élue au suffrage universel
direct. La représentation de chaque État est proportionnelle
à la population. La Chambre Basse a l'initiative en matière
financière.

Les partis existent aux États-Unis avec une forte organisation (notamment *démocrates* et *républicains*). Ils luttent non
seulement pour la possession de la majorité dans les Chambres, mais aussi et même surtout pour la conquête de la
présidence. Ils exercent un contrôle actif et une forte
influence sur ceux de leurs membres qui exercent une situation officielle, sénateurs, représentants, Président même.

Le Président et les Chambres sont respectivement indépendants, et leurs attributions sont assez exactement séparées.
C'est le régime de la séparation des pouvoirs, radicalement
différent du régime parlementaire pratiqué en Angleterre.
Toutefois les relations que la Constitution a prohibées entre
les pouvoirs se sont établies de façon indirecte et officieuse.
En outre, au cours des difficultés suscitées en 1915-1916
entre les États-Unis et l'Allemagne par la manière dont
cette dernière puissance utilisait ses sous-marins, le Président s'est ouvertement intéressé à des débats dans les Chambres, dont l'issue devait signifier l'approbation ou l'impro-
bation de la politique présidentielle. Plus encore, le 19 avril

1916, le Président a lu, devant les deux Chambres réunies, un discours qui justifiait la mise en demeure assez nettement notifiée à l'Allemagne, et le 4 février 1917, celui par lequel il annonça la rupture des relations diplomatiques avec l'Allemagne. De même, le 22 janvier 1917, il fit, devant le Sénat, un exposé développant sa note du 21 décembre 1916; et le 26 février 1917, devant le Congrès, une nouvelle communication sur les pouvoirs qui lui étaient nécessaires pour parer aux éventualités menaçantes.

Enfin l'autorité judiciaire, que les Anglais ont toujours considérée comme la garantie des droits individuels, a pris aux États-Unis un rôle considérable. Ainsi la Cour suprême de l'Union (1), composée de juges nommés à vie par le Président avec l'assentiment du Sénat, est chargée d'assurer l'observation des lois, en respectant une sorte d'ordre hiérarchique, la constitution fédérale figurant au premier rang. Il en est résulté que la Cour a plusieurs fois refusé l'application d'une loi contraire à la constitution. L'omnipotence législative a trouvé là une barrière.

Quant aux États particuliers, ils ont chacun une constitution qui reproduit plus ou moins fidèlement les traits essentiels de l'organisation fédérale.

118. Une brève nomenclature suffira pour les autres pays (2).

En Europe, la royauté représentative et parlementaire, imitation plus ou moins exacte du régime anglais, se rencontre en Belgique (C. 1831, revisée en 1893); Danemark (C. 1849, modifiée en 1866 et en 1915); Espagne (C. 1876); Italie (statut sarde de 1848, étendu à l'Italie unifiée); Pays-Bas (C. 1887); Roumanie (C. 1866, modifiée en 1879 et 1884).

(1) Je cite la Cour suprême, parce qu'elle seule statue définitivement et tranche, par des arrêts sans recours, les appels qui lui sont portés. Mais, en réalité, tous les tribunaux, ayant à assurer l'observation des lois dans leur ordre hiérarchique, ont le droit et le devoir de refuser l'application d'une loi inconstitutionnelle.

(2) Seront seules données les dates des constitutions et celles des revisions ou des modifications importantes.

La forme républicaine, existe en Suisse (C. 1874) et dans les divers cantons suisses, en Portugal (C. 1911).

L'Empire allemand et les États qui le composaient sont, à la suite de la guerre de 1914-1918, en pleine crise constitutionnelle. La République a remplacé partout les institutions impériales ou royales. On ne saurait dire si les lois qui s'appliquent en ce moment sont définitives ou provisoires.

De même, la guerre et la défaite ont amené la dissolution de la monarchie austro-hongroise. Les États nouveaux ont adopté la forme républicaine, mais leurs institutions ne sont peut-être pas définitives.

La Russie, depuis la révolution de 1917, est en anarchie et en guerre civile. Certaines parties de ce vaste empire se sont séparées et se sont donné ou travaillent à se donner des institutions indépendantes.

La Suède et la Norvège, d'abord unies par un acte de 1815, se sont séparées en 1905. La Suède a une constitution de 1809, modifiée en 1909; la Norvège, une constitution de 1814, modifiée en 1905.

La Grèce (C. 1864, revisée en 1911), le Luxembourg (C. 1868), la Serbie (C. 1903), la Bulgarie (C. 1879, revisée en 1893 et 1911), Monaco (C. 1911) n'ont qu'une seule Chambre.

En Turquie, la C. 1876, suspendue en 1878, a été remise en vigueur en 1908 et revisée en 1909 et 1916.

Il est probable qu'à la suite des traités de paix, des changements importants seront apportés aux constitutions du pays d'Orient.

En Amérique, la C. des États-Unis a été imitée par un grand nombre des Républiques du Nord et du Sud, dont la vie constitutionnelle a été souvent troublée. On citera la C. mexicaine de 1917, la C. brésilienne de 1891, la C. argentine de 1860, la C. cubaine de 1901, la C. vénézuélienne de 1914. En outre, les États-Unis, suivant l'exemple de l'Angleterre, ont commencé à donner des constitutions à leurs colonies (Porto-Rico, Hawaï, 1900).

En Afrique, l'Égypte a aussi reçu en 1883 une sorte d'organisation représentative, mais purement consultative.

En Asie, le Japon a une constitution depuis 1889, la Perse depuis 1906 et 1908, la Chine depuis 1911.

Enfin, un peu partout, les colonies anglaises possèdent des institutions représentatives, dont certaines sont très intéressantes, notamment les constitutions fédérales du Canada (1867), de la Fédération australienne (1900), de l'Afrique australe (1909).

LIVRE II

LE PARLEMENT

CHAPITRE XIV

De la dualité des Chambres.

---

119. I. PRINCIPE. — « *Le pouvoir législatif s'exerce par deux Assemblées : la Chambre des députés et le Sénat* » (L. C. 25 fév. 1875, art. 1, al. 1°.

La loi constitutionnelle tranche, d'une façon expresse et presque solennelle, une grave question, discutée dès 1789, encore débattue de nos jours : *l'exercice du pouvoir législatif doit-il être confié à une seule Assemblée ou à deux Chambres?*

120. La Constituante décida, le 10 septembre 1789, que l'Assemblée législative serait unique. Ce vote n'était peut-être pas l'expression exacte des idées de l'Assemblée, car sur 1.145 députés, 701 seulement y prirent part et 490 votèrent le principe. D'ailleurs, outre les arguments que nous retrouverons, ce vote s'explique par les circonstances : on cherchait à organiser quelque chose qui différât des États Généraux, considérés comme formés de trois Chambres; beaucoup de députés hésitaient à organiser une Chambre Haute, craignant les uns qu'elle ne fût un obstacle aux réformes, les autres qu'elle n'y cédât trop facilement; plusieurs se deman-

daient quels hommes la composeraient, et si la noblesse de
cour n'y serait pas prépondérante.

L'unité du Corps législatif se trouve dans : la C. 1791
(tit. III, chap. Ier, préamb., art. 1) ; la L. 10 août 1792 convoquant une Convention nationale ; la C. 1793 (art. 39), conforme sur ce point au projet girondin ; la L. 14 frimaire An II,
organisant le Gouvernement révolutionnaire ; le D. 5 mars
1848 (art. 1), convoquant une Assemblée nationale ; la C.
1848 (art. 20).

Il faut, malgré les apparences, ajouter à cette liste les
constitutions consulaires et impériales, à deux exceptions
près. Elles organisent, il est vrai, un Sénat, mais ce corps
est moins une Chambre qu'un *gardien du pacte fondamental ;*
il veille à l'exécution de la Constitution, il ne participe pas
au vote de la loi (1). La C. An VIII (tit. III), confirmée par les
Scs. An X et An XII, instituait un Tribunat (2) et un Corps
législatif, l'un discutant, l'autre votant, comme deux sections
d'une même Chambre. — Les exceptions, très peu importantes en fait, sinon en théorie, sont : l'Acte additionnel, qui
institue (art. 3 et s.) une Chambre des Pairs, à l'imitation de
la Charte de 1814, et le Scs. 1870 (art. 30), qui, sous la pression des idées libérales, donne au Sénat les attributions et le
caractère d'une Chambre Haute.

Le système des deux Chambres fut appliqué d'abord par
la C. An III (art. 44), en haine et par crainte de la Convention, et lui survécut dans les deux Commissions législatives
créées par l'Acte du 19 brumaire An VIII (art. 8). — Il n'a été
réellement organisé que par les Chartes.

Enfin, plus près de nous, c'est une Assemblée unique qui,
de 1871 à 1875, a exercé le pouvoir législatif ; c'est à deux
Chambres qu'appartient ce pouvoir depuis plus de quarante
ans.

(1) Le Sénat du Second Empire pouvait, en cas de dissolution du Corps législatif, prendre les mesures nécessaires à la marche du Gouvernement (C. 1852,
art. 33).

(2) Le Tribunat disparut par l'effet du Scs. du 19 août 1807.

121. De cet historique sommaire, il est permis de retenir quelques remarques.

Le système des deux Chambres a fonctionné pendant une durée plus longue que le système de la Chambre unique. En outre, si on réfléchit que les Assemblées uniques de 1789 à 1795, de 1848 à 1852, de 1871 à 1876, ont siégé pendant des époques troublées ou malheureuses, on conviendra que l'avantage d'une durée calme et régulière revient au système des deux Chambres.

Les deux systèmes ont été adoptés indifféremment par tous les régimes politiques : il faut donc écarter du débat les arguments tirés de l'étiquette royale ou républicaine des institutions.

L'histoire constitutionnelle nous montre une Assemblée unique fonctionnant soit aux époques de transition et d'organisation (1789-1795), soit à des moments troublés (1848-1851), soit sous un Gouvernement autoritaire (1852-1869), soit enfin dans des périodes de malheurs nationaux (1871-1876). Il est possible, probable même, que pour élaborer une constitution, pour panser les blessures de la patrie, une Chambre unique travaille plus vite ; qu'un Gouvernement autoritaire se contente volontiers d'une Chambre. Mais la question débattue suppose sans doute des circonstances normales et le règne de la liberté.

Il est remarquable que le Premier et le Second Empires ont considéré l'institution d'une seconde Chambre comme une concession à la liberté publique (Acte additionnel; Scs. 1869 et 1870).

Enfin, s'il faut juger des systèmes par leurs résultats, la préférence doit être accordée au régime des deux Chambres. C'est une assemblée unique qui a organisé la Terreur, une autre qui a présidé à l'anarchie tumultueuse de 1848; c'est ce même régime qui a rendu possible, nécessaire, l'autocratie impériale et a été conservé par elle. C'est une assemblée unique qui, après avoir guéri les maux de la guerre de 1870-1871, n'a pas su se garder de luttes stériles. A vrai dire, le régime institué en l'An III n'a pas donné de brillants résultats. Mais il est difficile de contester que la Royauté et la République constitutionnelles aient été les périodes les plus paisibles, les plus fécondes et les plus libres.

122. Ces constatations de l'expérience sont décisives à mon avis. Elles ne dispensent cependant pas de donner les raisons de principe qui justifient l'institution de deux Chambres.

Les raisons de principe sont de plusieurs sortes.

Les premières sont de l'ordre politique et dérivent de l'essence même du gouvernement représentatif. Personne ne conteste que le régime représentatif exige la représentation exacte des principaux éléments sociaux. La création d'une deuxième Chambre permet de donner une représentation à des éléments qui n'auraient aucune place dans l'Assemblée unique, à moins de la fractionner et de rompre son unité. L'Assemblée unique ne représente habituellement que le nombre. Or, dans une société civilisée, il existe un grand nombre d'éléments divers qui concourent tous et de diverses façons à la vie collective et qui méritent tous une place dans la représentation du peuple. Comme on l'a remarqué depuis longtemps, certains de ces éléments tendent au maintien de l'ordre de choses établi, les autres tendent au changement. Leur action combinée est nécessaire pour entretenir dans la vie nationale un mouvement continu et modéré ; elle est suffisante parce que les institutions publiques, dans une démocratie surtout, ont besoin, pour fonctionner, d'être simples. On pourra grouper dans la Chambre Haute les influences conservatrices, dans la Chambre Basse les influences progressistes, et régler ainsi le jeu des principales forces qui gouvernent la vie sociale.

D'autre part, les institutions contemporaines accordent une évidente supériorité aux assemblées élues à l'égard du pouvoir exécutif. Avec une seule Chambre, cette supériorité serait excessive et ne laisserait aucune ressource au pouvoir exécutif. La division du pouvoir législatif en deux Assemblées affaiblit utilement ce pouvoir et permet au Gouvernement de trouver un appui pour sa résistance quand elle est légitime.

Dans un régime républicain, l'existence de deux Chambres permet de leur donner la nomination du Chef de l'État, sans faire de celui-ci leur créature et leur serviteur; avec une seule Chambre, il est presque nécessaire de le faire élire par le suffrage universel direct et de constituer ainsi, en face de l'Assemblée élue de même, un pouvoir rival, au risque d'insolubles conflits (n° 324).

123. *D'autres raisons sont d'ordre pratique.*

L'Assemblée unique est sans contrôle, sans contrepoids, sans frein, et même sans responsabilité, car la responsabilité divisée entre plusieurs centaines de personnes s'atténue au point d'être insensible. Comment ne s'enivrerait-elle pas de sa toute-puissance? Comment ne céderait-elle pas à la tentation d'imposer en toutes choses sa volonté arbitraire? Comment se garderait-elle des excès législatifs qui règlent, par une série ininterrompue de lois minutieuses, tous les détails de la vie publique et privée, et des contradictions et redites qui en sont les dangers inévitables? — Il lui sera difficile de résister aux passions politiques dont elle est issue. — Elle ne voudra pas mûrir ses œuvres. — Son ombrageuse irritabilité soulèvera de graves conflits avec le pouvoir exécutif, dont la solution ne pourra être qu'un coup d'État, parlementaire ou gouvernemental. Si elle les évite, c'est que, ou bien elle aura asservi et annihilé le pouvoir exécutif, ou bien elle se sera aveuglément soumise à lui. Dans les deux cas, c'est le despotisme.

Deux Chambres se contrôlent, se balancent, se modèrent réciproquement : chacune se sent surveillée par l'autre et moralement responsable envers elle. Les votes de surprise sont presque impossibles. La tyrannie ne peut naître ni au profit d'un Parlement divisé, ni au profit d'un homme qui aurait deux obstacles à vaincre, deux servilités à obtenir. Les conflits avec l'Exécutif seront plus rares et plus facilement résolus ; car, le cas échéant, ou l'union des deux Chambres attestera d'une manière éclatante le désaccord du Chef de l'État avec le peuple, ou leur désaccord donnera au Gouvernement un point d'appui, et, par la dissolution, un moyen de consulter en dernier ressort le pays (nos 439 et s.).

124. Les dernières raisons sont d'ordre technique. La confection des lois est un art délicat, qui exige de la réflexion, une relative lenteur, des examens attentifs et répétés. Elle trouve toutes ces garanties dans les deux Chambres; elle ne les trouverait probablement pas dans une Assemblée unique, qui, sans doute, céderait souvent à la tentation de voter rapidement des réformes qu'elle regretterait ensuite, inutilement (1).

125. On objecte que la Chambre Haute se comprend dans les pays aristocratiques, où une caste investie de privilèges particuliers réclame une représentation spéciale; — dans les États fédératifs où, par une égale représentation de chaque canton ou État, elle sert à sauvegarder les droits des États confédérés, souvent inégalement peuplés et par suite inégalement représentés dans la Chambre Basse (2). Dans un pays démocratique et unitaire comme la France, la Chambre Haute est inutile, si elle est d'accord avec l'autre, nuisible, si elle est en désaccord. — Il faut répondre, d'une part, que les sociétés démocratiques et unitaires comme les autres recèlent différents éléments dignes de figurer dans la représentation nationale; — d'autre part, que la Chambre Haute, d'accord avec l'autre, en augmente l'autorité; en désaccord avec elle, joue son rôle de modérateur et empêche les réformes contestables.

On objecte encore que « la loi est la volonté du peuple », « qu'un peuple ne peut avoir deux volontés différentes sur le même objet », que « la nation est une » et que « sa représentation doit être une ». — Si ces idées sont justes, elles condamnent l'Assemblée unique comme les deux Chambres;

----

(1) On doit avouer qu'en France, trop souvent, la Chambre des députés se laisse aller à voter hâtivement des lois qu'elle sait mal faites, comptant sur le Sénat pour les corriger. Il est à craindre qu'elle [ne votât de même si le Sénat n'existait pas.

(2) C'est en effet une des raisons qui expliquent l'existence du Sénat aux États-Unis, du Conseil des États en Suisse, etc., mais non la seule raison.

car, ici et là, la nation est représentée par plusieurs centaines
d'hommes, formant au moins une majorité et une minorité,
et a donc deux volontés différentes sur le même objet. La
conclusion logique, c'est la délégation du pouvoir législatif
à un seul individu, exprimant une seule volonté. — Au reste,
l'objection, même fondée, n'avancerait à rien. A supposer
que la loi soit « l'expression de la volonté générale » (nᵒˢ 270
et s.), il s'agit d'en obtenir non une formule quelconque, mais
une formule sûre et exacte. Reste à savoir si, pour l'obtenir,
une seule Chambre vaut mieux que deux; et l'argument proposé ne résout pas cette question essentielle.

On insiste et on fait remarquer que la majorité qui met
obstacle à une loi dans l'une des Chambres pourrait être la
minorité, si les deux Assemblées n'en faisaient qu'une. Par
exemple, si les représentants sont au nombre de 600 et forment une seule Chambre, la majorité nécessaire pour voter
une réforme sera de 301 voix; s'ils forment deux Assemblées
égales en nombre, 151 voix suffiront pour tenir en échec le
reste de la représentation; un chiffre moindre sera nécessaire
si les deux Chambres sont inégales en nombre. Un pareil
résultat est la négation du système représentatif et de la
doctrine démocratique. — L'argument n'est valable que pour
le cas où les 600 représentants sortent d'un même système
électoral; leur répartition en deux Chambres peut alors
sembler un sectionnement illogique et injuste. Encore pourrait-on dire que la seconde Chambre conserve tous les avantages pratiques qui ont été signalés, et qu'une loi qui rencontre
en elle une majorité hostile n'est pas réclamée par l'opinion
publique. La raison ne vaut rien, si la Chambre Haute doit
représenter d'autres éléments sociaux que la Chambre
Basse (1).

(1) Deux Chambres existent dans la plupart des États. Les exceptions sont rares :
Bulgarie, Grèce, Luxembourg, Monaco, Serbie, la plupart des petits États alle-
mands et des cantons suisses, quelques colonies anglaises, les petites républiques
de l'Amérique centrale, quelques États de la Confédération argentine et du Mexique.
Leur importance est atténuée, tantôt par l'existence du referendum populaire
(Genève), tantôt par la procédure parlementaire (Finlande). Certaines Chambres

126. II. Conséquences. — L'existence de deux Chambres soulève plusieurs questions.

A. *Les deux Chambres auront-elles la même organisation* : le même nombre de membres, le même système de recrutement, les mêmes électeurs, les mêmes conditions d'éligibilité, les mêmes incapacités et incompatibilités, le même mode de renouvellement, une égale durée? Évidemment non. Pour que la Chambre Haute assure la représentation complète et exacte des éléments sociaux, pour qu'elle donne les résultats politiques, pratiques et techniques qu'on en attend, il faut qu'elle soit différente de la Chambre Basse. Sinon, elle n'en sera que l'inutile doublure.

Les lois de 1875 ont établi entre les deux Chambres des différences relatives :

1° *Au nombre.* Celui des sénateurs est fixe ; celui des députés varie assez sensiblement suivant l'accroissement de la population. Les députés sont beaucoup plus nombreux que les sénateurs, près du double (1) (n°s 137 et 196);

2° *Au système de recrutement.* Les lois de 1875 donnaient au Sénat lui-même l'élection à 75 sièges. Cette différence a disparu en 1884 (n°s 199 et s.);

3° *Au corps électoral.* La Chambre est élue au suffrage universel direct, le Sénat à plusieurs degrés;

4° *Aux conditions d'éligibilité.* Elles sont plus rigoureuses pour le Sénat que pour la Chambre (n°s 185 et 208);

5° *Aux incapacités et incompatibilités.* En 1875, elles étaient moins étendues pour le Sénat que pour la Chambre; dans la suite, elles ont été rendues à peu près, mais non tout à fait, semblables pour les deux Chambres (n°s 187 et s., 209 et s., 255);

6° *A la durée.* Le Sénat est élu pour neuf ans, la Chambre pour quatre ans (n°s 149 et 204);

Hautes sont influencées par le caractère fédératif de l'État (Suisse, États-Unis, Mexique, République Argentine).

(1) De même, à l'étranger, la Chambre Basse est d'ordinaire plus nombreuse, sensiblement plus nombreuse que la Chambre Haute.

7° *Au mode de renouvellement.* Le Sénat se renouvelle par tiers; la Chambre se renouvelle intégralement (nᵒˢ 147 et 204);

8° *A la représentation proportionnelle,* qui a une petite place dans l'organisation de la Chambre des députés (nᵒ 184) et n'en a aucune dans l'organisation du Sénat.

127. Ces différences, qui ont pour but de rendre les deux Chambres dissemblables et de donner au Sénat plus de maturité et de stabilité, sont-elles suffisantes? Quelques personnes pensent qu'elles ne le sont pas, et on doit reconnaître avec elles que les Chambres, surtout depuis la revision constitutionnelle de 1884, représentent exclusivement le nombre. Le système de 1875 avait fait du Sénat une assemblée plus calme et plus savante que la Chambre des députés. La réforme de 1884 (nᵒˢ 200 et s.) a contribué à écarter de la Chambre Haute les hommes qui ne se soucient pas d'exposer leurs hautes personnalités aux caprices d'un corps électoral trop nombreux et trop populaire. Les sénateurs se recrutent souvent parmi les députés, qui reçoivent ainsi comme un avancement et y trouvent au moins les avantages d'un mandat plus long et d'une moindre dépendance à l'égard des électeurs. Ils ont donc les mêmes tendances que les députés. On peut craindre que le Sénat ne devienne avec le temps une trop fidèle image de la Chambre des députés. Il faut enrayer le mouvement qui tend à l'assimilation des deux Chambres, parce qu'il tend à l'Assemblée unique; le jour où les deux Chambres seront semblables, l'une d'elles sera supprimée sans difficulté.

128. B. *Les deux Chambres auront-elles les mêmes attributions?* — Si la Chambre Haute est considérée comme une garantie d'une bonne législation, d'un fonctionnement harmonieux de la Constitution, elle ne saurait avoir, en principe, des attributions sensiblement plus nombreuses ou moins nombreuses que la Chambre Basse. Le rôle modérateur qui lui est assigné et les différences d'organisation qui en dérivent peuvent seulement conduire à lui réserver quelques droits et à établir, pour l'exercice de ses attributions, quelques règles particulières.

Si la Chambre Haute sert à la représentation de certains éléments sociaux, même si elle n'est pas issue d'une élection, il devra en être de même, puisque ces éléments sociaux ont paru mériter une représentation.

Si la Chambre Haute est instituée dans un État fédératif, elle peut être, en outre, chargée d'assurer l'exécution du pacte fédéral et tirer ce caractère des droits spéciaux.

Les lois de 1875, fidèles à la tradition, donnent, en principe, aux deux Chambres les mêmes attributions, mais admettent quelques différences qui découlent du rôle constitutionnel assigné à chaque Chambre et qui d'ailleurs se contre-balancent.

Le Sénat a comme attributions propres : 1° de donner ou de refuser son assentiment à la dissolution de la Chambre des députés (L. C. 25 fév. 1875, art. 5); — 2° de juger le Chef de l'État, les ministres, toute personne qui lui est déférée pour attentat à la sûreté de l'État (L. C. 24 fév. 1875, art. 9; L. C. 16 juill. 1875, art. 12); — 3° de révoquer les conseillers d'État nommés avant 1875 (L. C. 25 fév. 1875, art. 4); cette attribution ne peut s'exercer aujourd'hui, depuis le renouvellement total du Conseil d'État.

La Chambre a comme attributions propres : 1° de mettre en accusation le Président de la République et les ministres (L. C. 16 juill. 1875, art. 12); — 2° de recevoir et de voter la première les lois de finances (L. C. 24 fév. 1875, art. 8).

129. A ces différences certaines (1), quelques-uns veulent ajouter que la responsabilité parlementaire (n° 386) des ministres n'a lieu que devant la Chambre des députés; c'est-

---

(1) Elles se trouvent généralement dans les C. françaises qui admettent deux Chambres. Celle de l'An III réservait au Conseil des Anciens l'initiative de la revision constitutionnelle (art. 336), le choix de la résidence des pouvoirs publics (art. 102); au Conseil des Cinq-Cents, l'initiative des lois (art. 76).

à-dire qu'un ministre battu à la Chambre serait tenu moralement de se retirer, et que, battu au Sénat, il pourrait et
devrait rester à son poste. Cette opinion sera réfutée plus
loin (n° 391).

Plusieurs personnes songent à modifier les attributions du
Sénat, veulent en faire une simple Chambre de contrôle à
l'égard des lois votées par les députés, mais lui donnent
d'autres attributions extralégislatives, par exemple en matière
de nomination des fonctionnaires, comme aux États-Unis.
D'autres songent à rétablir le Sénat de l'An VIII et de 1852.
Le jour où ces idées triompheraient, le système des deux
Chambres serait bien près de succomber (1).

130. C. *Dans le cercle des attributions communes, les deux
Chambres jouissent-elles de pouvoirs égaux? ou bien l'une
d'elles est-elle prépondérante et impose-t-elle légalement sa
volonté à l'autre?*

Les motifs qui recommandent la dualité des Chambres
forcent à reconnaître l'égalité de leurs pouvoirs. Si chaque
Chambre représente certains éléments sociaux, et si cette
représentation a été jugée nécessaire ou utile à la société, on
ne voit pas de bonne raison pour sacrifier ceux-ci ou ceux-là.
Si la Chambre Haute a pour rôle de modérer la Chambre
Basse, elle ne le remplira qu'à la condition de jouir des

(1) La plupart des Constitutions étrangères donnent aux deux Chambres les
mêmes attributions, soit expressément (Suède), soit en réglant leur compétence
commune.
La priorité, quant aux lois de finances, est généralement accordée à la Chambre
Basse. Elle est étendue : aux lois de recrutement en Roumanie, au Mexique, en
République Argentine ; aux propositions du Gouvernement au Brésil; à toutes les
lois en Norvège, Pays-Bas. — La Chambre Basse jouit souvent du droit d'accusation politique; en ce cas, le jugement est habituellement remis à la Chambre
Haute. La Chambre Basse a seule : le vote du budget en Roumanie, au Mexique;
le droit d'amendement en toutes matières en Pays-Bas; l'initiative en certaines
matières au Brésil, en République Argentine; plusieurs autres attributions en
Colombie, au Mexique, au Vénézuéla. — La Chambre Haute a seule : l'approbation de certaines nominations en Portugal; l'approbation des traités et de diverses
nominations aux États-Unis; l'approbation de diverses nominations et la déclaration de l'état de siège en République Argentine; diverses autres attributions en
Italie, et surtout à Cuba, au Mexique, au Vénézuéla.

mêmes pouvoirs; sa résistance, si elle n'est pas légalement invincible, sera une pure formalité. La dualité des Chambres implique leur égalité.

Ces considérations sont tellement générales qu'elles s'appliquent même aux régimes où la Chambre Haute n'est pas élective; à plus forte raison régissent-elles les constitutions où les deux Chambres sont électives, alors même que leurs régimes électoraux sont différents.

Contrairement à cette doctrine, on soutient, dans certains milieux, que la prépondérance doit appartenir à la Chambre Basse, parce que cette Chambre, étant élue par le suffrage le plus large ou le plus direct, représente seule le peuple, exprime seule la volonté nationale. — Cette raison, quelle que soit sa valeur absolue, ne vaut pas pour la France. A supposer qu'on ne doive tenir compte que du nombre comme élément social, le Sénat français, élu par des électeurs qui sortent tous du suffrage universel (n° 201), peut revendiquer avec raison la qualité de représentant du peuple.

Au reste, ceux qui formulent la thèse combattue sont des partisans mal résignés de la Chambre unique. L'inégalité aboutirait fatalement à la suppression de la Chambre inférieure et inutile.

Les lois de 1875 ne résolvent pas expressément la question. En conférant aux deux Chambres les mêmes attributions sans différencier leurs pouvoirs, elles leur donnent implicitement des pouvoirs égaux (1).

131. Cette solution, qui a pour elle l'autorité d'une pratique constante en France, n'est guère discutée pour la plupart des matières. Elle a soulevé, pour les lois de finances, des contestations assez vives.

L'article 8 L. C. 24 février 1875 est ainsi conçu : « *Le Sénat a, concurremment avec la Chambre des députés, l'initiative*

_____

(1) L'égalité des pouvoirs, assez généralement sous-entendue, est parfois affirmée (Espagne, Suède). On a vu (n°s 115 et s.) que la pratique anglaise reconnaît la prédominance de la Chambre des Communes, et que la loi a consacré et précisé l'inégalité entre les Chambres. Aux États-Unis, le Sénat a en fait un rôle plus important que la Chambre Basse.

et la confection des lois. Toutefois, les lois de finances doivent être, en premier lieu, présentées à la Chambre des Députés et votées par elle. »

Certainement ce texte établit d'une part que le Sénat est en droit de rejeter le budget en entier, ou une partie du budget, ou un article du budget ; d'autre part que le Gouvernement ne peut pas porter d'abord au Sénat le projet du budget ou un projet financier quelconque, qu'un sénateur ne peut pas soumettre au Sénat une proposition de loi financière, que le Sénat ne peut pas voter un projet ou une proposition concernant les finances qui n'aurait pas d'abord passé devant la Chambre.

Mais le Gouvernement ne peut-il pas demander au Sénat le vote, le *rétablissement* d'un crédit qu'il a demandé à la Chambre des députés et que celle-ci a rejeté ou diminué ? Le Sénat ne peut-il pas voter le rétablissement demandé par le Gouvernement ?

La solution négative a été souvent et ardemment soutenue. L'argument principal en ce sens, sans parler des motifs politiques, est tiré de l'article 8 L. C. 24 février 1875 qui vient d'être cité. De ce texte, a-t-on dit, il résulte que le Sénat ne jouit pas de l'initiative en matière financière ; or ce serait exercer l'initiative, que de voter un article que la Chambre n'aurait pas admis.

Cette opinion n'a pas prévalu. Elle est contraire : à la tradition, car les formules analogues de la Charte de 1814 (art. 17) et de la Charte de 1830 (art. 15) n'ont jamais été entendues ainsi ; — et aux travaux préparatoires des lois constitutionnelles. Elle prive les lois financières, assurément très importantes, des garanties que donne à toutes les lois l'existence de deux Chambres. Elle attribue au mot *initiative* un sens inédit, et elle dénature la signification du texte, qui a voulu établir, non pas une différence dans les droits financiers des Chambres, mais un ordre dans la discussion des lois de finances. Pour rompre sur ce point particulier avec la tradition parlementaire, pour mettre entre les deux Chambres une inégalité de cette importance, il faudrait un texte précis ; celui qu'on invoque ne l'est pas, on est bien forcé de le reconnaître. L'opinion proposée pourrait avoir les plus graves conséquences : le Sénat, empêché d'émettre un vote qu'il jugerait nécessaire, pourrait rejeter le budget tout entier, suspendre tous les services de l'État et soulever un conflit aigu que résoudrait une dissolution de la Chambre (n° 439).

Il est d'ailleurs bien entendu que si le Sénat *rétablit* le crédit, la loi du budget ainsi amendée doit retourner à la Chambre des députés qui reste libre de supprimer ou diminuer le crédit, comme le Sénat de le rétablir.

132. Ainsi la Chambre des députés n'a pas, relativement aux lois de finances, un *droit supérieur*, elle n'a qu'un *droit de priorité.*

La priorité constitue d'ailleurs à elle seule un avantage important : « C'est, a-t-on dit justement, un privilège considérable, car qui fait le premier budget en est vraiment le maître, et la Chambre qui vient après n'a plus que très peu de modifications à y introduire. » La priorité donne à la Chambre qui en jouit l'occasion de réaliser les réformes intéressantes et populaires que peut contenir une loi financière. Cette Chambre en a donc, aux yeux du peuple, tout le mérite. — En outre, la Chambre des députés examine le budget à loisir ; le Sénat dispose de moins de temps.

L'avantage est d'autant plus considérable que la priorité concerne non seulement le budget annuel, mais toutes les lois qui touchent au régime financier du pays, notamment les lois organiques des impôts.

133. Le droit de priorité nous vient d'Angleterre. Les jurisconsultes l'expliquent généralement par cette considération que la Chambre des Lords, nommée en grande partie par la Couronne, serait plus facile à influencer que la Chambre des Communes élective. En outre, les Lords, jadis exempts des impôts que payaient les électeurs des Communes, n'intervenaient que pour donner au vote des Communes le caractère législatif et pour veiller au respect du droit commun du royaume; ils ne pouvaient donc que contrôler de haut les lois de finances. En somme, la priorité de la Chambre des Communes s'expliquait à l'origine par la règle que l'impôt doit être consenti par ceux qui le paient. Dans la suite, les Lords ont été assujettis à l'impôt; mais la tradition leur a refusé un rôle plus large et notamment l'initiative.

Ces raisons ne peuvent être données pour la France actuelle; nos deux Chambres sont électives et représentent les contribuables; la priorité accordée à la Chambre des députés est difficile à justifier logiquement.

Elle a été présentée comme la compensation, pour la Chambre, des attributions spéciales reconnues au Sénat (n° 128), notamment en fait de dissolution (n°ˢ 439 et s.). Il est plus exact d'y voir un avantage donné de parti pris à la Chambre élue par le suffrage direct. La tradition est sans doute l'explication la plus naturelle.

Le droit de priorité a des inconvénients. Le plus grave est que la Chambre use mal de son droit. Elle garde le budget trop longtemps sans l'étudier, se laisse acculer aux derniers jours de l'année, vote précipitamment, et le Sénat est saisi à la dernière heure d'une loi très importante, qui contient souvent de graves réformes, et qui aurait besoin au moins d'un examen sérieux (1). Il est réduit à l'alternative ou de retarder le vote du budget, s'il veut exercer un contrôle sérieux, ou de voter hâtivement et sans examen des lois de finances qui lui paraissent défectueuses.

134. Les deux Chambres étant égales en droits, la loi n'existe que par leur accord; elle passe et repasse de la Chambre au Sénat et réciproquement, jusqu'à ce qu'un texte

(1) En Angleterre, la loi de 1911 ne permet à la Chambre des Lords que le rejet en bloc ou l'adoption totale du budget et des lois ayant un caractère financier (n° 115). La simple priorité est assez généralement consacrée, mais n'altère pas l'égalité des Chambres; il y a en ce sens une disposition formelle dans la C. États-Unis. — La priorité est écartée par la C. Suisse.

réunisse la majorité dans l'une et dans l'autre; si l'accord ne peut pas s'établir, la loi n'aboutit pas.

On comprend qu'un conflit naisse de l'entêtement de chaque Chambre à voter chaque fois dans le même sens. Comment résoudre ce conflit? La C. 1875, pas plus que les précédentes, n'en donne un moyen formel. En fait, grâce à la condescendance des Chambres et surtout du Sénat, aucune difficulté sérieuse ne s'est produite. S'il s'en présentait, le Président de la République pourrait, avec l'avis conforme que le Sénat ne lui refuserait probablement pas, dissoudre la Chambre, et les électeurs, en réélisant celle-ci ou en nommant des membres nouveaux, donneraient tort ou raison au Sénat (nᵒˢ 439 et s.). Mais ce remède est héroïque et ne saurait être employé fréquemment, ni sans raison sérieuse.

En un cas particulier, la loi a donné la solution du conflit: si le Président de la République a provisoirement prononcé l'état de siège et que la levée en soit demandée aux Chambres, leur désaccord vaut prononciation de la levée (L. 3 avril 1878, art. 5).

Les règlements de la Chambre des députés (art. 144-147) et du Sénat (art. 129-131) décident que, lorsqu'une loi votée par l'une des Chambres a été modifiée par l'autre, elles peuvent nommer chacune une commission pour élaborer une nouvelle rédaction. Si les commissions n'ont pu se mettre d'accord, ou si chaque Chambre persiste dans son premier vote, la loi ne peut être remise à l'ordre du jour avant trois mois, à moins que le Gouvernement ne le demande (1). Ces dispositions ne sont pas souvent appliquées (2).

135. Les lois de 1875 s'occupaient de manière très inégale des deux Chambres. La composition et le mode de recrutement du Sénat formaient l'objet d'une loi constitutionnelle (L. C. 24 fév. 1875), complétée par une loi organique (L. 2 août

___

(1) Les conflits sont souvent prévus et réglés diversement (Afrique Australe, Brésil, Danemark, Fédération australienne, Islande, Mexique, Norvège, Portugal, République Argentine, Suède).
(2) Elles l'ont été en 1909, au sujet d'un projet de loi qui prohibait l'emploi de la céruse dans les travaux de peinture.

1875). Les mêmes sujets, en ce qui concerne la Chambre des députés, sont renvoyés à une loi ordinaire (L. 30 nov. 1875), la constitution se bornant à prescrire l'élection par le suffrage universel (L. C. 25 fév. 1875, art. 1).

La différence s'expliquait par le désir de rendre plus stable cette Chambre Haute, dont le principe était contesté et dont l'organisation avait soulevé bien des difficultés (n° 196).

Elle a cessé par la L. R. 14 août 1884, art. 3. « *Les articles 1er à 7 de la loi constitutionnelle du 24 février 1875, relatifs à l'organisation du Sénat, n'auront plus le caractère constitutionnel.* » Cette formule a l'intention de laisser aux textes cités le caractère purement législatif.

Les lois électorales des deux Chambres sont donc des lois ordinaires. Cela est-il bon ou vaut-il mieux que la constitution contienne les règles relatives à l'électorat et à l'éligibilité? Les uns pensent que la loi électorale doit être constitutionnelle, parce qu'elle pose des principes de la plus haute importance, vraiment caractéristiques du régime politique. Les autres aiment mieux une loi ordinaire; la matière est très mobile, reflète les progrès sociaux; elle doit pouvoir être facilement mise au courant, sans les solennités de la revision. — Il ne semble pas qu'on puisse *a priori* préférer l'un ou l'autre système. La loi électorale doit être constitutionnelle lorsqu'elle tranche des questions discutées et pose des principes contestés qu'il est bon de mettre à l'abri des surprises législatives. En tout autre cas, elle pourra être simplement une loi ordinaire (1).

(1) Les Chartes de 1814 (art. 35 et s.) et de 1830 (art. 30 et s.), les C. 1848 (art. 27) et 1852 (art. 34 et s.), le Scs. 1870 (art. 31 et s.) se bornent à indiquer les principes généraux et renvoient pour le surplus à une loi ordinaire; les C. 1791 (tit. III, chap. I), 1793 (art. 21 et s.), An III (art. 44 et s.) sont plus détaillées, surtout la première.

La plupart des C. étrangères posent seulement les principes : souvent elles contiennent quelques détails sur la Chambre Haute. La C. Norvège contient une partie de la loi électorale.

CHAPITRE XV

La Chambre des députés.

———

I

Composition.

136. 1° *Bases de la représentation.* — La C. 1791 (tit. III, chap. I, sect. I, art. 2) donnait à la représentation trois bases : le territoire, la population et l'impôt direct ; chaque département avait, outre un chiffre uniforme de députés à raison du territoire, un nombre variable de représentants, d'après sa population et sa contribution à l'impôt direct. Actuellement, l'unique base de la représentation est la population ; cependant la loi électorale, en adoptant comme règle les circonscriptions administratives, et donnant à chaque circonscription un nombre minimum de députés, atténue un peu l'importance du nombre ; ainsi aujourd'hui tout département, quelle que soit sa population, a trois députés au moins (n° 144).

Ce procédé est assurément très simple. Cet avantage le recommande mieux que l'argument souvent donné à l'appui, à savoir une prétendue égalité de tous les hommes ; car il est sûr que les hommes jouent dans la vie sociale des rôles différents, et une représentation qui se piquerait d'être exacte devrait refléter ces nuances.

D'autres procédés ont été proposés : représentation des classes, ce qui n'est guère concevable en France depuis 1789, — représentation des intérêts, dont le principe est acceptable, si les intérêts ne sont pas exclusivement matériels, mais dont l'organisation est malaisée : comment caractériser, classer et doter les intérêts divers? — Ces doctrines ont en ce moment d'autant moins de chances de réussir que les inconvénients attachés au système de la population se sont trouvés moins graves que la théorie ne l'avait annoncé.

Ces inconvénients existent cependant; le principal est que le peuple se reconnaît de moins en moins dans sa représentation. Il a le sentiment de plus en plus net que l'excessive simplicité du système est en désaccord avec la complexité des sociétés modernes. Ce sentiment est dangereux, parce qu'il est inconciliable avec une vie politique intense et saine, parce qu'il compromet aux yeux de la nation le principe même du régime représentatif.

Le mince correctif tiré de ce que la loi adopte les circonscriptions administratives comme unités électorales ne vaut pas beaucoup : ces circonscriptions n'ont acquis de l'importance qu'au point de vue administratif; elles sont nulles au point de vue des intérêts moraux et matériels dont les représentants ont la gestion et dont la représentation doit être l'expression. L'arrondissement, qui a été longtemps l'unité électorale et la circonscription-type, n'a aucune signification sociale, économique ou autre. Il ne mérite, à aucun point de vue, d'être l'élément caractéristique de la géographie politique.

137. 2° *Nombre des députés.* — Les lois de 1875, qui fixaient le nombre des sénateurs, n'indiquent ni le nombre des députés ni son rapport avec la population (1).

(1) Le nombre est fixé par les C. An III (art. 73 : 500), An VIII (art. 31 : 300), l'Acte Additionnel (art. 8 : 629), pour la Chambre Basse; par les C. 1791 (tit. III, chap. I, sect. 1, art. 1 : 745) et 1848 (art. 21 : 750), pour l'Assemblée unique; le rapport avec la population, par la C. 1793 (art. 22 : 1 député pour 40.000 habitants), avec le nombre des électeurs par la C. 1852 (art. 35 : 1 pour 35 000).
Le nombre est fixé par les C. Norvège (123), Pays-Bas (100); le rapport avec la population est indiqué soit exactement (Mexique, Rép. Argentine, Suisse), soit par maximum et minimum (Luxembourg), soit par maximum (États-Unis, Dane-

Ce point est aujourd'hui réglé par la loi électorale, qui peut suivre les variations subies par le chiffre de la population. La L. 30 novembre 1875 donnait 533 députés ; celle du 28 juillet 1881, 557 ; celle du 16 juin 1885, 584. La L. 13 février 1889 créait 576 députés, chiffre porté par la L. 22 juillet 1893 et maintenu par la L. 6 avril 1898 à 581, porté par la L. 30 mars 1902 à 591, par la L. 26 mars 1910 à 597, par la L. 27 mars 1914 à 602, par les LL. 12 juillet et 17 octobre 1919 à 626 (1). Les colonies, qui en 1875 avaient 8 députés, en ont 16 aujourd'hui.

La Chambre des députés est donc nombreuse, très nombreuse, trop nombreuse. Les assemblées nombreuses ont plus d'inconvénients que d'avantages. Comme les foules, elles sont impressionnables, mobiles, divisées. Leur masse flottante et incohérente ne se laisse pas discipliner en partis ; elle ne sait que former des groupes dont le nombre est souvent trop considérable (2) et dont les membres n'observent pas toujours une discipline suffisante. Le grand nombre n'est ni nécessaire ni suffisant pour assurer l'exacte représentation du pays ; il permet l'accès du Parlement aux médiocrités, et celles-ci, incapables de remplir les fonctions sérieuses du Parlement, s'adonnent aux œuvres fâcheuses et bruyantes de la politique pure (3).

Le nombre des députés est appelé à diminuer par l'appli-

mark) ou minimum (Espagne) seulement. La C. Serbie établit le rapport avec le nombre des contribuables.

(1) Ce nombre comprend les députés attribués à l'Alsace-Lorraine (départements du Bas-Rhin, du Haut-Rhin, de la Moselle), à titre provisoire et jusqu'aux élections qui suivront le prochain recensement (L. 17 oct. 1919, art. 10). Chacun des autres départements a gardé le nombre des députés qu'il avait en 1914, en attendant un nouveau recensement.

(2) Dans la Chambre élue en 1914, il y eut jusqu'à douze groupes dont l'un comprenait les députés qui n'étaient inscrits à aucun autre groupe.

(3) La Constituante de 1789 eut 1.145 membres ; la Convention, 778 ; la Constituante de 1848, 900 ; l'Assemblée de 1871, 768 ; puis 738. Le Corps législatif du Premier Empire compta jusqu'à 402 membres ; celui du Second Empire en eut 261, puis le nombre augmenta jusqu'à 292. La Chambre Basse eut successivement 402 (O. 13 juill. 1815), 258 (O. 5 sept. 1816), 430 (L. 29 juin 1820), 459 (L. 19 avril 1831) membres. Elle a en Angleterre 707 membres, à raison de 1 député pour 70.000 habitants en Grande-Bretagne, de 1 député pour 43.000 habitants en Irlande.

cation de la L. 17 juillet 1919 (n° 141). Il est provisoirement maintenu. Mais la Chambre des Députés a voté, le 23 mars 1920, une résolution par laquelle elle « *invite le gouvernement à procéder, dans le plus bref délai possible, au recensement de la population, afin que la réduction du nombre des députés par voie d'extinction puisse être réalisée dès cette législature* ».

138. Depuis le D. 22 décembre 1789, la division administrative du territoire a généralement servi de base à la loi électorale.

La plupart des lois électorales établissent une proportion entre le chiffre de la population de chaque circonscription administrative (département ou arrondissement) et le nombre de députés attribué à cette circonscription. Les différences que révèlent les recensements de la population doivent donc se traduire par des différences dans le chiffre des députés. La loi seule peut remanier le tableau des circonscriptions électorales; elle n'est pas tenue de le faire périodiquement (1).

139. 3° *Catégories de députés.* — Les lois constitutionnelles et électorales attribuent à la Chambre une origine unique, le suffrage universel, et ne forment pas plusieurs représentations spéciales. Telle est d'ailleurs la tradition depuis 1789 (2). — Il n'existe pas de députés suppléants (3).

140. 4° *Mode de scrutin.* — La population est groupée, pour l'Administration, en circonscriptions que la loi électorale adopte assez généralement, quoique le groupement soit trop

(1) Un remaniement décennal est prescrit par la C. An III (art. 50), au Canada, au Brésil, aux États-Unis, en République Argentine; un remaniement quinquennal, par la L. 15 mars 1849 (art. 90) et le D. 2 février 1852 (art. 2).

(2) Cependant, la L. 29 juin 1820 faisait élire une partie des députés par les collèges d'arrondissement et le reste par les collèges de département. L'Acte Additionnel (art. 33) annonçait une représentation spéciale du commerce et de l'industrie, nommée par les collèges électoraux, sur la proposition des Chambres consultatives et de commerce.

(3) La C. fr. 1791 (tit. III, chap. I, sect. 3, art. 1) en instituait; il en existe en Mexique, Norvège.

souvent factice. En France, la loi a adopté tantôt l'arrondissement, tantôt le département. Dans le dernier cas, elle invite l'électeur à voter pour plusieurs députés (1), pour une *liste ;* dans le premier cas, elle donne en principe un député à chaque arrondissement, divise les arrondissements très peuplés, et appelle chaque électeur à élire un seul député.

Ainsi s'est formée l'antithèse entre le scrutin uninominal (2) et le scrutin de la liste (3).

Depuis 1870, l'un et l'autre systèmes ont été plusieurs fois votés et abrogés. L'Assemblée nationale, élue au scrutin de liste, adopta le scrutin uninominal (L. 30 nov. 1875, art. 14). Le scrutin de liste a été adopté par la L. 16 juin 1885, art. 1. Le scrutin uninominal a été rétabli par la L. 13 février 1889, article 2. Le scrutin de liste a été rétabli par la L. 12 juillet 1919, actuellement en vigueur.

141. On ne peut dissimuler que, en 1889, le rétablissement du scrutin uninominal, n'ait été qu'un moyen de lutter contre la popularité grandissante du général Boulanger, dont les succès électoraux devaient leur retentissement au scrutin de liste et au nombre considérable des électeurs appelés aux urnes. L'événement a prouvé que les Chambres et le Gouvernement avaient bien vu leur intérêt. Cette considération n'est pas indifférente : le scrutin uninominal est une barrière opposée aux ambitieux qui tendent au pouvoir par le plébiscite ; il est plus difficile d'organiser la lutte électorale dans

---

(1) La L. 22 décembre 1789 organisait un autre procédé de votation.

(2) On dit souvent *scrutin d'arrondissement,* parce que dans ce système chaque arrondissement a en principe un député. L'expression n'est pas exacte, car beaucoup d'arrondissements nomment plus d'un député et sont divisés en circonscriptions. La L. 30 novembre 1875, article 14, dit : *scrutin individuel.*

(3) Le scrutin uninominal a été consacré en France par les C. 1791 (tit. III, chap. I, sect. 3, art. 1), 1793 (art. 23), la L. 29 juin 1820 (art. 2), la L. 19 avril 1831 (art. 39), la C. 1852 (art. 36), le Scs. 1870 (art. 31). — Il fonctionne en Norvège, Pays-Bas. — Le scrutin de liste fut adopté en France par la L. 25 fructidor An III, l'O. 13 juillet 1815, la L. 5 février 1817 (art. 7), l'O. 25 juillet 1830, le D. 5 mars 1848 (art. 9), la C. 1848 (art. 30), le D. 29 janvier 1871 (art. 3) ; il existe en Colombie, Grèce, Rép. Argentine, Roumanie, Serbie, Suisse. — Les deux systèmes sont appliqués concurremment dans un grand nombre de pays ; mais le plus souvent, ainsi en Angleterre, les circonscriptions à un seul député sont de beaucoup les plus nombreuses.

626 circonscriptions que dans 89; les succès partiels ont moins d'importance et moins d'éclat.

De plus, et là est la raison décisive, le scrutin uninominal permet à l'électeur de savoir ce qu'il fait, de voter pour un seul homme qu'il connaît généralement ou qu'il peut connaître, de choisir son représentant en connaissance de cause. Le scrutin de liste oblige l'électeur à s'abstenir ou à voter pour une série de candidats dont la plupart lui sont inconnus. Pour éviter l'embarras de faire un choix difficile ou aveugle, l'électeur acceptera une liste dressée à l'avance par un comité politique, qui portera en tête un nom populaire ou sympathique (*candidat remorqueur*), à la faveur duquel passeront d'autres noms indignes ou obscurs. L'élection manquera donc de sincérité et de vérité.

Le scrutin de liste établit entre les électeurs des divers départements une inégalité injustifiable. Les citoyens, théoriquement égaux, quel que soit leur domicile, nomment ici trois députés, là une dizaine, et cette différence ne s'appuie sur aucune raison; elle tient seulement au hasard qui domicilie celui-ci en tel département, celui-là en tel autre. Il est vrai que les arrondissements comptant un nombre variable d'électeurs, chaque électeur a sur le choix du député unique une influence plus ou moins grande; qu'une très légère différence dans la population de deux arrondissements peut doubler la représentation de l'un. Mais à ceci une bonne division électorale remédiera aisément, et même la seconde inégalité corrigera la première en beaucoup de cas. Au reste, les imperfections inévitables ne tiennent pas, comme pour le scrutin de liste, au principe lui-même.

Le scrutin de liste assure une excessive prépondérance aux villes, où les électeurs sont massés et souvent dirigés par des comités, sur les campagnes, où les électeurs sont dispersés et sans direction.

142. On objecte, en faveur du scrutin de liste, que la nation est une et non composée de circonscriptions artificielles; qu'elle devrait former un collège électoral unique ;

que, ce mode étant impraticable à cause du nombre des électeurs et des députés, il faut du moins adopter le système qui s'en rapproche le plus, le scrutin de liste. — L'essentiel, c'est non pas d'observer une logique rigoureuse, mais d'obtenir une expression sincère et exacte de la nation. Les considérations invoquées ne prouvent pas que le scrutin de liste assure la sincérité et l'exactitude de la représentation nationale. Puis, qui donc accepterait comme idéal ce monstrueux collège électoral composé de 10 millions d'électeurs inconnus les uns aux autres, votant pour 600 députés qu'ils ignorent également ? Qui donc peut souhaiter d'en approcher ? Au surplus, si l'erreur consiste à ne le point posséder, le plus ou moins de distance est-il à considérer ?

Avec le scrutin uninominal, ajoute-t-on, l'électeur votera pour un homme, au lieu de voter comme il le devrait, et comme il le ferait avec le scrutin de liste, pour des principes politiques et sociaux. Il se laissera influencer par les personnalités locales, les passions locales, les coteries locales ; il sera plus accessible à la corruption et à la vénalité ; il mettra dans la lutte électorale l'ardeur et l'âpreté des inimitiés villageoises. Le député élu sera sous la dépendance immédiate de ses électeurs. — Je réponds que si l'électeur vote pour un homme qu'il connaît bien, au lieu de voter pour des principes qu'il ne connaît pas ou guère, c'est tant mieux. On ne lui demande pas une opinion précise sur les innombrables problèmes législatifs ; on lui demande de désigner l'homme le plus apte à les résoudre (n° 42). Il est possible que la lutte électorale soit mesquine, violente, mais il ne paraît pas que le scrutin de liste ait évité ces inconvénients, et il en a d'autres. Le scrutin de liste soustrait peut-être le député à la tyrannie de ses électeurs ; ne le met-il pas sous l'influence du Gouvernement, dont le concours est si précieux dans les circonscriptions étendues ? Les bonnes mœurs électorales ne dépendent pas de tel ou tel mode de votation. D'ailleurs, l'expérience a prouvé que les listes sont formées de manière que chaque arrondissement (ou circons-

cription uninominale) y ait son représentant (1), ce qui est le
scrutin d'arrondissement à peine déguisé. Ce système est
passé en coutume pour le Sénat ; il a été suivi pour les élections à la Chambre des députés faites, le 16 novembre 1919,
au scrutin de liste.

Le scrutin de liste, dit-on enfin, permet la représentation
des minorités (2), et favorise les transactions par l'établissement d'une liste commune, formée de membres appartenant
aux divers partis (3). Il paraît plus vraisemblable que les
transactions n'auront lieu qu'entre les différentes nuances
d'un même parti, pour l'écrasement total des adversaires
communs. Au contraire, le scrutin uninominal aboutit pratiquement à une représentation réelle des minorités. Tel intérêt ou telle opinion dominent dans une circonscription voisine. Le fait se vérifie de façon très intéressante dans les
grandes villes.

143. Pour conjurer les dangers des deux modes de scrutin, on a parfois proposé des combinaisons mixtes. Certains
partisans du scrutin de liste proposent de sectionner les
départements nommant un grand nombre de députés. Certains partisans du scrutin uninominal admettent le vote par
liste dans les arrondissements qui nomment plus d'un
député, et même la réunion deux par deux des arrondissements qui en nomment un. Ces idées, très voisines l'une de
l'autre, sont plus raisonnables que les deux systèmes absolus
entre lesquels a oscillé la loi française (4). On va voir que la
première inspire la législation actuelle.

La question du scrutin uninominal et du scrutin de liste

(1) La L. 28 mai 1791, titre II, article 9, annulait les élections, s'il y avait eu
convention de répartir les sièges entre les districts ou de les attribuer successivement à chacun.

(2) Il importe de reconnaître que la représentation légale des minorités ne peut
être organisée qu'avec le scrutin de liste. Ici il ne s'agit que d'une représentation
à obtenir sans le secours de la loi.

(3) On doit reconnaître que les choses semblent s'être passées ainsi en France,
aux élections législatives du 16 novembre 1919. En réalité, il s'agissait bien d'éliminer le parti socialiste par la coalition de tous les autres partis.

(4) Elles ont triomphé en plusieurs pays étrangers.

vient d'être examinée [pour le système électoral qui n'organise pas légalement la représentation proportionnelle (nᵒˢ 179 et s.).

Elle se présente dans des termes tout différents s'il s'agit de choisir entre le scrutin de liste avec représentation proportionnelle, et le scrutin uninominal qui ne permet pas l'organisation légale de la représentation proportionnelle. Les avantages de la représentation proportionnelle sont si grands qu'il faut accepter le mode de scrutin qui est seul en mesure de les assurer.

144. La L. 12 juillet 1919 (1), actuellement en vigueur, rétablit le scrutin de liste : « *Les membres de la Chambre des députés sont élus au scrutin de liste départemental* » (art. 1).

« *Chaque département élit autant de députés qu'il a de fois 75.000 habitants de nationalité française, la fraction supplémentaire, lorsqu'elle dépasse 37.500, donnant droit à un député de plus. Chaque département élit au moins trois députés. — A titre transitoire, et jusqu'à ce qu'il ait été procédé à un nouveau recensement, chaque département aura le nombre de sièges qui lui est actuellement attribué* » (art. 21).

Le département est donc redevenu, en principe, la circonscription électorale. Toutefois, lorsque le nombre de députés à élire par un département sera supérieur à 6, le département pourra être divisé en circonscriptions, dont chacune aura à élire 3 députés au moins. Le sectionnement sera établi par une loi (art. 3) (2).

Pour appliquer cette disposition, le Gouvernement avait proposé de diviser 22 départements en 52 sections. La Chambre des députés avait voté d'abord (5 et 12 sept. 1919) qu'aucun département ne serait sectionné. Finalement la L. 14 octobre 1919 a divisé le département de la Seine en quatre sections et les départements de l'Aveyron, des Bou-

---

(1) Elle a été appliquée par la L. 19 octobre 1919 au territoire de Belfort, qui garde 2 députés.

(2) Le texte ajoute que, par exception pour les élections de 1919, huit départements (de la région occupée par l'ennemi pendant la guerre) ne seront pas sectionnés.

ches-du-Rhône, du Calvados, de la Loire-Inférieure, du
Maine-et-Loire, du Pas-de-Calais, des Basses-Pyrénées, chacun en deux sections (1).

On remarquera que le nombre de députés attribués à chaque département est fixé d'après le chiffre de la population
et non d'après celui des électeurs inscrits (2), car la nation,
que la Chambre des députés représente, comprend toute la
population, électeurs et autres. Il n'est tenu compte que de
la population française.

II

Élections.

145. I. *Cas où il y a lieu à élection.* — Ils se rangent en
deux séries : *élections générales,* lorsque tous les départements
sont appelés à élire leurs députés et que, ainsi, le suffrage
universel en son entier est consulté ; — *élections partielles,*
lorsqu'un ou quelques départements seulement nomment des
représentants.

146. A. *Élections générales.* — Les élections sont générales dans deux cas : renouvellement de la Chambre, dissolution de la Chambre.

147. 1° *Renouvellement de la Chambre.* — « *La Chambre
se renouvelle intégralement* » (L. 30 nov. 1875, art. 15). Cela
veut dire que les pouvoirs de tous les députés finissent à une
même date. Au renouvellement intégral s'oppose le renouvellement partiel dans lequel les députés, nommés pour une
égale durée, sont divisés en séries, dont les pouvoirs commencent et finissent à des dates différentes et successives
(renouvellement par moitié, par tiers, etc.).

Les deux systèmes ont leurs partisans.

(1) Il y a six sections à 3 députés, cinq à 4 députés, une à 5 députés, une à
12 députés, trois à 11 députés.
(2) Cette règle est traditionnelle en France; seule la C. 1852 (art. 35) donne
1 député pour 35.000 électeurs inscrits.

. Le renouvellement partiel est favorable à la formation des
traditions parlementaires. La série renouvelée fait son éducation auprès des membres anciens, tout en réveillant et en
éclairant leur activité. Le Parlement se tient en harmonie
continue avec le pays, et on n'a pas à redouter un déplacement brusque de la majorité.

Il a aussi ses inconvénients : la situation bizarre de la série
renouvelée, qui représente la plus récente opinion du pays,
dans ses rapports avec les séries anciennes qui forment la
majorité, ou au moins la moitié de la représentation ; —
l'agitation électorale trop fréquente, si l'intervalle entre les
renouvellements partiels est court, ou l'allongement excessif
des pouvoirs des représentants, si cet intervalle est long. S'il
y a un renouvellement chaque année, l'agitation est perpétuelle ; s'il y a un renouvellement par moitié tous les trois ans
ou par tiers tous les deux ans, il faut que chaque série siège
six ans ; dans tous les cas, la consultation du suffrage universel ne sera pas générale, et les élections n'auront pas la signification qu'elles doivent avoir.

Le renouvellement intégral donne au contraire l'expression complète du suffrage universel. Mais il offre l'inconvénient d'interrompre périodiquement la vie parlementaire, de
troubler les traditions en train de se former, d'exposer le
Parlement à des transformations radicales et soudaines.

148. La dualité des Chambres permet de concilier les deux
systèmes en les leur appliquant distinctement. Dans un
régime démocratique, qui fait du suffrage universel son
moteur principal, la Chambre Basse ou populaire devra se
renouveler intégralement, pour que la consultation générale
du peuple fournisse à la politique des indications, une direction. Il sera sans inconvénient, au contraire, que la Chambre
Haute se renouvelle partiellement. Tel est, en effet, le droit
français actuel (1).

(1) En France, le renouvellement était intégral d'après les C. 1791 (tit. III,
chap. 1, sect. 3, art. 1), 1793 (art. 39), 1848 (art. 31), 1852 (art. 38), la Charte de
1830 (art. 31), l'Acte Additionnel (art. 13), la L. 9 juin 1824 ; partiel d'après la C.

149. Le renouvellement intégral a lieu tous les quatre ans. « *Les députés seront élus pour quatre ans* » (L. 30 nov. 1875, art. 15). Le délai de quatre ans est nouveau dans notre histoire constitutionnelle, qui cite des délais plus longs et d'autres plus courts (1). — Les courtes durées assurent une constante conformité de vues entre l'électeur et l'élu ; les longues durées font plus rare l'agitation qui accompagne toute élection, laissent le député indépendant de ses électeurs, favorisent la formation des traditions parlementaires. Le délai de quatre ans paraît tout concilier.

On a discuté si le délai de quatre ans doit être compté de date à date exactement, ou s'il doit être entendu en ce sens que chaque Chambre ou législature tienne quatre sessions ordinaires ou vote quatre budgets. La L. 30 novembre 1875, article 15, ne parle ni de sessions, ni de budgets ; le délai doit donc être compté de date à date. Cette solution est confirmée par les L. 16 juin 1885 et 22 juillet 1893 qui vont être citées.

150. Il semble que le délai doive être compté du jour où chaque législature remplace la précédente et non du jour de l'élection (2). La pratique cependant a longtemps été contraire, sans doute à cause de l'idée que la Chambre est

An III (art. 53) (par tiers tous les ans), la C. An VIII (art. 31) et la Charte de 1814 (art. 37) (par cinquième tous les ans).

Le renouvellement est intégral dans un très grand nombre de pays étrangers ; il est partiel par moitié tous les 3 ans en Luxembourg ; par moitié tous les 2 ans en Belgique, Bolivie, République Argentine.

(1) Délais plus longs : 5 ans (C. An VIII, art. 31 ; Charles, art. 37 et 31 ; Acte Additionnel, art. 13) ; 6 ans (C. 1852, art. 38) ; 7 ans (L. 9 juin 1824) ; — plus courts : 3 ans (C. An III, art. 53 ; 1848, art. 31) ; 2 ans (C. 1791, tit. III, chap. I, préamb., art. 2) ; 1 an (C. 1793, art. 32). — La Constituante de 1789 siégea 2 ans 1/2 ; la Convention, 3 ans ; la Constituante de 1848, 1 an ; celle de 1871, 5 ans.

Le délai est de : 6 ans en Luxembourg ; 5 ans en Afrique Australe, Angleterre, Espagne, Italie ; 4 ans en Belgique, Danemark, Grèce, Pays-Bas, République Argentine, Roumanie, Serbie ; 3 ans en Fédération australienne, Norvège, Portugal, Suède, Suisse ; 2 ans en Colombie, aux États-Unis, au Mexique ; 1 an au Salvador.

(2) Plus exactement, le point de départ aurait dû être le 8 mars 1876, jour fixé pour l'entrée en fonctions de la Chambre et du Sénat (L. 30 déc. 1875, art. 5). La règle n'a pas pu être maintenue à cause de la dissolution de la Chambre des députés prononcée en 1877 (n° 139).

investie par le peuple; idée exacte, sans contredit, mais qui
ne contient pas nécessairement cette conséquence : le peuple
investit à telle date des représentants qui entreront en fonctions un peu plus tard, quand leurs prédécesseurs auront
terminé leurs quatre ans complets. On remarquera en outre
que, les élections ayant toujours lieu quelques semaines à
l'avance, l'époque de renouvellement changerait tous les
quatre ans et parcourrait successivement toutes les saisons
de l'année; résultat peu satisfaisant. Enfin, la Chambre est
toujours élue en deux fois, à cause des ballottages (1) (n° 176);
il serait également inexact de choisir l'une ou l'autre de ces
dates pour point de départ des quatre ans.

Aussi une coutume nouvelle s'est-elle établie : la L.
22 juillet 1893 décidait à titre transitoire que la Chambre
élue en 1893 garderait ses pouvoirs jusqu'au 31 mai 1898.
La Chambre élue en 1898 n'est donc entrée en fonctions que
le 1er juin 1898, elle n'en est sortie que le 31 mai 1902; la
Chambre élue en 1902 a exercé ses fonctions jusqu'au 31 mai
1906. Et ainsi de suite jusqu'à la L. 18 octobre 1919.

Celle-ci décide, à titre transitoire, que la onzième législature (Chambre élue en 1914) prendra fin le 7 décembre
1919 (2) et que la douzième législature (Chambre élue en 1919)
commencera le 8 décembre 1919 et prendra fin le 31 mai
1921.

151. Aucun texte n'assigne aux élections une date précise (3). Comme il ne faut pas que le Gouvernement, en cas
de besoin, se trouve entre une Chambre expirée et une
Chambre non encore élue ou entre deux Chambres coexistant
longtemps, « *les élections ont lieu dans les soixante jours qui
précèdent l'expiration des pouvoirs de la Chambre des députés* »
(L. 16 juin 1885, art. 6).

---

(1) Dans le système de la L. 12 juillet 1919, les ballottages sont rares, mais
possibles. Aux élections de novembre 1919, il y en eut quelques-uns.

(2) La L. 31 décembre 1917, article 3, avait prorogé les pouvoirs de la Chambre
élue en 1914 jusqu'à une loi qui fixerait la date des élections générales.

(3) Les C. 1791 (tit. III, chap. i, sect. 3, art. 1), 1793 (art. 32), An iii (art. 36)
fixaient la date des élections.

La dissolution de la Chambre prononcée en 1877 a été cause que les élections eurent lieu, depuis cette date (1), vers la fin de l'année, époque généralement jugée mauvaise. Pour revenir à une meilleure date, la L. 22 juillet 1893 disposait transitoirement : « *Exceptionnellement, les pouvoirs de la prochaine législature dureront jusqu'au 31 mai 1898.* » Il en résulte que la Chambre élue en 1893 a duré sensiblement plus de quatre ans.

De même, les élections ayant été suspendues, pendant la guerre (2), la Chambre élue au printemps de 1914 a duré jusqu'au 7 décembre 1919, soit près de cinq ans et demi (3), et la Chambre élue en novembre 1919 durera du 8 décembre 1919 au 31 mai 1914, soit près de quatre ans et demi (L. 18 oct. 1919, art. 1).

152. 2° *Dissolution de la Chambre.* — La dissolution est prononcée par le Président de la République sur l'avis conforme du Sénat (n° 439). Les élections nouvelles doivent être faites dans le délai de deux mois (L. R. 14 août 1884, art. 1, mod. L. C. 25 fév. 1875, art. 5, § 2).

153. Lorsque la Chambre des députés a terminé ses quatre ans ou est dissoute, les travaux qu'elle a amorcés, mais non conduits à leur terme, sont anéantis. Cependant les rapports sur le fond déposés par les commissions (n° 308) peuvent être repris et renvoyés aux commissions de la Chambre nouvelle soit sur l'initiative des commissions elles-mêmes, soit sur l'initiative de 20 membres (Règl. de la Chambre, art. 36). .

(1) Les premières élections avaient eu lieu le 20 février et le 5 mars 1876 (D. 28 janv. 1876), et l'Assemblée nationale avait cédé la place aux Chambres nouvelles le 8 mars 1876.

(2) LL. 24 déc. 1914, art. 2 ; 15 avril 1916, art. 2 ; 14 mars 1917, art. 2 ; 31 déc. 1917, art. 3. Les trois premières lois ont été appliquées aux colonies par les D. 2 janvier 1915, 20 avril 1916, 16 mars 1917. La quatrième s'appliquait expressément (art 5).

(3) Il a paru impossible de procéder à des élections avant l'achèvement de la démobilisation générale. Le Gouvernement anglais, au contraire, a fait des élections générales un mois à peine après l'armistice, en faisant voter les nombreux soldats des armées alors en France.

154. B. *Élections partielles.* — Une élection partielle est nécessaire :

1° *Au cas d'option,* par un député élu sénateur ou par un sénateur élu député, en faveur du siège sénatorial. Le délai est alors d'un mois (L. 30 nov. 1875, art. 16). — Avant la L. 17 juillet 1889 (n° 194), il y avait encore lieu à option dans le cas où plusieurs circonscriptions nommaient le même député.

2° *Au cas de vacance d'un siège,* par décès, démission ou autrement. Le délai est alors de trois mois (L. 30 nov. 1875, art. 16; L. 12 juill. 1919, art. 16). Le mot *autrement* permet d'appliquer le même délai au cas où la vacance résulte d'une incompatibilité (L. 30 nov. 1875, art. 8, § 2), de l'acceptation d'une fonction publique rétribuée (même loi, art. 11), de l'invalidation (n° 239), c'est-à-dire de l'annulation de l'élection par la Chambre. Le cas d'invalidation a été en partie réglé d'une manière spéciale par la L. 31 mars 1914 (n° 239).

Les élections partielles ont lieu au scrutin de liste départemental, lorsque plusieurs sièges sont vacants en même temps dans le même département. Si un seul siège est à pourvoir, chaque électeur ne vote que pour un nom, mais tous les électeurs du département votent.

155. Les élections partielles sont nécessaires pour qu'il n'y ait pas trop de vides dans la représentation nationale. Mais leur répétition trop fréquente, outre qu'elle serait onéreuse pour l'État et les communes, entretiendrait dans le pays une agitation fâcheuse. Un moment même, elles ont permis l'organisation d'une sorte de plébiscite (1).

Aussi la L. 20 février 1920 ajoute-t-elle à la L. 12 juillet 1919, art. 16, la disposition suivante : « *Toutefois, deux vacances sont nécessaires pour qu'il y ait élections partielles dans les circonscriptions ayant plus de quatre députés et douze au plus; trois vacances sont nécessaires dans les circonscriptions ayant plus de douze députés.* »

---

(1) Les élections partielles sont proscrites implicitement par les C. 1791 et 1793; la C. An iii (art. 56) ne les permet que pour le cas où l'une des Chambres a perdu plus d'un tiers de ses membres.

Les LL. 2 avril 1885 et 13 février 1889 (art. 4) ont, à titre provisoire, interdit toute élection partielle depuis leur date jusqu'au renouvellement intégral qui avait lieu la même année.

Les LL. 24 décembre 1914, article 2, 15 avril 1916, article 4, et 14 mars 1917, article 2, ont ajourné les élections partielles jusqu'à la fin des hostilités et jusqu'à une loi autorisant la convocation des collèges électoraux (1).

En outre, la L. 16 juin 1885 décidait pour toutes les législatures : « *Il n'est pas pourvu aux vacances survenues dans les six mois qui précèdent le renouvellement de la Chambre* » (art. 7). Ce texte était demeuré en vigueur, la L. 13 février 1889 (art. 1) n'ayant abrogé que les articles 1, 2, 3 de la L. 16 juin 1885. Il est reproduit par la L. 12 juillet 1919, article 17.

156. II. *Corps électoral.* — « *La Chambre des députés est nommée par le suffrage universel, dans les conditions déterminées par la loi électorale* » (L. C. 25 fév. 1875, art. 1, § 2). Le principe est développé par la L. 30 novembre 1875, qui organise le suffrage universel et direct.

157. A. *Suffrage universel.* — L'expression est certainement exagérée; il ne peut être question d'admettre à voter toutes les personnes, sans distinction d'âge ni de sexe, dont se compose la nation. Des exclusions s'imposent, et, selon leur étendue, le suffrage dit universel est susceptible de plusieurs formules, assez différentes les unes des autres, mais qui se ressemblent en ce qu'aucune d'elles n'exige pour le droit de vote une condition de fortune, un *cens*.

La L. 30 novembre 1875, article 1, admettrait au suffrage politique d'une part les électeurs municipaux selon la L. 7 juillet 1874 (2), d'autre part les citoyens ayant six mois de

---

(1) Une règle analogue a été suivie en Angleterre.

(2) Cette loi était assez exigeante relativement à la durée de la résidence pour les individus nés hors de la commune où ils voulaient voter; en sorte que l'électorat municipal était moins étendu que l'électorat politique. On justifiait habituel-

résidence dans une commune. Ces deux catégories ont été fondues en une seule par la loi municipale du 5 avril 1884, article 14, qui donne la formule actuelle du suffrage universel en France.

Le droit de suffrage est subordonné aux conditions suivantes :

la qualité de Français; la L. 26 juin 1889, article 3, assimile expressément au Français de naissance l'étranger naturalisé;

l'âge de 21 a s accompli;

l'absence d'incapacité légale. Le D. 2 février 1852 est encore en vigueur sur ce point important; il cite 17 cas d'incapacité perpétuelle (art. 15) et 4 cas d'incapacité temporaire (art. 16). Ces textes ont été modifiés par un assez grand nombre de lois.

Il est à peine utile d'ajouter : le sexe masculin.

Ces conditions sont aujourd'hui remplies par environ 10 millions de Français, auxquels il faut ajouter les indigènes algériens, à qui la L. 4 février 1909 a donné les droits de citoyen français, sous certaines conditions (1).

lement cette différence en disant que, pour s'occuper des affaires communales, il faut appartenir à la commune, ce qui exige des intérêts évidents ou une résidence assez longue; pour élire un député, il suffit d'appartenir à la nation.

(1) Le suffrage universel était inscrit dans la C. 1793 (art. 11), qui ne fut jamais appliquée. Il date réellement du D. 5 mars 1848, qui appelle à élire la Constituante tous les Français âgés de 21 ans et ayant six mois de résidence dans la commune (art. 6). Il fut consacré par les C. 1848 (art. 24), 1852 (art. 36), le Scs. 1870 (art. 31). Organisé d'abord par la L. 15 mars 1849, le principe fut gravement atteint par la L. 31 mai 1850, qui exigeait trois ans de domicile (art. 2); il a été rétabli par le D. 2 février 1852, que la L. 5 avril 1884 laisse en vigueur, et qui énumère les incapacités électorales. — Les C. 1791 (tit. III, chap. 1, sect. 1 et 2) et An III (art. 17 et s.) organisent le suffrage à deux degrés; l'électeur du premier degré doit payer une contribution directe et même, d'après la C. 1791, être âgé de 25 ans; l'électeur du second degré doit, en outre, être propriétaire, usufruitier ou locataire d'un bien d'une certaine valeur. — Sous la Restauration, le vote est direct; cependant, les collèges d'arrondissement présentent des candidats, les collèges des départements élisent, d'après les O. 13 juillet 1815, 5 septembre 1816, 25 juillet 1830, articles 8 et 13. L'électeur doit, en général, être âgé de 30 ans et payer 300 francs de contributions directes; sous ce régime (il faut excepter l'O. 25 juill. 1830), la femme n'est pas sans influence électorale, car l'impôt payé par la femme mariée compte à son mari, l'impôt payé par la femme veuve ou séparée compte à celui de ses fils ou gendres qu'elle désigne. Enfin la L. 29 juin 1820

158. Le suffrage universel, établi en France par le D.
5 mars 1848, doit être considéré comme une institution définitive.

Il n'en faut pas moins indiquer brièvement les raisons qui
ont assuré son succès en France et dans un assez grand nombre de pays.

La théorie classique du suffrage universel le présente
comme un attribut naturel et nécessaire de la personnalité
humaine, au même titre que le droit de propriété. — Ce
droit est en outre pour l'individu un moyen de perfectionnement, car il l'associe au gouvernement de la nation, il l'élève
au-dessus de ses intérêts particuliers, il le force à s'occuper
des affaires générales. — Le suffrage universel est l'indispensable garantie de la liberté; la servitude consiste à faire la

donne aux électeurs les plus imposés le droit de voter deux fois, dans les collèges
d'arrondissement et de département, qui nomment les uns et les autres des
députés. — La L 19 avril 1831 fixe l'âge de l'électorat à 25 ans et le cens à
200 francs et même, pour certaines capacités, à 100 francs (art. 1 et 3) ; les impôts
payés par les femmes comptent à leurs maris ou fils (art. 6 et s.). — D'après l'Acte
Additionnel (art. 31), les collèges d'arrondissement et de département, élus par
les assemblées de canton, élisent séparément leurs députés. — Selon la C. An VIII
(art. 7 et s.) et le Scs. An X (art. 28 et s.), les votes ne servent qu'à dresser les
listes de notabilité ou à présenter des candidats.

Le suffrage universel et direct existe à peu près partout. Mais parfois le principe est atténué par une exigence d'âge (24 ans en Suède, 25 ans en Danemark,
Espagne, Norvège), de domicile (deux ans en Espagne, cinq ans en Norvège).

La loi italienne exige des illettrés l'âge de 30 ans ou l'accomplissement du
service militaire. En Suisse, l'âge requis est 20 ans en général ; trois mois de
résidence suffisent et la condition n'est pas exigée des nationaux de naissance. En
certaines républiques américaines (Paraguay, République Argentine), l'âge électoral est 18 ans.

En Luxembourg, Serbie, un cens modique est nécessaire. En Roumanie, il y a
trois collèges fondés à la fois sur la propriété foncière, l'impôt direct et la capacité, élisant leurs députés séparément ; le vote est tantôt direct, tantôt indirect.

Le suffrage à deux degrés existe au Mexique.

En Angleterre, les règles de l'électorat ont été profondément modifiées par la
L. 6 février 1918. Elle maintient l'attribution de députés distincts aux bourgs
(320 députés), aux comtés (372), aux Universités (15). Elle reconnaît quatre catégories d'électeurs : les hommes qui ont l'âge de 21 ans et six mois de domicile ;
les femmes âgées de 30 ans ayant le droit de vote pour les élections locales ou
épouses d'électeurs ayant ce droit ; — les soldats et marins qui auraient le droit
de voter s'ils étaient présents à leurs domiciles ; — pour les Universités, tous les
gradués. Le nombre total des électeurs, qui était de 1 million après la réforme
de 1832, de 2 millions et demi après celle de 1867, de 5 millions après celle de 1884,
est passé à 16 millions dont 6 de femmes.

volonté d'autrui ; l'homme libre ne doit obéir qu'aux lois qu'il aura contribué à faire. Il est juste d'ailleurs que les intérêts de tous soient gérés par tous. — Et enfin la loi issue du suffrage universel aura une force irrésistible et obtiendra une obéissance parfaite.

159. Cette argumentation ne me satisfait qu'à demi. Il est vrai, je crois, que le droit de suffrage est l'une des garanties de la liberté et un instrument de progrès pour l'individu, et qu'à ce double titre, il doit être accordé à tous ceux qu'une raison décisive n'exclut pas ; que le gouvernement des intérêts communs doit émaner de la nation même. Mais je ne puis voir dans le droit de vote une conséquence inévitable de la personnalité humaine. La doctrine de *l'électorat-droit* inspire au citoyen une idée exagérée, fausse et dangereuse ; elle lui fait croire qu'il est libre de voter selon ses intérêts ou ses caprices, que le corps électoral compose toute la nation (elle est quatre fois plus nombreuse), que le suffrage dit universel peut librement méconnaître ou opprimer les droits et intérêts de ceux qui ne votent pas. Cette doctrine, d'un autre côté, ne donne pas de raison suffisante pour exclure du suffrage les trois quarts de la nation, composés également de personnes humaines. Celles-ci ne sont-elles pas fondées à réclamer toutes les conséquences de leur personnalité, toutes les garanties utiles à leur liberté et à leurs intérêts?

160. L'électorat doit être conçu au contraire comme une fonction que le citoyen remplit dans l'intérêt de tous. L'État gère les intérêts communs ; les autorités qui le composent doivent être représentatives, c'est-à-dire électives, puisque, aux yeux de l'opinion moderne, l'élection est la source la plus sûre de la représentation. Pour que la représentation soit exacte et soit crue exacte, il est nécessaire d'appeler à l'élire le plus grand nombre possible de membres de la société ; pour que les représentants soient capables et honnêtes, il faut que les électeurs le soient eux-mêmes. On est ainsi conduit d'un côté à élargir le droit de suffrage, d'un autre côté à le subordonner à des conditions.

Il résulte de là : d'abord que l'électeur ne vote pas en son nom et dans son intérêt, mais au nom et dans l'intérêt de la nation entière, y compris ceux qui ne votent pas et qui sont les plus nombreux; — ensuite qu'il n'est pas libre de vendre son suffrage; cette conséquence est admise par tous, mais se concilie mal avec l'idée de l'électorat-droit; — enfin qu'il n'est pas libre de voter ou de s'abstenir et mériterait une sanction s'il négligeait de remplir sa fonction (1).

161. L'idée de *l'électorat-fonction* n'a été longtemps soutenue que par les adversaires du suffrage universel. Partisans d'un suffrage restreint et fondé sur la richesse, ils s'efforçaient d'établir que l'électeur doit avoir un intérêt sérieux dans les affaires publiques, de la capacité, une haute moralité, et que ces conditions ne sont assurées que par la possession d'une fortune, dont le signe apparent est le cens ou impôt direct.

La doctrine du suffrage restreint ou censitaire doit être écartée et surtout séparée de l'idée de l'électorat-fonction. Les intérêts dont l'État a la gestion ne sont pas seulement des intérêts pécuniaires et matériels; ils embrassent la vie intellectuelle, religieuse, morale de la nation. A cette vie, participent tous les membres de la nation, dans une mesure que la richesse ne détermine pas et qui augmente avec le progrès de la civilisation, avec le développement des lumières et de la conscience publique. La fortune n'est même pas le signe d'un intérêt supérieur dans les affaires publiques; encore moins est-elle un gage de capacité et de moralité.

La fonction électorale exige sans doute capacité et moralité. Mais quant à la capacité, il suffira que le citoyen sache désigner son représentant, et de cela la plupart des hommes sont évidemment capables. Pour la moralité, il suffira d'exclure ceux qui auront encouru l'application des principales lois pénales.

_____

(1) Le vote est obligatoire notamment en Belgique, Bulgarie, Costa-Rica, Danemark, Fédération australienne, Mexique, Rép. Argentine, Roumanie, Salvador, plusieurs cantons suisses (soit pour les élections, soit dans l'assemblée du peuple), Appenzell, Argovie, Glaris, Neuchâtel, Saint-Gall, Schaffhouse, Schwytz, Soleure, Thurgovie, Unterwald, Uri, Zug, Zurich.

162. La théorie du suffrage universel comporte, on l'a vu, des exclusions plus ou moins nombreuses et importantes.

La formule française actuelle a été critiquée tantôt comme trop sévère, tantôt comme trop large.

Elle est, dit-on, trop sévère, quand elle exclut du suffrage les femmes. Tous les arguments donnés à l'appui du suffrage universel sont bons pour les femmes, s'ils sont bons pour les hommes. La femme n'a-t-elle pas une personnalité, la liberté, des intérêts? Ne subit-elle pas l'application des lois? Ne paie-t-elle pas à la patrie toutes ses dettes, et la maternité ne compense-t-elle pas l'exemption du service militaire? Quant à l'incapacité intellectuelle ou morale des femmes, elle n'est pas un argument sérieux, alors surtout que l'électeur n'a qu'à désigner son représentant. Au surplus, le suffrage féminin fonctionne sagement et utilement en plusieurs pays (1).

La loi française, dit-on d'autre part, est trop facile lorsqu'elle admet à voter : les individus munis d'un conseil judiciaire pour cause de prodigalité ou de faiblesse d'esprit; — les indigents assistés, dont la moralité politique n'est pas très élevée en général ; — les domestiques, dont la condition est trop dépendante; — les illettrés, privés du moyen le plus sûr de se renseigner (2).

---

(1) Actuellement, les femmes sont admises au vote politique : en Europe, dans tous les pays, sauf la France, l'Espagne, l'Italie, les États Balkaniques; — en Amérique, dans un grand nombre des États-Unis; — dans la Fédération australienne. Elles votent aux élections administratives dans de nombreux pays.

En France, elles sont électeurs et éligibles pour les conseils de prud'hommes (L. 27 mars 1907, art. 5; L. 15 nov. 1908; L. 3 juill. 1919; L. 30 mars 1920), les conseils consultatifs du travail (L. 17 juill. 1908, art. 5), les chambres d'agriculture (L. 25 oct. 1919, art. 8 et 17); — électeurs, pour les tribunaux de commerce (L. 23 janv. 1898), les chambres de commerce (L. 19 fév. 1908, art. 2), les chambres consultatives des arts et manufactures (même texte).

La Chambre des députés a voté, le 20 mai 1919, un texte ainsi conçu : « *Les lois et dispositions réglementaires sur l'électorat et l'éligibilité à toutes les assemblées élues sont applicables à tous les citoyens français sans distinction de sexe.* » Elle a voté le 27 février 1920 une proposition de loi qui confère l'électorat aux femmes âgées de 21 ans. Ces textes ne sont pas encore devenus une loi.

(2) Aussi l'enseignement primaire obligatoire et gratuit est-il généralement considéré, même en France, comme la conséquence (on ferait mieux de dire : l'antécédent) nécessaire du suffrage universel.

163. B. *Suffrage direct.* — L'électeur nomme lui-même le député; il ne se borne pas, comme dans le suffrage universel indirect ou à deux degrés, à désigner ceux qui nommeront le député.

Le suffrage à deux degrés a été quelquefois recommandé. Il sera plus aisé, disait-on, pour la plupart des citoyens, de désigner parmi leur entourage les électeurs définitifs que le député lui-même.

Cette idée n'a pas prévalu. Le citoyen se dégoûtera d'un droit si restreint, ou bien, plus probablement, il imposera aux électeurs du second degré l'obligation de voter pour un candidat déterminé (1).

164. Pour en terminer sur ce point, deux remarques.

En premier lieu, la loi française (et en général les lois étrangères) traite le citoyen comme un individu isolé et non comme un membre d'une société organisée, ce qu'il est réellement. Beaucoup de penseurs reprochent au suffrage universel son caractère *inorganique*. Le remède n'est pas aisé à trouver.

En second lieu, la loi française (et presque toutes les lois étrangères) donne à chaque citoyen, quels que soient sa capacité et ses intérêts, une seule voix. Ce système fausse la représentation nationale, car chacun a dans la vie sociale un rôle différent. Comme correctif, on a proposé le système du *vote plural*, qui accorde une ou plusieurs voix supplémentaires aux citoyens qui, comme chefs de famille, ou à cause de leur fortune ou de leurs capacités, ont une importance sociale particulière (2).

(1) C'est ce qui est arrivé aux États-Unis pour l'élection présidentielle.

(2) La Belgique a fait de ce système une application intéressante en 1893. Selon l'article 47 de la Constitution, un vote était attribué aux citoyens âgés de 25 ans, ayant un an de domicile; un vote supplémentaire est accordé : 1º à tout homme âgé de 35 ans, marié ou veuf avec descendance légitime et payant 5 francs de contribution personnelle; 2º à tout homme âgé de 25 ans et propriétaire soit d'un immeuble valant 2.000 francs, soit de 100 francs de rente belge. Deux votes supplémentaires étaient accordés aux hommes âgés de 25 ans et porteurs de certains diplômes ou ayant occupé des positions impliquant des connaissances égales. Ce système a été aboli en 1919 et a fait place au suffrage universel égalitaire.

En Angleterre, l'électeur pouvait jadis voter dans toutes les circonscriptions où

165. III. *Listes électorales.* — Nul ne peut voter s'il n'est inscrit sur une liste électorale. Cette inscription, à raison des conditions dans lesquelles elle est faite, est considérée comme une preuve sûre du droit électoral.

Cependant si le droit à l'inscription n'a été reconnu par sentence judiciaire que postérieurement à la clôture de la liste, la sentence vaut inscription (L. 5 avril 1884, art. 23); réciproquement celui qui, depuis son inscription, a perdu ses droits électoraux, ne peut voter sans encourir une peine (D. org. 2 fév. 1852, art. 32).

Une liste électorale est dressée dans chaque commune.

La L. 30 novembre 1875, article 1, admettait encore deux listes :

l'une, dressée en vertu de la L. 7 juillet 1874, portait les électeurs municipaux, c'est-à-dire ceux qui avaient deux ans de résidence dans la commune, ceux qui s'étaient mariés dans la commune ou y étaient inscrits au rôle d'une des contributions directes et qui en outre y avaient un an de résidence, enfin ceux qui, nés dans la commune ou y ayant satisfait à la loi du recrutement, y avaient six mois de résidence;

l'autre, composée uniquement d'électeurs politiques, comprenait tous ceux qui résidaient dans la commune depuis six mois.

La L. 5 avril 1884, article 14, n'admet plus qu'une liste, qui sert indifféremment pour toutes les élections dont le suffrage universel est chargé.

Aux termes de ce texte, qui a été modifié par la L. 29 juillet 1913, article 2, et par la L. 31 mars 1914, article 2, la liste électorale comprend, dans chaque commune :

1° Tous les électeurs qui ont leur domicile réel dans la commune ou y habitent depuis six mois au moins ; ils sont

---

il réunissait les conditions de l'électorat; et comme les élections n'avaient pas lieu le même jour dans toutes les circonscriptions, il y avait un véritable vote plural. Depuis la réforme de 1918, chaque électeur ne peut voter que dans une circonscription.

inscrits d'office. Les mobilisés et les réfugiés qui n'ont pu, en 1919, justifier de six mois de résidence ont justifié d'un domicile réel par une déclaration faite à la mairie de la commune où ils voulaient être inscrits (L. 3 oct. 1919, art. 4);

2° Les électeurs qui figurent pour la cinquième fois, sans interruption, l'année de l'élection, au rôle d'une des quatre contributions directes ou au rôle des prestations en nature, et, s'ils ne résident pas dans la commune, déclarent vouloir y exercer leurs droits électoraux (1);

3° Les membres de la famille de tout électeur compris dans la cote de la prestation en nature, alors même qu'ils n'y sont pas portés personnellement;

4° Les habitants qui, à raison de leur âge ou de leur santé, ne sont plus assujettis aux prestations en nature;

5° Ceux qui, en vertu de l'article 2 du traité du 10 mai 1871, ont opté pour la nationalité française et déclaré fixer leur résidence dans la commune, conformément à la L. 19 juin 1871;

6° Ceux qui sont assujettis à une résidence obligatoire dans

(1) C'est sur ce point que les LL. 29 juillet 1913 et 31 mars 1914 ont modifié la L. 5 avril 1884. Celle-ci faisait inscrire tout électeur inscrit dans la commune à une contribution directe, sans exiger une quotité ou un délai. Elle permettait la fraude suivante : l'année qui précédait une élection, des citoyens habitant une autre circonscription achetaient en commun (ou même séparément) quelques mètres carrés de terrain situés dans une commune de la circonscription; l'année suivante, l'année de l'élection, ils figuraient au rôle de l'impôt foncier dans la commune, déclaraient vouloir y exercer leurs droits électoraux; ils acquéraient ainsi, pour une somme minime et pour un impôt direct de quelques centimes, le droit de voter dans une circonscription où ils n'avaient aucun intérêt, aucune attache, et pouvaient y déplacer la majorité. Cette fraude est devenue impossible ou du moins très difficile et très aléatoire, puisqu'il faut cinq inscriptions consécutives au rôle des contributions directes, c'est-à-dire un délai assez long entre l'acquisition de la qualité de contribuable et l'acquisition du droit de vote.

Toutefois les textes nouveaux n'exigent pas cinq inscriptions au rôle du même impôt; on peut donc compter des inscriptions successives au rôle d'impôts différents, par exemple trois inscriptions au rôle de l'impôt personnel et mobilier, et deux inscriptions au rôle de l'impôt foncier.

En outre, les textes nouveaux n'ont pas effet rétroactif; les électeurs qui ont été inscrits en vertu de l'ancien texte de la loi de 1884 continuent à figurer sur la liste électorale et pourront même s'y faire rétablir, s'ils ont été rayés d'office, alors même qu'ils ne seraient pas inscrits pour la cinquième fois au rôle d'une des contributions directes ou des prestations.

la commune en qualité de fonctionnaires publics (1); ils sont inscrits d'office.

D'autre part, l'absence de la commune résultant du service militaire ne porte aucune atteinte aux règles relatives à l'inscription sur les listes électorales.

En outre, les citoyens français établis à l'étranger et immatriculés au Consulat de France conservent le droit d'être inscrits, sur leur demande, dans la commune où ils ont satisfait à la loi du recrutement et rempli leurs obligations militaires.

La liste électorale comprend tous ceux qui remplissent les conditions au moment de la clôture de la liste, c'est-à-dire, comme on va le voir, au 31 mars de chaque année.

166. Nul ne peut être inscrit que sur une seule liste (L. 29 juill. 1913, art. 1) et ne peut voter, par conséquent, que dans une commune. Un même électeur peut cependant remplir les conditions d'inscription en plusieurs communes, par exemple être inscrit au rôle des contributions directes en plusieurs localités. Cet électeur ne peut, sans encourir des pénalités, réclamer et obtenir des inscriptions multiples ou profiter des inscriptions d'office pour voter plusieurs fois (D. org. 2 fév. 1852, art. 31 et 34; L. 29 juill. 1913, art. 1).

En outre, lorsqu'un citoyen est inscrit sur plusieurs listes électorales, le maire ou, à son défaut, tout électeur porté sur l'une de ces listes, peut exiger devant la commission de revision des listes électorales, huit jours au moins avant leur clôture, que ce citoyen opte pour son maintien sur l'une seulement de ces listes. A défaut de son option dans les huit jours de la notification de la mise en demeure faite par lettre recommandée, ce citoyen reste inscrit dans la commune où il réside depuis six mois et est rayé des autres listes (L. 29 juill. 1913 et 31 mars 1914, art. 1).

---

(1) La L. 5 avril 1884 assimilait aux fonctionnaires les ministres des cultes reconnus par l'État. L'assimilation n'a plus lieu, puisqu'il n'y a plus de cultes reconnus (L. 9 déc. 1905, art. 2) (n° 497).

Toute demande de changement d'inscription devra être accompagnée d'une demande en radiation de la liste du domicile électoral antérieur qui sera transmise au maire de ce domicile (même texte).

167. Les listes électorales sont permanentes depuis les LL. 2 mai 1827, article 6, et 2 juillet 1828, article 1, c'est-à-dire qu'elles ne sont pas dressées pour chacune des élections qui ont lieu, et servent, au contraire, pour toutes les élections d'une même année. Seulement, pour qu'elles soient tenues au courant des changements survenus dans le corps électoral, elles sont revisées chaque année (D. org. 2 fév. 1852, art. 18, §§ 1 et 2). Par exception, les opérations de revision des listes électorales ont été ajournées par les LL. 24 décembre 1914, article 1 ; 15 avril 1916, article 1 ; 14 mars 1917, article 1 ; 31 décembre 1917, article 1.

La revision a eu lieu en 1919. Mais, pour cette année, la L. 15 janvier 1919, article 1, a allongé les délais qui vont être indiqués. En outre, la même loi, articles 2-3, a accordé à tout mobilisé, réfugié ou évacué, à tout colonial retenu en France faute de transport, un délai de vingt jours à compter de sa rentrée dans ses foyers pour demander au juge de paix son inscription ou son rétablissement sur la liste électorale. Enfin la L. 3 octobre 1919 a accordé aux électeurs un délai de quinze jours, à compter de sa promulgation, pour s'inscrire, sans préjudice des délais plus avantageux qui pouvaient résulter de la L. 15 janvier 1919.

La revision (1) est faite dans chaque commune par une *commission administrative* comprenant : le maire, un délégué du préfet, un délégué du Conseil municipal.

Cette commission, entre le 1er et le 10 janvier, opère d'office les inscriptions (citoyens qui, depuis la dernière revision, ont rempli ou rempliront avant le 31 mars les conditions

---

(1) D. O. 2 février 1852 (art. 18 et s.), D. R. 2 février 1852 (art. 1 et s.), L. 7 juillet 1874, L. 30 novembre 1875, article 1. Je néglige quelques règles spéciales sur Paris, Lyon et les communes divisées en sections. — En Angleterre, la revision est faite deux fois par an.

d'âge et de résidence requises, citoyens omis précédemment) et les radiations (citoyens décédés ou ayant perdu les conditions légales, ou indûment inscrits) nécessaires.

Le tableau de ces changements est communiqué au préfet et au sous-préfet, et en même temps déposé à la mairie (le 15 janv. au plus tard), où tout requérant peut le consulter, le copier, même en vue de le publier. Les citoyens radiés d'office sont avisés par la mairie.

Le préfet peut demander au conseil de préfecture l'annulation des listes électorales. D'un autre côté, un citoyen peut toujours soit réclamer son inscription, soit demander sa radiation pour être inscrit dans une autre commune. Même tout citoyen inscrit peut réclamer l'inscription d'un citoyen indûment omis, ou la radiation d'un citoyen indûment inscrit. Ces réclamations doivent être formulées à la mairie dans les vingt jours de la publication du tableau. Le préfet et le sous-préfet peuvent également réclamer contre les inscriptions et les radiations. Toutes les réclamations sont jugées, après audition de l'intéressé, par la commission ci-dessus, augmentée de deux délégués du conseil municipal (*commission municipale de jugement ou commission judiciaire*).

Les sentences de cette commission sont notifiées par écrit à domicile dans les cinq jours.

Elles peuvent, dans les cinq jours, être frappées d'appel devant le juge de paix par l'électeur intéressé, par les parties qui ont plaidé devant la commission et même par tout électeur inscrit.

Le juge de paix statue dans les dix jours, après avoir averti les intéressés.

Sa décision est susceptible, dans les dix jours, d'un pourvoi en cassation, qui est jugé par la Chambre des requêtes (L. 6 fév. 1914, art. 1).

Le 31 mars de chaque année, la commission arrête définitivement la liste qui servira pour toutes les élections jusqu'au 31 mars suivant. Cette liste, par ordre alphabétique, est communiquée au préfet et tenue à la disposition du public.

Après le 31 mars, le maire opère les inscriptions et radiations ordonnées par des décisions judiciaires postérieures à cette date. Il radie aussi les citoyens morts (1) ou déchus de leurs droits après le 31 mars. Le tableau de ces rectifications doit être publié cinq jours avant le vote.

Des pénalités sont édictées contre toutes fraudes touchant à l'établissement des listes électorales (V. notamment D. 2 fév. 1852, art. 31 et s.) et à la délivrance ou production d'un certificat d'inscription ou de radiation des listes électorales (L. 29 juill. 1913, art. 1). La prescription est acquise trois mois après la proclamation de l'élection (D. 2 fév. 1852, art. 50 ; L. 29 juill. 1913, art. 13).

168. Le droit de vote est suspendu pour : les militaires et marins, même s'ils se trouvent dans la commune le jour du vote, à moins qu'ils ne soient en congé régulier, en disponibilité, en résidence libre, en non-activité ou dans le cadre de réserve (L. 30 nov. 1875, art. 2 ; L. 21 mars 1905, art. 9) (2) ; — les détenus, les accusés contumaces, les aliénés internés dans un asile (D. régl. 2 fév. 1852, art. 18).

169. IV. *Opérations électorales.* — Les règles relatives aux formalités de l'élection sont parfois fixées par la Constitution (1791, tit. III, chap. 1, sect. 2 et 3 ; 1793, art. 13 et s., 23 et s. ; An III, art. 33 et s.) Elles sont plus souvent contenues dans une loi ordinaire ; actuellement, dans les LL. 30 novembre 1875, 29 juillet 1913, 31 mars 1914, 12 juillet 1919, et dans le D. régl. 2 février 1852 (3).

Elles ont pour but d'assurer que le vote de tous les citoyens soit libre et éclairé. Ce double but semble impliquer

---

(1) Selon la L. 31 mars 1914, article 8, la radiation d'un citoyen mort doit être faite dès que l'acte de décès a été dressé, et tout électeur de la commune a le droit d'exiger cette radiation.

(2) Les LL. 15 mars 1849 (art. 2, 17 et s., 62), 31 mai 1850 (art. 6 et 12) réglaient le vote des militaires et marins ; celle du 28 février 1790 leur permettait de voter si, présents à l'assemblée, ils n'étaient pas en garnison dans le canton.

(3) Pour les élections de novembre 1919, il y a eu quelques dispositions spéciales pour les départements envahis et libérés (L. 18 oct. 1919, art. 1-4).

contradiction : ceux qui éclaireront l'électeur ne porteront-
ils pas atteinte à sa liberté de décision? Il est évident qu'il y
a là surtout une question de mesure et de moyens.

La liberté du vote se concilie très bien avec l'influence
qu'une haute situation matérielle ou morale donne à certaines personnes sur un grand nombre d'électeurs. Réduite
à l'exemple, aux conseils, à la propagande par la parole ou
la presse, cette influence est légitime, nécessaire même, car
elle est le correctif du suffrage universel et de son excessive
égalité. Elle devient coupable, dès qu'elle s'exerce par
d'autres moyens, si elle agit sur la volonté des électeurs par
des promesses d'argent ou de faveur, par des menaces relatives à leurs moyens d'existence, aux conséquences des votes
sur leurs intérêts privés. Elle devient alors de la corruption
électorale ; elle vicie l'élection et justifie l'invalidation du
député (n° 239) ; elle donne lieu à des pénalités.

La L. 31 mars 1914 punit de trois mois à deux ans de prison et de 500 à 5.000 francs d'amende, d'une part, « quiconque, par des dons ou libéralités en argent ou en nature,
par des promesses de libéralités, de faveurs, d'emplois
publics ou privés ou d'autres avantages particuliers, faits en
vue d'influencer le vote d'un ou de plusieurs électeurs, aura
obtenu ou tenté d'obtenir leur suffrage, soit directement,
soit par l'entremise d'un tiers ; quiconque, par les mêmes
moyens, aura déterminé ou tenté de déterminer un ou plusieurs d'entre eux à s'abstenir ; ceux qui auront agréé ou sollicité les mêmes dons ou promesses » (art. 1) ; d'autre part,
« quiconque, en vue d'influencer le vote d'un collège électoral ou d'une fraction de ce collège, aura fait des dons ou
libéralités, des promesses de libéralités ou de faveurs administratives, soit à une commune, soit à une collectivité quelconque de citoyens » (art. 3). La même loi punit d'un mois à
deux ans de prison et de 200 à 5.000 francs d'amende « ceux
qui, par voie de fait, violences ou menaces contre un électeur,
soit en lui faisant craindre de perdre son emploi ou d'exposer
à un dommage sa personne, sa famille ou sa fortune, l'au-

ront déterminé ou auront tenté de le détermin s'abstenir
de voter, ou auront influencé ou tenté d'influ son vote
(art. 2). — Dans tous ces cas, « si le coupable est fonctionnaire public, la peine sera double » (art. 4).

Après avoir invalidé un député, la Chambre décide s'il a
lieu de renvoyer le dossier au ministre de la Justice (art. 5),
pour qu'il examine si des poursuites pénales doivent être
intentées. Le député invalidé et condamné est inéligible pendant deux ans (art. 6).

D'autre part, il résulte de la L. 29 juillet 1913, article 14,
que tout intéressé peut citer directement devant le tribunal
correctionnel les personnes et même les fonctionnaires pour
toutes infractions ayant pour but de favoriser ou de combattre une candidature.

La L. 31 mars 1914 ajoute que nulle poursuite contre un
candidat en vertu des articles 1 et 3, nulle citation directe
contre un fonctionnaire ne peuvent avoir lieu avant la proclamation du scrutin (art. 10), et que les délits qu'elle prévoit se
prescrivent par six mois à compter de cette proclamation
(art. 11).

La sanction la plus efficace et la plus logique consisterait
à suspendre ou à priver de leurs droits électoraux les circonscriptions qui se seraient montrées trop souvent acces-
sibles à la corruption (1). Il conviendrait aussi de limiter le
chiffre des dépenses qu'un candidat serait autorisé à faire
pour soutenir sa candidature (2).

170. On admet également l'intervention des comité formés
en vue de soutenir tel programme ou tel candidat. Il faut
reconnaître pourtant que ces comités, dont l'origine est trop
souvent obscure, exerc at sur la foule incertaine une influence
plus grande qu'ils ne le méritent. Ils jouent indûment le

_____

(1) C'est ce qu'on a fait notamment en Angleterre, par exemple en 1883. Ainsi
dispose aussi la loi électorale italienne de 1912.

(2) Une limitation légale existe notamment en Angleterre et dans la plupart des
États-Unis. En France, une restriction résulte de la L. 20 mars 1914 relative à
l'affichage électoral (n° 172). V. aussi L. 20 oct. 1919.

rôle qui devrait être joué par les partis; malheureusement la France n'a pas encore de partis organisés.

171. Le Gouvernement, la plus grande influence du pays, a souvent revendiqué le droit, accordé à tous, de diriger par des conseils les choix des électeurs, de recommander les candidats qu'il lui serait agréable de voir nommés (*candidature officielle*). On s'accorde à reconnaître que, même réduite à cette mesure, l'influence du Gouvernement est trop grande et trop générale pour que la liberté du vote n'en soit pas violée, et qu'ainsi cette influence ne doit pas être exercée. Du reste, dans un régime démocratique et républicain, le Gouvernement doit sortir du peuple, et non lui suggérer ses choix. Le Gouvernement doit donc s'abstenir strictement dans la lutte électorale; à plus forte raison, ses agents ne doivent-ils pas exercer sur les électeurs la *pression administrative* (1).

Il n'existe d'ailleurs aucune sanction spéciale pour la réserve imposée au Gouvernement et à ses agents. La responsabilité parlementaire des ministres (n° 386), l'invalidation des candidats officiels (n° 239) doivent suffire; mais elles ne suffiront que si le Gouvernement n'a pas réussi à faire élire une majorité dévouée. Quant aux poursuites pénales, elles supposent que l'influence administrative a revêtu les caractères d'une infraction punissable. Et même, jusqu'à la L. 29 juillet 1913, article 14, qui a permis à tout intéressé de déférer directement au tribunal correctionnel toute infraction commise en vue de favoriser ou de combattre une candidature, les fonctionnaires par exemple, les préfets, qui sont les auteurs habituels de la pression administrative, ne pouvaient être poursuivis que par le ministère public et jugés que par la Cour d'appel. Or, le ministère public doit obéissance au ministre de la Justice qui ne lui permettrait pas de poursuivre les fonctionnaires auxquels les amis du Gouvernement devraient leur élection.

(1) La L. 30 novembre 1875, article 3, « *interdit à tout agent de l'autorité publique ou municipale de distribuer des bulletins de vote, professions de foi et circulaires des candidats* ».

172. Les électeurs sont convoqués par un décret du Président de la République. Ils n'ont en aucun cas le droit de se réunir spontanément, l'époque du renouvellement de la Chambre fût-elle arrivée et même passée (1).

La date de l'élection est fixée par le décret de convocation. Au cas d'élections générales, ce jour est le même pour toutes les circonscriptions. Un délai de vingt jours au moins doit s'écouler entre la convocation et l'élection ; ce délai forme la *période électorale*, consacrée par les candidats et leurs agents aux actes de propagande.

Ces actes sont :

les circulaires, professions de foi, manifestes émanant soit du candidat, soit d'amis politiques ; aucune règle n'est imposée, sauf le dépôt pour les collections nationales (L. 29 juill. 1881, art. 3) ; le colportage et la distribution sont libres (art. 20) ;

les distributions de bulletins de vote ; ils sont dispensés du dépôt (L. 1881, art. 3) (2) ;

les affiches. La loi les dispense du droit de timbre (L. 11 mai 1868, art. 3), les protège contre les lacérations (L. 29 juill. 1881, art. 17). Même elle leur assurait des emplacements (L. 1881, art. 16). Actuellement, pour éviter les excès de l'affichage électoral, la L. 20 mars 1914 dispose que nulle affiche relative à une élection ne pourra, même si elle est timbrée, être apposée en dehors des emplacements spéciaux désignés par le maire. Le nombre de ces emplacements, outre ceux qui seront établis à côté des sections de vote, ne peut dépasser 5 dans les communes qui comptent 500 électeurs au plus, 10 dans les autres, plus 1 par 3.000 électeurs ou fraction supérieure à 2.000, dans les communes ayant plus de 5.000 électeurs. Dans chaque emplacement, une surface égale est attribuée à chaque candidat (art. 1). — Si le maire refuse ou néglige d'établir les emplacements, il y est pourvu

(1) Les C. 1791 (tit. III, chap. I, sect. 1, art. 1, et sect. 2, art. 1), 1793 (art. 32), An III (art. 27) autorisaient les citoyens à se réunir sans convocation, à date fixe.

(2) Pour les élections de 1919 et de 1920, la L. 20 octobre 1919 assure la franchise postale aux bulletins et circulaires envoyés par les soins d'une commission que préside, dans chaque département, le président du tribunal civil du chef-lieu.

par le préfet ou par son délégué (art. 2). — Les contraventions sont punies d'une amende de 5 à 15 francs et, en cas de récidive dans les douze mois, d'une amende de 16 à 100 francs (art. 3-4);

les réunions électorales, auxquelles la L. 30 juin 1881, articles 3 et 5, assurait un régime de faveur (ainsi la déclaration préalable à l'autorité municipale ou préfectorale pouvait avoir lieu deux heures seulement à l'avance), à la condition que seuls les électeurs de la circonscription, les candidats ou leurs mandataires, les membres du Parlement y fussent admis, et qu'elles n'eussent pas lieu le jour du vote. La L. 28 mars 1907 (n° 342) a supprimé la déclaration pour toutes les réunions.

Le jour de l'élection doit être, autant que possible, un dimanche ou un jour férié (D. régl. 2 fév. 1852, art. 9), afin que tout le monde puisse voter sans préjudice. Les électeurs sont toujours convoqués un dimanche.

Le scrutin dure un jour (L. 30 nov. 1875, art. 4); il est ouvert à 8 heures du matin, fermé à 6 heures du soir; un arrêté préfectoral, affiché cinq jours au moins avant le vote, peut avancer l'ouverture sans dépasser 5 heures du matin. Le scrutin ouvert trop tôt n'est pas nul, si l'ouverture prématurée n'apparaît pas comme une manœuvre frauduleuse. Le scrutin fermé avant l'heure légale n'est pas nul, mais le chiffre de voix requis pour la majorité est augmenté du nombre des abstentions relevées dans la commune où l'irrégularité a eu lieu.

173. Chaque électeur vote au chef-lieu de la commune et, en principe, à la mairie. Le préfet divise en sections de vote les communes si étendues ou si peuplées que tous les électeurs ne pourraient voter commodément au même lieu (L. 30 nov. 1875, art. 4). L'arrêté préfectoral doit être notifié au maire avant l'ouverture de la période électorale (L. 20 mars 1914, art. 5).

Il est présidé aux opérations électorales par un bureau composé du maire, de 4 assesseurs (des conseillers municipaux et, à leur défaut, les 2 électeurs les plus âgés et les 2 plus jeunes, sachant lire et écrire, présents à l'ouverture de la séance), de 1 secrétaire pris également parmi les électeurs et n'ayant que voix consultative. S'il y a plusieurs sections de vote, le maire y est suppléé par des adjoints, des conseillers municipaux ou des citoyens sachant lire et écrire et désignés par le maire. Il est très regrettable que la loi n'autorise pas chaque candidat à désigner un représentant pour siéger dans le bureau et pour contrôler les opérations électorales (1).

Le bureau est chargé de résoudre provisoirement les difficultés et de les relater au procès-verbal qu'il dresse des opérations électorales. 3 membres au moins doivent être présents pendant toute la durée du scrutin.

Le président a la police de la salle, il peut requérir la force armée.

Toute délibération ou discussion est interdite dans la salle du vote; nul ne doit y paraître en armes.

174. Le vote doit être secret, c'est le gage de sa sincérité et de sa liberté. Voici comment cette condition est réalisée (2).

Chaque électeur vote en personne; il ne peut voter par correspondance (3) ni par mandataire. L'usage lui permet de choisir librement le moment de la journée qui lui convient le mieux; l'appel et le contre-appel prescrits par le D. régl. 1852, articles 21 et suivants, sont tombés en désuétude.

Il justifie de son identité, en général, par la carte électorale

(1) Plusieurs lois étrangères donnent cette autorisation (Bulgarie, République Argentine).

(2) Les lois étrangères récentes multiplient les précautions. Plusieurs ont admis le vote sous enveloppes et dans l'isoloir dont il va être question.

(3) Le vote des absents est organisé en Angleterre, Danemark, Fédération Australienne, Norvège.
En France, pour les élections de novembre 1919, les votes des réfugiés originaires des départements envahis ont été recueillis dans les communes où ces réfugiés résidaient et envoyés dans les départements d'origine (L. 18 oct. 1919, art. 5-14). V. aussi, pour les votes des Alsaciens-Lorrains résidant dans les départements envahis, D. 11 nov. 1919.

qui lui est remise par les soins de l'autorité municipale, mais ce moyen n'est pas le seul admis par la loi.

À son entrée dans la salle du scrutin, l'électeur fait constater son identité par le bureau ou établit qu'il a le droit de voter en vertu d'une sentence judiciaire. Puis il prend lui-même une enveloppe (L. 29 juill. 1913 et 31 mars 1914, art. 4) (1).

Les enveloppes sont fournies par l'administration préfectorale. Elles sont opaques, non gommées, d'un type uniforme pour toute la circonscription, frappées du timbre à date de la préfecture ou de la sous-préfecture. Elles sont envoyées au maire cinq jours avant l'élection et mises, le jour du vote, à la disposition des électeurs dans la salle de vote.

Avant l'ouverture du scrutin, le bureau doit s'assurer que le nombre des enveloppes correspond à celui des électeurs inscrits. Si, pour une cause quelconque (force majeure, délit, etc.), les enveloppes réglementaires faisaient défaut, le président du bureau les ferait remplacer par des enveloppes d'un type uniforme, frappées du timbre de la mairie (LL. 20 juill. 1913 et 31 mars 1914, art. 3).

C'est dans une de ces enveloppes que l'électeur introduit son bulletin. À cet effet, sans quitter la salle du scrutin, il se rend dans un *isoloir*, aménagé de manière que l'électeur soit soustrait à tous les regards pendant qu'il met son bulletin dans l'enveloppe, et aussi de manière que les opérations électorales ne soient pas dissimulées au public. Il doit y avoir un isoloir pour 300 électeurs inscrits.

Le bulletin doit être préparé hors de la salle du vote; il doit être en papier blanc, sans signe extérieur, ne point porter le nom du votant; ses indications peuvent être imprimées ou manuscrites, et, dans ce dernier cas, le bulletin peut être écrit, soit par l'électeur, soit par une autre personne.

(1) Pour les élections de 1919 et de 1920, la L. 20 octobre 1919 a édicté diverses dispositions afin que les enveloppes et les bulletins soient en nombre suffisant dans les salles de vote.

Le bureau s'assure que le citoyen est en droit de voter ; si l'électeur figure sur la liste électorale, le fait qu'il a voté est attesté par la signature qu'un membre du bureau appose en marge du nom du votant ; en outre, un coin de la carte électorale est déchiré.

Le citoyen fait constater au président du bureau électoral qu'il n'est porteur que d'une seule enveloppe. Le président constate sans toucher l'enveloppe, et c'est l'électeur lui-même qui met l'enveloppe dans l'urne (L. 29 juill. 1913 et 31 mars 1914, art. 4).

Tout électeur que des infirmités certaines mettent dans l'impossibilité de mettre le bulletin dans l'enveloppe et l'enloppe dans l'urne est autorisé à se faire assister par un électeur de son choix (L. 29 juill. 1913, art. 6).

L'urne électorale, qui est une simple boîte, n'a qu'une seule ouverture, pour le passage des enveloppes. Elle doit, avant l'ouverture du scrutin, être fermée à deux serrures dissemblables, dont les clefs restent, l'une entre les mains du président du bureau, l'autre entre les mains de l'assesseur le plus âgé (L. 29 juill. 1913 et 31 mars 1914, art. 5).

175. Le scrutin fermé, il est procédé au dépouillement du scrutin, à la détermination du chiffre des voix obtenues par chaque candidat.

La boîte du scrutin est ouverte et le nombre des enveloppes est vérifié. Si ce nombre est plus grand ou moindre que celui des émargements, il en est fait mention au procès-verbal.

Le bureau électoral désigne, parmi les électeurs présents, un certain nombre de scrutateurs sachant lire et écrire. S'il y a plusieurs candidats, il leur est permis de désigner les scrutateurs, une heure avant la clôture du scrutin.

Ceux-ci se groupent par tables de quatre au moins, avec une égale répartition des scrutateurs désignés par les divers candidats.

Le président du bureau répartit les enveloppes entre les tables.

A chaque table, l'un des scrutateurs extrait le bulletin de l'enveloppe et le passe déplié à un autre scrutateur qui le lit à haute voix ; les noms portés sur les bulletins sont relevés par les deux autres scrutateurs sur des listes préparées à cet effet.

On n'attribue à chaque candidat que les *suffrages exprimés*, ce qui exclut les bulletins blancs, c'est-à-dire qui ne portent aucun nom, et ceux où le candidat n'est pas clairement désigné, où, par exemple, il manque le prénom alors que deux candidats ont le même nom ; — les *bulletins valables*, ce qui exclut ceux où le votant se fait connaître, ceux qui expriment une opinion sur le candidat, ceux qui portent le nom d'un candidat qui ne s'est pas conformé à la L. 17 juillet 1889 (n° 194), ceux qui ont été trouvés sans enveloppes ou dans des enveloppes non réglementaires, ceux qui sont imprimés ou écrits sur un papier de couleur, ceux qui portent ou dont les enveloppes portent, soit des signes intérieurs ou extérieurs de reconnaissance, soit des mentions injurieuses pour les candidats ou pour des tiers.

Sont valables : les bulletins portant plus de noms qu'il n'en faut ; les premiers seuls comptent ; — les bulletins raturés, pourvu qu'un nom ne soit pas biffé ; — les bulletins gommés, c'est-à-dire sur lesquels le nom imprimé a été couvert d'une bande collée portant un autre nom.

Si une enveloppe contient plusieurs bulletins, le vote est nul, quand ces bulletins portent des noms différents ; ils ne comptent que pour un seul, quand ils désignent les mêmes candidats.

Le rôle du bureau se borne à compter les bulletins et à statuer provisoirement sur leur validité (1).

Les enveloppes et bulletins irréguliers ou simplement contestés sont annexés au procès-verbal, qui est dressé et signé par le bureau ; les autres sont brûlés en présence des électeurs.

___

(1) La L. 30 mars 1902 punit les actes qui tendent à modifier les résultats du scrutin.

S'il y a plusieurs sections de vote, les dépouillements partiels sont portés à la première section : les présidents des différents bureaux opèrent le recensement total.

Les procès-verbaux des opérations électorales de chaque commune sont rédigés en double. L'un des doubles reste au secrétariat de la mairie ; l'autre est immédiatement remis à la poste sous pli scellé et recommandé, à l'adresse du préfet, pour être remis à la commission de recensement.

Le recensement général des votes se fait, pour toutes les circonscriptions électorales, au chef-lieu du département en séance publique, au plus tard le mercredi qui suit le scrutin.

Il est fait par une commission composée du président du tribunal civil du chef-lieu (à son défaut, un vice-président, le juge le plus ancien) qui préside, et des quatre conseillers généraux non candidats qui comptent la plus longue durée de fonctions.

En cas de renouvellement intégral de la Chambre des députés, il y a autant de commissions que le département a de circonscriptions.

Un procès-verbal des opérations est dressé.

176. Avant la L. 12 juillet 1919, pour être élu au premier tour de scrutin, il fallait obtenir la majorité absolue (la moitié plus un) des suffrages exprimés et un nombre de voix égal au quart des électeurs inscrits (1). Si aucun candidat ne réunissait ces deux conditions, il y avait lieu à un second tour (*ballottage*), le deuxième dimanche après la proclamation des premiers résultats, soit quinze jours après le premier tour. Au deuxième tour pouvaient seuls voter les électeurs inscrits sur les listes ayant servi pour le premier tour, et la majorité relative (le chiffre de voix le plus élevé) suffisait

---

(1) La majorité relative au premier tour suffit d'après la L. 15 mars 1849, art. 63. Le huitième des électeurs inscrits suffit, d'après la même loi, art. 64 ; le tiers plus un, d'après les L. 29 juin 1820, art. 7 ; 19 avril 1831, art. 54 ; 2.000 voix suffisent d'après le D. 5 mars 1848, art. 9 ; le quart des inscrits est exigé par les L. 5 février 1817, art. 14 ; 31 mai 1850, art. 13. La majorité absolue est exigée aux deux premiers tours de scrutin par les L. 22 décembre 1789, sect. 1, art. 25, 5 février 1817, art. 14 ; 29 juin 1820, art. 7 ; 19 avril 1831, art. 54.

quel que fût le nombre des votants. Si deux ou plusieurs candidats obtenaient le même nombre de suffrages, le plus âgé était élu (L. 30 nov. 1875, art. 18; L. 16 juin 1885, art. 5; L. 2 avril 1903).

Ces règles permettaient, entre les deux tours, des négociations, des marchandages, qu'on a voulu supprimer, du moins en grande partie. Les dispositions de la L. 12 juillet 1919, article 13, rendent le deuxième tour improbable et rare (1). Il n'y a lieu à un deuxième tour que si, au premier, le nombre des votants n'est pas supérieur à la moitié des inscrits, ou si aucune liste n'obtient le quotient électoral (n° 182). Le cas échéant, les électeurs sont convoqués à nouveau quinze jours après. Si, à ce nouveau scrutin, aucune liste n'obtient le quotient, les sièges sont attribués aux candidats qui ont obtenu le plus de suffrages.

177. Des textes nombreux sanctionnent par des peines les règles qui tendent à assurer le secret du vote et l'exactitude des opérations électorales.

Le D. org. 2 février 1852 punit : celui qui, chargé par un électeur d'écrire son suffrage, inscrit sur le bulletin un nom autre que celui qui lui est indiqué (art. 36 : un an à cinq ans de prison, 500 à 5.000 francs d'amende); — celui qui, chargé de recevoir, compter ou dépouiller les bulletins, soustrait, ajoute ou altère des bulletins, lit un nom autre que celui qui est inscrit (art. 35 : mêmes peines); — celui qui entre dans la salle du scrutin avec des armes (art. 37 : 16 à 100 francs d'amende, si les armes sont apparentes; quinze jours à trois mois de prison, 50 à 300 francs d'amende, si elles sont cachées); — celui qui, par fausses nouvelles, bruits calomnieux, manœuvres frauduleuses, suspend ou détourne des suffrages, détermine un ou plusieurs électeurs à s'abstenir de voter (art. 40 : un mois à un an de prison, 100 à 2.000 francs d'amende); — celui qui, par attroupement, clameurs ou démonstrations menaçantes, trouble les opéra-

_____

(1) Il y en eut un très petit nombre aux élections de novembre 1919.

tions électorales, porte atteinte à l'exercice du droit électoral ou à la liberté du vote (art. 41 : trois mois à deux ans de prison, 100 à 2.000 francs d'amende); — celui qui fait irruption avec violence dans une salle de vote en vue d'empêcher un choix (art. 42 : un an à cinq ans de prison, 1.000 à 5.000 francs d'amende; art. 43 : la réclusion, si les coupables étaient porteurs d'armes ou si le scrutin a été violé; art. 44 : les travaux forcés à temps, si le crime est commis en vertu d'un plan concerté pour tout le territoire ou pour un ou plusieurs départements ou arrondissements); — celui qui se rend coupable d'injures ou de violences envers le bureau ou un de ses membres, ou qui, par voies de fait ou menaces, retarde ou empêche les opérations électorales (art. 45 : un mois à un an de prison, 100 à 2.000 francs d'amende; si le scrutin a été violé, un an à cinq ans de prison, 1.000 à 5.000 francs d'amende); — celui qui enlève l'urne contenant les bulletins non dépouillés (art. 46 : un an à cinq ans de prison, 1.000 à 5.000 francs d'amende; si l'enlèvement a été fait en réunion ou avec violence, la réclusion); — les membres du bureau et les agents de l'autorité préposés à la garde des bulletins non dépouillés qui violent le scrutin (art. 47 : la réclusion).

La L. 30 mars 1902, tout en maintenant les textes qui précèdent, punit de l'emprisonnement (six jours à deux ans), de l'amende (50 à 500 francs), de la privation des droits civiques (deux à cinq ans), quiconque, soit dans une commission administrative ou municipale, soit dans un bureau de recensement, soit dans un bureau de vote ou dans les bureaux des mairies, des préfectures ou des sous-préfectures, avant, pendant ou après le scrutin, aura, par inobservation volontaire de la loi ou des arrêtés préfectoraux ou par tous actes frauduleux, changé ou tenté de changer le résultat du scrutin.

La L. 29 juillet 1913, article 12, confirme la législation antérieure. En outre, elle inflige l'emprisonnement (un mois à un an), l'amende (100 à 500 francs), la privation des droits civiques (deux à cinq ans), à quiconque, soit dans une com-

mission administrative ou municipale, soit dans un bureau
de vote ou dans les bureaux des mairies, des préfectures ou
des sous-préfectures, aura, par inobservation volontaire de la
loi ou des arrêtés préfectoraux ou par tous moyens frauduleux, violé ou tenté de violer le secret du vote, porté ou tenté
de porter atteinte à sa sincérité, empêché ou tenté d'empêcher les opérations du scrutin, changé ou tenté de changer
le résultat. — La peine est portée au double si le coupable
est un fonctionnaire de l'ordre administratif ou judiciaire,
agent ou préposé du Gouvernement ou d'une administration
publique ou chargé d'un ministère de service public.

Les infractions prévues par le D. org. 1852 et par la L.
29 juillet 1913 sont prescrites après trois mois à compter de
la proclamation de l'élection (D. 1852, art. 50; L. 1913,
art. 13).

Il résulte de la L. 29 juillet 1913, article 14, que les délits
commis dans le but de favoriser ou de combattre une candidature peuvent être poursuivis par tout intéressé devant le
tribunal correctionnel, même contre les fonctionnaires, et
que ceux-ci ne pourront invoquer aucun privilège de juridiction ni pour les crimes ni pour les délits.

178. Les élections causent des dépenses de toute nature
qui incombent naturellement les unes à l'État (affichage du
décret de convocation), les autres aux communes (bureaux
de vote), les dernières aux candidats (bulletins, etc.). On a
émis l'idée que l'État devrait faire les frais jusqu'ici imposés
aux candidats.

179. V. *Représentation proportionnelle* (1). — On a dès
longtemps remarqué que le système électoral qui vient d'être
exposé n'est pas parfait. S'il est d'une grande simplicité, il
est d'une égale brutalité et peut aboutir à des injustices. Il

---

(1) On peut distinguer : la représentation proportionnelle, qui prétend assurer à
chaque parti un nombre de députés exactement mesuré sur le chiffre relatif des
voix qu'il a obtenues; — et la représentation des minorités, qui serait réalisée si
chaque parti avait un nombre suffisant de représentants.

suffit d'une voix de majorité ou même du bénéfice de l'âge
pour qu'un candidat (ou une liste) l'emporte sur un autre.
Si le fait se produit dans un grand nombre de circonscriptions, les élections ne répondent pas exactement à l'opinion
du pays. Les députés ne représentent qu'un peu plus de la
majorité des votants, et une minorité presque égale à la
majorité est privée de représentants. — Il y a plus : la minorité peut exclure des Chambres la majorité. Supposons que
dans la moitié plus un des collèges électoraux, les candidats
d'un parti passent à quelques voix de majorité, et que, dans
les autres, ils succombent en ne réunissant qu'un nombre
minime de suffrages. La majorité dans la Chambre appartiendra au parti qui, dans l'ensemble du pays, aura obtenu
le moins de suffrages. — Enfin, un parti numériquement
insignifiant pourrait, par le déplacement successif de ses
votes, faire la loi à deux autres grands partis à peu près
égaux.

Dans la pratique, les faits ne sont pas aussi graves. Les
partis sont répartis dans les circonscriptions, de façon que
les différences se compensent réciproquement. Si un parti
reste ici sans représentant, ailleurs il exclut la minorité du
parti adverse. Toutes les opinions ont des voix pour être
défendues dans les assemblées. Ces compensations paraissent
encore suffisantes à beaucoup de personnes.

On ne peut nier cependant qu'elles soient insuffisantes.
Elles dépendent du hasard. Comme certains partis en France
semblent posséder certaines régions déterminées, chacun
d'eux est sans représentants dans les régions où il n'est pas
le vainqueur exclusif. S'il n'est pas nécessaire (bien qu'on
l'ait souvent dit) que le Parlement soit comme la photogra-
phie de la nation, il est regrettable que le suffrage universel
donne de lui-même une expression inexacte. Il peut en résulter
un désaccord dangereux entre le Parlement et la nation.

On a objecté, au point de vue des principes, que le régime
représentatif repose sur les droits, la prépondérance de la
majorité. Cela n'est pas triomphant, car la représentation

proportionnelle prétend justement dégager la majorité réelle.

Craint-on qu'elle n'empêche les partis de se former et de se maintenir? Tout au contraire, elle les aidera à se grouper pour un but défini et exclura sans doute les querelles personnelles ou locales pour donner le pas aux larges controverses politiques. En tout cas, elle ne peut pas aggraver la division si grande qui règne dans tant de Parlements. — De même, elle semble favorable, plutôt que contraire, à l'établissement d'une majorité stable et nette. Sans elle, on n'a trop souvent abouti qu'à des coalitions temporaires et hétérogènes de groupes mal définis.

Il est vrai que certaines minorités contestent le principe et la forme du gouvernement (ainsi en France, la minorité royaliste) ou même les bases de l'organisation sociale (ainsi, un peu partout, la minorité socialiste). Mais ce n'est pas une raison pour refuser de donner à chaque parti la représentation à laquelle il a droit; d'ailleurs, en fait, ces minorités ont une représentation dans les Chambres, et on ne peut les en empêcher. Il vaut mieux la mesurer exactement.

Aussi l'idée de la représentation proportionnelle a-t-elle un grand nombre de partisans (1). Dans la plupart des pays (2), des sociétés pour l'étude de cette question se sont formées et ont proposé divers systèmes, souvent très compliqués.

Tous ces systèmes supposent l'emploi du scrutin de liste, dont les inconvénients sont connus (n°* 140 et s.). Ils sont

(1) L'idée est moins intéressante pour les régimes qui font une place à la représentation des intérêts ou qui organisent séparément la représentation des villes et celle des campagnes.

(2) En Angleterre, la loi électorale du 8 février 1918 a établi la représentation proportionnelle pour les Universités et décidé qu'elle serait établie pour 100 sièges de bourgs et comtés. Mais la Chambre des Communes a rejeté (13 mai 1918) un projet réalisant cette dernière réforme, alors que la Chambre des Lords avait émis (27 avril 1918) un vote favorable à la représentation proportionnelle.

En Suisse, le principe, d'abord rejeté par le peuple (referendum du 23 oct. 1910), a été ensuite adopté (referendum du 13 oct. 1918), pour la Confédération. La représentation proportionnelle fonctionne dans beaucoup de cantons.

compensés et au delà par les avantages de la représentation proportionnelle.

180. *Vote cumulatif.* — Chaque électeur dispose d'autant de votes qu'il y a de députés à élire, et il peut attribuer plusieurs suffrages au même candidat. Un parti bien discipliné peut concentrer les votes de ses adhérents sur un petit nombre de candidats et assurer leur élection (1).

Outre que ce système suppose une discipline rigoureuse et des électeurs rompus à une pratique délicate, il peut se faire qu'une opinion répandue dans tout le pays n'ait dans chaque circonscription qu'un nombre d'adhérents trop faible pour que l'accumulation des votes produise le résultat désiré. — Le fonctionnement même régulier de ce système n'assurerait pas la proportion exacte dans la représentation de la majorité et de la minorité. — La discipline du parti le plus nombreux, l'habileté de ses chefs peuvent ne laisser à la minorité qu'une représentation insignifiante, et les calculs des chefs de la minorité peuvent être inexacts ou déçus dans la pratique.

181. *Vote limité.* — Chaque électeur ne peut voter que pour un nombre de candidats inférieur au nombre des députés à élire. Par exemple, s'il y a trois sièges à pourvoir, chaque bulletin ne pourra porter que deux noms; les votes de la majorité profiteront à deux candidats, la minorité aura le troisième siège (2).

Ce système est assez simple. Il choque cependant les idées courantes en restreignant le droit de vote de chaque électeur. Ce qui est le plus grave à mes yeux, c'est qu'il détermine comme fatalement la part assignée à la minorité dans la représentation. Que cette minorité soit forte ou faible, elle

(1) Ce système a été appliqué notamment en Bulgarie (1898), Chili (1906), Espagne (1907), Portugal (1884), dans certains des États-Unis (Illinois, 1872).
(2) Ce système a été appliqué en Angleterre de 1867 à 1885 pour 13 collèges; en Italie, en 1882, pour 35 collèges; en Espagne, en 1878, pour 26 collèges; au Brésil, en 1875, et dans certains des États-Unis (New-York, 1867; Pensylvanie, 1872) pour l'élection de l'Assemblée Constituante. Il fonctionne encore au Portugal, pour le Sénat, en Colombie, en République Argentine, dans l'État américain d'Illinois (1891).

aura toujours le nombre de sièges invariablement fixé par la
loi. La proportion désirée n'existe pas. En outre, un parti
nombreux et discipliné peut, par une habile distribution des
votes, exclure totalement les partis adverses.

182. Quotient. — Un assez grand nombre de systèmes
sont fondés sur la détermination d'un *quotient électoral*,
c'est-à-dire un chiffre de voix nécessaire pour qu'un candidat
soit élu.

Selon la combinaison la plus ancienne, ce quotient est
obtenu en divisant le nombre des électeurs par le nombre
des sièges à pourvoir (1). Chaque électeur établit son bulletin
en inscrivant les candidats selon l'ordre de ses préférences.
Cela posé, le dépouillement du scrutin se fait de la manière
suivante. On compte au nom d'un des candidats, appelons-le
Primus, les bulletins qui portent ce nom en tête; dès que le
quotient électoral est atteint, *Primus* étant élu, on ne s'occupe
plus de lui. On passe à un autre candidat, *Secundus*, et on lui
compte, soit les bulletins où il est porté en première ligne,
soit ceux où il vient le deuxième, *Primus* étant le premier,
mais qui n'ont pas encore été dépouillés. Dès que *Secundus*
a obtenu le quotient électoral, on l'abandonne, et on passe à
Tertius, auquel on attribue soit les bulletins qui le nomment
le premier, soit ceux non encore dépouillés où il vient après
Primus et *Secundus*, qui ne comptent plus. Enfin quelques
sièges sont réservés aux candidats restés au-dessous du quotient électoral; leurs bulletins sont centralisés dans la capitale, additionnés; les plus favorisés sont élus (2).

Le système de la concurrence des listes, avec double vote

---

(1) Certains systèmes, pour avoir un quotient plus facile à obtenir, augmentent
d'un le chiffre des sièges à pourvoir. Il en est ainsi en Bulgarie.

(2) Diverses variantes de ce système ont été adoptées au Brésil, en Bulgarie
(1912), en Serbie, Suède, dans les cantons de Neuchâtel, Genève, Saint-Gall, Tessin,
dans les provinces argentines de Buenos-Ayres et Mendoza; le Danemark, qui
l'avait adopté en 1855 pour la Chambre unique, l'a restreint à la Chambre Haute
en 1863 et au second degré en 1867. La Constitution danoise de 1915 établit la
représentation proportionnelle pour les élections du deuxième degré à la Chambre
Haute et renvoie l'organisation à une loi; pour la Chambre Basse, elle laisse à la
loi le soin de décider si la représentation proportionnelle sera organisée.

simultané (1), suppose des listes de candidats présentées par un nombre minimum d'électeurs, chaque candidat ne pouvant être que sur une seule liste. L'électeur est obligé de voter pour la liste en bloc, il ne peut pas *panacher* les listes (2); mais il peut sur cette liste établir un ordre de préférence et voter ainsi simultanément pour la liste et pour certains candidats de cette liste. Ensuite des opérations assez compliquées (3) répartissent les sièges entre les listes en proportion des suffrages qu'elles ont obtenus. Sur chaque liste, les premiers sont élus, à moins que les votes de préférence soient plus nombreux en faveur d'autres candidats.

183. Ce système est, à coup sûr, le plus ingénieux et le plus équitable. Son énoncé semble un peu compliqué. Mais, comme il fonctionne sans difficulté dans plusieurs pays, l'expérience a démontré que la complication est plus apparente que réelle, qu'elle n'est pas assez forte pour décourager les électeurs et les commissions de recensement, qu'elle disparaît promptement à l'usage.

La commission du suffrage universel de la Chambre des députés élue en 1906 avait proposé à cette assemblée une

---

(1) Il a été appliqué, avec des nuances, en Belgique, Suède, dans de nombreux cantons suisses.

(2) La faculté de panacher est admise dans certains systèmes.

(3) L'essentiel de ces opérations consiste à déterminer le nombre diviseur et à donner à chaque liste autant de députés que ce nombre diviseur est contenu de fois dans le chiffre de voix obtenu par la liste. Pour déterminer ce nombre, selon le célèbre système d'Hondt, qui a été appliqué en Allemagne pour l'élection de l'Assemblée constituante (L. 30 nov. 1918), il faut diviser successivement le chiffre obtenu par chaque liste par 1, 2, 3, 4, etc., puis classer ces quotients par ordre décroissant; le quotient qui correspond comme rang au nombre total des députés à élire est le nombre diviseur.

Soit 7 députés à élire, 3 listes (A, B, C). La liste A obtient 8.200 voix; ce chiffre divisé par 1, 2, 3, 4, donne : 8.200, 4.100, 2.733, 2.050; la liste B obtient 5.400 voix, dont les quotients successifs sont : 5.400, 2.700, 1.800, 1.350; la liste C obtient 2.300 voix; quotients : 2.300, 1.150, 766, 575. Le septième quotient par ordre d'importance est 2.050, c'est le nombre diviseur. Il est contenu : 4 fois dans les 8.200 voix de la liste A, celle-ci a donc 4 sièges; 2 fois dans 5.400, la liste B a 2 sièges; 1 fois dans 2.300, la liste C a 1 siège. D'ailleurs, entre les 7 premiers quotients, 4 (le 1er, le 3e, le 4e et le 7e) appartiennent aux divisions de 8.400; 2 (le 2e et le 5e) appartiennent aux divisions de 5.400); 1 (le 6e) aux divisions de 2.300.

combinaison intéressante qui a failli réussir (1). Le 8 novembre 1909, la Chambre, après avoir repoussé plusieurs motions d'ajournement, après avoir voté le passage à la discussion des articles (382 voix contre 143), après avoir adopté séparément les deux parties de l'article 1 (la deuxième, qui admettait le principe de la représentation proportionnelle, par 281 voix contre 235), a, sur l'intervention du Gouvernement en faveur de l'ajournement, repoussé l'ensemble de l'article 1 et, par suite, la réforme entière (291 voix contre 225).

Mais la question n'était pas réglée. A l'occasion des élections générales de 1910, elle a été posée devant le pays avec clarté et persévérance par une propagande à laquelle tous les partis se sont associés. Beaucoup des députés élus en 1910 se prononcèrent pour la représentation proportionnelle.

(1) Voici, d'après le rapport supplémentaire de M. Varenne, déposé le 3 mars 1909, l'analyse de ce projet. Il adopte comme principes (art. 1) le scrutin de liste, la représentation proportionnelle, un seul tour de scrutin; — attribue à chaque département 1 député par 75.000 habitants ou fraction supérieure à 25.000 avec un minimum de 3 députés (sauf le territoire de Belfort); — forme de chaque département une seule circonscription, la loi devant diviser les départements appelés à nommer plus de 10 députés; — exige le dépôt à la préfecture de listes de candidatures signées par les candidats, aucune liste ne pouvant compter plus de noms que de sièges à pourvoir, aucun candidat ne pouvant figurer sur deux ou plusieurs listes. — Chaque électeur dispose d'autant de voix qu'il y a de députés à nommer et peut les accumuler sur un ou plusieurs noms.

La commission de recensement centralise les procès-verbaux des bureaux de vote, établit la *masse électorale* de chaque liste (total des suffrages obtenus par les candidats de cette liste) et répartit les sièges entre les listes au prorata des masses électorales.

Pour faire cette répartition, chaque masse est divisée successivement par 1, 2, 3, 4... jusqu'à concurrence des sièges à pourvoir, et les quotients sont inscrits par ordre d'importance, autant de quotients qu'il y a de sièges à pourvoir. Le dernier et le plus petit de ces quotients est le diviseur commun. Chaque liste a autant de députés que sa masse électorale contient de fois le diviseur commun. Dans chaque liste sont élus ceux qui ont obtenu le plus de voix et en cas, d'égalité, le plus âgé. Si un siège revient à titre égal à plusieurs listes, il est attribué au candidat qui a eu le plus de voix et, en cas d'égalité, au plus âgé.

Les candidats non élus sont classés dans chaque liste d'après le nombre des voix et sont appelés dans cet ordre à remplacer les députés de leur liste qui décèdent, démissionnent, etc.

Il n'y a lieu à élection complémentaire que si la représentation d'un département est réduite d'un quart, s'il n'y a pas de suppléants disponibles et si le renouvellement de la Chambre est éloigné de plus de six mois.

Son succès prochain ne semblait guère douteux. Il ne s'est cependant pas réalisé.

Le 30 juin 1910, le Gouvernement déposa un projet de loi organisant la représentation proportionnelle des minorités (1). Le 19 octobre 1910, la commission du suffrage universel de la Chambre des députés adopta de nouveau le principe de la représentation proportionnelle et décida de prendre le projet du Gouvernement comme base de ses travaux. Le 24 octobre, elle en adopta l'article 1, en le modifiant : elle voulait organiser la *représentation proportionnelle* en entier et non la *représentation proportionnelle des minorités*.

Puis la commission entra en relations suivies avec le Président du Conseil. Le 15 décembre 1910, elle lui demanda par lettre s'il consentirait : à substituer, pour la répartition des sièges, le nombre des votants au nombre des inscrits ; — à attribuer, après une première répartition, les sièges restants selon le système des plus fortes moyennes (2) ; — à

(1) Ce projet organise le scrutin de liste, donne à la Chambre des députés une durée de six ans, avec renouvellement par tiers tous les deux ans, donne un député par 70.000 habitants et fraction supplémentaire de 35.000 habitants.

Chaque département forme une circonscription. Cependant les départements qui doivent élire plus de 15 députés sont divisés, et ceux qui doivent en élire moins de 4 sont réunis à des départements limitrophes. Nul ne peut être candidat en plus de 3 circonscriptions.

Les listes de candidats sont déposées à la préfecture ; elles ne peuvent porter plus de noms qu'il n'y a de députés à nommer.

Le quotient électoral est déterminé en divisant le total des électeurs inscrits par le nombre des députés à élire. Pour chaque liste, une moyenne est obtenue en divisant le total des suffrages obtenus par les candidats de cette liste par le nombre des sièges à pourvoir. Chaque liste obtient autant de sièges que cette moyenne contient de fois le quotient. Sont proclamés les candidats les plus favorisés de chaque liste. S'il reste ensuite des sièges à attribuer, sont proclamés les candidats ayant obtenu le plus grand nombre de suffrages, sans distinction de listes.

Les candidats non proclamés sont appelés, dans l'ordre des suffrages obtenus, à remplacer les députés de leur liste qui viendraient à manquer.

Il n'y a lieu à élections complémentaires que si, les suppléants étant épuisés, la représentation d'une circonscription est réduite de moitié et si la dernière vacance se produit plus de six mois avant le renouvellement normal de la circonscription.

(2) Ce système consiste à supposer chaque siège restant attribué à toutes les listes, à diviser le total des voix obtenues par chaque liste par le nombre de sièges à elle attribués, à comparer les moyennes ainsi obtenues, à attribuer définitive-

agrandir les circonscriptions ; — à admettre le vote cumulatif sans panachage ; — à examiner un système qui, pour chaque bulletin de vote, donnerait une voix au premier nom de la liste, la moitié d'une voix au deuxième nom, le tiers d'une voix au troisième et ainsi de suite.

Le Président du Conseil s'était déclaré d'abord hostile à la représentation proportionnelle ; il voulait simplement donner une voix à la minorité et une prime à la majorité. Le 22 décembre, il accepta la substitution du chiffre des votants au chiffre des inscrits, concession considérable, et l'agrandissement des circonscriptions ; mais il maintint le surplus de son système, au moins en attendant que la commission formulât le sien, et il repoussa le vote cumulatif. De son côté, la commission vota l'amendement Painlevé qui, pour l'attribution, tenait compte de l'*apparentement* que les listes pourraient établir et déclarer entre elles (**22 fév. 1911**). Elle admit aussi le vote cumulatif et le panachage (**1er mars 1911**) et arrêta enfin (**8 mars**) un texte complet.

184. La représentation proportionnelle fut votée à deux reprises (**10 juill. 1912** et **18 nov. 1913**) par la Chambre des députés, et rejetée à deux reprises (**18 mars 1913** et **10 mars 1914**) par le Sénat.

Aux élections générales de 1914, le principe parut avoir été approuvé par la nation ; il fut de nouveau voté par la Chambre (**2 juill. 1914**).

La guerre a retardé la solution ; et cette solution, proba-

ment le siège à la liste qui donne la plus forte moyenne. Ainsi, 5 sièges, 80.000 votants, quotient 16,000. Liste A : 9,000 voix ; liste B : 17.000 ; liste C : 23.000 ; liste D : 31.000. La première répartition donne un siège à chacune des listes B, C, D. Supposons le quatrième siège attribué aux 4 listes : la moyenne pour chaque siège sera pour la liste A, 9,000 ; pour la liste B, 8.500 ; pour la liste C, 12.500 ; pour la liste D, 15.500 ; le quatrième siège sera attribué à la liste D. Un calcul analogue fera attribuer le cinquième siège à la liste C.

On a préconisé encore l'attribution des sièges restants par le système des plus forts restes : déduire des chiffres des voix obtenues par chaque liste le quotient électoral, attribuer les sièges aux listes qui offrent les restes les plus élevés. Dans l'exemple donné ci-dessus, il donnerait un résultat un peu différent : le cinquième siège serait attribué à la liste A.

blement provisoire, donnée par la L. 12 juillet 1919, est un minimum de représentation proportionnelle.

En effet, « *tout candidat qui aura obtenu la majorité absolue est proclamé élu dans la limite des sièges à pourvoir* ». S'il reste des sièges non pourvus, la loi prescrit de déterminer le quotient électoral et la moyenne de chaque liste.

Le quotient électoral est obtenu en divisant le nombre total des votants (bulletins blancs ou nuls déduits) par le nombre des députés à élire.

La moyenne de chaque liste est obtenue en divisant le total des suffrages que les candidats ont réunis par le nombre de ces candidats (1).

Chaque liste a autant de sièges que sa moyenne contient de fois le quotient électoral.

Si, après cette attribution, il y a encore des sièges vacants, ils sont donnés à la liste qui a la plus forte moyenne.

Dans chaque liste, les sièges sont attribués aux candidats qui ont le plus de suffrages, et, en cas d'égalité, aux plus âgés.

Le candidat isolé, s'il n'a pas la majorité absolue, n'entre en ligne pour la répartition des sièges que lorsque les candidats appartenant à des listes et ayant obtenu plus de suffrages que lui ont été proclamés élus.

Si un siège revient à titre égal à deux ou plusieurs listes, il est attribué au candidat qui a réuni le plus grand nombre de voix, et, en cas d'égalité, au plus âgé.

Aucun élu ne peut avoir un nombre de voix inférieur à la moitié de la moyenne de sa liste.

---

(1) Par conséquent, le panachage, c'est-à-dire le vote pour des candidats appartenant à des listes différentes, est défavorable à toutes les listes, puisqu'il abaisse leur moyenne.

III
Éligibilité. — Incapacités. — Incompatibilités.

185. 1° *Éligibilité.* — « *Tout électeur est éligible, sans condition de cens, à l'âge de 25 ans accomplis* » (L. 30 nov. 1875, art. 6°.

Trois conditions sont requises pour l'éligibilité :

1° la qualité d'électeur. Il n'est pas nécessaire que l'électeur soit inscrit sur une liste électorale; il suffit qu'il puisse l'être. — L'étranger naturalisé ne devient éligible qu'au bout de dix ans, à moins qu'une loi n'abrège le délai qui ne peut être moindre qu'un an. Cela ne s'applique pas à l'ex-Français qui recouvre sa nationalité (L. 26 juin 1889, art. 3);

2° l'âge de 25 ans (1);

3° avoir satisfait aux obligations de la loi militaire (L. 14 août 1893, mod. L. 15 juill. 1889, art. 7; L. 20 juill. 1895, art. 1; L. 21 mars 1905, art. 7).

Ces conditions doivent être remplies au jour de l'élection; il ne suffirait pas qu'elles le fussent au jour de la vérification des pouvoirs (n° 234). Car c'est des électeurs et non de la Chambre que le député tient ses fonctions.

L'absence d'une des conditions d'éligibilité entraîne la nullité de l'élection, c'est-à-dire l'invalidation prononcée par la Chambre (n° 239).

La L. 1875 ne met donc entre l'électorat et l'éligibilité qu'une faible différence (2).

(1) La C. 1793, art. 28, se contente de 21 ans; la C. An III, art. 74, et la Charte de 1830, art. 32, exigent 30 ans; la Charte de 1814, art. 38, 40 ans. Les autres constitutions et lois françaises exigent 25 ans.
L'âge d'éligibilité est : 30 ans en Italie, Monaco, Norvège, Pays-Bas, Serbie; 25 ans en Belgique, Danemark, Espagne, États-Unis, Luxembourg, Mexique, Portugal, Rép. Argentine, Roumanie; 21 ans en Angleterre, en Fédération Australienne; 20 ans en Suisse. Les femmes sont éligibles notamment en Angleterre, Danemark, Fédération Australienne.
(2) Le système adopté en 1875 date du D. 5 mars 1848, art. 7. — La C. 1793, art. 28, déclarait éligible tout électeur, règle qui a encore ses partisans; la C. 1791, tit. III, chap. i, sect 3, art. 3, faisait éligible tout électeur du premier degré. — La C. An III, art. 74, exigeait dix ans de résidence en France; les Char-

186. Le député sortant est immédiatement rééligible, puisque la loi ne dispose pas autrement; mais en aucun cas le corps électoral n'est tenu de le réélire (1).

La réélection forcée viole ouvertement la liberté de l'électeur. La prohibition de réélire la viole encore, car elle enlève à l'électeur le droit de continuer sa confiance au représentant qui l'a méritée; elle prive la Chambre du concours de ses membres les plus expérimentés; elle empêche la formation des traditions parlementaires.

187. 2° *Incapacités.* — L'inéligibilité ne résulte pas seulement de l'absence des conditions qui viennent d'être indiquées. Ceux qui les réunissent peuvent être dans l'un des cas d'incapacité établis par la L. 30 novembre 1875. L'incapacité, comme l'absence des conditions requises pour l'éligibilité, a pour sanction la nullité de l'élection, prononcée par la Chambre (n° 239).

Les incapacités sont absolues ou relatives : *absolues,* elles rendent l'incapable inéligible en toute circonscription ; *relatives,* elles s'opposent seulement à ce que l'incapable soit élu en telle ou telle circonscription, alors qu'il serait valablement élu dans les autres.

Une première *incapacité absolue* est indiquée par l'ar-

les (art. 38 et 42, art. 32 et 36) et les lois électorales entre 1814 et 1848, un cens assez élevé et, pour la moitié des députés, le domicile dans le département; la L. 22 décembre 1789, sect. 1, art. 32, le domicile, un cens, une propriété foncière.

Sont exigées : la nationalité de naissance ou la grande naturalisation en Belgique ; — une certaine durée de jouissance des droits de citoyens aux États-Unis, Grèce, Rép. Argentine ; — une condition de domicile en Afrique australe, Belgique, États-Unis, Grèce, Luxembourg, Mexique, Norvège, Rép. Argentine, Roumanie ; — la laïcité en Espagne, Mexique, Suisse.

(1) L'Assemblée Constituante prohiba la réélection de ses membres (D. 16 mai-17 juin 1791). Les C. 1791 (tit. III, chap. i, sect. 3, art. 6) et An iii (art. 54) n'autorisaient qu'une seule réélection immédiate. A l'inverse, la L. 5 fructidor An iii (tit. I, art. 2) obligea les électeurs à réélire les deux tiers de la Convention ; la L. 13 fructidor An iii, art. 6, stipula qu'au besoin les députés élus se complèteraient, et en conséquence 396 députés en nommèrent 104, les 4 et 5 brumaire An iv.

A l'étranger, la réélection est généralement permise; quelques Constitutions l'autorisent expressément (Espagne).

ticle 7 L. 30 novembre 1875 (1). Elle atteint tous les militaires des armées de terre et de mer, et est fondée sur la nécessité d'écarter l'armée de la politique et de concentrer sur l'œuvre de la défense nationale toute l'activité, toute l'intelligence de ceux qui en sont chargés. Elle ne s'applique d'ailleurs que sous des distinctions que fait le texte lui-même, et cesse dès que l'incapable cesse d'appartenir à l'armée. — Une autre incapacité absolue a été créée par la L. 16 juin 1885, article 4; elle frappe les membres des familles ayant régné sur la France. — Le failli, qui, trois ans après la déclaration de faillite, peut être inscrit sur une liste électorale, reste inéligible jusqu'à sa réhabilitation (L. 30 déc. 1903, art. 1, modifié par la L. 23 mars 1908, art. 1); il en est de même du commerçant déclaré en liquidation judiciaire, qui reste inscrit sur la liste électorale (L. 4 mars 1889, art. 21).

Le député invalidé et condamné en vertu de la L. 31 mars 1914, articles 1, 2, 3, est inéligible pendant deux ans à dater de l'invalidation (L. 31 mars 1914, art. 6).

Le citoyen condamné en vertu de la L. 31 mars 1914, articles 1, 2, 3, 4, est inéligible pendant deux ans (L. 31 mars 1914, art. 9).

Les *incapacités relatives* sont énumérées par l'article 12 L. 30 novembre 1875, modifié par les LL. 30 mars 1902, article 2, et 9 décembre 1905, par la L. 12 janvier 1909, article 4 (2). Elles prohibent l'élection de divers fonctionnaires

(1) « Aucun militaire ou marin faisant partie des armées actives de terre ou de mer ne pourra, quels que soient son grade ou ses fonctions, être élu membre de la Chambre des députés.

« Cette disposition s'applique aux militaires et marins en disponibilité ou en non-activité; mais elle ne s'étend ni aux officiers placés dans la seconde section du cadre de l'état-major général, ni à ceux qui, maintenus dans la première section comme ayant commandé en chef devant l'ennemi, ont cessé d'être employés activement, ni aux officiers qui, ayant des droits acquis à la retraite, sont envoyés ou maintenus dans leurs foyers en attendant la liquidation de leur pension.

« La décision par laquelle l'officier aura été admis à faire valoir ses droits à la retraite deviendra, dans ce cas, irrévocable.

« La disposition contenue dans le premier paragraphe du présent article ne s'applique pas à la réserve de l'armée active ni à l'armée territoriale. »

(2) « Ne peuvent être élus par l'arrondissement ou la colonie compris en tout ou en partie dans leur ressort, pendant l'exercice de leurs fonctions et pendant les six

dans les circonscriptions qui sont en tout ou partie comprises
dans le ressort où ils exercent leurs fonctions. Elles ont pour
but d'assurer la liberté des électeurs, de mettre obstacle à l'influence que les fonctions pourraient donner à ceux qui voudraient les faire servir à leurs ambitions électorales. Aussi
ne cessent-elles pas avec les fonctions, et durent-elles encore
six mois (deux ans, dans le cas de la L. 12 janv. 1909, art. 4)
après que celles-ci ont pris fin par démission, changement
de résidence ou de toute autre manière (1).

188. Les incapacités ne peuvent être étendues au delà de
la liste donnée par les textes. Il faut en conclure qu'un sénateur peut valablement être élu député, qu'un député en
exercice peut aussi être élu dans une autre circonscription.
Mais nul ne peut occuper plus d'un siège législatif; le sénateur élu député, le député élu une seconde fois sont tenus de
choisir, d'*opter* entre les deux sièges. Selon la pratique,
l'option ne devient obligatoire que lorsque la deuxième élection a été validée (n° 239). Elle s'exprime par la démission

mois qui suivent la cessation de leurs fonctions par démission, destitution, changement de résidence ou de toute autre manière : 1° Les premiers présidents, présidents et les membres des parquets des cours d'appel; — 2° les présidents,
vice-présidents, juges titulaires, juges d'instruction et membres des parquets des
tribunaux de première instance, ainsi que les juges de paix titulaires; — 3° le
préfet de police, les préfets et secrétaires généraux des préfectures, les gouverneurs, directeurs de l'intérieur et secrétaires généraux des colonies; — 4° les
ingénieurs en chef et d'arrondissement, les agents voyers en chef et d'arrondissement; — 5° les recteurs et inspecteurs d'académie; — 6° les inspecteurs des écoles
primaires; — 7°.....; — 8° les trésoriers-payeurs généraux et les receveurs particuliers des finances; — 9° les directeurs des contributions directes et indirectes,
de l'enregistrement, des domaines et des postes; — 10° les conservateurs et inspecteurs des forêts. — Les sous-préfets et les conseillers de préfecture ne peuvent
être élus dans aucun des arrondissements du département où ils exercent leurs
fonctions. »

« Les vétérinaires départementaux ne peuvent être élus... députés..., dans le
département où ils exercent leurs fonctions, que deux ans après la cessation de
ces fonctions. »

(1) La liste des incapacités était à peu près la même dans la L. 19 avril 1831,
art. 64, et le D. 2 fév. 1852, art. 30; plus longue dans la L. 15 mars 1849, art. 82;
réduite aux préfets et généraux dans la L. 5 fév. 1817, art. 17; aux préfets et
sous-préfets dans l'Acte Additionnel, art. 17. Les C. 1791 (tit. III, chap. 1, sect. 3,
art. 5) et An III (art. 48), qui faisaient électives un grand nombre de fonctions,
prévoyaient simplement le remplacement temporaire ou définitif du fonctionnaire
élu député.

relative à l'un des deux sièges. A défaut de démission expresse, le député élu sénateur ne compte plus dans la Chambre Basse dès qu'il a exercé ses fonctions dans la Chambre Haute.

L'option était autrefois imposée aussi au député élu par plusieurs circonscriptions; l'hypothèse ne peut plus être prévue depuis la L. 17 juillet 1889 (n° 194).

189. 3° *Incompatibilités.* — L'incompatibilité, comme l'incapacité, met obstacle à la réunion en la même personne de la fonction législative et de certaines fonctions publiques. Mais tandis que l'incapacité entraîne la nullité de l'élection, l'incompatibilité oblige seulement à choisir entre le siège à la Chambre, valablement obtenu, et la fonction.

L'incompatibilité se justifie par deux motifs. D'une part, la même personne ne peut en même temps siéger à la Chambre et remplir sa fonction, surtout si celle-ci s'exerce hors de Paris; c'est pourquoi la règle de l'incompatibilité fléchit en certains cas lorsque le fonctionnaire est à la résidence de Paris. D'autre part, il n'est pas bon que les fonctionnaires soient trop nombreux dans les Chambres; l'influence que le Gouvernement a ou peut avoir sur eux ne laisserait pas une liberté suffisante au contrôle que les députés exercent sur le pouvoir exécutif.

190. La loi actuelle pose en règle l'incompatibilité entre les fonctions publiques et la qualité de député : « *L'exercice des fonctions publiques rétribuées sur les fonds de l'État est incompatible avec le mandat de député* » (L. 30 nov. 1875, art. 8). D'où il résulte que « *tout fonctionnaire élu député sera remplacé dans ses fonctions si, dans les huit jours qui suivront la vérification des pouvoirs, il n'a pas fait connaître qu'il n'accepte pas le mandat de député* » (même texte).

La règle comporte des exceptions, énumérées par les articles 8 et 9, L. 30 novembre 1875 (1). D'ailleurs, « *dans*

_____

(1) L. 30 novembre 1875, art. 8 : « ... Sont exceptées des dispositions qui précèdent les fonctions de ministre, sous-secrétaire d'État, ambassadeur, ministre

les fonctions où le grade est distinct de l'emploi, le fonction-
naire, par l'acceptation du mandat de député, renonce à
l'emploi et ne conserve que le grade » (art. 10). Le même
texte, modifié par la L. 30 décembre 1913, article 41, et la
L. 21 octobre 1919, règle avec détails la situation du fonctionnaire élu député, au point de vue de la pension de
retraite.

La L. 30 novembre 1875, article 8, ne cite que les « *fonc-*
tions publiques rétribuées sur les fonds de l'État ». Elle ne
s'applique donc pas :

aux emplois, même rétribués, qui ne sont pas des fonctions
publiques; le sens du mot fonctions publiques est précisé par
les exceptions admises à la règle;

aux fonctions non salariées;

aux fonctions rétribuées sur les fonds des départements,
des communes, des établissements publics (1).

Elle permet aussi le cumul des fonctions électives, en sorte
qu'un député peut être en même temps conseiller général,
maire, etc. Toutefois, il est désirable que ce cumul ne soit
pas trop fréquent, afin que l'exercice des fonctions électives
locales prépare à l'exercice des fonctions législatives.

191. Plusieurs trouvent que la L. de 1875 n'est pas assez
sévère. Les uns veulent supprimer ou réduire les excep-

plénipotentiaire, préfet de la Seine, préfet de police, premier président de la Cour
de cassation, premier président de la Cour des comptes, premier président de la
Cour d'appel de Paris, procureur général près la Cour de cassation, procureur
général près la Cour des comptes, procureur général près la Cour d'appel de
Paris... ». — Art. 9 : « Sont également exceptés des dispositions de l'article 8 :
1° les professeurs titulaires de chaires qui sont données au concours ou sur la
présentation des corps où la vacance s'est produite; — 2° les personnes qui ont
été chargées d'une mission temporaire. Toute mission qui a duré plus de six mois
cesse d'être temporaire et est régie par l'article 8 ci-dessus. »

(1) La L. 15 mars 1849, art. 81 et s., est presque semblable à la L. 1875; les lois
de la Restauration ne créent aucune incompatibilité; la L. 19 avril 1831, art. 64,
en crée un petit nombre; les autres régimes sont plus rigoureux (C. 1791, tit. III,
chap. 1, sect. 3, art. 4; An III, art. 48; D. 2 fév. 1852, art. 29); La L. 30 germinal
An v l'est moins.

Certaines constitutions édictent une incompatibilité absolue (ou à peu près) avec
les fonctions publiques (Angleterre, Belgique, États-Unis, Grèce, Italie, Mexique,
Suisse; d'autres admettent la compatibilité avec ou sans exception (Espagne,
Luxembourg, Norvège, Roumanie).

tions ; les autres demandent que la règle de l'incompatibilité soit étendue aux fonctions salariées par le département ou la commune, aux conseils d'administration des sociétés subventionnées par l'État, etc.

Je ne sais si le besoin en est urgent, vu les résultats produits par la législation de 1875. Il n'est pas bon d'exclure absolument du Parlement les fonctionnaires dont l'expérience et les connaissances spéciales peuvent être utiles.

192. Des lois particulières ont créé des cas nouveaux d'incompatibilité.

Ainsi, « *les fonctions de gouverneur et de sous-gouverneur de la Banque de France sont incompatibles avec le mandat législatif* » (L. 17 nov. 1897, art. 3); de même les fonctions de membre du conseil du réseau, de directeur, de sous-directeur des chemins de fer de l'État (L. 13 juill. 1911, art. 57).

D'autre part, la L. 27 décembre 1911, qui approuve la convention passée entre l'État et la Compagnie Générale Transatlantique pour l'exploitation du service postal sur les Antilles et l'Amérique Centrale, dispose (art. 3) : « *Les personnes élues sénateurs ou députés qui feraient partie d'un des conseils* (d'administration ou de surveillance de la Compagnie) *devront, dans les huit jours qui suivront la vérification de leurs pouvoirs, opter entre l'acceptation du mandat parlementaire et la conservation de leurs fonctions. A défaut d'option, elles seront de plein droit déclarées démissionnaires par l'assemblée à laquelle elles appartiennent.* » La même disposition se trouve dans la L. 30 décembre 1911 (art. 4), qui approuve la convention passée entre l'État et la Compagnie des Messageries maritimes pour l'exploitation du service maritime postal et d'intérêt général sur l'Extrême-Orient, l'Australie, la Nouvelle-Calédonie, la Côte Orientale d'Afrique et la Méditerranée Orientale, et dans la L. 30 juillet 1913 (art. 3), qui approuve la convention passée entre l'État et la Compagnie Générale Transatlantique pour le service maritime postal entre Le Havre et New-York. On remarquera la conséquence

donnée au défaut d'option expresse : c'est la perte du siège
législatif. La L. 30 novembre 1875, article 8, édicte au contraire la perte de la fonction.

193. Si l'on compare l'incompatibilité avec l'incapacité,
on remarquera :

que l'incompatibilité est toujours générale; que l'incapacité
peut être relative;

que la même fonction peut créer une incapacité relative et
une incompatibilité : ainsi le préfet est inéligible dans son
département, et s'il est élu dans un autre, il doit choisir
entre les deux fonctions;

que certaines fonctions n'engendrent qu'une incapacité
relative, sans incompatibilité (préfet de police); — ou au contraire une incompatibilité sans incapacité (conseiller d'État).

194. 4° *Candidatures multiples.* — L'Assemblée nationale de
1871 avait été saisie d'une proposition tendant à empêcher qu'un
même candidat pût se présenter dans plusieurs circonscriptions. Les motifs donnés à l'appui étaient que les candidatures
multiples sont forcément étrangères à la plupart des circonscriptions, et qu'elles préparent les plébiscites révolutionnaires. Ces arguments n'avaient pas triomphé en 1875; ils
ont paru irrésistibles en 1889, grâce à la popularité d'un
candidat perpétuel et universel et à l'approche des élections
générales.

La L. 17 juillet 1889 pose en principe : « *Nul ne peut être
candidat dans plus d'une circonscription* » (art. 1). En conséquence, tout candidat doit, le cinquième jour au plus tard
avant celui de l'élection, adresser au préfet une déclaration
de candidature signée ou visée par lui; il en reçoit immédiatement un récépissé provisoire et dans les vingt-quatre heures
un récépissé définitif (art. 2) (1). Toute déclaration contraire

_____

(1) Il me paraît certain que le préfet n'a aucun contrôle à exercer sur les déclarations de candidatures qui lui sont remises et notamment qu'il ne peut refuser
une déclaration sous prétexte qu'elle est faite par un candidat inéligible. La pratique est cependant contraire.

à l'article 1 ci-dessus est nulle; si plusieurs déclarations ont été faites pour diverses circonscriptions par le même candidat, la première en date est seule valable; si elles portent toutes la même date, elles sont toutes nulles (art. 3). Aucun acte de candidature (affiches, circulaires, distribution de bulletins) ne peut avoir lieu avant une déclaration valable, ni après une déclaration nulle (art. 4), sous peine d'une amende de 10.000 francs contre le candidat, de 1.000 à 5.000 francs contre toute autre personne (art. 6). Les affiches doivent être arrachées, les circulaires et bulletins doivent être enlevés ou saisis. Dans le dépouillement du scrutin, les bulletins qui portent le nom du candidat irrégulier sont nuls et ne sont pas comptés (art. 5) (1); cette dernière sanction est la plus grave et la moins raisonnable.

Le mouvement boulangiste ayant échoué, l'événement semble avoir donné raison aux partisans de ce système; mais il n'est pas prouvé qu'il fût nécessaire, pour éviter la dictature, d'en venir à ces extrémités. Le moyen est héroïque et ne peut être conservé comme règle. La liberté y est sacrifiée. celle de l'éligible et celle de l'électeur. L'expression de l'opinion publique est faussée. Encore ces procédés n'arriveraient-ils pas à arrêter un courant sérieux : le chef du parti obtiendrait l'élection de ses fidèles et le résultat ne serait que plus éclatant. Par contre, les hasards du scrutin peuvent exclure de la Chambre des hommes utiles. Comme on l'a dit en 1875, « ce n'est pas en imposant un frein à la volonté nationale qu'on en changera la direction ».

Cependant la L. 17 juillet 1889 a été confirmée par la L. 12 juillet 1919, article 4.

195. La L. 12 juillet 1919, qui rétablit en même temps le scrutin de liste, donne en conséquence des règles relatives aux déclarations de candidature.

La déclaration peut être individuelle ou collective.

_____

(1) Ces dispositions, sauf les peines, sont empruntées au Scs. 17 février 1858, qui exigeait de tout candidat un serment écrit et signé d'obéissance à la constitution et de fidélité à l'Empereur.

Toute candidature isolée est considérée comme formant une liste à elle seule, mais elle n'est valable que si elle est appuyée par 100 électeurs de la circonscription, dont les signatures sont légalisées et ne peuvent servir pour une autre candidature.

Les listes sont constituées pour chaque circonscription, par les groupements de candidats qui signent une déclaration dûment légalisée et indiquant l'ordre de présentation. Les déclarations peuvent être faites sur des feuilles séparées; mais dans ce cas, chaque feuille porte mention des candidats avec lesquels le déclarant se présente et ceux-ci acceptent, par une déclaration jointe et légalisée, de l'inscrire sur la même liste.

Aucune liste ne peut comprendre un nombre de candidats supérieur au nombre des députés attribués à la circonscription.

Les listes doivent être déposées à la préfecture après l'ouverture de la période électorale (n° 172) et, au plus tard, cinq jours avant celui du scrutin.

La préfecture enregistre la liste et son titre. L'enregistrement est refusé à toute liste qui porte plus de noms qu'il n'y a de députés à élire dans la circonscription, ou qui porte le nom de candidats appartenant à une autre liste déjà enregistrée dans la circonscription, à moins que ces candidats ne se soient fait rayer sur cette dernière liste, ou qui porte des candidats qui n'ont pas fait une déclaration de candidature.

La préfecture donne à chaque candidat un reçu provisoire de la liste immédiatement, un reçu définitif dans les vingt-quatre heures.

Un candidat porté sur une liste ne peut en être rayé que sur sa volonté notifiée à la préfecture, par exploit d'huissier, cinq jours avant celui du scrutin.

Une liste peut être complétée, au plus tard, cinq jours avant le scrutin, par la déclaration de nouveaux candidats, selon les règles qui précèdent.

Deux jours avant l'ouverture du scrutin, les candidatures enregistrées doivent être affichées à la porte des bureaux de vote, par les soins de l'administration préfectorale (1).

(1) En Angleterre, la L. 6 février 1918 exige de tout candidat le dépôt d'une somme de 150 livres qui ne lui est restituée que s'il obtient au moins un huitième des suffrages.

CHAPITRE XVI

Le Sénat.

I

Composition.

196. 1° *Nombre des sénateurs.* — La L. C. 24 février 1875, article 1, et la L. 9 décembre 1884, article 1, fixaient le nombre des sénateurs à 300. La L. 17 octobre 1919 l'a porté à 314; l'augmentation a pour cause l'attribution de sénateurs à l'Alsace-Lorraine (départements du Bas-Rhin, du Haut-Rhin et de la Moselle) (1).

Le nombre des sénateurs est donc invariable, à la différence de celui des députés, qui augmente ou diminue avec la population (n° 138). Ce nombre, constitutionnel en 1875, a cessé de l'être depuis la L. R. 14 août 1884, article 3; il est fixé par la L. 9 décembre 1884, article 1 et la L. 17 octobre 1919.

C'est la loi (la loi constitutionnelle en 1875, la loi ordinaire

---

(1) La C. An III, art. 82, donne 250 membres au Conseil des Anciens; le Scs. 1870, art. 26, limite le nombre maximum des sénateurs aux deux tiers du nombre des députés; les deux Chartes (art. 27 et 23), l'Acte Additionnel (art. 4) laissent illimité le nombre des pairs.

A l'étranger, le nombre est souvent indéterminé à cause du droit illimité de nomination (totale ou partielle) du Chef de l'État : Angleterre, Italie. Souvent aussi il est déterminé soit par l'attribution d'un même nombre de sièges à chaque circonscription (Bolivie, Portugal, Roumanie), ou à chaque État confédéré (États-Unis, Mexique, Rép. Argentine : 2 par État; Suisse : 2 par canton), soit par l'indication d'un chiffre total (Danemark : 72; Espagne : 360; Pays-Bas : 50), soit par un rapport avec le nombre de la Chambre Basse (Norvège : le quart). — Les Chambres Hautes étrangères sont généralement peu nombreuses, sauf la Chambre des Lords en Angleterre.

depuis 1884) qui répartit entre les départements et les colonies, adoptés comme circonscriptions électorales, les sièges du Sénat. La répartition est vaguement proportionnelle à la population. D'après la L. 9 décembre 1884, article 2, qui a supprimé les sénateurs inamovibles et donné leurs sièges aux départements, et qui a été modifiée par la L. 17 octobre 1919, article 9, attribuant des sénateurs aux départements du Bas-Rhin, du Haut-Rhin et de la Moselle, la Seine élit 10 sénateurs ; le Nord, 8 ; 12 départements nomment chacun 5 sénateurs ; 13 autres en nomment chacun 4 ; 52 en nomment chacun 3 ; le 10 derniers en nomment 2 ; le térritoire de Belfort, les départements algériens, les colonies de la Martinique, de la Guadeloupe, de la Réunion et des Indes Françaises ont chacun 1 sénateur. Les colonies de la Cochinchine, de la Guyane, du Sénégal, qui nomment chacune un député, n'ont pas de sénateur (1).

Le système de répartition proportionnelle à la population est généralement approuvé. On a cependant proposé, soit en 1875, soit en 1884, d'attribuer à chaque département et à chaque colonie un nombre égal de sénateurs. Ce procédé, emprunté à des Constitutions fédératives qui l'ont consacré pour garantir les droits de tous les États confédérés et pour éviter que les grands États se coalisent au détriment des petits États, est inapplicable dans un pays unitaire comme la France. On a proposé aussi d'adopter, comme pour la Chambre des députés, l'attribution d'un siège par un certain chiffre de population, ce qui atténuerait encore les différences qui subsistent entre les Chambres.

Quelques-uns trouvent trop élevé le chiffre de 300. Une réduction de ce chiffre ne serait acceptable que si le nombre des députés était aussi diminué, pour que, dans l'Assemblée nationale (nos 324 et 453), composée des sénateurs et des

_____

(1) La L. C. 24 fév. 1875, art. 2, donnait 5 sénateurs à 2 départements ; 4 sénateurs à 6 départements ; 3 sénateurs à 27 départements ; 2 aux autres départements ; 1 au territoire de Belfort, aux départements algériens et à 4 colonies (Guadeloupe, Martinique, Inde, Réunion).

députés, les premiers ne soient pas submergés par les seconds.

197. 2° *Catégories de sénateurs.* — La Chambre Haute peut être : élective en totalité, comme le Conseil des Anciens de la C. An III ; nommée en totalité par le Chef de l'État comme la Chambre des Pairs des deux Chartes et de l'Acte Additionnel, le Sénat de 1870 ; composée en totalité de membres de droit qui y siègent en vertu d'une qualité personnelle ; — formée par la cooptation de ses membres ; — mixte, formée par deux de ces modes ou par les trois, selon des combinaisons variées, ou avec un système de présentation.

En 1875, un grand nombre de combinaisons ont été proposées.

Certains voulaient donner au Chef de l'État la nomination de tous les sénateurs ou d'une fraction, avec ou sans la présentation du Sénat. D'autres lui accordaient un simple droit de présentation. — Ces différents systèmes furent repoussés pour un commun motif : le Sénat concourt à l'élection du Président de la République (n° 324) ; celui-ci ne peut désigner ses propres électeurs. Vainement fut-il proposé d'assurer l'indépendance des sénateurs par l'inamovibilité : celle-ci se heurtait à d'autres objections.

Les combinaisons mixtes étaient très nombreuses. Les unes admettaient des membres de droit et des membres élus ; d'autres, des membres élus et des membres nommés. Chacune réglait les diverses catégories d'une manière différente. — Toutes étaient compliquées ; elles introduisaient la politique en des corps, comme l'Institut, qui ne peuvent qu'y perdre ; elles paraissaient contraires au principe démocratique de la constitution.

En général, on préféra faire sortir de l'élection le Sénat tout entier.

198. Mais quels seraient les électeurs ?

Les uns proposaient le Sénat lui-même, qui nommerait ses membres, librement ou sur présentation.

Le suffrage universel avait ses partisans. Dans un régime de souveraineté nationale, de démocratie et d'élections, aucune institution, disaient-ils, n'aura prestige et force si elle ne sort pas de l'opinion populaire et ne prend pas « sa vie dans les entrailles de la nation ». Comment d'ailleurs organiser un autre régime puisque, en France, il n'y a pas d'aristocratie? Les deux Chambres, issues de la même origine, seront suffisamment différenciées par les attributions spéciales du Sénat, notamment pour la dissolution de la Chambre (n°ˢ 439 et s.). Les conflits possibles entre les deux Chambres seront facilement résolus par le suffrage universel, leur maître commun. — Ces arguments n'ont pas prévalu. Issues du même corps électoral, les deux Chambres, malgré des différences réellement peu importantes, n'auraient été que « deux sections de la même assemblée, séparées par une cloison ». Le Sénat devait servir de modérateur à la Chambre des députés, il devait donc avoir un esprit différent, représenter d'autres éléments sociaux que le nombre, avoir une origine différente. Ces considérations firent écarter tout système fondé sur le suffrage universel direct (1), même ceux qui limitaient les catégories d'éligibles.

Le suffrage universel étant écarté, il fallait organiser un corps électoral spécial. On en chercha les éléments tantôt dans le suffrage à deux ou même trois degrés — tantôt dans des conditions rigoureuses d'âge ou de cens exigées des électeurs sénatoriaux — tantôt dans l'établissement de différents collèges départementaux fondés soit sur le cens, soit sur la profession, ou la condition sociale (magistrature, clergé, armée, etc.) — tantôt dans une partie ou la totalité des élus du suffrage universel avec ou sans adjonction de censitaires — tantôt enfin dans l'association de ces divers systèmes. Quelques-uns accordaient des représentants spéciaux à certains corps de l'État, par exemple à l'Institut, au Conseil d'État, à la Cour des comptes, etc.

(1) Voté cependant le 11 février 1875.

199. Après bien des hésitations et des votes contradictoires, l'Assemblée nationale établit deux catégories de sénateurs. L'une, comprenant 75 membres inamovibles, devait être élue la première fois par l'Assemblée Nationale et dans la suite par le Sénat lui-même. L'autre, comprenant 225 membres, devait être élue, pour neuf ans, par un collège électoral composé dans chaque département de la manière suivante : 1° les députés; 2° les conseillers d'arrondissement; 3° les conseillers généraux; 4° un délégué de chaque conseil municipal. En Algérie, le droit d'élire les sénateurs ou les délégués municipaux était réservé aux citoyens français. Dans l'Inde française, les trois dernières catégories étaient remplacées par les membres du conseil colonial et des conseils locaux. — On comptait ainsi écarter du Sénat l'influence exclusive du nombre, tout en conservant à la Haute Assemblée une origine populaire, puisque les différents électeurs sortaient plus ou moins directement du suffrage universel. Les hautes capacités pouvaient solliciter du Sénat les sièges inamovibles et entrer dans le Parlement, sans courir les risques d'une élection populaire.

Ce système, critiqué dès 1875, le fut plus vivement encore après 1875. Les uns lui reprochaient de laisser trop d'influence au nombre et proposaient d'adjoindre au conseil municipal, pour l'élection du délégué sénatorial, un nombre égal de propriétaires les plus imposés. D'autres, plus nombreux, l'accusaient d'assimiler injustement les petites communes aux grandes, et de méconnaître, par l'institution de sénateurs inamovibles, les droits de la démocratie.

200. Ces critiques provoquèrent un premier essai de revision des lois constitutionnelles, qui échoua (1882), puis un second, qui aboutit à la L. R. 14 août 1884. Cette loi (art. 3) a enlevé le caractère constitutionnel aux articles 1 à 7 L. C. 24 février 1875, sans les abroger, et a été suivie de la L. 9 décembre 1884, qui a substitué de nouvelles dispositions aux textes de 1875.

L'inamovibilité a disparu parce que, ne représentant rien

et supprimant la responsabilité du sénateur, elle était une anomalie dans un régime démocratique et représentatif. Ses fondateurs et ses défenseurs la présentaient vainement comme la ressource des hautes personnalités étrangères aux luttes politiques et des intérêts sociaux dont l'élection ne peut dégager la représentation, « comme un refuge pour le principe de l'indépendance parlementaire, comme une dernière barrière contre l'envahissement de ce système du mandat imposé et du compte rendu obligatoire... » Ils ne réussirent pas à la sauver, même en acceptant d'interdire aux inamovibles le vote en matière financière.

La suppression des inamovibles n'eut pas d'effet rétroactif, malgré des propositions contraires. Les sénateurs en fonctions gardèrent leur situation; mais les sièges vacants ne furent pas remplacés, ils furent attribués aux départements (L. 9 déc. 1884, art. 1, § 2, et art. 3). Aucune élection d'inamovible n'a pu avoir lieu après le 8 décembre 1884 (L. 8 déc. 1884). A mesure qu'un siège devenait vacant, le tirage au sort opéré dans la huitaine de la vacance l'attribuait à l'un des départements dont la représentation était augmentée jusqu'au chiffre fixé par la loi nouvelle. Peu à peu, par la disparition successive des sénateurs inamovibles, tous les sièges sont rentrés dans la même catégorie; actuellement ils sont tous pourvus par le même collège électoral.

201. La composition de ce collège a soulevé de graves difficultés. Sans parler de ceux qui demandaient le suffrage universel direct ou à degrés, ou bien la création de collèges spéciaux, certains critiquaient le rôle politique attribué aux conseils municipaux, qui ne devraient s'occuper que d'administration locale, et voulaient donner aux électeurs eux-mêmes la nomination des délégués sénatoriaux. Ceux que ne touchaient pas ces critiques voulaient, en général, rompre l'uniformité de la règle qui donnait à chaque commune un délégué, et proportionner le nombre des électeurs sénatoriaux à la population de la commune. Mais tandis que les uns accordaient le droit de vote à tous les conseillers muni-

cipaux dont le nombre varie, entre certaines limites, avec la
population, la plupart se contentaient d'augmenter le chiffre
des délégués sénatoriaux. Entre plusieurs moyens d'y parvenir, le Parlement, pour aboutir, adopta le projet présenté
par le Gouvernement. La L. 9 décembre 1884, article 6,
donne, à chaque commune, un nombre variable de délégués,
selon le nombre de conseillers municipaux.

Le système de la *série pyramidale* (par opposition à la
série naturelle) est vivement critiqué, non sans raison, à mon
avis. Il n'est pas, comme le suffrage universel direct, le suffrage à deux degrés, l'élection par des catégories ou des censitaires, le système de 1875, l'application d'une idée. Il
n'observe aucune proportion : entre le nombre des délégués
et le nombre des conseillers municipaux puisque les conseils
de 10 membres envoient un délégué, soit un dixième de
leurs membres, et ceux de 36 membres en envoient 24, soit
les deux tiers de leurs membres; entre le nombre des délégués et la population de la commune, car la proportion entre
le nombre des délégués et le chiffre des habitants varie de
1 pour 14 à 1 pour 33.000, sans parler de Paris. L'avantage,
dans ce système, est aux villes, et entre elles, aux villes de
médiocre importance, préférence inexpliquée, à moins que,
selon certains, ces villes n'aient le monopole de l'éducation
politique, ce qui est insoutenable, ou qu'elles ne soient, selon
d'autres, les forteresses d'un certain parti politique, ce qui
est inavouable.

Les députés, conseillers généraux et conseillers d'arrondissement restent électeurs sénatoriaux comme précédemment (1).

(1) La Chambre Haute est souvent élective en totalité: Belgique (le prince héritier siège à 18 ans, vote à 25), Danemark, États-Unis, Fédération Australienne,
Norvège, Pays-Bas, Portugal, Rép. Américaines, Suède, Suisse. — Elle est toute
nommée par le roi en Italie (les princes de la famille royale siègent à 21 ans,
votent à 25 ans); par le gouverneur, en quelques colonies anglaises. — Elle comprend : des membres élus et des membres nommés en Afrique Australe ; des
membres élus et des membres de droit en Roumanie; des membres élus, des
membres nommés, des membres de droit en Espagne.
La Chambre des Lords anglaise comprend : les pairs de sang royal, 26 pairs

Quels que soient les vices de ce système, il n'en donne pas moins au Sénat le suffrage universel pour origine, puisque tous les électeurs sénatoriaux sortent eux-mêmes du suffrage universel, soit directement (députés, conseillers généraux, conseillers d'arrondissement), soit indirectement (délégués des conseils municipaux).

Il est donc tout à fait inexact de dire, comme on le dit trop souvent, que le Sénat sort du *suffrage restreint*, comme s'il était élu par des catégories d'électeurs, par des éléments sociaux ou économiques triés dans la masse du peuple. En réalité, le Sénat est élu par le *suffrage universel indirect*.

202. 3° *Mode de scrutin*. — Les sénateurs sont élus au scrutin de liste, quand il y a lieu (L. 9 déc. 1884, art. 6). Ce mode de scrutin, qui met entre le Sénat et la Chambre des députés une différence sensible, est acceptable pour la Chambre Haute, parce que les listes sont moins étendues et les électeurs plus éclairés.

---

spirituels (archevêques et évêques), de nombreux pairs héréditaires créés par la Couronne, 28 pairs élus à vie par les pairs d'Irlande, 16 pairs élus pour chaque législature par les pairs d'Écosse, un petit nombre de pairs légistes nommés par la Couronne.

L'élection de la Chambre Haute ou de sa partie élective appartient : au corps électoral qui nomme la Chambre Basse en Bolivie, Brésil, Chili, Fédération Australienne, Mexique, Paraguay, Portugal; — au suffrage à deux degrés en Colombie, Danemark, Uruguay; — à divers collèges en Roumanie; — à des catégories d'électeurs en Espagne; — aux assemblées locales en Pays-Bas, Suède; — aux Chambres des États confédérés en Afrique Australe, États-Unis, Rép. Argentine, Vénézuéla. — En Belgique, une partie des sénateurs est élue au suffrage des citoyens de 30 ans, l'autre partie est élue par les conseils provinciaux. — En Suisse, l'élection est réglée par chaque canton. — En Norvège, les députés choisissent un quart d'entre eux pour former la Chambre Haute.

Le droit de nomination du Chef de l'État s'exerce entre des catégories en Espagne, Italie. Le roi nomme en général à son choix au titre viager ou au titre héréditaire; en Espagne, Italie, le titre ne peut être que viager.

Les membres de droit doivent leurs sièges à une fonction, à une dignité ecclésiastique, à la naissance noble, à la propriété foncière.

II

Élections sénatoriales.

203. 1° *Sénateurs inamovibles.* — Les sénateurs inamovibles ont été élus par l'Assemblée nationale dans le courant de décembre 1875. L'élection eut lieu en séance publique, au scrutin de liste, à la majorité absolue des votants à tous les tours de scrutin (L. 2 août 1875, art. 24). Ce premier quart du Sénat fut choisi en entier parmi les membres de l'Assemblée, malgré de vives oppositions.

Jusqu'au 8 décembre 1884, les sièges vacants ont été pourvus par le Sénat, dans les deux mois de la vacance, d'après les mêmes règles (L. C. 24 fév. 1875, art. 7; L. 2 août 1875, art. 25).

Selon la L. 9 décembre 1884, article 3, le tirage au sort attribuait chaque siège vacant à l'un des départements dont la représentation sénatoriale devait être augmentée. Depuis le 27 avril 1918, il n'y a plus de sénateurs inamovibles.

204. 2° *Cas où il y a lieu à élections sénatoriales.* — Il y a lieu à élections sénatoriales :

1° Au cas de renouvellement triennal. « *Les membres du Sénat sont élus pour neuf années* » (L. 9 déc. 1884, art. 7). En principe, les longues durées conviennent mieux aux Chambres Hautes, elles ajoutent à leur gravité et à leur stabilité.

« *Le Sénat se renouvelle tous les trois ans* » (même texte). Le renouvellement partiel empêche que la stabilité ne devienne l'immobilité, et la gravité la résistance. Le mode triennal paraît naturel (1).

Ces délais doivent, à mon avis, être calculés de jour à jour (2) et non d'après le nombre des sessions ordinaires du

_____

(1) La C. An III, art. 53, soumet les deux Chambres à un renouvellement annuel par tiers.

(2) Le point de départ aurait dû être le 8 mars 1876, jour fixé pour l'entrée en

Parlement (n° 150). Le texte de la loi est formel, et d'ailleurs il ne faut pas que, par des élections anticipées, le Gouvernement puisse enlever à un tiers du Sénat le droit de participer à la session extraordinaire, qui semble régulièrement consacrée, aujourd'hui, au vote du budget. Pour le Sénat, en effet, le Gouvernement n'est pas lié par un délai légal, la L. 16 juin 1885 (art. 6) ne concerne que la Chambre des députés (n° 151).

Le renouvellement partiel a nécessité le classement des départements et des colonies en trois séries (A, B, C) alphabétiques (1), que le sort a appelées (séance du Sénat du 20 mars 1876) au renouvellement dans l'ordre suivant : la série B a été renouvelée la première, après trois ans d'exercice, la série C après six ans, la série A après les neuf années réglementaires (2). Ces séries ont été confirmées par la L. 9 décembre 1884, article 7.

2° Dans le cas de vacance par décès, démission, etc. Il y est pourvu dans les trois mois de la vacance ; si la vacance se produit dans les six mois qui précèdent le renouvellement triennal, l'élection est retardée jusqu'à ce renouvellement (L. 9 déc. 1884, art. 8, mod. art. 23, L. 2 août 1875) (3).

fonctions de la Chambre et du Sénat (L. 30 déc. 1875, art. 5). En pratique, les élections ont lieu en janvier.

(1) Série A : Ain au Gard, Alger, Guadeloupe, Réunion ; série B : Haute-Garonne à Oise, Constantine, Martinique ; série C : les autres départements et colonies. Les séries contenaient jadis 75 sénateurs chacune. Depuis 1884, la série A en comptait 96, la série B 106, la série C 98. Depuis la L. 17 octobre 1919, art. 9, la série A en compte 98, la série B, 110, la série C, 106.

(2) La C. An III, art. 53, donne aux deux Conseils la même durée (3 ans) et le même renouvellement par tiers ; d'après les Chartes (art. 27 et 23), le roi peut nommer au titre viager ou au titre héréditaire ; mais l'O. 19 août 1815 déclare tous les pairs héréditaires, et la L. 29 décembre 1831 les déclare tous viagers ; les pairs de l'Acte Additionnel sont héréditaires (art. 4) ; les sénateurs du Scs 1870 sont viagers (art. 25).

La durée de neuf ans avec le renouvellement par tiers se retrouve au Brésil, au Pays-Bas, République Argentine. La durée est : dix ans en Espagne ; huit ans en Belgique, Danemark, Roumanie ; six ans aux États-Unis, en Fédération australienne, Portugal, Suède ; quatre ans en Colombie, au Mexique ; trois ans en Norvège. — Le renouvellement est intégral en Colombie, Norvège ; par moitié en Belgique, Danemark, Espagne, Fédération australienne, Mexique, Portugal, Roumanie ; par tiers aux États-Unis ; par sixième en Suède.

(3) La L. 2 août 1875, art. 23, n'autorisait une élection partielle que si la repré-

3° Dans le cas d'option d'un sénateur élu dans plusieurs départements (1). L'option doit être déclarée au président du Sénat dans les dix jours de la validation ; sinon, elle est opérée par le tirage au sort en séance publique. L'élection nouvelle doit avoir lieu dans le délai d'un mois (L. 2 août 1875, art. 22).

4° Dans le cas d'invalidation (n° 239). Le délai pour la nouvelle élection est de trois mois (L. 2 août 1875, art. 22, modifié par la L. 31 mars 1914, art. 7). Le cas d'invalidation a été en partie réglé d'une façon spéciale par la L. 31 mars 1914 (n° 239).

Il est à remarquer que dans les cas d'option et d'invalidation, la nouvelle élection est faite par le même corps électoral qui a fait la précédente (L. 2 août 1875, art. 22) ; dans les trois autres cas, les conseils municipaux sont de nouveau appelés à nommer leurs délégués.

205. La guerre de 1914 a motivé d'importantes dérogations aux règles qui précèdent. Aux termes de la L. 24 décembre 1914, d'une part, les pouvoirs des sénateurs appartenant à la série B, qui auraient dû être renouvelés au mois de janvier 1915, ont été prorogés sans terme, une loi ultérieure devant déterminer la date à laquelle aurait lieu le renouvellement de cette série (art. 1) ; d'autre part, il ne serait pourvu aux vacances survenues dans toutes les séries par suite de décès ou de démission qu'au moment du renouvellement de la série B (art. 2). Les mêmes dispositions ont été appliquées par la L. 31 décembre 1917, article 2, à la série C qui sortait en 1918. Ainsi toutes les élections sénatoriales ont été suspendues et ajournées sans terme.

La L. 15 avril 1916, article 4, dispose que nulle élection législative n'aura lieu pendant l'année 1916 et jusqu'à ce qu'une loi spéciale ait autorisé la convocation des collèges électoraux.

sentation d'un département était réduite de moitié et si la vacance se produisait plus de douze mois avant le renouvellement triennal.

(1) L'option serait nécessaire encore : si un sénateur était élu député ; si un sénateur en exercice était élu à nouveau. Ces cas ne sont pas pratiques.

Les mêmes dispositions se trouvent dans la L. 14 mars 1917, article 2, pour l'année 1917. La L. 31 décembre 1917, article 2, ajoute : « *Il ne sera pourvu aux vacances survenues dans les séries que lors du premier renouvellement sénatorial* » (1).

Enfin, la L. 18 octobre 1919, article 4, décide que les séries B et C seront renouvelées simultanément le 11 janvier 1920; que les pouvoirs des sénateurs de la série B expireront en 1924 (après quatre ans, au lieu de neuf ans); ceux de la série C, en 1917 (après sept ans, au lieu de neuf ans)(2); ceux de la série A, en 1921, puis en 1930. Ainsi sera rétabli l'ordre normal du renouvellement.

206. 3° *Collège électoral.* — Sa composition est connue. Il n'y a pas à dire ici comment sont nommés les députés, conseillers généraux et d'arrondissement; il suffit de remarquer qu'ils peuvent voter dès qu'ils ont été proclamés par les commissions de recensement (L. 2 août 1875, art. 10).

Il reste à dire comment sont nommés les délégués des conseils municipaux; sur ce point, la L. de 1884 n'a guère innové que dans la mesure rendue nécessaire par l'augmentation du nombre des délégués (3).

Un décret du Président de la République, rendu au moins six semaines à l'avance, fixe le jour où doivent avoir lieu les élections pour le Sénat et en même temps celui où doivent être choisis les délégués des conseils municipaux. Il doit y avoir un intervalle d'un mois au moins entre le choix des délégués et l'élection des sénateurs (L. 2 août 1875, art. 1).

L'élection (4) est faite par le conseil municipal, fût-il même

(1) En effet, la L. 18 octobre 1919, art. 4, fixa au 11 janvier 1920 les élections, non seulement pour les séries B et C, mais aussi pour les sièges vacants dans la série A.

(2) Les neuf ans se retrouvent si on considère que la série B aurait dû être renouvelée en 1915, et la série C en 1918.

(3) Ajoutez L. 17 octobre 1919 sur l'élection des délégués sénatoriaux dans les communes mixtes d'Algérie.

(4) La nomination des délégués sénatoriaux est, non pas une élection au sens propre du mot, mais une opération particulière à laquelle ne s'appliquent pas les

suspendu ou dissous, et, pour ce motif, remplacé par une délégation spéciale (L. 9 déc. 1884, art. 8, mod. L. 2 août 1875, art. 3).

L'élection a lieu sans débat, au scrutin secret, et, s'il faut nommer plusieurs délégués, au scrutin de liste. La majorité absolue des votants est requise aux deux premiers tours ; la majorité relative suffit au troisième ; en cas d'égalité des suffrages au dernier tour, le plus âgé est élu. — Des suppléants, en nombre variable comme le nombre des délégués, sont élus le même jour et dans les mêmes formes, pour remplacer les délégués qui refusent, qui sont empêchés ou dont l'élection est annulée (L. 9 déc. 1884, art. 8, mod. L. 2 août 1875, art. 2).

« *En cas d'annulation de l'élection d'un délégué et de celle d'un suppléant, comme en cas de refus ou de décès de l'un et de l'autre après leur acceptation* », le conseil municipal est convoqué par le préfet pour des élections complémentaires (L. 9 déc. 1884, art. 8, mod. L. 2 août 1875, art. 8).

Tous les électeurs de la commune, sauf ceux qui, à un autre titre (députés, etc.), sont déjà électeurs sénatoriaux (1), peuvent, sans autre condition ni incompatibilité, être nommés délégués ou suppléants (L. 2 août 1875, art. 2, § 4). Habituellement, ce sont des conseillers municipaux qui sont nommés.

L'élection peut être attaquée devant le conseil de préfecture (conseil privé aux colonies), sauf recours au Conseil d'État (L. 9 déc. 1884, art. 8, mod. L. 2 août 1875, art. 8).

Le délégué a cinq jours pour adresser au préfet son acceptation : le silence équivaut au refus (L. 9 déc. 1884, art. 8, mod. L. 2 août 1875, art. 4). S'il accepte, il est tenu, sous peine d'une amende de 50 francs, de prendre part à tous les scrutins, ou, s'il est empêché, d'avertir les suppléants

---

lois générales relatives aux élections. Ainsi on ne lui applique pas les LL. 29 juillet 1913 et 31 mars 1914 (n°s 174 et s.).

(1) Ainsi nul ne peut avoir plus d'une voix dans le collège sénatorial (L. 2 août 1875, art. 9).

dans l'ordre des suffrages qu'ils ont obtenus ; l'obligation de voter sous la même sanction pèse sur le suppléant dûment averti. En revanche, le délégué ou suppléant qui a pris part à tous les scrutins a droit à une indemnité de déplacement payée par l'État (2 fr. 50 par myriamètre à parcourir (L. 2 août 1875, art. 17 et 18, et D. 26 déc. 1875). L'indemnité et l'obligation de voter n'existent pas pour les autres électeurs sénatoriaux.

Les listes des délégués et suppléants sont mises à la disposition du public par les soins des maires et préfets (L. 2 août 1875, art. 5, 6 et 9 ; L. 9 déc. 1884, art. 8, mod. L. 2 août 1875, art. 5).

207. 4° *Opérations électorales.* — Le collège électoral est convoqué par un décret du Président de la République, rendu six semaines au moins avant le jour fixé pour l'élection (L. 2 août 1875, art. 1). L'intervalle entre la convocation et l'élection forme la période électorale, qui jouit des immunités déjà citées pour la Chambre (n° 172). Les réunions peuvent avoir lieu depuis la convocation des électeurs jusqu'au jour du vote inclusivement. Seuls les électeurs sénatoriaux et leurs suppléants, les candidats ou leurs mandataires, les membres du Parlement élus ou électeurs dans le département peuvent y assister (L. 9 déc. 1884, art. 8, mod. L. 2 août 1875, art. 16 ; L. 30 juin 1881, art. 3 et 5). Depuis la L. 28 mars 1907, article 1, elles sont dispensées de déclaration, comme toutes les réunions.

L'élection sénatoriale peut avoir lieu à un jour quelconque de la semaine. Le dimanche est toujours adopté.

Le collège électoral se réunit au chef-lieu du département (1). Il est présidé par le président (à son défaut, le vice-président, au besoin, le juge le plus ancien) du tribunal civil du chef-lieu (2), assisté des deux plus âgés et des deux

_____

(1) Aj. L. 17 déc. 1908, art. 1.
(2) Dans le département des Ardennes, par le président du tribunal de Charleville (L. 1er fév. 1893).

plus jeunes électeurs présents à l'ouverture de la séance. Le bureau, ainsi composé, choisit un secrétaire parmi les électeurs; — forme, dans l'ordre alphabétique, des sections de vote comptant chacune 100 électeurs au moins, et en nomme les présidents et scrutateurs; cependant s'il y a plusieurs candidats ou listes de candidats, il leur est permis de désigner les scrutateurs; — statue sur les difficultés survenues au cours des élections (L. 2 août 1875, art. 12 et 13; L. 29 juill. 1913, art. 8).

Il peut y avoir trois tours de scrutin. Le premier est ouvert de 8 heures à midi; le second, de 2 à 5 heures; le troisième, de 7 à 10 heures (1). Les résultats, recensés par le bureau, sont proclamés immédiatement par le président (L. 9 déc. 1884, art. 8, mod. L. 2 août 1875, art. 14).

Pour être élu à l'un des deux premiers tours, il faut obtenir la majorité absolue des suffrages exprimés et un nombre de voix égal au quart des électeurs. Au troisième tour, la majorité relative suffit, et, en cas d'égalité, le plus âgé est élu (L. 2 août 1875, art. 15).

La L. 2 août 1875, article 27, renvoie à la loi électorale pour :

1° Les cas d'indignité ou d'incapacité;

2° Les délits, poursuites et pénalités pour les faits de corruption électorale;

3° Les formalités de l'élection non expressément réglées par elle.

Il en résulte notamment que le D. 2 février 1852, les LL. 29 juillet 1913, 31 mars 1914, 17 octobre 1919 (n° 169 et s.) sont applicables aux élections sénatoriales, sauf les dispositions expressément spéciales aux élections des députés.

---

(1) D'après la L. 1875, art. 14, le deuxième tour durait de 2 à 4 heures, le troisième de 6 à 8 heures.

III

Éligibilité. — Incapacités. — Incompatibilités.

208. 1° *Éligibilité.* — Les règles sont les mêmes que pour la Chambre, sauf sur un point : le sénateur doit avoir 40 ans (L. 9 déc. 1884, art. 4). D'autres âges avaient été proposés : 35 ans, 25 ans. On avait demandé encore l'indication de catégories d'éligibles. Il a paru nécessaire et suffisant de mettre entre les membres des deux Chambres une différence d'âge pour donner au Sénat la maturité et la gravité désirables. Les catégories d'éligibles ont semblé difficiles à établir et d'ailleurs antidémocratiques. Ces motifs sont contestables (1).

209. 2° *Incapacités.* — On distingue :

des incapacités absolues. — Les LL. de 1875 n'en établissaient aucune. La L. 9 décembre 1884 a frappé d'incapacité absolue : 1° les membres des familles ayant régné sur la

(1) La C. An III, art. 74 et 83, admet des différences plus saillantes : 40 ans d'âge au lieu de 30, 15 ans de domicile en France au lieu de 10, la qualité de marié ou de veuf. Les deux Chartes (art. 28 et 24) donnent aux Pairs entrée à la Chambre à 25 ans, vote à 30 ans; l'Acte Additionnel (art. 4) fixe 21 et 25 ans. Sous l'empire de la Charte de 1830, le choix du Roi ne pouvait s'exercer qu'entre des catégories énumérées par la L. 29 décembre 1831; la Charte de 1814 fut complétée par l'O. 25 août 1817, qui refuse l'entrée de la Chambre à ceux qui n'auront pas obtenu du Roi la permission de former ou n'auront pas constitué un majorat en immeubles ou en rentes, inaliénable et transmissible d'aîné en aîné (art. 1 et 4). En fait, le Roi accorda des dispenses; mais l'hérédité, accordée à tous les Pairs par l'O. 19 août 1815, eut toujours pour condition l'existence d'un majorat. Le droit de nomination royale est tantôt libre, tantôt limité à l'étranger. Les membres de droit siègent habituellement dès leur majorité. L'éligibilité à la Chambre Haute est parfois soumise à des conditions rigoureuses, ainsi en Afrique australe. Elle exige un âge élevé et une condition de cens en Chili, Pérou, Roumanie, Suède. Elle n'appartient qu'à des catégories en Pays-Bas. En Belgique, les sénateurs élus au suffrage universel sont seuls soumis à une condition de cens; l'âge de 40 ans et la nationalité de naissance ou la grande naturalisation sont exigés de tous les sénateurs. Les sénateurs des États-Unis doivent être âgés de 30 ans, citoyens depuis neuf ans, habiter dans l'État qu'ils représentent; ceux de la République Argentine doivent être âgés de 30 ans, laïques, citoyens depuis six ans, posséder une certaine fortune. Au Mexique, l'âge exigé (30 ans) est la seule différence entre les Chambres. En Norvège, aucune différence. En Suisse, chaque canton règle à son gré l'élection des délégués au Conseil des États.

France (art. 4, § 2), disposition étendue à la Chambre des députés par la L. 16 juin 1885, article 4, et à toutes les fonctions électives par la L. 22 juin 1886, article 4; — 2° les militaires des armées de terre et de mer (art. 5). Sont exceptés : les maréchaux et les amiraux (1); les officiers généraux maintenus sans limite d'âge dans la première section du cadre de l'état-major général et non pourvus de commandement; les officiers généraux ou assimilés placés dans la deuxième section du cadre de l'état-major général; les militaires et marins appartenant à la réserve de l'armée active ou à l'armée territoriale.

Le commerçant déclaré en liquidation judiciaire est inéligible (L. 4 mars 1889, art. 21); de même, le failli, même après sa réinscription sur une liste électorale et jusqu'à sa réhabilitation (L. 30 déc. 1903, art. 1, modifié par la L. 23 mars 1908, art. 1).

Le sénateur invalidé et condamné en vertu de la L. 31 mars 1914, articles 1, 2, 3, est inéligible pendant deux ans à dater de l'invalidation (L. 31 mars 1914, art. 6).

Le citoyen condamné en vertu de la même loi, articles 1, 2, 3, 4, est inéligible pendant deux ans (L. 31 mars 1914, art. 9).

des incapacités relatives. — Elles sont énumérées par la L. 2 août 1875, article 21 (2), la L. 9 décembre 1884, article 5; la L. 12 janvier 1909, article 4. Elles sont à peu près les mêmes que celles qui ont été indiquées pour la Chambre des députés (n° 187). Cependant, les juges titulaires des tribunaux civils, les juges de paix, les conseillers de préfecture, inéligibles à la Chambre, sont éligibles au Sénat dans leur département.

La liste des incapacités étant inextensible, on en conclura : qu'un député peut être élu sénateur, à condition d'opter; — qu'un sénateur en exercice peut être élu de nouveau, à condition d'opter.

____

(1) Actuellement, il n'y a pas d'amiraux.
(2) Les incapacités relatives visées aux §§ 8 et 9 sont devenues des incapacités absolues dans la L. 9 décembre 1884, article 5.

210. 3° *Incompatibilités.* — La L. 2 août 1875, article 20, indiquait les fonctions, peu nombreuses, incompatibles avec la qualité de sénateur, et admettait ainsi comme règle la compatibilité. Ce système, opposé à celui qui fut adopté pour la Chambre (n° 188), fut appuyé en 1875 sur l'utilité des fonctionnaires dans les Chambres et la nécessité de permettre l'entrée au Sénat de notabilités et d'éléments sociaux exclus de la Chambre. D'autres demandaient une règle commune aux deux Chambres, une incompatibilité sans exception et même étendue aux administrateurs des sociétés financières et aux entrepreneurs de travaux publics.

Les idées écartées en 1875 ont reparu depuis. La Chambre a même voté, en 1884 et 1885, un projet de loi qui appliquait aux deux Chambres la règle de l'incompatibilité, sauf un petit nombre d'exceptions. Le principe fut adopté par le Sénat, mais les Chambres ne purent se mettre d'accord ni sur les conséquences, ni sur les exceptions. En attendant qu'une loi définitive soit faite, la règle édictée pour la Chambre a été provisoirement étendue au Sénat par la L. 9 décembre 1884 (disposition transitoire) et par celle du 26 décembre 1887. Celle-ci reste en vigueur jusqu'au vote d'une loi d'ensemble non encore faite.

Quant aux lois spéciales qui établissent des incompatibilités, elles s'appliquent expressément aux deux Chambres (n° 192).

211. Les L. 17 juillet 1889 et 12 juillet 1919 (n° 194), qui prohibent les candidatures multiples, ne concernent pas le Sénat. Cela résulte, sinon d'une disposition expresse, du moins de l'ensemble des textes et des travaux préparatoires.

Le sénateur élu en plusieurs départements est tenu d'opter (n° 202).

CHAPITRE XVII

Règles communes aux deux Chambres.

— —

I

Sessions.

212. « *Les deux Chambres doivent être réunies en session cinq mois au moins chaque année* » (L. C. 16 juill. 1875, art. 1, al. 2).

Il résulte clairement de ce texte : que le Parlement se réunit tous les ans (1), afin de donner aux besoins et aux vœux du peuple une satisfaction qui ne soit pas tardive, et afin d'exercer sur le Gouvernement un contrôle sérieux ; — qu'il n'est pas permanent, ne siège pas d'une manière continue, n'est en session que pendant une partie de chaque année.

La permanence, utile en temps de crise politique ou sociale (2), est au moins inutile dans les temps normaux. Il n'est pas croyable que les réformes urgentes et pratiques soient assez nombreuses pour occuper les Chambres sans discontinuer. Un Parlement permanent est bientôt un Parlement désœuvré ; bientôt aussi, au lieu de ne rien faire, il

---

(1) Il siège tous les deux ans en Islande, dans un grand nombre des États-Unis. Très généralement il se réunit chaque année.

(2) Le Parlement français, après avoir tenu un très petit nombre de séances pendant les cinq derniers mois de 1914, a siégé en somme d'une façon permanente à partir du 12 janvier 1915 ou même depuis le 22 décembre 1914. Le Chef de l'État s'est abstenu de prononcer la clôture de la session ordinaire en 1915, 1916, 1917, 1918. La session de 1919 a été close le 19 octobre 1919.

voudra faire des lois. Sans besoin et sans motif, pour manifester son activité, il défera et refera les institutions de tout
ordre, au grand préjudice de la vie sociale, de la vie économique qui ont besoin de stabilité. Souvent aussi, il consumera
son temps dans les luttes politiques, dans la discussion
d'innombrables questions et interpellations, au grand dommage du régime représentatif et du pays. — Le temps des
sessions est une période agitée, inquiète, peu favorable aux
affaires commerciales à cause des menaces de lois, si l'on
peut ainsi parler; que serait-ce avec un Parlement permanent? — Le Gouvernement, de son côté, a besoin de temps
pour étudier et gérer les affaires publiques; l'obligation
morale d'assister aux séances des Chambres, la nécessité de
préparer des réponses aux questions et aux interpellations
ne laissent pas aux ministres le loisir de s'occuper de leurs
ministères. — Le contrôle des Chambres sur le Gouvernement n'a pas besoin d'être incessant pour être efficace. On
va voir d'ailleurs que les lois de 1875 n'ont pas laissé au
Gouvernement une liberté arbitraire pour la convocation et
la prorogation du Parlement. — La permanence serait plus
difficile à organiser avec deux Chambres qu'avec une seule (1).

213. La permanence absolue est presque impossible à
obtenir en temps normal. Seulement le Parlement, en se
donnant des vacances, pourrait constituer une *commission
permanente* chargée de la convoquer au besoin. Cela n'aurait
guère moins d'inconvénients que la permanence des Chambres
elles-mêmes, et aurait l'apparence d'une mesure de défiance
à l'égard du Gouvernement (2).

(1) La permanence inscrite dans la C. 1791 (tit. III, chap. 1, préamb., art. 1)
signifie simplement que l'Assemblée devait se réunir chaque année. Les circonstances expliquent la permanence de la Convention, occupée à conjurer les dangers
extérieurs ou intérieurs, de l'Assemblée de 1871, chargée de réparer d'effroyables
désastres, du Parlement de la fin de 1914 à la fin de 1919. Dans les C. 1793 (art. 39)
et 1848 (art. 32), la même règle n'a pour motifs que l'orgueil d'une Assemblée ivre
de sa toute-puissance et une fausse conception de la représentation nationale. Elle
n'est admise par aucune C. étrangère.

(2) La commission permanente fut établie par la C. 1848, art. 32, et pratiquée
par l'Assemblée de 1871. Elle existe au Chili, au Mexique.

214. La loi constitutionnelle prévoit pour le Parlement une session ordinaire chaque année et des sessions extraordinaires. En bonne règle, la session ordinaire devrait être consacrée à l'accomplissement des fonctions normales du Parlement et en particulier au vote du budget annuel. Les sessions extraordinaires devraient être employées pour régler des affaires exceptionnellement nombreuses ou bien graves et urgentes. La pratique, on va le voir, s'est éloignée de ces idées.

215. I. La *session ordinaire* ouvre, de plein droit et sans convocation, le second mardi de janvier. Le Chef de l'État peut avancer, mais non retarder l'ouverture de la session ordinaire (L. C. 16 juill. 1875, art. 1, al. 1). Au lieu du deuxième mardi de janvier, on avait proposé, non sans de bonnes raisons, la date du 20 novembre.

La session ordinaire doit durer au moins cinq mois; le Gouvernement ne peut donc, sauf le cas de dissolution (n° 439), contraindre le Parlement à se séparer avant l'expiration du cinquième mois.

216. L'observation de cette durée minima assignée à la session ordinaire n'a pendant longtemps donné lieu à aucune difficulté. Elle n'en suscitera jamais pour le Sénat. Mais lorsque les élections générales à la Chambre des députés eurent été replacées au printemps (n° 151), on dut se demander comment se concilierait la durée constitutionnelle de cinq mois avec l'expiration des pouvoirs de la Chambre et son remplacement par une nouvelle, comment la Chambre nouvelle se réunirait. Voici la solution qui a été adoptée en 1898, 1902, 1906, 1910, 1914, et qui sera vraisemblablement suivie désormais tous les quatre ans.

La Chambre sortante ne peut siéger après le 31 mai; ses pouvoirs expirent de plein droit ce jour-là; aucune mesure officielle n'est nécessaire pour faire cesser ses séances; elle-même peut, comme elle l'a fait en 1898, 1902, 1906, 1910, 1914, se mettre en vacances avant cette date. Le temps de session ordinaire pour compléter les cinq mois obligatoires. sera terminé par la nouvelle Chambre. Celle-ci entre en fonctions juste au moment où la précédente expire, et comme aucun texte ne règle sa réunion, ne prescrit au Président de la République de la convoquer, elle devra se réunir *de plein droit* le jour même de son entrée en fonctions, le 1er juin. De cette façon, le délai de cinq mois sera observé.

217. Les lois de 1875 ne fixent pas de maximum pour la durée de la session ordinaire. « *Le Président de la République prononce la clôture de la session* » (L. C. 16 juill. 1875, art. 2, al. 1), en observant la durée minima de cinq mois. Les Chambres ne peuvent se séparer avant le décret de clôture (1). En pratique, la date de clôture est fixée par le Gouvernement après entente officieuse avec les Chambres (2).

218. Pendant la durée de la session ordinaire, « *le Président (de la République) peut ajourner les Chambres* », c'est-

---

(1) Deux C. seulement fixent la durée maxima de la session ordinaire (An VIII, art. 33 : quatre mois; 1852, art. 41 : trois mois); les Chartes (art. 50 et 42) prescrivent une convocation annuelle. Quelques C. donnent la date de la réunion de plein droit du Parlement (1791, tit. III, chap. I, sect. 5, art. 1 : le premier lundi de mai; 1793, art. 41 : 1er juill.; An III, art. 57 : 1er prair.; An VIII, art. 33 : 1er frim.; 1848, art. 31 : le lendemain de l'expiration des pouvoirs de la Chambre précédente).

Plusieurs C. étrangères fixent la durée de la session ordinaire : Japon, Roumanie (trois mois), Portugal (quatre mois), Rép. Argentine (cinq mois). Certaines en fixent le minimum (Pays-Bas : vingt jours; Belgique : quarante jours; Grèce : trois mois; Colombie : quatre-vingt-dix jours; Suède : quatre mois). En général, le Chef de l'État clôt la session à son gré. — A Berne, Mexique, Monaco, il y a deux sessions annuelles; à Genève, trois. — Quelques constitutions fixent la date d'ouverture de la session ordinaire : Suède (15 janv.); Rép. Argentine (1er mai); Colombie (20 juill.); Pays-Bas (3e mardi de sept.); Grèce, Serbie (1er oct.); Danemark (1er mardi d'oct.); Belgique (2e mardi de nov.); Roumanie (15 nov.); Portugal (2 déc.); États-Unis (1er lundi de déc.).

(2) En 1914, la session ordinaire fut close par un D. 15 juillet 1914, conçu dans les termes habituels. Les Chambres, réunies en session extraordinaire le 4 août 1914, se séparèrent le même jour, en laissant à leurs présidents le soin de les convoquer si les circonstances l'exigeaient. Néanmoins, le D. 3 septembre 1914 répète que la session ordinaire est et demeure close, et le D. 12 décembre 1914 convoque les Chambres pour une nouvelle session extraordinaire. En 1915, 1916, 1917, 1918, le Président de la République n'a pas prononcé la clôture de la session ordinaire, qui s'est étendue sur toute l'année. En 1919, il a prononcé la clôture de la session ordinaire le 19 octobre (D. 19 oct. 1919), puis convoqué une session extraordinaire pour le 8 décembre (D. 29 nov. 1919). En 1920, la session a été close par un D. 31 juill. 1920, lu dans la nuit du 31 juillet au 1er août.

à-dire suspendre pour une durée déterminée le cours des séances. « *Toutefois, l'ajournement ne peut excéder le terme d'un mois, ni avoir lieu plus de deux fois dans la même session* » (L. C. 16 juill. 1875, art. 2, al. 2). Le temps de l'ajournement ne compte pas pour la durée nécessaire de cinq mois de la session ordinaire.

Le droit d'ajournement permet au Gouvernement d'imposer une trêve aux passions politiques, de gagner du temps contre une résistance ou des attaques trop vives, de laisser la réflexion faire son œuvre, d'empêcher les décisions précipitées. On l'a critiqué sous prétexte que le Président de la République, mandataire des Chambres, ne saurait supprimer, même temporairement, ses mandants. L'idée est inexacte, car les Chambres sont des électeurs, et le Président est l'un des représentants du pays. Fût-elle vraie, un motif purement logique ne contre-balancerait pas les avantages pratiques du droit d'ajournement.

Ce droit n'a été exercé, depuis 1875, qu'une seule fois (D. 18 mai 1877) (1).

219. Les Chambres, de leur côté, peuvent se donner des vacances sans l'assentiment du Président de la République (2).

Tantôt elles se séparent sans fixer une date pour leur prochaine réunion ; mais alors, d'ordinaire, elles laissent à leurs présidents le soin de les convoquer si cela devient nécessaire

Tantôt elles se séparent jusqu'à une date déterminée ; chacune d'elles peut être convoquée avant cette date par son président si cela est nécessaire, par exemple sur la demande du Gouvernement.

---

(1) Le droit d'ajournement est implicitement refusé au Chef de l'État par les C. qui déclarent le Parlement permanent ; il lui est accordé sans restriction par les autres C., sauf celle de l'An VIII, qui est muette.

Il est illimité en Angleterre, Espagne, Italie, Rép. Argentine, limité en Belgique, Danemark, Grèce, Luxembourg, Roumanie, Serbie.

(2) Ce droit leur est expressément reconnu par les C. qui font le Parlement permanent ; la C. 1791, titre III, chapitre III, section 4, article 4, permet au Roi de solliciter la continuation des séances.

Le temps des vacances est compté dans les cinq mois de la session ordinaire.

220. II. Il peut y avoir des *sessions extraordinaires*, dont la durée n'est pas fixée par la loi constitutionnelle et dépend de la volonté du Chef de l'État.

Les unes n'ont lieu que sur une convocation du Président de la République.

Le Président a toujours le *droit* et quelquefois l'*obligation* de convoquer les Chambres.

« *Il a le droit de convoquer extraordinairement les Chambres* » (L. C. 16 juill. 1875, art. 2, al. 1). Depuis 1875, ce droit a été régulièrement exercé (1) chaque année, au mois d'octobre ou de novembre, et cette session extraordinaire est ordinairement consacrée à l'examen du budget ou au vote des douzièmes provisoires. On peut dire qu'en fait il y a actuellement deux sessions ordinaires tous les ans; ou, pour mieux dire, une seule session qui commence en automne, à une date réglée par le Gouvernement, qui s'interrompt pendant quelques jours vers le 1er janvier et qui reprend de plein droit le deuxième mardi de janvier. Ce résultat n'est pas celui que voulaient les lois de 1875; mais il était assez facile à prévoir. Il ne serait pas mauvais, s'il n'habituait pas le Parlement à rejeter l'examen du budget en fin d'année. On remarquera, en outre, qu'il ôte tout intérêt à la désignation, faite par la loi constitutionnelle, d'une date pour l'ouverture de la session ordinaire (n° 215).

Le Président de la République convoque le Parlement en session extraordinaire aussi souvent qu'il le juge bon. En pratique, il n'y a qu'une session extraordinaire chaque année. D'ailleurs, il semble nécessaire que le Chef de l'État

_____

(1) Il est absent des C. qui font le Parlement permanent ou qui laissent toute liberté au Chef de l'État; cependant les C. 1791 (tit. III, chap. III, sect. 4, art. 5) et 1848 (art. 32) l'admettent pour le cas où la Chambre s'est donné des vacances. Il existe dans la C. fr. An VIII, art. 33, et généralement à l'étranger.

prononce la clôture d'une session extraordinaire avant d'en convoquer une nouvelle (1).

La L. C. ne limite d'aucune manière la durée des sessions extraordinaires, que le Chef de l'État peut donc clore quand il le veut. On s'est demandé, il y a quelques années, si la session extraordinaire, constamment tenue vers la fin de l'année, ne devait pas prendre fin le 31 décembre. Les Chambres et le Gouvernement ont été d'accord pour prolonger la session extraordinaire de 1891 pendant les premiers jours de janvier 1892, jusqu'au 11 janvier 1892, jusqu'à la veille de la date constitutionnelle de l'ouverture de la session ordinaire de 1892. La décision ne viole aucun texte, mais elle est bizarre ; il eût été plus simple et en somme plus régulier de clore la session extraordinaire de 1891 et d'avancer l'ouverture de la session extraordinaire de 1892 (2).

221. Le Président de la République a *l'obligation,* et non plus le droit, de convoquer les Chambres « *si la demande en est faite, dans l'intervalle des sessions, par la majorité absolue des membres composant chaque Chambre* » (L. C. 16 juill. 1875, art. 2, al. 1) (3). Le Président de la République ne peut être contraint à convoquer la Chambre que dans l'intervalle des sessions, et non pendant la durée d'un ajournement, puisque, alors, la session est suspendue, non pas close ; sinon, le droit d'ajournement pourrait être annihilé.

Après une dissolution de la Chambre des députés, la

---

(1) Cependant les Chambres convoquées pour le 4 août 1914 se sont séparées le même jour sans décret de clôture et ont été convoquées pour une nouvelle session extraordinaire par le D. 12 décembre 1914.

(2) Entre 1831 et 1848, la session de chaque année a généralement commencé dans les derniers jours de l'année précédente. Les autres régimes ont vu aussi les sessions enjamber souvent d'une année à l'autre, excepté ceux dont la C. assignait, comme les lois de 1875, une date précise à l'ouverture de la session ordinaire.

(3) Ceci n'a pas d'équivalent dans les C. fr. ; d'après la C. 1791 (tit. III, chap. III, sect. 4, art. 5), le Corps législatif, en s'ajournant, peut fixer les cas où le Roi devra le convoquer.

En Suisse, la convocation est obligatoire sur la réquisition du quart des députés ou de cinq cantons.

Chambre nouvelle et le Sénat doivent être réunis dans les dix jours qui suivent la clôture des opérations électorales (L. R. 14 août 1884, art. 1, modif. L. C. 25 fév. 1875, art. 5, al. 2).

Le Président de la République, lorsque la Chambre des députés a été dissoute et qu'une guerre étrangère a contraint de déclarer l'état de siège dans les territoires menacés, est tenu « *de convoquer les collèges électoraux et de réunir les Chambres dans le plus bref délai possible* » (L. 3 avril 1878, art. 3).

En tout cas, l'obligation du Président n'a pas d'autre sanction que la responsabilité ministérielle.

222. D'autres sessions extraordinaires ont lieu sans convocation.

Les Chambres se réunissent « *immédiatement et de plein droit* » en cas de décès ou démission du Président de la République (L. C. 16 juill. 1875, art. 3, al. 3) (1). Elles se réunissent également de plein droit le quinzième jour avant l'expiration normale des pouvoirs présidentiels, si, un mois avant ce terme, le Président de la République ne les a pas convoquées en Assemblée nationale pour procéder à l'élection d'un nouveau président (*ibid.*, al. 1 et 2). Elles exercent alors leurs droits électoraux et non leur pouvoir législatif.

Les Chambres ajournées se réunissent de plein droit et dans un délai de deux jours, lorsqu'un décret du Président de la République a proclamé l'état de siège pour cause de péril imminent résultant d'une guerre ou d'une insurrection (L. 3 avril 1878, art. 2). Ce texte vise expressément le cas *d'ajournement* des Chambres; ce terme désigne non seulement l'ajournement prononcé par le Président de la République (n° 218), mais aussi le cas où la session aurait été close normalement, et même celui où elles se seraient donné des vacances (2).

---

(1) La C. prescrit, en cas de vacance du trône, la convocation des Chambres en Espagne, Serbie, Suède; leur réunion de plein droit en Belgique, Grèce, Pays-Bas, Roumanie.

(2) L'état de siège a été déclaré par le D. 2 août 1914; un autre décret du même jour convoque le Parlement pour le 4 août.

223. La clôture de la session, simple suspension de l'activité du Parlement, n'anéantit pas les travaux accomplis par les Chambres, même quand ils ne sont pas parvenus à leur perfection par des votes concordants; à la session suivante, ils sont repris au point où ils étaient.

224. III. Les deux Chambres doivent siéger simultanément. « *La session de l'une commence et finit en même temps que celle de l'autre* » (L. C. 16 juill. 1875, art. 1, al. 2). Les lois constitutionnelles parlent toujours des deux Chambres, soit pour le commencement de la session, soit pour la suspension des séances. Ainsi le Président de la République ne peut convoquer une seule des Chambres, ajourner l'une sans l'autre; s'il dissout la Chambre des députés, le Sénat doit s'abstenir de siéger jusqu'à la réunion de la nouvelle Chambre. Tout cela résulte de l'égalité que la Constitution veut maintenir entre les deux Chambres: il ne faut pas qu'une Chambre puisse accaparer le pouvoir législatif, ni que le Gouvernement veuille s'appuyer sur une seule Chambre.

En conséquence, « *toute assemblée de l'une des deux Chambres qui serait tenue hors du temps de la session commune est illicite et nulle de plein droit...* » (L. C. 16 juill. 1875, art. 4). Cela veut dire qu'une Chambre ne peut exercer valablement aucun des droits qui lui appartiennent, quand même ce droit lui serait propre, comme le droit d'accuser les ministres et le Chef de l'État qui appartient à la Chambre des députés, comme le droit de demander la revision qui appartient à chacune des Chambres. Les actes faits en ces assemblées illicites sont nuls de plein droit; mais aucune pénalité n'est encourue par les membres qui auraient assisté à l'Assemblée (1).

La même nullité frapperait les convocations adressées par le Chef de l'État aux membres d'une seule Chambre; ceux-ci ne seraient pas tenus d'y obéir. Aucune pénalité n'est encore édictée.

(1) Cpr. pour les conseils généraux la L. 10 août 1871, art. 34.

L'article 4 précité vise seulement l'assemblée qu'une Chambre tiendrait pour l'exercice des droits que la constitution attribue au Parlement; il ne prohibe pas les conférences officieuses où se réuniraient les membres d'une Chambre (1).

Pourvu que les deux Chambres commencent et terminent leur session en même temps, la loi constitutionnelle est satisfaite; elle n'exige pas que les deux Chambres siègent les mêmes jours, ni aux mêmes heures, ni pendant un nombre égal de jours. Il y aurait quelque puérilité à exiger que le décret de clôture de la session soit lu exactement à la même minute dans les deux assemblées : il suffit qu'il soit lu le même jour.

Les Chambres peuvent même se donner des vacances de dates et de durée différentes; mais il est d'usage qu'elles s'entendent à ce sujet (2).

Bien plus, la tenue d'une session n'empêcherait pas le Sénat de siéger comme Haute-Cour de justice; le Sénat pourrait, à des jours différents ou les mêmes jours, à des heures différentes, siéger alternativement comme assemblée législative et comme tribunal (3); il ne pourrait pas exercer dans la même séance des attributions de nature différente, soumises à des règles différentes.

Au contraire, la Chambre des députés pourrait dans la même séance statuer sur une loi et sur une mise en accusation; les règles qui régissent ces deux cas ne sont pas distinguées dans le règlement de la Chambre, et celle-ci ne siège jamais comme juridiction.

225. Par exception, le Sénat siège seul :

1° Dans le cas où la Chambre des députés se trouve dis-

---

(1) Les dispositions ci-dessus, édictées par la C. An iii (art. 60) et les Chartes (art. 25 et 26, 21 et 22), sont traditionnelles en France. Elles sont généralement suivies à l'étranger. Aux États-Unis, en Rép. Argentine, les deux Chambres ne peuvent s'ajourner que d'un commun accord.

(2) Aux années de renouvellement intégral de la Chambre des députés, le Sénat observe les mêmes vacances que la Chambre sortante (n° 216).

(3) C'est ainsi que les choses se sont passées en 1899.

soule (n°ᵉ 439 et s.) au moment où la présidence de la République devient vacante, les collèges électoraux sont aussitôt convoqués, et le Sénat se réunit de plein droit (L. C. 16 juill. 1875, art. 3, al. 4). La Constitution ne dit pas quels seraient en ce cas les droits du Sénat, et ce silence semble signifier que le Sénat, réuni pour élire le Chef de l'État avec la future Chambre, ne pourrait faire aucun acte législatif. Cependant, sa réunion immédiate et de plein droit ne s'expliquerait pas, s'il n'avait le droit d'aider de ses avis et d'appuyer de son approbation le Conseil des Ministres provisoirement investi du pouvoir exécutif (n° 368);

2° Au cas où il « *est réuni comme Cour de justice, et, dans ce dernier cas, il ne peut exercer que des fonctions judiciaires* » (L. C. 16 juill. 1875, art. 4).

II

Siège des Chambres.

226. « *Le siège du pouvoir exécutif et des deux Chambres est à Versailles* » (L. C. 25 fév. 1875, art. 9). L'Assemblée nationale, encore émue des troubles de 1871, craignait que le séjour à Paris n'exposât les Chambres et le Gouvernement aux entreprises d'une population turbulente, et ne facilitât les révolutions qui ont toujours été faites ou au moins commencées par le peuple de Paris. Aussi, après avoir repoussé les propositions qui tendaient à la faire siéger elle-même dans la capitale, avait-elle voulu que la Constitution maintînt les pouvoirs publics à Versailles, ville calme, d'ailleurs voisine de Paris.

Le texte ci-dessus est aujourd'hui abrogé (L. R. 21 juin 1879). On a pensé que les temps mauvais étaient passés pour toujours, que l'attitude du peuple de Paris depuis 1871 permettait de rendre avec confiance à la capitale le siège des pouvoirs publics, et d'épargner aux membres du Parlement, en général fixés à Paris, le voyage presque quotidien à Versailles.

La matière est aujourd'hui réglée par la L. 22 juillet 1879 : « *Le siège du pouvoir exécutif et des deux Chambres est à Paris* » (art. 1). « *Le Palais du Luxembourg et le Palais-Bourbon sont affectés : le premier, au service du Sénat ; le second, à celui de la Chambre des députés. Néanmoins chacune des deux Chambres demeure maîtresse de désigner, dans la ville de Paris, le palais qu'elle veut occuper* » (art. 2). — Les locaux occupés par les Chambres dans le palais de Versailles conservent leur affectation. L'Assemblée nationale siège dans l'ancien local de la Chambre des députés. Le Sénat, réuni en Haute-Cour de justice, désigne la ville et le local de ses séances (art. 3) (1).

Pour calmer les craintes exprimées par les adversaires du retour à Paris, la L. de 1879, article 5, donne au président de chaque Chambre le droit de requérir la force armée (n° 233).

La L. de 1879 assigne à chaque Chambre un palais distinct. Les Chambres ne peuvent donc pas siéger confondues, sauf le cas où la réunion de l'Assemblée nationale est prescrite par la Constitution ; mais rien ne s'oppose à ce que les Chambres, maîtresses de désigner un local à leur convenance, choisissent le même palais, où elles occuperaient deux salles séparées, ainsi qu'il en était au Palais de Versailles avant 1879 (2).

(1) Lorsque le Gouvernement dut quitter Paris menacé par l'invasion allemande, il invita « les membres du Parlement à ne pas se tenir éloignés de lui pour pouvoir former, devant l'ennemi, avec le Gouvernement et avec leurs collègues, le faisceau de l'unité nationale » (proclamation du 2 sept. 1914).

(2) Les C. 1791 (tit. III, chap. III, sect. 1, art. 4) et 1848 (art. 32) donnent à la Chambre unique le droit de choisir sa résidence ; la C. An III donne au Conseil des Anciens le choix de la résidence des Chambres (art. 102), défend à celles-ci de se confondre (art. 60), mais veut qu'elles siègent dans la même commune (art. 58).

Quelques C. étrangères désignent la capitale (Belgique, Brésil, Danemark, Luxembourg, Norvège, Roumanie, Suède). La résidence est désignée par l'accord des deux Chambres aux États-Unis, Mexique. Souvent les Chambres se confondent pour l'ouverture et la clôture des sessions et même pour l'exercice de certaines attributions. Aux États-Unis, les deux Chambres se réunirent à plusieurs reprises pour entendre le président Wilson.

III

Constitution des Chambres.

227. Une Chambre ne peut délibérer et voter, exercer ses pouvoirs, avant de s'être régulièrement constituée. Cette matière, réglée par les C. 1791 (tit. III, chap. I, sect. 5) et 1793 (art. 42), est aujourd'hui abandonnée aux règlements des Chambres.

Chaque Chambre se réunit le premier jour de chaque session ordinaire (1), sous la présidence du plus âgé de ses membres (*doyen d'âge*), assisté des six membres les plus jeunes comme secrétaires (Règl. du Sénat, art. 1; de la Chambre, art. 7). Le bureau d'âge est composé au début de la séance, sans tenir compte des membres plus âgés ou plus jeunes qui pourraient survenir.

Le Sénat peut décider qu'il nommera un président et un vice-président provisoires (Règl., art. 3); il le fait d'ordinaire les années où le renouvellement d'une série n'a lieu qu'après l'ouverture de la session ordinaire, ce qui est la règle.

Une Chambre est constituée le jour où son bureau définitif (n° 228) a été élu. C'est seulement à partir de ce moment qu'elle peut recevoir des communications du Gouvernement, des propositions de loi ou de résolution, nommer des commissions, en un mot, exercer ses attributions.

Le règlement n'exigeant pas la présence d'un nombre minimum de membres pour l'ouverture de la session, il faut s'en référer au droit commun d'après lequel la majorité absolue du nombre légal de chaque Chambre est nécessaire pour les votes, non pour les discussions (n° 312). L'élection

---

(1) Il faut ajouter pour la Chambre des députés : le jour de son entrée en fonctions, à la suite du renouvellement intégral (n° 216).

même d'un bureau provisoire ne peut donc avoir lieu que si la moitié plus un des membres sont présents.

Chaque Chambre avise de sa constitution l'autre Chambre et le Président de la République (Règl. du Sénat, art. 7; de la Chambre, art. 10).

IV

Bureau.

228. « *Le bureau de chacune des deux Chambres est élu chaque année pour la durée de la session et pour toute session extraordinaire qui aurait lieu avant la session ordinaire de l'année suivante* » (L. C. 16 juill. 1875, art. 11, al. 1) (1).

Il s'agit du bureau définitif. Il se compose (Règl. du Sénat, art. 4; de la Chambre, art. 8) :

1° Du président. Il dirige les délibérations, ouvre et lève la séance, donne la parole aux membres qui la demandent, reçoit les propositions de toute nature, les projets de loi, les pétitions, les demandes de scrutin et autres; il applique ou propose à la Chambre d'appliquer les pénalités réglementaires; il veille à la sécurité de la Chambre et peut requérir la force armée;

2° De quatre vice-présidents. Ils suppléent le président empêché;

3° De huit secrétaires. Ils surveillent la rédaction du procès-

---

(1) Le Président de la Chambre unique est électif dans les C. républicaines et dans la C. 1791 (tit. III, chap. 1, sect. 5, art. 3). Le Président de la Chambre Haute est généralement nommé par le Chef de l'État; celui de la Chambre Basse est également nommé d'après le Scs. 15 novembre 1813 (art. 1) et la C. 1852 (art. 43); il doit être choisi entre les candidats présentés par la Chambre d'après la Charte de 1814 (art. 43); il est électif d'après la Charte de 1830 (art. 37) et le Scs. 1870 (art. 34). L'Assemblée de 1871 élisait son bureau.

Le Président de l'Assemblée unique est élu en Grèce, Luxembourg, Monaco, Serbie. Les C. qui instituent deux Chambres font en général nommer le Président de la Chambre Haute et élire l'autre; cependant les deux bureaux sont nommés en Pays-Bas, Suède, élus en Afrique australe, Belgique, Danemark, Fédération Australienne, Norvège, Roumanie, Suisse. — Lorsqu'il y a un Vice-Président de la République, il préside habituellement la Chambre Haute, ainsi aux États-Unis.

verbal de chaque séance et en donnent lecture au début de la séance suivante;

4° De trois questeurs, chargés de l'administration matérielle de la comptabilité; ils ordonnancent les dépenses de chaque Chambre.

Le bureau en corps a quelques attributions; par exemple, il nomme les employés au service des Chambres; il peut toujours être consulté par le président.

On considère parfois l'élection du bureau comme un indice d'institutions libérales. Cette vue ne paraît pas exagérée quand on songe à l'influence qu'un président peut exercer sur les discussions.

L'élection, qui a eu lieu quelquefois, notamment pour l'Assemblée constituante, dans les bureaux, se fait actuellement en séance publique, au vote secret, au scrutin de liste pour les vice-présidents, les secrétaires et les questeurs. La majorité absolue des suffrages exprimés, mais non des votants ni des membres, est exigée aux deux premiers tours de scrutin. Au troisième, le ballottage a lieu entre les deux plus favorisés du dernier scrutin et, à égalité de suffrages, le plus âgé l'emporte (Règl. du Sénat, art. 6; de la Chambre, art. 8).

Il est d'usage que les minorités soient représentées dans le bureau par un ou plusieurs secrétaires.

Le bureau est élu pour la durée de l'année parlementaire (1), ou, comme le dit le texte constitutionnel, *pour la durée de la session, et pour toute session extraordinaire qui aurait lieu avant la session ordinaire de l'année suivante.*

La Chambre des députés, aux années de son renouvellement intégral, nomme deux fois son bureau : une première fois au mois de janvier, une deuxième fois au mois de juin après le renouvellement. Ceci s'accorde mal avec l'article 11 précité.

---

(1) Il était renouvelé tous les trois mois dans l'Assemblée de 1849, tous les mois dans l'Assemblée de 1848 et d'après la C. An III (art. 61), tous les quinze jours dans la Constituante, la Législative, la Convention.

V
Règlement.

229. C'est le code intérieur d'une Chambre, l'ensemble des dispositions qui organisent, jusque dans les détails, le fonctionnement d'une Assemblée.

Le règlement est en général voté par chaque Chambre. Toutefois, certains points d'une importance particulière sont parfois précisés par la Constitution; les lois de 1875 ordonnent la publicité des séances (L. C. 16 juill. 1875, art. 5), l'élection et la durée du bureau (L. C. 16 juill. 1875, art. 11) (1).

Le règlement est obligatoire pour tous les membres de la Chambre qui l'a voté. De même, chaque membre a le droit d'en réclamer l'application, et tout rappel au règlement entraîne, jusqu'à ce que cet incident soit vidé, suspension de la discussion.

Le Sénat a voté son règlement le 10 juin 1876 ; la Chambre des députés, le 16 juin 1876. Ces textes primitifs ont été modifiés plusieurs fois. La Chambre des députés a procédé, en 1915, à une revision complète qui a été terminée le 4 février, et a fixé au 10 mars 1915 l'entrée en vigueur du nouveau texte. Quelques modifications ont été votées le 27 mai 1920 ; leur application (sauf pour une) a été retardée jusqu'à l'ouverture de la session extraordinaire de 1920.

Le président applique le règlement. Il a toujours le droit de consulter le bureau de la Chambre; il le fait généralement dès qu'il y a doute sur la portée ou l'application d'un article ; en certains cas, précisés par le règlement, cette consultation est nécessaire.

---

(1) La C. 1793 (art. 57 et s.) et surtout celles de 1791 (tit. III, chap. I, sect. 5, et chap. III, sect. 2) et de l'An III (art. 57 et s.) contiennent beaucoup de détails réglementaires; il en est de même de plusieurs décrets du Second Empire relatifs aux rapports des Chambres et du Gouvernement (D. 3 fév. 1861, 5 fév. 1867, 8 nov. 1869, etc.).

Les Chambres étrangères votent habituellement leur règlement particulier; la C. fixe parfois certains points (États scandinaves); il y a une loi en Serbie.

230. En dehors de la publicité (n° 231), du bureau (n° 228) et de la procédure parlementaire (n°' 304 et s.), le principal objet du règlement est la fixation des pénalités applicables aux membres qui le violent (Régl. du Sénat, art. 114-124; de la Chambre, art. 56-67). Ces pénalités, même celles qui ont un caractère pécuniaire, n'ont rien de commun avec les peines du Code pénal. Elles sont appliquées sans recours possible (1), sauf devant le président ou la Chambre qui les a prononcées, et alors le recours n'est que gracieux. Ces pénalités sont : le rappel à l'ordre, le rappel à l'ordre avec inscription au procès-verbal, la censure simple, la censure avec exclusion temporaire (au Sénat, 3 séances; à la Chambre, 15 et, en certains cas, 30 séances).

Le rappel à l'ordre est prononcé par le président; le membre deux fois rappelé à l'ordre peut être privé de la parole pour la séance par un vote de la Chambre; le président peut retirer le rappel à l'ordre. La censure est prononcée, en des cas énumérés par le règlement, par l'Assemblée, sur la proposition du président.

Au Sénat, la censure simple et la censure avec exclusion temporaire entraînent l'affichage à mille exemplaires, aux frais du sénateur et dans toutes les communes du département qui l'a élu, de l'extrait du procès-verbal mentionnant la censure. A la Chambre des députés, les mêmes peines entraînent l'affichage à deux cents exemplaires dans la circonscription et, en outre, la privation de moitié de l'indemnité (n° 218) pendant un mois (censure simple) ou deux mois (exclusion temporaire). A la même Chambre, en cas de résistance obstinée, le président peut faire saisir un membre *manu militari* et le faire détenir pendant trois jours dans un local spécial.

Si un délit est commis par un député ou un sénateur dans l'enceinte du Palais législatif, toute délibération est suspendue; le délinquant est appelé à s'expliquer et le procureur

(1) V. Paris, 4 janv. 1831, S.; 81. 2. 65; Cass., 30 janv. 1882, S., 83. 1. 111.

général est averti (Régl. du Sénat, art. 124; de la Chambre,. art. 67).

Les pénalités réglementaires ne sont applicables qu'aux individus. Le désordre peut devenir général, les rigueurs particulières, impuissantes. Le président se couvre; si le trouble continue, il annonce qu'il va suspendre la séance, et, si le calme ne se rétablit pas, il la suspend; si, à la reprise, le tumulte renaît, le président lève la séance, et la renvoie au lendemain (Régl. du Sénat, art. 123; de la Chambre, art. 53).

Le règlement est encore obligatoire pour le public qui assiste aux séances de l'une ou de l'autre Chambre; il a, par exemple, des dispositions sur l'admission du public, sur l'attitude imposée aux assistants, sur l'expulsion des perturbateurs (n° 231). Ces dispositions sont appliquées sans recours contentieux possible (1).

VI

Publicité des séances.

231. « *Les séances du Sénat et celles de la Chambre des députés sont publiques. — Néanmoins, chaque Chambre peut se former en comité secret, sur la demande d'un certain nombre de ses membres, fixé par le règlement. — Elle décide ensuite, à la majorité absolue, si la séance doit être reprise en public sur le même sujet* ». (L. C. 16 juill. 1875, art. 5).

Cette publicité a pour but de permettre un contrôle permanent des électeurs sur les élus et d'assurer, par ce contrôle même, le prestige des Chambres.

Il s'en faut d'ailleurs qu'elle soit complète. Elle n'est pas admise pour l'hémicycle où siègent les représentants, où ceux-ci, les ministres, le personnel de la Chambre peuvent seuls pénétrer (Régl. du Sénat, art. 110; de la Chambre,.

_____

(1) Conseil d'État, 24 nov. 1882, Lebon, p. 933.

art. 136), ni pour les locaux où siègent les bureaux et les commissions. Certaines tribunes ou galeries sont ouvertes au public ; mais on n'y admet, en général, que les personnes munies de cartes spéciales, dont un certain nombre est réservé aux représentants (1). Des loges sont réservées au Président de la République, au Corps diplomatique, etc.

Le public est tenu de garder le silence, sous peine d'expulsion et même de poursuites pénales (Règl. du Sénat, art. 111-113 ; de la Chambre, art. 136).

Cinq membres au Sénat, vingt à la Chambre peuvent réclamer la formation en comité secret, pour une communication ou une délibération à laquelle la publicité ne convient pas, par exemple en matière de politique étrangère. La Chambre, formée en comité secret, peut décider qu'il n'y a pas lieu de le maintenir, et reprendre la séance publique (2). L. C. 16 juill. 1875, art. 5 ; règl. du Sénat, art. 45 ; de la Chambre, art 54).

Le comité secret est assez rarement pratiqué par les Chambres françaises. Au cours de la guerre actuelle, les Chambres ont siégé secrètement (Chambre des députés : du 16 au 22 juin, le 21 nov., du 28 nov. au 7 déc. 1916, du 25 au 27 janv., le 14 mars, le 25 mai, du 2 au 5 juin, le 29 juin 1917 ; Sénat : du 4 au 9 juill. et du 19 au 23 déc. 1916, le 6 juin 1917) pour entendre des interpellations relatives à la défense nationale. Elles ont repris la séance publique pour voter les ordres du jour (n° 414).

Dans la suite (Résolution du 10 oct. 1919), la Chambre a

(1) Les femmes, exclues par la L. 4 prairial An III, sont admises.
(2) Ces règles, sauf quelques détails, sont admises par la C. 1791 (lit. III, chap. III, sect. 2, art. 1-2) et sont traditionnelles en France depuis 1815 ; cependant, la Charte de 1814 déclare secrètes les séances de la Chambre des Pairs (art. 32). La publicité illimitée, consacrée par la C. 1793 (art. 45), fut déplorablement pratiquée par les Assemblées révolutionnaires, que la populace parisienne terrorisa et asservit. Aussi la C. An III (art. 64) n'admet-elle qu'un nombre d'assistants égal à la moitié du nombre de chaque Chambre ; la C. An VIII (art. 35) ne tolère que 200 personnes aux séances du Tribunat et du Corps législatif.
Les mêmes usages existent à l'étranger. Le droit de réclamer le comité secret est parfois réservé aux membres des Chambres (Grèce, Italie), parfois étendu au président (Belgique, Danemark, Pays-Bas, Roumanie), au Gouvernement (Serbie).

ordonné la publication de la sténographie de ses séances secrètes.

232. La publicité des séances est insuffisante pour faire connaître à tous les travaux du Parlement. Aussi actuellement, chaque Chambre livre-t-elle aux journaux un compte rendu analytique rédigé, par son personnel, et le *Journal officiel* publie-t-il le compte rendu *in extenso* des séances et le texte des différents projets de loi, rapports, etc. (1). — La Chambre a voté une proposition tendant à mettre en vente à très bas prix le compte rendu *in extenso* (13 fév. 1890); puis la L. fin. 28 décembre 1895 a augmenté dans ce but un crédit du ministère des Finances; le prix du numéro, d'abord fixé à 5 centimes (D. 15 janv. 1896), a été porté à 10 centimes (D. 28 avril 1918), puis à 50 centimes (D. 30 avril 1920).

VII

Sécurité du Parlement.

233. Le Parlement, pour accomplir sa mission, a besoin de protection contre les attentats soit de la foule, soit du pouvoir exécutif. Il faut qu'il ne puisse être ni envahi, ni dispersé. C'est pourquoi la L. C. 25 février 1875, votée sous l'influence du souvenir de 1871 et la crainte d'une nouvelle insurrection, fixait à Versailles et non à Paris le siège des pouvoirs publics et spécialement des deux Chambres (art. 9) (n° 226).

La L. 22 juillet 1879, qui, en ramenant les Chambres à Paris, donnait tort à certaines appréhensions, leur donnait satisfaction en édictant diverses prescriptions tendant à assurer la sécurité du Parlement :

« *Les présidents du Sénat et de la Chambre des députés*

---

(1) Cette pratique est traditionnelle. Quelques C. françaises (1791, tit. III, chap. III, sect. 2, art. 1; 1793, art. 46; An III, art. 64) et étrangères (États-Unis, Norvège, Suède, ordonnent la publication des procès-verbaux ou des débats. La sténographie des séances secrètes tenues par la Chambre des députés pendant la guerre a été publiée à partir du 24 octobre 1919.

*sont chargés de veiller à la sûreté intérieure et extérieure de
l'Assemblée qu'ils président. — A cet effet, ils ont le droit de
requérir la force armée et toutes les autorités dont ils jugent
le concours nécessaire. — Les réquisitions peuvent être adressées directement à tous officiers, commandants ou fonctionnaires, qui sont tenus d'y obtempérer immédiatement, sous les
peines portées par les lois. — Les présidents du Sénat et de la
Chambre des députés peuvent déléguer leur droit de réquisition aux questeurs ou à l'un d'eux »* (art. 5) (1).

On a soutenu que la L. 1879 est inconstitutionnelle et viole
la L. C. 25 février 1875, art. 3, al. 3, qui attribue au Président de la République la disposition de la force armée.
L'objection est grave, et je n'en vois aucune réfutation.
D'ailleurs, il est douteux que ce droit de réquisition soit
efficace contre un mouvement sérieux, surtout contre un coup
d'État de l'Exécutif qui dispose, lui aussi, de la force armée.
Il est plus propre à créer des difficultés : il donne aux présidents une autorité excessive. Enfin que deviendrait la discipline militaire entre l'ordre du Gouvernement et la réquisition des présidents, tous les deux obligatoires?

234. D'autre part, la loi de 1879 réglemente rigoureusement les pétitions adressées aux Chambres. *« Toute pétition
à l'une ou à l'autre des Chambres ne peut être faite et présentée
que par écrit. Il est interdit d'en apporter en personne ou à
la barre »* (art. 6). Et la loi prononce des peines contre toute
violation de cet article, toute provocation à un rassemblement ayant pour but de porter une pétition aux Chambres
(art. 7).

Ces dispositions (2) sont inspirées par la crainte de l'émeute

(1) Une pareille disposition ne se retrouve que dans le règlement de l'Assemblée de 1848; les C. donnent une garde à l'Assemblée (1791, tit. III, chap. III,
sect. 1, art. 4; An III, art. 70; 1848, art. 32) ou sont muettes; les C. P. (1791,
2ᵉ partie, tit. I, sect. 3, art. 4) et An IV (art. 620), la L. 27 germinal An IV (art. 1),
prononcent la peine de mort contre les attentats au Corps législatif; la L. 30 prairial An VII, la mise hors la loi. On sait que toutes ces précautions ont été vaines.
    Les C. Danemark, Norvège qualifient trahison tout attentat contre le Parle-
ment.
    (2) Elles sont empruntées aux Charles (art. 53 et 45) et sont généralement adop-

envahissant les Chambres sous couleur de pétition, par le souvenir des pétitionnaires qui, admis à la barre de la Convention, en ont si souvent troublé les séances.

VIII

Budget des Chambres.

235. Le fonctionnement des Chambres nécessite des dépenses, auxquelles pourvoient le budget de l'État et un léger prélèvement sur l'indemnité parlementaire (n° 248). L'usage est que chaque Chambre règle son budget, sans l'intervention ni du Gouvernement, ni de l'autre Chambre, sans le contrôle de la Cour des comptes. Ce budget est administré par les questeurs (n° 228) et par une commission de comptabilité nommée par la Chambre.

tées à l'étranger. Les C. 1791 (lit. I), An III (art. 364), An VIII (art. 83), l'Acte Additionnel (art. 65) prohibent les pétitions collectives; la C. 1852 (art. 45), toute pétition au Corps législatif. — La C. 1793 (art. 122) ne met aucune restriction au droit de pétition; la C. 1848 (art. 8) admet les vagues limites exigées par la liberté d'autrui et la sécurité publique.

CHAPITRE XVIII

Les membres du Parlement.

I

Vérification des pouvoirs.

236. Les commissions de recensement (n° 175 et 205) ont pour mission de compter les suffrages. Le représentant qu'elles ont proclamé élu est peut-être inéligible; son élection peut être entachée d'une irrégularité de fond ou de forme, viciée par la corruption électorale ou l'ingérence gouvernementale. L'examen des élections à tous les points de vue constitue la *vérification des pouvoirs* (1).

Cette opération soulève des questions multiples, politiques et juridiques. Elle oblige parfois à rechercher la nationalité d'un représentant, les étrangers n'étant pas éligibles, l'existence de condamnations criminelles qui entraînent l'inéligibilité.

Le droit d'y procéder, réclamé par Louis XVI dans la déclaration du 23 juin 1789 (art. 2 et s.), fut revendiqué et exercé par l'Assemblée constituante. Dès lors, les Chambres ont constamment vérifié les pouvoirs de leurs membres, et ce système est consacré actuellement par la L. C. 16 juillet 1875, article 10 : « *Chacune des Chambres est juge de l'éligibi-*

---

(1) Cette expression, qui date des États Généraux, où les députés exerçaient réellement un mandat ou pouvoir, n'est plus exacte ; le représentant exerce aujourd'hui une fonction.

lité de ses membres et de la régularité de leur élection » (1).

237. La compétence ainsi reconnue aux Chambres a été souvent critiquée comme une atteinte à la séparation des pouvoirs, comme une usurpation injustifiée sur les attributions naturelles des tribunaux judiciaires.

Ces critiques me paraissent justes. La vérification des pouvoirs implique souvent la solution de questions juridiques délicates. L'électorat et l'éligibilité notamment dépendent de questions de nationalité, d'état civil, d'incapacités civiles ou criminelles, qui, en toute matière, sauf la vérification des pouvoirs, sont du domaine judiciaire; en les résolvant, le pouvoir législatif empiète sur l'autorité judiciaire. On en peut dire autant pour les formalités auxquelles la loi soumet les élections. — Restent les questions de corruption électorale. Or, il est regrettable que la loi ne spécifie pas les faits de corruption susceptibles de vicier une élection, et c'est aggraver l'inconvénient que d'en remettre l'appréciation aux Chambres elles-mêmes. L'appréciation serait mieux faite par les tribunaux qui appliquent des peines aux délits électoraux. Autre garantie : les décisions des Chambres n'ont pas besoin d'être motivées; celles des tribunaux doivent indiquer leurs motifs.

Les conséquences pratiques sont très fâcheuses. Confiée aux Chambres, la vérification des pouvoirs est une arme de parti. La majorité, toute chaude de la lutte, statue sur les élections des amis et des ennemis; elle est trop portée à invalider obstinément ceux-ci; elle juge avec ses passions surexcitées et ses intérêts. A vrai dire, elle est, dans cette cause, juge et partie, et comme les différents partis politiques en usent de même lorsqu'ils disposent de la majorité, l'opinion publique s'habitue à cette pratique démoralisante.

Il n'y a pas à craindre que le Parlement soit mis à la discrétion des juges. L'élection annulée comme irrégulière ne

(1) A l'étranger, la vérification des pouvoirs est actuellement faite par chaque Chambre pour ses membres. En Roumanie, l'invalidation ne peut être prononcée qu'à la majorité des deux tiers des voix.

serait pas refaite par les tribunaux ; le dernier mot appartiendrait toujours aux électeurs.

238. Mais, dit-on, les représentants du peuple souverain ne sauraient être à la merci des magistrats, qui doivent leurs sièges à la nomination par le Chef de l'État. — C'est le peuple qui est souverain, et non ses représentants. Or, la souveraineté populaire est blessée par des validations ou invalidations dictées par l'esprit de parti et dirigées contre l'expression vraie des votes ; elle ne l'est pas par des décisions judiciaires qui appliquent la loi dans sa sereine impartialité. A supposer que le représentant du peuple mérite les égards respectueux dus à la souveraineté nationale, encore faut-il que légalement il soit un représentant du peuple ; et c'est cela précisément qui est en question.

On objecte encore que la justice ne gagnera rien à être mêlée aux luttes politiques. — Son intervention est réclamée précisément pour enlever à une opération judiciaire le caractère d'une lutte ; les tribunaux, qui jugent souvent des procès où la politique est en cause, sauront se garder de son influence. — Il conviendrait d'ailleurs de donner compétence au tribunal judiciaire le plus élevé, à la Cour de cassation, et de ne lui soumettre que les élections qui auraient été l'objet d'une contestation régulière (1).

(1) En Angleterre, aux termes des lois de 1868 et 1879, toute pétition contre une élection doit être jugée par deux juges ; l'annulation de l'élection ne peut être prononcée que si les sentences des deux juges sont conformes. Chaque année, trois magistrats sont désignés par la division du banc du Roi de la Haute-Cour de Justice. Ce système est heureusement complété par des lois qui précisent les délits électoraux et les vices de l'élection. — Le Canada a adopté en 1874 un système analogue. — En 1906, la Fédération australienne a attribué à la Haute-Cour le jugement des élections contestées. — En Suède, les élections sont vérifiées en la forme par une commission que préside le ministre de la Justice ; toutefois, chaque Chambre a le droit d'examiner les élections. — En Grèce, les contestations sur les élections sont jugées par un tribunal spécial composé de magistrats de la Cour de cassation et des Cours d'appel tirés au sort.

En France, le contentieux des élections administratives, qui ont pris un caractère politique, est jugé par les tribunaux administratifs. — Les conseils généraux avaient reçu (L. 10 août 1871, art. 16) le pouvoir de vérifier les élections de leurs membres ; ils l'ont perdu (L. 31 juill. 1875) pour en avoir abusé comme les Chambres en abusent.

239. La vérification des pouvoirs s'applique à tous les membres du Parlement sans exception, même à ceux dont l'élection n'est l'objet d'aucune protestation ; il est arrivé qu'une élection a été critiquée seulement en séance publique et annulée. On soumet même à la vérification les députés décédés ou démissionnaires, quand on veut leur infliger le blâme d'une invalidation.

La procédure est la suivante : les élections sont réparties entre les bureaux (n° 300) ; des commissions sont nommées ; un rapport est fait ; la discussion est ouverte à tous les membres de la Chambre ; on vote finalement sur les conclusions du rapport.

La Chambre peut :

soit *valider* l'élection, admettre le député au plein exercice de ses droits ;

soit *invalider*, casser l'élection. Il y a lieu alors à une nouvelle élection qui doit être faite en général dans les trois mois de l'invalidation (L. 30 nov. 1875, art. 16, et L. 2 août 1875, art. 22, modifié par la L. 31 mars 1914, art. 7). Cependant, après avoir invalidé un membre, la Chambre décide si le dossier doit être renvoyé au ministre de la Justice (L. 31 mars 1914, art. 5), qui examinera s'il y a lieu à des poursuites pénales. Au cas d'invalidation avec renvoi du dossier, la nouvelle élection ne peut avoir lieu avant un mois à compter de l'invalidation. Si dans ce délai une instruction est ouverte contre le membre invalidé, les trois mois prescrits par la L. 30 novembre 1875, article 16, et par la L. 2 août 1875, article 22, modifié par la L. 31 mars 1914, article 7, ne courent que du jour où il a été définitivement statué sur la poursuite. Si aucune instruction n'est ouverte, les lois de 1875 s'appliquent sans modification (L. 31 mars 1914, art. 8).

Le membre invalidé peut se présenter à la nouvelle élection. Mais s'il a été condamné en vertu de la L. 31 mars 1914, articles 1 à 4, il est inéligible pendant deux ans à dater de son invalidation (L. 31 mars 1914, art. 6) ;

soit *ajourner* sa décision et nommer une commission
chargée de faire une enquête sur l'élection et de rassembler
des preuves relatives aux critiques qu'elles a soulevées (1).
Sur le rapport de cette commission, la Chambre valide ou
invalide définitivement.

En pratique, les élections qui ne sont pas contestées sont
validées à la Chambre des députés immédiatement et sans
débat, afin d'arriver au chiffre nécessaire pour l'élection du
bureau (n° 226) ; on réserve les dossiers contenant des pro-
testations sérieuses.

240. La Chambre est souveraine dans l'appréciation, soit
des faits, soit du droit. Elle ne *doit* pas, mais elle *peut impunément* méconnaître les lois les plus certaines, valider un
inéligible, invalider un éligible. Ses décisions ne sont susceptibles d'aucun recours.

Mais elles n'ont pas l'autorité de la chose jugée ; elles ne
peuvent ôter ni conférer la qualité de Français, effacer ni
créer une condamnation pénale. Elles ne valent que pour
l'exercice de la fonction législative. Les tribunaux, juges
ordinaires en pareille matière, n'ont pas à en tenir compte
pour toutes les questions de droit privé, étrangères à la fonction législative.

241. Un représentant n'exerce ses droits dans leur plénitude qu'après la validation de son élection. Or, cette opération peut être retardée de plusieurs semaines, de plusieurs
mois même. Quelle est, en attendant, la situation du représentant ? — Les règlements des Chambres l'autorisent à
prendre part à tous les votes et délibérations, sauf le vote
sur son élection et à moins qu'il n'ait été ajourné ; celui
de la Chambre des députés lui refuse le droit de déposer
des propositions de loi (2). Ils peuvent être membres des
commissions (n° 307), sont couverts par l'irresponsabilité

(1) Selon le règlement de la Chambre, article 1, le député en cause désigne un
autre député qui fera partie de la commission avec voix consultative.
, (2) Le D, 24 juillet 1789 lui refuse tout droit.

(n° 251) et l'immunité (n° 249) parlementaires, assistent aux séances de l'Assemblée nationale (n°ˢ 324 et 453).

242. Les membres du Parlement ne sont pas soumis à l'obligation de jurer fidélité à la Constitution ou au Chef de l'État, ni au serment de remplir exactement leurs devoirs. L'expérience a démontré l'inutilité ou la faussété de ces serments, qui ne lient aucune conscience et n'affermissent aucun pouvoir (1).

II

Caractères de la fonction législative.

243. I. *En premier lieu*, la fonction législative est facultative pour l'élu. Nul n'est représentant sans le vouloir, nu ne peut être contraint d'accepter cette qualité. Cette observation est faite pour l'honneur des principes : la fonction législative est plus souvent sollicitée que déclinée. Du reste, la loi sur les candidatures multiples (n° 194) enlève en droit, à notre règle, pour la Chambre des députés, l'importance que les mœurs lui refusent en fait pour les deux Chambres.

De même que nul n'est tenu d'accepter la fonction législa-

(1) Le serment politique ou professionnel se rencontre à chaque page de notre histoire constitutionnelle. La C. 1791 (tit. III, chap. ι, sect. 5, art. 6) prescrit à l'Assemblée le serment collectif de vivre libre ou mourir, et à chaque membre le serment de fidélité à la constitution, à la nation, à la loi et au roi. Le Scs. An xii (art. 56) exige le serment d'obéissance aux Constitutions de l'Empire et de fidélité à l'Empereur. Le serment de fidélité au Gouvernement, que certains ont prêté plusieurs fois avec une égale sincérité, a été exigé jusqu'à la Révolution de 1848 qui le supprima. La C. 1852 (art. 14) rétablit le serment d'obéissance à la Constitution et de fidélité au Président ; le Scs. 25 décembre 1852 (art. 16) substitua l'Empereur au Président ; les D. 8 mars 1852 (art. 1) et 3 février 1861 (art. 50) déclarèrent démissionnaire le député qui refuserait ou omettrait le serment ; le Scs. 17 février 1858 exigea une formule écrite et signée de chaque candidat. Le Scs. 1870 (art. 21) reproduit la formule du Scs. 25 décembre 1852. Le serment a disparu en 1870 avec l'Empire.

Il existe aujourd'hui en plusieurs pays, les uns monarchiques, les autres républicains (Afrique Australe, Angleterre, Brésil, Danemark, États-Unis, Fédération Australienne, Grèce, Italie, Luxembourg, Pays-Bas, Rép. Argentine, Serbie. En Angleterre, à la suite de difficultés célèbres (1888), une affirmation remplace le serment pour ceux auxquels il ne convient pas de jurer.

tive, nul n'est tenu de la conserver ; tout membre est libre
de donner sa démission (1).

La démission est adressée à la Chambre dont le représentant fait partie (n° 247).

La Chambre peut refuser la démission : soit qu'elle veuille
donner au démissionnaire une marque de sympathie ou lever
les scrupules qu'il éprouvait à conserver son siège ; en ce cas,
si la démission est maintenue, la Chambre n'insiste pas ; —
soit qu'elle veuille au contraire infliger à un membre la peine
morale de l'invalidation avec les conséquences de la L.
31 mars 1914, article 6. En ce dernier cas, la solution s'appuie
sur l'idée qu'on ne saurait renoncer à un siège qui n'est
sûrement acquis que par la validation. L'argument n'est pas
irréfutable, car l'élu non encore validé a un droit *sui generis*,
auquel il peut renoncer, puisqu'aucun texte ne le lui défend ;
comment dépouiller de ce droit celui qui y a renoncé ? D'un
autre côté, l'élu tient son titre des électeurs et non de la
Chambre ; celle-ci en vérifie seulement la validité avant de
permettre l'exercice des droits de représentant ; la vérification, condition préalable de cet exercice, ne saurait avoir lieu
s'il n'est pas réclamé.

244. II. *En second lieu*, la fonction librement acceptée
doit être librement exercée. « *Tout mandat impératif est nul
et de nul effet* » (L. 30 nov. 1875, art. 13). La règle édictée
pour la Chambre s'applique certainement au Sénat.

Le mandat impératif consiste dans l'engagement que le
représentant, avant ou après l'élection (plutôt avant), prend
envers ses électeurs (plus exactement envers son comité électoral), de voter sur certaines questions d'une manière déterminée. Cet engagement, considéré comme la condition de

---

(1) La C. 1793 (art. 31) prescrit au député démissionnaire de rester à son poste
jusqu'à l'admission de son successeur. En Norvège et en Suède, le refus ou la
démission doit s'appuyer sur des motifs légaux soumis à l'appréciation de la
Chambre ; en Angleterre, la démission n'est pas en usage : elle est suppléée par la
nomination à une fonction incompatible, résignée aussitôt.

son élection, est complété par la promesse de démissionner
à la première demande des créanciers électoraux, et parfois
même par la remise d'une démission signée que les mandants
(en pratique le comité électoral) pourront envoyer au président de la Chambre, en y ajoutant la date.

Les engagements et la démission sont nuls : le mandat
impératif n'a d'autre sanction que son exécution spontanée et
volontaire. Le représentant est libéré de ses engagements,
mais ne perd pas sa qualité. — Il est arrivé cependant que
les Chambres ont invalidé des représentants pour le motif
qu'ils avaient accepté le mandat impératif. Cette décision me
paraît juste et morale, car le représentant qui accepte le
mandat impératif fait acte de servilité envers ses électeurs,
dans l'espoir d'enlever par ce moyen son élection; et si,
comme il arrive souvent, l'élu ne tient pas les engagements
du candidat, l'immoralité n'est que plus flagrante. La L.
30 novembre 1873, article 13, semble bien maintenir l'élection en annulant le mandat impératif; cependant rien n'empêcherait une Chambre de considérer l'acceptation du mandat impératif comme un acte de corruption électorale, et
d'invalider l'élection pour ce motif (1).

245. Les défenseurs du mandat impératif le présentent
comme la conséquence logique de la souveraineté nationale.
La nation est obligée, par la force des choses, de constituer
des représentants; mais, pour cela, elle n'aliène pas, elle ne
peut pas aliéner sa souveraineté. Elle a donc le droit de
dicter ses volontés à ses délégués, au lieu de s'abandonner

---

(1) La prohibition du mandat impératif remonte aux débuts des institutions modernes (L. 22 déc. 1789, sect. 1, art. 34); elle est traditionnelle; quelques Constitutions la formulent (1791, tit. III, chap. 1, sect. 3, art. 7; An III, art. 52; 1848,
art. 35). Elle est généralement édictée à l'étranger. — Le mandat impératif a
encore quelques partisans; les plus modérés demandent qu'il ne soit plus prohibé;
d'autres veulent appliquer entre électeurs et élus les règles du Code civil sur le
mandat; ou donner aux électeurs le droit de réclamer par voie de pétition la
déchéance du représentant infidèle à ses promesses; les plus radicaux exigent, à
peine de nullité de l'élection, un programme-mandat sanctionné par la déchéance
et même l'inéligibilité temporaire. La Chambre des députés a pris l'habitude d'ordonner, à chaque législature, la rédaction d'un rapport résumant les programmes
électoraux de ses membres.

aveuglément à eux. Pourquoi ce qui est licite en matière civile ou commerciale serait-il illicite en matière politique, où les questions sont autrement graves et importantes ? Il suit de là que la nation a le droit de prendre toutes précautions contre l'infidélité de ses mandataires.

Ce raisonnement repose sur une erreur : le député n'est pas un mandataire, c'est un représentant (1) (n° 42); le peuple ne lui remet pas des instructions précises, il lui donne sa confiance. — Les questions que les Chambres sont appelées à régler doivent être étudiées avant d'être résolues, et la solution dépend de connaissances juridiques, économiques, politiques qui n'appartiennent pas à la foule des électeurs, ni même aux membres du comité électoral ; quelquefois elle peut être imposée par des considérations ou des faits produits depuis l'élection. — Le mandat impératif ne se conçoit que si le mandant est une personnalité indépendante, comme un État fédéré; or, les divers collèges électoraux sont des parties indissolubles du même corps social. Le député, comme le dit la C. 1791 (tit. III, chap. i, sect. 3, art. 7), représente la nation entière; ses électeurs, en lui imposant un mandat, usurperaient sur la souveraineté nationale.

Que dire enfin si on étudie le mandat impératif dans la pratique? Les mandants ne sont pas le peuple, mais quelques individualités remuantes organisées en comité. Qui donc a constitué ces gardiens du pacte électoral? Et à supposer que le peuple leur ait donné sa confiance, expressément ou tacitement, quelle combinaison étrange que ce mandat impératif pour le député, non impératif pour le comité! A moins qu'on n'institue un comité pour surveiller le premier, et ainsi de suite à l'infini.

246. III. *En troisième lieu,* le représentant représente la France entière et non pas seulement la circonscription qui l'a élu (2); il est l'organe de la nation, non l'organe de ses

---

(1) L'expression courante *mandat législatif* est donc inexacte.

(2) Le principe, formulé par la C. 1791 (tit. III, chap. i, sect. 3, art. 7) comme

seuls électeurs, il est nommé pour faire les affaires de la
France avant celles de sa localité. Il faut convenir que ces
idées essentielles ont été un peu oubliées en ces dernières
années; les intérêts locaux, trop soignés par des représentants soucieux de leur réélection, l'emportent souvent sur
les intérêts généraux. Ce fait est parmi ceux qui ont le plus
gravement corrompu et compromis le régime parlementaire
en France (n°s 406 et s.).

III

Fin de la fonction législative.

247. La fonction législative cesse :

1° par le renouvellement intégral ou partiel de la Chambre
(n°s 145 et s., 204 et s.);

2° par la dissolution de la Chambre des députés (n°s 439
et s.); ceci ne s'applique pas aux sénateurs;

3° par la mort du représentant;

4° par l'option qui lui est imposée en divers cas (n°s 189
et 210);

5° par sa démission. Elle est adressée à la Chambre dont
le démissionnaire fait partie : « *Elle peut seule recevoir leur
démission* » (L. C. 16 juill. 1875, art. 10 *in fine*). En fait, la
démission est écrite et remise au président pour être communiquée à la Chambre intéressée. La lettre de démission
peut être motivée. La démission peut être refusée par la
Chambre (n° 243). — Si elle est acceptée, elle est notifiée
par le président au ministre de l'Intérieur, pour que le Gouvernement convoque les électeurs. — En principe, la démission ne s'impose pas; le représentant ne pourrait y être
contraint que par une loi.

Il est de jurisprudence parlementaire que la lettre de

---

la négation du régime des États généraux qui était l'image de l'antique Confédération féodale, est reproduit par les C. fr. 1793 (art. 29), An III (art. 52), 1848
(art. 34) et par les C. Belgique, Grèce, Italie, Portugal, Roumanie, Serbie.

démission doit émaner du membre lui-même, et que le président ne tient aucun compte d'une lettre qu'il sait être une conséquence du mandat impératif (n° 244);

6° par sa déchéance. Les L.L. de 1875 ne s'en occupent pas; il faut en conclure qu'elles confirment implicitement la législation antérieure. Or, aux termes du D. 2 février 1852, article 28, tout député qui encourt une condamnation entraînant inéligibilité est déchu de son mandat. Cette règle doit être étendue au Sénat (1). Elle doit être entendue de tous les faits qui enlèvent l'éligibilité, ainsi de la perte de la nationalité française. Il est naturel qu'on ne puisse conserver une fonction qu'on ne pourrait acquérir (2). — La déchéance n'est pas encourue de plein droit, elle doit être constatée, prononcée par la Chambre intéressée (D. 2 fév. 1852, art. 28, 2° al.). On se demande si elle doit être prononcée contre un condamné contumax. — Le commerçant déclaré en liquidation judiciaire est réputé démissionnaire, c'est-à-dire déchu (L. 4 mars 1889, art. 21).

La Chambre ne pourrait, sans invoquer une cause légale d'indignité, prononcer la déchéance. A la Constituante, il fut question d'exclure l'abbé Maury; sous la Restauration, les députés Grégoire (6 déc. 1819) et Manuel (4 mars 1823) furent arrachés de leurs sièges. De pareilles décisions sont injustifiables; mais si elles étaient prises, elles échapperaient à tout recours, à toute sanction, ainsi d'ailleurs que les invalidations injustes qui obtiennent à peu près le même résultat (n° 237).

(1) Le Sénat a prononcé la déchéance d'un de ses membres condamné pour escroquerie (13 déc. 1887) et d'un autre condamné pour corruption de fonctionnaire (10 déc. 1895). La Chambre des députés a prononcé la déchéance de deux de ses membres condamnés par la Haute-Cour de Justice pour attentat à la sûreté de l'État (4 mars 1901).

(2) Plusieurs lois établissant des incompatibilités (n° 257) indiquent comme sanction la déchéance prononcée par l'assemblée à laquelle l'intéressé appartient.

IV

Indemnité législative.

248. C'est une règle fort discutée que celle qui attribue
aux sénateurs et aux députés une indemnité pécuniaire pour
la durée de leur fonction. Beaucoup pensent que la fonction
législative devrait être gratuite.

Les partisans de l'indemnité disent que la gratuité écarte-
rait du Parlement tous ceux qui vivent de leur travail et
ferait des sièges législatifs le monopole des riches oisifs. Ce
résultat, directement contraire aux tendances démocratiques
de notre société, priverait en outre les Chambres du concours
des hommes d'affaires les plus expérimentés. — Le travail
législatif, par la durée habituelle des sessions ordinaires et
extraordinaires, est très absorbant, très fatigant même;
pourquoi serait-il privé, sinon d'un salaire, au moins d'une
compensation? — L'exercice des fonctions législatives est pour
la plupart des représentants, obligés de quitter la province
pour Paris, la cause de dépenses considérables auxquelles
l'indemnité suffit à peine. Or, si l'on comprend que la fonction législative ne soit pas une source de revenus et un
moyen d'existence, il n'est pas admissible qu'elle entraîne
des pertes pécuniaires. — Sans l'indemnité, le représentant
négligera les affaires publiques au profit de ses affaires privées, ou même trafiquera de son vote et de sa fonction pour
en tirer dans l'ombre des ressources que la loi lui refuse. —
On ne peut craindre que le représentant s'asservisse au Gouvernement dont les caisses paient l'indemnité, car l'indemnité est attribuée par la loi et non par le Gouvernement. —
Il vaut mieux une somme payée par l'État que des rentes
faites par les électeurs à un représentant pauvre; c'est alors
que l'indépendance de l'élu serait supprimée, et que le mandat impératif (nos 244 et s.) aurait une sanction facile,
l'interruption des subsides.

Les partisans de la gratuité la présentent comme la meilleure garantie de l'indépendance du Parlement. Elle en assure le prestige aux yeux des électeurs, qui ne peuvent accuser les représentants de rechercher la fonction législative pour l'indemnité; elle constitue un exemple de désintéressement, d'autant plus efficace qu'il part de plus haut; elle n'empêche pas toutes les opinions d'être représentées au Parlement, car toutes les opinions ont des partisans parmi les riches et parmi les pauvres. L'indemnité a pour résultat de créer une profession nouvelle, une fonction publique rétribuée; elle est la cause d'une honteuse servilité des candidats auprès des électeurs et des basses flagorneries au suffrage universel, qui déconsidèrent la souveraineté nationale et faussent le système représentatif.

Les raisons sont graves de part et d'autre, et la question est vraiment difficile. J'incline vers l'indemnité parce que, dans une société démocratique, la gratuité conférerait un privilège sans motif d'une part à une petite catégorie d'oisifs riches, d'autre part à ceux qui habitent la capitale. C'est aux électeurs qu'il appartient de bien choisir, c'est à de meilleures mœurs politiques qu'il faut demander la suppression de quelques abus (1).

_____

(1) La gratuité a régné de 1814 à 1848 (L. 5 fév. 1817 (art. 19), 19 avril (art. 67) et 29 déc. 1831). L'Acte Additionnel (art. 11) faisait la pairie seule gratuite. La C. 1852 (art. 22 et 37) admettait la gratuité; mais le Scs. 24 décembre 1852 (art. 1ᵉʳ) rétablit l'indemnité. Elle est consacrée par les autres C.; le taux seul varie; il est fixé par jour (D. 1ᵉʳ sept. 1789 : 18 francs; D. 23 nivôse An III : 36 francs; D. 5 mars 1848 (art. 10) : 25 francs), par mois (Scs. 1852, art. 14 : 2.500 francs), ou par an (C. An III (art. 68) : la valeur de 3.000 myriagrammes de froment; C. An VIII (art. 36) : 15.000 francs aux tribuns, 10.000 francs aux députés; L. 15 mars 1849 (art. 96) : 9.000 francs. Ce dernier chiffre fut adopté par l'Assemblée de 1871.

L'indemnité est accordée en beaucoup de pays étrangers. Elle ne l'est pas en Espagne. Elle est refusée aux membres de la Chambre Haute en Angleterre, Belgique, Italie; aux représentants qui habitent la capitale, en Luxembourg. Les taux sont très différents. Ils sont fixés par an, en Angleterre (400 livres), Belgique (4.000 francs), États-Unis (5.000 dollars), Italie (6.000 lires), Norvège (3.000 couronnes), Pays-Bas (2.000 florins); par trimestre, Grèce (1.000 drachmes); par session, en Finlande (1.400 marks), Suède (1.200 rixdalers); par jour, Luxembourg (5 francs), Serbie (15 dinars). En général, les frais de voyage ou la gratuité des chemins de fer s'ajoutent à l'indemnité.

249. En 1875, le Gouvernement, la commission, plusieurs membres demandèrent que les fonctions sénatoriales fussent gratuites. L'Assemblée, après avoir voté la gratuité en première lecture, vota en dernier lieu l'article 26 L. 2 août 1875 : « *Les membres du Sénat reçoivent la même indemnité que ceux de la Chambre des députés.* » Or, « *les députés reçoivent une indemnité. Cette indemnité est réglée par les articles 96 et 97 de la L. 15 mars 1849 et par les dispositions de la L. 16 février 1872* » (L. 30 nov. 1875, art. 17).

Il résultait de l'ensemble des textes que l'indemnité des sénateurs et des députés était de 9.000 francs par an ; elle a été portée à 15.000 francs par la L. 23 novembre 1906. La L. 27 mars 1920 ajoute « une indemnité mensuelle spéciale de 1.000 francs pour frais de double résidence, de correspondance et autres, inhérents à l'exercice du mandat législatif ».

L'indemnité est fixée pour l'année entière. Elle n'est donc pas calculée d'après la durée des travaux législatifs. Elle court du jour de l'élection.

Avant 1879, elle n'était payée que du jour de la validation ; le membre invalidé n'y avait pas droit. Depuis 1879, comme l'invalidé a exercé les fonctions législatives et a rendu des services, il touche l'indemnité jusqu'au jour de l'invalidation.

Elle est suspendue dans le cas où un sénateur s'absente sans congé (Règl. du Sénat, art. 106) ; — réduite temporairement lorsqu'un député encourt certaines peines disciplinaires (Règl. de la Chambre, art. 66).

Elle cesse : au décès du membre, au jour où la Chambre a prononcé sa déchéance, au jour où le ministre de l'Intérieur a reçu notification de la démission acceptée par la Chambre.

Les députés qui remplissent une des fonctions compatibles avec leur mandat (nos 190, 210, 259) ne peuvent pas cumuler le traitement et l'indemnité, toucher les deux à la fois. Ils reçoivent la somme la plus élevée (L. 15 mars 1849, art. 96, et 16 fév. 1872, art. 2 et 3). La L. 2 août 1875 (art. 26) ne renvoyant pas à celles de 1849 et 1872, comme le fait la L. 20 novembre 1875 (art. 17), le Conseil d'État en avait conclu que le cumul, interdit aux députés, était permis aux sénateurs (1). Le cumul a été interdit aux sénateurs par la L. finances du 31 mars 1903, art. 103.

L'indemnité est facultative, non obligatoire. Tout membre a le droit d'y renoncer, aucun n'en use (2).

L'indemnité appartient au membre (3), qui peut en faire ce qu'il veut, même, quoi qu'on en ait dit, la distribuer à ses électeurs, aux communes de sa circonscription électorale. Aucun texte ne limite le droit du représentant sur son indemnité, aucun texte ne défend les libéralités d'élu à électeur. Seulement, cette pratique pourra, lors d'une réélection, être considérée comme une manœuvre électorale, un moyen de corruption, et entraîner l'invalidation et des peines (L. 31 mars 1914, art. 3).

L'indemnité, étant dans le patrimoine du représentant, est exposée à l'action des créanciers, qui peuvent par exemple la frapper de saisie-arrêt (2).

L'indemnité n'est pas complétée par des frais de voyage ; mais les sénateurs et députés des colonies voyagent gratuitement, et les membres du Parlement acquièrent, moyennant un léger prélèvement sur leur indemnité, le droit de circuler sans payer sur tous les chemins de fer.

Des résolutions de la Chambre (23 déc. 1904) et du Sénat (28 janv. 1905) ont créé, dans chaque assemblée, une caisse qui alloue des pensions aux anciens membres, aux veuves et orphelins mineurs des membres décédés. Ces caisses ont reçu la personnalité civile et l'aptitude légale à recueillir des libéralités (L. 9 fév. 1905).

(1) Conseil d'État, 26 janv. 1877, S., 77. 2. 125.
(2) La renonciation est interdite par la C. fr. 1848 (art. 38), la C. Mexique.
(3) La résolution du 10 juillet 1848 déclarait l'indemnité incessible et insaisissable ; la règle a été abrogée par la L. 15 mars 1849 (art. 97).

V

Irresponsabilité politique.

250. « *Aucun membre de l'une ou de l'autre Chambre ne peut être poursuivi ou recherché à l'occasion des opinions ou votes émis par lui dans l'exercice de ses fonctions* » (L. C. 16 juill. 1875, art. 13).

Le représentant ne relève, pour l'exercice de sa fonction, que de sa conscience. Il n'est responsable, ni pénalement, ni civilement, devant aucune autorité, devant aucun tribunal, des opinions qu'il a exprimées et des votes qu'il a émis. Ses discours et votes ne peuvent donner lieu ni à une action pénale, ni à une action en dommages-intérêts.

Son irresponsabilité a pour but d'assurer son indépendance (1).

La conséquence la plus saillante en est indiquée par la L. 29 juillet 1881, article 41, § 1, dont le texte est emprunté littéralement à la L. 17 mai 1819, article 21 : « *Ne donneront ouverture à aucune action, les discours tenus dans le sein de l'une des deux Chambres, ainsi que les rapports ou toutes autres pièces imprimées par ordre de l'une des deux Chambres.* »

L'irresponsabilité ne couvre que les actes relatifs aux fonctions, non les faits ou paroles diffamatoires qui y sont étrangers, fussent-ils commis dans l'enceinte du Parlement. A

---

(1) La règle remonte au D. 23 juin 1789, qui, par crainte des entreprises royales, la sanctionne comme un crime capital. Elle est édictée par les C. 1791 (tit. III, chap. I, sect. 5, art. 7), 1793 (art. 43), An III (art. 110), An VIII (art. 69), 1848 (art. 36), et par le D. 2 février 1852 (art. 9). Elle a subi de graves atteintes : ainsi la Convention décima ses membres sous prétexte de « complicité avec les ennemis de la liberté, de l'égalité et du gouvernement républicain »; les élections de 49 départements furent annulées et 53 députés furent déportés pour cause de royalisme, le 19 fructidor An V; la L. 19 brumaire An VIII (art. 1) déclare déchus 61 représentants à cause de leurs excès et attentats.

L'irresponsabilité est admise généralement en pays étrangers; la Chambre peut autoriser des poursuites pour des faits, discours ou votes en Suède (à la majorité des cinq septièmes), Danemark. En Angleterre, au Japon, l'irresponsabilité cesse dès que le représentant a publié son discours.

plus forte raison ne couvrirait-elle pas, quoi qu'on ait prétendu, des faits de corruption, notamment ceux prévus par
la L. 4 juillet 1889 (n° 262). Non seulement la tradition est en
ce sens, non seulement les motifs de l'irresponsabilité, c'est-
à-dire la nécessité de garantir l'indépendance de la fonction
législative, sont étrangers à de tels actes, mais encore le
texte constitutionnel ne les concerne pas. Le représentant
serait en pareil cas recherché, non pour ses opinions et ses
votes, mais pour avoir *agréé des offres ou promesses, reçu des
dons ou présents;* il le serait même si les offres, promesses,
dons ou présents n'avaient pas influencé son vote, s'il avait
voté contrairement au vœu des corrupteurs, s'il n'avait pas
voté du tout.

VI

Inviolabilité judiciaire.

251. « *Aucun membre de l'une ou de l'autre Chambre ne
peut, pendant la durée de la session, être poursuivi ou arrêté
en matière criminelle ou correctionnelle qu'avec l'autorisation
de la Chambre dont il fait partie, sauf le cas de flagrant
délit.* — *La détention ou la poursuite d'un membre de l'une
ou de l'autre Chambre est suspendue pendant la session et
pour toute sa durée, si la Chambre le requiert* » (L. C. 16 juill.
1875, art. 14).

Ainsi l'application des lois pénales est en principe suspendue à l'égard des membres du Parlement : quels sont les
motifs de ce privilège ? On en a donné plusieurs, dont le
meilleur est que, comme le ministère public est un agent du
pouvoir exécutif, celui-ci, en prescrivant des poursuites,
pourrait exercer une action illégitime sur les représentants
ou chercher à écarter momentanément un opposant habile et
énergique.

On dit aussi qu'il ne faut pas qu'une circonscription soit
privée de représentation, que les lois doivent être votées par
des Chambres complètes, que l'autorité judiciaire excéderait

ses droits si elle entravait l'exercice de la fonction législative. — Ces motifs sont faibles : le député représente la nation et non sa circonscription ; — les Chambres sont souvent incomplètes et les lois n'en sont pas plus mauvaises ; — l'autorité judiciaire resterait dans son rôle en appliquant les lois pénales aux représentants.

Quoi qu'il en soit, tous ces motifs sont fondés sur l'ordre public ; donc, l'inviolabilité serait vainement répudiée par le membre poursuivi ; le tribunal saisi devrait d'office se déclarer incompétent. Le C. P., article 121, punit de la dégradation civique « *tout officier de police judiciaire, tous procureurs généraux ou de la République, tous substituts, tous juges qui auront provoqué, donné ou signé un jugement, une ordonnance ou un mandat tendant à la poursuite personnelle ou accusation... d'un membre du Sénat ou de la Chambre des députés..., sans les autorisations prescrites par les lois de l'État ; ou qui, hors les cas de flagrant délit ou de clameur publique, auront, sans les mêmes autorisations, donné ou signé l'ordre ou le mandat de saisir ou arrêter un ou plusieurs... membres du Sénat ou de la Chambre des députés »...*

252. La L. C. 16 juillet 1875, article 14, distingue trois hypothèses.

1° *Poursuite intentée pendant une session ordinaire ou extraordinaire.* — En principe, elle ne peut être continuée sans l'autorisation de la Chambre intéressée.

Quand la poursuite émane du ministère public, la Chambre est saisie par le réquisitoire du procureur général, transmis au président par le garde des Sceaux. — Lorsque c'est un particulier qui poursuit, doit-il d'abord former une demande à la Chambre ou attendre que le tribunal saisi ait déclaré surseoir à raison de la qualité du sénateur ou député ? La question est douteuse. Dans la pratique, la demande est formée avant la poursuite.

La Chambre statue en général sur le rapport d'une commission ; elle peut entendre le membre intéressé. Elle ne saurait, sans usurper sur l'autorité judiciaire, examiner si la demande est bien fondée (1); elle doit se borner à rechercher si la poursuite ne porte pas atteinte à l'indépendance du Parlement en général et du membre attaqué en particulier, si elle n'est pas un prétexte pour enlever un député à son siège. Son examen est purement politique, et par conséquent l'autorisation accordée, qui ne fait que rendre à la justice sa liberté d'action, ne préjuge rien sur la culpabilité.

Si la demande en autorisation est admise, le procès suit son cours normal; si elle est rejetée, il est suspendu jusqu'à la fin de la session.

L'autorisation est nécessaire soit pour l'arrestation, soit pour la poursuite seulement.

Elle n'est pas exigée : 1° en cas de flagrant délit; 2° en matière de contravention de simple police.

Si l'élection a lieu pendant une session, l'inviolabilité commence du jour où l'élection est proclamée et non pas du jour de la vérification des pouvoirs; car c'est des électeurs et non de la Chambre que le représentant tient ses droits.

L'inviolabilité est suspendue : à l'égard des représentants ajournés; dans l'intervalle des sessions (2). — Elle cesse avec la fonction législative.

Elle est purement personnelle et ne s'étend pas au domicile du représentant, lequel reste soumis au droit commun pour les perquisitions et autres actes d'instruction criminelle.

2° *Poursuite commencée avant la session.* — Elle continue, à moins que la Chambre n'en requière la suspension. Les peines privatives de la liberté ne sauraient être exécutées avant la fin de la session, à moins qu'elles n'entraînent la déchéance du membre condamné (n° 247).

3° *Détention commencée avant la session.* — Elle continue,

(1) L'opinion contraire a été soutenue, mais pour des motifs purement politiques.

(2) Le cas d'un sénateur, après la convocation du Sénat en Haute-Cour de justice, est douteux.

à moins que la Chambre n'en requière la suspension. La peine ainsi suspendue reprend son cours à la fin de la session (1).

253. L'immunité parlementaire n'implique aucun privilège de juridiction. Les députés et sénateurs sont jugés, dans les cas où ils peuvent l'être, par les tribunaux ordinaires.

254. Il est généralement admis que les membres du Parlement ne peuvent, à cause de leur immunité, être assignés en qualité de témoins (2). Cela est excessif et étranger aux

(1) L'Assemblée Constituante déclara ses membres inviolables, sous peine de crime capital (D. 23 juin 1789); elle permit l'arrestation en cas de flagrant délit, mais voulut être consultée sur la continuation des poursuites (D. 26 juin 1790). Le système passa dans les C. 1791 (tit. III, chap. 1, sect. 5, art. 8), 1793 (art. 44), 1848 (art. 37). La Convention, tout en se réservant la faculté de proscrire ses membres (D. 1er avril 1793), ne permit leur arrestation par une autre autorité que pour crime et flagrant délit (D. 11 avril 1793). La C. An III (art. 111 et s.) prohibe toute poursuite et, sauf flagrant délit, toute accusation jusqu'au décret d'accusation rendu par les Anciens sur la proposition des Cinq-Cents; l'accusé est renvoyé devant la Haute-Cour. La C. An VIII (art. 70) exige l'autorisation de la Chambre intéressée, sans excepter le flagrant délit. D'après les Chartes (art. 34 et 29), la Chambre des Pairs peut seule autoriser l'arrestation d'un de ses membres et le juger; pour les députés, l'autorisation de leur Chambre est requise, sauf le cas de flagrant délit. Cette dernière règle est reproduite dans le D. 2 février 1852 (art. 11) — La C. 1848 permet à l'Assemblée de requérir la mise en liberté, pour la durée de la session, d'un membre détenu (art. 37).
En Angleterre, les membres du Parlement ne peuvent, sauf les délits graves (et alors la Chambre doit être avisée), être emprisonnés ou arrêtés sans l'ordre de la Chambre à laquelle ils appartiennent; et l'exemption commence quarante jours avant l'ouverture de la session et finit quarante jours après la clôture.
Les règles indiquées au texte sont en vigueur en Belgique, Danemark, Grèce, Italie, Luxembourg, Roumanie. Parfois l'exception du flagrant délit est limitée à certains cas (Brésil, Portugal, Rép. Argentine), ou du moins la Chambre doit-elle être avisée (Espagne). Les exceptions à l'inviolabilité sont parfois énumérées (États-Unis, Japon) ou déterminées par le juge (Suède). — En Rép. Argentine, la Chambre examine les faits; l'autorisation exige la majorité des deux tiers. En Portugal, la Chambre, sur communication du juge, décide si le représentant doit être suspendu et si le procès doit être renvoyé à l'intersession ou à la fin du mandat. — Aux États-Unis, en Norvège, l'inviolabilité commence avant et finit après la session. — La détention peut être suspendue à la requête de la Chambre en Belgique, Luxembourg, Roumanie. — Le jugement est remis au Tribunal suprême en Espagne, Pays-Bas. Le Sénat italien juge ses membres.
(2) Telle est la disposition de a L. 7 pluviôse An II; tel est le sens de deux résolutions de la Chambre des députés (19 nov. 1830, 26 fév. 1842). La L. 20 thermidor An IV et l'A. C. 7 thermidor An IX font faire la déposition devant le juge de la résidence.

motifs qui justifient l'immunité. S'il était nécessaire d'épargner aux députés et sénateurs des pertes de temps, il suffirait de prescrire qu'ils seront entendus à l'heure exacte
marquée par l'assignation (1) ou indiquée par eux-mêmes.

255. Avant la L. 22 juillet 1867, qui a supprimé la contrainte par corps en matière commerciale et civile, il fallait
demander si un représentant pouvait être incarcéré pour
dettes (2). La question ne peut plus se poser que relativement aux condamnations pécuniaires rendues en suite d'une
infraction ; la Chambre intéressée peut requérir la suspension d'une détention commencée, et aucune incarcération
ne peut avoir lieu pendant une session.

256. L'inviolabilité parlementaire couvre les membres des
Chambres au regard de l'autorité judiciaire. Aucune loi ne
prévoit spécialement les attentats des particuliers ou du pouvoir exécutif.

L'histoire a gardé le souvenir d'actes qui violaient dans
les députés la fonction législative avec la liberté individuelle
(D. 2 déc. 1851).

La loi prévoit la « *diffamation commise..., à raison de
leurs fonctions ou de leur qualité, envers... un ou plusieurs
membres de l'une ou de l'autre Chambre...* », et la frappe
« *d'un emprisonnement de huit jours à un an, d'une amende
de 100 francs à 3.000 francs, ou de l'une de ces deux peines
seulement* » (L. 29 juill. 1881, art. 30 et 31). La L. 25 mars
1822, article 6, et le D. 11 août 1848, article 5, étaient plus
sévères.

---

(1) Ainsi décide la L. 18 nivôse An II.

(2) L'exemption est formelle dans les deux Chartes (art. 51 et 43) et l'Acte additionnel (art. 15) ; la L. 21 janvier 1851 (art. 1) exige l'autorisation, mais après trois
mois de contrainte sans paiement, le député est réputé démissionnaire et ne peut
être réélu tant que la contrainte dure. L'exemption est refusée par les D. 7 juillet
1790 et 13-17 juin 1791 (art. 51).

À l'étranger, elle est généralement accordée.

VII

Incompatibilité avec les fonctions publiques.

257. De même que la plupart des fonctionnaires ne peuvent siéger aux Chambres sans résigner leurs fonctions (nᵒˢ 189 et 210), de même les députés ne peuvent, sans abandonner leur siège, être nommés à la plupart des fonctions publiques. « *Tout député nommé ou promu à une fonction publique salariée cesse d'appartenir à la Chambre par le fait même de son acceptation; mais il peut être réélu, si la fonction qu'il occupe est compatible avec le mandat de député. — Les députés nommés ministres ou sous-secrétaires d'État ne sont pas soumis à la réélection* » (L. 30 nov. 1875, art. 11).

Il est remarquable que cette règle ne s'applique qu'aux députés et non aux sénateurs; la loi provisoire du 26 décembre 1887 n'a étendu au Sénat que les articles 8 et 9, non pas l'article 11 L. 30 novembre 1875. La différence est difficile à justifier, car s'il peut y avoir avantage à laisser des fonctionnaires devenir sénateurs, il n'y a que des inconvénients à laisser des sénateurs devenir fonctionnaires. Aussi a-t-on réclamé l'application aux deux Chambres de l'article 11 précité.

258. La règle s'applique à toutes les fonctions publiques salariées et ne comporte pas les mêmes exceptions que la règle de l'incompatibilité, sauf les ministres et sous-secrétaires d'État. Toutefois, si la fonction acceptée est compatible avec la fonction législative, le député nommé fonctionnaire ou promu peut se présenter à l'élection rendue nécessaire par sa nomination, et, s'il est élu, siéger à la Chambre ou au Sénat. Si la fonction est incompatible, l'ex-représentant ne peut plus être élu tant qu'il la conserve.

Le représentant « cesse d'appartenir à la Chambre par le fait même de son acceptation ». Il n'a donc pas un délai pour opter entre la fonction et le siège; dès qu'il accepte la première, il perd de plein droit le second.

259. La règle ne s'applique qu'aux fonctions publiques rétribuées sur les fonds de l'État. Elle ne vise donc pas : les fonctions publiques non rétribuées ; — les fonctions rétribuées sur les fonds du département ou de la commune. Cela résulte du rapprochement des articles 8 et 11 L. 30 novembre 1875 ; — les emplois salariés qui ne sont pas des fonctions publiques.

La règle ne s'applique pas davantage aux députés qui sont intéressés, mais non employés, dans des entreprises des travaux de l'État, des fournitures à l'État, des sociétés subventionnées par l'État. Il y aurait de bonnes raisons pour qu'elle s'appliquât ; les propositions faites en ce sens n'ont pas abouti.

Cependant « *tout député ou sénateur qui, au cours de son mandat, acceptera les fonctions d'administrateur d'une compagnie de chemins de fer, sera, par ce seul fait, considéré comme démissionnaire et soumis à la réélection* » (L. 20 nov. 1883, art. 5) ; et selon la L. 13 juillet 1911, article 57, il y a incompatibilité entre les fonctions de membre du Conseil du réseau et celles de directeur ou sous-directeur des chemins de fer de l'État et le mandat de sénateur ou député. — En outre, selon la L. 17 novembre 1897, article 3, « *les fonctions de gouverneur et de sous-gouverneur de la Banque de France sont incompatibles avec le mandat législatif* ». D'autre part, d'après l'article 3 de la L. 27 décembre 1911, qui approuve la convention passée entre l'État et la Compagnie Transatlantique pour l'exploitation des services maritimes postaux sur les Antilles et l'Amérique centrale : « *à raison de la subvention accordée par l'État, il est interdit aux membres de la Chambre des députés et du Sénat, sous peine de déchéance de leur mandat, de faire partie des Conseils d'administration ou de surveillance de la société concessionnaire* ». La même disposition se trouve dans la L. 30 décembre 1911 (art. 3) qui approuve la convention passée entre l'État et la Compagnie des Messageries Maritimes pour l'exploitation du service maritime postal et d'intérêt général sur l'Extrême-Orient, l'Australie, la Nouvelle-Calédonie, la Côte orientale d'Afrique et la Méditerranée orientale, dans la L. 30 juillet 1913 (art. 3) qui approuve la convention passée entre l'État et la Compagnie Transatlantique pour l'exploitation du service maritime postal entre Le Havre et New-York, dans la L. 8 août 1920 (art. 3) qui approuve la convention passée entre l'État et la Compagnie Fraissinet pour l'exploitation provisoire du service maritime postal et d'intérêt général entre le continent et la Corse, dans la L. 13 août 1920 (art. 3) qui approuve la convention passée entre l'État et la Compagnie Sud-Atlantique pour l'exploitation du service maritime postal entre la France, le Brésil et La Plata.

La L. 23 octobre 1919, article 4, déclare nulles de plein droit l'élection d'un membre du Parlement au conseil d'administration de la Banque nationale française du commerce extérieur, la nomination d'un membre du Parlement à un emploi rétribué dans l'administration de cette société ou de ses succursales.

Un membre du Parlement peut aussi être chargé par le Gouvernement d'une mission temporaire, c'est-à-dire dont la durée n'excède pas six mois (L. 30 nov. 1875, art. 9-2°). En pratique, à l'expiration des six mois, un décret renouvelle la mission (1).

L'emploi fréquent de la qualité de sénateur ou député dans les conseils d'administration de sociétés financières qui

---

(1) La L. 12 septembre 1830 soumet à la réélection tout député nommé à une fonction publique. Le D. 26 janvier 1790 interdit aux députés, même démissionnaires, d'accepter des fonctions, dons ou pensions, et la C. 1791 (tit. III, chap. ır, sect. 4, art. 2) étend la règle à une durée de deux ans après la fin du mandat. La C. An ııı (art. 47) proclame l'incompatibilité absolue; même principe sous des exceptions dans la C. 1848 (art. 28).

En Angleterre, la règle qui soumet à réélection le député nommé ministre a été suspendue pendant la dernière guerre.

La réélection est imposée en principe ou sauf exception (en faveur des fonctions ministérielles le plus souvent) en Angleterre, Belgique, Espagne, Luxembourg, Pays-Bas, Roumanie. En Grèce, Suisse, l'incompatibilité est absolue; en Rép. Argentine, au Mexique, la Chambre intéressée peut autoriser la nomination; aux États-Unis, les représentants ne sont incapables que pour les fonctions créées ou dont le traitement a été augmenté pendant une session à laquelle ils ont pris part; mais ils ne peuvent à la fois exercer une fonction et occuper un siège législatif.

ne furent pas toutes heureuses a suscité de nombreuses propositions tendant à réprimer l'abus. Le règlement du Sénat (art. 142) « interdit à tout sénateur de prendre ou de laisser prendre sa qualité parlementaire dans des entreprises financières, industrielles ou commerciales », mais n'indique aucune sanction.

260. Le membre du Parlement qui cesse ses fonctions peut immédiatement être nommé à une fonction publique. Il a peut-être été fait abus de cette faculté au profit des victimes du suffrage universel. Aussi a-t-on demandé que le membre non réélu en pût être nommé pendant deux ans après son échec ; d'autres appliquent la même règle au député démissionnaire. La L. 25 avril 1872, article 1, l'appliquait aux six mois qui suivent la cessation des fonctions législatives.

261. Aux cas d'incompatibilité cités plus haut, il faut ajouter ceux prévus : par la L. 21 novembre 1872, article 3 : « *Les fonctions de juré sont incompatibles avec celles de député...* » ; disposition qui doit évidemment être étendue aux fonctions de sénateur ; — par la L. 19 décembre 1876 modifiant l'article 70, L. 10 août 1871 : « *Les fonctions de membre de la commission départementale sont incompatibles... avec le mandat de député ou de sénateur.* »

262. Aucune profession n'est interdite aux membres des Chambres. Le D. 9 mars 1793 décide que les membres de la Convention qui rédigent des journaux seront tenus d'opter entre les fonctions de député et celles de rédacteur de journal. La L. 11 mai 1868 (art. 8) interdit qu'un sénateur ou un député signe un journal comme gérant responsable. Des propositions tendant à interdire aux membres du Parlement la gérance des journaux ont été repoussées sous la Troisième République.

Au surplus, si le député ne peut accepter aucune fonction publique, il peut recevoir toutes les autres faveurs administratives (1). Aucun usage n'est fait de cette faculté. — Il ne

(1) Quant aux décorations, la L. 18 juillet 1906, article 3, dispose : « Les mem-

lui est pas interdit de solliciter des faveurs du même genre pour ses amis; des propositions tendant à prohiber toute recommandation ou sollicitation pour des intérêts privés ont échoué. — En revanche, la L. 4 juillet 1889 applique l'article 177 C. P. à « toute personne investie d'un mandat électif, qui aura agréé des offres ou promesses, reçu des dons ou présents pour faire obtenir ou tenter de faire obtenir des décorations..., des places..., des faveurs quelconques accordées par l'autorité publique..., des bénéfices résultant de traités conclus également avec l'autorité publique, et aura ainsi abusé de l'influence, réelle ou supposée, que lui donne son mandat » (1).

VIII

Obligations militaires.

263. Cette matière fait l'objet d'une loi spéciale, celle du 20 juillet 1895, qu'il suffit de transcrire :

« *Article premier.* — *Nul ne peut être membre du Parlement s'il n'a satisfait définitivement aux prescriptions de la loi militaire concernant le service actif.* — *La disposition ci-dessus n'est pas applicable aux Français ou naturalisés Français résidant en Algérie ou aux colonies, qui, lors de leur élection, auront satisfait aux obligations spéciales que leur impose le titre VI de la loi du 15 juillet 1889.*

Art. 2. — *En temps de paix, les membres du Parlement ne peuvent faire aucun service militaire pendant les sessions, si ce n'est sur la demande du ministre de la Guerre, de leur*

---

bres du Parlement ne pourront être, à quelque titre que ce soit, l'objet d'aucune nomination ou promotion dans l'ordre de la Légion d'honneur ». Cpr. L. avril 1900, art. 2. Mais la L. 30 mars 1915, article 3, dispose que la L. 18 juillet 1906, article 3, ne s'applique pas aux nominations ou promotions dont les membres du Parlement peuvent être l'objet en raison de faits de guerre. Cpr. L. 25 avril 1872, art. 5.

(1) Le C. P. 1791 punissait de mort « tout membre de la législature qui sera convaincu d'avoir, moyennant argent, présent ou promesse, trafiqué de son opinion » (IIe partie, tit. I, sect. 5, art. 7).

propre consentement et après décision favorable de l'assemblée à laquelle ils appartiennent.

Art. 3. — *Les membres du Parlement faisant un service militaire ne peuvent participer aux délibérations ni aux votes de l'assemblée à laquelle ils appartiennent. — En cas de convocation de l'Assemblée nationale, leur service militaire est suspendu de plein droit pendant la durée de la session de cette Assemblée.*

Art. 4. — *Les dispositions des articles 2 et 3 ci-dessus ne s'appliquent pas aux officiers généraux maintenus, sans limite d'âge, dans la première section du cadre de l'état-major général et aux officiers généraux ou assimilés placés dans la deuxième section du cadre de l'état-major général.*

264. Le cas de guerre n'est pas prévu par cette loi. Cela est très regrettable, car le problème est délicat et mérite une solution expresse et législative.

Au point de vue légal, la L. 21 mars 1905, article 42, semble catégorique : *En cas de mobilisation, nul ne peut se prévaloir de la fonction ou de l'emploi qu'il occupe pour se soustraire aux obligations de la classe à laquelle il appartient.* Et les exceptions admises par la suite du texte ne comprennent pas les membres du Parlement. Ils partagent donc le sort de tous les Français et doivent répondre à la mobilisation.

C'est en somme cette solution qui, d'après les explications données par le ministre de la Guerre et le président de la Chambre des députés, le 27 février 1906, a été adoptée par le président de cette Chambre et le ministre de la Guerre, dans des conférences tenues en juillet et décembre 1905. Sans doute, il y fut reconnu que les lois constitutionnelles, plus hautes que la loi du recrutement, obligeaient le Gouvernement à prendre des mesures pour que les membres du Parlement pussent participer aux votes réclamés par l'état de guerre. Mais il parut suffisant de décider que les sénateurs et les députés n'auraient à rejoindre leurs corps que le huitième jour après la mobilisation; ce qui laisse subsister leur devoir militaire selon le droit commun.

On peut objecter que la L. 21 mars 1905, article 42, ne
s'applique pas aux membres du Parlement, parce qu'elle parle
d'*emploi* et de *fonction*, alors que les textes relatifs aux
sénateurs et députés parlent toujours du *mandat*. Mais ou
bien la loi militaire a ignoré les parlementaires, ce qui est
admissible, ou bien l'article 42 leur est applicable, à cause
de sa formule générale et en l'absence d'un texte spécial.

Au point de vue pratique, la solution concertée en 1905
paraissait fort raisonnable. Le délai de huit jours semblait
suffisant pour le rôle imparti au Parlement dans une guerre
que tout le monde croyait devoir être très courte. Le Parlement devrait se borner à exprimer solennellement sa confiance dans le Gouvernement et à lui confier pour un temps
très bref des pouvoirs pleins. En quelques jours, en quelques
heures, il accomplirait cette double tâche. Aussitôt après, les
sénateurs et les députés obéiraient à la loi militaire et donneraient à tous l'exemple que tous attendaient. D'un autre côté,
l'absence du Parlement permettrait au Gouvernement de
consacrer tout son temps et tous ses efforts à la défense du
pays; les questions, les interpellations, les lois même chôme-
raient pendant la crise nationale.

Toutes ces prévisions ont été démenties. La guerre s'est
prolongée. Les Chambres, après quelques mois d'inaction,
ont repris leurs séances et leurs habitudes. Le Gouvernement
n'a pu se dispenser de suivre leurs travaux, de répondre à
leurs interrogations et à leurs critiques. La vie parlementaire
a repris son cours normal. Dans ces conditions, la place des
sénateurs et des députés était-elle à Paris, sur les bancs des
Chambres, ou sur le front militaire? Si les Chambres doivent
jouer leur rôle ordinaire, ne faut-il pas qu'elles soient au
complet et que leurs membres remplissent leur devoir constitutionnel plutôt que leur devoir militaire? — D'un autre côté,
l'opinion publique, si justement sévère pour les *embusqués*,
n'accuserait-elle pas les parlementaires de préférer les luttes
de la tribune et des couloirs à celles des champs de bataille?
Surtout n'y a-t-il pas à craindre que le Gouvernement ne

gaspille, pour se défendre contre les adversaires de l'intérieur, une partie du temps qu'il doit en entier à la défense nationale ?

Finalement, la question n'a pas reçu de solution expresse. Une liberté entière paraît avoir été laissée aux membres du Parlement. Les uns ont considéré que leur devoir primordial était de siéger dans les Chambres. Les autres ont pris leur place parmi les soldats de France (sauf à assister à quelques séances), et plusieurs sont glorieusement tombés.

IX

Assiduité.

265. Les membres des Chambres sont tenus d'assister à toutes les séances. L'obligation cesse pour ceux qui sont régulièrement occupés à d'autres travaux : les ministres, les membres envoyés en mission extraordinaire, les membres de commissions qui travaillent aux mêmes heures que les Chambres sont dispensés de l'assiduité. Les Chambres, en outre, accordent des congés réguliers sur le rapport d'une commission.

Les absences irrégulières ne sont sanctionnées que par le règlement du Sénat (art. 106-107) ; tout membre qui a manqué à six séances consécutives est privé de son indemnité pendant la durée de son absence (1). Pour constater les présences, la Chambre avait décidé (17 juill. 1909) qu'il serait établi des feuilles de présence que les membres présents devraient signer et qui seraient insérées à la suite du compte rendu des séances. Ce régime n'a pu être maintenu.

(1) En Afrique australe, Suède, chaque séance manquée donne lieu à une déduction sur le montant de l'indemnité. Dans la Fédération australienne, l'absence pendant deux mois consécutifs entraîne déchéance. La C. Mexique renvoie à une loi, celles des États-Unis et de la Rép. Argentine laissent chaque Chambre fixer des peines. En 1887, le Parlement autrichien a déclaré déchus 65 députés qui manquaient systématiquement aux séances.

X

Insignes.

266. Nos lois actuelles sont absolument muettes sur ce sujet (1). Selon le règlement de la Chambre des députés, article 138, les insignes des députés consistent en une décoration ornée des faisceaux de la République surmontés de la main de Justice et en une écharpe tricolore à franges d'or portée en sautoir; ils ont en outre une médaille d'identité. Les sénateurs portent des insignes analogues déterminés par le Bureau (Règl. du Sénat, art. 138).

(1) La C. An III, art. 369, prescrivait une loi réglant un costume obligatoire. Les LL. 3 brumaire An IV et 3 nivôse An VIII (art. 13 et s.), et l'A. 30 avril 1848 imposaient un costume officiel.

CHAPITRE XIX

Attributions du Parlement.

---

267. Les attributions du Parlement sont nombreuses et variées. Elles sont fixées, outre les lois constitutionnelles, par un grand nombre de lois relatives aux matières les plus diverses et par une coutume très complexe. Il ne peut être question d'en donner l'énumération complète; on se contentera d'une classification et de l'étude des termes les plus importants, en particulier de ceux qui ont un rapport immédiat avec les textes constitutionnels.

Certaines constitutions (1791, tit. III, chap. III, sect. 1, et 1793, art. 54-55) ont tenté de donner une liste complète et limitative des attributions du Parlement. Le procédé est dangereux et ne peut convenir qu'aux temps de révolution, où il est nécessaire d'imposer des limites à chaque pouvoir; en toute autre circonstance, la fixation constitutionnelle des pouvoirs du Parlement risque d'être incomplète et de créer d'insolubles difficultés. Fût-elle même exactement faite, elle aurait pour résultat de gêner le fonctionnement des pouvoirs publics, d'en supprimer la souplesse nécessaire, d'empêcher les changements que commandent les circonstances. Elle ne permet pas que le Gouvernement, en un cas où l'exercice de ses droits lui paraît trop grave ou trop important, consulte les Chambres sur une matière que la Constitution ne leur attribue pas; que d'autre part les Chambres se déchargent sur un gouvernement sûr et habile d'une partie de leurs attributions. Elle s'oppose à la collaboration des pouvoirs.

Il ne faut donc pas regretter que les lois de 1875 n'aient pas limitativement fixé les droits du Parlement. On craindra peut-être que le Parlement n'abuse de ce silence pour s'attribuer une action excessive sur les affaires sociales, ou en sens inverse pour abandonner au Gouvernement des pouvoirs trop étendus. Ces craintes seraient exagérées : l'intérêt même du Parlement le pousse à ne pas augmenter ses occupations jusqu'à en être surchargé, à ne pas déléguer ses droits jusqu'à les abdiquer. On a pu cependant relever, surtout dans la Chambre des députés, une tendance à exagérer les pouvoirs du Parlement. Cette tendance devrait trouver des barrières dans les règles qui limitent la durée des sessions et dans les pouvoirs du chef de l'État.

En toute matière, du reste, il faut moins compter sur les lois que sur les hommes. De bonnes mœurs politiques, une exacte connaissance du rôle des Chambres valent mieux pour le fonctionnement des institutions qu'un texte limitatif (1).

268. L'ensemble des attributions des Chambres peut être divisé en huit ordres : *législatif, constituant, parlementaire, électoral, administratif, intérieur, international, juridictionnelles*. De ces huit catégories, deux seulement seront étudiées en détail ici : les attributions législatives et les attributions juridictionnelles.

I

Attributions législatives.

269. Elles sont relatives à l'exercice du pouvoir législatif, à la confection des lois.

« *Le pouvoir législatif s'exerce par deux assemblées : la Chambre des députés et le Sénat* » (L. C. 25 fév. 1875, art. 1, al. 1). Ce texte, comme on le verra (n°ˢ 309 et s.), n'a pas

---

(1) Une énumération s'explique parfois par le caractère fédéral de la C. (États-Unis, Mexique, Rép. Argentine, Suisse), pour fixer les domaines respectifs des législations fédérales et particulières. Elle est alors nécessairement limitative. Il y a encore une énumération dans les C. Espagne, Norvège, Portugal, Suède.

pour objet d'exclure le Président de la République de toute
participation à l'œuvre législative, mais seulement de déclarer
que la confection des lois appartient aux Chambres seules (1).

270. I. *Définition de la loi.* — L'exercice du pouvoir législatif consiste dans la confection de la *loi :* tous les actes du
Parlement ne sont pas des *lois.*

Certaines Constitutions ont tenté, sans grand succès, de
définir la loi. Celle de 1791, après l'avoir définie (Décl. des
Dr., art. 6) « l'expression de la volonté générale », ce qui
est vague, appelle *lois* les actes votés par le Corps législatif
et approuvés par le·Roi, ceux qui, repoussés par le Roi, ont
été votés trois fois, enfin ceux, limitativement énumérés, qui
n'ont pas besoin de la sanction royale. Elle réserve le nom
de *décrets* à des actes également énumérés et dispensés de
sanction. Ces notions étaient expliquées par l'énumération
des matières qui devaient faire l'objet d'une loi ou d'un décret
(tit. III, chap. III, sect. 3).

La C. 1793 définit (Décl. des Dr., art. 4) la loi « l'expression libre et solennelle de la volonté générale » et déclare
(art. 53) que « le Corps législatif propose des lois et rend les
décrets ». Ceux-ci sont valables et définitifs dès le vote,
celles-là sont soumises à l'approbation du peuple. Les textes
énumèrent les matières qui sont réglées par décret et celles
qui sont l'objet d'une loi.

La·C. An III est moins explicite. Elle appelle *résolutions* les
propositions votées par le Conseil des Cinq-Cents (art. 79),
et *lois* les résolutions adoptées par le Conseil des Anciens
(art. 92).

Depuis l'An VIII, le mot *loi* n'est plus l'objet d'aucune définition ni détermination.

Les lois de 1875 n'ont pas plus de précision. Elles autori-

(1) Les Chartes (art. 15 et 14), l'Acte Additionnel (art. 2), le Scs. 1870 (art. 11)
attribuent le pouvoir législatif collectivement au Chef de l'État et aux Chambres :
de même les C. Belgique, Danemark, Espagne, Grèce, Italie, Pays-Bas, Serbie. —
Les C. États-Unis, Mexique, Rép. Argentine donnent le pouvoir législatif aux
deux Chambres.

sent cependant la définition suivante : *la loi est un précepte juridique d'une portée générale, voté successivement par les deux Chambres.* Examinons en détail cette définition pour établir une distinction entre la loi proprement dite et les autres actes du Parlement. Distinction d'un grand intérêt juridique, mais qui est, au point de vue pratique, sans grandes conséquences. Tous les actes du Parlement sont vulgairement appelés des *lois*, et cela se conçoit : ils sont soumis au même régime. Le Parlement, précisément parce qu'il fait la loi et que la loi est la souveraine maîtresse des sociétés modernes, est considéré comme le pouvoir suprême et illimité; et tous ses actes sans distinction sont affranchis (n° 277) du contrôle juridictionnel qui maintient les autorités exécutives dans la légalité.

La loi est caractérisée par des éléments intrinsèques ou de fond, et par des éléments extrinsèques ou de forme.

271. Les *éléments de fond* sont les suivants :

1° *La loi est un précepte.* — Les actes des Chambres qui ne contiennent ni injonction ni prohibition ne sont pas des lois. Ainsi le vote par lequel les deux Chambres donnent leur assentiment à la guerre (n° 347) proposée par le Président de la République n'est pas une *loi*; il ne contient aucun précepte, ni pour les citoyens, ni pour les fonctionnaires; il est un *assentiment* (L. C. 16 juill. 1875, art. 9). — Il n'y a aucun précepte dans le vote qui approuve une cession, une adjonction, un échange de territoire; c'est à tort que la L. C. 16 juillet 1875, article 8, alinéa 4, l'appelle une loi. — Les votes relatifs (n° 355) à un certain nombre de traités nécessairement soumis aux Chambres (L. C. 16 juill. 1875, art. 8, al. 3) sont des lois. Ces votes ne se bornent pas à consentir, à permettre; ils rendent le traité exécutoire, obligatoire pour tous; ils constituent donc un précepte.

2° *La loi est un précepte juridique.* — Elle crée le droit, elle fixe les rapports des particuliers entre eux ou avec l'État, elle établit des droits et des obligations, elle organise. Tout acte des Chambres qui ne crée pas le droit n'est pas une loi. Ainsi les actes qui décident qu'il y a lieu à revision prescrivent implicitement la réunion de l'Assemblée nationale ; ils ne contiennent aucune décision juridique. Le texte constitutionnel les appelle des *délibérations* (L. C. 25 fév. 1875, art. 8).

3° *Ce précepte juridique a une portée générale.* — La loi est une règle commune à tous, elle est faite sans acception de personne. L'application particulière à chacun n'est plus un acte qui formule la règle, c'est un acte qui l'exécute. De tels actes, les Chambres en font souvent (n° 292) ; en les faisant, elles n'exercent pas leurs fonctions législatives.

272. Les *éléments de forme* sont les suivants :

1° *Ce précepte juridique a été voté par les deux Chambres.* —Cela résulte à l'évidence du texte constitutionnel qui confie à deux Chambres l'exercice du pouvoir législatif (L. C. 25 fév. 1875, art. 1, al. 1). La plupart des textes constitutionnels qui parlent d'une loi font allusion au vote des deux Chambres (même L., art. 3, al. 1 ; L. C. 16 juill. 1875, art. 7, al. 2).

Les actes qui émanent d'une seule Chambre ne sont pas des lois : ainsi les actes par lesquels chaque Chambre exerce ses attributions parlementaires (n° 289), juridictionnelles (n°s 294 et s.) et d'ordre intérieur (n° 293). A leur sujet, la L. C. 25 février 1875, article 4, alinéa 4, emploie le mot *résolution*.

Depuis quelques années, les Chambres, surtout la Chambre des députés, se servent très souvent de la *résolution* (1) : soit pour formuler des intentions au sujet d'une loi à faire, ce qui n'est qu'une manifestation ; — soit pour exprimer une opinion sur le sens ou l'application d'une loi existante ; ceci est grave et incorrect : par une résolution de cette sorte, une seule Chambre prétend interpréter la loi ; elle usurpe sur les droits de l'autre Chambre et sur les droits des juridictions ; — soit pour peser sur le Gouvernement, en l'invi-

_____

(1) Le règlement de la Chambre des députés (art. 23) assimile les propositions de résolution aux propositions de loi. Il interdit toute proposition de résolution au cours de la discussion du budget (art. 102).

tant à faire ou à ne pas faire un acte de ses fonctions. Ceci
n'est parfois que l'exercice du droit de contrôle (nᵒˢ 423 et s.)
qui appartient aux Chambres sur le Gouvernement; mais ces
résolutions risquent d'empiéter sur la nécessaire liberté
d'action du Gouvernement, et la Chambre des députés n'a
pas toujours évité ce danger.

Les actes réglementaires (nᵒˢ 343 et s.) du Président de la
République ne sont pas des lois.

2° Le vote a eu lieu successivement dans les deux Chambres.
— Les *délibérations* portant revision des lois constitutionnelles (L. C. 25 fév. 1875, art. 8), et prises par les deux
Chambres réunies en Assemblée nationale, ne sont pas des
lois au sens strict du mot. Ce sont des *lois constitutionnelles*,
soumises à un régime particulier, et auxquelles ne s'appliquent pas la plupart des règles formulées pour les lois proprement dites (nᵒˢ 446 et s.).

273. Telle est la notion de la *loi*. L'acte qui réunit ces
conditions possède une valeur obligatoire générale, s'impose
avec une égale force aux particuliers, aux fonctionnaires, aux
tribunaux. Celui qui ne les remplit pas n'a ni cette portée
générale, ni cette valeur absolue; il ne concerne et n'oblige
que certaines personnes; souvent il n'a aucun caractère
juridique, ne contient même aucun précepte.

274. II. *Domaine de la loi.* — Cette notion de la loi est
encore bien vague. Elle ne précise pas le domaine propre
du pouvoir législatif. Si elle permet de dire quels actes des
Chambres ne sont pas des lois, elle ne dit pas quelles
matières doivent être réglées par les lois. Elle indique que
certains préceptes juridiques à portée générale n'émanent
pas des Chambres; elle ne dit pas en quels cas le précepte
devra émaner d'elles, en quels cas il pourra émaner du gouvernement ou de ses agents. En un mot, elle ne trace pas
une limite nette entre le pouvoir législatif, qui appartient
aux Chambres, et le pouvoir réglementaire (nᵒˢ 343 et s.), qui
appartient au Chef de l'État.

Elle aurait donc besoin, semble-t-il, d'une énumération des matières qui sont et doivent être réglées par les Chambres. Cette énumération, que les lois de 1875 ne font pas, n'aurait que des inconvénients (1) (n° 267).

275. Le domaine législatif propre aux Chambres n'a donc pas de frontières bien nettes ; on peut cependant les indiquer sur quelques points.

1° Les questions réglées par les lois constitutionnelles ne sont pas de la compétence de la loi proprement dite. Les lois constitutionnelles sont soumises à un régime particulier (n°s 416 et s.). — On peut remarquer : 1° que cette limite manque dans les régimes qui ne distinguent pas le pouvoir constituant et le pouvoir législatif ; — 2° que les Constitutions longues et minutieuses, comme celle de 1791, An III, 1848, restreignent sensiblement le domaine législatif ; — 3° que depuis 1875, les revisions l'ont augmenté en y ajoutant l'élection du Sénat et le siège des pouvoirs publics (n° 105).

2° Les lois constitutionnelles prescrivent expressément une loi sur telle ou telle matière : une loi électorale pour la Chambre des députés (L. C. 25 fév. 1875, art. 1, al. 2) ; — des lois de finances (L. C. 24 fév. 1875, art. 8, al. 2) ; — une loi pour déterminer la procédure devant la Haute-Cour de justice (L. C. 16 juill. 1875, art. 12, al. 5). — Des prescriptions analogues se trouvent dans toutes les Constitutions.

3° Il existe un grand nombre de lois, qui ne peuvent être modifiées ou abrogées que par une loi. De ce chef, le domaine législatif est considérable et suffisamment déterminé. Il pourrait diminuer, si une loi était abrogée et non remplacée ; mais ce cas est infiniment rare. Il est plutôt susceptible d'augmentation, car des matières réglées par des actes du pouvoir exécutif ou abandonnées à l'usage peuvent devenir l'objet d'une loi, et le Parlement cède volontiers à l'envie de faire une loi. Parfois le Gouvernement sollicite lui-

(1) Les C. étrangères ne contiennent en général ni la définition de la loi ni l'énumération des matières législatives ; les C. fédérales déterminent les questions enlevées aux législations particulières et remises à la législation fédérale.

même une loi sur tel objet, soit à cause de son importance nouvelle, soit pour décliner la responsabilité des mesures à prendre.

Il n'est pas toujours facile de dire si telle loi existante embrasse ou n'embrasse pas une matière. Tous les cas ne sont pas aussi simples que ceux des matières civiles réglées par le Code civil, des matières commerciales réglées par le Code de commerce, etc.

4° Grâce à l'activité continue du Parlement, il s'établit des usages qui réservent au pouvoir législatif le droit de régler certaines catégories de matières.

5° Les impôts ne peuvent être établis ou supprimés que par une loi (1). Cette règle est rappelée tous les ans dans l'article final du budget. Les représentants des contribuables sont seuls qualifiés pour régler cette importante matière.

6° Enfin aucune peine ne peut être édictée contre un fait quelconque que par une loi. Cela est encore un principe incontesté, sinon consacré par la loi constitutionnelle; il est d'ailleurs reconnu par l'article 4 C. P. Sa portée est notablement restreinte par l'article 471-15° C. P., qui frappe d'amende « *ceux qui auront contrevenu aux règlements légalement faits par l'autorité administrative...* »; cette disposition législative accorde aux actes réglementaires du pouvoir exécutif l'une des sanctions pénales admises par nos lois.

276. III. *Limites du pouvoir législatif.* — Le domaine de la loi étant supposé connu, le pouvoir législatif est-il, pour son exercice, soumis à des règles qui préviennent l'arbitraire et au besoin le répriment?

Plusieurs Constitutions ont prévu et résolu la double question des limites et de leurs sanctions.

1° *Les limites.* La C. 1791, par la Déclaration des droits

---

(1) L'intervention des Chambres est aussi requise pour des actes touchant aux intérêts pécuniaires de l'État et n'ayant pas cependant le caractère législatif, par exemple pour l'aliénation d'un domaine valant plus d'un million (L. 1er juin 1864, art. 1). Quant au budget annuel, sa nature est complexe ; par certains côtés, il est acte législatif ; par d'autre actes, administratif.

de l'homme qui l'ouvre, limitait les pouvoirs du législateur. « La loi n'a le droit de défendre que les actions nuisibles à la société.... » (art. 5). « ..... Elle doit être la même pour tous, soit qu'elle protège, soit qu'elle punisse..... » (art. 6). « La loi ne doit établir que des peines strictement et évidemment nécessaires... » (art. 8). Et la formule plus générale du § 3 du titre I : « Le pouvoir législatif ne pourra faire aucunes lois qui portent atteinte et mettent obstacle à l'exercice des droits naturels et civils consignés dans le présent titre et garantis par la Constitution... »

On trouve l'indication de droits garantis dans toutes les C. françaises et étrangères; seules les lois de 1875 ne contiennent aucune règle de ce genre. Sur le terrain qui lui est propre, le Parlement est souverain; il peut tout dans l'ordre législatif, *sauf faire un homme d'une femme* (1).

On a soutenu que les principes de 1789, la Déclaration des droits de l'homme et du citoyen, étaient encore en vigueur. Ils sont expressément consacrés par la C. 1852 (art. 1ᵉʳ) et le Ses. 1870 (art. 1ᵉʳ), que les lois de 1875 n'ont pas abrogés en ce point spécial. — Assurément, les principes de 1789 sont vivants dans la conscience nationale; mais je ne puis croire qu'il soit resté quelque chose des Constitutions précitées, qu'un seul texte ait survécu à la Révolution du 4 septembre 1870 et au travail constituant de 1875. Le pouvoir législatif pourrait donc violer les principes de 1789 sans violer une disposition constitutionnelle, sinon sans froisser l'opinion publique.

Entre les principes de 1789, le principe de la séparation des pouvoirs constitue une restriction importante aux droits absolus du Parlement; considéré à ce point de vue, il sera étudié plus loin (nᵒˢ 401 et s.).

La loi, en général, ne dispose que pour l'avenir, et l'article 2 C. c. commande que l'application qui en est faite ne concerne que les faits postérieurs à sa date, qu'elle ne soit

_____

(1) Cette formule est souvent donnée à propos du Parlement anglais, pour lequel elle n'est pas rigoureusement exacte.

pas *rétroactive*. Cette règle, qui s'impose au pouvoir exécutif
et aux juridictions, n'est pas obligatoire pour le législateur :
il peut, par une disposition formelle, décider qu'une loi aura
effet rétroactif. Une prohibition, à cet égard, n'aurait aujour-
d'hui aucun intérêt ; le législateur moderne n'a guère usé de
son droit ; il serait inutile et peut-être dangereux de le lui
enlever (1).

277. 2° *Les sanctions*. Supposons une loi contraire à la
Constitution. Les lois de 1875 n'indiquent aucune sanction (2).
C'est une question discutée que de savoir si les tribunaux
peuvent refuser l'application d'une loi qu'ils reconnaissent
inconstitutionnelle.

Que les juges ne puissent refuser d'appliquer une loi simplement parce qu'ils la trouvent injuste ou mauvaise, cela n'a
jamais été mis en question.

Ils ne pourraient pas davantage refuser l'application d'une
loi inconstitutionnelle soit dans le fond, soit dans la forme ;
une décision de ce genre serait contraire au principe de la
séparation des pouvoirs. Si elle alléguait l'inconstitutionnalité dans la forme, elle contredirait le décret de promulgation qui atteste que la procédure législative a été régulièrement suivie ; elle prétendrait exercer un contrôle que nul
texte ne confie aux tribunaux. Si elle alléguait l'inconstitutionnalité de fond, elle empiéterait sur les attributions du
Parlement, et prétendrait encore exercer un contrôle que nul
texte ne confie aux tribunaux. Les principes et les textes sont
très nets : « *Les tribunaux ne pourront... empêcher ou suspendre l'exécution des décrets du Corps Législatif... à peine
de forfaiture* » (L. 16-24 août 1790, tit. II, art. 10). « *Les*

_____

(1) Les C. 1791 (Décl. des Dr., art. 8) et 1793 (Décl. des Dr., art. 14) prohibaient
la rétroactivité en matière criminelle ; la C. An III (Décl., art. 14), en toutes matières, la Convention ayant abusé des lois rétroactives. La prohibition existe aux
États-Unis, Mexique, Norvège, Serbie, mais habituellement entendue des lois criminelles seules.

(2) Les C. impériales seules donnent une sanction : l'annulation des lois inconstitutionnelles par le Sénat, soit d'office, soit à la requête du Gouvernement ou des
citoyens. Les C. 1791 (disposition finale) et An III (art. 377) se remettent en dépôt
à la fidélité des juges.

tribunaux ne peuvent... suspendre l'exécution des lois... » (C. 1791, tit. III, chap. v, art. 3). *« Les juges... ne peuvent arrêter ou suspendre l'exécution d'aucune loi »...* (C. An III, art. 203). L'article 127 C. P. déclare coupables de forfaiture et punit de la dégradation civique les juges *« qui se seront immiscés dans l'exercice du pouvoir législatif..., soit en arrêtant ou en suspendant l'exécution d'une ou de plusieurs lois, soit en délibérant sur le point de savoir si les lois seront publiées ou exécutées... »* Les lois de 1875, comme la plupart des Constitutions, ne donnent pas aux juges le droit d'écarter les lois inconstitutionnelles.

278. Cette solution, qui n'est guère douteuse légalement, est très vivement critiquée en théorie. Ses défenseurs la considèrent comme une conséquence logique des principes, comme une barrière qui contient les juridictions dans leurs attributions, et sans laquelle mille prétextes seraient bien vite trouvés pour s'opposer à l'application d'une loi.

Ces arguments me paraissent faibles. L'inconvénient signalé ne saurait être bien grave, puisque les juges ne statuent jamais sans être sollicités par un particulier, et que leurs décisions n'ont pas une portée générale. Les juridictions resteraient dans leurs attributions, car il s'agit d'une contestation soulevée par l'application d'une loi. Elles sont chargées de faire respecter et exécuter les lois ; la Constitution est la première et la plus importante des lois, elle sera violée par l'application d'une loi inconstitutionnelle. En refusant l'application d'un texte contraire à la Constitution, les juges ne violeraient aucune loi ; une loi inconstitutionnelle n'est pas une loi. De même que les règlements administratifs ne sont obligatoires pour les tribunaux que s'ils sont légalement faits (C. P. 471-15°), de même, les lois ne doivent être obligatoires que si elles sont constitutionnellement faites.

Au point de vue pratique, la solution que j'appuie aurait l'avantage de mettre un frein à l'omnipotence législative. Elle rappellerait aux Chambres que leur autorité a des bornes.

Ce contrôle, exercé par des jurisconsultes impartiaux,

serait préférable à celui que certaines Constitutions avaient
confié à un Sénat conservateur de la Constitution, qui ne
pouvait être qu'inutile, s'il était servile, ou brouillon, s'il
était indépendant, et qui en fait a toléré toutes les violations
de la loi constitutionnelle.

Quelques législations (1) reconnaissent aux juridictions
le droit de refuser l'application des lois inconstitutionnelles.
La pratique a été favorable à ce système : il n'a compromis
ni la liberté des citoyens, ni l'indépendance du Parlement ; il
a protégé celle-là en contenant celle-ci dans ses bornes
exactes. Toutefois, pour qu'il soit efficace, il faut que la
Constitution consacre certains droits individuels, auxquels la
loi ne puisse porter atteinte. Or, c'est ce que ne font pas les
lois de 1875, et tant qu'elles n'auront pas été complétées sur
ce point, il sera sans grande utilité pratique de donner aux
tribunaux le pouvoir de vérifier la constitutionnalité des lois.
Le contrôle des tribunaux ne pourrait porter que sur l'observation des formes selon lesquelles la loi doit être faite.

Dans tous les cas, l'organisation pratique du contrôle juridictionnel peut être conçue de deux manières : ou bien la
réserver à un tribunal spécialement créé pour ce rôle; ou
bien l'attribuer à tous les tribunaux, judiciaires et administratifs, pour les affaires de leur compétence. Si on préfère un
tribunal spécial, on admettra que des décisions aient effet
à l'égard de tout le monde. Dans l'autre cas, chaque décision
ne vaudra, selon le droit commun, qu'à l'égard des parties en
cause (2).

(1) Notamment celle des États-Unis et de plusieurs Rép. américaines. Selon la
doctrine américaine, les tribunaux ont le devoir (plus encore que le droit) d'appliquer toutes les lois, mais en observant entre elles une sorte de hiérarchie dans
laquelle la Constitution occupe le premier rang. Il en résulte que les tribunaux ne
peuvent donner aucun effet à une loi inconstitutionnelle, et que tout particulier
peut, pour écarter de sa personne ou de ses biens l'effet d'une telle loi, plaider
qu'elle est contraire à la Constitution. Il ne s'agit pas d'une annulation solennelle,
efficace à l'égard de tous (comme l'annulation que prononce notre Conseil d'État
contre les actes administratifs illégaux), mais d'une décision spéciale à chaque
procès. Garantie très sûre pour les particuliers et qui, aux États-Unis, ne porte pas
ombrage au pouvoir législatif.
(2) Le deuxième système est celui des États-Unis.

279. Ainsi le Parlement français est omnipotent. Constatation grave, car elle fait craindre la tyrannie de la majorité parlementaire sur le reste du pays. Le remède se trouve dans la division du Parlement en deux Chambres, si elles restent égales (n° 130), dans les droits du Président de la République, s'ils sont conservés et exercés (n°ˢ 401 et s.); surtout dans la formation de bonnes mœurs parlementaires.

280. IV. *Initiative des lois.* — « *Le président de la République a l'initiative des lois, concurremment avec les membres des deux Chambres...* » (L. C. 25 févr. 1875, art. 3, al. 1) (1).

L'initiative des lois consiste dans la faculté de soumettre un projet de loi aux délibérations du Parlement : elle appartient d'une part au Gouvernement, d'autre part à chacun des membres de l'une et de l'autre Chambres.

Le Gouvernement doit avoir l'initiative des lois, parce qu'il est en mesure de connaître les besoins sociaux et de proposer les remèdes convenables. Les Chambres doivent avoir le même droit, parce qu'elles sont élues et ont qualité pour exprimer les besoins et les volontés du peuple, et parce que le Gouvernement pourrait être négligent ou opposé aux réformes; il n'y a pas lieu de faire entre les deux Chambres une différence qui ne s'accorderait pas avec les motifs qui

_____

(1) Telle est la disposition de la Charte de 1830 (art. 15), de la C 1848 (art. 39 et 49), du Sés. 1870 (art. 12), de la plupart des C. étrangères. L'initiative est réservée : aux représentants seuls par les C. 1791 (le roi peut les inviter à examiner tel objet) (tit. III, chap. III, sect. 1, art. 1) et 1793 (art. 53); — à la Chambre Basse par la C. An III (art. 76 et 163) (le Gouvernement peut signaler les lois à faire); — au Gouvernement par les C. An VIII (art. 25) (le Tribunal émet des vœux) et 1852 (art. 8 et 30) (le Sénat peut poser les bases d'un projet de loi d'un grand intérêt national), par l'Acte Additionnel (art. 23) et la Charte de 1814 (art. 16 et 19) (les Chambres peuvent solliciter un projet de loi); — au Gouvernement et à la Chambre Basse par les C. Norvège, Pays-Bas. — Elle est accordée : au Mexique, au Gouvernement, aux Chambres fédérales, aux Législatures des États; au Salvador, à la Cour suprême. — Dans certains cantons suisses, un nombre déterminé de citoyens peut forcer les représentants à rédiger une loi ou à soumettre au peuple la question de savoir si telle loi doit être faite; en d'autres cantons, les citoyens peuvent même rédiger un projet de loi que les représentants sont tenus de soumettre au vote populaire; les cantons où fonctionne l'assemblée du peuple comme pouvoir législatif admettent que cette assemblée soit saisie par ses membres.

ont fait admettre deux Chambres, et que d'ailleurs ne commandent pas des différences assez faibles dans leur composition et leur recrutement.

On peut craindre et même constater l'abus du droit d'initiative par les membres des Chambres : c'est au règlement intérieur qu'il appartient de prendre des mesures à cet égard.

Du reste, la règle ci-dessus n'est pas sans exception : la loi du budget est due nécessairement en fait à l'initiative du Gouvernement.

La loi peut prendre naissance dans l'une ou l'autre Chambre : « *toutefois, les lois de finances doivent être, en premier lieu, présentées à la Chambre des députés et votées par elle* » (L. C. 24 fév. 1875, art. 8, al. 2; nᵒˢ 128 et s.).

Si les deux Chambres ont été saisies de projets ou propositions de loi sur le même objet, et si la délibération est commencée dans l'une d'elles, l'autre ne met pas les projets ou propositions à son ordre du jour avant le vote définitif de la première (Règl. du Sénat, art. 125; de la Chambre, art. 104).

281. V. *Droit d'amendement.* — Les Chambres, saisies d'un projet de loi soit par le Gouvernement, soit par un de leurs membres, ont le droit de le modifier, de l'*amender*. Le droit d'amendement est une conséquence du droit d'initiative, un de ses modes d'exercice; il en découle de droit sans que la loi constitutionnelle ait besoin de le dire (1).

_____

(1) Les Constitutions qui refusent aux deux Chambres ou à l'une d'elles le droit d'initiative accordent parfois expressément le droit d'amender, mais aussi le soumettent en général à des restrictions. La C. An III (art. 95) ne permet pas au Conseil des Anciens d'amender les résolutions votées par les Cinq-Cents; elles doivent être adoptées ou rejetées en bloc. D'après l'Acte Additionnel (art. 23), les amendements doivent être approuvés par l'Empereur avant d'être votés par les Chambres. La Charte de 1814 (art. 46) contient la même règle, et exige en outre que les amendements soient d'abord discutés dans les bureaux. La C. 1852 (art. 40) prescrit de soumettre avant toute discussion les amendements au Conseil d'État; si celui-ci les rejette, ils ne peuvent être discutés. Le Ses. 8 septembre 1869 (art. 8) remet la décision au Corps législatif, après avis du Gouvernement et du Conseil d'État. Selon la C. An VIII (art. 34), le Corps législatif n'avait pas le droit d'amendement.

Les règlements des Chambres offraient jadis au droit
d'amendement des facilités dont il avait été abusé. Quelques
restrictions (1) sont venues (Règl. du Sénat, art. 66-69; de
la Chambre, art. 85-88, 101-102).

Dans les deux Chambres, tout amendement doit être rédigé
par écrit et remis au président; nul amendement n'est mis
en discussion s'il n'est appuyé.

Au Sénat, les amendements déposés au cours de la deuxième
délibération sont soumis à la prise en considération; s'ils
l'obtiennent, ils sont renvoyés à la commission et ne peuvent être votés le jour même du dépôt.

A la Chambre des députés, tout amendement déposé au
cours de la discussion est renvoyé de droit à la commission,
sur la demande d'un ministre, du président ou du rapporteur de la commission; si le renvoi n'est pas demandé, la
Chambre statue sur la prise en considération. Aucun amendement n'est examiné s'il n'est pas appuyé en séance ou si,
portant moins de vingt signatures, il a été repoussé par la
commission avec des motifs exprès. En particulier, aucun
amendement ou article additionnel à la loi de finances, à la
loi des contributions directes ou à une loi de crédits et tendant à augmenter les dépenses ou à diminuer les recettes de
l'État ne peut être déposé après les dix jours qui suivent la
distribution du rapport dans lequel figure le chapitre du
budget visé; les propositions tendant à créer des fonctions
ou à augmenter des traitements ne peuvent être faites sous
forme d'amendement ou d'article additionnel au budget;
aucune augmentation ou diminution de crédit ne peut être
proposé à titre d'indication pure et simple. Dans les lois précitées, il ne peut être introduit aucune disposition qui ne vise
pas directement les recettes ou les dépenses.

282. VI. *Vote de la loi.* — La loi est parfaite dès qu'elle a
été votée par les deux Chambres : on verra (n° 334) que le
Président de la République n'a pas la sanction des lois.

_____

(1) A l'étranger, les textes et les usages sont habituellement plus rigoureux.

La loi n'existe que lorsque le même texte a été voté par les deux Chambres (1); lorsque le texte adopté par l'une est modifié par l'autre, il doit revenir dans la première pour subir un nouveau vote, et la loi ira ainsi de l'une à l'autre Chambre, jusqu'au vote par toutes deux du même texte. Si les Chambres ne s'accordent pas sur un même texte, la loi n'existe pas; la proposition est tenue pour repoussée (2).

Les lois sont discutées et votées librement, quoique les lois de 1875 ne reproduisent pas cette formule des Chartes. Aucune autre prescription que celles du règlement ne s'impose aux Chambres.

La liberté du vote implique pour chaque Chambre le droit d'adopter un article, d'en rejeter un autre.

283. Avant de voter la loi, chaque Chambre peut solliciter l'avis de corps ou d'individus spécialement compétents : corps judiciaires, Chambres de commerce, Académie de médecine, etc., surtout Conseil d'État, auquel une loi peut toujours être renvoyée.

Cette faculté n'est exercée que rarement, au grand préjudice des lois. L'intervention des personnes compétentes fournirait sur le fond même de la loi des lumières qui peuvent manquer aux membres du Parlement, indiquerait les mesures que suggère la pratique des affaires; celle du Conseil d'État assurerait une rédaction exacte, claire et juridique des lois, éviterait les dispositions inconciliables entre elles ou avec d'autres lois, empêcherait l'abus du droit d'initiative ou d'amendement. L'avis des spécialistes ne devrait être d'ailleurs que consultatif, et les Chambres, investies du pouvoir législatif, resteraient maîtresses de leurs décisions définitives.

_____

(1) Il est remarquable que, aux termes de la L. 10 avril 1889, article 32, le Sénat érigé en Haute-Cour de justice peut admettre ou repousser les lois ordinaires sur la procédure criminelle; ces lois peuvent donc être partiellement abrogées par une seule Chambre, ou, pour mieux dire, et cela est encore plus extraordinaire, par une juridiction.

(2) Les règlements des Chambres organisent, pour le cas où les Chambres n'arrivent pas à une même rédaction, des conférences qui doivent s'efforcer de trouver un texte acceptable pour tout le monde (n° 131).

284. La loi votée par l'une des Chambres est, si elle vient de l'initiative parlementaire, transmise par le président au président de l'autre Chambre; si elle vient de l'initiative gouvernementale, elle est transmise au ministre qui a présenté le projet et qui est tenu de saisir l'autre Assemblée dans le mois; faute de quoi, le projet est repris par un membre et traité comme une proposition d'initiative parlementaire (Règl. du Sénat, art. 126, 128; de la Chambre, 105-107). Il peut arriver que le Sénat ne statue pas avant l'expiration des pouvoirs de la Chambre des députés; celle-ci cessant d'exister soit par l'expiration de son mandat de quatre ans, soit par la dissolution, que deviennent les lois en cours d'élaboration? Les projets du Gouvernement soit déposés d'abord au Sénat, soit déposés d'abord à la Chambre et votés par elle, demeurent en l'état; ils n'ont pas besoin d'être reproduits et conservent le bénéfice du vote émis. Il y a eu controverse pour le cas de dissolution. La même règle s'applique aux propositions de lois votées par la Chambre sur l'initiative d'un de ses membres et transmises au Sénat avant le renouvellement intégral (Règl. du Sénat, art. 127). — Lorsqu'un projet ou une proposition voté par le Sénat est rejeté par la Chambre des députés, ou inversement, il ne peut être représenté avant le délai de trois mois, si ce n'est sur l'initiative du Gouvernement (Règl. du Sénat, art. 131; de la Chambre, art. 110). — Les propositions émanées du Sénat et votées par lui doivent être transmises à la Chambre nouvelle, qui n'en sera saisie que par cette transmission. Un nouveau vote du Sénat n'est pas nécessaire.

Le Sénat se renouvelant partiellement et ne cessant jamais d'exister juridiquement, il n'y a pas lieu de prévoir, en ce qui le concerne, les mêmes hypothèses.

285. On s'est plaint parfois de la lenteur des travaux législatifs, surtout en certaines matières (1). Le règlement seul

_____

(1) La loi sur les droits du conjoint survivant, votée au Sénat le 9 mars 1877, n'a été promulguée que le 9 mars 1891.

et les efforts des Chambres peuvent remédier à ce mal. Quelques-uns voudraient imposer à chaque Chambre un délai pour l'examen des projets votés par l'autre ; l'idée paraît peu pratique.

286. VII. *Abrogation des lois.* — La loi ne peut être abrogée, détruite, que par l'autorité qui a le droit de le faire, par le Parlement.

L'usage contraire à la loi, aussi général et aussi ancien qu'il soit, ne lui enlève aucune valeur. A peine pourrait-on lui donner cet effet dans les pays où le peuple vote la loi, et dans ceux où le monarque absolu reste inactif. Dans les sociétés qui possèdent des organes spéciaux pour la fonction législative, l'usage ne peut détruire la loi. L'usage a pourtant une grande place dans le monde juridique ; mais il n'occupe que les domaines délaissés par la loi ou ceux qu'elle lui remet formellement.

L'abrogation législative est *expresse*, lorsqu'elle est prononcée par un texte spécial, énumérant les dispositions abrogées. Elle est *tacite* lorsque la loi nouvelle contient des dispositions inconciliables avec les lois antérieures ou lorsqu'elle se borne à abroger en bloc *les dispositions contraires à son texte*.

L'abrogation tacite a moins de portée ; elle laisse subsister les lois ou articles de loi qui ne sont pas contraires à la loi nouvelle, et il n'est pas toujours facile de dire si la loi nouvelle est ou n'est pas conciliable avec une loi ancienne. On admet en général qu'à défaut d'abrogation expresse, une loi d'ensemble ou *générale* n'abroge pas une loi *spéciale*, et réciproquement, qu'une loi *spéciale* ne déroge à une loi *générale* que sur le point particulier qu'elle règle.

L'incertitude et les difficultés que créent les formules très fréquentes d'abrogation tacite ont provoqué des propositions tendant à la codification successive des lois, à l'insertion de toute loi nouvelle dans la loi qu'elle modifie et à l'énumération des textes qu'elle abroge ou qu'elle conserve. Il est dou-

teux que les Chambres s'astreignent jamais au travail considérable, mais très utile, que leur imposerait, sur chaque
matière, l'adoption de ces propositions.

287. VIII. *Interprétation des lois.* — Le Parlement peut
toujours voter une loi pour expliquer une loi antérieure
dont le sens est discuté (1). La loi interprétative a la
même force et la même portée que la loi interprétée.

On ne confondra pas cette interprétation législative, fort
rare d'ailleurs (2), avec l'interprétation doctrinale que donne
un auteur dans son livre, un professeur à son cours, laquelle
n'a aucune force obligatoire; — ni avec l'interprétation
donnée par les tribunaux, qui n'a de force obligatoire que
pour le procès qui l'a provoquée.

II

Attributions constituantes.

288. Les deux Chambres ont le droit de demander la
revision de la Constitution et, réunies en Assemblée nationale, de la voter (nᵒˢ 446 et s.).

III

Attributions parlementaires.

289. Les deux Chambres ont le droit de contrôler le Gouvernement (nᵒ 423); — d'ordonner des enquêtes (nᵒ 428); —
de mettre en jeu la responsabilité ministérielle (nᵒˢ 386 et s.).

Le Sénat donne un avis, obligatoire pour le Gouvernement, sur la dissolution de la Chambre des députés (nᵒˢ 439
et s.).

(1) Plusieurs C. étrangères réservent expressément au Parlement l'interprétation officielle des lois (Belgique, Grèce, Italie, Luxembourg, Roumanie, Serbie).
(2) La L. 13 avril 1908 a été votée comme interprétant (art. 2 et 3) certains
articles de la L. 9 décembre 1905, qu'elle abrogeait en même temps. V. aussi
L. 8 avril 1910, art. 65.

IV

Attributions internationales.

290. Le Parlement est appelé à voter sur les déclarations de guerre, sur certaines catégories de traités. Il reçoit communication de toutes les conventions internationales (nᵒˢ 354 et s.).

V

Attributions électives.

291. Les Chambres, réunies en Assemblée nationale, élisent le Président de la République (nᵒ 324). — Avant 1884, le Sénat élisait les sénateurs inamovibles (nᵒ 199). — D'après la L. C. 25 février 1875, article 4, alinéa 4, le Sénat pouvait seul révoquer les conseillers d'État nommés par l'Assemblée nationale; cette disposition est aujourd'hui sans objet, le Conseil d'État ayant été entièrement renouvelé.

VI

Attributions administratives.

292. Elles consistent dans l'intervention du Parlement en des matières qui concernent l'administration locale ou générale. Cette intervention est très fréquente et ne saurait être ramenée à un petit nombre de principes. Par exemple, la L. 5 avril 1884 sur l'organisation municipale exige un acte du Parlement pour : la création d'une commune (art. 5); — les modifications à la circonscription d'une commune qui changent les limites d'un canton, d'un arrondissement ou d'un département (art. 6); — les emprunts des établissements municipaux excédant, par eux-mêmes ou avec les emprunts non remboursés, la somme de 500.000 francs (art. 119); — les surtaxes d'octroi sur les boissons (art. 137); — une contribution extraordinaire excédant le maximum

fixé par la loi de finances, si le conseil municipal s'y refuse
et que les ressources ordinaires soient insuffisantes pour
couvrir les dépenses obligatoires (art. 149); — tous les cas
où une loi exige que les délibérations du conseil municipal
soient approuvées par une loi (art. 69). Ainsi encore, un acte
du Parlement peut abréger le délai de dix ans après lequel
l'étranger naturalisé devient éligible aux Chambres (L. 26 juin
1889, art. 3).

Il est remarquable que, dans un grand nombre de textes,
le législateur lui-même qualifie de *lois* les mesures d'ordre
administratif prises par les Chambres, et qu'il autorise ainsi
la confusion faite entre la loi et tout acte du Parlement. La
confusion a l'inconvénient de donner le prestige et les caractères juridiques de la loi à des actes qui n'y ont pas droit;
en tout cas, c'est une impropriété de termes que d'appeler
loi toute décision émanée du Parlement. La loi est un
précepte juridique d'une portée générale : elle reste étrangère aux actes qui ont été cités. Ces actes sont : l'exercice du
pouvoir exécutif de l'État sur ses propres affaires; l'exercice
d'un droit de contrôle de l'État sur ses membres; l'exercice
de la tutelle administrative de l'État à l'égard des départements, communes, etc.; en somme, l'exercice d'une fonction
administrative.

Cette fonction administrative est d'ailleurs répartie par la
loi entre le Parlement et le Gouvernement; suivant la gravité du cas, la décision ou l'autorisation est donnée par le
Chef de l'État ou par les Chambres (1). Cela seul prouve
bien que le pouvoir législatif n'est pas en jeu.

Il l'est si peu que les lois, depuis 1875, ont librement
augmenté ou réduit le nombre des cas où l'intervention des
Chambres est nécessaire. En agissant ainsi, le législateur ne
croyait pas violer la loi constitutionnelle, qui attribue aux
Chambres le pouvoir législatif.

(1) La loi du 5 avril 1884 offre de nombreux exemples de ceci. Le Parlement
délègue parfois ses attributions de cet ordre au Gouvernement.

VII

Attributions d'ordre intérieur.

293. Chaque Chambre vérifie les pouvoirs de ses membres (n°s 236 et s.), accepte leur démission, prononce leur déchéance (n° 247). Elle élit son bureau (n° 228), fait son règlement (n° 229), vote son budget (n° 235).

VIII

Attributions juridictionnelles.

294. La L. 29 juillet 1881, en abrogeant (art. 68) les lois antérieures sur la presse et en supprimant le délit d'offenses aux Chambres, a mis fin au droit que conférait aux Chambres la L. 25 mars 1822, articles 15 et 16, d'appeler à leur barre et de juger ceux qui les auraient offensées ou auraient montré de l'infidélité ou de la mauvaise foi dans le compte rendu des séances. Cette attribution juridictionnelle n'existe donc plus.

Les lois de 1875 en admettent d'autres, qu'elles répartissent entre les deux Chambres (1).

_____

(1) Les règles qui suivent sont imitées d'assez près de l'*impeachment* anglais. L'*impeachment*, accusation contre un ministre, portée par la Chambre des Communes et jugée par la Chambre des Lords, est une coutume fort ancienne, qui remonte jusqu'au xiv° siècle. Elle fut présentée d'abord comme une procédure purement pénale, destinée à frapper les ministres criminels; et, à ce point de vue, les juristes la justifiaient d'un côté par les attributions judiciaires qu'a toujours eues le *magnum consilium* devenu Chambre des Lords, d'un autre côté par une assimilation assez naturelle entre les Communes élues et le jury d'accusation des comtés. Dans la suite, le caractère politique a prévalu et la Chambre des Lords a exercé un pouvoir illimité pour qualifier les faits et pour appliquer les peines, sans être tenue d'observer les lois pénales. Au reste, l'*impeachment* n'a plus été pratiqué depuis 1805 : la responsabilité parlementaire des ministres l'a rendu pratiquement inutile.

Le Parlement anglais a quelquefois voté des *bills d'attainder*, véritables lois de jugement et de condamnation. Il paraît avoir renoncé à cet usage.

L'*impeachment* se retrouve aux États-Unis, où il peut atteindre tous les fonctionnaires, y compris le Président de l'Union.

295. I. *Attributions de la Chambre des députés.* — Elle a seulement le droit de mettre en accusation, en aucun cas celui de juger. « *Le Président de la République ne peut être mis en accusation que par la Chambre des députés... Les ministres peuvent être mis en accusation par la Chambre des députés pour crimes commis dans l'exercice de leurs fonctions...* » (L. C. 16 juill. 1875, art. 12, al. 1 et 2) (1).

Ce texte appelle quelques remarques.

Il ne donne à la Chambre le droit d'accusation qu'à l'égard du Président de la République et des ministres; la Chambre ne pourrait donc mettre en accusation une autre personne.

Le droit de la Chambre est exclusif quant au Chef de l'État, qui ne peut être mis en accusation par une autre autorité, quelle qu'elle soit; il ne l'est pas quant aux ministres, qui restent soumis au droit commun et peuvent être poursuivis conformément au C. I. Cr.

Le droit de la Chambre se restreint au crime de haute trahison commis par le Président de la République; il s'étend,

(1) Le droit d'accusation appartient à la Chambre Basse d'après les Chartes (art. 55 et 56; art. 47), quant aux ministres (trahison et concussion seulement, dans le Charte de 1814); l'Acte Additionnel (art. 40 et 41), quant aux commandants militaires, pour avoir compromis la sûreté ou l'honneur de la nation; la C. An m (art. 112 et s., 158), quant aux membres des Chambres et du Directoire exécutif, sauf la ratification de la Chambre Haute; au Corps législatif (sur la dénonciation du Tribunat) d'après la C. An viii (art. 73), quant aux ministres (faits énumérés), et d'après la Scs. An xii (art. 110-112), quant à plusieurs catégories de personnes; — à la Chambre unique, d'après la L. 10-15 mai 1791 et la C. 1791 (tit. III, chap. iii, sect. 1, art. 1), quant à toute personne, sauf le roi; la C. 1793 (art. 55), quant aux membres du Conseil Exécutif et aux fonctionnaires publics; la C. 1848 (art. 91), quant à toute personne, y compris le Président de la République. La C. 1852 (art. 54) réserve au Chef de l'État le droit de saisir la Haute-Cour, dont une section statue sur la mise en accusation (Scs. 10 juill. 1852).

A l'étranger, le droit d'accusation est accordé à la Chambre Basse; quant aux ministres en Belgique, Espagne, Italie; Président de la République en Portugal; ministres, hauts fonctionnaires, représentants et Cour suprême en Norvège; ces quatre catégories plus le Président de la République et les gouverneurs des États au Mexique; les Président et Vice-Président de la République, ministres et juges en Rép. Argentine; toute personne attentant à la Constitution aux États-Unis. — Il appartient à la Chambre unique en Grèce, Luxembourg, quant aux ministres; — au roi et à la Chambre Basse en Danemark (ministres); — au roi et aux deux Chambres en Roumanie (ministres). — En Roumanie, la majorité des deux tiers est exigée.

quant aux ministres, à tous les crimes commis dans l'exercice de leurs fonctions. Les délits commis par un ministre dans le cercle ou en dehors de ses fonctions, les infractions ordinaires et de droit commun ne peuvent faire l'objet d'une mise en accusation par la Chambre.

Lorsque le Président de la République convoque le Sénat pour juger un attentat contre la sûreté de l'État, le décret peut être rendu jusqu'à l'arrêt de renvoi devant la Cour d'assises, rendu par la Chambre des mises en accusation de la Cour d'appel (L. C. 16 juill. 1875, art. 12) ; aucun délai n'est fixé par la loi constitutionnelle pour l'accusation portée par la Chambre ; cependant, la délibération unilatérale d'une Chambre, n'ayant pas force de loi, ne pourrait déposséder une juridiction régulièrement saisie en vertu du Code d'instruction criminelle, et, après l'arrêt de renvoi, la Cour d'assises serait seule compétente.

296. II. *Attribution du Sénat.* — Le Sénat peut être constitué en Haute-Cour de justice (1).

Cette Haute-Cour est compétente :

1º Pour juger le Président de la République, inculpé de haute trahison, sur l'accusation de la Chambre des députés ;

2º Pour juger les ministres pour crimes commis dans l'exercice de leurs fonctions, sur l'accusation de la même Chambre ;

3º Pour juger toute personne qui lui est déférée par le Président de la République pour attentat à la sûreté de l'État. « *Le Sénat peut être constitué en Cour de justice par un décret du Président de la République, rendu en Conseil des ministres, pour juger toute personne prévenue d'attentat commis contre la sûreté de l'État* » (L. 16 juill. 1875, art. 12, al. 3). Le droit conféré au Chef de l'État n'est pas exclusif : les attentats prévus peuvent être poursuivis par le ministère public devant les tribunaux ordinaires. « *Si l'instruction est*

---

(1) Il est à remarquer que la L. C. 16 juillet 1875, article 12, les LL. 10 avril 1889 et 5 avril 1918 disent : *Cour de justice.* Les arrêts de 1889 et 1899 sont rendus par la *Haute-Cour ;* celui de 1918, par la *Cour de justice.*

commencée par la justice ordinaire, le décret de convocation du Sénat peut être rendu jusqu'à l'arrêt de renvoi » devant la Cour d'assises (al. 4) (1).

La Haute-Cour n'a pas été appelée à juger le Président de la République. Elle a été appelée une fois à juger un ministre pour crime commis dans l'exercice de ses fonctions (affaire Malvy, 1917-1918), trois fois à juger des personnes poursuivies pour attentat contre la sûreté de l'État (affaire général Boulanger et autres, 1889; affaire Déroulède et autres, 1899; affaire Caillaux et autres, commencée en 1918, terminée le 23 avril 1920).

297. Dans toutes ces circonstances, des questions délicates ont été posées et résolues.

L'affaire Malvy a suscité deux difficultés importantes relatives l'une au rôle de la Chambre des députés, l'autre au rôle de la Haute-Cour.

La Chambre des députés a (n° 295) le pouvoir de mettre un ministre en accusation. On a demandé quel était le rôle réel et, par suite, le devoir de la Chambre.

Selon la tradition, telle qu'elle s'est affirmée notamment dans le procès des ministres de Charles X, tradition que les L. C. 1875 ont, sans aucun doute, voulu confirmer, la Chambre des députés est une juridiction d'instruction qui prononce une véritable mise en accusation. En conséquence, selon le droit commun pénal, elle devrait, avant de statuer sur la mise en accusation, procéder à une instruction, recueillir et apprécier les charges contre l'inculpé. Elle ne devrait prononcer la mise en accusation qu'avec l'intention d'obtenir une condamnation.

Selon une autre opinion, la Chambre serait non une juridiction d'instruction, mais un ministère public. Elle ne serait

---

(1) Si la Cour d'assises a statué déjà, son arrêt n'empêche-t-il pas toute poursuite devant la Haute-Cour? Cette question a soulevé des difficultés en 1899. Elle a été résolue négativement parce que de nouveaux faits, qualifiés complot, s'ajoutaient aux faits précédemment jugés par la Cour d'assises comme attentat à la sûreté de l'État.

pas légalement tenue, mais aurait le devoir moral de rechercher et d'apprécier les charges avant d'ouvrir les poursuites.

En 1917, la Chambre des députés n'a suivi ni l'une ni
l'autre doctrines. Saisie par l'inculpé lui-même (22 nov.
1917), elle a prononcé la mise en accusation (28 nov. 1917),
sans instruction préalable. Il n'est pas téméraire de penser
que l'inculpé et la Chambre ne voyaient dans la mise en
accusation qu'une formalité pour saisir la Haute-Cour et pour
obtenir d'elle un acquittement qui serait une réponse victorieuse à de violentes attaques de presse, qui permettrait peut-
être par contre-coup de poursuivre les journalistes devant la
Haute-Cour. Cette conception, cette utilisation de la loi constitutionnelle et de la Haute-Cour ne sont pas défendables.
Elles réduisent la Chambre des députés à un rôle dérisoire
et détournent les institutions de leur but réel. Aussi a-t-on
pu soutenir que la Haute-Cour n'avait pas été légalement
saisie.

298. Au sujet du Sénat érigé en Haute-Cour, on a discuté
sur sa compétence et sur ses pouvoirs.

Sur la compétence, les uns soutiennent que la Haute-Cour
est instituée pour juger, non seulement les crimes prévus et
punis par le C. P., mais toutes les fautes graves commises
par les ministres dans l'exercice de leurs fonctions (1). La
tradition anglaise et française est toute en ce sens, et cette
doctrine donne seule de la réalité à la responsabilité des
ministres. Ceux-ci méritent d'être punis dès que leurs actes,
même innocents selon les textes applicables aux particuliers,
constituent des fautes graves contre les intérêts de l'État.

Tels sont les risques du pouvoir auxquels un ministre,
que rien n'oblige à prendre ses fonctions, ne saurait se soustraire en invoquant ses erreurs, son incapacité. La L. C.
16 juillet 1875, article 12, parle de crimes; mais elle doit
être entendue selon la tradition qu'elle confirme.

C'est cependant la doctrine contraire qui a été consacrée

---

(1) La même doctrine soutient que la Chambre des députés a le pouvoir d'accuser
pour les mêmes fautes que le Sénat a le pouvoir de juger.

par l'arrêt du 28 novembre 191.   в .   la compétence
de la Haute-Cour : « Attendu que la cou   de la Cour
de justice est nettement définie par la loi   ...stitutionnelle ;
qu'il faut et qu'il suffit que l'accusation relève contre le
ministre une infraction qualifiée crime et que ce crime ait été
commis dans l'exercice des fonctions ministérielles » ; et l'arrêt
ajoute que la mise en accusation votée par la Chambre des
députés vise les articles 77 à 81 C. P. Cette décision ne s'accorde guère avec celle par laquelle la Haute-Cour s'est
reconnu des pouvoirs souverains et avec la manière dont elle
a usé de sa souveraineté. On va voir cependant que la
Haute-Cour a tenu à donner aux faits qu'elle voulait frapper
le nom d'une infraction définie par le C. P.

299. Sur les pouvoirs de la Haute-Cour, on a discuté si
elle est souveraine en ce double sens qu'elle ait le pouvoir
de donner aux faits dont elle est saisie (1) telle qualification
qui lui paraît exacte et qu'elle ait le pouvoir d'infliger à l'infraction ainsi qualifiée telle peine qui lui paraît convenable.

Une opinion (2) refuse à la Haute Cour la souveraineté
ainsi entendue. Étant une juridiction (3), la Haute-Cour est
liée par le C. P. tant au point de vue de la qualification qu'au
point de vue de la peine applicable.

Au contraire, dans l'arrêt du 6 août 1918, la Haute-Cour
affirme sa souveraineté. D'une part, elle refuse aux faits établis contre l'accusé la qualification de trahison et leur attribue celle de forfaiture ; d'autre part, elle leur applique, non
la peine de la dégradation civique édictée contre la forfaiture par l'article 167 C. P., mais la peine plus grave du bannissement, et elle dispense le condamné de la dégradation
civique. De même, les arrêts du 22 et du 23 avril 1920 écartent
les inculpations de manœuvres et d'intelligence avec l'ennemi,

(1) En principe, elle n'est saisie que des faits visés dans la mise en accusation.
Cependant, si elle a fait procéder à une instruction complémentaire, elle est compétente pour les faits connexes et les complicités que cette instruction a révélés.

(2) Soutenue d'abord par le Procureur général qui se rallia ensuite à la doctrine
de la souveraineté.

(3) L. C. 16 juill. 1875, art. 4.

prévues par les articles 77 et 79 C. P. et soutenues par le
ministère public et retiennent celle de correspondance avec
des sujets d'une puissance ennemie, prévue par l'article 78
C. P. et non soutenue par le ministère public. Ces décisions
sont conformes à la tradition que les L. C. 1875 consacrent
implicitement, et la tradition s'explique par les caractères
particuliers des faits incriminés et de la juridiction saisie. Du
reste, le droit commun pénal autorise la Haute-Cour à qualifier
et à punir les faits d'après les résultats des débats. Tout au
plus peut-on s'étonner, pour l'arrêt Malvy, qu'une condamnation fondée sur des fautes politiques n'entraîne pas la
privation des droits politiques.

300. La compétence de la Haute-Cour au sujet des attentats
contre la sûreté de l'État a de même soulevé des difficultés.

En 1889, un groupe important dans le Sénat a soutenu
que les faits relevés à la charge du général Boulanger,
eussent-ils été tous prouvés, ne constituaient pas le crime
d'attentat à la sûreté de l'État, et que, par suite, la Haute-
Cour était incompétente. Cette opinion s'appuyait sur la définition de l'attentat donnée par le Code pénal : « *L'exécution
ou la tentative constitueront seules l'attentat* » (art. 88) (1),
et l'article 2 exige pour la tentative « *un commencement
d'exécution* » qui ne manque son effet que par des circonstances indépendantes de la volonté de son auteur. Dans cette
opinion, les faits incriminés rentraient dans la notion du
complot (art. 89 C. P.) et ne pouvaient être jugés par la
Haute-Cour. Celle-ci a décidé qu'elle était compétente même
pour les complots et les faits connexes et a condamné les
accusés (2) en vertu de l'article 87 C. P. Il semble bien en
effet que, en déterminant la compétence de la Haute-Cour, la
Constitution ne s'est pas attachée aux définitions du C. P., et
qu'elle a visé tous les crimes qui menacent la sûreté de l'État.

_____

(1) Ce texte date de la loi du 28 avril 1832, qui a révisé le Code pénal. Le texte
de 1810 portait : « Il y a attentat dès qu'un acte est commis ou commencé pour
parvenir à l'exécution de ces crimes, quoiqu'ils n'aient pas été consommés. »
(2) Haute-Cour de justice, 14 août 1889, S., 90. 2. 245.

La même question a été soulevée en 1899 par les accusés et résolue contre eux (1).

301. Le système qui consiste à ériger la Chambre Haute en cour de justice (2) a l'inconvénient de remettre à des hommes politiques le jugement d'autres hommes politiques et de faits politiques ; il est difficile que cette justice soit, et soit crue impartiale. L'inconvénient est moindre lorsque la Chambre Haute se compose de membres de droit ou même de membres nommés par le Gouvernement et inamovibles, car elle ressemble beaucoup à une juridiction ; il est très grave, lorsque la Chambre Haute est élective et renouvelable, comme notre Sénat. On peut craindre que l'assemblée ne se comporte comme un corps politique plutôt que comme un corps judiciaire, et que ses décisions ne soient pas toujours respectées et respectables, comme doivent l'être des jugements (3).

En outre, il peut arriver que la même Chambre Haute ait à apprécier les mêmes actes successivement comme assemblée politique et comme juridiction. Il est déplorable que la Haute-Cour ait eu, en 1917-1918, à juger et à condamner des faits que le Sénat avait approuvés par ses votes.

On aurait pu songer, et en quelques pays (4) on a songé à donner aux suprêmes juridictions judiciaires la compétence

(1) Haute-Cour de justice, 13 nov. 1899, S., 01. 2. 1.

(2) Il remonte à la Charte de 1814, art. 33, 34, 55. 56, complétée par l'O. 12 nov. 1815 : la Chambre des Pairs juge les crimes de haute trahison et les attentats contre la sûreté de l'État, les infractions commises par ses membres, les faits de trahison ou concussion imputés aux ministres. Il est adopté par la Charte 1830, art. 28 et 47, les LL. 10 avril 1834, art. 4, et 9 sept. 1835, art. 1. L'Acte Additionnel (art. 40-41) remet à la Chambre des Pairs le jugement des ministres et des chefs militaires.

La Chambre Haute forme la Haute-Cour en : Angleterre (pour les membres du conseil privé, ministres et divers hauts fonctionnaires), Espagne (ministres), Italie (ministres, sénateurs, tout accusé de haute trahison), Mexique (présidents de la Confédération et des États, ministres, conseillers d'État, membres des Chambres et de la Cour suprême), Rép. Argentine (Président de la République, ministres, juges), États-Unis et la plupart des Rép. américaines (fonctionnaires en général).

(3) Les sessions tenues par la Haute-Cour en 1889 et 1899 ne sont pas faites pour démentir ces craintes.

(4) Belgique, Pays-Bas, Roumanie, Vénézuéla.

d'une Haute-Cour. Cette pratique est assurément meilleure
que la précédente. Mais elle mêle à tort la plus haute autorité judiciaire à la politique; elle donne au Gouvernement
le souci de composer cette juridiction d'après ses intérêts
plutôt que d'après les intérêts généraux de la justice.

Un troisième système consiste à instituer une Haute-Cour
spéciale, dans la composition de laquelle se reflète l'organisation judiciaire de droit commun, et notamment la distinction de la cour et du jury (1).

L'idée qui inspire ce système est acceptable. S'il est vrai,
et cela est douteux, qu'on ne puisse s'en tenir aux tribunaux
ordinaires, du moins la juridiction exceptionnelle doit-elle
offrir en matière politique les garanties jugées nécessaires
en matière ordinaire, surtout celle du jury.

Le meilleur système consisterait à laisser une assemblée
politique juger des hommes politiques, pour des faits politiques, avec des sanctions politiques (privation de fonction

---

(1) La L. 10-15 mai 1791 et la C. 1791 (tit. III, art. 23) composent la Haute-Cour
avec des membres du Tribunal de cassation tirés au sort et des hauts jurés tirés
au sort sur une liste élue; la compétence embrasse toutes les accusations portées
par le Corps législatif. Même système dans la C. An III, art. 265 et s., et la
L. 20 thermidor An IV, les justiciables sont les membres des Chambres et du
Directoire; dans la C. An VIII, art. 73, pour le jugement des ministres. — Le Ses.
An XII (art. 101 et s.) compose la Haute-Cour avec des princes, des dignitaires de
l'Empire, des sénateurs, des membres du Conseil d'État et du Tribunal de cassation; il étend notablement sa compétence quant aux personnes (famille impériale,
dignitaires, hauts fonctionnaires) et quant aux faits (crimes contre la sûreté intérieure ou extérieure de l'État). — La C. 1848, art. 91 et s., crée, avec la compétence actuelle du Sénat, une Haute-Cour composée de juges élus par la Cour de
cassation dans son sein et de hauts jurés tirés au sort sur une liste de conseillers
généraux formée par le tirage au sort. — La C. 1852, art. 54, institue, pour juger
les crimes commis contre le Chef de l'État et les attentats à la sûreté de l'État, une
Haute-Cour organisée par le Ses. 10 juillet 1852; elle ne diffère de la précédente
que par une Chambre de mise en accusation tirée de la Cour de cassation. Sa compétence fut élargie par le Ses. 4 juin 1858. — Je laisse de côté, comme étrangers
au droit, le procès de Louis XVI instruit et jugé par la Convention, le Tribunal
révolutionnaire (D. 10 mars 1793), les mises hors la loi.

Une juridiction spéciale existe en : Danemark (Cour suprême doublée par
l'adjonction de membres de la Chambre Haute, élus par celle-ci; — Grèce (président de l'Aréopage et 12 magistrats tirés au sort); — Norvège (Chambre Haute et
Cour suprême réunies).

et de droits politiques), et à réserver aux tribunaux ordinaires l'application des peines proprement dites (1).

302. Revenons aux lois de 1875 : « *Une loi déterminera le mode de procéder pour l'accusation, l'instruction et le jugement* » (L. C. 16 juill. 1875, art. 12, al. 5) (2).

Il y a, en réalité, deux lois votées l'une et l'autre en hâte, pour un procès déjà commencé. La L. 10 avril 1889 règle le jugement des attentats contre la sûreté de l'État. La L. 5 janvier 1918 règle le jugement, soit du Président de la République, soit d'un ministre, mis en accusation par la Chambre des députés.

Voici le résumé de la L. 10 avril 1889.

Le Sénat est constitué en Cour de justice par un décret du Président de la République, qui fixe le jour et le lieu de la première réunion. La Haute-Cour peut changer le lieu de ses séances (art. 1).

Elle se compose des sénateurs en fonctions au jour du décret (art. 2). Cependant, aux termes de la L. 6 janvier 1920, « en cas de renouvellement d'une ou de plusieurs séries du Sénat, tous les sénateurs seront appelés de plein droit à composer la Cour de justice et à connaître des faits de la cause. En ce cas, il sera procédé à de nouveaux débats si l'affaire a déjà été portée à l'audience et engagée au fond » (3). Les parents ou alliés d'un inculpé jusqu'au degré de cousin germain, les sénateurs entendus comme témoins dans l'instruction ne peuvent siéger (art. 28). — Tout sénateur est tenu de siéger, à moins que le Sénat n'approuve les motifs de son abstention (art. 2 et 29). — Aucune délibération n'est valable, si la moitié plus un des sénateurs en fonctions n'y assiste (art. 25).

---

(1) Tel est le système suivi aux États-Unis.

(2) Ces points sont parfois réglés par la Constitution (C. An iii, art. 112 et s.).

(3) Cette loi a été votée à propos de l'affaire Caillaux, engagée depuis 1918, et à raison des élections du 11 janvier 1920 qui portaient sur les séries B et C et sur un assez grand nombre de sièges de la série A du Sénat. Si la règle donnée par le L. 1889 avait été maintenue, la Haute-Cour n'aurait compté qu'un très petit nombre de membres.

Le ministère public est choisi par le Président de la République, dans les parquets de cassation ou d'appel (art. 3).

Les fonctions de greffier sont remplies par le secrétaire général de la présidence du Sénat. Les actes sont signifiés par les huissiers ordinaires. Le personnel du Sénat fait le service des huissiers audienciers (art. 4).

Le Sénat entend en séance publique lecture du décret qui le convoque et du réquisitoire du ministère public. Puis il ordonne l'instruction (art. 6).

Chaque année, au début de la session ordinaire, le Sénat nomme au scrutin de liste une commission de neuf membres et cinq suppléants, qui élit un président. Cette commission est chargée de procéder à l'instruction, le cas échéant (art. 7), et de statuer sur la mise en accusation (art. 11). Le président de la commission (1), assisté et suppléé au besoin par un membre que la commission lui adjoint, procède à l'instruction de l'affaire avec les pouvoirs d'un juge d'instruction en général ; mais il ne rend pas d'ordonnance. Les demandes de mise en liberté provisoire sont jugées par la commission. Le président peut rendre un mandat d'arrêt sans les conclusions du ministère public (art. 8) ; il désigne un défenseur d'office pour les accusés qui n'en auraient pas choisi (art. 9).

Le dossier est transmis au ministère public, qui fournit des réquisitions écrites, puis déposé au greffe pendant trois jours au moins ; les accusés et leurs défenseurs peuvent en prendre communication.

La commission, après avoir entendu le rapport de son président, les réquisitions du ministère public et les observations des inculpés (art. 10), statue à la majorité sur la mise en accusation (2), en votant séparément pour chaque inculpé et pour chaque fait. L'arrêt de mise en accusation ordonne l'arrestation (art. 11) ; il est signé par toute la com-

----

(1) Le projet de la commission sénatoriale confiait l'instruction au président du Sénat.
(2) Le Gouvernement proposait de supprimer la mise en accusation.

mission (art. 12). Aucune voie de recours n'est possible, selon l'opinion générale.

Le ministère public rédige l'acte d'accusation, qui contient indication de la nature des faits incriminés et des circonstances (art. 13). L'arrêt et l'acte d'accusation sont remis en copie aux accusés, avec assignation pour le jour de l'audience, trois jours au moins avant ce jour (art. 14).

Les débats ont lieu publiquement, sous la présidence du président du Sénat (art. 15). Ils passent par les phases ordinaires : interrogatoire des accusés, audition des témoins, réquisitoire, défense des accusés, qui doivent avoir toujours la parole en dernier lieu. Le président prononce la clôture des débats (art. 16-19).

La délibération est secrète. Le vote a lieu séparément sur la culpabilité, sur les circonstances atténuantes et sur la peine (art. 20). Les exceptions soulevées par les accusés peuvent être jugées préalablement, ou bien avec le fond (art. 17).

Les décisions sont prises avec le concours de la moitié plus un au moins des sénateurs pouvant siéger (art. 25), et à la majorité absolue des votants. Si aucune peine ne l'obtient à deux scrutins, on élimine la plus forte des peines proposées, et on recommence le vote; après un nouveau scrutin infructueux, on écarte la plus forte des peines qui restent proposées (1); et ainsi de suite jusqu'à ce qu'il se forme une majorité (art. 22). Les seules peines applicables sont celles du Code pénal (art. 23) (2).

(1) Plusieurs sénateurs et députés proposaient qu'aucune condamnation ne pût être prononcée qu'à une majorité supérieure à la majorité absolue. La règle eût corrigé en partie les défauts de la juridiction sénatoriale.
Les C. États-Unis, Rép. Argentine exigent la majorité des deux tiers.

(2) Aux États-Unis, Rép. Argentine, la Haute-Cour ne peut prononcer que des sanctions politiques (destitution, privation de droits, etc.); mais les tribunaux de droit commun sont saisis pour les condamnations pénales. — Le Chef de l'État ne peut gracier les condamnés en plusieurs pays (Angleterre, Mexique), sauf la demande (Belgique, Luxembourg, Roumanie) ou l'assentiment (Danemark, Grèce) d'une Chambre. La L. fr. 17 juin 1871, art. 3, réservait à l'Assemblée nationale le droit de gracier les ministres et fonctionnaires par elle mis en accusation.

Ne peuvent voter que les sénateurs qui ont assisté à toutes les audiences; mais il résulte de la procédure de 1899 que des absences pendant les séances n'empêchent pas de voter. Les membres de la commission peuvent être récusés par les accusés (art. 16) (1).

Les sénateurs membres du Gouvernement ne prennent part ni à la délibération ni au vote sur la culpabilité (art. 30).

Le vote a lieu à haute voix, sur appel nominal fait selon l'ordre alphabétique. Le président vote le dernier (art. 20).

L'arrêt (2) est rédigé avec ses motifs par le président, et approuvé par la Haute-Cour; il est lu publiquement et signifié sans délai aux accusés (art. 26). Aucune voie de recours n'est ouverte (art. 25) (3).

Un procès-verbal des audiences est signé par le président et le greffier (art. 31).

Au surplus, les règles du Code d'instruction criminelle et des lois sur la procédure de droit commun sont applicables, à moins que le Sénat n'en décide autrement (art. 32) (4).

303. Voici le résumé de la L. 5 janvier 1918 :

Lorsque la Chambre des députés a prononcé la mise en accusation, le procès-verbal de la délibération est transmis au Président du Sénat, qui saisit cette assemblée. Le Sénat déclare se constituer en Cour de Justice, fixe le lieu de ses séances, ordonne la transmission du dossier au Procureur général près la Cour de Justice.

Ce Procureur général est désigné chaque année, dans la deuxième quinzaine de janvier, par l'assemblée de la Cour de cassation, parmi les magistrats inamovibles de cette Cour.

(1) Lors du procès de 1899, ils se sont abstenus de siéger en vertu de l'art. 1, L. 8 déc. 1897.

(2) Dans l'affaire Caillaux, il y eut, d'une part, un arrêt (22 avril 1920) non motivé qui se borne à écarter certaines inculpations, à en retenir d'autres, et à reconnaître des circonstances atténuantes, d'autre part, un arrêt (23 avril 1920) longuement motivé qui prononce les peines.

(3) On a vainement demandé un recours en cassation pour incompétence ou vice de forme.

(4) Le Sénat a décidé, le 18 septembre 1899, que la L. 8 déc. 1897 était applicable au procès dont il est saisi.

Deux avocats généraux sont choisis de la même manière. Ces désignations sont notifiées dans la huitaine au Président du Sénat (1).

Le Sénat entend en audience publique le réquisitoire introductif d'instance du Procureur général. S'il apparaît que l'instruction n'est pas complète, la Cour peut, à la demande du Procureur général ou d'un accusé ou d'un ou plusieurs sénateurs, ordonner un supplément d'information (2). Il y est procédé par la commission prévue à l'article 7 de la L. 10 avril 1889.

Cette commission a les pouvoirs judiciaires pour entendre des témoins sous la foi du serment et les contraindre à déposer devant elle. Elle procède directement ou par des commissions rogatoires à tous interrogatoires et confrontations. Elle rassemble tous les éléments de preuve. Elle statue sur les demandes de mise en liberté provisoire.

Son président décerne en son nom les mandats de justice, procède par lui-même ou par délégation aux perquisitions nécessaires (3).

La L. 8 décembre 1897 sur la publicité de l'instruction est applicable.

L'information complémentaire étant terminée, le Président de la commission remet le dossier au Procureur général pour ses réquisitions et au commissaire de la Chambre (4) pour ses observations et conclusions.

Le dossier, augmenté des conclusions du Procureur géné-

(1) Il est remarquable que le ministère public soit désigné sans aucune participation du Gouvernement ni de la Chambre des députés. Celle-ci peut désigner un commissaire et des commissaires adjoints pour suivre l'accusation et présenter, tant au cours de l'information complémentaire qu'à l'audience, toutes observations et conclusions. Quant au Gouvernement, il reste entièrement à l'écart et de la mise en accusation, prérogative exclusive de la Chambre des députés, et du jugement, prérogative exclusive du Sénat.

(2) Dans l'affaire Malvy, il y eut un supplément d'information, à la demande du Procureur général.

(3) Dans l'affaire Malvy, un juge d'instruction du tribunal de la Seine fut adjoint officieusement à la Commission, pour veiller à l'observation des formes légales.

(4) Dans l'affaire Malvy, la Chambre ne désigna pas de commissaire.

ral, est, pendant cinq jours au moins, communiqué à la défense, au greffe de la Cour de Justice.

Ensuite, la commission délibère sur le rapport (1) qu'elle soumettra à la Cour.

La Cour de Justice est convoquée par son président pour entendre le rapport de la commission et les réquisitions du Procureur général.

Elle procède aux débats et au jugement suivant la L. 10 avril 1889 (2).

En outre, le C. I. C. et les lois relatives à l'instruction criminelle sont applicables en principe.

L'arrêt de la Cour de Justice n'est évidemment susceptible d'aucun recours (3).

(1) La commission ne prend pas de décision, la Chambre des députés ayant statué sur la mise en accusation.

(2) Dans l'affaire Malvy, il y eut le même jour (6 août 1918), deux arrêts : le premier, longuement motivé, établit la culpabilité ; le second se borne à infliger les peines (S., 1920, 2, 33).

(3) Dans l'affaire Malvy, l'arrêt de condamnation a été envoyé à la Chambre des députés, soit parce qu'elle avait décrété la mise en accusation, soit parce que le condamné était un député. La Chambre a nommé (17 sept. 1918) une commission pour examiner les pièces du procès. Le rapport (17 oct. 1918) de cette commission conclut que la condamnation n'emportait pas déchéance de la qualité de député.

CHAPITRE XX

Procédure parlementaire.

— ―

304. Les formalités qui entourent les travaux des Chambres sont fixées par le règlement de chacune d'elles. Ce sont, en général, des usages qui remontent en grande partie à la Restauration. Les Constitutions en fixaient souvent quelques détails (1).

305. I. *Dépôt des projets et propositions* (2). — Les projets de loi présentés au nom du Président de la République sont déposés par un ministre sur le bureau d'une des Chambres. Ils sont imprimés avec l'exposé des motifs et distribués (Règl. du Sénat, art. 62; de la Chambre, art. 20-21).

Les propositions de loi (3) qui émanent de l'initiative parlementaire doivent être écrites, précédées d'un exposé des motifs et adressées au président. Celui-ci les communique à la Chambre; il en ordonne l'impression, la distribution à tous les membres.

---

(1) V. notamment C. 1791, tit. III, chap. III, sect. 2; 1793, art. 45-52, 56-57; An III, art. 64 et s., 77 et s., 87 et s., 124 et s.; An VIII, art. 34 et s.; Scs. 28 flor. An XII, art. 80 et s., 96 et s.; Charte de 1814, art. 45 et s.; Charte de 1830, art. 39; C. 1848, art. 40 et s.; C. 1852, art. 42. — V. aussi Scs. 12 fruct. An X et 28 frim. An XII.

(2) La terminologie parlementaire distingue la *proposition de loi*, qui émane d'un sénateur ou d'un député, et le *projet de loi*, qui émane du Gouvernement. Les règlements (Sénat, art. 127; Chambre, art. 25) assimilent aux projets de loi les propositions qui viennent d'une Chambre après avoir été votées par l'autre. La fin du présent numéro ne concerne que la *proposition*. Le reste du chapitre concerne à la fois la *proposition* et le *projet*.

(3) Le règlement de la Chambre des députés, art. 23, assimile les propositions de résolution (n° 272) aux propositions de loi.

Au Sénat, le président renvoie la proposition à la commission d'initiative, à moins que le Sénat ne décide de la renvoyer à une commission déjà formée. A la Chambre des députés, il la renvoie, sauf décision contraire, à la commission permanente dans les attributions de laquelle elle rentre (Règl. du Sénat, art. 75; de la Chambre, art. 23).

Toute proposition peut être retirée par son auteur, même quand la discussion est ouverte, et reprise par un autre membre (Règl. du Sénat, art. 78; de la Chambre, art. 89).

Au Sénat, la commission d'initiative fait, dans les vingt jours, un rapport sommaire concluant au rejet pur et simple ou à la prise en considération de la proposition. Le Sénat statue. S'il prend en considération, il est donné suite à la proposition, qui, au cas de rejet final, peut être reproduite après trois mois. S'il refuse la prise en considération, la proposition est écartée sans examen et ne peut être reproduite avant six mois (Règl., art. 76, 77 et 79).

La prise en considération ne préjuge pas le vote définitif. Elle signifie simplement que la proposition est sérieuse et mérite d'être examinée. C'est une politesse rarement refusée.

A la Chambre des députés, elle n'existe pas. Une proposition rejetée ne peut être représentée avant trois mois (Règl., art. 92).

306. II. *Bureaux.* — Les membres des Chambres sont répartis en *bureaux* : 9 au Sénat, 11 à la Chambre. Le tirage au sort fait la répartition chaque mois au Sénat, à moins que celui-ci ne laisse subsister la répartition faite au début de la session; — lorsqu'il y a lieu à la vérification des pouvoirs ou à la nomination d'une commission spéciale que la Chambre a décidé de faire élire par les bureaux, à la Chambre des députés (Règl. du Sénat, art. 11; de la Chambre, art. 1, 15 et 17).

Le rôle des bureaux est resté considérable au Sénat. Ils examinent les procès-verbaux d'élection; ils sont saisis des projets et propositions de loi et les discutent; ils nomment les membres des commissions. Ils nomment leurs présidents et secrétaires (Règl., art. 8, 11, 13 à 17, 20, 62, 77).

A la Chambre des députés, ils se bornent à examiner les dossiers d'élection et, exceptionnellement, à nommer les membres d'une commission spéciale. Chaque bureau est présidé par le plus âgé des membres présents, le plus jeune faisant fonction de secrétaire (Règl., art. 1, 15, 17).

307. III. *Commissions.* — Chaque Chambre a le droit de nommer des commissions pour préparer ses travaux (1).

Au Sénat, ces commissions sont en général nommées pour l'examen d'une seule proposition, et cessent d'exister dès le vote sur la loi qu'elles ont préparée. Elles ne forment pas des comités permanents, connaissant de certaines catégories d'affaires et s'occupant sans interruption des mêmes questions. Cependant le Sénat nomme des commissions mensuelles, des commissions annuelles et une commission (des Douanes) dont les pouvoirs durent trois ans. Chaque bureau nomme, en général, un même nombre de membres pour chaque commission; exceptionnellement, la commission peut être élue par les bureaux au scrutin de liste (Règl., 16, 17, 19, 129). Un sénateur ne peut, en général, faire partie que d'une commission annuelle et de deux commissions spéciales (Règl., art. 15).

La Chambre des députés, au début de chaque législature, se divise en vingt-une grandes commissions permanentes (2), c'est-à-dire dont les pouvoirs durent quatre ans et qui sont

---

(1) Ce droit était refusé par le Scs. 28 floréal An xii (art. 87) au Corps législatif, qui ne devait avoir d'autre commission que les sections du Tribunal.

(2) Il y en eut dans la Constituante et la Législative. La Convention, après avoir créé les Comités de Salut public et de Sûreté générale, organisa 12 (L. 12 germ. An ii), puis 16 (L. 7 fruct. An ii) comités embrassant tous les services publics. La C. An iii, art. 67, prohiba tout comité permanent et n'autorisa que les commissions spéciales et temporaires. Le Scs. 19 août 1807 créa, pour remplacer le Tribunal supprimé, 3 commissions annuelles du Corps législatif. L'Assemblée de 1848 se divisa en 15 comités.

Les comités permanents sont en usage notamment en Angleterre, États-Unis, Suède.

saisies pendant toute la législature de tous les projets ou propositions de loi rentrant dans leur compétence (Règl. art. 11 et 14) (1).

Chacune d'elles compte 44 membres (2) nommés au scrutin de liste où chaque groupe a un nombre de sièges proportionnel au nombre de ses membres. Cette liste est publiée, et elle devient définitive si, avant le jour fixé pour la nomination, 50 députés ne s'y sont pas opposés par une déclaration écrite remise au président. S'il y a opposition, la Chambre vote au scrutin de liste (art. 12). Aucun député ne peut faire partie de plus de trois grandes commissions permanentes (art. 13).

En outre, la Chambre des députés peut toujours décider la constitution de commissions permanentes ou spéciales, nommées soit par le procédé qui vient d'être décrit, soit par scrutin de liste en assemblée générale, soit dans les bureaux (art. 15) (3).

308. Toute commission nouvellement nommée est convoquée sans retard par le président du Sénat ou de la Chambre. Elle nomme un président, un secrétaire et, quand son examen est terminé, un rapporteur (Règl. du Sénat, art. 23; de la Chambre, art. 16). Les grandes commissions permanentes de la Chambre des députés nomment, au début de

---

(1) Ce sont les commissions : de l'administration générale, départementale et communale; des affaires étrangères; de l'agriculture; de l'Algérie, des colonies et des protectorats; de l'Alsace-Lorraine; de l'armée; d'assurance et de prévoyance sociales; du commerce et de l'industrie; des comptes définitifs et des économies; des douanes; de l'enseignement et des beaux-arts; des finances; de l'hygiène publique; de la législation civile et criminelle; de la marine marchande; de la marine militaire; des mines et de la force motrice; des régions libérées; du suffrage universel; du travail; des travaux publics et des voies de communication. Les conflits de compétence entre les commissions sont réglés par la Chambre (Règl., art. 31).

En Angleterre, le budget est examiné par la Chambre des communes en *comité de la Chambre entière;* où n'assistent que les députés de bonne volonté, et qui n'a pas la solennité de la séance.

(2) Excepté la commission du suffrage universel qui compte 33 membres. Pendant la guerre, la commission de l'armée a compté 60 membres.

3) C'est ainsi que le 27 mai 1919, la Chambre des députés a décidé de nommer, d'après le système de l'article 12 du règlement, une commission de 60 membres pour examiner le traité de paix avec l'Allemagne.

chaque session ordinaire, un président, quatre vice-présidents, six secrétaires et, dans le mois qui suit le renvoi d'un projet ou d'une proposition, un rapporteur provisoire (art. 14).

Les commissions étudient les projets et propositions en s'entourant de tous les renseignements; elles sont saisies par les soins de la présidence de toutes les pièces et documents relatifs à ces projets et propositions (Règl. du Sénat, art. 24; de la Chambre, art. 27). L'auteur d'une proposition a le droit d'assister avec voix consultative aux séances de la commission); il se retire au moment du vote (Règl. du Sénat, art. 27; de la Chambre, art. 28). A la Chambre des députés, les rapporteurs spéciaux de la commission des finances participent de droit avec voix consultative aux travaux des commissions dont la compétence correspond au budget particulier dont ils ont le rapport.

Tout député a le droit de faire parvenir à une commission des observations écrites (Règl. de la Chambre, art. 34).

La commission peut librement modifier le projet ou la proposition, et même leur substituer un texte nouveau.

La commission nomme (dans les quinze jours, à la Chambre des députés) un rapporteur chargé de résumer ses travaux et de soumettre à la Chambre des conclusions motivées. Le rapport doit être déposé sur le bureau de l'Assemblée dans les six mois (Sénat) ou les quatre mois (Chambre) qui suivent le renvoi à la commission; faute de quoi, tout membre au Sénat (Règl., art. 63 *bis*), l'auteur de la proposition à la Chambre (Règl., art. 29) peut demander la mise à l'ordre du jour.

Le rapport est lu en séance publique si l'assemblée l'ordonne (Règl. du Sénat, art. 63; de la Chambre, art. 33). Il est imprimé et distribué aux membres, un jour au moins au Sénat (Règl., art. 64), trois jours au moins (huit jours pour le budget) à la Chambre (art. 33), avant la discussion.

Les commissions permanentes de la Chambre des députés, notamment la commission des finances, sont souvent appelées à formuler (dans un délai de dix jours) des avis relatifs à des questions dont le fond appartient à la compétence d'une autre commission (Règl. de la Chambre, art. 31-32). Chacune de ces commissions a le droit de désigner un de ses membres pour participer avec voix consultative aux travaux de la commission du budget pendant l'examen du chapitre du budget et des crédits qui ressortissent à sa compétence (Résolution du 3 fév. 1916).

Dans les deux Chambres, les commissions, du moins certaines d'entre elles, comme celles des finances, de l'armée, des affaires étrangères, tendent à jouer un rôle considérable, surtout au point de vue du contrôle sur le Gouvernement. Ce rôle a été particulièrement actif et précis pendant la guerre. Il a été poussé jusqu'au « contrôle effectif et sur place de tous les services ayant mission de pourvoir aux services de l'armée » (Chambre des députés, ordre du jour du 22 juin et résolution du 27 juill. 1916).

309. IV. *Séance* (1). — Chaque Chambre étudie et discute les questions qui lui sont soumises en suivant l'*ordre du jour,* c'est-à-dire la liste des affaires dressée dans l'ordre des préférences de la Chambre. A chaque séance, la Chambre fixe l'ordre du jour de la séance suivante : mais elle ne se lie pas rigoureusement, et peut modifier en cours de séance le programme de ses travaux.

A la Chambre des députés, le président réunit chaque semaine les présidents des grandes commissions permanentes, les présidents des groupes politiques, les vice-présidents de la Chambre dans une conférence où le Gouvernement peut être entendu. Cette conférence établit une proposition rela-

_____

(1) En France, la séance publique est le mode habituel et principal selon lequel les Chambres travaillent. La Chambre des députés a souvent tenu deux, et quelquefois trois séances dans la même journée. Le Sénat a tenu quelquefois deux séances le même jour.

En Angleterre, la Chambre des Communes exerce des attributions importantes en *comité de la Chambre entière,* notablement différent de la séance publique. Aux États-Unis, le travail réel est fait dans les comités, et la séance ne fournit pas en général l'occasion des longs et amples débats qui sont en usage au Parlement français.

tive à l'ordre des travaux de la Chambre et au règlement de
l'ordre du jour. La proposition est lue en séance par le président et soumise à l'approbation de la Chambre. L'ordre du
jour ainsi établi ne peut être modifié que sur l'initiative du
Gouvernement ou sur la demande de 50 membres dont la
présence sera constatée par appel nominal (Règl., art. 94).

Tout projet ou proposition de loi qui a fait l'objet d'un
rapport est inscrit en tête de l'ordre du jour d'une séance,
sur la demande de la commission et du Gouvernement, sous
la condition qu'il n'y aura pas débat. Il en est retiré sur la
demande écrite et motivée de 30 membres, ou si un ou plusieurs députés formulent une opposition écrite et motivée
(Règl., art. 97-98). S'il n'y a ni demande de retrait ni opposition, le projet est soumis au vote sans débat (Règl., art. 99).

En principe, un projet ou proposition ne peut être mis à
l'ordre du jour et discuté que six jours après la distribution
du rapport qui le concerne. Cependant, à la Chambre, le
Gouvernement et l'auteur de la proposition peuvent réclamer
la discussion immédiate (Règl. du Sénat, art. 64; de la
Chambre, art. 24, 83 et 96).

310. Les orateurs ne peuvent parler qu'après avoir
demandé la parole au président et l'avoir obtenue (Règl. du
Sénat, art. 33; de la Chambre, art. 41). Le président donne la
parole alternativement à un partisan et à un adversaire du
projet en discussion, en suivant l'ordre des inscriptions
(Règl. du Sénat, art. 34-35). Les ministres, commissaires du
Gouvernement, présidents des commissions et rapporteurs
obtiennent la parole dès qu'ils la demandent; mais un
membre peut toujours répondre au Gouvernement (Règl. du
Sénat, art. 36-37; de la Chambre, art. 13).

La parole, en principe, ne peut être refusée, sinon pour
motifs graves. Elle est de droit pour répondre au Gouvernement, pour rappeler au règlement, pour demander la priorité
au sujet d'un vote, pour réclamer l'ordre du jour, pour poser
la question préalable, pour s'expliquer sur un fait personnel.
Elle ne peut être retirée à un orateur que par l'Assemblée,

sur la proposition du président (Règl. du Sénat, art. 39; de la Chambre, art. 46). Nul ne peut interrompre un orateur, si ce n'est de son consentement. L'orateur quitte en général sa place pour parler à la tribune; c'est un usage ancien (1). Il peut aussi parler de sá place (Règl. de la Chambre, art. 41). Il peut parler, ou lire un discours écrit (2).

Le règlement ne limite pas le temps accordé aux orateurs (3). S'ils s'écartent de la question, le président peut les ramener; au besoin, l'Assemblée leur retire la parole (Règl. du Sénat, art. 38-39; de la Chambre, art. 45-46).

Lorsque la liste dés orateurs est épuisée, ou lorsque l'Assemblée se juge suffisamment éclairée (4), la clôture est mise aux voix par le président, soit d'office, soit sur la demande des membres. Dès lors, nul ne peut parler sur le fond de la question; mais on peut combattre la clôture, et demander la continuation de la discussion. L'Assemblée statue (Règl. du Sénat, art. 44; de la Chambre, art. 48). On ne peut refuser d'entendre le rapporteur et le Gouvernement (5).

311. V. *Priorité.* — La discussion est suspendue et la question en discussion peut être primée par:

la *question préalable;* elle consiste à demander à la Chambre s'il convient que la question principale soit discutée;

(1) Cependant, de 1852 à 1867, la tribune a cessé d'exister officiellement.

(2) Le discours écrit était proscrit par l'Acte Additionnel (art. 26); il fut question de le prohiber sous le régime de 1830 et le Second Empire, afin de réduire au silence nombre de membres mauvais improvisateurs.

(3) Cependant le règlement de la Chambre des députés n'accorde qu'un quart d'heure à chaque orateur, au sujet d'un chapitre du budget dont la modification n'est pas régulièrement demandée (art. 103). La résolution du 17 janvier 1917 accorde, pour les projets de loi urgents dont elle règle la discussion rapide, un quart d'heure à chaque orateur, cinq minutes au député qui explique son vote.

(4) Le règlement de la Chambre des députés exige qu'au moins deux orateurs d'avis contraire aient été entendus.

(5) En Angleterre, la clôture n'a été admise en règle qu'en 1882. Auparavant, la discussion continuait tant qu'un membre demandait la parole: de là, *l'obstruction* organisée par les députés irlandais. L'obstruction a depuis été employée par l'opposition dans plusieurs Parlements étrangers, en Autriche et en Italie notamment. Elle a été pratiquée au Sénat des États-Unis, en 1917, pour empêcher le vote de la déclaration de guerre à l'Allemagne; des mesures ont été prises (8 mars 1917) pour y remédier.

élle n'est généralement pas débattue ; on entend seulement
l'auteur de la motion. Si la Chambre vote la question préalable, la discussion principale n'a pas lieu (Règl. du Sénat,
art. 43 ; de la Chambre, art. 49) ;

les *questions préjudicielles*, qu'il faut résoudre avant de
continuer le débat principal ; ainsi les rappels au règlement
ou à l'ordre du jour (Règl. du Sénat, art. 59 ; de la Chambre,
art. 50) ;

les *questions de priorité*, pour savoir, par exemple, dans
quel ordre plusieurs amendements doivent être discutés. En
général, c'est l'amendement qui s'écarte le plus du texte
proposé qui est mis le premier en discussion.

312. VI. *Votation*. — On distingue une discussion générale, portant sur l'ensemble de la proposition, sur les idées
générales, sur l'opportunité de la réforme ; — et une discussion par articles, qui n'a lieu que si l'assemblée l'ordonne,
après la discussion générale. Enfin, on vote sur l'ensemble
de la loi (Règl. du Sénat, art. 65 ; de la Chambre, art. 84).

Les amendements sont discutés et mis aux voix avant le
texte proposé par la commission. Pour tout texte, la division
en fragments soumis à des votes distincts est de droit, dès
qu'elle est demandée (Règl. du Sénat, art. 60-61 ; de la
Chambre, art. 51-52).

Avant le vote sur l'ensemble, tout membre peut demander
le renvoi à la commission. Ce renvoi est de droit, s'il est
demandé par la commission (Règl. du Sénat, art. 92 ; de la
Chambre, art. 90).

Les votes sont déterminés en général à la majorité des
suffrages exprimés. A voix égales, la proposition est repoussée.

Les Chambres votent le plus souvent à mains levées, ou
par assis et levés, le bureau comptant les assis et levés comme
des adversaires et des partisans de la proposition (Règl. du
Sénat, art. 47-49 ; de la Chambre, art. 68-70).

Elles pratiquent aussi :

le scrutin public (Règl. du Sénat, art. 50-51 ; de la Chambre, art. 71-75). Il est de droit sur tous projets portant ouverture de crédits ou relatifs aux impôts, et, dans toutes les autres questions, après deux épreuves par assis ou levés, ou lorsqu'un membre le réclame après une épreuve douteuse; ou, avant toute épreuve, lorsqu'il est réclamé par écrit par 10 membres au Sénat, 20 à la Chambre des députés. Il est exclu en certaines matières. Il se fait au moyen de bulletins portant le nom des représentants qui les déposent dans les urnes ; les bulletins bleus sont pour le rejet, les blancs pour l'adoption de la proposition (1).

Le président prononce la clôture du scrutin et proclame les résultats du dépouillement fait par les secrétaires. Si l'écart des voix est faible, on procède à un pointage. Le *Journal officiel* publie les noms des votants et des absents ;

le scrutin public à la tribune (Règl. du Sénat, art. 55-56 ; de la Chambre, art. 76-77). Il doit être demandé par 10 membres au Sénat, qui peut le refuser, par 50 membres à la Chambre. Chaque membre dépose son bulletin dans une urne placée sur la tribune, et une boule de pointage dans une autre urne.

Le scrutin secret n'est pratiqué que pour les élections et nominations (Règl. du Sénat, art. 57 ; de la Chambre, art. 78-79).

L'appel nominal peut être réclamé au Sénat, pour le scrutin public à la tribune ; le Sénat statue (Règl., art. 56).

Les votes ne sont pas motivés, mais peuvent être expliqués avant le scrutin.

Nul n'est tenu de voter, l'abstention est facultative.

Chaque membre doit voter personnellement en principe ; mais il peut, en fait, donner mandat à un collègue de déposer un bulletin pour lui. Cette pratique est évidemment impossible pour le scrutin secret et le scrutin public à la tribune ; mais elle est passée en usage pour le scrutin public, beaucoup plus fréquent que les autres. Elle est très fâcheuse et à pour

(1) On a parfois demandé la création d'un bulletin spécial exprimant une abstention volontaire et raisonnée.

résultat de donner à un membre assidu un nombre souvent
considérable de voix, et à un membre négligent des vacances
indues. Il arrive même que plusieurs représentants votent
en sens opposés pour le même absent.

Les votes sont définitifs dès leur proclamation par le président. Un vote acquis ne peut être annulé en cours de
séance que pour erreur matérielle ou malentendu sur l'objet
du scrutin, et, après la séance, que pour erreur matérielle.

313. VII. *Quorum* (Règl. du Sénat, art. 58; de la Chambre, art. 80). — Un vote n'est valable que si un certain
nombre de membres, qu'on appelle le *quorum,* sont présents.
Lorsque le scrutin public permet de constater que ce nombre
ou *quorum* n'est pas atteint, la discussion est suspendue et
renvoyée à une autre séance, — souvent tenue immédiatement après, — où le vote est valable quel que soit le nombre des membres.

Le quorum est fixé à la moitié plus un des membres dans
chaque Chambre, et calculé sur le nombre légal, sans
déduire les sièges vacants (1). Le bureau compte d'abord les
présents, et sa décision est définitive s'il est unanime; s'il
est partagé, le scrutin public à la tribune décide.

314. VIII. *Délibérations* (Règl. du Sénat, art. 68, 71; de
la Chambre, art. 82, 84). — Au Sénat, tout projet ou proposition est, en principe, soumis à deux délibérations, séparées
par un intervalle de cinq jours au moins. La deuxième ne
comporte pas habituellement une discussion générale; elle
n'a pas lieu pour les lois déclarées urgentes, pour les propositions qui reviennent de l'autre Chambre avec des changements, pour la loi du budget, la loi des comptes et quelques
autres exceptions (2).

(1) Au Sénat, jusqu'au renouvellement régulier, la moitié plus un des membres
en fonctions (Résolution du 29 juill. 1918).
(2) Les C. 1791 (Tit. III, chap. III, sect. 2, art. 4), An III (art. 77 et 91), 1848
(art. 41), exigeaient trois délibérations. Cette règle fut suivie par l'Assemblée
de 1871 et existe en Angleterre.

A la Chambre des députés, il n'y a, sauf décision contraire, qu'une seule délibération, qui comporte une discussion générale et une discussion des articles.

315. IX. *Urgence* (Règl. du Sénat, art. 86 et s.). — La procédure parlementaire est, au Sénat, simplifiée par la *déclaration d'urgence,* qui peut être demandée par tout membre et par le Gouvernement à tout moment, jusqu'à la discussion des articles.

La demande doit être déposée au début de la séance et discutée à la fin. Il est statué par un vote.

Si l'urgence est déclarée, il n'y a qu'une seule délibération, et la discussion et le vote ont lieu aussitôt après le dépôt du rapport.

La déclaration d'urgence peut être retirée, et alors la procédure ordinaire reprend.

316. Par sa résolution du 17 janvier 1917, la Chambre des députés a organisé une procédure spéciale, qui fonctionne en temps de guerre, pour les projets de loi au sujet desquels le Gouvernement déclare que leur vote rapide est exigé par les nécessités de la défense nationale. La Chambre peut ordonner la discussion immédiate ou décider que le rapport devra être déposé dans un délai qui ne pourra dépasser cinq jours. La clôture de la discussion générale est prononcée d'office après audition du rapporteur et d'un adversaire du projet; l'intervention du Gouvernement ouvre le droit de réponse au rapporteur et à un orateur. Sur chaque article ou amendement, sont seuls entendus le président et le rapporteur de la commission et un orateur, sauf intervention du Gouvernement. Nul ne peut parler plus d'un quart d'heure. Une explication de vote ne peut durer plus de cinq minutes.

317. X. *Transmission des textes votés* (Règl. du Sénat, art. 126-128 ; de la Chambre, art. 105-106). — Les propositions d'initiative parlementaire sont transmises par le prési-

dent de la Chambre qui les a votées au président de l'autre
Chambre. Les projets du Gouvernement votés par une
Chambre doivent être portés à l'autre Chambre par le ministre compétent dans le délai d'un mois; faute de quoi, la
transmission est faite de président à président. Les projets et
propositions votés sans modification par la deuxième Assemblée sont transmis au Chef de l'État par l'intermédiaire du
ministre compétent.

Toute loi votée est rédigée en deux expéditions signées par
le président et le secrétaire de chaque Chambre; l'une est
déposée aux Archives parlementaires, l'autre est transmise
au Gouvernement.

Les modifications au texte ne peuvent être ordonnées que
par les Chambres.

318. XI. *Procès-verbaux* (Règl. du Sénat, art. 30; de la
Chambre, art. 38). — Les travaux et les votes de chaque
Chambre sont constatés par un *procès-verbal,* dont la rédaction est dirigée par le secrétaire, sous la surveillance du président. Le procès-verbal contient une analyse sommaire des
discours et la mention des dépôts de propositions, projets,
rapports, etc. — Le président peut n'y faire insérer que
les faits qu'il a vus ou entendus, mais il ne peut, sans l'assentiment de la Chambre, rien supprimer. — Le procès-verbal
de chaque séance est lu au début de la séance suivante
et soumis à l'approbation de la Chambre; chaque membre
peut demander des rectifications. Le procès-verbal est signé
par le président de la séance et deux secrétaires.

En outre du procès-verbal, il est rédigé, par des secré-
taires-rédacteurs, employés qu'il ne faut pas confondre avec
les députés secrétaires de la Chambre, un compte rendu
analytique mis gratuitement à la disposition des journaux.

Enfin le *Journal officiel* publie, avec le texte des propositions et rapports, le compte rendu sténographique de chaque
séance.

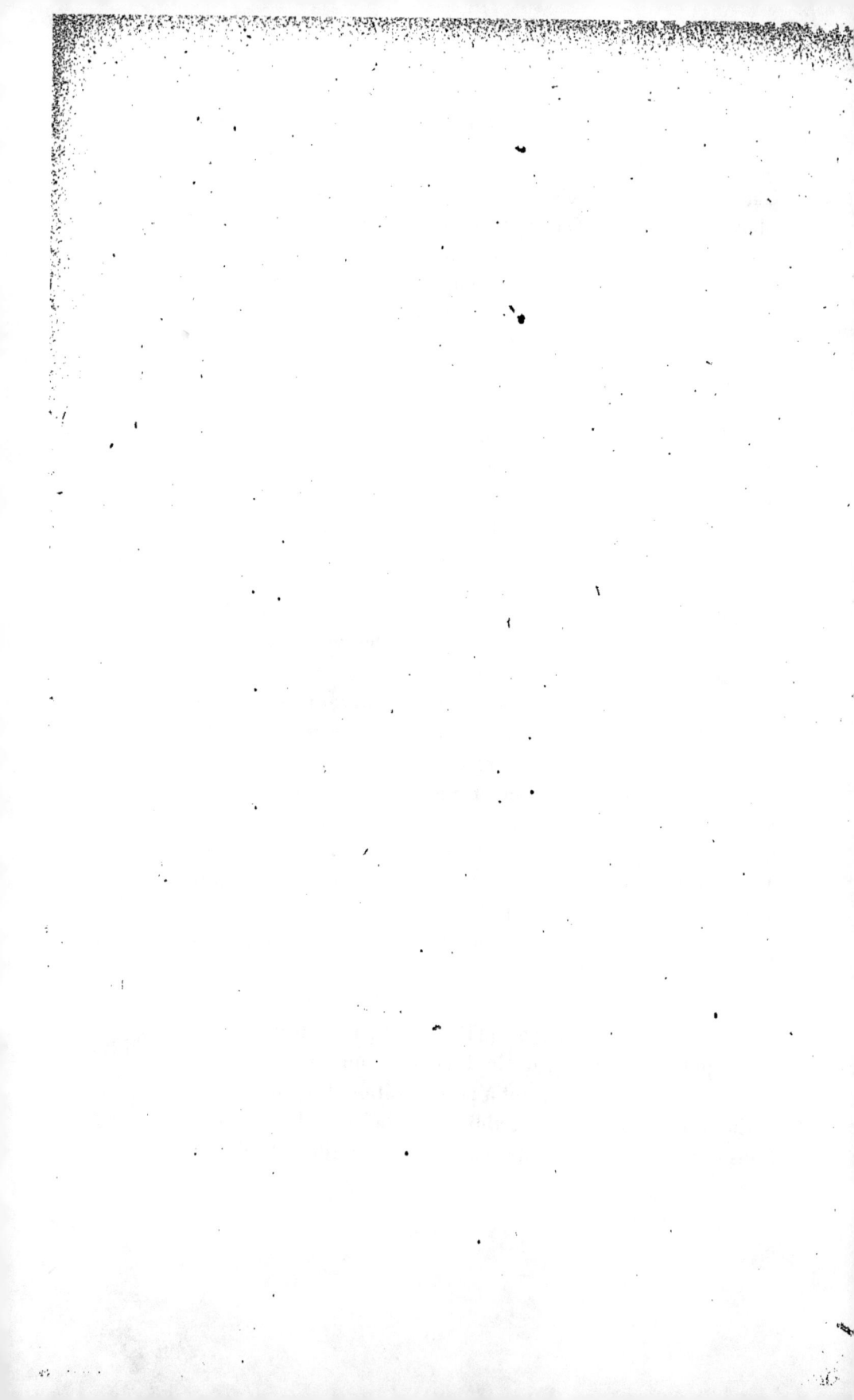

LIVRE III

LE GOUVERNEMENT

CHAPITRE XXI

Le Président de la République.

I

De la forme du Gouvernement.

319. Les innombrables formes que peut revêtir l'organisation du pouvoir exécutif se ramènent, en définitive, à trois types : forme collective, forme royale, forme présidentielle.

320. I. *Forme collective.* — Le pouvoir exécutif y est confié à plusieurs personnes formant un conseil (1).

Les partisans de ce système prétendent que, dans un régime démocratique, républicain et parlementaire, le Chef de l'État

---

(1) La forme collective fut consacrée par la L. 10 août 1792 (à titre provisoire), les C. 1793, art. 62, et An III, art. 132 ; elle a fonctionné provisoirement du 24 février au 24 juin 1848 et du 4 septembre 1870 au 17 février 1871. Quant à la C. An VIII, art. 39 et s., elle organise, malgré ses trois Consuls, le pouvoir personnel.

La forme collective existe : en Suisse, les Chambres réunies élisent pour trois ans les sept membres du Conseil fédéral et désignent chaque année parmi eux les Président et Vice-Président de la Confédération ; — dans les cantons suisses, avec des variantes.

est une pompeuse et coûteuse inutilité. Il ne doit exercer
aucune action sur le Gouvernement, dont le fardeau et la
responsabilité pèsent sur les ministres seuls ; on ne ferait
donc que respecter la vérité des choses en attribuant officiellement le pouvoir exécutif aux ministres qui l'exercent en
fait. — La forme collective met obstacle à la tyrannie,
puisque celle-ci requerrait une unanimité difficile à obtenir.
— Les Gouvernements collectifs ne peuvent être nommés
que par le Corps législatif, et, par suite, l'harmonie ne saurait cesser entre les électeurs et les élus ; plus de conflits,
plus de coups d'État. — L'énergie, le talent, le patriotisme
des Gouvernements collectifs ont, à plusieurs reprises, sauvé
la patrie.

L'histoire, appelée en témoignage, n'est pas favorable à la
forme collective ; elle la montre en général ou tyrannique ou
impuissante. Combien voudraient ressusciter le Comité de Salut
public ou le Directoire ? — L'harmonie qu'elle fait régner un
temps n'est que la subordination du pouvoir exécutif au pouvoir
législatif, le despotisme anonyme des Assemblées. Elle porte en
soi la cause et presque la justification des coups d'État qui,
à leur tour, établissent une égale harmonie par l'asservisse-
ment du pouvoir législatif au pouvoir exécutif. — Il est d'ailleurs inexact que le Chef de l'État soit une inutilité. Dans
beaucoup de régimes, par exemple aux États-Unis, il exerce
en personne des pouvoirs considérables. En France même,
où fonctionne le régime parlementaire, il est loin d'être
inutile. Aux yeux de la nation et de l'étranger, il représente la France ; il exerce sur les affaires publiques une
influence certaine par le choix des ministres (nº 367), par les
avis qu'il peut formuler dans le conseil des ministres (nº 366),
par les messages qu'il peut envoyer aux Chambres (nº 419),
par la résistance même qu'il a les moyens d'opposer légalement aux mesures dangereuses pour le pays (nº 357). S'il n'a
pas de responsabilité constitutionnelle, il assume du moins
la responsabilité morale des actes qu'il signe, et c'est pourquoi il ne peut et ne doit pas s'en désintéresser. Partagée

entre plusieurs, la responsabilité est moins sensible et moins
efficace ; chacun a moins de souci d'une mission qui ne lui est
pas propre. — Le Chef de l'État possède une stabilité qui
manque aux ministres, si souvent élevés et renversés. Il forme
dans le Gouvernement un point fixe, grâce auquel les crises
ministérielles ne peuvent devenir dangereuses. — La division
du pouvoir exécutif est pour celui-ci une cause de faiblesse,
qu'il faut écarter, en présence surtout de la tendance envahis-
sante des Assemblées.

321. II. *Forme royale.* — Elle diffère de la forme présidentielle par l'hérédité du pouvoir. Les nuances sont nombreuses
entre la royauté absolue et la royauté constitutionnelle,
entre la présidence absolue et la présidence constitutionnelle ; et les deux formes, différentes par l'étiquette, se
ressemblent parfois singulièrement par le fond. L'hérédité
du pouvoir royal, l'élection du pouvoir présidentiel, voilà la
caractéristique essentielle.

Elle est importante. Dans la forme présidentielle, la nation
concourt plus ou moins directement à la nomination du Chef
de l'État (1) ; elle se donne ce représentant comme les autres.
La nation est exclue par l'hérédité. Il est vrai que la royauté
ne se fonde et surtout ne se perpétue héréditairement que
par l'assentiment tacite de la nation. Mais chaque génération
d'hommes n'influe pas sur le recrutement de la magistrature
suprême.

322. L'hérédité a des partisans convaincus.

Les institutions d'un peuple, disent-ils, ont besoin, dans
leur mobilité nécessaire, d'un point fixe sur l'appui duquel
elles évolueront paisiblement et sûrement ; ce point fixe sera

(1) On pourrait concevoir et même citer des régimes où les pouvoirs temporaires
ne sont pas dus à l'élection ; mais aujourd'hui l'antithèse n'est posée qu'entre une
présidence élective et une royauté héréditaire. — Il faut dire plus : la thèse de la
royauté de droit divin, qui met le roi en dehors et au-dessus du peuple, n'est plus
aujourd'hui pratiquement soutenue, au moins en France. Aussi la discussion
donnée au texte ne concerne-t-elle qu'une royauté qui se considère comme l'un
des représentants de la nation.

fourni par l'hérédité; il ne peut l'être par l'élection. Dans les circonstances graves, la nation tournera ses regards confiants vers un pouvoir héréditaire; ce serait un grand souci de plus que d'avoir à nommer le Chef de l'État.

L'hérédité évite les crises, les surprises, l'attente et l'angoisse qui accompagnent toute élection, les mouvements de toute nature que peut produire la succession au pouvoir d'un parti à un autre. Elle décourage les ambitions que tente le pouvoir suprême, empêche l'arrivée inopinée d'une célébrité populaire, mal préparée à ses fonctions, et fait monter sur le trône un homme spécialement élevé dans l'idée qu'il régnera, formé aux vertus royales, issu d'une race que l'exercice du pouvoir aura perfectionnée. Avec le régime parlementaire, il suffit au Roi (comme au Président) d'avoir de l'impartialité, de la bonne volonté, de la modération, le sens de l'opinion publique. Son rôle est d'autant plus facile qu'il n'est pas le chef ou le représentant d'un parti vainqueur dans la lutte électorale; il n'a ni dévouements à récompenser, ni ressentiments à venger. Pour le choix de ses collaborateurs, il ne consultera que l'opinion publique et pourra en suivre fidèlement les fluctuations. Il se consacrera entièrement aux affaires de l'État; il n'en sera pas détourné par le souci de sa réélection et les intérêts de son parti.

L'hérédité a sans doute des inconvénients; mais le régime parlementaire (n⁰ˢ 397 et s.) les réduit à rien, et ils tiennent plutôt aux hommes qu'à l'institution elle-même.

L'élection excite les ambitions par l'appât d'une situation exceptionnelle. L'élu est le chef d'un parti animé de passions politiques, ayant des partisans à satisfaire, des adversaires à accabler. L'élection multiplie les crises dont s'accompagne toujours la transmission du pouvoir et entretient une cause permanente d'agitation. Elle ne permet pas à l'opinion publique d'obtenir une satisfaction immédiate, car le Président récalcitrant gardera ses fonctions temporaires jusqu'au terme fixé par la loi. Le Chef d'État élu négligera les affaires publiques pour servir ses partisans, écraser ses adversaires, consolider son triomphe, préparer sa réélection.

Et à qui remettre le droit d'élire le Président? Nouvelle difficulté! Il y a également à craindre de constituer une aristocratie électorale dont l'élu sera le captif, et de tomber au césarisme populaire, serviteur de la plèbe.

Enfin l'histoire montre tantôt l'hérédité se substituant à l'élection par un savant progrès, tantôt les électeurs, en crainte de ce résultat, écartant systématiquement du pouvoir les plus dignes (1).

323. III. *Forme présidentielle*. — Ses partisans font le procès de l'hérédité. Elle est, disent-ils, un moyen aveugle de choisir le Chef de l'État. Cette fonction si haute, si grave, si délicate est abandonnée aux hasards de la naissance. Il y faut de la stabilité, de la maturité, de la dignité professionnelle : on l'expose aux incertitudes des minorités et des régences, à l'inexpérience d'une jeunesse téméraire, aux défaillances de la vieillesse. Elle est prise dans ce dilemme : ou une royauté active et absolue, c'est-à-dire un danger de tyrannie, ou une royauté parlementaire, insignifiante et effacée, c'est-à-dire une inutilité.

L'hérédité répugne aux sociétés démocratiques; le pouvoir doit aller au plus digne, et l'élection est, pour le décerner, le moins imparfait des moyens. Pourvu qu'on l'organise sagement, elle portera régulièrement à la magistrature suprême

---

(1) La forme royale a été consacrée en France par la C. 1791 (tit. III, préamb. art. 1, les Chartes (art. 13 et s., 12 et s.), l'Acte Additionnel (art. 1), les Ses. An XII (art. 3), 7 nov. 1852 (art. 1, 21 mai 1870 (art. 2). Elle existe encore dans un assez grand nombre d'États européens. Mais, au cours ou à la suite de la dernière guerre, elle a disparu dans des pays importants (Allemagne, Autriche-Hongrie, Russie).

Il est remarquable que plusieurs C. donnent aux Chambres : l'élection du roi à défaut de successeur régulier (Belgique, Danemark, Espagne, Grèce, Luxembourg, Pays-Bas, Roumanie, Suède); l'approbation du successeur désigné par le roi (Grèce, Norvège, Pays-Bas, Roumanie; une part variable dans l'organisation de la régence (Belgique, Espagne, Grèce, Italie, Luxembourg, Norvège, Pays-Bas, Roumanie, Serbie, Suède); l'approbation de l'abdication royale (Espagne), du mariage royal (Espagne). — En Angleterre, Bulgarie, Danemark, Grèce, Norvège, Roumanie, Serbie, Suède, le Chef de l'État doit appartenir à une religion déterminée.

un homme de talent et de vertu, dans la plénitude de ses facultés et de son énergie.

Le caractère temporaire des fonctions inspirera au Président, avec le sentiment de sa responsabilité morale et d'un intérêt immédiat, le souci de ses devoirs.

L'élection, mieux que l'hérédité, donne le caractère représentatif et assure, soit auprès des puissances étrangères, soit auprès de la nation elle-même, le prestige et l'influence. — Elle supprime les querelles intestines et internationales que soulève l'hérédité, les guerres de succession. — Elle ne permet pas aux intérêts privés d'une famille royale de primer ceux d'une nation.

Elle a sans doute des inconvénients, mais il est possible de les écarter par une organisation que ne comporte pas l'hérédité. — Les mœurs politiques doivent et peuvent être telles que le Président soit le représentant du pays, et non l'élu d'un parti ; ce résultat n'est pas plus difficile à atteindre dans une république que dans une royauté ; car quel Roi n'a ni amis ni ennemis ? Quant aux adversaires de la forme même du Gouvernement, ils trouveront moins de justice sous un Roi, dont ils menacent le pouvoir héréditaire, que sous un Président temporaire, moins intéressé à leur élimination (1).

324. Tels sont les principaux arguments de part et d'autre. La question me paraît posée d'une façon trop simple et trop brutale. Cette simplicité est utile aux partis politiques, pour la discussion dont les électeurs sont les juges ; mais n'oublions pas qu'il s'agit de forme seulement, et que le fond, la nature intime, libérale ou tyrannique, des institutions demeure la chose essentielle. Il faudrait, avant de résoudre, chercher ce que cachent les étiquettes ; sans doute, telle royauté vaut mieux que certaine république, et telle autre est pire que toutes les républiques.

La question est-elle même susceptible d'une solution uni-

---

(1) La forme présidentielle a été consacrée en France par les C. An viii, art. 39 et s., 1848, art. 43, 1852, art. 2. Elle existe en Allemagne, Autriche-Hongrie, Pologne, Portugal, Chine ; elle est admise par tous les États d'Amérique.

que, générale, absolue? N'est-il pas plus vraisemblable que chaque forme de Gouvernement correspond à un état social déterminé, et lui rend des services, qui seraient inutiles ou dangereux pour un autre? Si on envisage la question à ce point de vue, on dira sans doute que la royauté est nécessaire pour donner l'unité à une nation qui s'élabore, pour y former l'éducation publique et parlementaire; que l'hérédité donne comme un noyau aux nations en formation. Ces résultats atteints, son rôle est fini; et, sans perdre ses droits aux souvenirs respectueux et reconnaissants de tous, elle doit faire place à un régime nouveau, où la nation émancipée et éclairée tire de son sein son suprême magistrat.

II

Élection du Président de la République.

325. I. *Corps électoral.* — « *Le Président de la République est élu à la majorité absolue des suffrages par le Sénat et par la Chambre des députés réunis en Assemblée nationale* » (L. C. 25 fév. 1875, art. 2) (1).

Cette règle est discutée. L'élection au suffrage universel rallie un assez grand nombre de partisans. Elle est présentée par eux comme le seul mode qui respecte la souveraineté du peuple, qui donne au Chef de l'État le prestige et l'autorité

_____

(1) La C. An viii (art. 20, fait élire les Consuls par le Sénat, le Ses. An x donne au Premier Consul un droit de présentation, obligatoire au troisième vote, pour les deux autres consulats (art. 40-41) et le droit de désigner son successeur (art. 42); les deuxième et troisième Consuls peuvent aussi présenter des candidats pour le Premier Consulat (art. 50-51). — L. C. 1848 (art. 43) et 1852 (art. 16) font élire le Président de la République par le suffrage universel; la C. 1852 (art 17) lui permet de recommander au peuple un candidat à sa succession.

L'élection par les Chambres assemblées existe en Portugal, Uruguay, Vénézuéla; le Président est élu au suffrage universel en Bolivie, Brésil, Colombie, Équateur, à deux degrés en Chili, Paraguay, Rép. Dominicaine. Aux États-Unis, l'élection est aussi à deux degrés; chaque État nomme autant d'électeurs qu'il y a de sénateurs et de députés; si aucun candidat ne réunit la majorité absolue, la Chambre Basse choisit entre les trois noms les plus favorisés. Il est de tradition que les électeurs du second degré reçoivent le mandat impératif de voter pour tel candidat. Un système analogue fonctionne au Mexique, en Rép. Argentine.

dont il a besoin à l'égard de l'étranger, du pays et surtout des Chambres.

La prétention est exagérée. Le Président de la République représente le peuple dès que ses électeurs sortent eux-mêmes du suffrage universel. — Il ne semble pas que le prestige et l'autorité lui aient manqué jusqu'à présent. — Les choix seront plus sûrs, faits par un corps électoral spécial et peu nombreux, plutôt que par des millions d'électeurs faciles à séduire et à entraîner. — Le Président élu par le suffrage universel tirerait de son élection une autorité excessive, une supériorité trop marquée sur le Parlement, même sur la Chambre des députés, qui est issue du suffrage universel, mais dont chaque membre n'est élu que par quelques milliers de voix ; le Président en recueillerait plusieurs millions. Les difficultés avec les Chambres n'auraient aucune issue légale et se résoudraient par la force ; on l'a bien vu en 1851 (n° 92).

Le système admis en 1875 est donc le plus simple et le plus sûr. Il confie l'élection aux seuls représentants de la nation, à qui une pratique quotidienne des affaires publiques donne, pour ce choix, des lumières exceptionnelles.

On lui a reproché de violer la séparation des pouvoirs et de mettre le pouvoir exécutif sous la dépendance du pouvoir législatif qui le nomme (1). La critique ne me paraît pas fondée. Le Président sera indépendant du Parlement, au moins pour cette raison qu'il y a deux Chambres ; aucune d'elles ne pourra prétendre qu'il lui doit son élection, puisque leurs membres sont confondus dans l'Assemblée nationale et votent au scrutin secret. Rarement, il se trouvera en conflit avec toutes les deux, et si le fait se produit, il est probable que les Chambres renouvelées par des élections

_____

(1) Pour écarter l'objection, le Gouvernement proposait (projet du 19 mai 1873) d'adjoindre à l'Assemblée nationale trois délégués de chaque Conseil général. On a proposé de confier l'élection à la réunion de deux Chambres, en tout semblables au Sénat et à la Chambre, mais élues seulement pour cet objet, et d'où les sénateurs et députés seraient exclus. Ces complications ne paraissent offrir aucun avantage sérieux.

relativement récentes, exprimeront l'opinion du pays. S'il est
en désaccord avec une seule, la dissolution, en rendant la
parole au peuple, tranchera la difficulté (n°⁵ 437 et s.).

326. L'Assemblée nationale forme un seul collège électoral, dans lequel chaque Chambre perd son individualité,
dans lequel chaque membre de l'une ou de l'autre possède
une voix. L'inégalité numérique des deux Chambres assure
aux députés un avantage marqué sur les sénateurs.

Ce collège électoral est assez bigarré. Certains de ses
membres ont élus au 1er degré (députés); d'autres au 2e et
au 3e (sénateurs).

Les députés ou sénateurs proclamés élus par les commissions de recensement, mais dont les pouvoirs ne sont pas
encore vérifiés, peuvent voter dans l'Assemblée nationale.
Il en est de même des membres exclus par application du
règlement.

L'Assemblée nationale se réunit à Versailles. Elle a pour
bureau le bureau du Sénat (L. C. 16 juill. 1875, art. 11,
al. 2). Le président du Sénat la préside donc, même lorsqu'il
est candidat à la présidence de la République. Mais d'ordinaire, en ce cas, il cède le fauteuil à un vice-président pour
la proclamation du scrutin.

L'Assemblée nationale n'est qu'un collège électoral; elle
ne peut que voter. Toute discussion, même sur les candidatures, est interdite, aucun discours ne peut être prononcé;
la question préalable est opposée à tout membre qui demande
la parole. Telle a été la pratique constamment suivie.

Le président doit être élu à la majorité absolue des suffrages, c'est-à-dire par la moitié plus un des suffrages exprimés. Quel que soit le nombre des tours de scrutin, cette
majorité absolue est nécessaire.

Le président de l'Assemblée nationale proclame que
M. X... est nommé Président de la République pour sept
ans. Lorsqu'il s'agit d'une élection normale, pour remplacer
un Président arrivé au terme de son septennat, la proclamation ajoute que les sept ans du nouveau Président commen-

ceront le jour où prendra fin le mandat du Président en
exercice.

Dans le même cas, le nouveau Président est averti de son
élection par le Président de l'Assemblée nationale. Lorsque
l'élection pourvoit à une vacance par décès ou démission, il
est averti par le Conseil des ministres qui a provisoirement
exercé le pouvoir législatif (L. C. 25 fév. 1875, art. 7).

327. II. Date. — « *Un mois au moins avant le terme légal
des pouvoirs du Président de la République, les Chambres
devront être réunies en Assemblée nationale pour procéder à
l'élection du nouveau Président* (1). — *A défaut de convocation, cette réunion aurait lieu de plein droit le quinzième
jour avant l'expiration de ces pouvoirs. — En cas de décès
ou de démission du Président de la République, les deux
Chambres se réunissent immédiatement et de plein droit* (2).
— *Dans le cas où, par application de l'article 5 de la loi du
25 février 1875, la Chambre des députés se trouverait dissoute
au moment où la présidence de la République deviendrait
vacante, les collèges électoraux seraient aussitôt convoqués,
et le Sénat se réunirait de plein droit* » (L. C. 16 juill. 1875,
art. 3).

« *En cas de vacance par décès ou pour toute autre cause,
les deux Chambres réunies procèdent immédiatement à l'élection d'un nouveau Président. — Dans l'intervalle, le Conseil
des ministres est investi du pouvoir exécutif* » (L. C. 25 fév.
1875, art. 7).

Lorsque les pouvoirs présidentiels expirent normalement
par le terme de sept ans, l'Assemblée nationale est convo-

---

(1) M. Grévy, élu le 30 janvier 1879, fut réélu le 28 décembre 1885. M. Fallières
a été élu le 17 janvier 1906; M. Poincaré, le 17 janvier 1913; M. Deschanel, le
17 janvier 1920.

(2) M. de Mac-Mahon, démissionnaire le 30 janvier 1879, fut remplacé le même
jour; M. Grévy, démissionnaire le 2 décembre 1887, fut remplacé le lendemain;
M. Carnot, assassiné le 24 juin 1894, fut remplacé le 27 juin; M. Casimir-Perier,
démissionnaire le 16 janvier 1895, fut remplacé le 17; M. Félix Faure, décédé le
16 février 1899, fut remplacé le 18.

quée par un décret (D. 24 déc. 1885, 12 janv. 1906, 7 janv. 1913, 6 janv. 1920). En outre, les membres des deux Chambres sont avertis à domicile par les soins du président du Sénat, qui préside de droit l'Assemblée nationale, et par la voie du *Journal officiel*. En cas de décès ou de démission, la convocation par décret n'a pas lieu.

328. Il résulte des textes précités que, normalement, le Président de la République est élu un certain temps avant d'entrer en fonction. Dans cet intervalle, il n'est pas encore Président, et il conserve les fonctions qu'il exerçait au jour de son élection (1); son prédécesseur reste Chef de l'État jusqu'au dernier jour de sa période septennale. Le jour venu, le Président sortant transmet les pouvoirs au Président nouveau dans les formes les plus simples (2).

329. III. *Durée des pouvoirs.* — « Il (le Président de la République) *est nommé pour sept ans* »... (L. C. 25 fév. 1875, art. 2) (3). Le délai doit être compté pour chaque Président séparément; et ainsi le Président élu après une démission ou un décès reste en fonctions pendant sept ans, et non pas seulement pour le temps qui restait à parcourir par son prédécesseur (4).

Le Président de la République est inamovible. L'Assemblée qui lui a confié ses fonctions ne peut pas les lui retirer; elle ne pourrait d'ailleurs se réunir spontanément (5). Le 1er dé-

(1) M. Loubet, président du Sénat, démissionna le 21 février 1889; M. Fallières, également président du Sénat, démissionna le 13 février 1906; M. Poincaré, président du Conseil, démissionna le 21 janvier 1913.
(2) Le 18 février 1920, la transmission des pouvoirs de M. Poincaré à M. Deschanel a été faite en présence des bureaux des deux Chambres et des ministres.
(3) La durée des fonctions consulaires était fixée à dix ans par la C. An VIII (art. 39); le Scs. An x organisa le Consulat à vie (art. 39).
La présidence dure : quatre ans aux États-Unis et dans la plupart des Rép. américaines, en Portugal; cinq ans au Chili; six ans au Mexique, en Rép. Argentine; sept ans à Haïti.
(4) Aux États-Unis, lorsque la présidence devient vacante, le vice-président achève la période en cours.
(5) En Portugal, le Président peut être destitué par une délibération des deux Chambres réunies, à la majorité des deux tiers des voix.

cembre 1887, les Chambres ont déclaré qu'elles attendaient
une communication du Gouvernement, c'est-à-dire la démission du Président de la République. Celui-ci finit par céder
et résigna ses pouvoirs (2 décembre 1887). Cette mise en
demeure adressée au Chef de l'État par les Chambres est
certainement inconstitutionnelle.

330. Le Chef de l'État peut démissionner (1). Le fait s'est
produit trois fois depuis 1875 : le 30 janvier 1879, le 2 décembre 1887, le 16 janvier 1895. Les formes de la démission
ne sont pas réglées par la loi; le Président n'est donc pas
tenu d'envoyer aux Chambres un message, qu'un ministre
devrait contresigner et lire à la tribune. En pratique, le
Président a, dans les trois circonstances citées, adressé une
simple lettre aux deux Chambres. Celles-ci ont, chacune de
son côté, donné acte de la démission. L'Assemblée nationale
n'a pas, les textes étant muets, à accepter ou à refuser la
démission présidentielle; elle n'a qu'à élire le nouveau Président.

331. Il n'est pas douteux :

que le Président qui perdrait les droits de citoyen français,
qui serait condamné par le Sénat pour haute trahison, serait
déchu de ses fonctions; le cas n'est pas prévu par les textes.

Comment régler l'exercice du pouvoir exécutif depuis la
mise en accusation par la Chambre jusqu'au jugement par
le Sénat? Le ferait-on passer aux ministres, par analogie de
l'article 7, § 2, L. C. 25 février 1875? Le laisserait-on au Président, présumé innocent, comme tout accusé? Une revision
constitutionnelle pourrait seule résoudre ces graves questions;

que la fonction présidentielle est incompatible avec toute
autre fonction publique, notamment avec les fonctions législatives. Si le Président était élu sénateur ou député, il devrait
opter et serait remplacé dans ses fonctions si dans les huit
jours après sa validation, il ne répudiait pas la fonction

---

(1) Au Mexique, le Président ne peut démissionner sans l'assentiment de la
Chambre des députés.

législative (n° 239) (1). Pour les fonctions de conseiller général, conseiller d'arrondissement, conseiller municipal, maire, il faut reconnaître que la fonction présidentielle n'est pas citée parmi celles qui sont frappées d'incompatibilité.

Les textes ne prévoient pas le cas où le Président serait, pour cause de maladie physique ou mentale, dans l'impossibilité de remplir ses fonctions (2). Il serait nécessaire de le remplacer; mais ici encore une revision constitutionnelle s'imposerait pour rendre régulière l'élection nouvelle.

332. IV. *Éligibilité.* — Les lois constitutionnelles n'établissent aucune condition d'éligibilité, aucune incapacité ou incompatibilité (3). Il faut en conclure que tout citoyen français est éligible à la présidence de la République. Les Chambres peuvent prendre le Chef de l'État parmi leurs membres ou en dehors. Cependant « *les membres des familles ayant régné en France sont inéligibles à la présidence de la République* » (L. R. 14 août 1884, art. 2).

333. Le Président de la République « *est rééligible* » (L. C. 25 fév. 1875, art. 2 *in fine*) (4). — La prohibition de réélire s'appuierait sur la crainte que l'hérédité ne s'introduisît par des réélections répétées et que le Chef de l'État ne négligeât les intérêts de l'État pour préparer sa réélection. Elle aurait

---

(1) On se rappelle que M. Thiers fut, en 1871, Chef du pouvoir exécutif sans perdre son siège de député. M. Poincaré, président de la République, fut élu sénateur de la Meuse le 11 janvier 1920 et déclara accepter. Comme il était sur le point de quitter les fonctions présidentielles, on convint de retarder sa validation (n° 239) jusqu'au terme de ces fonctions, pour qu'il ne fût pas obligé d'opter. Il fut validé le 17 février 1920.

(2) La même lacune existe dans la C. États-Unis. Il en est résulté une situation assez difficile pendant la maladie de M. Wilson.

(3) La C. An VIII, art. 20, exige que les Consuls soient pris sur la liste nationale de notabilité; la C. 1848, art. 44, veut que le Président soit âgé de 30 ans et n'ait jamais perdu la qualité de Français. Les C. étrangères exigent des conditions; aux États-Unis, la nationalité de naissance, l'âge de 35 ans, quatorze ans de résidence.

(4) Même règle dans les C. An VIII, art. 39, et un grand nombre de C. étrangères, notamment celle des États-Unis. Ici cependant l'usage ne tolère qu'une seule réélection. La C. fr. 1848, art. 45, déclare inéligibles pour quatre ans le Président sortant, ses parents et alliés jusqu'au sixième degré. — La réélection n'est permise par la C. Argentine qu'après l'intervalle d'une présidence.

l'inconvénient d'écarter nécessairement du pouvoir un homme qui a montré des talents et rendu des services et de le pousser aux attentats constitutionnels pour garder la fonction dont il se sent digne Par sa faute, le Président ne s'intéresserait pas aux réformes longues et mûries, qu'il pourrait à peine proposer, sans avoir l'espoir de les achever et d'y attacher son nom.

Il est utile à l'État que le Président sortant puisse être réélu; l'Assemblée nationale saurait écarter le Président incapable ou indigne.

334. Les lois de 1875 n'instituent ni les deuxième et troisième Consuls, que la C. An VIII, art. 40 et 42, appelait à suppléer le Premier, et à donner un avis consultatif en certaines affaires; — ni le vice-président de la République (1), créé par la C. 1848, art. 70, pour suppléer le Chef de l'État.

Elles ont évité l'intervalle de deux présidences en fixant la date de l'élection présidentielle (n° 327). L'intérim résultant d'une démission ou d'un décès est rempli par le Conseil des ministres (n° 327); il est très court, puisque l'Assemblée nationale se réunit immédiatement. Cependant, au cas de vacance survenue après la dissolution de la Chambre des députés, cet intérim peut durer pendant plusieurs semaines. Un tel concours de circonstances est heureusement improbable.

III

Attributions du Président de la République.

335. Certaines Constitutions délèguent au Chef de l'État le pouvoir exécutif et y ajoutent diverses autres attributions (2).

(1) Il existe aux États-Unis et dans plusieurs Rép. américaines; mais il y joue d'ordinaire un rôle insignifiant, il est cependant appelé à prendre le pouvoir si la Présidence devient vacante; le cas s'est produit au profit de certains vice-présidents qui avaient été élus sans grande réflexion. Il y a contradiction entre la situation effacée imposée en général au vice-président et celle que la mort du Président peut lui donner.

(2) En France, C. 1791 (tit. III, préamb., art. 4, et chap. IV), 1848 (art. 49 et s.), Charte de 1830 (art. 13 et s.); à l'étranger, la plupart des C. rép iblicaines et celles

D'autres confèrent au Chef de l'État la plénitude des pouvoirs, sauf les restrictions indiquées par la Constitution (1).

Les lois de 1875 se bornent, sans formule générale, à énumérer les pouvoirs qu'elles donnent au Président de la République (L. C. 25 fév., art. 3 à 5 ; 16 juill. 1875, art. 2, 6 à 9). On remarquera que les termes de la Constitution sont assez larges pour tolérer des extensions ou des applications par voie purement législative. D'un autre côté, dans l'ordre exécutif, le Président a, comme on le verra (n° 349), une liberté d'action, dont l'évolution de la vie nationale provoque un usage incessant et intéressant.

Les attributions du Président de la République touchent au fonctionnement de la Constitution ; au pouvoir législatif ; au pouvoir exécutif ; aux relations internationales ; à l'administration de la justice.

336. I. *Attributions touchant au fonctionnement de la Constitution.* — Le Président de la République convoque les Chambres en sessions extraordinaires (n° 220) ; — avance, s'il le juge à propos, la date légale d'ouverture de la session ordinaire (n° 215) ; — ajourne les Chambres (n° 218) ; — prononce la clôture des sessions (n° 217) ; — dissout la Chambre des députés (n° 437) ; — propose aux Chambres la revision de la Constitution (n° 445) ; — leur adresse des messages (n° 430).

Ces attributions ont été ou seront étudiées ailleurs.

337. II. *Attributions touchant au pouvoir législatif.* — « *Le Président de la République a l'initiative des lois, concurremment avec les membres des deux Chambres* » (L. C.,

de Belgique, Espagne, Grèce, Italie, Norvège, Pays-Bas, Roumanie. A remarquer le *pouvoir modérateur* que la C. portugaise (abolie en octobre 1910) donnait au roi pour « la conservation de l'indépendance, de l'équilibre et de l'harmonie des autres pouvoirs politiques » et dont l'exercice consistait notamment à nommer les pairs, convoquer, ajourner les Chambres, sanctionner les lois, suspendre les magistrats, etc. Il ne figure pas dans la C. 1911.

(1) En France, les C. impériales, les Chartes (art. 13 et s. ; 12 et s.) ; à l'étranger, les C. Danemark, Luxembourg.

25 fév. 1875, art. 3, al. 1). On a vu (nº 280) pourquoi l'initiative est ainsi partagée. Les projets de lois sont déposés sur les bureaux des Chambres par les ministres, au nom du Président de la République; ils sont précédés d'un exposé des motifs; ils sont exempts de la prise en considération ; ils peuvent être retirés à tout moment avant le vote.

Le projet peut être déposé devant l'une ou l'autre des Chambres indifféremment; cependant, les lois de finances doivent être proposées d'abord à la Chambre des députés (L. C. 24 fév. 1875, art. 8, § 2) (nº 131).

338. Le Président de la République peut désigner des commissaires pour assister les ministres dans la discussion d'un projet de loi déterminé (L. C. 16 juill. 1875, art. 6, al. 2).

339. « *Il promulgue les lois lorsqu'elles ont été votées par les deux Chambres* » (L. C. 25 fév. 1875, art. 3, al. 1). La promulgation, que toutes les Constitutions françaises attribuent au Chef de l'État, constate l'accomplissement de la procédure législative, l'existence de la loi; elle la porte à la connaissance des citoyens pour que ceux-ci, qui peuvent ignorer les votes des Chambres, s'y soumettent et l'exécutent. Elle est, a-t-on dit, *l'acte de naissance de la loi.*

La promulgation doit être considérée comme un acte législatif, car elle n'exécute pas. Cette idée est presque incontestable pour les Constitutions qui réservent au Chef de l'État la sanction de la loi ; elle est encore vraie de celles qui lui accordent un délai pour solliciter des Chambres une nouvelle délibération. La loi n'est définitive que par la promulgation qui exprime la renonciation du Chef de l'État à ce droit, son adhésion à la loi. On a soutenu pourtant que la promulgation est un acte d'exécution, parce que la loi existe dès qu'elle a été votée par les Chambres. La question manque d'intérêt pratique.

La promulgation se fait par un décret du Président de la République. Les formes, sur lesquelles diverses Constitutions contiennent de minutieux détails (1791) (1) (tit. III, chap. IV,

---

(1) Ajoutez D. 5 et 9 nov. 1789, 2 nov. 1790, 18 mai 1791, art. 11.

sect. 1; An III, art. 128 et s.; An XII, art. 137 et s.), sont actuellement fixées par le D. 6 avril 1876 : « *Le Sénat et la Chambre des députés ont adopté, le Président de la République promulgue la loi dont la teneur suit... (texte de la loi). La présente loi, délibérée et adoptée par le Sénat et par la Chambre des députés, sera exécutée comme loi de l'État. Fait à...* ».

La date du décret de promulgation est la date sous laquelle la loi est connue; un avis du Conseil d'État, approuvé le 5 pluviôse An VIII, prescrivait la date du vote au Corps législatif. L'usage contraire a prévalu, à cause du droit de sanction ou de deuxième délibération, qui n'existait pas en l'An VIII.

La promulgation atteste aux particuliers l'existence de la loi; elle la rend exécutoire. Aussi, quoi qu'on en ait dit, une loi non promulguée ne saurait-elle être mise à exécution.

340. Pour que la loi soit obligatoire, il faut qu'elle ait été publiée, c'est-à-dire que le décret de promulgation ait été porté à la connaissance du public. A cet effet, le décret de promulgation est inséré au *Journal officiel de la République française*, qui, à cet égard, a remplacé le *Bulletin des Lois*, créé par la L. 14 frimaire An II, sect. 1, art. 1; et la loi devient obligatoire « *à Paris un jour franc après la promulgation, et partout ailleurs dans l'étendue de chaque arrondissement, un jour franc après que le* Journal officiel *qui la contient sera parvenu au chef-lieu de cet arrondissement* » (D. 5 nov. 1870, art. 1 et 2) (1). Ainsi, on ne saurait confondre la *promulgation*, qui prescrit l'exécution ultérieure de la loi et qui résulte d'un décret du Chef de l'État (2), et la *publication*, qui fait la loi obligatoire et qui résulte, par l'effet d'une présomption légale, de l'expiration d'un délai.

(1) Quelquefois la loi, par une disposition expresse, retarde son application jusqu'à l'arrivée d'un événement déterminé (par exemple, L. 15 juill. 1915, art. 3), ou jusqu'à l'expiration d'un délai à compter de sa promulgation (par exemple, L. 14 mars 1919, art. 1), ou jusqu'à la promulgation des décrets ou règlements d'administration publique qu'elle prescrit (par exemple, L. 18 mars 1919, art. 23).

(2) Le D. 5 nov. 1870 (art. 1) dit inexactement que la promulgation résulte de l'insertion au *Journal officiel*.

Chaque ministre se charge de faire insérer au *Journal officiel* les actes qui intéressent son département; le garde des Sceaux s'occupe, en outre, des insertions au *Bulletin des Lois*, qui continue d'être publié (1) et qui, pour certains actes, double le *Journal officiel*, et, pour d'autres, le supplée (D. 5 nov. 1870, art. 1; 14 mai 1908, art. 2).

341. « *Le Président de la République promulgue les lois dans le mois qui suit la transmission au Gouvernement de la loi définitivement adoptée. Il doit promulguer dans les trois jours les lois dont la promulgation, par un vote exprès dans l'une et l'autre Chambres, aura été déclarée urgente* » (2) (L. C. 16 juill. 1875, art. 7, al. 1) (3). Après le vote d'une loi, tout sénateur ou député peut demander que l'assemblée soit consultée sur la question de savoir si la loi sera promulguée d'urgence dans les trois jours (Règl. du Sénat, art. 94; de la Chambre, art. 91). La même question est posée d'office à la Chambre des députés lorsque la procédure rapide, réglée par la résolution du 17 janvier 1917 (n° 316) a été suivie.

Aucune sanction n'est indiquée pour le cas où les délais prescrits seraient écoulés sans promulgation; la responsabilité ministérielle a paru suffisante (4).

342. « *Dans le délai fixé pour la promulgation, le Président de la République peut, par un message motivé, demander aux deux Chambres une nouvelle délibération qui ne peut être refusée* » (L. C. 16 juill. 1875, art. 7, al. 2) (5).

(1) Sur le mode de publication du *Bulletin des Lois*, D. 14 mai et 30 déc. 1908.
(2) On ne confondra pas ce cas avec la déclaration d'urgence prévue par le règlement du Sénat (n° 15).
(3) Ces délais sont empruntés à la C. 1848 (art. 57); la C. An viii, art. 37, fixait dix jours, la C. An iii (art. 128), deux jours.
(4) La C. 1848 (art. 59) confiait la promulgation au président de l'Assemblée, si le Président de la République ne promulguait pas dans le délai obligatoire.
(5) Même règle dans la C. 1848, art. 58, et la L. 13 mars 1873; celle-ci fixait le délai à trois jours, et ajoutait, pour les lois soumises à trois délibérations, que le le Chef de l'État pouvait exiger un intervalle de deux mois entre la deuxième et la troisième (art. 2).
Aux États-Unis et dans plusieurs Rép. américaines qui les ont imités, le Chef de l'État a dix jours pour exiger une seconde délibération, et le vote ne peut être confirmé qu'à la majorité des deux tiers.

Ce droit doit être exercé sous forme de message, contresigné et lu à la tribune par un ministre (L. C. 16 juill. 1875,
art. 6, al. 1), et le message doit être motivé. Il est imprimé
et distribué (Règl. du Sénat, art. 74 ; de la Chambre, art. 22).
Les Chambres ne peuvent pas refuser de délibérer, et le Président serait autorisé, je crois, à suspendre la promulgation
jusqu'au second vote. La seconde délibération a lieu dans
les formes ordinaires ; aucune majorité spéciale n'est exigée
pour le second vote ; si les Chambres persistent dans leur
première décision, le Chef de l'État doit s'incliner et promulguer la loi. Le délai de la promulgation, en l'absence
d'un texte spécial, sera le délai normal d'un mois ou de trois
jours, à compter de la deuxième transmission (1).

La seconde délibération ne peut être demandée que pour
les lois proprement dites ; elle ne saurait être exigée pour
les résolutions de revision ni pour les lois de revision
(n° 460) (2).

Le droit qui nous occupe ne doit être confondu :

ni avec le droit de sanction (3) ; la *sanction* est une partie
essentielle de la loi ; le refus du Chef de l'État laisse la loi
imparfaite et sa résistance ne peut être brisée ;

ni même avec le *veto suspensif*, qui arrête la loi pendant
un certain temps ou jusqu'à ce qu'elle ait été votée de nouveau une ou plusieurs fois, et peut-être avec une majorité
spéciale (4).

(1) La C. 1848 (art. 58) indiquait le délai fixé pour les lois d'urgence.

(2) La L. 13 mars 1873, art. 3, le disait formellement.

(3) Les Chartes (art. 22, 18) l'accordent au Roi, la C. 1852 (art. 10) au Président
de la République, le Scs. 1870 (art. 17) à l'Empereur ; il est inutile dans les C. qui,
comme celles de l'An VIII, réservent au Chef de l'État l'initiative des lois et refusent au Parlement le droit d'amendement.

La plupart des C. étrangères accordent au Chef de l'État le droit de sanction ;
en Suède, l'avis du Conseil des ministres doit être pris et le refus doit être motivé ;
parfois un délai est fixé dont l'expiration vaut refus (Danemark). — En Angleterre,
aucun refus n'a été opposé depuis 1707 ; c'est la conséquence du régime parlementaire et du rôle prépondérant des ministres (n° 113).

(4) Sous le nom de *sanction*, la C. 1791 (tit. III, chap. III, sect. 3) donne au Roi
un veto suspensif qui pouvait être exercé deux fois ; à chaque fois, la loi devait être
renvoyée à une autre législature ; trois votes successifs et semblables, émanés de

343. Aucun usage n'a encore été fait du droit précité. Ce n'est pas seulement qu'il ait trop peu d'importance et expose le Chef de l'État à des démarches presque humiliantes, parce qu'elles sont légalement inefficaces : le deuxième vote n'étant pas soumis à la condition d'une majorité plus forte (1), il est probable (non pas sûr cependant, car l'intervention du Président pourrait faire réfléchir plusieurs membres des Chambres) que la majorité persistera à voter la loi.

La vraie raison pour laquelle ce droit n'est pas et ne sera sans doute jamais exercé est celle-ci : l'opinion du Gouvernement a été indiquée par les ministres dans l'élaboration de la loi. Si la loi était importante, les ministres qui s'y sont opposés sans succès ont été contraints de se retirer, et leurs successeurs, chefs ou membres de la majorité qui a voté la loi, ne consentiront pas à laisser le Chef de l'État réclamer une deuxième délibération (nos 356 et 384). Or l'intervention présidentielle ne peut avoir lieu sans le concours des ministres. — Si les ministres ont gardé le pouvoir, c'est que la loi était d'intérêt secondaire et ne vaut pas la peine que le Président intervienne (2). Tel est l'effet du régime parlementaire (n° 404).

Il pourrait sans doute arriver que la loi fût si importante et si mauvaise à la fois que le Gouvernement voulût à tout prix l'empêcher d'entrer en vigueur. Mais cette intention supposerait celle de dissoudre la Chambre, au cas où la majorité voterait de nouveau la loi, afin que le peuple fût consulté (nos 437 et s.). Le cas serait alors grave, et peut-être le Gouvernement préférerait-il dissoudre, sans demander la deuxième délibération.

Le droit de sanction a évidemment plus de force et de valeur que le droit de demander une deuxième délibération,

trois législatures différentes, à deux ans d'intervalle, faisaient la loi définitive, malgré la résistance du Roi. — La C. Norvège consacre un système analogue.

(1) Aux États-Unis, le deuxième vote exige la majorité des deux tiers.

(2) Aux États-Unis, les ministres n'entrant pas aux Chambres et restant subordonnés au Président, celui-ci peut intervenir utilement. Il l'a fait assez fréquemment.

puisqu'il permet au Chef de l'État de mettre un obstacle définitif à une loi qu'il juge mauvaise. Mais, dans un régime parlementaire, son exercice est soumis aux mêmes conditions, et il n'est pas sensiblement plus efficace.

344. « *Il en surveille et assure l'exécution* » (L. C. 25 fév. 1875, art. 3, al. 1). Cette formule très large, qui embrasse toutes les attributions exécutives, donne aussi au Chef de l'État le droit de faire des règlements, le *pouvoir réglementaire* (1).

Le pouvoir réglementaire est une des formes du pouvoir législatif (n° 21) et il est difficile de préciser son domaine propre. En disant que la loi est faite par le Parlement et le règlement par le Président de la République (2), on aura indiqué l'intérêt et non le principe de la distinction. Quelques indications générales peuvent seules être données.

345. Le règlement complète ou remplace la loi.

Il complète la loi. La loi ne peut utilement et sûrement régler toutes choses; elle se borne d'ordinaire à poser des principes, des règles générales. Le règlement, d'après ces règles générales qu'il ne peut modifier, distingue les cas d'application, prescrit les formalités, résout les difficultés prévues, prépare et facilite de toutes manières l'application de la loi. Ces détails, le pouvoir législatif a parfois tenté, ainsi sous la Révolution, de les faire entrer dans la loi; plus souvent, il a préféré les laisser au pouvoir exécutif, mieux placé pour prévoir et résoudre les difficultés d'application.

La loi peut remettre au Chef de l'État le soin de régler certains objets, solliciter, pour des parties du sujet sur lequel elle statue, l'intervention du pouvoir réglementaire; et même

(1) Il y a une disposition formelle dans les C. An viii (art. 44), 1852 (art. 6), les Chartes (art. 14, 13), le Scs. 1870 (art. 14); les C. 1791 (tit. III, chap. iv, sect. 2, art. 6); 1793 (art. 65), An iii (art. 144) refusent au Gouvernement le pouvoir réglementaire; la C. 1848 (art. 75) permet à l'Assemblée d'en confier l'exercice au Conseil d'État. A l'étranger, le Chef de l'État jouit en général de ce pouvoir.

(2) Le pouvoir réglementaire appartient aussi aux préfets, en vertu de leurs pouvoirs généraux et de textes spéciaux, aux maires en général (L. 5 avril 1884, art. 91 et s.), quelquefois aux ministres.

souvent, en ce cas, il y a une véritable délégation du pouvoir législatif. Lorsque cette délégation est accompagnée de l'obligation de consulter le Conseil d'État en Assemblée générale, le règlement prend le nom de *règlement d'administration publique*. — Les lois contemporaines prescrivent très souvent des règlements d'administration publique.

Il remplace la loi. Différents textes législatifs ou constitutionnels attribuent au Chef de l'État le droit de régler certaines matières. Ainsi le régime des colonies est en grande partie fixé par les règlements (1). — L'usage, qui réserve au Parlement tels sujets, réserve tels autres au pouvoir réglementaire. Ainsi c'est par voie réglementaire que diverses obligations ont été imposées aux notaires (D. 30 janv. 1890), aux étrangers (D. 2 oct. 1888), que le service des téléphones interurbains, l'organisation de diverses écoles, du corps consulaire ont été réglés, etc. — La loi prescrit parfois au Chef de l'État d'user de son pouvoir; ainsi la loi de finances du 29 décembre 1882, article 16, a ordonné la réorganisation de l'administration centrale dans les ministères. — Enfin une situation juridique tout à fait nouvelle est souvent l'objet d'un règlement, en attendant une loi.

346. Le règlement ne peut, en principe, ni modifier ni abroger la loi. L'article 4 C. P. réserve à la loi l'établissement des peines; le dernier article de chaque budget réserve à la loi l'établissement des impôts. Cependant dans les cas où le règlement est rendu en vertu d'une délégation formelle du pouvoir législatif, il peut créer des impôts ou des peines; ceci cependant est contesté.

Le pouvoir réglementaire doit nécessairement être exercé avec le concours du Conseil d'État lorsqu'il s'agit d'un règlement d'administration publique (2). — Le Chef de l'État est libre de ne pas se conformer à l'avis du Conseil d'État. —

(1) Cependant les lois commencent à s'en occuper activement. Il existe aussi des Sénatus-consultes importants.
(2) La règle existe dans les C. An VIII (art. 52), 1852 (art. 50), le Scs. 1870 (art. 37).

Quelques auteurs enseignent que le concours du Conseil d'État est nécessaire même quand le pouvoir réglementaire est exercé spontanément, sans l'invitation expresse d'une loi. La pratique est contraire, depuis l'O. 1er août 1827, relative au Code forestier, rendue sans l'avis du Conseil d'État.

347. Les règlements, comme les lois, sont obligatoires pour tous et doivent être appliqués par les tribunaux, pourvu qu'ils soient *légalement* faits, c'est-à-dire dans les limites et avec les formes prescrites. La violation des règlements de police, si aucune loi spéciale n'édicte une peine, est frappée d'une amende de 1 à 5 francs (C. P., 471-15°).

348. Telles sont les attributions législatives du Président de la République. Cette énumération est certainement limitative ; donc, le Chef de l'État n'a pas le droit :

de faire des lois, même provisoires, quelle qu'en soit l'urgence (1). Il est tenu de convoquer les Chambres, si elles sont hors session quand il désire obtenir une loi (2).

(1) Cependant, au cours de la guerre de 1914, et surtout au début, le Gouvernement a pris par voie de décrets une foule de mesures législatives, qui ont été ensuite ratifiées par des lois (V. L. 17, 29, 30 mars, 29 août, 16 oct. 1915, 28 sept. 1916, 15 janvier, 3 février, 13 mars 1920). Du reste, la L. 5 août 1914 (art. 2) l'avait autorisé « pendant la durée de la mobilisation et jusqu'à la cessation des hostilités... à prendre, dans l'intérêt général, par décret en Conseil des ministres, toutes les mesures nécessaires pour faciliter l'exécution ou suspendre l'effet des obligations commerciales ou civiles, pour suspendre toutes prescriptions ou péremptions en matière civile, commerciale et administrative, tous délais impartis pour attaquer, signifier ou exécuter les décisions des tribunaux de l'ordre judiciaire ou administratif ».

La L. 23 octobre 1919, article 2, autorise encore le Gouvernement à prendre certaines mesures législatives pendant un temps limité.

Par un projet de loi déposé à la Chambre des députés le 11 décembre 1916, le Gouvernement demanda qu'un décret rendu en Conseil des ministres pût ajouter ou déroger, avec des sanctions pénales, aux lois relatives à certaines matières. Devant un rapport hostile de la commission, le Gouvernement n'insista pas pour obtenir les *pleins pouvoirs*. Dans plusieurs pays, ces pleins pouvoirs ont été accordés au pouvoir exécutif, pour des objets limités, relatifs à la guerre et à ses conséquences (Angleterre, L. 8 août, 27 nov. 1914 ; Italie, L. 22 mai 1915 ; Portugal, L. 7 août 1916 ; Suisse, L. 3 août 1914).

En France, dans la suite, la L. 10 février 1918 donna au Président de la République des pouvoirs considérables au sujet des denrées alimentaires, des combustibles, de la flotte marchande, et établit des peines comme sanctions des décrets ainsi rendus. Ceux-ci devaient, dans le mois, être soumis à la ratification des Chambres.

(2) En Danemark, Islande, Japon, le Chef de l'État peut faire dans les cas urgents des lois provisoires.

Certains textes pourtant permettent au Chef de l'État de prendre des mesures législatives pendant l'absence des Chambres et sous l'obligation de demander ultérieurement leur ratification (1) ;

d'abroger les lois, car c'est une autre manière de les faire ;

de suspendre l'application des lois. Cependant la loi autorise parfois le Chef de l'État à suspendre son application. Il en est ainsi d'abord dans le cas où l'état de siège peut être proclamé par le Président de la République (L. 3 avril 1878, art. 2 et 3) ; — ensuite dans le cas où un texte reconnaît ce droit ; ainsi le Président de la République peut lever les empêchements au mariage qui résultent de l'impuberté (C. c., 145), de la parenté ou de l'alliance (C. c., 164) ;

d'interpréter officiellement les lois.

À ces règles, la responsabilité ministérielle peut fournir une sanction politique qui suffirait, puisque tous les actes du Président doivent être consignés par un ministre.

Juridiquement, les actes par lesquels le Chef de l'État aurait excédé ses attributions seraient nuls, dénués de toute force obligatoire. La Cour de cassation, fréquemment saisie de la question, distingue : les décrets-lois du Premier Empire ont force de loi, parce que ces actes n'ont pas été annulés par l'autorité compétente à cet effet, par le Sénat, qui avait le droit de casser les actes inconstitutionnels (2) ; les ordonnances rendues entre 1814 et 1848 sont nulles parce qu'elles n'ont pas été soumises à un semblable contrôle (3).

La C. 1852, article 58, donna expressément la force législative aux décrets rendus par le Président de la République depuis le 2 décembre 1851 jusqu'à la constitution des grands corps de l'État (29 mars 1852).

Les décrets rendus par le Gouvernement de la Défense

---

(1) V. pour l'ouverture de crédits, L. 14 déc. 1879, art. 4-5. Le pouvoir conféré par cette loi avait été élargi par la L. 5 août 1914, qui fut abrogée par la L. 30 nov. 1915. V. aussi pour les taxes télégraphiques et téléphoniques, L. 28 mars 1920, art. 39.

(2) V. notamment Cass., 3 mai 1834, S., 34. 1. 576.

(3) V. notamment Cass., 29 août 1851, S., 51. 1. 740.

nationale en 1870-1871 ont été revisés par l'Assemblée nationale et ceux qu'elle n'a pas abrogés ont reçu ainsi le caractère législatif.

Quant aux décrets illégaux rendus pendant la dernière
guerre, le Conseil d'État les considère comme valables, non
seulement à cause de la ratification donnée par des lois, mais
à cause de la nécessité où le Président de la République s'est
trouvé de les prendre, à raison de la guerre (1). La Cour de
cassation, au contraire, refuse de les sanctionner par l'article 471-15° C. P., qui ne vise que les règlements légalement faits, et elle interprète très étroitement les lois de
ratification (2).

349. III. *Attributions touchant au pouvoir exécutif.* —
Elles constituent le domaine propre du Chef de l'État, comme
les attributions législatives pour le Parlement. C'est ce
qu'expriment plusieurs Constitutions. « *Le pouvoir exécutif
suprême réside exclusivement dans la main du Roi* » (C. 1791,
tit. III, chap. IV, art. 1). « *Le Roi est le chef suprême de
l'État* » (Chartes, art. 14, 13). « *Le Président de la République, l'Empereur, est le Chef de l'État* » (C. 1852, art. 6;
Ses. 1870, art. 14). « *Le peuple français délègue le Pouvoir
exécutif à un citoyen qui reçoit le titre de Président de la
République* » (C. 1848, art. 43).

Les lois de 1875 ne donnent aucune formule de ce genre;
elles contiennent seulement l'indication de certains droits
reconnus au Chef de l'État. Leurs formules donneraient, si
on les prenait à la lettre, une idée étroite, et fausse par conséquent, du rôle imparti au Gouvernement. Le Gouvernement
ne se contente pas de procurer l'exécution des lois; il gouverne, c'est-à-dire qu'il assure la continuité et le développement de la vie nationale par une multitude d'actes que
lui inspirent ses doctrines, ses plans, sa conception de l'État
et de la société. Sans doute quelques-uns de ces actes exigent

(1) C. d'État, 30 juill. 1915, Lebon, p. 257.
(2) Cour de Cassation, 30 nov. 1916, D., 17. 1. 43.

le concours du Parlement, une loi; mais souvent la loi se borne à intervenir négativement, par l'indication des limites que le Gouvernement ne doit pas franchir. Dans le cercle ainsi tracé par la loi, le Gouvernement agit spontanément et librement, avec l'honneur et la responsabilité de ses actes. Aussi l'homme d'État ne s'en tient-il jamais à une haute situation au sein du Parlement; il désire toujours détenir le Gouvernement. Il est vrai que, dans un régime parlementaire, le rôle actif appartient aux ministres et non au Chef de l'État dont le nom figure cependant dans tous les actes importants (n° 404).

350. Le Président de la République « *surveille et assure l'exécution* » (des lois) (L. C. 25 fév. 1875, art. 3, al. 1 *in fine*), formule large qui l'autorise à prendre toutes les mesures tendant au but proposé.

Il est impossible d'énumérer les attributions exécutives du Président de la République; un nombre considérable de lois devraient être citées, tous les services publics devraient être passés en revue.

La loi la plus importante à ce point de vue est assurément celle du budget. Le Gouvernement est chargé d'exécuter le budget, de faire les recettes autorisées, d'accomplir les opérations permises, d'appliquer aux dépenses votées les recettes encaissées. En ces quelques mots sont résumées les plus étendues et les plus importantes de ses attributions exécutives.

Dans la même catégorie doivent être rangés les droits que le Président de la République exerce au nom de l'État, soit à l'égard du domaine de l'État dont il a la gestion, soit à l'égard des divers établissements publics sur lesquels l'État exerce une tutelle, soit à l'égard des particuliers, pour régler leur condition à certains points de vue. C'est ainsi que, représenté par les ministres ou les préfets, selon les cas, il achète ou vend des biens pour le compte de l'État; que représenté par le ministre des Finances et la direction générale de l'enregistrement et des domaines, il gère les biens de l'État. C'est ainsi qu'il approuve le budget de chaque dépar-

tement (L. 10 août 1871, art. 57), celui des villes lorsqu'il
excède 5 millions (L. 5 avril 1884, art. 145); qu'il approuve
lui-même ou par les divers fonctionnaires qu'il institue un
grand nombre d'actes intéressant les établissements publics.
C'est ainsi encore qu'il accorde aux Français l'autorisation de
prendre du service militaire à l'étranger (C. c., art. 17-4°),
aux étrangers l'admission au domicile (C. c., art. 13) et la
naturalisation (C. c., art. 8-3°).

Ces droits de l'État sur son domaine, sur ses parties et sur
ses membres, sont partagés entre le Président de la République ou ses délégués et les Chambres. Celles-ci exercent
alors de véritables attributions exécutives (n° 292).

351. « *Il dispose de la force armée* » (L. C. 25 fév. 1875,
art. 3, al. 3). Le texte ne lui donne pas le droit de la commander en personne, mais il ne le lui refuse pas, et ce silence
est significatif si on songe que la menace de démission du
maréchal de Mac-Mahon fit repousser, en 1875, un amendement qui lui retirait expressément ce droit (1). Toutefois, on
ne conçoit guère que le Président de la République assume
le commandement aux armées.

La dernière guerre a suscité une autre question, qui n'est
pas sans relation avec la précédente, celle des rapports entre
le commandement militaire et le Gouvernement.

Il paraît naturel de dire que le Gouvernement a la direction politique de la guerre (2) et le contrôle sur la direction militaire. Mais ces formules sont vagues, et les circonstances les ont montrées insuffisantes. Par exemple, le choix,
entre plusieurs ennemis, de celui qui doit être attaqué et
vaincu le premier est-il de la direction politique ou de la

---

(1) Le silence de la C. An VIII fut interprété dans le même sens. Les C. 1791
(tit. III, chap. IV, art. 1) et 1852 (art. 6), les Chartes (art. 14, 13), le Sén. 1870
(art. 14) accordent au Chef de l'État le commandement et la disposition de la force
armée. Les C. An III (art. 144) et 1848 (art. 50) refusent le commandement des
troupes.

Il est accordé par un grand nombre de C. étrangères, même républicaines, ainsi
par celle des États-Unis.

(2) Cette décision était donnée par des actes antérieurs à la guerre, et qui doivent
être considérés comme abrogés.

direction militaire? Et en quoi peut consister le contrôle sur la direction militaire?

La pratique a varié. Elle a d'abord laissé un large pouvoir au ministre de la Guerre. Puis le D. 2 décembre 1915 a confié le commandement des armées nationales à un général de division, qualifié *commandant en chef des armées,* en somme, à un généralissime. Le D. 13 décembre 1916 réduisit le commandant en chef au rôle de conseiller technique du Gouvernement. Le D. 26 décembre 1916 abrogea les deux décrets précédents, et le ministre de la Guerre redevint le véritable directeur de la guerre, avec les avis techniques du chef d'état-major général de l'armée (D. 12 mai 1917, art. 1). Enfin, les D. 12 septembre et 21 novembre 1917, les arrêtés ministériels du 14 septembre et du 21 novembre 1917 remirent la direction politique de la guerre à un comité de guerre composé d'un petit nombre de ministres sous la présidence du Président de la République. Mais le décret et l'arrêté du 21 novembre 1917 réservent l'approbation du conseil des ministres pour les questions pouvant engager la responsabilité du Gouvernement.

352. « *Il nomme à tous les emplois civils et militaires* » (même texte, al. 4). Cette formule assez fréquente a des conséquences plus ou moins importantes suivant les régimes; restreintes, sous l'empire d'une constitution qui fait électives la plupart des fonctions administratives et judiciaires (1); étendues lorsque les lois font pourvoir par voie de nomination à un grand nombre de fonctions publiques (2). Aujourd'hui elle remet au Chef de l'État la désignation d'un très grand nombre de fonctionnaires.

La L. 24 mai 1872, article 3, réservait à l'Assemblée

---

(1) Ainsi les C. 1791, 1793, An III.

(2) Il en est ainsi : en France depuis la C. An VIII; la C. 1848 (art. 64) exige, pour certaines nominations, l'avis du conseil des ministres et pour les autres, la proposition du ministre compétent; — à l'étranger, le plus souvent, certaines nominations sont soumises soit à des conditions constitutionnelles (Danemark, Suède), soit au contrôle de la Chambre Haute (États-Unis, Mexique, Rép. Argentine).

nationale la nomination des conseillers d'État; la règle a été
abandonnée par la L. C. 25 février 1875, article 4, alinéa 1 :
« *Au fur et à mesure des vacances qui se produiront à partir
de la promulgation de la présente loi, le Président de la
République nomme, en conseil des ministres, les conseillers
d'État en service ordinaire* ».

En certains cas, le droit de nomination est limité soit par
la présentation faite par certains corps et dont le Gouvernement ne peut s'écarter, soit par les résultats de certains
concours. — Les lois fixent, pour l'obtention de nombreux
emplois publics, des conditions que le Chef de l'État est tenu
d'observer. — Certaines fonctions publiques sont déférées
par l'élection ou par des fonctionnaires subordonnés au Président de la République.

Le droit de révocation accompagne habituellement le droit
de nomination, mais les exceptions sont assez nombreuses et
surtout importantes; ainsi les tribunaux judiciaires jouissent
de l'inamovibilité (1). Les conseillers d'État ne peuvent être
révoqués que par un décret rendu en conseil des ministres.
Ceux qui avaient été élus par l'Assemblée nationale ne pouvaient être révoqués que par le Sénat (L. C. 25 fév. 1875,
art. 4, al. 2 et 4).

On peut rapprocher, sans confondre, le droit de suspension, de révocation et de dissolution que le Gouvernement
exerce à l'égard de différents corps ou fonctionnaires élus
(conseil général, conseil municipal, maire, etc.); il est réglé
par les lois spéciales (2). C'est une application du droit de
tutelle et de contrôle de l'État.

353. « *Il préside aux solennités nationales...* (même loi,
art. 3, al. 5) (3).

_____

(1) Le droit de révocation est parfois limité (Danemark, Norvège, Suède), outre
l'inamovibilité judiciaire.
(2) La C. 1791 (tit. III, chap. IV, sect. 2) en réservait une bonne part au Corps
législatif.
(3) Formule empruntée à la C. 1848, article 64.

354. IV. *Attributions touchant aux relations internationales.* — « *Les envoyés et les ambassadeurs des puissances étrangères sont accrédités auprès de lui* » (L. C. 25 fév. 1875, art. 3, al. 5) (1).

355. « *Le Président de la République ne peut déclarer la guerre sans l'assentiment préalable des deux Chambres* » (L. C. 16 juill. 1875, art. 9). Il en a seul l'initiative. En fait, des nuances difficilement perceptibles distinguent la guerre proprement dite, qui exige l'assentiment des Chambres, et la répression des brigandages, que le Gouvernement veut avoir le droit d'entreprendre sans l'autorisation préalable du Parlement. La distinction n'est pas faite par le texte, qui ne permet pas davantage de distinguer, comme on l'a fait, entre la *déclaration* de guerre et l'*état* de guerre. — La pratique a pourtant admis la distinction. Les expéditions de la Tunisie, du Tonkin, du Dahomey, de Madagascar, de Chine, du Maroc ont été entreprises et continuées sans « l'assentiment préalable des Chambres ». Celles-ci ont été seulement appelées à voter les crédits nécessaires pour les opérations déjà commencées; elles les ont d'ailleurs votés, ratifiant ainsi les procédés du Gouvernement. — La règle constitutionnelle n'a du reste pas d'autre sanction que la responsabilité des ministres.

Certains voudraient réserver au Chef de l'État le droit de guerre : la disposition admise vaut mieux (2). Comment écarter les Chambres d'une décision aussi grave qui met sur pied la nation entière, qui engage, avec les vies de tant d'hommes, les destinées de la patrie? L'initiative doit être réservée au

---

(1) La règle est traditionnelle et formulée par la seule C. 1848, article 60.

(2) Pareille situation était faite au roi par la C. 1791 (tit. III, chap. III, sect. 1, art. 2), au Directoire par la C. An III (art. 326), aux Consuls par la C. An VIII (art. 50), au Président de la République par la C. 1848 (art. 54). Le droit de guerre est réservé au Corps législatif par la C. 1793 (art. 54), accordée au Chef de l'État par les autres C.

A l'étranger, le droit de guerre appartient le plus souvent au Chef de l'État, sauf explications ultérieures à fournir au Parlement, sauf aussi l'autorisation des dépenses : le vote des Chambres est nécessaire aux États-Unis, Mexique, Portugal, Rép. Argentine, Suisse, Vénézuéla.

Chef de l'État, seul en mesure de posséder, sur la situation politique et militaire, des renseignements décisifs et que le sentiment de sa responsabilité, plus précis en un homme qu'en une Assemblée, modérera dans l'appréciation des faits qui paraissent motiver la guerre.

356. « *Le Président de la République négocie et ratifie les traités. Il en donne connaissance aux Chambres aussitôt que l'intérêt et la sûreté de l'État le permettent. — Les traités de paix, de commerce, les traités qui engagent les finances de l'État, ceux qui sont relatifs à l'état des personnes et au droit de propriété des Français à l'étranger, ne sont définitifs qu'après avoir été votés par les deux Chambres. Nulle cession, nul échange, nulle adjonction de territoire ne peut avoir lieu qu'en vertu d'une loi* » (L. C. 16 juill. 1875, art. 8).

L'énumération est tellement large qu'en fait les Chambres sont appelées à voter sur la plupart des traités.

Chacun de ses termes s'explique par une raison spéciale : les traités de paix doivent être soumis au Parlement à cause de leur importance politique ; les traités de commerce, à cause de leur importance économique ; ceux qui touchent au territoire, à cause de leur importance nationale ; ceux qui sont relatifs à l'état des personnes ou au droit de propriété des Français à l'étranger, parce que ce sont des matières réglées par la loi ; ceux qui engagent les finances de l'État, parce que les matières financières sont du ressort du Parlement (1).

Tous ces motifs peuvent être décisifs ; mais il eût été plus simple de stipuler que tous les traités devraient être soumis

---

(1) Le droit du Parlement est étendu à tous les traités par les C. 1793 (art. 55), An III (art. 333), 1848 (art. 53) ; — restreint aux traités de paix, d'alliance et de commerce par les C. 1791 (tit. III, chap. III, sect. 1, art. 3) et An VIII (art. 50), et aux traités postaux et douaniers par le Scs. 1870 (art. 18). Il n'existe pas dans les Chartes et la C. 1852.

A l'étranger, le Chef de l'État conclut en général les traités, sous l'obligation d'en soumettre un plus ou moins grand nombre au vote des Chambres. Tous les traités doivent être soumis aux Chambres en Rép. Argentine, Roumanie, Suisse, Vénézuéla ; aux États-Unis, tous les traités sont soumis au Sénat, qui ne peut les approuver qu'à la majorité des deux tiers.

à l'approbation des Chambres. Il semble d'ailleurs établi
que les Constituants de 1875 pensaient, grâce à l'énumération ci-dessus, obliger le Gouvernement à soumettre au Parlement tous les traités sans exception. Aussi l'usage est-il
constant que le Parlement soit appelé à approuver des conventions diplomatiques qui ne rentrent pas dans la lettre du
texte, par exemple les traités d'extradition. Les exceptions
sont rares; la plus importante vise les traités d'alliance, que
l'énumération ne comprend pas et qui ont besoin d'être
tenus secrets; on peut citer encore les actes qui stipulent
l'exécution réciproque des jugements, l'échange des actes de
l'état civil ou de documents officiels, les conventions relatives
aux colis postaux (1).

357. Le rôle des Chambres en ces matières ne comporte
aucune initiative. Elles ne peuvent obliger le Chef de l'État à
faire un traité (2), à rompre des négociations, ou, à plus forte
raison, une convention régulière, ni amender le texte des
traités soumis à leur examen, qu'elles peuvent seulement
approuver ou rejeter en bloc (3). Elles peuvent cependant,
et ce droit est important pour les conventions qui ne leur
sont pas déférées, interpeller les ministres sur la politique
extérieure, et par là influer sérieusement sur cette politique.

Les Chambres peuvent aussi donner leur approbation par
avance à certains traités que le Gouvernement conclura dans
des conditions déterminées. Ainsi la L. 29 décembre 1891,
article 2, autorise le Gouvernement à concéder le tarif doua-
nier minimum aux pays qui, jouissant de traités avec la
France, lui accorderont le traitement de la nation la plus
favorisée.

(1) La Chambre a renvoyé au Gouvernement (28 nov. 1891) un accord avec le
Dahomey (3 oct. 1890) que le Gouvernement avait cru devoir lui soumettre et qu'il
ratifia ensuite (D. 8 déc. 1891).

(2) Parfois cependant elles ont invité le Gouvernement à négocier un traité sur
tel objet.

(3) Ces dispositions sont adoptées par les règlements des Chambres (Sénat,
art. 73; Chambre, art. 93) qui permettent cependant de voter un ajournement avec
indication au Gouvernement des clauses qui paraissent inacceptables.

Les Chambres n'ont-elles pas violé la Constitution et empiété sur l'initiative diplomatique du Chef de l'État, lorsqu'elles ont voté la L. 11 janvier 1892, dont l'article 1 établit en matière douanière un tarif maximum normal et un tarif minimum qui « pourra être appliqué » par le Président de la République aux pays accordant la réciprocité aux marchandises françaises? Je ne le pense pas, quoique la question ait été vivement discutée. On a soutenu que ce texte mettait des limites au droit gouvernemental de négocier les traités. Il résulte des explications du Gouvernement et de la Commission que le texte n'est qu'une indication des clauses que les Chambres sont disposées à ratifier, mais qu'il n'est obligatoire ni pour le Gouvernement, celui-ci pouvant, sous sa responsabilité parlementaire, négocier au-dessous du tarif minimum ; ni pour les Chambres, qui restent libres d'approuver ces mêmes négociations.

358. V. *Attributions touchant à l'administration de la justice.* — En vertu du principe de la séparation des pouvoirs, le Chef de l'État ne juge pas.

La justice est actuellement rendue au nom du peuple français, nullement au nom du Président de la République (1) ; de ce chef-là encore, celui-ci n'a pas d'attributions judiciaires. Le Président de la République, qui n'exerce ni personnellement, ni par délégué le droit de juger, influe par d'autres moyens sur l'administration de la justice.

Ainsi « *il a le droit de faire grâce ; les amnisties ne peuvent être accordées que par une loi* » (L. C. 25 fév. 1875, art. 3, al. 2) (2). La grâce dispense de la peine en totalité ou en

_____

(1) Dans la C. 1791, le pouvoir judiciaire est délégué par le peuple (tit. III, préamb., art. 5). Les Chartes disent (art. 57, 48) : « Toute justice émane du roi, elle s'administre en son nom »; la justice est rendue au nom du peuple français, d'après la C. 1848, article 81 ; du Président de la République, d'après la C. 1852, article 7 ; de l'Empereur, d'après le Ses. 1870, article 15.

Toute justice émane du roi dans la C. Italie ; elle est rendue au nom du Chef de l'État dans les C. Espagne, Luxembourg, Pays-Bas ; exécutée seulement en son nom d'après les C. Belgique, Grèce, Roumanie.

(2) Le droit de grâce, un moment supprimé par le C. P. 1791 (1re partie, titre VII,

partie, mais laisse subsister le crime, le jugement et les déchéances accessoires qui accompagnent la peine princi-pale. L'amnistie efface le jugement et le crime, les tient pour non avenus, empêche ou arrête les poursuites, supprime avec la peine les déchéances accessoires. Elle a donc des effets plus graves et plus pleins que la grâce.

Parfois la loi attribue par avance l'effet de l'amnistie aux grâces accordées à certaines catégories de faits (L. 3 mars 1879, art. 1, 11 juill. 1880).

Le Président de la République peut constituer le Sénat en Haute-Cour de justice pour juger les attentats à la sûreté de l'État (n° 296).

Plusieurs auteurs ajoutent, comme attributions judiciaires du Chef de l'État : le droit de prescrire des poursuites au ministère public ; — le droit de nommer les magistrats ; — le droit de les surveiller et de les contrôler.

IV

Actes du Président de la République.

359. Selon les usages du régime constitutionnel et parle-mentaire, les actes par lesquels le Chef de l'État exerce ses fonctions portent sa signature et sont censés émaner de lui ; mais chaque acte est préparé par le ministre compétent. La fiction qui attribue au Chef de l'État les actes des ministres est souvent exprimée par une formule empruntée aux usages de 1830 : « Le Roi règne et ne gouverne pas. » — La raison est que le Chef de l'État est irresponsable politiquement et

art. 13) (du moins pour les crimes), a toujours été exercé par le Chef de l'État ; le Scs. An x, art. 86, le subordonne à l'avis d'un conseil privé ; la C. 1848, art. 55, à l'avis du Conseil d'État ; la L. 17 juin 1871, à l'avis conforme d'une commission nommée par l'Assemblée, mais seulement pour les faits relatifs à l'insurrection de la Commune (art. 4). — Le droit d'amnistie, généralement réservé aux Chambres, est accordé à l'Empereur par l'Acte additionnel (art. 57) et le Scs. 1870 (art. 16).

Le Chef de l'État jouit en général à l'étranger du droit de grâce ; sauf l'avis du Conseil d'État et du Tribunal administratif, en Suède ; de la Cour suprême en Pays-Bas. Il a parfois le droit d'amnistie : Angleterre, Danemark, Serbie ; pour crimes politiques seulement, en Grèce, Roumanie.

pénalement et que les ministres sont responsables; ceux-ci ne peuvent accepter que la responsabilité des actes qu'ils ont faits. Aussi le Chef de l'État doit-il respecter la liberté des ministres responsables; son irresponsabilité l'empêche d'imposer ses volontés.

Elle ne le réduit pourtant pas au rôle machinal de la signature. Elle lui permet d'exercer sur les ministres, comme sur les Chambres et la nation, l'influence due à sa situation, à ses talents, à son caractère; d'émettre et de soutenir devant les ministres son avis sur les questions de tout ordre. Elle lui défend la volonté et le commandement. Son influence est morale, comme sa responsabilité. Il a d'ailleurs le droit de tout connaître, et les ministres ne peuvent refuser de lui communiquer leurs actes.

360. « *Chacun des actes du Président de la République doit être contresigné par un ministre* » (L. C. 25 fév. 1875, art. 3, al. 6). La signature du ministre engage sa responsabilité et dégage l'irresponsabilité du Président (n° 375). — Elle est indispensable : un acte présidentiel non contresigné serait tenu pour nul. — Elle est nécessaire pour tous les actes, au moins pour tous les actes écrits (1).

L'action du Chef de l'État, limitée par l'intervention nécessaire des ministres, n'est personnelle que dans les circonstances où il représente la France, dans les solennités nationales, dans la réception des ambassadeurs ou princes étrangers; encore est-il d'usage que ses actes et discours principaux soient à l'avance approuvés par les ministres. Ajoutez le cas improbable où il commanderait les armées.

361. Les actes du Chef de l'État sont en général (2) appelés *décrets*.

(1) L'exercice du droit de grâce pourrait être considéré comme une prérogative strictement personnelle du Chef de l'État. Il le produit sous la forme d'un acte écrit soumis à la règle du contreseing. — En Angleterre, c'est vainement que la grâce du lord-maire de Cork a été demandée directement au roi; celui-ci n'a pas répondu, et c'est le Cabinet qui a refusé la grâce (septembre 1920).
(2) Les actes par lesquels le Président communique avec les Chambres s'appellent des *messages*.

On distingue des décrets *généraux* ou *réglementaires* et des décrets *spéciaux* ou *individuels*.

Les décrets généraux sont les *règlements*. Ils se divisent en deux catégories. Les *règlements d'administration publique* sont faits en vertu d'un texte formel de la loi, rappelé dans leur teneur et ils doivent être rendus, à peine de nullité, avec l'avis du Conseil d'État réuni en assemblée générale; mais cet avis n'est pas nécessairement suivi. — Les *décrets réglementaires ordinaires* sont rendus spontanément ou sans que le Conseil d'État soit nécessairement entendu (1). Ces deux catégories se distinguent d'abord en ce que l'avis du Conseil d'État est une formalité nécessaire pour la première, facultative pour la seconde, ensuite en ce que les règlements d'administration publique sont faits en vertu d'une délégation législative (n° 343) et participent parfois des sanctions pénales que prononce la loi qu'ils complètent, tandis que les autres ne sont jamais sanctionnés que par une demande de 1 à 5 francs (C. P., 471-15°).

Les décrets spéciaux ou individuels ne concernent qu'une ou plusieurs personnes désignées, un fait en particulier. Il y en a aussi deux catégories (2). Les *décrets en forme de règlement d'administration publique* doivent, de par la loi, être rendus après avis du Conseil d'État en assemblée générale; ainsi les décrets autorisant un changement de nom, etc. Les *décrets simples* sont rendus librement, par exemple les diverses nominations qui appartiennent au Chef de l'État.

362. Les décrets sont habituellement motivés par la référence aux lois qui ont conféré au Chef de l'État l'attribution qu'il exerce : parfois aussi le ministre en expose plus complètement les motifs dans un rapport adressé au Président de la République; parfois enfin la loi exige des motifs précis,

---

(1) La loi exige parfois, avec ou sans l'avis du Conseil d'État, l'avis du Conseil des ministres, de diverses Commissions ou Conseils institués auprès du Gouvernement.

(2) L'observation contenue à la note précédente s'applique aussi aux décrets individuels.

ainsi pour la dissolution d'un conseil municipal (L. 5 avril 1884, art. 43). — Les lois, dont le projet a été précédé d'un exposé de motifs, dont la discussion a été publique, ne sont pas motivées.

363. Les décrets sont, en principe, soumis, pour acquérir force obligatoire, aux mêmes délais de publication que les lois (n° 340). Cependant, *« le Gouvernement, par une disposition spéciale, pourra ordonner l'exécution immédiate d'un décret »* (D. 5 nov. 1870, art. 2). En ce cas, le texte du décret serait télégraphié et, selon l'O. 18 janvier 1817, article 1, les préfets prendraient chacun un arrêté pour ordonner l'impression et l'affichage.

L'entrée en vigueur aurait lieu le même jour.

364. *Voies de recours.* — Elles sont ou gracieuses, c'est-à-dire adressées au Président lui-même avec prière de rapporter son décret; tous les actes présidentiels y sont soumis; — ou politiques, si les ministres sont interpellés au Parlement; tous les actes présidentiels peuvent donner lieu à une interpellation (n° 423); — ou contentieuses, lorsque le Conseil d'État est saisi.

Pour celles-ci, qui sont les seules efficaces pour les particuliers, il faut des distinctions qui relèvent du Droit administratif.

V

Responsabilité du Chef de l'État.

365. *« Le Président de la République n'est responsable que dans le cas de haute trahison* (L. C. 25 fév. 1875, art. 6, al. 2). *« Le Président de la République ne peut être mis en accusation que par la Chambre des députés et ne peut être jugé que par le Sénat »* (L. C. 16 juill. 1875, art. 12, al. 1).

Il résulte de ces textes et de leur comparaison avec ceux qui concernent les ministres :

1° Que le Président de la République n'est pas soumis à

la responsabilité parlementaire qui pèse sur les ministres (1) ;

2° Que, en matière criminelle, le Président de la République n'est responsable que d'un seul crime : la haute trahison (2). Il n'existe aucune définition légale de la haute trahison, aucune énumération légale des actes qui la constituent ; le Sénat apprécierait, le cas échéant. Mais les principes du droit criminel (C. P., art. 4) exigeant un texte précis pour la condamnation, le Sénat ne pourrait condamner que s'il trouvait, dans les faits qualifiés haute trahison, les éléments d'une infraction prévue par les lois pénales ;

3° Que, dans le cas de haute trahison, la Chambre des députés seule peut mettre en accusation le Chef de l'État, et le Sénat peut seul le juger.

Un ministre peut devenir Président de la République ; pourrait-il, pendant ses fonctions présidentielles, être poursuivi pour un fait relatif à ses fonctions ministérielles ? Je ne le pense pas, car autrement tout l'avantage de l'irresponsabilité présidentielle serait perdu.

366. Le principe de l'irresponsabilité a été combattu avant les lois de 1875, et il est encore critiqué (3). C'est, dit-on, une règle d'origine royale, égarée dans une constitution républicaine ; une règle inconciliable avec les doctrines démocratiques qui veulent que chacun assume les conséquences de ses actes (4).

Si le Chef de l'État doit être responsable, il faut qu'il accom-

---

(1) L'irresponsabilité présidentielle n'a pas empêché le Parlement français de déclarer que le président Poincaré avait bien mérité de la Patrie (L. 20 fév. 1920).

(2) Il ne s'agit, à mon avis, que de crimes relatifs aux fonctions du Président ; les infractions de droit commun (assassinat, vol), dans le cas improbable où il s'en produirait, demeureraient soumises au Code pénal et au Code d'instruction criminelle. Les procès civils du Président restent également soumis au droit commun.

(3) Plusieurs propositions tendant à préciser la responsabilité du Président de la République ont été faites depuis 1875 ; la plus connue et la plus intéressante fut déposée, le 19 janvier 1878, par M. Pascal Duprat, député, et, malgré un rapport favorable, ne fut jamais discutée.

(4) L'irresponsabilité absolue est consacrée par la C. An VIII (art. 69) et les Chartes (art. 13, 12) ; la C. 1791 (tit. III, chap. II, sect. 1, art. 5-7) indique quelques cas d'abdication tacite ; la C. 1793, art. 72, dit le Conseil exécutif responsable de

plisse lui-même les actes qui engagent sa responsabilité. La
responsabilité implique donc le pouvoir personnel d'un
homme, exclut le rôle constitutionnel des ministres et le
régime parlementaire. De telles conséquences sont redoutables et, à mon avis, inacceptables. — D'un autre côté, la
responsabilité du Chef de l'État ne saurait être mise en jeu
aussi aisément que celle des ministres. L'instabilité ministérielle est un mal ; l'instabilité présidentielle serait un danger.
Les institutions n'auraient aucun point fixe ; le Gouvernement
pourrait à tout instant être remis en question ; l'expédition
des affaires publiques serait exposée à des fluctuations incompatibles avec une bonne administration. Quant à la responsabilité pénale, elle est à peu près sans application possible
au Chef de l'État. Le jugement d'un ministre est un scandale ;
le jugement du Chef de l'État serait une révolution. — Aussi
la responsabilité du Chef de l'État ne serait-elle qu'une apparence, qu'une règle sans application : après avoir créé le
pouvoir personnel, on le rendrait, en fait, irresponsable. —
La responsabilité ministérielle et n'offre pas les graves dangers de la responsabilité présidentielle ; elle sera toujours
suffisante et relativement facile.

l'inexécution des lois et décrets et des abus qu'il ne dénonce pas ; la C. 1848,
art. 68, prononce la responsabilité du principe du Président de la République
(notamment pour attentat à l'Assemblée) et renvoie à une loi pour le développement : la résolution du 17 février 1871, la L. 31 août 1871, art. 3, et même, dans
une certaine mesure, la L. 13 mars 1873, art. 4, font le Chef de l'État responsable
devant l'Assemblée, comme un ministre. Selon la C. 1852 (art. 5) et le Scs. 1870
(art. 13), le Chef de l'État « est responsable devant le peuple français, auquel il a
toujours le droit de faire appel ».
    A l'étranger, les Rois sont irresponsables. Quant aux Présidents, il y a quel-
ques nuances : aux États-Unis, responsabilité pour trahison, concussion, crimes
et méfaits ; au Brésil, en Rép. Argentine, pour mauvaise gestion, crimes soit
relatifs, soit étrangers aux fonctions ; au Mexique, pour trahison, violation de la
constitution, atteinte à la liberté électorale, délits graves de droit commun ; au
Portugal, les crimes sont énumérés. L'accusation appartient généralement à la
Chambre Basse, le jugement à la Chambre Haute.

VI

Situation matérielle du Chef de l'État.

367. Les lois de 1875 sont muettes (1). La loi annuelle du budget fixe la dotation du Président de la République. Elle est de 600 000 francs pour le traitement depuis la L. 16 septembre 1871, outre des frais de maison fixés à 162.400 francs pour 1872 et 1873, à 300.000 francs depuis 1874 (L. 29 déc. 1873), à 700.000 francs par la L. 31 juillet 1920, et des frais de voyages fixés à 300.000 francs par la L. 29 décembre 1876, à 700.000 francs par la L. 31 juillet 1920. D'autre part, le Chef de l'État a la jouissance de plusieurs palais nationaux (2).

368. Les délits commis contre la personne du Chef de l'État sont en général réprimés plus sévèrement que le droit commun. Le seul exemple que l'on puisse en France donner actuellement de cette règle est fourni par la loi du 29 juillet 1881, article 26, qui punit en particulier l'offense au Président de la République. Les lois antérieures (L. 17 mai 1819, art. 9; 9 sept. 1835, art. 2; 27 juill. 1849, art. 1), prononçaient des peines plus graves et prévoyaient aussi, pour une répression spécialement aggravée, d'autres délits commis contre le Chef de l'État. Ces lois, et notamment celles qui concernaient les attentats à la vie, sont caduques comme les régimes mêmes qu'elles s'efforçaient de défendre.

---

(1) La C. An III (art. 173) donne à chaque Directeur un traitement égal à la valeur de 50.000 myriagrammes de froment; la C. An VIII (art. 43) : 500.000 francs au Premier Consul, 150.000 francs à chacun des deux autres; la C. 1848 (art. 62) : 600.000 francs au Président de la République. — Les C. royales et impériales prévoient une liste civile fixée au début de chaque règne (25 millions pour Louis XVI, Napoléon Ier, Louis XVIII, Charles X, Napoléon III; 12 millions pour Louis-Philippe).

La liste civile du roi à l'étranger est fixée en général au début du règne; le traitement du Président ne peut être modifié pendant la durée de ses fonctions aux États-Unis, Mexique, Rép. Argentine.

(2 Le D. 4 juillet 1848 ne donnait au Président du Conseil des ministres que 10.000 francs par mois.

VII

Obligations du Chef de l'État (1).

369. Sans parler de ses obligations professionnelles, aussi vastes et nombreuses que ses attributions, le Chef de l'État est parfois astreint par la Constitution à des devoirs qui ont pour but d'enchaîner sa liberté et de prévenir les abus de son autorité.

1° Il doit habituellement prêter serment de fidélité à la Constitution (2); la formule varie selon les régimes, l'idée reste la même; pour la première fois en France, les lois de 1875 ne formulent pas cette obligation.

2° Il doit résider sur le territoire national (3). La L. C. 25 février 1875, article 9, se bornait à dire : « *Le siège du pouvoir exécutif et des deux Chambres est à Versailles* », sans énoncer une obligation à la charge du Chef de l'État. De même, après la L. R. 21 juin 1879, qui a abrogé le texte précité, la L. 22 juillet 1879, article 1, s'est contentée de déclarer : « *Le siège du pouvoir exécutif et des deux Chambres est à Paris.* »

Il ne résulte pas de ce texte que le Président de la République ne puisse exercer ses fonctions qu'à Paris. Une coutume bien établie lui permet de signer des actes et de remplir ses attributions en quelque lieu qu'il se trouve (4), même en

---

(1) La C. de Suède en tente l'énumération.

(2) La C. 1791 (tit. III, chap. II, art. 5) fait du refus ou de la rétractation du serment un cas d'abdication tacite. A l'étranger, le serment est généralement exigé.

(3) Il y est formellement obligé par les C. An III (art. 164, 171), 1848 (art. 63); il ne peut sortir du territoire sans l'autorisation du Corps législatif, d'après les mêmes C. (art. 157, 63); il peut être sommé d'y rentrer à peine de déchéance, d'après la C. 1791 (tit. III, chap. II, sect. 1, art. 7); la C. An III (art. 157) oblige à la résidence pendant deux ans après l'expiration des fonctions.

L'obligation de résider, sauf la permission des Chambres, existe dans les C. Mexique, Norvège, Portugal, Rép. Argentine, Serbie. — L'acceptation d'une couronne étrangère est prohibée par les C. Grèce, Pays-Bas ; subordonnée à la permission des Chambres par les C. Belgique, Danemark, Roumanie, Serbie.

(4) La guerre de 1914 obligea le Gouvernement à quitter Paris et à s'installer à Bordeaux (2 sept. 1914). Il rentra à Paris trois mois plus tard.

pays étranger. N'est-il pas partout Président de la République ? Ses voyages dans les départements sont faits en cette qualité. Quand il visite une nation alliée ou amie, c'est encore un acte de sa fonction. Pourquoi lui serait-il interdit de faire les autres ?

3° Il doit fournir annuellement aux Chambres un compte rendu de la situation générale des affaires publiques, d'après la plupart des Constitutions françaises et étrangères. Seules les Chartes n'indiquent pas cette obligation ; les lois de 1875 sont également muettes.

4° Je signale à titre de curiosité la défense faite par la C. An III, article 165, aux Directeurs de paraître dans l'exercice de leurs fonctions sans leur costume officiel.

CHAPITRE XXII

Les ministres.

I

Des ministres en général.

370. Les services publics de l'État, qui sont nombreux et variés, sont groupés en quelques catégories dont chacune forme un *ministère* (1). Chaque ministère est placé sous la direction et l'autorité d'un *ministre*, collaborateur indispensable du Chef de l'État. — L'ensemble des ministres est souvent désigné sous le nom de *cabinet* ou *ministère*.

Les lois de 1875 consacrent implicitement dans plusieurs textes (2) l'institution des ministres; elles règlent même certaines de leurs attributions; mais elles ne contiennent à leur sujet aucun principe, aucune disposition générale (3). Depuis

---

(1) Les ministères, dont l'origine est antérieure à 1789, ont existé sous tous les régimes; ils furent cependant supprimés par la L. 12 germinal An II, mais rétablis par la L. 10 vendémiaire An IV.

(2) L. C. 25 fév. 1875, art. 3, 4, 6, 7; L. C. 16 juill. 1875, art. 6, 12; L. C. 24 fév. 1875. art. 9.

(3) Ainsi font la plupart des C. fr.; la C. An VIII, après avoir déclaré que « les ministres procurent l'exécution des lois et des règlements d'administration publique » (art. 54), crée un ministre du Trésor public et décrit ses attributions (art. 56); la C. An III (art. 150) veut de 6 à 8 ministres; les C. 1793 (art. 67), An III (art. 150), 1848 (art. 66) annoncent une loi. Il y eut en effet quelques lois importantes, notamment les L. 27 avril-25 mai 1791, 10 vendémiaire An IV, outre les lois spéciales à certains ministères.

Les ministres existent dans tous les pays où le Gouvernement n'est pas collectif; les Gouvernements collectifs partagent entre leurs membres les divers services publics. — La plupart des C. étrangères ne fixent ni le nombre ni les attributions des ministres (V. cependant C. Rép. Argentine, Suède).

le Consulat, il était d'usage que cette matière fût abandonnée au Chef de l'État; quelques lois spéciales fixaient sur des points particuliers les attributions de tel ou tel ministre.

Les LL. 13 avril 1920, art. 35, et 20 juin 1920, art. 8, disposent que « *les créations de ministères ou de sous-secrétariats d'État... les transferts d'attributions d'un département ministériel à un autre, ne peuvent être décidés que par une loi et mis en vigueur qu'après le vote de cette loi* » (1).

371. Des usages antérieurs à ces lois, il résultait :

1° Que le nombre des ministres variait assez fréquemment. Les changements dans la forme politique, l'importance accrue ou diminuée de certains services provoquaient des créations et des suppressions de ministères par voie d'ordonnances ou de décrets. Sur ces actes, le Parlement conservait son droit de contrôle; il était appelé à voter les crédits nécessaires pour les créations, les réductions permises par les suppressions, et trouvait dans ses droits financiers les moyens de réprimer les abus (2). Le ministère des Colonies avait été créé par la L. 20 mars 1894 ; il ne pouvait donc être supprimé par décret, ni par simple omission dans la formation d'un cabinet.

Le cabinet du 24 septembre 1920, semblable sur ce point à ceux du 20 janvier et du 28 février 1920, compte quinze ministères : Affaires étrangères; Agriculture; Colonies; Commerce et Industrie ; Finances ; Guerre ; Hygiène publique, Assistance et Prévoyance sociales; Instruction publique et Beaux-Arts; Intérieur; Justice; Marine ; Pensions, primes et allocations de guerre; Régions libérées ; Travail ; Travaux publics (3).

---

(1) V. des critiques à la Chambre des députés le 3 décembre 1915.

(2) Les L. 1791 (art. 4) et An IV (art. 1) organisent 6 ministères; il y en eut au maximum 8 sous Louis XVIII, 10 sous Charles X, 9 sous Louis-Philippe, 11 sous la Deuxième République, 12 sous le Second Empire. En Angleterre, le *ministère* est assez nombreux ; le *cabinet* comprend un nombre plus restreint et variable de membres, appelés à diriger de concert la politique.

(3) Entre ces ministères, qui viennent d'être énumérés par ordre alphabétique, il existe une sorte de hiérarchie honorifique, qui résulte surtout de la coutume et de l'ordre dans lequel les nominations sont faites, qui est implicitement confirmée

Des ministères, aujourd'hui inconnus, ont existé jadis (1) ; des services, aujourd'hui rattachés à un ministère, ont autrefois formé des ministères spéciaux (2) ; différents services, qui forment aujourd'hui des ministères distincts, furent jadis groupés ensemble (3) ou rattachés à d'autres ministères (4).

Les ministères dont la création a été suscitée par la guerre sont destinés à disparaître.

372. 2° Que les attributions et l'organisation de chaque ministère étaient fixées aussi par le Chef de l'État. La situation n'est pas encore modifiée sur ce point. Il existe sur ce sujet de nombreux décrets et ordonnances. La loi de finances du 20 décembre 1882, article 16, à l'exemple de celles du 24 juillet 1843, article 7, et du 27 juillet 1879, article 41, a demandé au Gouvernement une réorganisation, et plusieurs décrets ont été rendus en ces dernières années.

Les décrets qui nomment les ministres rattachent à chaque département ministériel divers services : ainsi les postes et télégraphes, tantôt aux Finances, tantôt au Commerce, tantôt aux Travaux publics, et jadis les cultes, tantôt à la Justice, tantôt à l'Intérieur, tantôt à l'Instruction publique. Depuis les lois de 1920 précitées, ces rattachements et transferts doivent être faits par des lois.

Le classement des affaires entre les ministres se fait naturellement par leur nature ; si la même affaire intéresse deux ministres, ils la règlent de concert.

373. Entre les ministres, il y a un *Président du Conseil* (5), qui, sans avoir aucune autorité légale sur ses collègues, est

par le D. 16 juin 1907, art. 1, n° 22. Le premier rang appartient toujours au ministère détenu par le Président du Conseil.

(1) Ministères : du Trésor, de l'Administration de la guerre en l'An x ; de la maison du Roi sous la Restauration ; de la maison de l'Empereur sous le Second Empire.

(2) Les cultes, de l'An xii à 1814, de 1824 à 1830, en 1848, 1873 et en 1879 ; la police, plusieurs fois entre le 12 nivôse An iv et le 21 juin 1853 ; les beaux-arts, du 2 janv. au 23 août 1870 et du 14 nov. 1881 au 30 janv. 1882 ; les postes et télégraphes, du 5 fév. 1879 au 30 mai 1887.

(3) Ainsi l'agriculture, le commerce, l'industrie, les travaux publics.

(4) Ainsi l'agriculture, l'instruction publique.

(5) Vice-président du Conseil des ministres, L. 2 sept. 1914.

cependant leur chef au point de vue politique, qui, en général, parle au nom de tous, par exemple pour engager ou dégager la responsabilité collective des ministres (n° 391) dans tel vote d'une Chambre. C'est lui qui a été chargé par le Chef de l'État de composer le Cabinet, et il garde sur les collègues qu'il s'est choisis une autorité morale et un droit de contrôle. Le Président du Conseil est le chef effectif du Gouvernement. Il est chargé d'assurer l'unité de l'action gouvernementale. Il parle au nom du Gouvernement, engage devant les Chambres la responsabilité collective du Cabinet.

Le Président du Conseil est en même temps à la tête d'un département ministériel (1). Il le choisit soit d'après ses préférences personnelles, soit, plus souvent, d'après les circonstances politiques, intérieures ou extérieures.

Le Président du Conseil est suppléé, le cas échéant, par le ministre de la Justice, à qui on commence à donner le titre de vice-président du Conseil des ministres. En 1911, cette suppléance a duré assez longtemps.

374. Les ministres dont il vient d'être question sont des *ministres à portefeuille* ou *secrétaires d'État* (2), c'est-à-dire placés chacun à la tête d'un ministère. Le régime de 1830 (O. 11 août 1830) et le Second Empire (D. 24 nov. 1860) ont institué des *ministres sans portefeuille* (3), membres du Cabinet, prenant part aux délibérations ministérielles, ne dirigeant aucun service public, spécialement chargés de défendre devant les Chambres les propositions du Gouvernement. Le D. 23 juin 1863 les supprima et donna leur rôle spécial au *ministre d'État*. Ce *ministre d'État* avait été créé (D. 22 janv. 1852) pour les rapports du Gouvernement et des grands corps de l'État, du Président avec les ministres, pour contresigner diverses nominations (ministres, prési-

(1) Certains présidents du Conseil n'ont pas eu de portefeuille, M. de Richelieu le 20 février 1820, M. Dupont de l'Eure le 24 février 1848, M. Viviani le 26 août 1911.

(2) En 1820-1821, il y eut *trois ministres secrétaires d'État, membres du Conseil des ministres,* sans portefeuille.

(3) Dans l'Acte Additionnel (art. 18), ils sont appelés ministres d'État.

dents du Sénat et du Corps législatif, sénateurs, conseillers
d'État), pour diriger les affaires non attribuées à un autre
ministère, etc. Ses attributions furent augmentées, au point
qu'il fut un moment premier ministre. Le D. 23 juin 1863
lui enleva ses attributions administratives; le D. 17 juillet
1869 le supprima. Le Consulat et le Premier Empire avaient
eu son équivalent, le *ministre secrétaire d'État* (A. C. 4 niv.
An VIII).

On ne confondra ni l'un ni l'autre avec les *ministres
d'État*, créés en nombre illimité pour servir dans le *Conseil
privé* du roi, dans le *Conseil d'en Haut* (O. 29 juin 1814,
art. 6-7, et 19 sept. 1815, art. 5), qui ensuite purent être
appelés dans le *Conseil de cabinet* (O. 19 avril 1817) et le
Conseil d'État (O. 26 août 1824), mais qui ne prirent jamais
une part importante à la gestion des affaires publiques.
Louis-Philippe les supprima (O. 28 août 1830), puis les
rétablit comme membres de son Conseil privé (O. 23 déc.
1842); ils ne pouvaient être choisis qu'entre 19 catégories.

Le Cabinet du 29 octobre 1915 compta cinq ministres
d'État qui étaient, en réalité, des ministres sans portefeuille
nommés pour donner à toutes les opinions politiques une
représentation dans le ministère (1). Ils ne pouvaient contresigner des décrets.

II

Conseil des ministres.

375. Les ministres forment un *conseil* dont les lois de 1875
reconnaissent l'existence avec des attributions propres. Ainsi :

1° Le Conseil des ministres (et non pas chaque ministre
pour les affaires de sa spécialité) exerce provisoirement le
pouvoir exécutif lorsque la présidence de la République
devient vacante (L. C. 25 fév. 1875, art. 7, al. 2); cependant,
en pratique, les actes rendus pendant cette période sont

_____

(1) La légalité de ces nominations a été contestée devant la Chambre des
députés, le 3 décembre 1915, au sujet des crédits concernant les ministres d'État,
reconnue implicitement par les Chambres qui ont voté les crédits.

signés par le Président du Conseil et contresignés par le ministre compétent ;

2° Il est nécessairement consulté : sur les décrets qui nomment ou révoquent les conseillers d'État en service ordinaire (L. C. 25 fév. 1875, art. 4, al. 1 et 2) ; son avis n'est pas obligatoire pour le Président de la République ;

3° Et sur les décrets par lesquels le Chef d'État constitue le Sénat en Haute-Cour de justice (L. C. 16 juill. 1875, art. 12, al. 3) ; son avis n'est pas obligatoire.

A ces textes constitutionnels, il faut ajouter un certain nombre de lois qui prescrivent pour divers actes l'avis du Conseil des ministres, par exemple pour la dissolution d'un conseil municipal (L. 5 avril 1884, art. 43), ou même son consentement, par exemple pour l'ouverture d'un crédit extraordinaire ou supplémentaire en l'absence des Chambres (L. 14 déc. 1879, art. 4).

L'intérêt de cette exigence est que les mesures ainsi visées ont besoin d'être délibérées et décidées par le cabinet entier et engagent sa responsabilité collective.

En fait, le régime parlementaire exige que les actes les plus importants du Gouvernement soient délibérés en Conseil des ministres et décidés à la majorité, pour assurer l'unité de direction du Gouvernement, l'accord et la responsabilité collective des ministres dans les actes les plus importants (1).

(1) L'O. 29 juin 1814, art. 6-7, ressuscitant les appellations de l'Ancien Régime, institue un *Conseil d'en haut ou des ministres*, où siègent les princes, le chancelier et ceux des ministres secrétaires d'État, des ministres d'État et des conseillers d'État que le Roi convoque pour chaque séance ; qui examine certaines questions d'importance exceptionnelle et peut aussi être saisi, comme *Conseil d'État ou des parties*, des affaires du contentieux administratif évoquées par le Roi. — L'O. 19 sept. 1815 crée un Conseil privé, composé des princes désignés par le Roi, des ministres secrétaires d'État, de certains ministres d'État, chargé de discuter telle affaire que le Roi voudra lui soumettre, « spécialement celles de haute législature ». — L'O. 19 avril 1817, art. 1 et 3, remet l'examen des *questions de gouvernement, des matières de haute administration ou de législation* à un *Conseil de cabinet* où entrent tous les ministres secrétaires d'État, 4 ministres d'État au plus et 2 conseillers d'État désignés pour chaque séance. — L'O. 23 déc. 1842, art. 3, rétablit un *Conseil privé*, composé des princes majeurs, des ministres secrétaires d'État, des ministres d'État convoqués pour chaque séance. — Aucun de ces conseils n'eut une influence sérieuse ; les ministres eurent toujours plus

Le ministre compétent, et tout autre d'ailleurs, s'il désapprouve la décision prise, a la ressource de démissionner pour ne pas contresigner l'acte du Chef de l'État ou s'associer à la mesure. La tendance actuelle est de soumettre au Conseil un nombre croissant d'affaires.

Le Conseil des ministres délibère sous la présidence du Chef de l'État. Celui-ci peut, sans aucun doute, prendre part aux discussions, indiquer son avis; il ne peut imposer sa volonté aux ministres responsables. On a demandé s'il peut y voter. Je ne le pense pas, à supposer que, dans le Conseil des ministres, il y ait des votes en bonne forme. Étant irresponsable des actes du Gouvernement, il ne peut contribuer à former la majorité qui décide ces actes. Son influence ne pourrait que perdre à l'exercice d'un droit aussi précis que le droit de voter.

Le Cabinet du 12 décembre 1916 institua, sous le nom de *Comité de la Guerre* ou *de la Défense nationale* (1), une sorte de Conseil étroit ou restreint composé du Président du Conseil, ministre des Affaires étrangères, et des ministres de la Guerre, de la Marine, des Finances et de l'Armement, présidé par le Président de la République. Pendant quelques jours, le général Joffre lui a été adjoint comme conseiller technique.

Le D. 12 septembre 1917 le composa, sous la présidence du Chef de l'État, avec le président du Conseil, ministre de la Guerre, les ministres des Affaires étrangères, de la Marine, de l'Armement, les ministres d'État. Le ministre des Finances y siégeait pour les affaires concernant son département. Les chefs d'état-major généraux de la guerre et de la marine y avaient voix consultative. Ses attributions devaient être fixées par un arrêté du président du Conseil. Elles consistaient

---

d'importance. — Le D. 1er fév. 1858 crée aussi un Conseil privé, éventuellement Conseil de régence. — Enfin le Scs. An x, art. 57 et 86, organise un Conseil privé pour l'examen des projets de sénatus-consultes et les traités, et un autre pour l'exercice du droit de grâce.

(1) Il y a eu une institution analogue en Angleterre et en Italie,

essentiellement dans la direction politique de la guerre
(Arr. min. 14 sept. 1917).

Le D. 21 novembre 1917 y fit entrer les ministres des
Finances et du Blocus et des Régions libérées. Les ministres
d'État n'existaient plus. Le sous-secrétaire d'État attaché à la
présidence du Conseil était secrétaire général. Le comité
continuait à être chargé essentiellement de la direction politique de la guerre (Arr. min. 21 nov. 1917).

Les ministres peuvent se réunir, hors de la présence du
Chef de l'État et sous la présidence du Président du Conseil,
dans des *conseils de cabinet,* où il n'est pris aucune décision
définitive et officielle (1).

III

Nomination et révocation des ministres.

376. Les ministres sont nommés et révoqués par le Chef
de l'État. Cela n'est pas dit expressément par les lois de 1875,
mais les ministres sont compris dans la règle générale qui
donne au Président de la République la nomination à tous
les emplois (2).

Le droit du Président de la République n'est limité par
aucune loi. Il peut appeler au ministère tout citoyen français; aucune condition n'est exigée, aucune incapacité n'est

(1) Ces usages, à quelques détails près, ont été suivis de 1814 à 1852; la C. 1848,
art. 64, prescrivait que diverses nominations fussent faites en conseil des ministres.
La L. 27 avril-25 mai 1791, art. 15, compose avec le roi et les ministres un Conseil d'État aux attributions multiples, relatives en général à l'exercice du pouvoir
royal. — Les C. 1793 (art. 68) et An III (art. 151) prohibent le Conseil. — Les C.
impériales n'en font pas mention, sauf pour l'exercice provisoire du pouvoir exécutif, et excepté les Scs. 1869 et 1870, qui adoptent le régime parlementaire.
Le Conseil des ministres existe assez généralement à l'étranger; il est reconnu
par quelques C. Il gouverne provisoirement pendant la vacance du trône (Grèce,
Roumanie). En Suède et en Norvège, ces attributions appartiennent au Conseil
d'État dont les ministres forment l'élément essentiel. En Angleterre, le cabinet
délibère hors la présence du Roi et sous la direction du premier ministre, qui
porte au Roi les avis du ministère. Le premier ministre joue en toute circonstance
un rôle principal.
(2) La règle est formulée par presque toutes les C. françaises (sauf les Chartes)
et étrangères.

édictée. Notamment, il n'est pas nécessaire de faire partie
du Parlement, mais cette qualité n'est pas incompatible avec
la fonction ministérielle (1). La L. 30 novembre 1875, article 11, § 2, dispense de la réélection le député nommé
ministre, et la dispense s'applique naturellement aux sénateurs (n° 255). Par contre, il semble naturel que les ministres
qui ne sont pas réélus, lors d'un renouvellement nouvel de la
Chambre à laquelle ils appartiennent, donnent leur démission (2).

Depuis 1875, tous les ministres ont été pris dans les Chambres, sauf le cabinet du 23 novembre 1877, qui dura vingt
jours, sauf plusieurs ministres de la Guerre, de la Marine,
des Affaires étrangères, sauf, dans le cabinet du 12 septembre
1917, les ministres des Travaux publics et de l'Armement, et
sauf dans les cabinets du 20 janvier, du 18 février et du
24 septembre 1920, les ministres des Finances, de l'Agriculture et des Régions libérées (3).

En fait, le régime parlementaire (n°ˢ 407 et s.) oblige le
Chef de l'État à prendre les ministres dans la majorité des
Chambres, et les ministres à se retirer dès qu'ils sont en

---

(1) C'est le système des Chartes (art. 54, 46), de l'Acte Additionnel (art. 18-19),
du Scs. 1870 (art. 20). La L. 27 avril-25 mai 1791 (art. 3) exige la qualité de citoyen
actif; la C.-An III (art. 134 et s.) exige l'âge de 40 ans, exclut les parents et alliés
des Directeurs et les membres des Chambres; la C. 1852 (art. 44), les députés; la
C. 1791 (tit. III, chap. II, sect. 4, art. 2), les membres du Corps législatif, du Tribunal de cassation, du haut jury; le D. 29 sept. 1792, les membres de la Convention. D'après le D. 26 janvier 1790, les députés ne peuvent, même après leur
démission, entrer au ministère. Les adversaires du régime parlementaire ont souvent demandé des règles semblables.
A l'étranger, le plus souvent le Chef de l'État nomme librement les ministres;
il peut, en général, les prendre hors du Parlement ou dans son sein; cependant,
aux États-Unis et dans les Rép. Américaines qui les imitent, les ministres ne sont
pas membres des Chambres. Quelques C. exigent des conditions : l'âge de 25 ans
(Mexique), 30 ans (Norvège); la nationalité de naissance (Mexique, Suède) ou, à
son défaut, la grande naturalisation (Belgique). Les membres de la famille royale
sont exclus en Belgique, Grèce, Roumanie, Serbie; en Norvège, Suède, le père
et le fils, les frères, ne peuvent être ministres ensemble.
(2) Ainsi ont fait trois députés ministres non réélus aux élections du 16 novembre 1919. M. Clemenceau, qui ne s'était pas présenté aux élections sénatoriales du
11 janvier 1920, donna sa démission de Président du Conseil le 18.
(3) M. Clemenceau resta Président du Conseil du 11 au 18 janvier 1920 sans
être député ou sénateur.

désaccord avec cette majorité. Cet usage, qui est le principe
et l'âme du régime parlementaire, est implicitement consacré
par le texte constitutionnel qui déclare les ministres responsables devant les Chambres (L. C. 25 fév. 1875, art. 6, al. 1).
Toutefois, il n'a toute sa force que dans un régime parlementaire bien réglé, où existe une majorité homogène avec des
chefs reconnus ; ce n'est pas le cas de la France (nᵒˢ 419 et s.).
Aussi le Président de la République a-t-il une certaine liberté,
qui donne à son rôle, en cas de crise ministérielle, beaucoup
d'importance et de difficulté : il s'agit en effet de découvrir,
pour leur confier le ministère, les hommes les plus capables
de grouper pour un certain temps une majorité dans les deux
Chambres. Plus exactement, il s'agit de découvrir, pour lui
donner la mission de former le cabinet, l'homme qui paraît
le plus en mesure de grouper une majorité.

Les ministres sont nommés pour une durée illimitée. La
durée de leurs fonctions dépend de la durée de leur accord
avec la majorité des Chambres; elle est donc essentiellement
variable. Le renouvellement intégral de la Chambre des
Députés n'y met pas fin, si du moins les élections ne sont pas
hostiles au ministère ; mais il est conforme à l'esprit du
régime parlementaire que le ministère en fonctions recherche
une occasion qui permette à la Chambre nouvelle d'affirmer
ses sentiments à l'égard du Gouvernement.

Quant au droit de révoquer les ministres, qui appartient
au Président de la République, il est resté sans application.
Le régime parlementaire le réduit à néant ; car le Président
est obligé de garder les ministres tant qu'ils ont la majorité
dans les Chambres, et de les laisser partir dès qu'ils ne l'ont
plus. Le renvoi implicite du ministère Jules Simon en 1877
a été considéré comme un coup d'État (1). — Pourtant, le
Président pourrait sûrement révoquer un ministre qui refuserait de donner une démission devenue nécessaire, ou
même un Cabinet en désaccord avec l'opinion ou qu'il juge-

(1) V. la lettre du maréchal de Mac-Mahon à M. Jules Simon, suivie de la démission du ministère (J. O., 17 mai 1877).

rait dangereux. En ce dernier cas, le renvoi du Cabinet devrait avoir pour conséquence la dissolution de la Chambre (n°˙ 440 et s.).

Le droit de nomination et de révocation qui appartient au Président de la République à l'égard des ministres a une conséquence intéressante : lors de l'élection du Président, les ministres en fonctions ont l'habitude de remettre leur démission au nouvel élu, afin que celui-ci garde libre le choix de ses collaborateurs (1).

IV

Attributions des ministres.

377. Il ne s'agit pas de préciser les attributions de chaque ministre en particulier, mais seulement d'indiquer en général leurs attributions communes et le mode d'action de leur autorité. On peut, à ce point de vue, classer leurs attributions en : constitutionnelles, administratives, juridictionnelles.

378. I. *Attributions constitutionnelles.* — « *Chacun des actes du Président de la République doit être contresigné par un ministre* » (L. C. 25 fév. 1875, art. 3, al. 6). Le contreseing ministériel dégage la responsabilité du Chef de l'État (2) et engage celle du ministre qui signe ; il atteste que le ministre a connu, accepté, préparé l'acte présidentiel. Un acte du Chef de l'État qui ne serait pas contresigné n'aurait aucune valeur, aucune force obligatoire (3). Le ministre

---

(1) Le traitement de chaque ministre est fixé à 60.000 francs. La L. 31 juill. 1920 a ajouté une indemnité de 20.000 francs.

(2) Cependant la L. 31 août 1871, art. 2, qui exigeait le contreseing d'un ministre sur chacun des actes présidentiels et déclarait en conséquence les ministres responsables, consacrait la responsabilité du Chef de l'État (art. 3).

(3) La nécessité du contreseing ministériel fut établie par la L. 2 oct. 1789, art. 18, consacrée par la L. 27 avril-25 mai 1791, art. 24, les C. 1791 (tit. III, chap. II, sect. 4, art. 4), An VIII (art. 55), 1848 (art. 67), l'Acte Additionnel (art. 38), la L. 31 août 1871, art. 2 ; sous-entendue dans les Chartes et le Scs. 1870, qui admettent le régime parlementaire.

Elle existe dans la plupart des C. étrangères.

peut refuser sa signature, s'il n'approuve pas l'acte du Chef de l'État; celui-ci a la ressource problématique (n° 376) de le révoquer ou de lui demander sa démission.

Chaque ministre contresigne les actes qui intéressent son département. En outre, la loi de finances du 25 février 1901, article 55, exige le contreseing du ministre des Finances pour toute mesure augmentant le nombre ou le traitement des agents de l'État. La L. 22 juillet 1909, article 1, réserve au ministre des Finances le contreseing de tout décret concédant une pension. Les décrets qui concernent plusieurs départements ministériels sont contresignés par tous les ministres intéressés.

Les ministres démissionnaires ne conservent la signature que pour l'expédition des affaires courantes. On a pu constater qu'ils mettaient à profit les dernières heures de leur autorité provisoire pour faire signer des nominations en faveur de leurs amis ou collaborateurs; aussi la L. 13 juillet 1911, article 141, déclare-t-elle nulle de plein droit toute nomination ou promotion d'un individu attaché au cabinet d'un ministre ou sous-secrétaire d'État, qui n'est pas insérée au *Journal officiel* avant la démission du ministre ou sous-secrétaire d'État.

Les actes qui nomment les nouveaux ministres doivent être contresignés; en général, le Président du Conseil démissionnaire contresigne la nomination de son successeur comme ministre et comme Président du Conseil, et celui-ci contresigne celle de ses collègues.

379. « *Les ministres ont leur entrée dans les deux Chambres* (L. C. 16 juill. 1875, art. 6, al. 2). Il n'importe qu'ils soient étrangers au Parlement ou membres de l'une des Chambres. — Ils ne sont pas obligés d'assister aux séances (1),

---

(1) Le D. 23 juill. 1791 exige leur présence un jour sur deux. Le D. 30 mai 1848 (art. 1) obligeait la Commission exécutive à assister à une séance pour donner des explications si 40 députés en faisaient la demande.

Une Chambre peut requérir la présence des ministres d'après les C. Belgique, Grèce, Luxembourg, Pays-Bas, Roumanie, Serbie; une séance ne peut avoir lieu sans un ministre présent d'après la C. Roumanie.

mais l'usage veut que le Gouvernement soit chaque jour représenté dans chaque Chambre au moins par un ministre. — Depuis 1814, les ministres ont dans chaque Chambre des places distinctes qui forment le *banc des ministres* (1).

La présence des ministres aux séances des Chambres leur permet de suivre l'élaboration des lois qu'ils sont chargés de faire exécuter, de donner en toute matière l'opinion du Gouvernement, de répondre aux questions et interpellations (n° 425 et s.) qui leur sont adressées.

380. ... « *et doivent être entendus quand ils le demandent* » (même texte).

Les règlements des Chambres (Sénat, art. 36-37 ; Chambre, art. 43) accordent quelques privilèges aux ministres. Ils ne sont pas astreints à l'ordre des inscriptions pour la parole, ils peuvent parler après que la clôture a été demandée et même votée, après un vote déclaré douteux ; mais un membre peut toujours répondre à un ministre.

Le droit d'être entendu ne donne pas le droit de voter, si le ministre n'est pas membre de la Chambre devant laquelle la discussion a lieu (2).

381. « *Ils peuvent se faire assister par des commissaires*

(1) L'entrée aux Chambres est accordée aux ministres par les C. 1791 (tit. III, chap. III, sect. 4, art. 10), 1848 (art. 69), les Chartes (art. 54, 46) ; la C. An III (art. 126 et 170) ne permet que les communications écrites entre le Gouvernement et les Conseils ; la C. An VIII (art. 53) réserve aux conseillers d'État le droit de parler devant le Corps législatif, au nom du Gouvernement ; l'Acte Additionnel (art. 18) instituait pour cette mission des ministres d'État. La C. 1852 (art. 51) avait rétabli le système de l'An VIII ; le D. 24 nov. 1860 (art. 5) créa « des ministres sans portefeuille pour défendre devant les Chambres, de concert avec le Président et les membres du Conseil d'État, les projets de loi du Gouvernement » ; le D. 19 janv. 1867 (art. 7) autorisa des délégations spéciales chargeant un ministre à portefeuille de représenter le Gouvernement auprès des Chambres ; les Scs. 8 sept. 1869, art. 3, et 1870, art. 30, donnèrent à tous les ministres l'entrée aux Chambres.

Elle leur est accordée par un très grand nombre de C. étrangères ; refusée par la C. États-Unis et ses imitations américaines.

(2) Les C. françaises et étrangères qui accordent aux ministres l'entrée aux Chambres leur donnent aussi le droit d'y parler ; cependant, la C. fr. 1791 (tit. III, chap. III, sect. 4, art. 10), pour les objets étrangers à leur administration, exige la permission du Corps législatif. En Suisse, les membres du Conseil fédéral ont voix consultative dans les deux Chambres.

désignés, pour la discussion d'un projet de loi déterminé, par décret du Président de la République » (L. C. 16 juill. 1875, art. 6, al. 2 *in fine*) (1).

Ces commissaires sont en général de hauts fonctionnaires ; ils peuvent être pris parmi les conseillers d'État, pour les projets de loi qui ont été renvoyés à l'examen du Conseil (L. 24 mai 1872, art. 8, al. 2). Ils sont désignés pour chaque projet de loi déterminé, et non, d'une manière générale, pour toutes les affaires d'une même nature.

Bien que le texte constitutionnel ne parle que de projets de loi, l'usage s'est établi que des commissaires du Gouvernement soient désignés pour assister les ministres dans la discussion d'une proposition de loi (n° 305), d'une interpellation (n° 426), d'une proposition de résolution (n° 272).

382. II. *Attributions administratives.* — Les C. sont en général muettes sur ce point ; la disposition la plus importante se trouve dans la C. An VIII : « *Les ministres procurent l'exécution des lois et des règlements d'administration publique* » (art. 54) (2).

Aujourd'hui encore la formule de l'An VIII est vraie, mais incomplète, car les ministres procurent aussi l'exécution de tous les actes du pouvoir exécutif, et ils ont des attributions propres. Chacun d'eux est, pour un département ministériel et pour tout le territoire, le délégué du Chef de l'État.

Les lois d'ensemble sur les fonctions ministérielles sont rares (3) ; les fonctions ministérielles sont précisées par une multitude d'actes spéciaux dont le détail ne saurait être donné ici.

383. Les ministres exercent leurs fonctions tant à l'égard des citoyens qu'à l'égard des fonctionnaires.

(1) Disposition empruntée aux usages de 1814 à 1848 et à la C. 1848 (art. 69).
(2) Ajoutez l'art. 56 de la même C. relatif au ministre du Trésor public, l'art. 64 de la C. 1848 sur les nominations et les révocations.
(3) Les C. 1793 (art. 67), An III (art. 150), 1848 (art. 66) y renvoient cependant. On peut citer les L. 27 avril-25 mai 1791, 10 vendémiaire An IV, les décrets dits de décentralisation des 25 mars 1852 et 13 avril 1861.

A l'égard des fonctionnaires, ils agissent tantôt par voie d'*autorité*, tantôt par voie de *contrôle*.

C'est par voie d'*autorité* que le ministre adresse aux fonctionnaires, soit des circulaires, instructions communes à tous et qui souvent ont pour but d'interpréter et de commenter une loi ou un décret, soit des instructions ou ordres particuliers à tel ou tel fonctionnaire. Ces actes d'autorité ne sont obligatoires, ni pour les particuliers, qui ne sont pas tenus de s'y conformer, mais ne peuvent les attaquer devant le Conseil d'État ; ni pour les tribunaux, qui ne sont pas tenus de les appliquer. Les fonctionnaires auxquels ils sont adressés peuvent, sans encourir aucune sanction pénale ou légale, n'en tenir aucun compte ; mais la discipline hiérarchique les oblige à s'y conformer, sinon ils risquent fort d'être punis disciplinairement et même révoqués. C'est ainsi qu'indirectement ces actes atteignent les particuliers qui ont besoin de s'adresser aux fonctionnaires.

En vertu de son pouvoir de *contrôle*, le ministre prend connaissance des actes et décisions de ses subordonnés, les confirme, les modifie ou les annule.

A l'égard des citoyens, le ministre applique les lois et décrets par des arrêtés. Qu'il puisse rendre dans ce but des arrêtés spéciaux, individuels, cela n'est ni douteux, ni contesté ; peut-il rendre des arrêtés généraux et réglementaires ? La question est discutée. L'affirmative s'appuie sur l'article 54 C. An VIII cité plus haut ; mais le texte n'est pas assez explicite ; d'ailleurs le Chef de l'État a le pouvoir réglementaire, et grâce au régime parlementaire (n° 407), ce pouvoir est, en réalité, à la disposition du ministre. Il en est de même du pouvoir réglementaire du préfet, à cause du pouvoir hiérarchique du ministre. — Certains textes de lois ou décrets confèrent aux ministres le pouvoir réglementaire sur des matières déterminées.

Une autre question se rattache à la précédente : le ministre qui a le droit de contrôler les arrêtés réglementaires du préfet, peut-il les modifier ? Cela revient à se demander s'il peut substituer son pouvoir réglementaire à celui du préfet, c'est-à-dire s'il a un pouvoir réglementaire sur la matière en question.

Les arrêtés ministériels, généraux ou individuels, sont sujets aux mêmes voies de recours que les décrets présidentiels.

384. Les ministres sont, chacun dans son département, les représentants légaux de l'État, du moins en principe, soit dans les actions judiciaires où l'État est partie plaidante, soit dans les marchés de fournitures, l'ordonnancement des dépenses, etc.

385. III. *Attributions juridictionnelles.* — La juridiction ministérielle, dont l'existence a été affirmée, est aujourd'hui généralement niée par les auteurs et la jurisprudence. La question appartient au Droit administratif plutôt qu'au Droit constitutionnel.

V

Responsabilité des ministres.

386. Les ministres sont responsables : 1° des actes qu'ils ont accomplis personnellement, à l'occasion de leurs fonctions propres ; 2° des actes du Président de la République qu'ils ont contresignés ; 3° des actes de leurs subordonnés qu'ils ont approuvés, au moins tacitement, en ne les réprimant pas.

Leur responsabilité peut être parlementaire, pénale, civile (1). Dans le premier cas, le ministre perd le pouvoir, est tenu de démissionner ; dans le second cas, il est condamné à une peine ; dans le troisième, il compense par des dommages-intérêts le préjudice causé à l'État ou aux particuliers.

Cette triple responsabilité n'existe que dans les régimes parlementaires. Les autres régimes reconnaissent parfois la responsabilité civile et pénale (2).

(1) On a souvent demandé que la responsabilité ministérielle fût précisée et réglée ; une loi promise par la Charte de 1830, article 69, échoua à plusieurs reprises ; l'Assemblée Nationale avait décidé (29 nov. 1872) de faire une loi sur la matière.
(2) Ainsi les LL. 27 avril-25 mai 1791, article 31 ; 10 vendémiaire An IV, article 13.

La responsabilité ministérielle ne saurait être couverte par l'ordre formel du Chef de l'État, par la délibération du Conseil des ministres, ni même dégagée par une opposition formelle (1). Le ministre n'a que la ressource de sa démission.

Le ministre n'a envers le Président de la République et envers ses collègues aucune responsabilité précise. Il est vrai que le Chef de l'État a le droit de révoquer un ministre ; mais on a vu (n° 376) que le régime parlementaire paralyse ce droit (2). Le ministre n'est exposé à aucune des peines disciplinaires que les fonctionnaires peuvent encourir. Toutefois, le Président de la République peut exiger qu'un ministre lui rende compte des affaires.

D'un autre côté, le régime parlementaire repose sur l'entente et l'union entre les ministres ; il en résulte que les actes principaux sont préalablement communiqués au Conseil des ministres et approuvés par lui, et que, sur les questions importantes, le Gouvernement arrête une ligne de conduite moralement obligatoire pour tous ses membres. Il en résulte aussi que, lorsqu'un ministre est en désaccord grave avec ses collègues, il doit donner sa démission.

387. I. *Responsabilité parlementaire*. — Elle consiste dans l'obligation de démissionner imposée au ministre comme conséquence de l'opinion défavorable exprimée par les Chambres sur ses actes (3).

« *Les ministres sont solidairement responsables devant les*

(1) La première règle est consacrée par la L. 1791 (art. 24), qui, sur le second point, admet la solution contraire (art. 18).

La première règle est aussi consacrée par les C. Belgique, Grèce, Luxembourg, Roumanie.

(2) V. cependant la lettre écrite par le Président de la République au Président du Conseil, le 16 mai 1877.

(3) Il est clair qu'un ministre peut démissionner sans y être contraint par un vote du Parlement, par exemple pour une raison de santé, ou à cause d'un désaccord sérieux avec ses collègues.

De même, un Cabinet peut se retirer sans vote hostile, simplement parce qu'il considère sa mission comme terminée. Ce fut le cas du Cabinet Clemenceau (18 janv. 1920).

Chambres de la politique générale du Gouvernement, et indi-viduellement de leurs actes personnels » (L. C. 25 fév. 1875, art. 6, al. 1). Telle est la formule très large et très vague donnée par la loi constitutionnelle. Les tentatives faites pour la préciser sont demeurées vaines : comment enchaîner dans des termes exacts et rigoureux la politique ondoyante et diverse ?

Cette responsabilité est mise en jeu par les votes des Chambres. Les ministres peuvent être interpellés (n° 426) par tout membre du Parlement; après avoir entendu les explications du ministre, la Chambre vote un *ordre du jour* (n° 426) qui exprime sa confiance ou son hostilité envers le Gouvernement, et que celui-ci accepte ou repousse avant le vote. Si la Chambre vote un ordre du jour repoussé par le Gouvernement, le ministère est tenu parlementairement de démissionner et de céder la direction des affaires à un ministère nouveau qui aura la confiance de la Chambre. — Le même fait peut se produire sans interpellation, lorsque les Chambres rejettent une loi que le Cabinet avait promise comme un article essentiel de son programme, ou lorsque, sur une loi soit d'initiative gouvernementale, soit d'initiative parlementaire, la Chambre vote contrairement à l'avis du Gouvernement, alors que celui-ci a préalablement posé la *question de confiance*, c'est-à-dire a déclaré qu'il démissionnera si son avis ne prévaut pas. Il en est de même au sujet d'une question quelconque, lorsque le Gouvernement a exprimé son opinion et déclaré, avant le vote, poser la question de confiance.

388. En un mot, la responsabilité parlementaire fonctionne toutes les fois qu'un désaccord sérieux surgit entre le Parlement et le Cabinet. Le Cabinet se retire pour une raison morale et juridique, parce qu'il doit céder devant la volonté nationale dont le Parlement est présumé être l'expression; et pour une raison pratique, parce qu'il est convaincu que les Chambres lui refuseront les lois dont il a besoin pour gouverner et pour réaliser son programme, refus qui, dans un régime parlementaire bien réglé, ne manquerait pas de

se produire, si les ministres s'obstinaient à garder le pouvoir.
Au besoin, les Chambres refuseraient de voter le budget, et
le Cabinet, privé d'argent, incapable de payer les fonctionnaires ou même les créanciers de l'État, incapable des actes
les plus élémentaires du Gouvernement, serait matériellement
obligé de quitter la place ou de s'exposer, par des actes illégaux, aux sanctions pénales.

Naturellement, pour que les ministres soient tenus de se
retirer, il faut un désaccord sur une question importante, un
désaccord qui ne puisse être concilié. Les circonstances seules
permettent de vérifier si tel désaccord présente ces caractères
et doit forcer les ministres à la retraite. En France, jusqu'à
ces dernières années, la pratique a été très exigeante ; souvent un Cabinet a démissionné pour un désaccord insignifiant
ou facile à effacer ; quelquefois aussi un Cabinet démissionnaire a repris sa place à la suite d'une manifestation sympathique d'une Chambre repentante. Depuis le cabinet Waldeck-
Rousseau (22 juin 1899), il semble que les ministères sont
devenus moins chatouilleux et que, de ce côté-là, la coutume
s'améliore.

389. Au reste, la responsabilité parlementaire se rattache
à une idée plus générale, savoir que le pays doit être gouverné selon ses vœux. Il y a présomption que les Chambres,
les Chambres électives en particulier, représentent exactement le pays, et qu'un Cabinet combattu par elles déplaît à la
nation. Pourtant le contraire arrive, et un Cabinet convaincu
que le pays l'approuve peut garder le pouvoir, mais à la condition de consulter la nation par la dissolution (n° 410) et de
s'en aller si la consultation lui est défavorable.

On a vu enfin des Cabinets triompher, à force de patience,
de l'hostilité parlementaire, et obtenir à la longue des votes
favorables qui d'abord leur avaient été refusés.

390. Le vote hostile du Parlement peut ne viser que
l'acte d'un seul ministre ; celui-ci seul se retirera ; c'est le cas
de la responsabilité *individuelle*. — Le vote hostile peut au
contraire condamner une décision importante, sur laquelle

tous les ministres ont donné leur avis, quoiqu'un seul ait
donné sa signature, qui touche à l'un des articles fondamentaux du programme ministériel. Le désaccord existe alors
entre la Chambre et tous les ministres; ceux-ci doivent
démissionner sans exception, même ceux qui s'étaient opposés
à la mesure : c'est la responsabilité *solidaire*.

391. La responsabilité individuelle est naturellement
rare (1). Tous les actes importants sont décidés en Conseil
des ministres ou en Conseil de Cabinet (n° 375) et engagent
la responsabilité de tous les ministres. La démission du ministère ouvre la *crise ministérielle* que clôture la nomination
des nouveaux ministres. Le Président de la République a le
droit et le devoir d'appeler au ministère le chef de la majorité, qui s'est formée pour renverser le précédent ministère.
Cet homme politique prendra la présidence du Conseil et
choisira, avec l'agrément du Président, les autres membres
du cabinet.

En France, actuellement, faute de partis bien constitués,
les choses sont plus compliquées : le Président de la République a un rôle délicat et important; il lui faut rechercher
le chef, non d'une majorité existante, mais d'une majorité à
former. En pratique, avant de se décider, il consulte les
hommes politiques les plus importants, notamment les Présidents des deux Chambres.

Il est bon que la crise soit courte, quoique les ministres
démissionnaires demeurent provisoirement en fonctions (2).

---

(1) En Angleterre, elle est presque inconnue.

(2) La pratique de la responsabilité ministérielle date de 1814. L'Assemblée
nationale avait cependant supplié Louis XVI de rappeler Necker, qui emportait
son estime et ses regrets, de renvoyer ses nouveaux ministres (13 juill. 1789). La
L. 27 avril-25 mai 1791 autorisait le Corps législatif à présenter au Roi des observations sur la conduite des ministres, à lui déclarer qu'ils avaient perdu la confiance de la nation (art. 28), à exiger d'eux à tout moment le compte rendu de leurs
actes (art. 27). L'Assemblée législative déclara à son tour que les ministres girondins congédiés par le Roi « emportaient l'estime et les regrets de la nation »
(13 juin 1792). Les C. de 1791 à 1814 excluent, en l'omettant, la responsabilité parlementaire des ministres. — Édictée successivement par les Chartes (art. 13, 12),
l'Acte Additionnel (art. 39), la C. 1848 (art. 68), et précisée par une longue pratique
parlementaire, la responsabilité ministérielle disparut en 1851. La C. 1852 n'ad-

Le nouveau Cabinet issu de la majorité apporte au pouvoir les idées chères à cette majorité. En général, il les précise dans une déclaration lue aux Chambres, qui détaille le programme ministériel et qui est comme le texte solennel de l'accord établi entre le Ministère et le Parlement. Le Ministère tombera ou bien parce qu'il ne réalise pas son programme, ou parce que ce programme a cessé de convenir au pays et, par suite, à la majorité parlementaire. Ainsi du moins devraient se passer les choses dans un régime bien réglé. Souvent, en France, la chute d'un cabinet a été due à un incident étranger au programme ministériel.

392. Le texte constitutionnel (n° 387) déclare les ministres responsables *devant les Chambres*; le Sénat a donc, en cette matière, autant de droits que la Chambre des Députés, quoi qu'on ait prétendu. Cela est logique : le Sénat est électif, comme la Chambre, représentatif comme elle ; il peut, comme elle, contrôler le Gouvernement, lui refuser sa confiance, le mettre enfin dans l'impossibilité de rester en place en lui refusant toutes les lois et surtout le budget.

La pratique, il est vrai, en particulier la pratique française actuelle, semble réserver à la Chambre des Députés le droit de renverser les ministères (1). Cela encore est naturel, car

mettait que la responsabilité des ministres envers le Chef de l'État (art. 13) et de celui-ci devant le peuple (art. 5). Le Scs. 8 sept. 1869, art. 7, permit au Sénat et au Corps législatif de voter des ordres du jour motivés, n'engageant pas directement la responsabilité ministérielle; celle-ci fut rétablie par le Scs. 21 mai 1870, art. 19.

A l'étranger, la responsabilité parlementaire des ministres engagée par leur signature est généralement admise, avec une tendance à la cantonner dans les rapports des ministres et de la Chambre Basse, surtout lorsque la Chambre Haute n'est pas élective; elle n'existe pas aux États-Unis et dans les Rép. américaines qui ont imité leur constitution. La C. fédérale allemande de 1871 déclarait le Chancelier responsable; le Gouvernement soutenait qu'il ne s'agissait pas de responsabilité parlementaire; en décembre 1913, le Chancelier a déclaré qu'il ne démissionnerait pas malgré un vote nettement hostile du Reichstag.

(1) Quelques exceptions peuvent être citées : le second cabinet Tirard a démissionné le 14 mars 1890, à la suite d'un ordre du jour voté par le Sénat au sujet des relations commerciales avec la Turquie; le cabinet Bourgeois, après avoir affirmé l'intention de gouverner malgré l'hostilité du Sénat, a quitté le pouvoir le jour où le Sénat lui a refusé des crédits dont le Gouvernement avait besoin (21 avril 1896); M. Darlan, garde des Sceaux, démissionna le 30 novembre 1897, à

c'est de la Chambre élue au suffrage universel direct que doit venir en général l'impulsion politique.

Il n'en résulte pas cependant que la Constitution refuse le même droit au Sénat, qu'elle doive être interprétée, ou au besoin modifiée, en ce sens. Le Sénat peut légitimement estimer qu'un Cabinet gouverne contre le vœu ou contre les intérêts majeurs du pays; il peut aussi signaler et blâmer une faute m nistérielle. Comment refuser à ces actes leurs suites naturelles ?

Au reste, il est presque puéril de nier le droit du Sénat, puisque le Sénat dispose de moyens efficaces pour rendre le gouvernement impossible aux ministres et les acculer à l'alternative de la démission ou de l'illégalité. Il peut refuser de voter des lois, surtout refuser de voter le budget et les crédits (1) demandés par le ministère qu'il veut renverser. A cet égard, il est presque aussi bien armé que la Chambre des Députés; elle a cependant de plus le droit de mettre les ministres en accusation (n° 295).

On a dit que cet argument confond la *faculté matérielle* et le *droit* de renverser le Cabinet. Mais le *droit* de la Chambre des Députés résulte, historiquement et juridiquement, des mêmes *facultés matérielles,* et, aujourd'hui encore, les a pour sanctions. La conclusion est acceptée comme légitime pour la Chambre Basse; elle doit l'être aussi pour le Sénat. Et comme la loi constitutionnelle ne crée pas en droit une différence, constater que le Sénat *peut* comme la Chambre renverser un Cabinet, c'est reconnaître qu'il a le même droit.

La loi constitutionnelle ne fait pas de différence entre les deux Chambres. Pourquoi en ferait-elle ? A cause de la coutume anglaise qui en effet refuse à la Chambre des Lords le droit de faire et défaire les Cabinets? Mais le Sénat français n'est

la suite d'un vote défavorable du Sénat; le cabinet Briand démissionna le 18 mars 1913, à la suite d'un vote hostile du Sénat. D'ailleurs, à maintes reprises, les cabinets ont posé la question de confiance devant le Sénat; ainsi M. Millerand le 31 mars 1920. La pratique est donc très nette.

(1) C'est en refusant de voter des crédits que le Sénat, en 1896, a forcé le Cabinet à se retirer.

pas comparable à la Chambre des Lords; loin d'être une
assemblée aristocratique, il sort clairement du suffrage universel, il représente la nation entière. — A cause de son
intervention en cas de dissolution de la Chambre? On y a vu
en effet une sorte de compensation : le Sénat consent à la
dissolution de la Chambre, tandis que la Chambre n'a pas à
consentir à la dissolution du Sénat qui est impossible (n° 445).
Ce système, qui aurait besoin d'être appuyé sur un texte et
qui ne l'est pas, est assez étrange : l'intervention du Sénat en
cas de dissolution est un avantage, une garantie donnée à la
Chambre et non au Sénat (n°⁸ 442 et s.); elle n'a pas à être
compensée.

Mais, dira-t-on, qu'arrivera-t-il si un Cabinet est soutenu
par la Chambre, combattu par le Sénat? Il faudra voir. Si le
Cabinet n'a pas besoin de loi, si le budget a été voté, le Cabinet pourra rester quelque temps au pouvoir, jusqu'au moment
où il aura besoin d'une loi, du budget, d'un crédit (1); il en
serait de même d'ailleurs dans l'hypothèse inverse, celle où
le Cabinet serait soutenu par le Sénat et attaqué par la
Chambre, et même dans celle où il serait combattu par les
deux Assemblées (2). Mais une pareille situation ne peut se
prolonger : matériellement, le Cabinet ne tardera guère à
avoir besoin des Chambres, pour le budget au moins; moralement, le trouble causé par un pareil conflit est vite intolé-
rable. Que faire? Consulter le peuple, qui est le principal
intéressé et le souverain maître. La seule manière correcte et
efficace de résoudre le conflit consiste à dissoudre la Chambre
des Députés; le suffrage universel prononce (n° 441).

393. La démission provoquée par un vote hostile du Parlement doit être remise au Président de la République, qui a
seul qualité pour la recevoir (3). Les Chambres peuvent rece-

---

(1) C'est ce qui s'est passé en 1896.
(2) Les Chambres déclarent parfois qu'elles refusent d'entrer en relations avec
tel Cabinet ou tel ministre. Cela équivaut à un refus en bloc par avance de toutes
les lois que le Gouvernement demandera. Une pareille déclaration est à la portée
de chaque Assemblée, là encore le Sénat n'a pas moins de droits que la Chambre.
(3) V. une démission donnée en séance de la Chambre, le 25 octobre 1898.

voir communication plus ou moins solennelle de la démission comme de la nomination des ministres ; elles n'ont pas à les ratifier, ni même à en donner acte.

394. La responsabilité parlementaire des ministres a des inconvénients qu'il ne faut ni dissimuler ni exagérer. Elle détourne l'attention du ministre des affaires de son département sur les questions d'ordre purement politique ; elle l'empêche de se spécialiser par une longue manipulation des mêmes affaires ; elle l'arrache du pouvoir au moment où il commençait à connaître son métier ; elle lui enlève le goût des réformes à longue portée, lentement mûries. — L'instabilité ministérielle qu'elle crée est nuisible aux affaires publiques, en faisant arriver au ministère des hommes encore ignorants, qu'elle en précipite dès qu'ils savent quelque chose.

Ces critiques s'adressent surtout à l'abus, si fréquent, de la responsabilité ministérielle. On ne saurait trop déplorer ces crises incessantes, cette lutte acharnée pour le pouvoir, ces interpellations et ces votes sans cesse renouvelés, cette fièvre politique qui accapare les ministres et ne leur laisse pas un instant pour l'étude et l'expédition des affaires. Ces vices, c'est dans l'amélioration des mœurs parlementaires qu'il faut en chercher le remède.

Les avantages de la responsabilité ministérielle sont considérables.

Dans une société démocratique, la responsabilité des dépositaires du pouvoir devant les élus du peuple est nécessaire sous peine de tomber au despotisme. Or, il vaut mieux que cette responsabilité pèse sur les ministres que sur le Chef de l'État.

La responsabilité ministérielle assure en outre la collaboration et l'accord des Chambres avec le Gouvernement.

Elle donne, il est vrai, aux ministres des soucis plutôt politiques que professionnels. Mais, en somme, est-il bien utile que le ministre ne soit qu'un employé de bureau parvenu au plus haut grade ? Est-il même utile de confier le pouvoir à des spécialistes, qui le considéreront surtout comme un moyen de satisfaire des préjugés anciens?

Il faut au contraire que la gestion de chaque service public soit rattachée à des idées générales, dont les hommes politiques sont, mieux que les spécialistes, les dépositaires, les représentants et les agents.

395. II. *Responsabilité pénale.* — Elle concerne les infractions commises dans l'exercice des fonctions ministérielles et aboutit à l'application d'une peine. Les cas n'en sont précisés ni par la Constitution, ni par la loi (1). On a vu (n° 298) les difficultés qui se sont élevées devant la Haute-Cour sur leur détermination. Lorsque le ministre comparaît devant la Cour d'assises, celle-ci ne peut le condamner que pour un crime prévu et puni par le Code pénal.

L'action pénale dirigée contre un ministre est soumise au droit commun, sauf en un point : « *Les ministres peuvent être mis en accusation par la Chambre des députés pour crimes commis dans l'exercice de leurs fonctions. En ce cas, ils sont jugés par le Sénat* » (L. C. 16 juill. 1875, art. 12, al. 2). Le texte ne réserve pas à la Chambre seule le droit d'accusation; il le lui accorde, sans enlever au ministère public, qui le possède selon le droit commun, le droit de poursuivre devant les juridictions ordinaires, et à la Chambre des mises en accusation son attribution légale (2).

La juridiction du Sénat n'existe que dans le cas où la Chambre a décrété l'accusation; en tout autre cas, les tribunaux ordinaires sont compétents (3).

---

(1) Les L. 1791 (art. 29-30) et An iv (art. 10-11) fixent quelques cas et renvoient au C. P.; la Charte de 1814 (art. 56) ne cite que les crimes de trahison et de concussion; la C. An viii (art. 72) est un peu plus large.

Les cas sont précisés absolument ou partiellement en Brésil, États-Unis, Grèce, Mexique, Portugal, Serbie, Vénézuéla.

(2) Le droit d'accuser les ministres est réservé au Corps législatif par la L. 1791 (art. 31), les C. 1791 (tit. III, chap. II, sect. 4, art. 8) et An viii (art. 73); au Directoire par la L. An iv (art. 12).

(3) La L. An iv admet en tout cas la juridiction ordinaire (art. 14); la Charte de 1814 (art. 55), celle de la Chambre des Pairs.

L'action pénale est prescrite par le délai ordinaire (1) ; il conviendrait aux matières politiques et à l'instabilité ministérielle d'abréger ce délai.

Le texte ci-dessus ne vise pas les infractions étrangères à leurs fonctions que les ministres peuvent commettre ; elles demeurent donc à tous les points de vue sous l'empire du droit commun, et telle est la tradition (2).

Le droit de grâce du Président de la République n'est limité par aucune disposition.

La responsabilité pénale des ministres n'est pas destinée à fonctionner souvent (3), non seulement parce que les ministres ne se laissent pas aller à commettre des crimes, mais surtout parce qu'elle est prévenue par la responsabilité politique, et que là où celle-ci n'existe pas, le pouvoir exécutif est assez fort pour empêcher la mise en jugement des ministres.

396. III. *Responsabilité civile.* — Elle tend à la réparation pécuniaire des dommages causés, soit à l'État, soit aux particuliers, par les actes des ministres.

L'action civile est soumise au droit commun. Mais la détermination du tribunal compétent soulève une question très difficile. Les Chambres ont repoussé, avec raison, des propositions tendant à soumettre cette action à elles-mêmes ou aux commissions du budget (4).

La responsabilité civile, surtout envers l'État, est difficile

---

(1) Les L. 1791 (art. 32) et An IV (art. 15) établissent une courte prescription, comme la C. Mexique.

(2) La C. An VIII (art. 71) exige l'autorisation du Conseil d'État pour la poursuite d'un fait entraînant une peine afflictive ou infamante.

(3) En France, elle n'a reçu que quatre applications : les ministres signataires des O. 25 juillet 1830 (n° 82) furent accusés par la Chambre des députés, les 27 et 28 septembre 1830, condamnés par la Chambre des Pairs, le 21 décembre 1830, amnistiés par l'O. 8 mai 1837 ; — le 17 juillet 1847, l'ancien ministre Teste fut condamné par la Chambre des Pairs pour concussion ; — le 21 mars 1893, l'ancien ministre Baïhaut fut condamné par la Cour d'assises de la Seine pour corruption ; — le 6 août 1918, l'ancien ministre Malvy fut condamné par la Haute-Cour, pour « avoir méconnu, violé, trahi les devoirs de sa charge », et avoir ainsi commis le crime de forfaiture.

(4) Les règles particulières édictées par les L. 1791 (art. 32) et An IV (art. 13 et s.) s'appliquaient à l'action civile comme à l'action pénale.

à mettre en application ; comment sérieusement condamner le ministre à restituer plusieurs centaines de millions?

VI

Les sous-secrétaires d'État (1).

397. Les premiers sous-secrétaires d'État furent nommés par Napoléon, pendant les Cent Jours (D. 24 mars 1815). Puis l'O. 9 mai 1816 décide que des sous-secrétaires d'État, nommés par le roi, « seront attachés aux ministres secrétaires d'État, lorsque ceux-ci le jugeront nécessaire... » (art. 1). Ils « seront chargés de toutes les parties de l'administration et de la correspondance générale qui leur seront déléguées » par les ministres (art. 2). Ils sont alors institués pour soulager les ministres des affaires administratives. Ce sont des délégués des ministres, sans rôle politique. Cependant, dès la Restauration, souvent ils sont pris dans les Chambres et démissionnent avec le ministère.

Leur caractère politique s'accentue après 1830. Ils sont toujours choisis dans la majorité parlementaire; ils sont considérés comme faisant partie du ministère, suivent sa fortune, disparaissent avec lui.

Au contraire, les L. 14 juin 1848, article 2, et 15 mars 1849, article 85, qui refusent d'admettre la compatibilité entre les fonctions de député et celles de sous-secrétaire d'État, ne voient dans cette dernière qu'une fonction administrative, dépourvue du caractère politique qui appartient à la fonction de ministre.

La compatibilité a été rétablie par la L. 25 avril 1872, article 2, et maintenue par la L. 30 novembre 1875, article 11, alinéa 2. Ces lois assimilent ainsi, du moins à ce point de vue

(1) L'institution et même le nom existent depuis longtemps en Angleterre, où il est de règle qu'un ministre ne peut parler que dans la Chambre à laquelle il appartient. Il est donc nécessaire que, dans chaque département ministériel, il y ait, outre le ministre qui appartient à une Chambre, un homme politique, qui a souvent le titre de sous-secrétaire d'État, appartenant à l'autre Chambre.

qui est important, les sous-secrétaires d'État aux ministres (1).

398. Cependant les caractères juridiques et le rôle des sous-secrétaires d'État restent controversés et douteux.

Au point de vue constitutionnel, ils doivent sans doute être considérés comme des ministres de second rang. Ne sont-ils pas choisis, comme les ministres, dans la majorité parlementaire (2)? Ne sont-ils pas des éléments de la combinaison ministérielle? Ne sont-ils pas nommés en même temps et dans les mêmes conditions que les ministres? En somme, ils sont membres du groupe dirigeant, du Gouvernement, et à ce titre, tout à fait différents des fonctionnaires, même les plus élevés.

Par conséquent, les sous-secrétaires d'État font partie des conseils de cabinet, et même, selon l'usage actuel, des conseils des ministres; ils ont le droit d'entrer et de parler, même dans la Chambre à laquelle ils n'appartiennent pas, d'y déposer des projets de loi, d'y répondre à des questions et interpellations; ils sont tenus de démissionner devant un vote hostile. Telle est, en effet, la coutume contemporaine. Il est vrai que les textes (L. C. 25 fév. 1875, art. 6; L. C. 16 juill. 1875, art. 6 et 12) ne nomment que les ministres; mais ils n'excluent pas les sous-secrétaires d'État et ne condamnent pas expressément la coutume. Par contre, on a vu que la L. 30 novembre 1875, article 11, assimile, pour une règle caractéristique, les sous secrétaires d'État aux ministres.

Au point de vue administratif, l'opinion générale et la jurisprudence (3) ont toujours considéré comme illégales l'O. 9 mai 1816 autorisant des délégations faites par les ministres aux sous-secrétaires d'État, et les délégations faites en vertu de ce texte. Aussi, depuis une trentaine d'années, les attributions des sous-secrétaires sont-elles fixées par des décrets, devenus très nombreux dans ces derniers temps. Les uns, en

---

(1) Le traitement de chaque sous-secrétaire d'État est fixé à 25.000 francs. La L. 31 juillet 1920 a ajouté une indemnité de 15.000 francs.
(2) Le Cabinet du 12 décembre 1916 comptait deux sous-secrétaires d'État, sur dix, étrangers au Parlement. Il en est de même du Cabinet du 16 novembre 1917.
(3) C. d'État, 21 fév. 1890, *Lebon*, p. 200.

rattachant un sous-secrétaire d'État à un département ministériel, se contentent de dire qu'il sera spécialement chargé
de tel service; ils ne lui donnent qu'un rôle de préparation,
la signature des actes administratifs et le pouvoir restant
réservés au ministre. Les autres précisent les attributions,
donnent le pouvoir de décider et de signer, par exemple
d'ordonnancer les dépenses; ils ont une sérieuse portée juridique, et permettent au sous-secrétaire d'État de faire des
actes équivalents à ceux des ministres. Ces décrets ont été
reconnus légaux par la jurisprudence (1). Ils rentrent dans
les pouvoirs généraux du Président de la République en
matière d'administration, spécialement en matière d'organisation des ministères.

On peut se demander si ces décrets ont un effet durable
ou s'ils valent uniquement pendant la durée des fonctions
du sous-secrétaire d'État au sujet duquel ils ont été rendus.
Les textes les plus récents tendent à établir des règles permanentes. Mais cette tendance rencontre des obstacles,
surtout dans cette circonstance que les mêmes sous-secrétariats ne se retrouvent pas dans tous les cabinets successifs.
En vain veut-on édicter des règles stables; elles cessent de
s'appliquer si le sous-secrétariat qu'elles concernent cesse
d'exister.

399. Le nombre des sous-secrétaires d'État est très variable. Le chiffre maximum (10) a été atteint par les Cabinets
du 12 décembre 1916, du 16 novembre 1917 et du 24 septembre 1920. Depuis les lois du 13 avril et du 20 juin 1920,
la création de sous-secrétariats d'État et leur transport d'un
ministère à un autre ne peuvent avoir lieu que par une loi.

Certains ministères n'ont jamais eu de sous-secrétaire
d'État. Par contre, le service des Beaux-Arts, habituellement
rattaché au ministère de l'Instruction publique, a été très
souvent confié à un sous-secrétaire d'État.

Chaque sous-secrétaire d'État est rattaché à un ministère.

---

(1) C. d'État, 2 déc. 1892, S., 94. 3. 97; 29 janv. 1909, Lebon, p. 111.

Dans les Cabinets de 1920, le sous-secrétaire d'État des ports de la marine marchande et des pêches, rattaché au ministère des Travaux publics, relève aussi du ministère de la Marine (D. 10 fév. 1920).

Depuis le Cabinet du 16 novembre 1917, l'un des sous-secrétaires d'État est attribué à la Présidence du Conseil en vue d'assurer la liaison et la coordination entre les divers ministères.

400. On rapprochera des sous-secrétaires d'État les commissaires que certains Cabinets, surtout celui du 16 novembre 1917, ont placés à la tête de services spéciaux, comme la démobilisation, la liquidation des stocks; mais on ne les confondra pas. Ils ne sont pas nommés en même temps que les ministres; ils ne participent pas aux fonctions ministérielles, ils ne siègent pas avec les ministres. Ce sont des membres du Parlement chargés de missions temporaires (n° 258).

De même, on rapprochera sans confondre les secrétaires généraux institués dans plusieurs ministères, avec un caractère surtout technique.

VII

Auxiliaires des ministres.

401. Les ministres et sous-secrétaires d'État sont aidés dans leur tâche :

d'abord par des conseils, les uns électifs (en partie au moins), comme le conseil supérieur de l'instruction publique, les autres nommés par le Gouvernement, comme le comité technique de l'artillerie; les uns purement consultatifs, les autres investis d'un pouvoir propre;

ensuite par les bureaux de l'administration centrale, dont le personnel nombreux prépare les affaires, sans pouvoir de décision;

enfin par les agents dans les départements, les arrondissements, etc.

LIVRE IV

RAPPORTS DES CHAMBRES
ET DU GOUVERNEMENT

CHAPITRE XXIII

De la séparation des pouvoirs législatif et exécutif.
Du régime parlementaire.

I

Séparation des pouvoirs législatif et exécutif.

402. C'est aujourd'hui une notion courante, presque banale, que la nécessité de remettre en des mains différentes le pouvoir législatif d'un côté, le pouvoir exécutif d'un autre côté. Elle n'est pourtant pas unanimement admise : certains la considèrent comme une dangereuse erreur, contraire à la fois à l'unité du pouvoir et à l'unité de la volonté nationale ; d'autres, plutôt historiens que théoriciens, constatent qu'elle est une nouveauté d'hier, que de nombreuses et florissantes sociétés l'ont ignorée, et y voient la source des troubles politiques qui, depuis deux siècles, ont affligé la plupart des États européens.

Ses partisans mêmes n'emploient pas pour la justifier des arguments semblables. Les uns s'en tiennent aux raisons de Montesquieu : « Lorsque, dans la même personne ou dans le même corps de magistrature, la puissance législative est réunie à la puissance exécutrice, il n'y a point de liberté, parce qu'on peut craindre que le même monarque ou le même Sénat ne fasse des lois tyranniques pour les exécuter tyranniquement » (*Esprit des lois*, XI, 6). — Les autres suivent Rousseau (*Contrat social*, liv. III, chap. 1) qui appliquait à la politique, avec une rigueur implacable, le principe de la division du travail. A chacun sa besogne : ceux qui font les lois ne peuvent et ne doivent pas les appliquer.

403. Au reste, la séparation des pouvoirs est entendue de deux façons différentes.

Les uns opposent ce régime à celui de la confusion ou de la subordination des pouvoirs au profit d'un seul. La séparation des pouvoirs consiste alors, non pas à délimiter pour chaque autorité un domaine purement législatif ou purement exécutif, mais surtout à reconnaître à chacune son indépendance dans l'exercice de ses attributions de toute espèce, à répudier les empiétements et l'absorption. On veut avant tout assurer la liberté, et on considère comme une bonne garantie une sage répartition des pouvoirs entre des autorités respectivement indépendantes. Il en résulte qu'on ne croira pas s'écarter du principe et du but en associant les pouvoirs pour l'exercice d'une même attribution, en accordant par exemple au Chef de l'État l'initiative et la sanction des lois, en accordant aux Chambres le droit de contrôler les actes du Gouvernement, en décrétant la responsabilité des ministres devant le Parlement, en permettant aux ministres d'être membres du Parlement, et ainsi de suite.

Ainsi entendue, la séparation des pouvoirs doit être approuvée; il est même utile d'en montrer les avantages, en la comparant à la confusion et à la subordination des pouvoirs.

404. Les inconvénients de la confusion ou de la subordination des pouvoirs se résument en un mot expressif : la tyrannie.

Il ne semble pas qu'on ait actuellement en France à

redouter la confusion des pouvoirs, à « craindre, comme dit Montesquieu, que le même monarque ou le même Sénat ne fasse des lois tyranniques pour les exécuter tyranniquement ». L'énormité de la tâche d'une part, l'état de nos mœurs politiques d'autre part, rendent cette éventualité peu probable.

La subordination des pouvoirs publics à un seul homme ou à un seul corps est plus concevable; elle conserve les apparences et les étiquettes, si importantes pour l'opinion publique, qui ne supporterait pas la suppression d'une institution constitutionnelle et tolérerait peut-être qu'une seule volonté dirigeât tous les corps publics; elle n'accablerait personne sous le faix des affaires publiques, qui seraient cependant réglées sous une même inspiration. Au fond, le résultat, moins sensible aux yeux inattentifs, serait identique. — Pour tout dire, le cas le plus vraisemblable serait celui d'une Assemblée contraignant à ses volontés l'autre Chambre et le Gouvernement, sans les supprimer officiellement; et des deux Chambres, celle à laquelle ce rôle oppresseur offrirait le plus de tentations et de facilités serait la Chambre élue au suffrage le plus étendu, qui pourrait se croire et se dire l'expression directe du peuple, l'interprète autorisé de la volonté nationale.

Or, la tyrannie d'une Assemblée est plus redoutable que celle d'un homme, parce que la responsabilité, très sérieuse pour un seul, s'atténue en se divisant et disparaît si elle incombe à une Assemblée, être de raison et de fiction constitutionnelle. De toutes les tyrannies, la plus redoutable est celle d'une Assemblée populaire, parce qu'elle prétend exécuter les volontés du peuple, c'est-à-dire de tous, tandis qu'elle est élue seulement par une petite fraction de la nation.

Pour éviter ce résultat, il n'est pas nécessaire et il ne serait pas suffisant de supprimer tous rapports entre les pouvoirs, après avoir rigoureusement trié les attributions législatives et les attributions exécutives. Mais il faut impérieusement de bonnes mœurs politiques, la conviction que tous les procédés de suffrage ne sont que des moyens différents d'organiser l' représentation nationale, la certitude que tous les pouvoirs issus de la nation la représentent également, le sentiment ferme que ni le suffrage universel ni la Chambre qu'il élit ne sont des divinités auxquelles se doive un respect dévotieux.

405. Cette conception de la séparation des pouvoirs est traditionnelle en France, sauf les temps de crise et les pouvoirs intérimaires, comme le Gouvernement révolutionnaire ou l'Assemblée de 1871. Les lois de 1875 la consacrent encore.

Malheureusement on constate, sous l'influence d'une opinion bruyamment soutenue, une tendance à concentrer toute l'impulsion politique dans le Parlement et, en lui, dans la Chambre des Députés, à subordonner à cette Chambre le Sénat et le Président de la République. Il importe de ne pas laisser s'accréditer l'opinion et s'accroître la tendance; non seulement elles sont contraires aux lois de 1875, mais elles constituent une dangereuse erreur, dont l'effet prochain serait le despotisme anonyme d'une Assemblée et, après lui, le césarisme personnel. Elles sont à peine discutables dans les régimes où la représentation nationale est une concession d'un pouvoir qui se dit absolu et revendique une source divine, où l'une des Chambres est nommée par ce pouvoir; elles sont inadmissibles dans un régime où tous les pouvoirs publics représentent la nation et doivent à ce titre se considérer comme égaux entre eux.

406. Dans une autre doctrine, on oppose la séparation des pouvoirs au régime parlementaire. Certaines autorités doivent exercer uniquement et exclusivement les attributions législatives; d'autres autorités doivent exercer uniquement et exclusivement les attributions exécutives. Entre les unes et les autres, aucun rapport n'est établi ni toléré, aucun partage d'attributions, aucune association ou collaboration; les agents du pouvoir exécutif sont étrangers aux Chambres et ne sont point responsables envers elles.

Je vais étudier le régime parlementaire (n° 407), en montrer le fort et le faible. Pour le moment, voici les raisons qui condamnent la séparation absolue des pouvoirs.

On ne peut pas songer à établir entre les pouvoirs une séparation complète et exacte. La classification des attributions dues à chaque pouvoir est très difficile, sinon impossible, et l'infinie et incessante variation de la vie sociale rendrait bientôt inutile ou gênant tout essai de ce genre (n° 266). Une certaine indécision donne au jeu des pouvoirs la souplesse indispensable aux affaires infiniment variées dont se compose la vie d'un peuple, permet de régler les questions que les textes ont volontairement laissées sans solution parce qu'il eût été téméraire de les trancher avant qu'elles fussent nées, qu'elles pussent même naître. On ne saurait prévoir toutes les circonstances possibles ; si les pouvoirs étaient absolument séparés, les cas non prévus ne pourraient être réglés, à moins de violer la classification qui cantonne chaque pouvoir dans son domaine.

Supposons la perfection obtenue même pour l'avenir : les pouvoirs sans point de contact travailleront aveuglément, et on n'obtiendra pas de meilleurs résultats qu'avec une machine dont les rouages seraient isolés, que dans un atelier où, sous prétexte de division du travail, les ouvriers n'auraient entre eux aucune relation.

La séparation rigoureuse des pouvoirs ne fournit aucun moyen de prévenir et de résoudre les conflits : elle ne peut cependant avoir la prétention d'en tarir la source. Le seul remède, le cas échéant, serait un coup d'État tenté par l'un des pouvoirs contre l'autre, remède dangereux pour la société qui en subit l'expérience. Le peuple, dégoûté du régime représentatif, se jettera dans les bras du despotisme (1).

_____

(1) Certaines C. fr. ont la prétention d'organiser pratiquement la séparation des pouvoirs. La C. 1791 dit : « Toute société dans laquelle la garantie des droits n'est pas assurée, ni la séparation des pouvoirs déterminée, n'a point de Constitution » (Décl. des dr., art. 16). En conséquence, chaque pouvoir fait l'objet d'une délégation distincte ; son domaine, ses attributions, ses droits sont détaillés ; ses empiétements sont prévus, prévenus, réprimés. Néanmoins une prépondérance marquée est accordée à l'Assemblée, qui suspendit, puis jugea et supprima le pouvoir exécutif. — La C. 1793 déclare que la garantie sociale « ne peut exister si les limites des fonctions publiques ne sont pas clairement déterminées par la loi » (Décl. des dr., art. 24) ; mais elle fait élire le Conseil exécutif par l'Assemblée et le place sous

II

Régime parlementaire.

407. Le *régime parlementaire* ou *gouvernement de cabinet* est une combinaison qui se propose d'organiser la collabora-

l'autorité de celle-ci (art. 63 et s.). — La C. An III à son tour dit : « La garantie sociale ne peut exister si la division des pouvoirs n'est pas établie, si leurs limites ne sont pas fixées... » (Décl. des dr., art. 22). Aussi les Conseils et le Directoire sont-ils rigoureusement séparés; mais leurs domaines ne sont pas délimités et celui-ci est élu par ceux-là (art. 132). — La C. 1848 proclame : « La séparation des pouvoirs est la première condition d'un gouvernement libre » (art. 19); elle n'en donne pas moins au Président de la République l'initiative des lois (art. 49), le droit d'exiger une nouvelle délibération (art. 58), à l'Assemblée, l'élection du Président lorsque le suffrage universel n'a pas donné de résultat (art. 47). — Ne quittons pas ces constitutions sans constater qu'elles ont donné lieu à des conflits dénoués par des coups d'État.

La confusion des pouvoirs au profit d'une Assemblée fut réalisée une première fois par la Convention : création du Comité de Salut public (D. 6 avril 1793), élu par l'Assemblée dans son sein et chargé de surveiller le Conseil exécutif provisoire pour le compte de la Convention ; déclaration que le Gouvernement est révolutionnaire jusqu'à la paix, que tous les corps constitués sont placés sous l'autorité du Comité de Salut public (L. 19 vendém. An II, art. 1 et 2), que la « Convention nationale est le centre unique de l'impulsion du Gouvernement » (L. 14 frim. An II, sect. 2, art. 1; suppression du pouvoir exécutif remplacé par des Comités de la Convention (L. 12 germ. et 7 fruct. An II). Elle a été réalisée en 1848 jusqu'à la mise en activité de la Constitution, une troisième fois en 1871. — On remarquera que les circonstances furent chaque fois extraordinaires, que la première application a laissé des souvenirs terribles, et que la troisième perdit une partie de son importance par l'organisation d'un pouvoir exécutif.

La confusion au profit d'un homme est donnée par la C. 1852, qui dit que le Chef de l'État *gouverne au moyen des ministres, du Conseil d'État, du Sénat et du Corps législatif* (art. 3); elle lui donne, outre le pouvoir exécutif, l'initiative et la sanction des lois (art. 8 et 10). Un régime analogue est celui de la C. An VIII, et surtout des Scs. An X et An XII : non seulement le Chef de l'État a l'initiative des lois, mais encore il nomme le Sénat, qui, à son tour, nomme deux Chambres, dont l'une discute et l'autre vote la loi. Il est superflu de dire que ces deux régimes n'ont pas servi d'asile à la liberté.

Les deux Chartes, l'Acte Additionnel, les Scs. 8 septembre 1869 et 21 mai 1870 ne contiennent aucune formule; ils donnent au Chef de l'État la nomination d'une des Chambres, l'initiative et la sanction des lois. Ce qui n'est ni la séparation absolue, ni la confusion des pouvoirs.

Les C. étrangères contiennent rarement (Mexique) une déclaration de principe. Les plus précises énumèrent séparément les attributions des Chambres et celles du Chef de l'État (Danemark, Espagne, Norvège, Rép. Argentine, Suède) ou du Gouvernement (Suisse) ou celles seulement du Chef de l'État (Belgique, Grèce, Italie, Luxembourg, Pays-Bas, Roumanie); ou celles seulement des Chambres. Mais outre que ces énumérations ne sont pas toujours limitatives, elles conduisent

tion harmonieuse et indépendante des pouvoirs publics et d'exclure et leur séparation totale, et leur subordination. À cet effet, il établit entre le Gouvernement et les Chambres des relations très suivies et très intimes, les associe dans la gestion des affaires publiques, garantit leur liberté sans les isoler. Ce résultat est obtenu par un ensemble assez complexe de règles et d'usages, qui d'ailleurs ne sont pas absolument uniformes.

408. Il est essentiel de ne pas confondre *régime représentatif* et *régime parlementaire*. Il y a régime représentatif dès que la nation est appelée à élire des représentants. Le régime parlementaire est un cas particulier, un mode spécial du régime représentatif. S'il ne peut pas y avoir régime parlementaire sans régime représentatif, il peut fort bien y avoir régime représentatif sans régime parlementaire (1).

La caractéristique essentielle du régime parlementaire est dans le choix, le rôle et la responsabilité des ministres. Le Chef de l'État, irresponsable, ne prend aucune part directe dans le Gouvernement, qui est effectivement entre les mains des ministres nommés par lui et responsables devant les Chambres. Pour que le Gouvernement fonctionne, il faut, à cause de cette responsabilité, que les ministres soient d'accord avec le Parlement, ou du moins avec la majorité du Parlement; il s'ensuit que le Chef de l'État, quelles que soient ses opinions personnelles, ses amitiés ou ses haines, ses préférences ou ses répugnances, est tenu constitutionnellement de choisir ses ministres dans cette majorité révélée par ses votes, et de prendre naturellement plutôt les chefs

à reconnaître qu'il est peu de constitutions qui aient rigoureusement séparé les pouvoirs; l'exception la plus importante est la C. États-Unis, imitée par plusieurs C. américaines. L'exception s'explique en partie par ceci qu'il s'agit de C. fédérales, d'une législation strictement précisée dans ses objets. Au surplus, les inconvénients qui résultent du principe sont publiés par divers usages; par exemple, lorsque le Gouvernement désire telle loi, il en fait déposer le projet par un représentant de ses amis. N'est-ce pas une preuve que le principe ne peut être appliqué d'une façon absolue ?

(1) Ce fut le cas de la France entre 1789 et 1814, entre 1852 et 1860. C'est encore le cas des États-Unis.

dont la majorité parlementaire accepte l'influence et la direction. Comme le disait Thiers : « Les Chambres offrent au Chef de l'État leur majorité comme liste de candidats ».

Les ministres ainsi choisis seront nécessairement d'accord avec la majorité, dont ils sont les membres ou les chefs et qui les a poussés au pouvoir. Les bases de cette entente sont indiquées par le programme ou la déclaration que chaque ministère nouveau développe devant les Chambres. Si l'accord cesse, si la majorité se déplace, les votes des Chambres le marqueront bientôt, et le ministère fera place aux hommes de la majorité nouvelle. — Pendant qu'ils sont en fonctions, les ministres sont indépendants et du Chef de l'État, qui est irresponsable et ne saurait imposer ses volontés à des ministres responsables, et du Parlement, qui peut bien témoigner sa confiance ou son hostilité, mais ne peut contraindre les ministres auxquels reste toujours la ressource de la démission. « L'indépendance des ministres est la condition de leur responsabilité » (Message présidentiel du 14 déc. 1877).

Il faut pourtant que les ministres soient aussi d'accord avec le Chef d'État ; il ne leur est pas asservi, il les nomme et les révoque, et un ministre qui aurait avec le Chef de l'État un désaccord grave devrait se retirer. Mais le Chef de l'État ne peut invoquer que l'intérêt général et l'opinion publique ; ses affections et ses antipathies personnelles ne peuvent inspirer son attitude à l'égard des ministres. Le renvoi d'un ministre, et à plus forte raison d'un Cabinet, implique toujours une situation grave et annonce une dissolution (nos 440 et s.).

409. En somme, c'est dans et par les ministres que le régime parlementaire réalise l'union des pouvoirs. Les ministres sont en même temps maîtres des deux pouvoirs : du pouvoir législatif, puisqu'ils sont les chefs de la majorité parlementaire et pourront toujours soit faire voter les lois dont ils ont besoin et que promet le programme du parti, soit faire repousser les lois contraires à leurs idées ; — du pouvoir exécutif, car leur responsabilité est cause qu'ils

sont les véritables auteurs de tous les actes du Gouvernement.

Ceci n'est cependant pas la confusion des pouvoirs : les ministres restent sous le contrôle du Chef de l'État et du Parlement; d'autre part, leur intérêt, bien entendu, leur conseille de respecter l'un et l'autre, pour n'être asservis ni par l'un ni par l'autre.

En revanche, l'unité des vues dans l'ensemble du gouvernement est facile à obtenir, et dans un sens conforme aux vœux du peuple. En nommant ses représentants, le peuple du même coup forme la majorité dans le Parlement et désigne pour le ministère les chefs de cette majorité. Lorsque le peuple change d'avis, il change en même temps la majorité du Parlement et le Gouvernement.

410. Les lois de 1875, sans le dire expressément, organisent en réalité le régime parlementaire; il suffit de rappeler leurs dispositions sur la responsabilité ministérielle (n° 387 et s.). Elles reviennent aux usages suivis de 1814 à 1848 et que le Second Empire, en ses derniers jours, tenta de reprendre. Le régime parlementaire est au contraire virtuellement exclu par les constitutions révolutionnaires et impériales.

Ce résumé historique prouve que le régime parlementaire ne dépend pas, quoi qu'on ait dit, de la forme royale ou républicaine du Gouvernement. La République de 1875 l'a emprunté aux Royautés de 1814 et 1830; les constitutions qui l'excluent sont les unes royales (1791), les autres républicaines (1793, An iii), les autres impériales (An viii, 1852).

411. Ce régime a de nombreux adversaires. Il est attaqué par des arguments de toute espèce.

Les uns le critiquent théoriquement. C'est, disent-ils, une forme hybride, qui ne peut se ramener à une forme simple ni se fonder sur un principe. Le despotisme est défendable; l'exercice du pouvoir par la nation se comprend encore. Le régime parlementaire est un expédient, il n'est pas un principe. — La critique, semble-t-il, est ici un éloge. Il faut se réjouir que le régime parlementaire ne soit pas un principe, si les principes se réduisent à la tyrannie d'un despote ou d'une Assemblée, ou à l'immense agitation d'une incessante consultation nationale.

On lui reproche encore de violer la séparation des pouvoirs. — On sait ce qu'il faut penser de ce principe (n⁰ˢ 402 et s.). S'il faut juger des théories par les résultats, il sera permis de constater que c'est le régime parlementaire qui a le mieux assuré la liberté et géré les affaires publiques, et que les essais de séparation absolue entre les pouvoirs ont toujours préparé l'anarchie ou le despotisme.

Quelques-uns considèrent le régime parlementaire comme un heureux tempérament du pouvoir royal héréditaire, mais comme une dangereuse anomalie dans un régime républicain. Ici, disent-ils, le Chef de l'État étant rééligible, est en fait et doit être en droit responsable des actes du Gouvernement. Cette responsabilité est suffisante, et elle est assez limitée pour n'avoir pas d'influence fâcheuse sur la marche des affaires publiques. La responsabilité ministérielle est inutile, plutôt même nuisible. — On connaît les raisons qui justifient l'irresponsabilité du Chef de l'État.

412. Enfin et surtout on reproche au régime parlementaire les défauts que sa mise en pratique a révélés. Il réduit, dit-on, le Chef de l'État à un rôle insignifiant et presque ridicule. — C'est là une erreur trop répandue. La mission d'un Chef d'Etat parlementaire est au contraire très délicate ; elle exige des qualités plus rares que les dons brillants qui séduisent les foules. Il y faut un esprit mûr, bien équilibré, impartial, étranger aux passions et aux coteries politiques ; une appréciation fine et sensée des circonstances, de l'opinion publique ; le discernement des éléments et des chefs réels de la majorité parlementaire, ce qui est souvent fort difficile, car tous les pays ne possèdent pas, comme l'Angleterre, des partis officiellement organisés dans l'ensemble de la nation ; une autorité persuasive qui puisse au besoin se faire sentir aux ministres, au Parlement, au pays ; l'art de dire au moment opportun les paroles qui expriment ou même suscitent les

sentiments généraux de la nation (1); une grande dignité de caractère et de vie. Un tel rôle à coup sûr n'est indigne de personne, et il a ceci d'admirable qu'il assure à chaque chef d'État juste la part d'influence qu'il mérite (2).

Il convient d'ailleurs rarement à un chef de parti, qui s'est imposé habituellement par d'autres talents, et auquel revient plus justement le rôle actif de Président du Conseil des ministres.

413. Il n'est peut-être pas inutile d'insister sur ce point. Car on ne peut se dissimuler que, grâce au concours que les États-Unis nous ont donné pendant la dernière guerre, grâce à la forte et intéressante personnalité de M. Wilson, l'attention du public a été attirée sur les institutions américaines, sur le rôle joué par le Président de l'Union. On oppose volontiers la conception et la pratique américaines de la Présidence à la conception et à la pratique françaises, et certains Français déplorent que le Président de la République française soit réduit à un rôle si insignifiant (3), alors que le Président de l'Union américaine joue un rôle si actif.

On vient de voir que le rôle du Président français n'est pas si insignifiant qu'on le dit, et on sait pour quelles raisons ce rôle reste, dans sa discrétion, plus réel qu'apparent.

Peut-être voit-on moins nettement les inconvénients, les dangers que présenterait, pour le peuple français, une Présidence à l'américaine, sans les mœurs américaines.

Le Président des États-Unis, dont l'élection représente la victoire d'un parti compact, organisé, puissant, est, pendant toute la durée de ses fonctions, soutenu énergiquement par ce parti. Le Président français ne saurait avoir ce caractère et cet avantage, puisque, en France, les partis politiques

---

(1) V. le message lu aux Chambres le 4 août 1914.

(2) En Angleterre, l'exercice habile, prudent et vraiment patriotique que la reine Victoria a fait de son autorité lui avait assuré une haute influence. De même, le roi Édouard VII a joué un rôle important.

(3) M. Casimir-Périer invoquait, pour justifier sa démission (16 janv. 1895), « le poids des responsabilités morales » qui pesaient sur lui et « l'impuissance » à laquelle il était condamné, l'absence « de moyens d'action et de contrôle ».

n'existent réellement pas. Élu par une coalition, il courrait
le risque d'être abandonné par une partie de ses électeurs
auxquels sa politique active ne plairait pas.

Aux États-Unis, tout le monde, partisans et adversaires,
accepte sans hésiter que le Président garde le pouvoir pendant quatre ans, quels que soient les événements politiques,
les variations du corps électoral et de l'opinion publique.
En France, personne ne supporterait que le Président restât
en fonctions, si la majorité des Chambres appartenait au
parti adverse. Il serait promptement mis en demeure de
démissionner, comme ayant cessé de représenter le peuple ;
et, sans doute, lui-même démissionnerait spontanément.

L'exemple fourni par les difficultés que rencontre, au Sénat
des États-Unis, la ratification du traité de paix est à méditer.
Tandis que le Président Wilson appartient au parti démo-
crate, les élections de 1918 ont donné au parti républicain
la majorité dans les deux Chambres. Bien que la question du
traité soit, en somme, examinée comme une question de politique intérieure, M. Wilson ne songe pas à démissionner pour
la raison que son parti a été vaincu, et ses adversaires ne
songent pas à l'y inviter. Personne n'envisage cette démission, même pour le cas où la ratification du traité serait
refusée.

Si le même cas s'était présenté en France, le Président, en
le supposant agissant et responsable, aurait été, dès le lendemain des élections législatives, sommé de quitter le pouvoir ou, plutôt, l'aurait quitté de lui-même. A tout le moins,
l'échec, même partiel, du traité par lui négocié l'obligerait-il
à la démission.

En d'autres termes, les crises présidentielles sont inconnues
et inconcevables aux États-Unis ; elles seraient fréquentes en
France (1) et cette perspective est inacceptable. La différence

(1) Il s'est, du reste, produit quelques faits significatifs. Le maréchal de Mac-
Mahon a démissionné parce qu'il se sentait en désaccord avec le Parlement
(30 janv. 1879). M. Grévy a été contraint à démissionner par l'attitude des Chambres
à son égard (2 déc. 1887). M. Casimir-Périer a motivé sa démission par des responsabilités morales (16 janv. 1895).

tient peut-être à notre longue pratique du régime parlementaire, que les États-Unis ont toujours ignoré. Pour l'effacer, il faudrait, dans nos mœurs, un changement bien improbable.

414. Du reste, à défaut de responsabilité politique ou juridique, le Chef de l'État français a bien une certaine responsabilité morale des actes qui portent sa signature. Si les ministres peuvent, à raison de leur responsabilité, lui refuser leur concours, il peut aussi leur refuser le sien. Il peut, du moins, démissionner pour ne pas signer des actes qu'il désapprouve (1). Il est ainsi en mesure d'exercer sur toute la politique un contrôle et une influence. La menace d'une crise présidentielle, pourvu qu'elle ne dégénère pas en système et en abus, ne manquera pas d'avertir sérieusement les ministres, le Parlement, l'opinion publique. Le Président de la République aura assez de tact pour assurer la dignité et l'utilité de sa fonction, sans méconnaître les exigences du régime parlementaire.

415. Quant aux ministres, ajoute-t-on, soumis à un contrôle incessant et tracassier, ils n'ont pas le temps de s'occuper des affaires publiques. Souvent, pour garder le pouvoir, ils cèdent aux exigences des représentants et surtout des membres de la majorité, qui réservent à leurs amis les faveurs administratives; il s'établit entre les représentants et les ministres un honteux marchandage, un trafic des votes et des consciences, une vénalité scandaleuse; les ministres qui veulent résister à la contagion sont promptement renversés par les appétits coalisés, et remplacés par des hommes plus dociles. S'il n'y a pas vénalité, il y aura du moins les caprices d'une Assemblée qui se fera un jeu de renverser les ministres, sans souci des intérêts de l'État. Et ainsi le Gouvernement et les affaires publiques seront à la merci d'une majorité avide, capricieuse, indisciplinée.

Que le régime parlementaire ait produit et puisse encore donner de pareils résultats, on ne le niera pas; mais ils n'en

_____

(1) V. la lettre de démission du maréchal de Mac-Mahon (30 janv. 1879) et celle de M. Casimir-Périer (16 janv. 1895).

sont pas la suite nécessaire, ils en sont l'abus et la corruption, ils en sont presque la négation, puisqu'ils consistent dans la subordination du Gouvernement aux Chambres. La critique s'adresse plutôt aux hommes qu'à l'institution, aux mœurs politiques qu'aux principes.

Le mal a pour cause principale l'absence de partis organisés. Lorsque les ministres sont les chefs avérés d'une majorité cohérente, ils exercent une autorité sur leur parti au lieu d'en subir la servitude; à tout le moins n'ont-ils pas le souci de créer et de maintenir une majorité.

D'ailleurs, les marchandages entre le pouvoir exécutif et la Chambre n'existent pas seulement dans les pays où fonctionne le régime parlementaire. Ils sévissent dans la vie politique des États-Unis. En outre, le Président de l'Union américaine, malgré l'autorité dont il dispose, ne peut jamais oublier qu'il appartient à un parti, qu'il lui doit sa reconnaissance et ses services, qu'il est, en somme, son gérant d'affaires au pouvoir exécutif.

416. Pratiqué loyalement et honnêtement, le régime parlementaire a des avantages précieux.

Il établit l'union et l'accord entre les pouvoirs qu'il associe dans une action commune, et prévient un grand nombre de conflits. Si des difficultés s'élèvent, elles seront tranchées par un moyen légal et pacifique, la responsabilité ministérielle (n° 387), au besoin la dissolution de la Chambre populaire (n° 440).

Les pouvoirs associés sont par là mieux limités et contenus que par une distribution rigoureuse de leurs droits, et les coups d'État deviennent presque impossibles de part et d'autre. L'opinion publique est, en somme, souveraine.

La nécessité morale de prendre les ministres dans la majorité parlementaire, outre qu'elle assure et entretient l'accord, ouvre l'accès du pouvoir aux hommes d'État formés par la pratique parlementaire.

D'un autre côté, la loi faite avec le concours du pouvoir exécutif sera meilleure; elle sera proposée au moment oppor-

tun ; elle sera conforme aux besoins pratiques que l'Exécutif
est mieux placé pour connaître, et ne poursuivra pas l'application de chimères théoriques ; elle fera les réformes d'une
manière progressive et non pas brutale. L'exécution à son
tour sera d'autant plus fidèle et plus intelligente que le
Gouvernement aura assisté de plus près au travail législatif,
en aura mieux pénétré les intentions et saisi la portée.

On dira sans doute que, si le régime parlementaire n'est
bon qu'à la condition d'être pratiqué par des sages, il n'est
pas meilleur que les autres ; qu'un bon tyran est un bienfait
du ciel. — Je suis fermement convaincu, en effet, que les
formes politiques valent surtout par ceux qui les appliquent ;
mais je crois que le régime parlementaire est le moins exigeant de tous. Il lui suffit d'obtenir par l'élection des intelli-
gences moyennes, des vertus humaines, et en ceci il me
parait répondre aux tendances démocratiques, égalitaires et
niveleuses de notre société contemporaine. Les autres régimes
ont besoin de talents exceptionnels et de vertus surhumaines.
Or, les grands hommes sont rares, souvent incomplets,
habituellement absolus, d'ailleurs suspects aux démocraties,
à moins qu'ils n'en soient servilement adorés.

417. L'instabilité ministérielle est en France le point
faible du régime parlementaire. Les ministres changent fréquemment pour des raisons futiles, et les oscillations de la
majorité menacent perpétuellement l'existence des cabinets.
On a bien songé à ne tenir aucun compte des votes émis par
l'opposition antirépublicaine ; mais on n'a pas pu se résoudre
à violer les droits d'une fraction importante du pays, et il a
fallu reconnaître que la minorité pouvait consolider ou renverser les ministères, créer même, en portant ses voix tantôt
dans un sens, tantôt dans l'autre, une perpétuelle et dangereuse instabilité des ministres, rendre ainsi le gouvernement
impossible.

Le mal ne pouvant être atteint dans sa source, on a cherché des palliatifs. Les uns proposent de supprimer la solidarité entre les ministres ou du moins d'en restreindre l'appli-

cation. D'autres fixent une durée normale pour les fonctions
ministérielles, qui ne prendraient fin qu'après une délibération motivée des Chambres exprimant leur défiance. —
D'autres proposent de distinguer entre les ministères. Les
uns ont un caractère politique bien net et supportent facilement les changements de titulaires ; les autres, notamment
les ministères de la guerre et de la marine, réclament une
direction soutenue et durable, l'application prolongée d'idées
techniques, souffrent de changements fréquents. Ceux-ci
pourraient être soustraits au moins à la solidarité, leurs titulaires ne seraient tenus de se retirer qu'après un vote spécial
dirigé contre leurs actes personnels.

Toutes ces mesures n'auraient pas une grande efficacité :
comment forcer à rester des ministres qui croient devoir se
retirer devant un vote désagréable ?

Le meilleur remède serait dans la sagesse des Chambres,
dans la renonciation à de fâcheuses pratiques, dans la formation de bonnes mœurs politiques.

Il est d'ailleurs incontestable que pendant quelques années
l'instabilité a diminué : les ministres se montraient moins
sensibles, moins chatouilleux, et une majorité assez com-
pacte, sinon bien homogène, les soutenait.

Malheureusement, après une période de longs ministères (1), les crises fréquentes et soudaines ont recommencé,
l'instabilité est revenue, et la guerre même n'a pu nous en
délivrer (2).

418. Au reste, pour que le régime parlementaire puisse
fonctionner normalement et produire ses bons effets, certaines conditions doivent être réunies, qui ne le sont pas
partout et toujours. Le régime parlementaire est susceptible

---

(1) Le Cabinet formé par M. Waldeck-Rousseau a gouverné du 22 juin 1899 au
4 juin 1902 et a quitté le pouvoir sans y être contraint par la majorité parlementaire. Le Cabinet présidé par M. Combes est resté au pouvoir depuis le 7 juin
1902 jusqu'au 19 janvier 1905. Le Cabinet présidé par M. Clemenceau a quitté le
pouvoir sans vote hostile des Chambres, parce qu'il considérait sa mission comme
terminée.

(2) Pendant la guerre, il n'y a pas eu moins de six crises ministérielles.

de quelques variantes dans le détail; mais, outre qu'il exige pour siège une nation civilisée et libre, certains traits en lui sont essentiels.

Le fonctionnement régulier du régime parlementaire suppose d'abord un Chef d'État qui ne soit pas au pouvoir le chef d'un parti, qui accepte sincèrement le rôle élevé et discret qui est le sien, qui n'ait pas une politique personnelle, ne travaille pas secrètement à la chute d'un ministère, ne soit inspiré dans le choix des ministres que par le souci des intérêts nationaux et les indications des votes parlementaires, et n'écoute ni ses sympathies ni ses répugnances personnelles. On conviendra que ces vertus sont plus difficiles pour un Président, dont l'élection est souvent une lutte, que pour un Roi héréditaire.

En outre, le Chef de l'État, dont l'autorité est toute morale, doit être revêtu d'un grand prestige. Ici encore, le Roi héréditaire a souvent l'avantage sur le Président élu.

Il appartient à l'Assemblée nationale de choisir judicieusement, en tenant compte du rôle départi au Président et des talents et vertus nécessaires (1).

419. Il faut, en second lieu, dans le Parlement une majorité clairement dessinée; une majorité homogène qui soit d'accord sur un grand nombre de questions importantes, qui ne soit pas formée de groupes séparés et presque ennemis, dont les éléments ne soient pas seulement réunis par une opinion commune sur un ou deux points, tels que la forme du Gouvernement; une majorité qui reconnaisse des chefs, qui accepte une direction, qui ait, conserve et suive un programme déterminé, une politique certaine; une majorité stable, qui n'improvise pas ses votes et ses résolutions.

(1) Il est permis de penser que l'Assemblée nationale de 1894 s'est trompée lorsqu'elle a appelé à la présidence de la République M. Casimir-Périer qui s'était signalé par ses mérites comme Président du Conseil. Elle privait ainsi le Gouvernement de son chef naturel; et elle confiait les fonctions suprêmes à un homme qui ne leur convenait pas et à qui elles ne convenaient pas. M. Casimir-Périer ne tarda pas à se sentir gêné et donna sa démission (16 janv. 1895). Il est souhaitable qu'on n'ait pas à formuler les mêmes remarques au sujet de M. Millerand.

Une telle majorité a rarement existé dans les Chambres françaises depuis 1876; non seulement les deux Chambres ont eu, pendant un temps, des majorités antagonistes, non seulement chacune d'elles compte une fraction (1) qui désire ouvertement le renversement des institutions républicaines, et une autre fraction qui poursuit le bouleversement de la société actuelle, mais encore la majorité dans l'une et dans l'autre Chambres n'est souvent qu'une *majorité de concentration*, une majorité factice. Ses éléments divers, ralliés uniquement contre les adversaires de la République, sont en désaccord sur un très grand nombre de points; sa masse hétérogène rassemble dix groupes différents, depuis les plus timides réformateurs jusqu'aux révolutionnaires. L'union, facile à obtenir dès que la forme du Gouvernement est en cause, est irréalisable sur un grand nombre de questions. Aucun programme un peu étendu et précis n'est assuré d'être soutenu par une majorité durable; aucun ministère n'est viable, s'il n'emprunte ses membres à plusieurs groupes dont il s'assure ainsi les voix. Dans ces conditions, le Parlement et le Gouvernement n'ont aucun plan déterminé; ils vivent, en quelque sorte, au jour le jour, et trop souvent leur modération indécise subit à contre-cœur l'influence d'une opinion avancée mais nette. La majorité, composée d'éléments hétérogènes, n'est pas durable; un jour, un groupe se détache, vote sur une question quelconque autrement que les autres groupes; voilà la majorité détruite, le ministère renversé. L'instabilité de la majorité a pour conséquence immédiate l'instabilité ministérielle.

Une majoration de concentration ne peut donner aux changements des ministères une signification précise; les nouveaux ministres appartiennent aux groupes qui ont fourni leurs prédécesseurs; souvent même plusieurs des ministres tombés prennent place dans le nouveau ministère qui est la fidèle image du précédent et ne peut avoir de programme

---

(1) Elle-même partagée et sans autre lien qu'une hostilité commune contre la forme républicaine.

plus précis. Un changement de ministère n'est pas, comme il devrait l'être, l'effet des changements de l'opinion, le signe d'une orientation nouvelle dans la politique; ce n'est qu'un changement de noms et de figures (1).

Tout cela n'est pas le régime parlementaire; c'en est la forme vaine, presque la caricature. Il est dési~·ble, il est possible, malgré nos divisions politiques, qu'il se .orme deux grands partis, représentant des tendances différentes, arborant des programmes précis, reconnaissant des chefs autorisés; que ces deux partis se succèdent rythmiquement au pouvoir, afin d'imprimer tour à tour à la législation et à la politique l'influence progressiste, qui empêche l'immobilité, et l'influence conservatrice, qui assure la maturité des réformes (2).

420. Il faut troisièmement, en face de la majorité, une opposition comme elle homogène, organisée et stable. Son rôle est essentiellement critique; mais elle est toujours prête à prendre le pouvoir, si les circonstances le lui offrent. Aussi ses critiques seront-elles toujours mesurées; elle évitera de déconsidérer et d'amoindrir un pouvoir qu'elle exercera tôt ou tard.

En France, l'opposition antirépublicaine a généralement manqué d'homogénéité et de stabilité, autant que la majorité (3). Elle a le grave défaut de mettre en cause la forme du gouvernement et de dénaturer ainsi la lutte parlemen-

---

(1) Pendant la guerre, les crises ministérielles n'ont eu naturellement qu'une très faible signification politique. Il semble qu'on ait uniquement cherché le Gouvernement capable de gagner la guerre, et certains Cabinets ont groupé des représentants de tous les partis du Parlement (Cabinets du 29 oct. 1915, du 12 déc. 1916, du 20 mars 1917).

En somme, il en a été de même en Angleterre, où, depuis le 26 mai 1915, les ministères ont réalisé la concentration nationale des partis.

(2) Pour le moment, il n'y a, dans les Chambres françaises, que des groupes politiques. Le règlement de la Chambre des députés reconnaît leur existence et précise leur intervention dans la nomination des grandes commissions permanentes, dans la fixation de l'ordre du jour, dans la répartition des places (art. 12, 94, 135, nos 307 et s.). Dans la Chambre élue en 1914, il y eut jusqu'à douze groupes. La Chambre élue en 1919 semblait vouloir répudier cette coutume. Cependant on y compte encore neuf groupes.

(3) Il faut reconnaître qu'en France, l'opposition, souvent bruyante, n'a jamais

taire. Certaine de n'occuper jamais le pouvoir, au moins tant
que la République durera, elle n'a pas toujours observé dans
ses attaques la mesure correcte.

Mais le nombre de ses membres et par suite son influence
ne cessent de décroître. Elle n'est déjà plus un obstacle
sérieux au fonctionnement du régime parlementaire.

La fraction socialiste, plus unie et formellement républicaine, menace les bases mêmes de la société, et prépare
ouvertement un bouleversement révolutionnaire, l'avènement
d'un nouvel ordre social; elle a fait cependant partie de la
majorité depuis juin 1899. Dans la Chambre élue en 1919,
elle s'en est séparée.

421. Le régime parlementaire exige quatrièmement que
les Chambres et le Gouvernement demeurent respectivement
dans leurs domaines; c'est l'altérer également que de tolérer
l'usurpation du Gouvernement et de supporter les empiétements des Chambres. La pratique en est pour cela même
assez délicate; elle demande de bonnes mœurs politiques, de
la modération, de la sagesse, de la fermeté chez tous.

Il faut constater encore que les usages français de ce temps
tendent à s'éloigner de cet idéal. Les Chambres, surtout la
Chambre des députés, inclinent à exagérer leurs droits, à
abuser de leur pouvoir, à s'occuper de tout, à gêner l'action
du Gouvernement dans les questions les plus naturellement
réservées au pouvoir exécutif. La guerre même n'a pas
refréné cette tendance. Au contraire, les Chambres ont affirmé
et, dans une certaine mesure, réalisé l'intention d'exercer
un contrôle très serré sur la conduite de la guerre, et non
pas seulement par la voie des questions et interpellations
(n° 425).

La Chambre des députés décida « *d'instituer et d'organiser*

tenté d'organiser une *obstruction* (n° 310) systématique pour mettre le Parlement
dans l'impossibilité de discuter et de voter.

En beaucoup de Parlements étrangers, surtout en Angleterre, en Autriche, en
Italie, une minorité disciplinée et audacieuse, favorisée par un règlement imparfait, a mis la majorité dans l'impossibilité d'exercer ses droits, ainsi en prononçant
de nombreux et interminables discours.

une délégation directe qui exercera, avec le concours du Gouvernement, le contrôle effectif et sur place de tous les services ayant la mission de pourvoir aux besoins de l'armée » (Ordre du jour, 22 juin 1916). Elle délégua ce contrôle aux grandes commissions (n° 307), qui devaient recevoir des rapports écrits de leurs délégués (Résolution, 27 juill. 1916).

De son côté, le Sénat « *compte sur le Gouvernement pour prendre avec la collaboration des Chambres et des grandes commissions parlementaires, dont le contrôle permanent est indispensable, toutes les mesures d'organisation et d'action qui rapprocheront l'heure de la victoire* » (Ordre du jour, 9 juill. 1916).

Le Gouvernement, après avoir combattu ces projets, s'était résigné.

Mais il semble que le contrôle pratiqué pendant quelque temps par des membres des Chambres envoyés aux armées soit assez vite tombé en désuétude (1).

422. Enfin, cinquièmement, le régime parlementaire admet l'emploi libre de toutes les ressources qu'il fournit, sans fétichisme aveugle pour tel ou tel pouvoir; et ainsi il ne répugne nullement, au contraire, à la dissolution de la Chambre élective, de la Chambre populaire, soit lorsque les difficultés ou l'impossibilité de gouverner lui sont imputables, soit pour la solution pacifique d'un conflit (n° 440 et s.).

On s'efforce, en France, de faire déclarer sacrée et intangible la Chambre des députés, sous prétexte que, seule entre les pouvoirs publics, elle est élue au suffrage universel.

423. Les erreurs de la pratique française expliquent que l'opinion publique ait semblé se désaffectionner du régime faussement appelé parlementaire. Il est temps de réagir, de revenir aux saines traditions, si on ne veut pas dégoûter le peuple du régime représentatif en même temps que du régime

---

(1) En Angleterre, le Gouvernement constamment repoussa le contrôle par des commissions parlementaires.

Aux États-Unis, les deux Chambres ont renoncé, le 31 juillet 1917, sur la demande du Président Wilson, à créer une commission conjointe pour coopérer, avec le Président, à la conduite de la guerre.

parlementaire et le rejeter vers les aventures et les aventu-
riers (1).

(1) Le régime parlementaire est né en Angleterre; il y est appuyé sur une
puissante et savante organisation des partis. Il fonctionnait avant la guerre avec
diverses]vicissitudes dans les États européens qui possédaient des Assemblées,
excepté les États de l'Allemagne du Nord et la Suisse; il est difficile de deviner
le sort qu'il aura dans les États créés ou transformés par la guerre; la plupart des
Rép. américaines l'ont écarté, à l'exemple des États-Unis.

CHAPITRE XXIV

Action des Chambres sur le Gouvernement.

I

Droit de contrôle.

424. Les Chambres contrôlent le pouvoir exécutif dans tous les actes de ses fonctions. Les moyens par lesquels s'exerce ce contrôle sont nombreux et variés.

L'un des plus efficaces consiste dans l'examen détaillé de la loi du budget et de la loi des comptes. Par le vote du budget, le Parlement détermine exactement les recettes et les dépenses que le Gouvernement est autorisé à effectuer. Par l'examen des comptes, il s'assure que ses volontés ont été obéies. Par le budget et par les comptes, il oriente et contrôle l'action du Gouvernement. Ce procédé n'est applicable qu'aux actes qui entraînent une recette ou une dépense; mais ces actes sont les plus nombreux et les plus importants de tous ceux que peut accomplir le Gouvernement (1).

Le moyen le plus général, le plus commode et le plus employé consiste dans les questions et les interpellations par lesquelles tout membre peut demander des explications sur tel acte d'un ministre ou sur l'ensemble de la politique du Gouvernement.

425. La *question* est moins solennelle. Les règlements

---

(1) Pendant la guerre, le défaut prolongé d'un budget régulier et la pratique des douzièmes provisoires ont diminué les pouvoirs de contrôle du Parlement. Par contre, les Chambres ont largement usé de la question et de l'interpellation.

des Chambres (Sénat, art. 80 ; Chambre, art. 118-120) distinguent : *les questions écrites.* Sommairement rédigées, elles
sont remises au président de la Chambre. Dans les huit jours,
elles doivent être imprimées avec les réponses faites par les
ministres. Ceux-ci peuvent déclarer par écrit que l'intérêt
public leur interdit de répondre, ou, à titre exceptionnel,
qu'ils réclament un délai pour rassembler les éléments de
leur réponse. Ils en peuvent refuser de répondre. S'ils
refusaient, la question pourrait être transformée en interpellation; — *les questions orales.* Elles peuvent, au commencement ou à la fin des séances, être adressées à un ministre,
après que celui-ci a préalablement accepté. Seul le député
qui a posé la question a le droit de répliquer sommairement.
Aucun vote n'est émis à la suite de ce débat.

426. *L'interpellation* a une portée plus grave (1).

Tout membre a le droit d'interpeller un ministre (2). Il
dépose une demande écrite. La Chambre, après avoir entendu
le membre et le ministre, fixe le jour où l'interpellation devra
être discutée; le délai pour les interpellations relatives aux
affaires intérieures ne peut excéder un mois. Le ministre ne
peut combattre, la Chambre ne peut refuser la mise à l'ordre
du jour. Dans la discussion, le ministre peut opposer la question préalable, ou même refuser nettement de répondre (3).
Tout membre de la Chambre (4) peut prendre part au débat,
jusqu'à ce que la clôture soit prononcée par la Chambre. La
discussion est terminée sur un *ordre du jour* (5), dont les

(1) L'usage régulier de l'interpellation remonte au régime de 1830; elle était
alors soumise à l'autorisation de la Chambre. Supprimé en 1852, le droit d'interpellation fut rétabli avec des restrictions par le D. 19 janvier 1867 (art. 2 et s.), puis
organisé par le Scs. 8 septembre 1869 (art. 7); son exercice est aujourd'hui organisé par le règlement intérieur de chaque Chambre. Il existe dans les pays qui
pratiquent le régime parlementaire; la C. le consacre en Danemark, Grèce, Roumanie, Serbie.
(2) Il peut aussi retirer sa demande d'interpellation.
(3) V. un refus au Sénat, le 8 avril 1889.
(4) On a vu (n° 381) que, selon la pratique, les ministres peuvent être assistés
par des commissaires du Gouvernement pour la discussion d'une interpellation.
(5) L'emploi de cette expression vient de ce que la Chambre, la discussion de
l'interpellation épuisée, *passe à l'ordre du jour,* c'est-à-dire passe à l'examen d'une

motifs exprimés impliquent approbation ou blâme des actes
du Gouvernement (1), qui peut aussi être *pur et simple,* c'est-
à-dire non motivé. Tout membre peut déposer un *ordre du
jour.* L'ordre du jour *pur et simple,* sans motifs et sans opinion formulée, est mis aux voix le premier. Après lui, et s'il
est repoussé, les ordres du jour sont soumis au vote, en suivant l'ordre dans lequel ils ont été déposés, à moins qu'un
vote formel n'accorde la priorité à l'un d'eux.

Le Gouvernement indique souvent qu'il accepte tel ou tel
des ordres du jour déposés. Le vote des Chambres, exprimant confiance ou hostilité envers le Gouvernement, met en
jeu la responsabilité ministérielle (n° 387).

427. Aucune autre règle ne limite l'exercice du droit de question et d'interpellation (2). Aucune matière n'est soustraite à ce
mode de contrôle. L'abus est facile, au grand dommage des
travaux parlementaires arrêtés trop souvent et trop longtemps,
et aussi du droit d'interpellation dont cet excès diminue la
valeur et l'efficacité constitutionnelles ; la curiosité des
députés peut même créer des dangers publics en soulevant
des débats sur des sujets qui exigent le secret ou la prudence.

autre affaire inscrite à l'ordre du jour. Elle le déclare expressément, ce qu'elle ne
fait pas en général, et ajoute souvent une formule qui exprime son opinion sur
l'objet de l'interpellation ; parfois aussi, elle n'exprime aucune opinion (ordre du
jour pur et simple).

(1) Les motifs peuvent être votés successivement et par des majorités différentes ;
puis l'ensemble est rejeté quelquefois comme disparate. La Chambre des députés
a, à ce sujet, des usages bien singuliers. L'un des plus curieux consiste à insérer,
après l'indication des motifs, la formule suivante : *et repoussant toute addition.*
Il a pour but d'éviter des incohérences qui se sont produites souvent : la Chambre,
après avoir voté un texte d'ordre du jour, en dénaturait la portée par le vote d'une
phrase additionnelle.

(2) V. les règlements des Chambres (Sénat, art. 81-85 ; Chambre, art. 111-117).
En 1913, il y eut : au Sénat, 12 interpellations, 2 questions orales, 75 questions
écrites ; — à la Chambre des députés, 135 interpellations, 14 questions orales,
2.830 questions écrites.
En 1919, il y eut : au Sénat, 15 interpellations, 7 questions orales, 1 question
transformée en interpellation, 608 questions écrites ; — à la Chambre des députés,
130 interpellations, 27 questions orales, 3 questions transformées en interpellations,
5.551 questions écrites. A la Chambre des députés, le chiffre des questions écrites,
pendant la onzième législature, a atteint 31.465.

La Chambre des Députés a sûrement abusé du droit d'interpellation. Aussi a-t-on demandé et proposé des mesures restrictives. Elles auraient l'inconvénient d'atteindre une prérogative essentielle des minorités; et les interpellations repoussées reparaissent lors de la discussion du budget (1).

Le remède ici encore ne peut venir que des mœurs. La Chambre a toujours les ressources de la question préalable (n° 311), de la jonction des interpellations connexes (2); du renvoi à une date indéterminée (3); le Gouvernement, celle du silence.

L'interpellation et la question ne peuvent jamais être adressées au Président de la République (4). A son égard, les Chambres n'ont aucun droit positif; on a vu cependant les Chambres se déclarer en permanence pour attendre une communication présidentielle.

428. Les Chambres n'entendent plus le *discours du trône* qui résumait l'état général des affaires publiques et 'annonçait les réformes projetées, et ne votent plus les *adresses* qui

(1) Il se produit en effet de nos jours des faits analogues à ceux qui se produisaient sous la Restauration, alors que l'interpellation n'existait pas encore, ou du moins était en voie de formation : beaucoup de critiques, au lieu d'être formulées en des interpellations qui risquent de n'être pas discutées, sont exprimées lors de la discussion du budget, quand viennent les chapitres relatifs aux services critiqués. L'interpellation a été imaginée pour débarrasser l'examen du budget de ces discussions encombrantes; l'abus des interpellations ramène les anciennes pratiques. Le règlement de la Chambre des députés (art. 112) n'admet pas qu'une interpellation soit jointe à la discussion du budget.

(2) Le règlement de la Chambre des députés interdit les jonctions après trois séances depuis la fixation de la date ou de la discussion commencée (art. 112).

(3) A plusieurs reprises, la Chambre des députés a décidé qu'un jour chaque semaine serait consacré à l'examen des interpellations. Ceci a donné des résultats extraordinaires : chaque semaine, la discussion en cours était interrompue pour respecter le jour des interpellations; souvent une interpellation n'était pas terminée en une séance; elle était interrompue à son tour pour reprendre huit jours après.

(4) Selon la L. 31 août 1871, article 3, les interpellations pouvaient être adressées au Président, qui était responsable devant l'Assemblée. Selon la L. 13 mars 1873, article 4, les interpellations ne pouvaient être adressées qu'aux ministres, mais le Président pouvait intervenir pour les questions de politique extérieure et pour les questions qu'une délibération du Conseil des ministres déclarait se rattacher à la politique générale du Gouvernement et engager la responsabilité présidentielle.

répondaient à ce discours (1), en exprimant une opinion et
en formulant des vœux. Les discours et adresses sont sup-
pléés par le droit d'initiative (n° 280), par les questions et
interpellations, et n'offriraient plus d'utilité. Du reste, aucun
texte ne défend aux Chambres de voter une réponse aux
messages du Président de la République (n° 433), ne s'oppose
même au rétablissement du discours du Gouvernement et de
l'adresse des Chambres.

Les Chambres reçoivent souvent des communications
ministérielles écrites ou orales qui facilitent leur contrôle.
Ainsi certaines négociations diplomatiques, certains rapports
sur divers services publics sont, périodiquement ou suivant
les occasions, portés à la connaissance des membres des
Chambres.

II

Droit d'enquête.

429. Il consiste dans la faculté de recueillir des renseignements sur tel fait, sur telle matière législative (2).

En ce dernier cas, l'enquête a pour but de préparer
l'œuvre du législateur, d'indiquer les opinions et les vœux
des principaux intéressés, de fournir le concours des spécialistes.

Dans le premier cas, le but de l'enquête est moins susceptible de précision; elle sert quelquefois (ainsi en 1877) à
exercer sur les actes du Gouvernement un contrôle détaillé,
et même à rechercher les cas de responsabilité pénale des
ministres (n° 395); elle peut être employée pour éclairer

(1) Les discours (permis par la C. 1791, tit. III, chap. III, sect. 4, art. 1) et
adresses ont été en usage de 1814 à 1848 et du D. 24 novembre 1860 au D. 19 janvier 1867; ils donnaient lieu à une grande discussion où les actes et projets du
Gouvernement étaient exposés et examinés. Ils existent encore dans la plupart
des royaumes étrangers.
(2) Il n'est pas consacré expressément par nos lois; mais il est exercé sans contestation depuis 1824.
Il est pratiqué assez généralement à l'étranger : la C. l'accorde aux deux Chambres en Belgique, Pays-Bas, Roumanie, à la Chambre unique en Grèce, Luxembourg, Serbie.

le Parlement sur des événements politiques, sur une situation politique ou économique; elle a pour but de rechercher des responsabilités, soit que les faits incriminés échappent à une répression pénale, soit qu'ils constituent des infractions prévues et punies par le Code pénal.

Cette dernière hypothèse donne à l'enquête un rôle assez délicat, lorsque l'autorité judiciaire de son côté informe contre les délinquants. Les moyens d'arriver à la connaissance de la vérité ne sont pas tellement nombreux qu'on puisse en partager l'emploi entre le Parlement et le juge d'instruction; l'information judiciaire, aux termes du Code d'instruction criminelle, doit être secrète, ce qui ne semble pas permettre que l'enquête parlementaire lui soit associée; l'intervention du Gouvernement et spécialement du ministre de la Justice dans l'information judiciaire, intervention illégale, mais trop fréquente lorsqu'il s'agit de délits politiques ou simplement d'inculpés appartenant au monde politique, peut donner lieu de craindre que la vérité ne soit altérée ou dissimulée; les passions politiques peuvent donner à l'enquête parlementaire une direction fâcheuse.

Les difficultés inhérentes au droit d'enquête ne lui enlèvent pas son utilité et même sa nécessité, mais elles le rendent d'un exercice plus ardu. On a souvent prétendu qu'il devait en toute circonstance s'effacer devant l'information judiciaire; cela l'exposerait souvent à venir trop tard et inutilement.

430. L'enquête ne saurait être menée fructueusement par le Parlement entier ou par une Chambre entière; elle ne doit pas suspendre les travaux législatifs. Aussi, en général, le droit d'enquête est-il délégué à une commission chargée de faire un rapport. Cette délégation peut être conférée soit par une loi votée par les deux Chambres, soit par une résolution émanant d'une seule Chambre.

L'enquête ne peut avoir pour but que de renseigner les Chambres. La commission qui en est chargée ne peut donc accomplir ni un acte législatif (voter une loi), ni un acte

administratif (révoquer un fonctionnaire), ni un acte judiciaire (statuer sur une accusation, proclamer une culpabilité
ou une innocence, appliquer une peine). De tels actes seraient
nuls.

L'enquête se fait par tous les moyens possibles. Si elle
sert à préparer une loi, elle peut demander aux particuliers
et aux corps spéciaux une opinion exprimée oralement ou
par écrit ; elle sollicite souvent des réponses à un question-
naire détaillé ; elle peut entendre tous ceux qui offrent spontanément leurs concours. Les enquêtes ouvertes sur des faits
politiques ont pour principal élément les témoignages.

431. En tout cas, on ne confondra pas les enquêtes parlementaires et les enquêtes judiciaires. Pour ces dernières, les
témoins cités sont légalement tenus de comparaître et de
déposer sous la sanction d'une peine. Pour les premières,
nul n'est obligé, en principe, d'y venir témoigner. Cependant,
si l'enquête est prescrite par une loi, celle-ci peut édicter
cette obligation (1).

En outre, selon la L. 23 mars 1914, la Chambre qui
ordonne une enquête parlementaire peut décider que les
dispositions de ladite loi s'appliqueront. Aux termes de cette
loi : toute personne dont une commission d'enquête parlementaire aura jugé l'audition utile sera tenue de déférer à la
citation qui lui sera délivrée par un huissier ou par un agent
de la force publique à la requête du président de la commission (2). — En cas de non-comparution, le témoin défaillant
qui ne justifie pas d'une excuse légitime sera puni d'une
amende de cent à mille francs (100 à 1.000 francs). — Il
pourra en outre, sur réquisition de la commission, être

(1) C'est ainsi que l'Assemblée de 1848 put, le 26 juin, donner à la Commission
chargée de faire une enquête sur l'insurrection le droit de décerner des mandats
de comparution et d'exiger la communication de tous les documents. Cet acte fut
publié au *Bulletin des Lois*. Les résolutions d'une Chambre ne sont habituellement insérées au *Journal officiel* que par un extrait du procès-verbal, ce qui est
très différent de la promulgation d'une loi.

(2) Par sa résolution du 20 février 1919, le Sénat décida que la Commission qu'il
instituait pour faire une enquête sur les faits de guerre ne pourrait pas entendre
des témoins avant la signature des préliminaires de paix.

l'objet d'un mandat d'amener délivré par le procureur de la
République. — Le refus de prestation de serment sera puni
de la peine prévue au deuxième paragraphe du présent
article. — Le coupable de faux témoignage sera puni des
peines prévues par l'article 363 du Code pénal. — Les procès-verbaux constatant les infractions prévues aux paragraphes précédents seront transmis au garde des Sceaux pour
y être donné telle suite que de droit. L'article 463 du Code
pénal sera applicable.

Si la Chambre ne prend pas la décision spéciale (1) prévue
par la loi précitée, les particuliers ne sont pas tenus de
répondre à la convocation de la commission, alors même que
la résolution donnerait à la commission « les pouvoirs les
plus étendus des commissions d'enquête », pour employer la
formule consacrée (2). La loi seule peut imposer une obligation aux citoyens et la sanctionner par des peines.

Quant aux fonctionnaires, ils ne sont pas davantage tenus
de déposer devant les commissions parlementaires, et de leur
communiquer les renseignements qu'ils possèdent en raison
de leurs fonctions, sauf l'application de la loi qui vient d'être
citée ; l'opinion contraire a été soutenue, mais non démontrée, notamment quant aux dossiers et documents judiciaires.
L'indépendance respective des pouvoirs le veut ainsi. Le
Gouvernement, supérieur hiérarchique des fonctionnaires,
peut leur enjoindre de déposer ou de s'abstenir (3). Sinon, ils
sont libres.

III

Droit d'accusation et de jugement.

432. V. *supra* (n°ˢ 295 et s., 393).

---

(1) Cette décision a été prise par la Chambre des députés, le 14 décembre 1916,
pour sa Commission des comptes définitifs et des économies et pour celle des marchés ; et par le Sénat, le 29 décembre 1916, pour sa Commission d'enquête sur les
marchés de guerre. Dans la suite, la même décision a été prise souvent, même au
profit des commissions permanentes de la Chambre des députés.

(2) Résolutions votées par la Chambre les 15 novembre 1877, 21 novembre 1892.

(3) Le Président du Conseil déclara au Sénat, le 19 novembre 1877, que le Gouvernement n'était pas disposé à donner aux fonctionnaires l'autorisation qui leur
était nécessaire.

CHAPITRE XXV

Action du Gouvernement sur les Chambres.

———

I

433. « *Le Président de la République communique avec les Chambres par des messages qui sont lus à la tribune par un ministre* » (L. C. 16 juill. 1875, art. 6, al. 1). — Ce texte n'autorise que les communications écrites et prescrit l'intervention d'un ministre. Il s'oppose donc implicitement à ce que le Chef de l'État pénètre dans les Chambres : il y est représenté par les ministres; il ne peut même pas y entrer pour ouvrir ou clore une session. Aucune sanction n'est prononcée pour le cas où le Président de la République violerait cette règle (1).

(1) La C. 1793 seule permet au pouvoir exécutif d'entrer dans l'Assemblée et d'y parler pour rendre compte de ses actes (art. 76-77). La C. 1791 (tit. III, chap. iii, sect. 4) prescrit pour les communications royales un message contresigné par un ministre; le roi en personne peut ouvrir et clore la session; il peut même venir dans le Corps législatif, mais celui-ci cesse immédiatement d'être un corps délibérant. La C. An iii n'admet aucune exception à la règle des communications écrites (art. 126 et 170); les C. An viii, 1848, 1852, les Chartes, le Sés. 1870 sont muets; celles qui donnent aux ministres le droit d'entrer et de parler aux Chambres excluent virtuellement le Chef de l'État.

La L. 31 août 1871, article 2, décidait que le Président de la République serait entendu par l'Assemblée toutes les fois qu'il le désirerait, à la condition d'avertir le Président. La L. 13 mars 1873, article 1, pour soustraire l'Assemblée à l'influence d'une parole trop persuasive, établit le système des messages; seul le message ouvrant une session pouvait être lu par le Chef de l'État. Celui-ci pouvait aussi, par un message spécial, demander à prendre la parole; il était entendu le lendemain, à moins d'un vote spécial; après son discours, la discussion était suspendue et ne pouvait être reprise en sa présence.

Les C. étrangères sont peu explicites; celles d'Espagne, Grèce, Norvège autorisent le Chef de l'État à ouvrir et à clore les sessions en personne ou par délégué; celles d'Espagne et de Suède défendent aux Chambres de délibérer en présence du roi.

434. Le Président de la République peut adresser des messages et exprimer ainsi son opinion sur toutes sortes de questions : en aucun cas, il n'est tenu d'en envoyer (1).

L'emploi de cette forme est obligatoire pour toutes les relations du Chef de l'État avec les Chambres. Lorsque le Président exige une deuxième délibération sur une loi, le message doit être motivé (L. C. 16 juill. 1875, art. 7, § 2). L'usage admet que la démission du Président soit contenue dans une simple lettre adressée aux Chambres (2).

Les Chambres doivent se borner à donner acte des messages; elles ne peuvent les discuter, émettre à leur sujet un vote de blâme ou d'approbation, parce que, malgré le contreseing ministériel, le message est l'œuvre du Président, et que le Président est irresponsable. Elles ont pourtant le droit, qu'aucun texte ne leur refuse, de discuter et de voter une réponse. Elles pourraient aussi interpeller les ministres responsables (n° 426).

Les messages, en effet, engagent la responsabilité, non du Président de la République, mais des ministres, qui ne se bornent pas à en donner lecture, mais les contresignent (L. C. 25 fév. 1875, art. 3 *in fine*) (3).

Les messages présidentiels sont rares. Pendant la dernière guerre, des messages du Président de la République ont été lus, le 4 août 1914 et le 5 août 1915, à la Chambre des députés par le Président du Conseil, au Sénat par le ministre de la Justice. Peut-être aussi l'usage s'établira-t-il que le Président de la République entrant en fonctions adresse un message aux Chambres (4).

On ne confondra pas les messages émanés du Président

(1) La C. An III (art. 162) exigeait un message annuel sur la situation financière et les abus à réformer; celles de 1848 (art. 52) et de 1852 (art. 11), sur l'état général des affaires publiques. Le discours du trône prononcé par le Chef de l'État ou en son nom dans la séance d'ouverture de la session répondait au même but.

(2) V. cep. la démission de M. Deschanel (21 sept. 1920).

(3) La proclamation du Gouvernement aux Français, du 2 septembre 1914, est signée (et non contresignée) par tous les ministres en même temps que par le Président de la République.

(4) V. le message de M. Millerand (25 septembre 1920).

de la République avec les communications orales ou écrites émanées des ministres, comme les déclarations faites aux Chambres par chaque ministère nouveau.

II

435. Les ministres, représentants du Président de la République, ont entrée et parole dans les deux Chambres pour y défendre leurs actes et les propositions du Gouvernement (n°⁸ 379 et 380).

III

436. Des commissaires peuvent être adjoints aux ministres pour soutenir devant les Chambres la discussion d'un projet de loi (n° 381).

IV

437. Le Président de la République a le droit de demander aux Chambres une deuxième délibération sur une loi (n° 339).

V

438. Il a le droit d'ajourner les Chambres (n° 218).

VI

439. Il a le droit de convoquer les Chambres en session extraordinaire (n° 220).

VII

440. « *Le Président de la République peut, sur l'avis conforme du Sénat, dissoudre la Chambre des députés avant l'expiration légale de son mandat. — En ce cas, les collèges électoraux sont convoqués pour de nouvelles élections dans le délai de trois mois...* » (1) (L. C. 25 fév. 1875, art. 5).

La dissolution ne doit pas être considérée et employée comme une mesure de rigueur à l'égard d'une Chambre

(1) Ce délai a été réduit à deux mois par la L. R. 14 août 1884, article 1.

indocile (1). Son rôle constitutionnel consiste principalement
à fournir le moyen de trancher les conflits les plus graves
élevés entre les pouvoirs publics, en remettant au suffrage
universel le soin de décider et d'exprimer sa volonté. Voici
comment : la Chambre étant dissoute, il y a lieu à élections
générales, et la principale question, débattue entre les candidats et proposée au peuple, sera naturellement celle qui
fait l'objet du conflit ; les électeurs, en nommant les députés,
exprimeront leur avis d'une façon non équivoque. Si la nouvelle Chambre est semblable à la Chambre dissoute, le peuple
a évidemment consacré l'opinion que celle-ci défendait, et
les autres pouvoirs doivent s'incliner ; si les nouveaux députés
sont animés d'un esprit différent, ont inscrit sur leurs programmes une opinion opposée, le peuple donne tort à la
Chambre dissoute, et d'ailleurs le conflit a cessé puisque
celle-ci n'existe plus (2).

Ce procédé a été violemment critiqué comme une atteinte
aux droits du suffrage universel, dont la Chambre est l'expression directe, et une concession trop grande au Gouvernement et au Sénat, qui sont issus d'un suffrage indirect.

Il me parait être un moyen pacifique et parlementaire de
décision, en l'absence duquel la force serait l'unique argument. Je ne puis voir une violation de la souveraineté nationale dans l'acte qui lui remet la décision suprême.

Si même on soutient que la Chambre des députés repré-

----

(1) C'est ainsi cependant qu'elle a été employée par Charles X en 1830, et aussi
en Allemagne pendant quelque temps.

(2) Le droit de dissolution est refusé au Gouvernement expressément par la
C. 1791 (tit. III, chap. 1, préamb., art. 5), implicitement par les C. 1793, An III,
1848 ; accordé au Sénat, sur l'initiative du Gouvernement, par le Scs. An x
(art. 55 et 56) ; au Chef de l'État seul par les Chartes (art. 50, 42), l'Acte Additionnel (art. 21), la C. 1852 (art. 46), le Scs. 1870 (art. 35). Il a été souvent exercé
entre 1814 et 1870.

Il existe à l'égard : de la Chambre unique en Grèce, Finlande, Luxembourg,
Serbie ; de la Chambre Basse en Afrique australe, Angleterre, Italie, Japon ; des
deux Chambres ensemble ou séparément en Belgique, Danemark, Espagne,
Fédération australienne, Islande, Pays-Bas, Roumanie, Suède. Il est en général
exercé librement par le Chef de l'État. Il est curieusement réglé en Danemark. —
Il n'existe pas aux États-Unis.

sente seule le peuple, on devra convenir qu'il y a là une simple présomption, susceptible d'être combattue par la preuve contraire, les sentiments du peuple ayant pu se modifier depuis les élections législatives (1), sous l'influence d'événements postérieurs (2). Avant de s'incliner, dans une circonstance grave, devant la volonté exprimée par la Chambre des députés, il faut être sûr qu'elle exprime fidèlement la volonté actuelle de la nation, et la dissolution est le moyen de s'en assurer. Si les députés sont certains de représenter exactement le peuple, ils ne doivent pas redouter cette épreuve; s'ils n'en sont pas certains, ils ne peuvent pas s'y soustraire.

441. La dissolution semble ne pas pouvoir être employée dans tous les cas où un conflit s'élève entre les pouvoirs constitutionnels.

Elle suppose normalement un dissentiment entre la Chambre d'un côté, le Gouvernement et le Sénat alliés d'un autre côté. Si le Gouvernement est d'accord avec la Chambre contre le Sénat, il ne demandera pas la dissolution; si le Sénat est d'accord avec la Chambre contre le Gouvernement, il refusera son consentement, et la dissolution sera impossible.

On conçoit cependant que, pour mettre fin à une situation trop tendue, pour consulter le suffrage universel, le Gouvernement veuille dissoudre la Chambre bien qu'elle soit d'accord avec lui (3), et de même, que le Sénat consente à la dissolution d'une Chambre dont il approuve l'attitude. Il est vrai que le Sénat peut refuser son consentement; mais, s'il le

(1) Ceci est d'autant plus vrai que le délai de renouvellement de la Chambre est plus long.
(2) Il n'est pas rare qu'une Chambre populaire cesse d'être d'accord avec ses électeurs. Un exemple célèbre en a été donné par l'Angleterre en 1895 : le *home rule* pour l'Irlande avait été voté par la Chambre des Communes et repoussé par la Chambre des Lords; les Communes furent dissoutes, et la majorité libérale, qui avait voté le *home rule*, fut remplacée par une majorité unioniste tout à fait hostile à cette mesure.
(3) En Angleterre, il est arrivé plusieurs fois que le Cabinet ait demandé au roi la dissolution de la Chambre des Communes dont la majorité le soutenait contre la Chambre des Lords; ainsi en 1895, en 1910.

faisait, il deviendrait révolutionnaire. Car il ne peut avoir aucune raison valable pour s'opposer à la consultation du suffrage universel.

Il y a plus : la dissolution peut être consentie en l'absence d'un conflit (1). Elle a pour but de rendre les rouages constitutionnels à leur fonctionnement normal, qu'un conflit contrarie, mais qui peut aussi être entravé par d'autres causes ; par exemple, si aucune majorité stable ne peut se former dans la Chambre, si aucune politique suivie ne peut s'établir, si les ministres sont trop souvent renversés sans motif sérieux, la Chambre peut être dissoute, en vue et dans l'espoir d'obtenir une Chambre mieux équilibrée.

Enfin, il est admissible que le Président de la République se serve de la dissolution pour essayer de brider l'arbitraire du pouvoir législatif, en faisant une sorte d'appel au suffrage universel (2). Si le Parlement a entrepris une législation que le Président juge tyrannique ou ruineuse, il doit pouvoir dissoudre pour acquérir la certitude que le peuple approuve cette législation ou, dans le cas contraire, pour arrêter le Parlement dans ses entreprises. Il n'y aurait coup d'État que si le Président prétendait imposer ses volontés au lieu de consulter celles de la nation (3).

(1) En Angleterre, elle servait jadis à abréger le délai, jugé trop long, de sept ans donné à la Chambre des Communes. En pratique, le Cabinet choisissait, pour faire prononcer la dissolution, un moment qui lui paraissait favorable à ses intérêts, propre à lui conserver la majorité. La durée légale des législatures est actuellement de cinq ans.

(2) C'est aussi pour brider l'arbitraire législatif que certaines constitutions organisent le *referendum populaire*, c'est-à-dire ordonnent de soumettre les lois à la ratification des électeurs. Comparé à la dissolution, le referendum est bien moins avantageux. Il est contraire au principe représentatif, et fait juger la question législative par des masses populaires peu aptes à la résoudre ; la dissolution pose seulement la question de confiance du peuple dans ses représentants. Un Parlement dont le peuple aurait fréquemment annulé les lois serait, en France du moins, déconsidéré et découragé.

En Belgique, lors de la dernière revision constitutionnelle, le Gouvernement demandait le referendum royal, c'est-à-dire la faculté pour le roi de consulter le peuple avant de refuser sa sanction à une loi. Cette faculté n'a pas été accordée ; elle se fût mal conciliée avec le régime parlementaire pratiqué en Belgique.

(3) Le Président aurait cependant le droit d'éclairer le pays sur la situation des affaires, sur les tendances et les dangers de la législation qu'il dénoncerait, sans

Malheureusement, le droit de dissolution a été discrédité en France par l'usage qui en a été fait en 1877 (1) ; dans l'opinion publique, il semble que toute dissolution soit un coup d'État. Il serait temps de bannir ce préjugé qui laisse inactive dans nos lois constitutionnelles une ressource dont il ne faudrait sans doute pas user sans bonne raison, mais qui est précieuse en bien des cas, nécessaire parfois, et qui constitue un des éléments essentiels du régime représentatif et parlementaire.

442. L'initiative de la dissolution est réservée au Chef de l'État (2). Elle n'appartient ni au Sénat, qui ne donne son avis que sur demande, ni à la Chambre elle-même, qui n'a pas voix au chapitre. Par conséquent, la dissolution ne pourrait être employée spontanément par une Assemblée pour trancher les conflits élevés entre une majorité et une minorité à peu près égales numériquement.

Le Gouvernement ne peut rien faire sans l'assentiment du Sénat. L'intervention du Sénat a pour but de renforcer l'autorité de l'acte du Gouvernement et de mettre obstacle aux essais de coup d'État. — Le Sénat est saisi par un message exposant naturellement les motifs du Gouvernement; il n'exerce ni un pouvoir propre, ni une attribution législative. — La dissolution est prononcée par un décret qui vise l'avis conforme du Sénat (D. 25 juin 1877).

La Chambre peut être dissoute même pendant une session de l'Assemblée nationale dont elle fait partie (n° 454).

La Chambre dissoute cesse d'exister et ne revit en aucune circonstance; si même la présidence de la République vient

cesser d'être véridique et impartial. De leur côté, les députés ne manqueraient pas de prôner leurs œuvres.

(1) Il semble bien acquis qu'à cette date, le Gouvernement et le Sénat ont voulu s'opposer aux tendances populaires représentées par la Chambre, et que d'autre part leurs adversaires ont présenté à tort toute dissolution, quelles que puissent être les circonstances, comme un attentat contre le suffrage universel.

(2) Dans plusieurs cantons suisses (Berne, par exemple), un certain nombre d'électeurs peuvent exiger que le corps électoral soit consulté sur la révocation de l'Assemblée représentative (*Abberufungsrecht*); et si la majorité prononce cette révocation, de nouvelles élections générales sont nécessaires.

à vaquer après une dissolution, les élections ont lieu sans
délai, l'ancienne Chambre n'est pas rappelée (n° 324). En ce
dernier cas, le Sénat se réunit de plein droit ; en règle, il doit
cesser de siéger (n° 224).

443. Les électeurs doivent être convoqués pour élire une
nouvelle Chambre. Sous l'empire des lois de 1875, on s'est
demandé si les élections devaient avoir lieu pendant les
trois mois accordés par le texte ci-dessus, ou s'il suffisait que
le décret convoquant les électeurs eût paru dans ce délai,
les élections pouvant être fixées à une date ultérieure non
comprise dans les trois mois. Cette dernière solution, fondée
sur la lettre du texte, fut adoptée par le Gouvernement (D.
21 sept. 1877) (1).

La première paraissait plus conforme à l'intention des
constituants ; ils ont voulu, sans doute, en fixant un délai,
empêcher une interruption du pouvoir législatif trop longue
et abandonnée à l'arbitraire du pouvoir exécutif ; or, le D.
2 février 1852 (art. 4), qui fixe un délai minimum entre la
convocation et l'élection, ne fixe pas le délai maximum, et
par suite le décret de convocation rendu le dernier jour du
troisième mois pouvait, dans l'opinion combattue, fixer à une
date très éloignée (à un an, deux ans, dix ans) le jour des
élections, ce qui est inadmissible.

La question est résolue dans ce sens par la L. R. 14 août
1884, article 1, qui a modifié l'article 5, alinéa 2, L. C.
25 février 1875 : « *En ce cas, les collèges électoraux sont
réunis pour de nouvelles élections dans le délai de deux mois,
et la Chambre dans les dix jours qui suivront la clôture des
opérations électorales.* »

Aucun texte ne prévoit le cas où ces délais ne seraient pas
observés par le Gouvernement (2). La responsabilité ministérielle suffit.

---

(1) Il convoquait les électeurs pour le 14 octobre, un autre décret de la même
date convoquait les Chambres pour le 7 novembre. La dissolution datait du 25 juin.
(2) D'après les Chartes (art. 50, 42), la nouvelle Chambre doit être réunie dans
le délai de trois mois ; le délai est de six mois dans la C. 1852 (art. 46) et le Scs.
1870 (art. 35) ; l'Acte Additionnel (art. 21) veut que le décret de dissolution con-

444. La nouvelle Chambre peut être dissoute à son tour ;
le droit de dissolution est illimité, mais on comprend qu'il
n'en sera pas abusé, ni même usé souvent. La consultation
nationale, qui est le but essentiel de la dissolution, n'a pas à
être renouvelée fréquemment et à intervalles rapprochés (1).

445. Il est remarquable que le Sénat ne peut être dissous
en aucun cas. On a repoussé, en 1875, une proposition qui,
sur ce point, l'assimilait à la Chambre.

Cette différence entre les deux Chambres s'explique aisément, lorsqu'une seule est élective ; appliquée à l'autre, la
dissolution est incompréhensible. Lorsque les deux Chambres
sont issues de l'élection, comment rendre compte d'une telle
différence ? Il ne suffit pas de dire qu'elle fait du Sénat un
élément stable et permanent des institutions constitutionnelles. Un Sénat électif et en même temps indissoluble, c'est-
à-dire irresponsable, semble être une anomalie.

La raison m'en paraît être celle-ci. Si le Sénat entre en
conflit avec l'un des autres pouvoirs, il suffira de dissoudre la
Chambre des Députés pour donner la parole à la nation, arbitre
suprême ; la consultation du suffrage à plusieurs degrés qui
nomme le Sénat n'aurait pas la même signification et la même
force. Ou bien, si on voulait, par la dissolution du Sénat,
consulter le suffrage universel direct, il faudrait dissoudre
tous les corps qui fournissent les électeurs sénatoriaux :
Chambre des Députés, conseils généraux, d'arrondissement,
municipaux ; il est plus simple et moins dangereux de dissoudre
la Chambre seule.

voque les électeurs, procédé qui de fait a été suivi entre 1814 et 1848, sauf le
25 juillet 1830, où il y eut deux ordonnances. En 1857, la dissolution et la convocation furent l'objet de deux D. différents datés du même jour (29 mai).

Le délai de quarante jours en Belgique, Pays-Bas ; quarante-cinq jours en
Grèce, deux mois en Danemark, Roumanie, Serbie ; trois mois en Espagne,
Luxembourg ; quatre mois en Italie ; cinq mois au Japon. La nouvelle Chambre
doit être réunie dans les deux mois en Belgique, Pays-Bas ; dans les trois mois en
Espagne, Grèce, Roumanie, Serbie, Suède. — En Belgique, Grèce, Pays-Bas,
Roumanie, Serbie, l'ordonnance de dissolution doit convoquer les électeurs.

(1) Il en est différemment si la dissolution est conçue comme le moyen de briser
la résistance du Parlement en escomptant la lassitude ou l'inquiétude des électeurs ; il en a été ainsi quelque temps en Allemagne.

La règle en question est donc réellement démocratique : elle donne au suffrage universel direct une influence qui est refusée aux électeurs sénatoriaux. Elle ne constitue pas un privilège excessif au profit du Sénat; elle est plutôt favorable à la Chambre des Députés. Si le Sénat pouvait être dissous, le conflit pourrait être résolu par les électeurs sénatoriaux ; les lois de 1875 ne donnent la solution qu'au suffrage universel direct.

La Chambre Haute, il est vrai, peut ou s'obstiner dans une résistance qu'elle sent légalement invincible, ou refuser son consentement à la dissolution, parce qu'elle redoute la consultation nationale (1). Mais ce sont là des hypothèses invraisemblables, où le Sénat deviendrait révolutionnaire. — D'ailleurs le renouvellement partiel du Sénat lui infusera à bref délai un sang nouveau, à moins qu'il n'y ait un antagonisme irréductible entre le suffrage direct et le suffrage sénatorial. En des cas pareils, les constitutions sont impuissantes.

446. Les lois de 1875 ne prévoient pas le cas d'une dissolution illégale, c'est-à-dire appliquée au Sénat, ou à la Chambre sans l'avis conforme du Sénat. La L. 15 février 1872 décide que les représentants restés libres se réuniront aux délégués nommés par les conseils généraux pour former un Parlement provisoire (n° 108).

(1) Sous l'empire des Chartes de 1814 et de 1830, la résistance de la Chambre Haute pouvait être vaincue par une *fournée de pairs*, c'est-à-dire par des nominations assez nombreuses pour changer la majorité ; les ministres pouvaient demander au roi une *fournée* comme une dissolution.

Le même moyen existe en général dans les pays où la Chambre Haute est, en partie au moins, nommée par la Couronne et ne compte pas un nombre de membres limité. En Angleterre, la même ressource serait employée au besoin ; elle l'a été, après une longue interruption, en 1911.

LIVRE V

CHAPITRE XXVI

Revision de la Constitution.

———

447. La revision de la Constitution est prévue par la L. C. 25 février 1875, article 8 : « *Les Chambres auront le droit, par délibérations séparées, prises dans chacune à la majorité absolue des voix, soit spontanément, soit sur la demande du Président de la République, de déclarer qu'il y a lieu de reviser les lois constitutionnelles. — Après que chacune des deux Chambres aura pris cette résolution, elles se réuniront en Assemblée nationale pour procéder à la revision. — Les délibérations portant revision des lois constitutionnelles, en tout ou en partie, devront être prises à la majorité absolue des membres composant l'Assemblée nationale* » (1). La L. R. 14 août 1884, art. 2, a ajouté à ce texte la disposition suivante : « *La forme républicaine du Gouvernement ne peut faire l'objet d'une proposition de revision.* »

———

(1) Le texte primitif ajoutait : « Toutefo': pendant la durée des pouvoirs conférés par la loi du 20 novembre 1873 à M. le maréchal de Mac-Mahon, cette revision ne peut avoir lieu que sur la proposition du Président de la République. »

I

Initiative de la revision.

448. Elle appartient :

1° *Au Président de la République.* — La L. C. la lui réservait exclusivement pour un temps, par une disposition aujourd'hui sans application : « *Toutefois, pendant la durée des pouvoirs conférés par la loi du 20 novembre 1873 à M. le maréchal de Mac-Mahon, cette revision ne peut avoir lieu que sur la proposition du Président de la République* » (L. C. 25 fév. 1875, art. 8, al. 4).

On a soutenu qu'en exigeant des *délibérations séparées,* la L. C. avait voulu marquer une différence entre les projets de loi et les projets de revision. Les projets de loi sont portés d'abord à l'une des Chambres et ne sont portés à l'autre qu'après avoir été votés par la première. Ils sont donc portés *successivement* aux deux Assemblées. Les projets de revision devraient, selon cette opinion, être remis aux deux Chambres le même jour, *simultanément.* En faveur de cette procédure, on fait remarquer que la question de priorité entre les deux Chambres serait difficile à régler ; que, si la première Assemblée saisie repoussait le projet, l'autre ne pourrait exprimer son opinion, et que si elle l'adoptait, son vote influencerait celui de l'autre Chambre.

Le texte ne me paraît pas favorable à cette opinion. Il parle de *délibérations séparées* et non de *présentations simultanées.* Il a voulu simplement, par l'emploi des termes cités et de quelques autres, trancher les questions que soulève la revision constitutionnelle. Notamment, il veut que la revision soit décidée par chaque Chambre délibérant séparément et non par la réunion des deux Assemblées ; la revision, au contraire, sera faite par les deux Chambres confondues. L'opposition est nettement marquée par la comparaison des alinéas 1 et 2 de l'article 8. — La priorité entre les deux Chambres sera réglée selon les circonstances. — Que l'une

des Chambres soit exposée à ne pas exprimer son avis, cela
est fréquent en matière législative et n'a aucun inconvénient,
puisque l'accord des deux est nécessaire. En pratique, on
pourra bien obtenir des présentations simultanées, mais non
des votes simultanés; l'influence qu'on veut exclure, sans
motifs sérieux d'ailleurs, s'exercera forcément.

449. Le Gouvernement pourra donc ou saisir les deux
Chambres en même temps, ou saisir l'une d'elles seulement.
En ce dernier cas, il portera le projet à son choix devant la
Chambre des députés ou devant le Sénat.

Certains pensent au contraire qu'il doit le déposer d'abord
à la Chambre des députés, parce que celle-ci est issue directement du suffrage universel, du peuple souverain; le Sénat
ne serait saisi qu'après un vote favorable de la Chambre.
D'autres disent, à l'inverse, que le Sénat est le modérateur
des pouvoirs, le conservateur de la Constitution, et doit recevoir le premier les demandes de revision. — La loi constitutionnelle n'exprime aucune des deux solutions et ne déroge
pas au droit commun, qui permet (n° 131), sauf en matière
financière, de saisir indifféremment l'une ou l'autre Chambre.
Le Gouvernement choisira selon les circonstances.

450. 2° *Aux deux Chambres.* — L'initiative appartient sans
différence au Sénat et à la Chambre des députés, à chacun
de leurs membres.

On a soutenu qu'en exigeant des *délibérations séparées*, la
loi constitutionnelle avait voulu que chaque Chambre fût
saisie par un de ses membres, et que la transmission du projet de résolution voté par l'autre n'eût que la valeur d'un avis
officieux. On argumente aussi du mot *spontanément* qui
implique un projet né dans chaque assemblée. Ce sens me
paraît forcé. Le texte veut seulement reconnaître l'initiative
de la revision aux Chambres comme au Président de la République. Que signifie dans ce système la transmission officieuse,
que l'on sent inévitable? N'enlève-t-elle pas aux décisions de
la deuxième Chambre la spontanéité et la liberté qu'on
déclare nécessaires? On ne peut supposer qu'une Chambre

ignorera le vote de l'autre, et il y a quelque puérilité à exiger qu'elle feigne officiellement de l'ignorer.

Ainsi le texte ne parait pas s'opposer à une transmission officielle qui saisirait une Chambre de la résolution votée par l'autre. La pratique des Chambres est cependant contraire.

451. Le libellé des délibérations qui ordonnent la revision a soulevé une difficulté, la question de la revision limitée ou illimitée, qui fut vivement discutée en 1884.

Les partisans de la formule illimitée soutenaient que les résolutions ordonnant la revision pouvaient, si même elles ne devaient, contenir simplement ces mots : *Il y a lieu de reviser les lois constitutionnelles.*

Les partisans de la formule limitée exigeaient que les articles dont la revision était demandée fussent énumérés.

La première opinion parait la plus juridique. Elle emprunte sa formule au texte constitutionnel lui-même (L. C. 25 fév. 1875, art. 8, al. 1), et ceci a d'autant plus d'importance qu'après l'alinéa qui statue en termes généraux sur la déclaration *qu'il y a lieu de reviser les lois constitutionnelles,* vient un autre alinéa qui parle des *délibérations portant revision des lois constitutionnelles en tout ou en partie.* D'un autre côté, les intentions de l'Assemblée de 1871 sont bien connues ; en votant l'article 8 de la L. C. 25 février 1875, elle voulait laisser la porte ouverte à une restauration monarchique ; comment aurait-elle prohibé la revision illimitée? Comment aussi, si elle avait exigé une revision limitée, n'aurait-elle pas donné une sanction à cette règle? Or, il n'y a aucune sanction.

Les partisans de la revision limitée ne peuvent sérieusement invoquer qu'une raison politique : le Sénat, dont l'existence a été souvent attaquée, ne consentira jamais à une revision illimitée, grâce à laquelle il pourrait être supprimé par une Assemblée dont ses membres ne forment que le tiers. Ce motif, très puissant en politique, est sans valeur juridique. On a vainement essayé de le fortifier en disant que l'Assemblée nationale n'existe que par la volonté des

Chambres, et que celles-ci peuvent mettre à son existence des conditions et des restrictions puisqu'elles peuvent l'empêcher d'exister. Ce raisonnement est une pétition de principe : il s'agit précisément de savoir si les Chambres ont en effet ce droit.

Malgré ces raisons de droit, les revisions de 1879 et de 1884 ont été ordonnées avec des formules limitées.

452. Dans tous les cas, la revision n'aura lieu que si les deux Chambres votent des résolutions identiques. Si les deux textes différaient, elle ne pourrait être faite, et le projet serait à considérer comme rejeté.

Les projets de résolution, quel qu'en soit l'auteur, peuvent être amendés; la revision n'aura pas lieu si les amendements ne sont pas acceptés par les deux Chambres.

Les résolutions qui décident la revision doivent être prises *à la majorité absolue des voix*, c'est-à-dire votées par la moitié plus un des membres de l'Assemblée. Il n'est pas nécessaire que la majorité s'élève au-dessus de la moitié plus un.

Aucun délai n'est exigé entre la proposition et le vote.

Les résolutions sont valables par elles-mêmes. Le Président de la République n'a ni consentement, ni sanction à leur donner. Je ne pense pas qu'il ait le droit d'exiger une nouvelle délibération (L. C. 16 juill. 1875, art. 7, al. 2), car il ne s'agit pas de *lois* (n° 272).

La revision n'a pas lieu périodiquement, à époque fixe; elle peut avoir lieu à tout moment de la session des Chambres; aucune période n'est désignée pour la demander, ou au contraire ne l'exclut.

Si elle est refusée, soit par l'une des Chambres, soit par l'Assemblée nationale, aucun délai n'est imposé pour la demander de nouveau.

453. La facilité des lois de 1875 a permis l'essor d'un nombre considérable de demandes en revision, dues les unes au Gouvernement, les autres au Parlement et surtout à la Chambre des Députés. Deux seulement sont venues à terme,

en 1879 et en 1884; elles émanaient l'une et l'autre du Gouvernement. Les autres ont été retirées ou oubliées, ou enfin
ont succombé devant la résistance de l'une des Chambres.

Cette résistance s'appuyait sur de bons motifs. Les constitutions ne peuvent être sans inconvénient condamnées à
l'immobilité; mais elles ne doivent être modifiées que rarement et pour des motifs graves, sous peine de perdre toute
autorité. Surtout il ne faut pas faire de la revision une
arme de parti, un moyen de remuer les masses à l'aide de
formules obscures (1).

II

Assemblée nationale.

454. Il est procédé à la revision par une Assemblée nationale formée de la Chambre des députés et du Sénat réunis.
Les deux Chambres perdent momentanément leur individua-

(1) L'initiative de la revision est réservée : au Chef de l'État par les Scs. An x
(art. 56) et 1870 (art. 44); au Sénat, sauf l'approbation du Gouvernement par la C.
1852 (art. 31). La C. An iii (art. 336 et s.) donne l'initiative aux Anciens, la ratification aux Cinq-Cents, et exige trois votes à trois ans d'intervalle. La C. 1791
(tit. VII, art. 2) exige le vœu de trois législatures consécutives. Celle de 1848
(art. 111) ne permet le vœu de revision que dans la dernière année de législature,
le soumet à trois votes à un mois d'intervalle et exige chaque fois la majorité des
trois quarts sur 500 votants. D'après la C. 1793 (art. 115), la revision est de droit,
lorsque, dans la moitié plus un des départements, elle est réclamée par le dixième
des assemblées primaires. Les Chartes ne distinguent pas les lois constitutionnelles des lois ordinaires.

Il en est de même des C. étrangères en général. Cependant l'initiative est reconnue : aux législatures des divers États au Brésil, aux États-Unis; aux citoyens en
Suisse et en plusieurs cantons (Berne). Elle est réservée au Chef de l'État au
Japon, à la Chambre Basse en Portugal. Le vœu doit être renouvelé trois fois
au Brésil, en Roumanie; formulé par deux législatures consécutives en Grèce; à
la première ou à la seconde session ordinaire après des élections, en Norvège. Il
exige la majorité des trois quarts en Grèce, des deux tiers au Brésil, aux États-
Unis, au Japon, en Rép. Argentine; l'assentiment du peuple en Suisse. La revision a été exclue pour dix ans en Grèce; pour les temps de régence en Belgique,
Japon, Luxembourg, Pays-Bas, Roumanie, Serbie. La revision a lieu périodiquement en Portugal, en plusieurs cantons suisses (Genève).

Les C. 1793 (art. 117) et An iii (art. 336) consacrent la revision limitée. Même
solution implicite dans les constitutions impériales qui réservent le plébiscite. —
Elle est explicite dans quelques constitutions étrangères : Belgique, Grèce,
Luxembourg, Pays-Bas, Portugal, Roumanie, Serbie ; celle de Grèce prohibe les
atteintes aux principes fondamentaux.

lité; chacun de leurs membres devient un membre de l'Assemblée nationale. Il en résulte que le Sénat, beaucoup moins nombreux que la Chambre des Députés, ne fournit qu'un tiers des membres de l'Assemblée qui vote la revision. Son influence est très sensiblement inférieure à celle de la Chambre des Députés.

Ce système est diversement critiqué. Les Chambres, élues pour exercer le pouvoir législatif, n'ont, disent les uns, aucun titre au pouvoir constituant; elles devraient, après avoir reconnu la nécessité de la revision, remettre le soin de la faire, soit au peuple lui-même, soit à une Assemblée élue spécialement pour reviser la Constitution; du moins, elles devraient, par des élections générales, se retremper dans la nation et recevoir un mandat spécial. On ajoute que la procédure prescrite en 1875 manque de la solennité désirable pour les modifications aux lois fondamentales de l'État.

Ces critiques ne me paraissent pas fondées. Les électeurs, en élisant les Chambres, n'ignorent pas qu'elles sont appelées, le cas échéant, à reviser la Constitution; s'ils leur donnent un mandat, il s'étend jusqu'à ce pouvoir. La solennité qu'on souhaite ne serait obtenue que par des élections qui ajouteraient au trouble que la revision jette dans la vie publique.

455. Il est regrettable au contraire que le Sénat n'ait pas, dans l'œuvre si grave de la revision, une influence au moins égale à celle de la Chambre; que sa faiblesse numérique l'empêche d'exercer, en matière constitutionnelle, les droits qu'il exerce en matière législative. Il conviendrait de soumettre la loi constitutionnelle à la procédure législative, en exigeant une majorité spéciale pour les votes (1).

(1) Le système admis en 1875 est nouveau. La C. 1791 (tit. VII, art. 5) confie la revision à l'Assemblée ordinaire augmentée d'un tiers; celle de 1848 (art. 111), à une Assemblée spécialement élue. Les C. impériales la remettent au Sénat; cependant les *cinq bases* de la C. 1852 ne peuvent être modifiées que par un plébiscite (art. 32), et le Scs. 1870 (art. 44) déclare : « La Constitution ne peut être modifiée que par le peuple... ». Les C. 1793 (art. 115 et s.) et An III (art. 336 et s.) font préparer la revision par une Assemblée spéciale et la soumettent au

456. L'Assemblée nationale se réunit à Versailles, dans la salle occupée jadis par la Chambre des députés (L. 22 juill. 1879, art. 6, al. 2). Cette loi, qui a fixé à Paris le siège des pouvoirs publics, a prescrit la réunion de l'Assemblée nationale à Versailles (n° 226). La raison en est moins peut-être le désir de soustraire la revision constitutionnelle aux hasards d'un mouvement populaire, que la nécessité de trouver une salle suffisante pour contenir les 950 membres du Parlement.

L'Assemblée nationale pourrait-elle changer le lieu de ses séances? Aucun texte ne le lui interdit et ne peut même le lui interdire, puisqu'elle a le droit de modifier la constitution, loi suprême de l'État. La L. 22 juillet 1879 vise seulement l'affectation du palais de Versailles.

Aucune loi ne dit dans quel délai l'Assemblée nationale devra se réunir. Il est dans l'esprit du texte constitutionnel que ce délai soit très court; on ne peut préciser davantage (1).

La loi ne dit pas davantage à qui il appartient de convoquer l'Assemblée nationale. En pratique, le président du Sénat, qui est de droit le président de l'Assemblée nationale, avertit les sénateurs, et adresse une lettre au président

vote populaire. On sait que les deux Chartes confondent les pouvoirs législatif et constituant.

Ce dernier système est le plus suivi à l'étranger, sauf quelques modifications dans la procédure législative. Il faut : *un certain nombre de votants*, les deux tiers (Belgique, Japon, Roumanie), ou les trois quarts (Luxembourg) des membres; *une majorité spéciale*, les deux tiers (Belgique, Brésil, Japon, Luxembourg, Mexique, Pays-Bas, Roumanie) des voix; *le vote renouvelé* dans deux sessions consécutives (Suède). Parfois, une dissolution et des élections générales précèdent la revision (Belgique, Danemark, Grèce, Luxembourg, Pays-Bas, Roumanie. En Serbie, la Chambre est dissoute et doublée en nombre. En Norvège, la revision est faite par la législature qui suit celle qui l'a décidée. Aux États-Unis, Rép. Argentine, Cuba, une Assemblée spéciale est élue. En Angleterre, on estime en général que les Communes ne peuvent pas, sans un mandat spécial des électeurs, c'est-à-dire sans une dissolution préalable, modifier le régime des pouvoirs publics.

(1) En 1879, la revision a été décidée par la Chambre des députés le 21 mars, par le Sénat le 15 juin, et l'Assemblée nationale se réunit le 19 juin. En 1884, la revision fut votée par la Chambre le 3 juillet, par le Sénat le 29 juillet, par la Chambre de nouveau le 31 juillet, l'Assemblée nationale se réunit le 4 août.

de la Chambre, pour que celui-ci avertisse les députés. En outre, il envoie des convocations individuelles à tous les membres des deux Chambres. Enfin le *Journal officiel* publie à l'avance l'ordre du jour de l'Assemblée nationale.

La durée des délibérations de l'Assemblée n'est pas limitée; elles durent jusqu'à l'achèvement de la revision (1).

« *Lorsque les deux Chambres se réunissent en Assemblée nationale, leur bureau se compose des président, vice-présidents et secrétaires du Sénat* » (L. C. 16 juill. 1875, art. 11, al. 2).

Le règlement adopté en 1879 et 1884 a été celui de l'Assemblée de 1871 (2). Cependant « *les délibérations portant revision des lois constitutionnelles, en tout ou en partie, devront être prises à la majorité absolue des membres composant l'Assemblée nationale* » (L. C. 25 fév. 1875, art. 8, al. 3). La majorité absolue est calculée, selon les usages suivis par l'Assemblée en 1879 et 1884, sur le nombre légal des deux Chambres, en comptant non seulement les absents, mais encore les sièges vacants pour une raison quelconque. La majorité absolue suffit; il n'est pas nécessaire, pour qu'une disposition soit admise, qu'elle réunisse un chiffre de voix supérieur (3).

III

Pouvoirs de l'Assemblée nationale.

457. Elle exerce, cela n'est pas douteux, le pouvoir constituant. Mais on retrouve, pour l'Assemblée nationale, la question de la revision limitée ou illimitée, qui a été examinée pour les deux Chambres (n° 451). L'Assemblée nationale exerce-t-elle le pouvoir constituant d'une manière illimitée, en sorte qu'elle puisse en tout cas toucher à toutes les par-

---

(1) La durée était limitée à trois mois par les C. An III (art. 347) et 1848 (art. 111).

(2) Résolutions du 19 juin 1879 et du 4 août 1884. Celle-ci a cependant admis quelques amendements.

(3) Le Scs. An x (art. 56) exigeait les deux tiers des voix du Sénat.

ties, à tous les articles de la Constitution ? Ou bien les résolutions des Chambres qui la mettent en activité peuvent-elles,
par le vote d'une formule limitée, restreindre son examen à
des points, à des articles déterminés, et lui interdire d'examiner les autres ?

Les partisans de la revision illimitée soutiennent que, dans
tous les cas, même si les Chambres ont voté des formules
limitées, l'Assemblée nationale a le droit de reviser la Constitution tout entière.

Les partisans de la revision limitée prétendent que l'Assemblée nationale ne peut reviser que les articles qui lui ont
été déférés.

Comme précédemment, la première doctrine paraît le plus
juridique. Outre les arguments de texte qui ont déjà été
donnés, on ne conçoit guère que les pouvoirs constitués puissent limiter les droits du pouvoir constituant. Au reste, la
question intéresse l'interprétation de la constitution. Or, si
chacun peut donner son avis sur le sens d'un texte constitutionnel, l'Assemblée nationale seule peut interpréter la Constitution ; les Chambres sont incompétentes à cet égard, et
leurs votes sont sans valeur obligatoire.

Malgré ces raisons, en 1879 et en 1884, la revision a été
faite, comme elle avait été décidée, avec la formule limitée,
et l'Assemblée nationale s'en est tenue au programme imposé
par les délibérations des Chambres. Cependant la disposition
qui déclare inéligibles à la présidence de la République les
membres des familles ayant régné sur la France (n° 322) a
été votée sur un amendement et n'était pas portée sur le programme adopté par les deux Chambres.

458. Les revisions ayant été décidées sous la forme limitée, il a fallu trouver une ressource pratique pour arrêter,
dans l'Assemblée nationale, les propositions relatives à des
points non visés dans les résolutions des Chambres. En fait,
la question préalable (n° 311) leur a été opposée, et elles ont
été écartées sans être discutées. Mais la question préalable
n'a d'effet que si elle a été votée par l'Assemblée nationale,
et celle-ci pourrait refuser de la voter.

De même, il n'y a pas d'autre sanction que la question préalable pour la disposition que la L. R. 14 août 1884, article 2, ajoute à l'article 8 L. C. 25 février 1875 : « *La forme républicaine du Gouvernement ne peut faire l'objet d'une proposition de revision* » (1). La question préalable arrêterait tout vœu de revision déposé dans une Chambre et tendant à modifier la forme du Gouvernement, toute proposition faite à l'Assemblée nationale dans le même sens. Il va sans dire que, la question préalable ayant besoin d'être votée, une majorité antirépublicaine ne se croirait aucunement liée par un texte qui ne saurait avoir la prétention de fixer pour toujours, et sans souci de la volonté nationale, la République en France. Du moins le texte en question déclare-t-il la forme du Gouvernement, que les lois de 1875 n'avaient pas expressément déclarée.

459. L'Assemblée nationale, investie du pouvoir constituant, a le droit d'interpréter la loi constitutionnelle, de fixer le sens exact d'une disposition obscure. Si l'explication qu'elle donne peut être contestée comme interprétation juridique, elle vaudra toujours comme revision. La revision peut même être purement interprétative (2).

460. L'Assemblée nationale a-t-elle le pouvoir législatif? La négative est certaine en présence de la L. C. 25 février 1875, article 1, alinéa 1. L'Assemblée ne peut voter aucune loi, quelle qu'en soit l'urgence (3). Il ne peut y avoir aucun inconvénient pratique : les deux Chambres n'ont qu'à se séparer pour recouvrer le pouvoir législatif.

L'Assemblée de 1884 a donc excédé ses pouvoirs en conservant le caractère législatif aux articles 1 à 7 L. C. 24 février 1875, auxquels elle retirait le caractère constitutionnel

---

(1) Il y a une disposition analogue dans la C. Portugal.

(2) L'interprétation de la Constitution n'est prévue que par le Ses An x, qui en attribue l'exercice au Sénat sur l'initiative du Gouvernement (art. 54 et 56).

Les C. Serbie, Suède règlent l'interprétation comme la revision. Aux États-Unis, l'interprétation judiciaire a une grande importance.

(3) La C. 1848 permet à l'Assemblée de revision de prendre les mesures législatives urgentes (art. 111).

(n° 105). Elle ne pouvait qu'abroger ces articles qu'une loi ordinaire eût ensuite remplacés; elle était incompétente pour leur donner la nature législative.

Les revisions de 1879 et de 1884 ont restreint, au profit des lois ordinaires, le domaine de la Constitution. C'est une tendance regrettable. Les formes de la revision, si peu protectrices qu'elles soient, opposent encore une barrière à l'impatience de certains réformateurs.

IV

Effets de la réunion de l'Assemblée nationale.

461. On a prétendu que la réunion de l'Assemblée nationale suspendait immédiatement et de plein droit les pouvoirs constitués; que, jusqu'à l'achèvement de l'œuvre de la revision, toute la Constitution était remise en question. Cette doctrine ne peut être produite que par les partisans de la revision illimitée; ceux qui pensent que les pouvoirs de l'Assemblée nationale sont limités à des objets précis ne peuvent pas soutenir que les textes non visés sont suspendus. — Au reste, la thèse ne paraît pas exacte. Un texte en vigueur n'est pas suspendu par la déclaration qu'il y a lieu de le modifier; il ne perdra sa valeur que par la loi qui l'abroge ou le modifie; pour qu'il en fût autrement, il faudrait un texte précis, qui n'existe pas. Les pouvoirs constitués restent donc en exercice avec leurs attributions.

L'idée de la suspension juridique des pouvoirs constitués a été proposée afin d'en tirer deux conséquences : d'abord que le Gouvernement, n'ayant plus qu'une existence provisoire, ne peut présenter à l'Assemblée nationale ou soutenir un projet de revision; ensuite que les ministres ne peuvent, en cette qualité seule et s'ils n'appartiennent pas aux Chambres, avoir entrée et parole dans l'Assemblée. Il est certain que les textes relatifs aux droits du Gouvernement ne lui donnent pas expressément ces deux droits; il n'est guère moins cer-

tain que l'intention du pouvoir constituant en 1875 ne fut pas
de les lui refuser. On ne comprendrait pas que le Gouvernement pût solliciter la revision et ne pût pas y intervenir.

462. Ainsi les pouvoirs constitués ne subissent aucune
suspension juridique. En fait, les Chambres ne sauraient
siéger aux heures où leurs membres siègent dans l'Assemblée
nationale ; mais rien ne s'oppose aux réunions et aux délibérations que chaque Chambre pourrait avoir entre deux séances
de l'Assemblée.

Quant au Président de la République, il ne perd, par le
fait de la réunion de l'Assemblée nationale, aucune de ses
attributions. L'usage de telle ou telle prérogative peut être
moins convenable ou moins politique en un pareil moment ;
il est toujours licite. Ainsi le Président de la République
peut ajourner les Chambres, dissoudre la Chambre des Députés ; à plus forte raison exerce-t-il ses attributions purement
exécutives.

Il n'a reçu de la loi constitutionnelle aucun droit, aucune
obligation à l'égard de l'Assemblée nationale ; il ne pourrait
donc ni l'ajourner, ni la dissoudre, ni suspendre ses séances.
Mais comme les Chambres ne perdent pas leur existence
légale et que le Chef de l'État conserve à leur égard de
pareils droits, il peut indirectement, en agissant sur les
Chambres, agir sur l'Assemblée nationale. Toutefois l'ajournement des Chambres (n° 218) ne serait pas une raison pour
que l'Assemblée nationale formée par leurs membres et non
pas par elles-mêmes, ne pût pas continuer de siéger. La
dissolution (n° 440), au contraire, mettant fin à l'existence de
la Chambre des Députés, rendrait impossibles les séances de
l'Assemblée.

V

Lois de revision.

463. Elles sont valables dès qu'elles sont votées par l'Assemblée nationale. Elles ne sont pas soumises à la ratification

populaire, ni à la sanction du Président de la République (1).
Celui-ci ne pourrait même pas exiger de l'Assemblée nationale une seconde délibération, car la L. C. 16 juillet 1875,
article 7, alinéa 2, ne lui donne ce droit qu'à l'égard des lois
proprement dites (n° 339).

Les lois de revision sont des lois constitutionnelles ; elles
ne peuvent être abrogées ou modifiées que selon la même
procédure.

Aucun texte ne prescrit un délai pour leur promulgation ;
la L. C. 16 juillet 1875, article 7, alinéa 1, est inapplicable aux
lois constitutionnelles. Il ne suffirait même pas d'en déclarer la
promulgation urgente (n° 338), comme on l'a fait en pratique,
pour imposer au Chef de l'État un délai de trois jours. La
responsabilité parlementaire des ministres serait, le cas
échéant, l'unique et suffisante ressource (n° 386).

---

(1) On connait les nombreux plébiscites de notre histoire constitutionnelle. Les
C. 1793 (art. 116), An III (art. 26 et 346), 1852 (art. 33, pour les *cinq bases* seulement), le Scs. 1870 (art. 44) prescrivaient la ratification populaire.
Les constitutions qui font faire la revision par le pouvoir législatif réservent
souvent par cela même la sanction du Chef de l'État ; cependant il en est autrement
en Norvège Au Danemark, la revision est, en outre, soumise au vote des électeurs
qui nomment la Chambre Basse ; elle doit être adoptée par la majorité des votants
formant 45 p. 100 des inscrits. Les constitutions des cantons suisses sont soumises
à l'approbation des autorités fédérales (qui est subordonnée à diverses conditions
précisées par la Constitution) et en général à la ratification populaire, comme la
Constitution fédérale, lorsque le peuple ne les a pas directement votées. Dans la
Fédération australienne, toute revision est soumise au peuple ; en outre, en cas de
désaccord entre les Chambres, si l'une d'elles réitère, après trois mois, son vote
d'adoption, le gouverneur peut consulter le peuple. La ratification des États confédérés est réservée aux États-Unis (trois quarts), au Mexique (majorité). Toutes
les constitutions (sauf une) des États-Unis soumettent les modifications constitutionnelles au vote du peuple.

LIVRE VI

LES LIBERTÉS PUBLIQUES

CHAPITRE XXVII

Généralités. — Déclarations des droits.

---

464. Les libertés publiques — on dit aussi droits individuels, droits publics, droits de l'homme et du citoyen — sont des facultés dont l'exercice est assuré à tous les membres de la société (1), sauf les restrictions légales, pour aider à la conservation et au perfectionnement de leur personnalité. Cet exercice est assuré à l'égard des autres membres de la société et à l'égard des autorités publiques.

Il est soumis à des conditions et restrictions, parce que, ces libertés ou droits existant chez tous les individus, l'exercice pratiqué par chacun trouve sa limite dans l'exercice pratiqué par autrui ; — et aussi parce que la conservation et le développement de l'État exigent, des membres de l'État, une obéissance qui aboutit souvent à un sacrifice partiel ou momentané

---

(1) Les États modernes assurent l'exercice de ces droits, ou de la plupart de ces droits, aux étrangers comme aux nationaux, avec quelques différences cependant. On verra que, dès le temps de paix, la loi française admettait certaines différences et que la guerre les a accentuées à l'encontre des étrangers ennemis et atténuées au profit des étrangers alliés.

d'une liberté; sacrifice compensé en général par les bien-
faits de l'État, quelquefois par une indemnité spéciale (expropriation pour cause d'utilité publique).

Les libertés ou droits publics ne se confondent pas avec les
droits politiques, qui consistent surtout dans le droit de vote,
qui servent au fonctionnement des institutions publiques et
qui, même dans les régimes les plus démocratiques, ne sont
donnés qu'à une partie de la population, et sont refusés aux
étrangers.

465. La notion des droits publics ou individuels, très
répandue parmi les philosophes du xviii° siècle, doit en grande
partie sa précision aux Physiocrates, qui ont ainsi développé et
même renouvelé la doctrine du droit naturel. Elle découle
de l'idée que l'homme, l'individu est seul susceptible d'avoir
des droits, que la société est faite pour assurer à l'individu la
protection et l'épanouissement de son activité, qu'elle est
tenue de respecter toutes les facultés individuelles.

Ceux qui reconnaissent des droits propres à l'État constatent l'existence et par suite le droit à l'existence de l'État
et des individus, et ils concluent que, l'État ne pouvant exercer que les droits nécessaires à sa vie, l'individu exerce tous
les droits nécessaires à la sienne.

466. Les droits publics ou individuels ont été proclamés
pour la première fois en France par la Déclaration des droits
de l'homme et du citoyen, du 26 août 1789; Déclaration
imitée par toutes les constitutions (1) jusqu'à celle de 1875,
qui est muette sur ce point.

Avant 1789, en Angleterre, différents actes (n° 111) avaient
mis des bornes à l'autorité royale; les constitutions que se

---

(1) Il y a cependant des différences notables. Les Constitutions de 1793 et de l'An iii
contiennent encore des affirmations abstraites des droits de l'homme, et celle de
l'An iii y ajoute la Déclaration des devoirs. Les *Dispositions générales* de la
Constitution de l'An viii (art. 76 et s.) sont plus pratiques; et de même le *Droit
public des Français* dans les Chartes de 1814 (art. 1-12) et de 1830 (art. 1-11) et
encore les *Droits des citoyens garantis par la Constitution* de 1848 (art. 2-17).
Enfin la Constitution du 14 janvier 1852, reproduite par le sénatus-consulte du
21 mai 1870, « reconnaît, confirme et garantit les grands principes proclamés en
1789 et qui sont la base du droit public des Français » (art. 1).

donnèrent les colonies américaines dès leur émancipation contenaient une déclaration de droits, et la constitution fédérale américaine donne une liste (chap. I, sect. ix et amendements 1 à 8) de droits placés au-dessus et du pouvoir exécutif et du pouvoir législatif.

Il est probable que les actes anglais et américains ont contribué à susciter la déclaration française de 1789. Mais celle-ci, au lieu de stipuler pour les Français seuls, comme les actes anglais stipulaient pour les seuls Anglais et la constitution américaine pour les seuls Américains, proclame les droits de l'humanité entière, sans souci des nationalités, sans égard aux temps (1). Ce caractère abstrait et universel est dû, de façon générale, aux tendances et aux habitudes de l'esprit français, et spécialement à la doctrine physiocratique qui prétend constater, en politique comme en économie politique, des lois universelles.

467. Il reste à dire quel est le caractère juridique d'une Déclaration des Droits, et si ses dispositions sont garanties par des sanctions effectives.

Le caractère juridique paraît dépendre surtout des intentions du pouvoir qui a proclamé la Déclaration. Les hommes de 1791, de 1793, de l'An III semblent avoir voulu, non pas poser des règles de droit, mais affirmer des vérités éternelles, supérieures en quelque sorte et extérieures, par conséquent, à l'ordre juridique (2). Les auteurs des autres

_____

(1) On chercherait en vain dans les textes anglais ou américains des formules comme celles-ci : « Les hommes naissent et demeurent libres et égaux en droits... » (Décl. des Dr. du 26 août 1789, art. 1). « Le but de toute association politique est la conservation des droits naturels et imprescriptibles de l'homme... » (art. 2). « Toute société dans laquelle la garantie des droits n'est pas assurée, ni la séparation des pouvoirs déterminée, n'a point de constitution » (art. 16).

Presque toutes les constitutions étrangères contiennent des dispositions relatives aux droits individuels et conçues en des termes qui attestent l'influence exercée par la Déclaration française de 1789.

(2) Ceci me paraît résulter des termes dans lesquels sont conçus, non seulement les Déclarations, mais encore les préambules des C. 1791 et 1793. En outre, la Déclaration est le frontispice, mais non une partie intégrante des C. 1791, 1793, An III, et ces trois actes garantissent aux Français, en termes plus concrets, les droits que la Déclaration reconnaît à tous les hommes. Il est vrai, les Déclara-

constitutions françaises et étrangères semblent avoir inscrit les droits individuels dans l'acte constitutionnel, pour obliger juridiquement les pouvoirs publics à les respecter (1).

468. Pour les sanctions, une autre distinction doit être faite. Les droits individuels sont susceptibles d'être violés par le Parlement, par le Gouvernement, par les particuliers.

Les actes des particuliers qui menacent ou violent les libertés individuelles sont réprimés ou même prévenus de façon satisfaisante. Tout l'appareil judiciaire et policier est dirigé vers ce but; le Code pénal frappe les actes les plus graves de peines, et le Code civil et ses compléments assurent les réparations matérielles ou pécuniaires. En même temps, toutes les lois sont conçues de manière que les sanctions atteignent seulement les actes contraires aux diverses libertés et ne dégénèrent pas à leur tour en attentats.

469. Les attentats du Gouvernement sont aussi prévus, prévenus et réprimés.

L'immense et puissant mouvement qui amène peu à peu tous les peuples au régime représentatif a pour cause principale le désir, le besoin des libertés publiques. Et le régime

---

tions adressent à la loi des injonctions et prohibitions assez précises (1789 : art. 5, 6, 8; 1793 : 4, 9, 13, 14, 15; An III : 10, 12, 14) et la Déclaration des devoirs de l'An III ajoute : « La Déclaration des Droits contient les obligations des législateurs... » (art. 1). Mais il s'agit d'obligations professionnelles et morales, non d'obligations juridiques.

(1) Ceci résulte : du fait que les déclarations font partie intégrante de la Constitution et ont la même valeur juridique; — des termes dans lesquels elles sont rédigées.

On objecte que la simple mention d'une liberté est une simple promesse; une loi organique est nécessaire pour que la promesse soit tenue, pour que la liberté devienne une institution juridique. Ainsi, dit-on, la liberté d'enseignement, annoncée par la Charte de 1830, article 69-8°, n'a existé que par les lois faites pour exécuter cette disposition; ainsi la liberté d'association, malgré les textes catégoriques de la C. 1848 (art. 8 et 13), n'a pas existé avant la L. 1er juillet 1901.

Il est exact que dans un régime qui ne permet pas aux tribunaux de vérifier la constitutionnalité des lois (n° 273), les textes cités n'auraient pas permis aux juges de refuser l'application d'une loi contraire à la liberté d'enseignement ou d'association. Mais des formules analogues permettent aux tribunaux américains de refuser cette application. En France, les actes administratifs contraires à ces libertés auraient pu et dû être annulés comme illégaux. Au reste, la Charte de 1830 et la C. de 1848 faisaient appel à la loi; et la C. de 1848 a entraîné dans sa ruine les institutions et les libertés qu'elle avait fondées.

représentatif tout entier est organisé de manière à garantir les libertés contre le pouvoir exécutif. Le régime parlementaire (n° 407) en est la forme la plus parfaite, précisément parce qu'il oblige le pouvoir exécutif à obtenir pour tous ses actes l'approbation du Parlement, et cette approbation ne peut être obtenue pour un acte tyrannique. Le même souci explique les règles plus détaillées comme la liberté de la tribune, le droit d'interpellation (n° 426), et surtout la responsabilité ministérielle (n° 386), qui oblige le Gouvernement à respecter la liberté et à la faire respecter par ses agents.

Les libertés sont placées sous la sauvegarde des lois qui les organisent, les limitent et les garantissent en même temps. La suprématie de la loi les défend contre les actes du pouvoir exécutif.

Les attentats à la liberté sont sanctionnés par des poursuites pénales (C. P. 114 à 117, 119, 120, 122, 184 et s.) (1) et par des actions civiles en dommages-intérêts. En outre, les juges de tout ordre peuvent et doivent refuser effet à un acte du pouvoir exécutif qui viole une liberté.

Cependant le principe de la séparation des pouvoirs, ou plutôt l'interprétation, audacieuse chez l'Administration, craintive chez les tribunaux judiciaires, de ce principe laisse impunis certains actes illégaux et tyranniques du pouvoir exécutif.

470. La prépondérance de l'autorité civile sur l'autorité militaire est l'une des garanties données aux libertés individuelles contre le pouvoir exécutif. De là l'importance attachée aux règles qui régissent l'état de siège, c'est-à-dire les circonstances exceptionnelles dans lesquelles, pour assurer le salut extérieur ou intérieur, le pouvoir militaire est substitué ou superposé aux autorités civiles (LL. 8-10 juill. 1791, 9 août 1849, 3 avril 1878; D. 24 déc. 1811, art. 101; 4 oct. 1891, 17 oct. 1909, art. 155 et s.).

---

(1) On conviendra cependant que les ressources pénales contre les agents du Gouvernement sont d'un faible secours, ne pouvant être, en général, employées que par le ministère public, agent à la disposition du Gouvernement.

L'état de siège *réel* résulte de l'investissement effectif d'une place par des troupes ennemies.

L'état de siège *fictif* est déclaré; il ne peut l'être qu'en cas de péril imminent résultant d'une guerre étrangère ou d'une insurrection à main armée. En principe, il doit être déclaré par une loi, qui désigne les territoires et fixe la durée (L. 3 avril 1878, art. 1). Si la session du Parlement est close, un décret en conseil des ministres suffit; mais les Chambres se réunissent de plein droit deux jours après (art. 2). En cas de dissolution de la Chambre des députés, le décret n'est applicable qu'aux territoires menacés par une guerre étrangère; les électeurs et la Chambre doivent être réunis dans le plus bref délai (art. 3). Dès leur réunion, les Chambres statuent sur la levée ou le maintien de l'état de siège; si elles ne s'accordent pas, la levée est de droit (art. 5) (1).

471. L'effet de la déclaration de l'état de siège est :

que « les pouvoirs dont l'autorité civile était revêtue pour le maintien de l'ordre et de la police passent tout entiers à l'autorité militaire (2). L'autorité civile continue néanmoins à exercer ceux de ces pouvoirs dont l'autorité militaire ne l'a pas dessaisie » (3) (L. 9 août 1849, art. 7) (4);

que « l'autorité militaire a le droit : 1° de faire des perquisitions de jour et de nuit dans le domicile des citoyens; 2° d'éloigner les repris de justice et les individus qui n'ont

(1) L'état de siège a été déclaré, pour tout le territoire de la France et l'Algérie, par le D. 2 août 1914. Ce décret a été ratifié par la L. 5 août 1914 qui, en outre, permet de lever et rétablir l'état de siège sur tout ou partie du territoire par un décret en conseil des ministres. L'état de siège a été levé par le D. 12 octobre 1919.

(2) Il suit de là que les pouvoirs de l'autorité militaire ne sont pas plus étendus que ceux des préfets et maires.

(3) Dans la pratique suivie depuis le 2 août 1914, il y a eu, non pas tant substitution de l'autorité militaire à l'autorité civile que collaboration étroite des deux autorités; parfois l'autorité civile a agi avec l'approbation de l'autorité militaire.

(4) Le Gouvernement, qui, on l'a vu, avait déclaré l'état de siège par le D. 2 août 1914, ratifié par la L. 5 août 1914, décida ensuite (Circulaires du ministre de l'Intérieur du 1er sept. 1915, et du ministre de la Guerre du 8 sept. 1915) qu'à dater du 5 septembre 1915, les préfets reprendraient, en dehors de la zone des armées, le libre exercice de leurs pouvoirs de police comme en temps de paix, l'autorité militaire conservant toutefois les pouvoirs déterminés par l'article 9 de la L. 9 août 1849.

pas leur domicile dans les lieux soumis à l'état de siège ; 3° d'ordonner la remise des armes et munitions et de procéder à leur recherche et à leur enlèvement ; 4° d'interdire les publications et les réunions qu'elle juge de nature à exciter ou entretenir le désordre » (art. 9) ;

que « les tribunaux militaires peuvent être saisis de la connaissance des crimes et délits contre la sûreté de la République, contre la constitution, contre l'ordre et la paix publique, quelle que soit la qualité des auteurs principaux et des complices » (art. 8) (1).

Cependant « les citoyens continuent, nonobstant l'état de siège, à exercer tous ceux des droits garantis par la constitution dont la jouissance n'est pas suspendue en vertu des articles précédents » (art. 11).

472. Dans presque tous les régimes, les sanctions manquent à l'égard du pouvoir législatif qui, impunément, viole la Constitution et méconnaît les droits garantis par elle. La loi est souveraine, et les recommandations, les injonctions même adressées au pouvoir législatif, sont purement platoniques (n°s 276 et s.).

Pourtant certaines constitutions ont recherché à réprimer les écarts du pouvoir législatif. En France, la Constitution de l'An VIII, articles 21 et 37, ouvre, contre les lois, un recours pour inconstitutionnalité devant le Sénat, qui peut s'opposer à la promulgation ; le sénatus-consulte du 20 floréal An XII, article 70, permet la dénonciation des lois par un sénateur pour certains griefs ; la Constitution du 14 janvier 1852, article 26, donne encore au Sénat le pouvoir de s'opposer à la promulgation des lois inconstitutionnelles. Aucun usage n'a été fait de ces facultés.

Plusieurs cantons suisses, plusieurs États américains soumettent au *referendum* (n° 39), soit obligatoire, soit facultatif, les lois importantes, que le peuple peut rejeter s'il y découvre une violation des droits individuels.

(1) La portée de cette règle a été précisée et restreinte par l'article 6 de la L. 27 avril 1916.

La meilleure sanction consiste dans l'intervention de l'autorité judiciaire (1), telle qu'elle est réglée aux États-Unis (n° 278) : les juges refusent toute application à une loi inconstitutionnelle. Elle n'existe pas en France, ni en Angleterre, ni en beaucoup d'États. En général, on compte sur la vertu propre, sur le libéralisme intrinsèque du régime représentatif et du suffrage universel pour éviter les lois inconstitutionnelles. Certaines règles plus précises tendent au même but : l'existence de deux Chambres est une garantie pour les libertés (n° 123); le Chef de l'État peut essayer d'arrêter une loi contraire à la liberté, en réclamant un nouvel examen de cette loi par le Parlement (n° 339). Il peut aussi, par la dissolution de la Chambre des Députés (n° 440), conjurer les efforts antilibéraux du Parlement, si du moins le pays leur est hostile. Si le pays en est complice, le régime représentatif n'offre aucune ressource.

En outre, les diverses libertés se prêtent un mutuel appui. Un attentat à la liberté individuelle sera immédiatement dénoncé par la presse, et de même la liberté individuelle des journalistes est une sauvegarde pour la liberté de la presse.

473. Ne resterait-il pas une suprême ressource, la résistance individuelle ou collective des particuliers? Résistance dont les formes et les degrés peuvent varier depuis la résistance passive jusqu'à la révolution.

Cette ressource semble suggérée par un instinct profond, par l'instinct primordial de la nature humaine et même de toute nature, par l'instinct de la conservation, qui spontanément oppose la violence à la violence, la force à la force. Tel est sans doute le sens qui convient à l'article 2, dans la Déclaration de 1789, qui classe parmi les droits naturels et imprescriptibles de l'homme la résistance à l'oppression.

---

(1) Ne peut-on concevoir que les juges eux-mêmes violent les libertés individuelles? Sans doute; l'organisation judiciaire doit être calculée de manière que le fait soit moralement et juridiquement impossible. L'inamovibilité, des règles sûres pour le recrutement des juges, des voies de recours simples et prudentes, une procédure bien réglée concourent à ce résultat.

Par malheur, la Déclaration de 1789 a omis d'indiquer la nature, les conditions et les limites qu'elle assignait à cette résistance. Il est bien insuffisant de dire : « Ceux qui sollicitent, expédient, exécutent ou font exécuter des ordres arbitraires doivent être punis » (art. 7), ou encore : « Toute société dans laquelle la garantie des droits n'est pas assurée... n'a point de constitution » (art. 16). Insuffisante aussi la phrase par laquelle la C. 1791 (tit. I) défend au Corps législatif de faire « aucunes lois qui portent atteinte et mettent obstacle à l'exercice des droits naturels et civils... ». Insuffisante enfin la formule terminale qui remet le dépôt de la Constitution « à la fidélité du Corps législatif, du Roi et des juges, à la vigilance des pères de famille, aux épouses et aux mères, à l'affection des jeunes citoyens, au courage de tous les Français » (1). Les articles 11, 33, 34, 35 de la Déclaration de 1793 sont bien plus nets : « Tout acte exercé contre un homme hors des cas et sans les formes que la loi détermine est arbitraire et tyrannique; celui contre lequel on voudrait l'exécuter par la violence a le droit de le repousser par la force. — La résistance à l'oppression est la conséquence des autres droits de l'homme. — Il y a oppression contre le corps social lorsqu'un seul de ses membres est opprimé. Il y a oppression contre chaque membre lorsque le corps social est opprimé. — Quand le Gouvernement viole les droits du peuple, l'insurrection est pour le peuple et pour chaque portion du peuple le plus sacré des droits et le plus indispensable des devoirs. » L'article 27 va jusqu'à dire : « Que tout individu qui usurperait la souveraineté soit à l'instant mis à mort par les hommes libres. »

Dans les autres constitutions, on ne trouve pas des dispositions aussi significatives. La Déclaration de l'An III se contente d'ordonner la punition des actes arbitraires (art. 9-10),

_____

(1) Cpr. art. 123 C. 1793 : « La République Française... remet le dépôt de sa constitution sous la garde de toutes les vertus. » Article 124 : « La déclaration des droits et l'acte constitutionnel sont gravés sur des tables au sein du Corps législatif et dans les places publiques. »

d'interdire toute usurpation sur la souveraineté (art. 18) et
tout exercice de l'autorité sans une délégation légale (art. 19),
et de déclarer (art. 4) : « La sûreté résulte du concours de
tous pour assurer les droits de chacun » (1). La C. An viii
est encore moins précise : elle rend les ministres responsables
« des ordres particuliers qu'ils ont donnés, si ces ordres sont
contraires à la Constitution, aux lois et aux règlements »
(art. 72) ; elle exige des conditions « pour que l'acte qui ordonne
l'arrestation d'une personne puisse être exécuté » (art. 77),
mais n'indique aucune sanction. Les autres actes constitutionnels ne disent rien (2).

474. De notre temps, la question doit être résolue par des
distinctions.

Si l'oppression vient du pouvoir législatif, est réalisée par
une loi, il convient encore de distinguer. Certaines lois ne
constituent pas des ordres inéluctables, et sont sanctionnées
par la privation des avantages qu'elles accordent à ceux qui
les utilisent. Sans doute aucun, les hommes qui se jugent
opprimés par ces lois peuvent les méconnaître, en acceptant
la privation qui en résulte. Par exemple, les catholiques esti-
ment que le régime légal des associations cultuelles viole la
liberté du culte ; ils résistent passivement à la L. 9 décembre
1905, en s'abstenant de former les associations cultuelles ;
cette attitude est correcte ; mais elle a pour conséquence que
les catholiques ne peuvent réclamer les dévolutions de biens
organisées par la L. 9 décembre 1905 au profit des associations cultuelles.

D'autres lois exigent un acte ou une abstention sous des
peines (3). L'exigence peut être contraire à une liberté ; néan-

---

(1) Ajouter l'article 377 : « Le peuple français remet le dépôt de la présente
Constitution à la fidélité du Corps législatif, du directoire exécutif, des administrateurs et des juges ; à la vigilance des pères de famille, aux épouses et aux mères,
à l'affection des jeunes citoyens, au courage de tous les Français. »
(2) On a vu cependant le rôle donné au Sénat de l'An viii et à celui de 1852.
(3) Il en serait de même si les sanctions étaient civiles (comme la nullité d'un
acte) ou matérielles (comme la fermeture d'un établissement ou la destruction
d'une chose).

moins, si un individu, au nom de cette liberté, omet l'acte prescrit ou fait l'acte prohibé, le tribunal (1) auquel il sera déféré ne pourra pas ne pas le condamner, puisque les juges français ne peuvent pas refuser d'appliquer une loi régulièrement promulguée (n° 276).

C'est alors que les opprimés pourraient songer à un acte de violence, à une insurrection contre un Parlement tyrannique. En auraient-ils le droit? Comme principe, je ne le pense pas; mais il ne faut pas oublier que le droit a pour limite nécessaire la force majeure. Le droit du régime représentatif, c'est que la minorité opprimée essaie, sinon de persuader la majorité tyrannique, vaine entreprise, du moins de devenir elle-même la majorité. Cependant on peut imaginer telles circonstances où l'insurrection serait bien le plus sacré des droits et le plus indispensable des devoirs. Comment pourrait-il être illégitime d'abattre un Long Parlement, une Convention? .

475. Si l'oppression vient du pouvoir exécutif, une autre distinction semble nécessaire. Lorsque l'acte oppresseur est illégal, la question se ramène à l'interprétation de l'article 209 C. P. (2). Car il est certain que si l'acte est conforme à la loi, cette loi fût-elle inconstitutionnelle, la résistance à l'agent qui l'exécute est une infraction. Si l'acte est contraire à la loi, la résistance semble justifiée par la simple lecture du texte, puisque, par hypothèse, un acte illégal n'est pas un acte fait *pour l'exécution des lois.* Cependant la jurisprudence est fixée en ce sens que la rébellion existe même si l'acte est

---

(1) Si la juridiction compétente était la cour d'assises, le jury pourrait acquitter l'homme qui aurait violé la loi par respect pour la liberté. Il le ferait probablement, comme il fait toutes les fois que le texte de la loi lui paraît heurter une idée supérieure de justice. Par où on voit le lien qui unit le jury et la liberté.

(2) « Toute attaque, toute résistance avec violence et voies de fait envers les officiers ministériels, les gardes champêtres ou forestiers, la force publique, les préposés à la perception des taxes et des contributions, les porteurs de contraintes, les préposés des douanes, les séquestres, les officiers ou agents de la police administrative ou judiciaire agissant pour l'exécution des lois, des ordres ou ordonnances de l'autorité publique, des mandats de justice ou jugements, est qualifiée selon les circonstances crime ou délit de rébellion. »

illégal, parce que les particuliers n'ont pas à se constituer juges des fonctionnaires (1). Le motif est aussi mauvais que la solution : ce n'est pas le particulier qui se constitue juge du fonctionnaire, puisqu'en dernière analyse la question est posée à un tribunal. Quand il n'est pas conforme à la loi, l'acte du fonctionnaire ne diffère pas de l'acte d'un particulier : il est permis de lui résister, comme à l'acte d'un particulier. Il n'est même pas possible d'admettre certains tempéraments proposés par divers auteurs : par exemple que la présomption étant en faveur de la légalité de l'acte accompli par un fonctionnaire, il y a rébellion toutes les fois que l'agent a agi dans le cercle légal de ses fonctions. Ceci ne change rien au fond de la question : si le tribunal constate que l'acte est illégal en quelque manière, il manque un élément essentiel à l'infraction de rébellion. Plus encore, les règles de la légitime défense sont applicables ici, et innocentent les actes violents, sans lesquels l'acte illégal eût causé un dommage irréparable.

Au reste, la jurisprudence établie sur l'article 209 C. pén. cadre mal avec celle qui s'est formée au sujet des autres intérêts de la question même en matière pénale. Par exemple, un règlement de police contredit une loi ou une liberté ; les tribunaux lui refusent tout effet civil ou pénal, et si un particulier y contrevient, il sera acquitté par le juge de simple police. En outre, cet acte illégal sera annulé sur pourvoi par le Conseil d'État.

Plus délicate est l'hypothèse où le pouvoir exécutif agit en vue d'exécuter une loi, mais en employant des moyens qui ne sont pas spécialement autorisés pour la circonstance. La question s'est posée à propos des scellés apposés sur les locaux des congrégations dispersées (n° 582).

Quant à l'insurrection contre le pouvoir exécutif, elle n'est ni plus ni moins légitime que l'insurrection contre le Parlement. Et le meurtre d'un tyran est un meurtre.

---

(1) Cass., 22 août 1867, S., 68. 1. 142. Elle admet cependant des tempéraments et des exceptions.

476. Les Déclarations donnent des listes des droits naturels et imprescriptibles de l'homme. Par malheur, ces listes
ne concordent pas. La Déclaration de 1789, article 2, cite :
la liberté, la propriété, la sûreté et la résistance à l'oppression. Celle de 1793, article 2, cite : l'égalité, la liberté, la
sûreté, la propriété. Celle de l'An III, article 1, adopte cette
dernière liste. En outre, chaque acte détaille de manière
différente le contenu des droits ainsi reconnus. La C. 1848
(préamb., § 8) admet aussi, droit à l'instruction et à l'assistance.

Il semble que les différents droits actuellement reconnus
peuvent se ramener à trois idées irréductibles : l'égalité, la
liberté, la propriété. « La sûreté, dit la Déclaration de 1793,
article 8, consiste dans la protection accordée par la société
à chacun de ses membres pour la conservation de sa personne, de ses droits et de ses propriétés. » La sûreté n'est donc
que la garantie des autres droits. La résistance à l'oppression
n'est que la sanction extrême reconnue à ces droits.

Quant aux droits au travail et à l'assistance, ils ne figurent
pas expressément dans la liste des droits naturels, sans
doute parce que leur portée n'est pas universelle, raison
aussi pour laquelle il n'en sera pas traité dans cet ouvrage.
Toutefois, il y a lieu de remarquer que la C. 1791, titre I,
alinéa 7, décide la création d' « *un établissement général de
secours publics, pour élever les enfants abandonnés, soulager
les pauvres infirmes, et fournir du travail aux pauvres valides
qui n'auraient pas pu s'en procurer* ». — La Déclaration de
1793, article 21, dit : « Les secours publics sont une dette
sacrée. La société doit la subsistance aux citoyens malheu-
reux, soit en leur procurant du travail, soit en assurant les
moyens d'exister à ceux qui sont hors d'état de travailler. »
— La C. 1793, article 122, « garantit à tous les Français...
des secours publics... ». — La C. 1848, dans son Préambule,
§ 8, dit : « La République... doit, par une assistance frater-
nelle, assurer l'existence des citoyens nécessiteux, soit en leur
procurant du travail dans les limites de ses ressources, soit

en donnant, à défaut de la famille, des secours à ceux qui sont hors d'état de travailler »; et dans l'article 13 : « ... La société favorise et encourage le développement du travail par... l'établissement par l'État, les départements et les communes, de travaux publics propres à employer les bras inoccupés; elle fournit l'assistance aux enfants abandonnés, aux infirmes et aux vieillards sans ressources, et que leurs familles ne peuvent secourir. »

CHAPITRE XXVIII

De l'égalité (1).

———

477. Le droit issu de la Révolution de 1789 traite tous les membres de la société française de la même manière, ou du moins n'accepte aucune distinction de naissance, de classe ou de caste (2). C'est l'application de l'article 1 de la Déclaration des droits de 1789 : « Les hommes naissent et demeurent libres et égaux en droits. Les distinctions sociales ne peuvent être fondées que sur l'utilité commune » (3).

(1) L'égalité ne figure pas parmi les droits naturels et imprescriptibles dans la Déclaration de 1789, qui d'ailleurs la proclame (art. 1) avant de proclamer ces droits (art. 2). Mais la C. 1791, dans son préambule, « abolit irrévocablement les institutions qui blessaient la liberté et l'égalité des droits ». L'égalité est parmi les droits naturels et imprescriptibles de la Déclaration de 1793 (art. 2) et de celle de l'An III (art. 1). La C. 1793 (art. 122) garantit l'égalité et la C. An III (art. 351) dit : « Il n'existe entre les citoyens d'autre supériorité que celle des fonctionnaires publics et relativement à l'exercice de leurs fonctions. » L'égalité est, avec la liberté et la fraternité, le principe de la C. 1848 (préamb., § 4).

(2) Comme le dit le préambule de la C. 1791, « il n'y a plus ni noblesse, ni pairie, ni distinctions héréditaires, ni distinctions d'ordres, ni régime féodal, ni justices patrimoniales, ni aucun des titres, dénominations et prérogatives qui en dérivaient, ni aucun ordre de chevalerie, ni aucune des corporations ou décorations, pour lesquelles on exigeait des preuves de noblesse, ou qui supposaient des distinctions de naissance, ni aucune autre supériorité que celle des fonctionnaires publics dans l'exercice de leurs fonctions... Il n'y a plus pour aucune partie de la Nation, ni pour aucun individu, aucun privilège ni exception au droit commun de tous les Français... »

(3) Déclaration de 1793, article 3 : « Tous les hommes sont égaux par la nature et devant la loi. » Déclaration de l'An III, article 3 : « ...L'égalité n'admet aucune distinction de naissance, aucune hérédité de pouvoirs. » Chartes de 1814 et de 1830, article 1 : « Les Français sont égaux devant la loi, quels que soient d'ailleurs leurs titres et leurs rangs. » Acte Additionnel, article 59 : « Les Français sont égaux devant la loi... » C. 1848, article 10 : « ...Sont abolis à toujours tout titre nobiliaire, toute distinction de naissance, de classe ou de caste. »

Il est manifeste que la nature ne fait pas les hommes égaux; au contraire, elle met entre eux d'importantes et nombreuses différences physiques, intellectuelles et morales.

Ne pas tenir compte de ces différences, c'est donc violer la nature des choses qui finit toujours par prendre sa revanche. C'est encore : une injustice, puisque, ainsi, les excellents et les médiocres, les justes et les mauvais sont traités de même; — une inégalité, puisque, ainsi, les uns auront tous les moyens de développer et de perfectionner leur insignifiante personnalité, et que les autres n'auront pas tous les moyens que réclame leur personnalité plus riche; la véritable égalité consiste à traiter également les choses égales, inégalement les choses inégales; — une faute politique et pratique, puisque les meilleurs éléments de la société n'auront pas un rôle plus actif que les mauvais et resteront en partie inutiles; en outre, lorsque la loi méconnaît la hiérarchie naturelle de la société, il est à craindre qu'une hiérarchie illégitime ne s'établisse.

Quoi qu'il en soit, selon la loi française actuelle, la destinée humaine, ses devoirs et ses facultés indispensables sont conçus de la même manière pour tous les hommes, et par suite les droits mis à la disposition de chaque individu pour réaliser sa destinée sont en principe les mêmes (1). Les seules différences admises se légitiment (plus ou moins victorieusement) soit par l'utilité commune, comme le dit la Déclaration, soit par l'utilité particulière de ceux auxquels les droits sont refusés, parce qu'ils ne pourraient en user sans se nuire à eux-mêmes comme aux autres.

478. Le principe d'égalité est le principe le plus général du droit français contemporain (2); il domine et le droit privé et le droit public.

(1) Ainsi l'égalité se relie à la liberté; elle la limite aussi, car les restrictions apportées à la liberté de chacun tiennent au fait que la même liberté appartient aux autres.
(2) C'est aussi celui auquel les Français ont témoigné l'attachement le plus ancien, le plus ardent et le plus persévérant. Il faut veiller à ce que ce sentiment ne dégénère pas en jalousie envieuse, ce grave et vilain défaut des démocraties.

L'égalité constitue l'essence même du droit privé issu de la Révolution, et elle y est pleinement réalisée. Un seul droit privé régit les relations juridiques des particuliers, quelles que soient leur race, leur religion, leur naissance, leur fortune ; certaines règles trahissent plus spécialement ce souci d'égalité, telle celle qui interdit d'établir des servitudes sur une personne et au profit d'une personne (art. 686 C. c.), celle qui prohibe les substitutions (art. 896 C. c.), celle qui ordonne l'égalité dans les partages de succession (art. 826 C. c.).

Les seules dérogations apparentes sont la puissance maritale et la puissance paternelle. Elles ont été sensiblement diminuées par le Code civil et après lui ; elles sont conçues comme une protection donnée à la femme et à l'enfant, plutôt que comme une prérogative attribuée au mari ou au père ; elles sont contrôlées par les autorités publiques. Telles qu'elles sont aujourd'hui, elles sont évidemment nécessaires et fondées sur l'utilité commune.

479. L'aspect du droit public est un peu différent. L'égalité n'est pas de son essence ; et, au contraire, l'essence du droit public est le pouvoir de commander, c'est-à-dire l'inégalité entre la puissance publique, qui ordonne, et les administrés, qui obéissent. Néanmoins, le principe d'égalité garde en droit public une influence étendue et profonde. Il règle toute l'action des autorités publiques, en ce sens que cette action doit s'appliquer d'une manière uniforme à tous les administrés, et ne créer entre entre eux aucune différence autre que celles exigées par l'utilité commune.

Cette obligation régit le législateur lui-même : « La loi... doit être la même pour tous, soit qu'elle protège, soit qu'elle punisse » (Déclar. des Droits de 1789, art. 6) (1). Effectivement la loi actuelle protège et punit de la même manière tous les individus.

Ainsi les libertés qu'elle consacre appartiennent à tous ;

(1) Déclaration de l'An III, article 3 : « L'égalité consiste en ce que la loi est la même pour tous, soit qu'elle protège, soit qu'elle punisse... »

cependant le droit d'enseigner est refusé aux congréganistes catholiques par la L. 1ᵉʳ juillet 1901, article 14, et par la L. 7 juillet 1904, article 1. Violation certaine de l'égalité dans la liberté de l'enseignement.

« Tous les citoyens étant égaux à ses yeux sont également admissibles à toutes dignités, places et emplois publics, selon leur capacité, et sans autre distinction que celle de leurs vertus et de leurs talents » (Déclar. de 1789, art. 6) (1). Les lois actuelles se bornent en effet à exiger les conditions jugées nécessaires pour la bonne gestion de l'emploi; certaines conditions pourtant ont pour effet d'exclure de certains emplois des catégories déterminées : ainsi l'enseignement primaire officiel devant être laïque, tous les ministres des cultes en sont exclus.

Ainsi encore dans les lois criminelles (2), les peines varient, non pas selon la condition sociale ou personnelle du délinquant, mais selon la nature et la gravité du délit (3). La procédure, les juridictions, l'exécution des peines sont les mêmes, quelle que soit la personne du délinquant (4).

(1) « Tous les citoyens sont également admissibles aux emplois publics. Les peuples libres ne connaissent d'autres motifs de préférence dans leurs élections que les vertus et les talents » (Déclar. de 1793, art. 5). [Les Français] « sont tous également admissibles aux emplois civils et militaires » (Chartes de 1814 et de 1830, art. 3). « Les Français sont égaux devant la loi... pour l'admission aux emplois civils et militaires » (Acte Addit., art. 59). « Tous les citoyens sont également admissibles à tous les emplois publics, sans autre motif de préférence que leur mérite, et suivant les conditions qui seront fixées par les lois » (C. 1848, art. 10).

(2) La C. 1791 garantit : « ...3° que les mêmes délits seront punis des mêmes peines, sans aucune distinction de personnes » (tit. I, al. 1).

(3) Il est vrai que pour cette détermination la loi tient compte parfois de la qualité personnelle de l'agent (fonctionnaire public, ministre du culte), mais la gravité de l'infraction s'en trouve augmentée intrinsèquement; en outre, ces circonstances font augmenter la peine et ne peuvent être considérées comme des privilèges.

(4) Il faut reconnaître cependant : que le Président de la République pour toutes les infractions et les ministres pour les crimes commis dans l'exercice de leurs fonctions sont soumis à un régime particulier; — que certains fonctionnaires jouissent d'un privilège de juridiction (C. I. C. 479; L. 20 avril 1810, art. 18; L. C. 25 fév. 1875, art. 6; L. C. 16 juill. 1875, art. 12); — que la séparation de pouvoirs a été conçue trop souvent comme un moyen de soustraire les fonctionnaires aux conséquences pénales de leurs actes; — que les membres des

480. A l'idée d'égalité on rattache enfin des règles ou des doctrines plus contestables que celles qui viennent d'être indiquées. Ainsi :

1° la doctrine et la règle du suffrage universel et égal (n° 157). L'égalité des droits semble commander l'égalité du suffrage politique. La Déclaration de 1789 (1) paraît confirmer l'idée du suffrage universel (2), mais non celle du suffrage égal. Au contraire la Déclaration de 1793, article 29, dit : « Chaque citoyen a un droit égal de concourir à la formation de la loi et à la nomination de ses mandataires ou de ses agents », et de même la Déclaration de l'An III, article 20 : « Chaque citoyen a un droit égal de concourir, immédiatement ou médiatement, à la formation de la loi, à la nomination des représentants du peuple et des fonctionnaires publics. » Les formules de 1793 et de l'An III expriment une idée grossière et inexacte de l'égalité. Elles oublient que si l'égalité est absolue entre tous les membres de la société, on ne s'explique pas que les droits politiques soient réservés à une catégorie, les mâles majeurs, qui ne forment guère que le quart de la société. Elles oublient aussi que les différences de droits peuvent être légitimées par l'utilité commune.

2° la doctrine et la règle de la proportionnalité dans l'impôt. Sur ce point, les Déclarations ne disent pas tout ce qu'on leur attribue, et ne confirment ni ne condamnent l'idée de l'impôt progressif. Celle de 1789, article 13, dit que la contribution commune « doit être également répartie entre tous les citoyens, en raison de leurs facultés » (3). La Décla-

---

Chambres jouissent de quelques règles exceptionnelles (nos 250 et s.). — Beaucoup de ces règles, mais non pas toutes, s'expliquent par l'utilité commune.

(1) Article 6 : « La loi est l'expression de la volonté générale. Tous les citoyens ont droit de concourir personnellement ou par leurs représentants à sa formation. . » Article 14 : « Tous les citoyens ont le droit de constater, par eux-mêmes ou par leurs représentants, la nécessité de la contribution publique, de la consentir librement, d'en suivre l'emploi et d'en déterminer la quotité, l'assiette, le recouvrement et la durée. »

(2) Encore la C. 1791 organise-t-elle l'élection à deux degrés, et exige-t-elle pour le second degré des conditions assez sévères (tit. III, chap. I, sect. 1 et 2).

(3) La C. 1791 garantit : « ... 2° que toutes les contributions seront réparties entre tous les citoyens également en proportion de leurs facultés » (tit. I).

ration de l'An III, article 16, et C. An III, article 306, s'expriment de même. De même les Chartes de 1814 et de 1830, article 2 ; « (Les Français) contribuent, indistinctement, dans la proportion de leur fortune, aux charges de l'État » ; l'Acte Additionnel, article 59 : « Les Français sont égaux devant la loi, soit pour la contribution aux impôts et charges publiques, soit... » ; la C. 1848, article 15 : « Chacun y (à l'impôt) contribue en proportion de ses facultés et de sa fortune. » Toutes ces formules signifient que le sacrifice imposé aux contribuables doit être semblable pour tous ; elles ne touchent pas à la question de savoir si, pour obtenir cette égalité dans le sacrifice, il est ou il n'est pas nécessaire de donner aux impôts, ou du moins à certains impôts, un tarif progressif.

Pour les peines, la loi n'a pas davantage établi l'égalité absolue. Au contraire, en laissant pour chaque infraction une marge entre le minimum et le maximum, en organisant des causes d'aggravations et d'atténuations, en permettant d'accorder le sursis à l'exécution de la peine, la loi donne au juge des moyens, peut-être insuffisants encore, d'individualiser la peine, de l'adapter à la personne particulière de chaque délinquant.

3° l'égalité absolue du service militaire établie par la L. 21 mars 1905, article 2. Elle impose une charge uniforme à des hommes qui en souffrent inégalement dans leurs intérêts matériels et qui n'ont pas besoin d'un temps légal pour acquérir une suffisante instruction militaire.

481. Le principe d'égalité s'impose de même au pouvoir exécutif, à toutes les autorités administratives. A vrai dire, il n'est, sous ce point de vue, consacré par aucun texte ; mais les lois relatives soit aux libertés publiques, soit aux attributions des diverses autorités administratives sont conçues en des termes qui ne permettent à ces autorités aucune distinction contraire à l'égalité (1).

_____

(1) Le principe d'égalité laisse cependant une place aux célèbres _faveurs admi-_

482. Le principe d'égalité n'est pas dépourvu de sanction.

Dans le cercle du droit privé, il est sanctionné par toutes les ressources de ce droit; par exemple, la règle de l'égalité dans les partages est sanctionnée par l'action en rescision du partage, qui est portée aux tribunaux.

Dans le cercle du droit public, il est nécessaire de distinguer. Comme on l'a vu (n° 277), les lois contraires à l'égalité n'ont pas pour cela moins de force obligatoire que les autres, et aucune ressource n'existe dans le droit français à leur encontre. Les actes administratifs qui violent l'égalité tombent sous des sanctions suffisantes : en général, ils peuvent être déférés au Conseil d'État et annulés par lui; s'il s'agit de règlements, leur application peut être refusée par tout tribunal auquel elle est demandée (art. 471-15° C. P.). Même la jurisprudence a déduit du principe d'égalité que tout particulier auquel l'action administrative impose un préjudice spécial est fondé à exiger une indemnité. C'est l'idée qui inspire plusieurs lois expresses : ainsi celles sur l'expropriation, sur l'occupation temporaire. Elle explique encore pourquoi les lois relatives à l'expropriation et à certains travaux prescrivent d'imputer sur l'indemnité la plus-value spéciale dont bénéficie le particulier lésé par ailleurs (L. 3 mai 1841, art. 51; L. 29 déc. 1892, art. 14), et pourquoi certains travaux créent une dette de plus-value à la charge des propriétaires qui en profitent spécialement (L. 16 sept. 1807, art. 30 et s.).

Néanmoins, l'admission aux emplois publics se fait par un choix confié à des autorités administratives, et personne ne doute que ce choix ait souvent des mobiles autres que les talents et les vertus des postulants, s'inspirent de l'affection

---

nistratives, à la libre distribution des avantages, honorifiques ou matériels, dont dispose l'Administration. Sans doute, il est bien entendu que les décorations et les bureaux de tabac, que les travaux publics doivent être répartis selon des vues d'intérêt général. Mais comment empêcher que les vues d'intérêt particulier, électoral, gouvernemental, l'emportent ?

ou de la haine politiques ou privées. Mais, d'une part, ceci est nécessaire dans une certaine mesure pour que les chefs aient la responsabilité des actes de leurs subordonnés, et, d'autre part, il est certain qu'une nomination ou surtout une révocation qui serait motivée par des raisons contraires à l'égalité serait annulée par le Conseil d'État.

CHAPITRE XXIX

De la liberté en général.

---

483. « La liberté, selon la Déclaration de 1789, article 4, consiste à pouvoir faire tout ce qui ne nuit pas à autrui... » (1). Elle a donc des bornes dans la liberté d'autrui; « ces bornes ne peuvent être déterminées que par la Loi ». Par suite, « tout ce qui n'est pas défendu par la Loi ne peut être empêché, et nul ne peut être contraint à faire ce qu'elle n'ordonne pas » (art. 5).

La liberté s'exerce et se déploie dans toutes les directions. Elle concerne la personne physique de l'homme et aussi sa personne intellectuelle et morale; elle garantit sa vie intérieure, et aussi son action sur la nature et sur ses semblables. Elle se détaille donc en plusieurs libertés spéciales.

Dans tous les cas, elle signifie que chaque activité individuelle se déploie en principe sans autorisation préalable et spéciale d'une autorité, sans contrainte, et sous les conséquences pénales et civiles que la loi attache aux actes qui troublent l'ordre et nuisent à autrui.

Ce principe n'est pas absolu, et les lois elles-mêmes ou bien permettent aux autorités d'intervenir préventivement, soit par des mesures négatives et impersonnelles, soit par des mesures positives et individuelles, pour conjurer les

---

(1) Déclaration de 1793, article 6 : « La liberté est le pouvoir qui appartient à l'homme de faire tout ce qui ne nuit pas aux droits d'autrui... ». — Déclaration de l'An III, article 2 : « La liberté consiste à pouvoir faire ce qui ne nuit pas aux droits d'autrui. »

actes nuisibles au bon ordre et aux libertés d'autrui ; ou bien subordonnent tel exercice de l'activité humaine à un consentement exprès ou tacite d'une autorité qui, avant de le donner, s'assure qu'aucun inconvénient ne peut en résulter.

L'intervention préventive des autorités, jadis règle générale, n'est plus, dans notre droit, qu'une exception, un vestige de l'ancien régime de police. L'exception subsiste, et subsistera sans doute, pour les cas où il est manifeste que prévenir vaut mieux que réprimer, où la prévention a plus d'avantages pour la liberté de tous que d'inconvénients pour la liberté d'un seul, ainsi en matière d'hygiène. Au reste, le régime exceptionnel de police demeure sous l'influence du régime normal de droit : toute mesure de police doit se référer à une loi précise et est limitée par toutes les lois.

484. Les diverses libertés peuvent être classées et réparties à différents points de vue. Telles libertés concernent la personne, telles autres les biens. Les unes tendent au respect négatif de l'individu, comme la liberté individuelle, l'inviolabilité du domicile. Les autres permettent à l'individu une action positive, soit pour exercer une influence sur ses semblables (liberté de la presse), soit pour joindre ses efforts aux leurs (liberté d'association). Les unes sont anciennes, comme la liberté de conscience ; les autres sont toutes récentes, comme la liberté d'association. Certaines sont entières, telle la liberté de réunion ; d'autres sont incomplètes, telle la liberté individuelle.

CHAPITRE XXX

De la liberté individuelle.

———

485. C'est à proprement parler la liberté du corps.

Il est à peine utile de dire que la liberté individuelle est inconciliable avec l'esclavage, quelque nom ou forme qu'il prenne. Et en effet, dans la nuit du 4 août, l'Assemblée constituante vota l'abolition de tous les droits féodaux qui se rattachaient « à la mainmorte réelle ou personnelle et à la servitude personnelle » (art. 1).

Le Code civil contient une des conséquences du principe : « On ne peut engager ses services qu'à temps ou pour une entreprise déterminée » (art. 1780).

Si la servitude personnelle a été aisément supprimée sur le territoire européen de la France, il en a été autrement aux colonies. Il est vrai, la L. 28 septembre-16 octobre 1791 déclare libre tout homme qui entre en France et décide que la couleur n'est pas un obstacle à la jouissance des droits de citoyen; mais l'Assemblée constituante n'abolit pas l'esclavage aux colonies. — Il est vrai, la Convention condamne solennellement l'esclavage (Déclar. 1793, art. 18; An iii, art. 15) et même le déclare aboli dans toutes les colonies (L. 16 pluv. An ii). Mais il ne paraît pas que la suppression ait été effective, et l'esclavage fut replacé sous le régime antérieur à 1789 par la L. 30 floréal An x (art. 1).

Pourtant des mesures furent prises pour entraver et réprimer la traite des nègres (L. 15 avril 1818, 25 avril 1827, 4 mars

1831; O. 18 janv. 1823, 25 juill. 1833), pour adoucir le sort des esclaves et favoriser les affranchissements (O. 11 juin 1839, 5 janv. 1840, 16 sept. 1841).

Le D. 27 avril 1848 décida la suppression totale de l'esclavage colonial (art. 1), les propriétaires devant recevoir une indemnité fixée par une loi (art. 5). La perte de la qualité de Français punissait le fait de posséder, acheter ou vendre des esclaves (art. 8). Tout esclave touchant le territoire même colonial de la France se trouvait libre de plein droit (art. 7). — Et la C. 1848 déclare à son tour : « L'esclavage ne peut exister sur aucune terre française » (art. 6).

Ces dispositions radicales ne furent pas conservées. La L. 11 février 1851 allongea à dix ans le délai de trois ans accordé aux Français pour affranchir ou aliéner leurs esclaves. La L. 28 mai 1858 excepta de l'application du D. 27 avril 1848 les Français déjà propriétaires d'esclaves à cette date ou l'étant devenus postérieurement par succession, donation, testament ou contrat de mariage.

Dans ces dernières années, les L. 17 décembre 1885 et 29 décembre 1891 ont adopté la plupart des mesures prescrites par l'Acte de Berlin du 26 février 1885 et la Conférence de Bruxelles du 2 juillet 1890, pour concourir à la suppression de l'esclavage et de la traite des noirs. En 1896, l'annexion de Madagascar et des îles adjacentes (L. 6 août 1896) eut pour conséquence la suppression de l'esclavage dans ces territoires. Enfin, le D. 15 juillet 1906 frappe de peines tous actes tendant à créer ou favoriser l'esclavage en Algérie et dans les territoires du Sud.

486. Chaque individu doit avoir la libre disposition de sa personne physique, de ses organes. D'où il résulte, comme conséquence principale (1), que l'arrestation d'un homme, même par l'autorité publique, même pour des motifs déterminés, doit être entourée de garanties qui excluent l'arbi-

(1) On peut rattacher encore la nullité, aux yeux de la loi civile, des vœux religieux perpétuels (L. 13 fév. 1790, art. 1 ; C. An III, art. 352), la nullité d'un louage de service perpétuel (C. C. 1780).

traire. C'est ce que signifient la C. 1791, titre 1 : « La constitution garantit... la liberté à tout homme, d'aller, de rester,
de partir sans pouvoir être arrêté ni détenu, que selon les
formes déterminées par la constitution »; et la Déclaration
des droits, article 7 : « Nul homme ne peut être accusé,
arrêté, ni détenu, que dans les cas déterminés par la loi, et
selon les formes qu'elle a prescrites. Ceux qui sollicitent,
expédient, exécutent ou font exécuter des ordres arbitraires
doivent être punis ; mais tout citoyen appelé ou saisi en
vertu de la loi doit obéir à l'instant : il se rend coupable par
la résistance. » Elle fait encore figurer la sûreté parmi les
droits naturels et imprescriptibles de l'homme (art. 2).

Des formules analogues existent dans toutes les constitutions françaises, jusqu'à celle de 1875. Elles témoignent du
respect que le droit français affiche à l'égard de la personne
humaine. Il faut convenir que ce respect est plus théorique
que réel. Pour s'en rendre compte, on examinera l'organisation donnée au principe tant comme règle que comme
exception, puis les pratiques effectives des Gouvernements
successifs.

487. Une organisation correcte et libérale du principe
comporterait, d'une part, des règles précises et des garanties
sérieuses, et, d'autre part, les seules exceptions strictement
indispensables.

Les règles et les garanties devraient être de deux sortes :
les unes relatives aux formes et conditions de toute atteinte
à la liberté individuelle, les autres relatives à la désignation
et à la responsabilité des agents chargés d'y procéder. Or,
sur l'un et l'autre point, toutes les ressources doivent être
cherchées dans le Code d'Instruction criminelle, auquel la
législation du XIXᵉ siècle n'a apporté que d'insignifiantes
améliorations.

Trois points principaux révèlent l'insuffisance des garanties :

1° Les pouvoirs très étendus donnés au juge d'instruction,
véritablement maître discrétionnaire de la liberté indivi-

duelle. Or ce magistrat, inamovible comme juge, est amovible comme juge d'instruction, et le Gouvernement pourrait, pour des projets tyranniques, chercher à confier ces pouvoirs à un homme trop docile ; une mauvaise habitude s'est établie, celle qui confie l'instruction et ses redoutables pouvoirs à des juges suppléants, jeunes et révocables.

2° L'article 10 du Code d'instruction criminelle, qui donne aux préfets, c'est-à-dire aux agents les plus nettement administratifs et les plus étroitement subordonnés au pouvoir exécutif, les pouvoirs du juge d'instruction. C'est livrer la liberté individuelle à l'arbitraire. L'article 10 a survécu à nos révolutions nombreuses, résisté à plusieurs demandes d'abrogation. Le plus grand effort tenté contre lui se trouve dans la circulaire du 4 août 1906, par laquelle le ministre de l'Intérieur se contente de recommander aux préfets de ne « jamais user de ces pouvoirs sans en référer au préalable au ministre de l'Intérieur ». C'est vraiment peu.

3° L'absence de responsabilité effective. Celle du juge d'instruction ne peut être mise en jeu que par la procédure de la prise à partie dont les formes (C. P. C. 505 et s.) sont tellement difficiles qu'elle n'est jamais employée. Celle des fonctionnaires administratifs est réglée par le Code pénal, articles 114 à 122. Mais comme il s'agit d'un crime, l'action publique ne peut être intentée que par le ministère public, c'est-à-dire avec le consentement du Pouvoir exécutif. L'action civile portée à un tribunal judiciaire peut être arrêtée par un conflit élevé par l'Administration.

Il faut convenir que les garanties de la liberté individuelle sont bien incomplètes.

488. La liberté individuelle comporte diverses exceptions qui ont toutes, sauf une, leur principe dans une loi. Voici les principales.

Les unes concernent les étrangers (1) seuls :

(1) Le D. 2 août 1914 obligea tous les étrangers résidant sur le territoire français à faire une déclaration au commissaire de police, les Allemands et les Austro-Hongrois à évacuer le nord-est et le sud-est de la France. Un permis de séjour

ils sont assujettis en principe (D. 23 mess. An III, art. 9;
L. 28 vend. An VI) à l'obligation du passeport. En fait, un
grand nombre de dispositions diplomatiques ont supprimé
cette obligation à charge de réciprocité; elle a été rétablie
implicitement par le D. 3 août 1914;

ils sont assujettis à faire une déclaration dans toute commune où ils s'installent pour exercer une profession, un commerce ou une industrie, excepté ceux qui sont autorisés à
domicile (D. 2 oct. 1888; L. 8 août 1893; L. 16 juill. 1912,
art. 9);

ils peuvent être expulsés du territoire français par mesure
administrative, arrêté du ministre de l'Intérieur en général,
arrêté du préfet dans les départements frontières (L. 3 déc.
1849, art. 7; L. 16 juill. 1912, art. 9). Cette règle est adoucie
par certaines conventions diplomatiques (1).

489. Les autres concernent à la fois les nationaux et les
étrangers.

Les aliénés peuvent être internés dans un asile où ils sont
retenus de force jusqu'à leur guérison. L'internement a lieu :
ou bien sur la demande d'un parent, du tuteur ou d'un ami
de l'aliéné, appuyée d'un certificat médical; il dépend du
directeur de l'établissement d'agréer ou de repousser la
demande sous sa responsabilité (L. 30 juin 1838, art. 8); si
l'internement a lieu dans un établissement privé, le préfet
est averti et il avise le procureur de la République (art. 9
et 10); dans tous les cas, le médecin de l'établissement
adresse au préfet un certificat relatif à l'état mental de l'in-

---

pour conserver leur résidence, un sauf-conduit pour leurs déplacements étaient
imposés aux étrangers de toute nationalité. V. aussi, pour la carte d'identité et de
circulation imposée à tout travailleur étranger (ou colonial), les D. 2 et 21 avril
1907, L. 29 juin 1917, art. 11).

(1) Ce pouvoir d'expulsion a donné lieu à une jurisprudence importante et des
tribunaux administratifs et des tribunaux judiciaires. En effet, l'arrêté d'expulsion,
bien qu'il ne soit pas assujetti à des conditions de fond et échappe ainsi à un contentieux administratif de pleine juridiction, reste, selon le droit commun, susceptible du pourvoi en annulation devant le Conseil d'État. D'un autre côté, l'étranger
expulsé qui revient en France encourt des peines correctionnelles; le tribunal
requis de les appliquer vérifie si l'arrêté d'expulsion est légal (L. 3 déc. 1849, art. 8,
C. P. 272).

terné (art. 11); l'internement cesse en cas de guérison
(art. 13) ou sur la demande de personnes qualifiées par la
loi (art. 14) ou du préfet (art. 16); — ou bien, sur l'ordre du
préfet, dans l'intérêt de l'ordre public ou de la sécurité des
personnes (art. 18).

La sortie peut être ordonnée, soit par le préfet, soit par le
tribunal civil, sur une demande à lui adressée par l'aliéné,
son tuteur ou curateur, un parent ou ami (art. 29).

Assez généralement, la L. 30 juin 1838 est considérée
comme insuffisamment protectrice de la liberté individuelle.
Les nombreuses propositions tendant à l'améliorer sont
demeurées sans succès décisif.

Les individus condamnés pour mendicité, dans un département où existe un dépôt de mendicité, peuvent, leur peine
finie, être internés dans ce dépôt (C. P., art. 274; D. 5 juill.
1808).

Les récidivistes condamnés peuvent, leur peine finie, recevoir l'interdiction de séjourner en certains lieux (L. 27 mai
1885, art. 19).

Les individus qui se présentent aux frontières terrestres ou
maritimes peuvent être retenus pendant les délais légaux de
quarantaine (L. 3 mars 1822, art. 4).

490. L'exception la plus caractérisée concerne les prostituées. Elles sont ignorées de la loi, et sont soumises réellement à l'arbitraire administratif. Les maires, dans les communes un peu importantes, prennent à leur sujet des
règlements qui les soumettent à une inscription sur les regis-
tres de la police, à des visites sanitaires, à une discipline qui
va jusqu'à l'incarcération. Toutes mesures qui peuvent
paraître exigées par le souci de la santé publique et du bon
ordre, mais dont le fondement légal est difficile à trouver.
Les maires invoquent d'ordinaire les pouvoirs de police que
leur donnent les articles 91 et s. L. 5 avril 1884, et la jurisprudence (1) reconnaît la légalité de leurs règlements. Mais,

(1) Cass., 12 janv. 1906, S., 1906. 1. 152.

à supposer même que ces textes permettent de régler la condition des prostituées, ils ne permettent pas, à coup sûr, les mesures en usage, qui violent ouvertement la liberté individuelle. Il serait temps que la loi française consentît à s'occuper d'une catégorie de personnes vraiment hors du droit.

491. A la liberté individuelle se rattache par un lien très naturel l'inviolabilité du domicile. Certaines lois obligent expressément les agents administratifs à respecter le domicile individuel; ainsi la L. 29 décembre 1892 excepte de son application l'intérieur des maisons d'habitation (a. 1) et les propriétés attenantes et closes (a. 2).

Le domicile de tout individu, c'est-à-dire le logement qu'il occupe, même de façon temporaire et accidentelle, est inviolable en ce sens que, nul, en principe, ne peut y pénétrer sans son consentement. La loi règle les exceptions (1). Pendant la nuit, il n'y a exception que dans les cas d'incendie, d'inondation et d'appel venant de l'intérieur. Pendant le jour, les exceptions sont plus nombreuses : recherche des crimes et délits, c'est-à-dire perquisitions pratiquées en règle par le juge d'instruction (C. I. cr., art. 87-88) (2), extraordinairement par d'autres officiers de police judiciaire ; — exécution des jugements (C. P. C., 587), des lois de police et de sûreté, des lois relatives aux contributions publiques (L. 19-22 juill. 1791, tit. I., art. 8; 28 avril 1816, art. 235-237; 22 avril 1905, art. 19).

Par contre, les agents de la force publique peuvent pénétrer dans les lieux ouverts au public (cafés, etc.) tant qu'ils sont ouverts (L. 19-22 juill. 1791, tit. I, art. 9 et 10).

492. Si, maintenant, on parcourt l'histoire politique de la France depuis 1789, on reste confondu devant la fréquence et la gravité des atteintes portées, à toutes les époques, à la

---

(1) C. 1791, tit. IV, art. 9; C. An III, art. 359; C. An VIII, art. 76; C. 1818, art. 3; C. I. cr., 36, 37, 49 et s.; C. pr., civ. 587.

(2) Bien entendu, les préfets peuvent, en vertu de l'a. 10 C. I. cr., exercer des perquisitions à domicile.

liberté individuelle et à l'inviolabilité du domicile. Les principales seules seront citées.

La Convention, sans parler de nombreuses mesures accidentelles ou individue'les, et dont ses membres furent les victimes les plus célèbr s, vota la loi des suspects (L. 17 sep¹. 1793). Elle ordonne l'arrestation de tous les gens suspects, dont le comité de surveillance de chaque arrondissement aura dressé la liste; les tribunaux civils et criminels sont autorisés à maintenir en état d'arrestation les prévenus acquittés ou bénéficiaires d'un non-lieu. La détention durera jusqu'à la paix.

Le coup d'État réalisé par la L. 19 fructidor An v déporte sans jugement des citoyens français (art. 13), expulse du territoire les émigrés qui sont rentrés (art. 15), et défère ceux qui resteront à une commission militaire (art. 16).

Le régime consulaire et impérial a donné le C. I. cr., dont on connaît l'insuffisance. En outre, l'article 75 de la C. An vIII abritait les fonctionnaires sous le Conseil d'État. Une commission sénatoriale avait été créée (Scs. 28 flor. An xII, art. 60 et s.) pour dénoncer les attentats à la liberté individuelle; elle ne servit de rien, et l'arbitraire s'étala sans répression. Enfin le D. 3 mars 1810, articles 1-8, autorisa l'incarcération pour une année renouvelable, en vertu d'une décision du conseil privé impérial.

Sous la Restauration, diverses lois provisoires (L. 29 oct. 1815, 12 fév. 1817, 26 mars 1820) autorisèrent le Gouvernement à arrêter et détenir des citoyens sans les traduire devant les tribunaux.

Après le coup d'État du 2 décembre 1851, une circulaire du 3 février 1852 créa pour chaque département une commission mixte (préfet, général, procureur général ou de la République) qui, pour tous les faits relatifs aux événements de décembre 1851, dessaisit les autorités régulières. Elle pouvait rendre des sentences graves, par exemple ordonner la transportation en Algérie ou en Guyane, l'emprisonnement, l'expulsion hors du territoire français.

Le Sénat pouvait, selon la C. 1852, article 26, s'opposer aux lois qui portaient atteinte à la liberté individuelle. Il laissa sans protestation la L. 9 juillet 1852, qui autorise le Gouvernement à prononcer l'interdiction de séjour; la L. 27 février 1858, qui, à titre de mesure de sûreté générale, permet au Gouvernement d'expulser du territoire français ou d'interner dans un département français ou algérien les individus ayant subi certaines condamnations (art. 5 et s.).

La Troisième République a commencé par abroger (D. 19 sept. 1870) l'article 75 de la C. An VIII, qui subordonnait à l'autorisation du Conseil d'État les actions des particuliers contre les fonctionnaires; réforme plus apparente que réelle. Par ailleurs, rien n'a été fait pour protéger la liberté individuelle, sauf quelques dispositions dans la L. 8 décembre 1897 et dans la L. 15 juin 1899. Le Gouvernement républicain, non seulement n'a brisé aucune des armes que s'était données l'arbitraire, mais il les a employées souvent. Il a même interdit le territoire français aux membres des familles ayant régné sur la France (L. 22 juin 1886, art. 1).

CHAPITRE XXXI

De la liberté d'opinion.

———

493. « Nul ne doit être inquiété pour ses opinions, même religieuses, pourvu que leur manifestation ne trouble pas l'ordre public établi par la loi » (Déclaration des Droits de 1789, art. 10). Ainsi la liberté d'opinion ne signifie pas seulement que chacun peut avoir en son for intérieur telle opinion qu'il lui convient, mais encore que cette opinion peut être manifestée et publiée, sauf les restrictions et répressions exigées par l'ordre public.

La liberté d'opinion intime est assez facile à obtenir et à pratiquer. Cependant elle est violée lorsque, pour des faits qui ne l'expriment pas, mais qui sont pris pour des indices, un homme se trouve frappé de peines ou même simplement traité autrement que les autres. Ainsi elle a été violée par la loi du 17 septembre 1793, qui déclare suspects et pour ce motif décrète d'accusation tous ceux qui, soit par leur conduite, soit par leurs relations, soit par leurs propos ou leurs écrits, se sont montrés partisans de la tyrannie ou du fédéralisme ou ennemis de la liberté.

La liberté d'opinion extérieure comprend la liberté du culte (nᵒˢ 501 et s.), la liberté de l'enseignement (nᵒˢ 538 et s.), la liberté de la presse (nᵒˢ 549 et s.), la liberté de réunion (nᵒˢ 554 et s.). On peut aussi lui rattacher le droit de pétition (nᵒˢ 494 et s.).

———

CHAPITRE XXXII

Du droit de pétition (1).

———

494. Le droit de pétition est une forme de la liberté d'opinion, une forme un peu spéciale. La pétition n'essaie pas, comme le fait la liberté de la presse par exemple, de rallier à une opinion le public, un nombre plus ou moins grand de personnes quelconques. Elle s'adresse à des personnes d'une catégorie déterminée, aux autorités publiques. En outre, elle ne se contente pas de solliciter une adhésion platonique; elle réclame un acte positif et déterminé, qui appartient à la compétence juridique de l'autorité sollicitée.

495. Le droit de pétition s'exerce : tantôt dans un intérêt particulier; c'est un individu qui se plaint d'une mesure prise à son égard, à son préjudice, et qui en demande le retrait ou la modification; ou c'est un individu ou plusieurs individus qui dénoncent une mesure dont souffre un autre individu; — tantôt dans un intérêt général, pour demander le vote ou le rejet d'un projet de loi, l'abrogation d'une loi

(1) Le droit de pétition ne figure pas dans la Déclaration du 26 août 1789. Il est consacré par la C. 1791, tit. I, par la Déclaration de 1793, art. 32, et par la C. 1793, art. 122, par la C. An ɪɪɪ, art. 364, par la C. An vɪɪɪ, art. 83, par la Charte 1814, art. 53, l'Acte Additionnel, art. 65, la Charte de 1830, art. 45, la C. 1848, art. 8, la C. 1852, art. 45, les Scs. 2 fév. 1861, 18 juill. 1866, art. 1-2, 21 mai 1870, art. 41.

La C. An vɪɪɪ, article 83, désignait spécialement le Tribunal pour recevoir les pétitions. Le Scs. 28 floréal An xɪɪ, articles 61 et 65, permettait des pétitions adressées aux commissions sénatoriales de la liberté individuelle et de la liberté de la presse.

La C. 1852, article 45, ne permettait que les pétitions adressées au Sénat, qui n'était pas une assemblée représentative, ni même législative.

existante, l'émission ou le retrait d'un règlement, l'ouverture ou la rupture de négociations diplomatiques, etc.

La pétition est formée tantôt par un individu isolé, tantôt par un nombre plus ou moins considérable d'individus.

496. Le droit de pétition appartient à toute personne; aucune loi n'en limite la jouissance à des catégories, n'en soumet l'exercice à des conditions de capacité. Il appartient donc :

aux étrangers comme aux nationaux. Il est admis sans difficulté qu'un étranger fasse une pétition dans un intérêt individuel. Il est contesté que l'étranger puisse pétitionner dans un intérêt général, parce que, dit-on, une pétition de ce genre est une sorte de droit public, d'initiative législative, qui ne saurait appartenir à un étranger. Cette idée n'est pas exacte : la pétition n'est que l'expression d'une opinion, et l'étranger jouit, comme le national, de la liberté d'opinion; n'est-il pas appelé à subir l'effet des actes d'intérêt général?

aux non-électeurs comme aux électeurs;

aux femmes et aux mineurs comme aux mâles âgés de 21 ans, car la liberté d'opinion n'admet pas les distinctions de sexe et d'âge;

aux fonctionnaires comme aux particuliers. Deux restrictions existent ici : en premier lieu, la hiérarchie administrative exige que la pétition du fonctionnaire suive une marche déterminée, du moins quand elle s'adresse au chef du service, et elle tolère difficilement les pétitions que les fonctionnaires adressent aux Chambres; — en second lieu, les corps constitués ne peuvent pas, en principe, adresser des pétitions (1). Car les textes qui les régissent les autorisent à émettre des vœux sur des matières déterminées (2); ils font

(1) La L. 18-22 mai 1791, article 1, refuse le droit de pétition aux corps constitués; la C. An iii le leur accorde, mais « seulement pour des objets propres à leur attribution » (art. 364).

(2) V. pour les conseils généraux, L. 10 août 1871, art. 51 ; pour les conseils d'arrondissement, L. 10 mai 1838, art. 44; pour les conseils municipaux, L. 5 avril 1884, art. 61 et 72.

au droit de pétition une portion congrue, qui implique le refus du reste. Les membres des corps constitués en sont quittes, le cas échéant, pour émettre les vœux et pétitions en dehors des délibérations officielles ;

aux associations comme aux individus. La L. 1er juillet 1901, comme la L. 21 mars 1884, est muette ; mais comment refuser aux associations une faculté si naturelle ? Il s'agit des pétitions envoyées par les agents de l'association ; celles formées par les membres eux-mêmes n'ont rien de particulier (1).

497. La pétition peut être adressée à une autorité quelconque, à un agent administratif, à une Chambre, à une assemblée locale. Les seules pétitions intéressantes au point de vue pratique, historique et politique sont les pétitions adressées aux Chambres.

498. Au reste, le droit de pétition a, de nos jours, peu d'importance. A d'autres époques, il a essayé, non sans succès, de suppléer la liberté de la presse et l'initiative parlementaire, de susciter soit un mouvement dans l'opinion publique, soit un débat public dans les Chambres. La liberté complète de la presse (n° 554), l'initiative parlementaire admise sans restriction (n° 280) lui ont ôté presque toute son utilité. Les pétitions portées aux Chambres méritent rarement l'attention ; beaucoup révèlent chez leurs signataires une originalité d'esprit poussée un peu loin.

Quant aux pétitions adressées au Gouvernement, elles ont été remplacées avec avantage par des ressources contentieuses, et surtout par les recours en annulation portés au Conseil d'État contre les actes illégaux. La pétition ne pourrait servir

(1) La C. 1791, titre I, exigeant que les pétitions fussent « *signées individuellement* », prohibait les pétitions des associations, interdites par la L. 18-22 mai 1791, article 1. Expressément, la C. An III, article 364, formule cette prohibition et exige des pétitions individuelles. De même, la C. An VIII, article 83, ne permet que les pétitions individuelles ; telle est aussi la solution implicite du Scs. An XII, et la décision expresse de l'Acte Additionnel, article 65.

Le D. 14 décembre 1789, article 62, autorise les citoyens actifs à se former en assemblées particulières pour émettre des pétitions ; dix citoyens seulement peuvent être députés pour porter ces pétitions.

qu'aux demandes de faveur, qui, en général, préfèrent une forme plus discrète.

499. Néanmoins l'exercice du droit de pétition auprès des Chambres est réglé avec précision. Les règles se trouvent :

dans la L. 22 juillet 1879 (n° 233). Non seulement elle exige que toute pétition soit écrite, mais elle interdit qu'elle soit apportée en personne ou à la barre de la Chambre (art. 6) (1). Elle interdit « toute provocation, par des discours proférés publiquement ou par des écrits ou imprimés affichés ou distribués, à un rassemblement sur la voie publique ayant pour objet la discussion, la rédaction ou l'apport aux Chambres, ou à l'une d'elles, de pétitions, déclarations ou adresses » (art. 7). Des peines sanctionnent ces prohibitions, sans préjudice des peines portées par la L. 7 juin 1848 sur les attroupements (art. 4 et s.);

dans les règlements et usages parlementaires (Règl. du Sénat, art. 17, 95, 101) de la Chambre (art. 121-127). Toute pétition doit être signée et la signature légalisée. Elle est adressée au président de l'assemblée, ne peut pas être déposée sur le bureau directement. Elle est renvoyée à une commission (mensuelle au Sénat, permanente à la Chambre) qui élabore un rapport concluant soit au refus d'examiner, soit à l'examen en séance publique, soit au renvoi au ministre avec ou sans indication.

500. Les pétitions adressées au Gouvernement sont en général affranchies de toutes formes et conditions. Au reste, il importe de ne pas confondre les pétitions par lesquelles on demande une faveur (comme une remise d'impôts ou une mesure facultative pour l'Administration), avec les demandes qui ne peuvent être repoussées, comme la demande du récépissé d'une candidature législative (n° 194).

(1) Ces exigences se trouvent dans les deux Chartes (art. 53, 45). L'Acte Additionnel exigeait « la garantie d'un membre qui recommande la pétition » (art. 65).

CHAPITRE XXXIII

De la liberté des cultes.

————

501. Le régime des cultes en France est aujourd'hui réglé principalement par la L. 9 décembre 1905, qui a opéré la séparation des Églises et de l'État et qui, en outre, contient quelques dispositions générales. Elle a été complétée par plusieurs règlements d'administration publique (D. 29 déc. 1905, 19 janv. et 16 mars 1906). De plus, comme, selon un mot célèbre, tout avait été prévu, sauf ce qui est arrivé, c'est-à-dire la résistance du Pape et du clergé catholique français, le Parlement français a dû voter des lois complémentaires.

I

Le régime des cultes avant la loi du 9 décembre 1905.

502. Avant d'étudier la législation actuelle et l'état de fait où se trouve la principale confession religieuse de la France, il convient de décrire sommairement le régime qui a précédé. Il consistait en deux points essentiels : la distinction des cultes reconnus et des cultes non reconnus, l'existence d'actes précis relatifs aux cultes reconnus.

503. 1° Les cultes étaient distingués en cultes reconnus et cultes non reconnus. La reconnaissance d'un culte par l'État était faite soit par une loi, soit par un décret. En fait, étaient seules reconnues la religion catholique, la religion calviniste ou réformée, la religion luthérienne ou de la Confession d'Augsbourg, la religion israélite. Tous les autres cultes (par exemple le culte bouddhiste, le culte musulman, qui comptent dans les possessions françaises un grand nombre d'adhérents) étaient des cultes non reconnus.

Des différences nombreuses et importantes séparaient les cultes reconnus des cultes non reconnus. De façon générale, l'État s'occupait assez activement des cultes reconnus et leur créait une situation mélangée d'avantages et d'inconvénients; il ignorait les autres cultes (1), qui ne pouvaient réclamer que le droit commun, et ce droit commun, tel que le réglaient les lois du temps, était peu favorable.

Pour préciser davantage : l'exercice public des cultes reconnus était dispensé, non seulement de toute autorisation (la reconnaissance était comme une autorisation générale), mais même des déclarations exigées pour les réunions de toute espèce (L. 30 juin 1881, art. 2), exigées, par conséquent, pour les cérémonies d'un culte non reconnu; — les cultes reconnus étaient protégés dans leurs croyances, leur exercice, leurs ministres, leurs biens, par des lois pénales; cette protection n'était pas accordée aux cultes non reconnus; — les ministres des cultes reconnus, seuls, étaient salariés par l'État et pouvaient recevoir des subventions des autres personnes administratives; — seuls aussi, ils étaient admis à certaines dispenses, soumis à certaines incapacités; — l'État exerçait une action assez considérable sur la nomination des ministres et la gestion des biens des cultes reconnus; il ne s'occupait pas des biens et des ministres des cultes non reconnus, auxquels le droit commun ne permettait guère d'avoir des ministres et un patrimoine réguliers.

504.2° Les actes précis relatifs aux cultes reconnus étaient principalement :

---

(1) Cependant l'exercice public d'un culte non reconnu était subordonné à une autorisation donnée par décret en Conseil d'État; cette autorisation pouvait être suspendue par arrêté ministériel en cas d'urgence et pour un délai d'un mois; elle était retirée par décret en Conseil d'État (D. 19 mars 1859, art. 3-4).

pour le culte catholique, le Concordat, conclu entre le Pape et le Premier Consul, à la date du 26 messidor An ix et publié le 18 germinal An x. Il avait été complété et en partie modifié par les articles organiques contenus dans la L. 18 germinal An x. — Ces actes, mettant fin à la législation révolutionnaire, assuraient à l'Église catholique : la reconnaissance de ses lois; cependant un décret en Conseil d'État demeurait nécessaire pour autoriser la publication en France des actes émanés de la Cour de Rome; — la consécration de son organisation et de sa hiérarchie; mais l'État intervenait pour la création et la suppression des circonscriptions, pour la nomination des évêques et des curés, pour l'autorisation des assemblées ecclésiastiques; — la jouissance des édifices consacrés au culte, au logement du clergé ou à une destination ecclésiastique; mais l'État intervenait pour exiger la gratuité des services religieux, pour organiser et surveiller les fabriques et autres établissements publics chargés de gérer le temporel, pour autoriser les libéralités, etc. Enfin l'État disposait, à l'égard du clergé catholique, de sanctions variées : appel comme d'abus (recours porté au Président de la République, en Conseil d'État, contre les actes des autorités ecclésiastiques), retenue de traitements, pénalités (art. 199 208 C. P.);

pour les cultes protestants, l'État avait fait des lois en tenant compte des vœux exprimés par les intéressés. La L. 18 germinal An x contenait des articles organiques relatifs aux deux confessions protestantes reconnues. En outre, on peut citer : pour l'Église calviniste, les D. 26 mars 1852, 12 avril 1880, 25 mars 1882 ; pour l'Église luthérienne, la L. 1er août 1879 et le D. 12 mars 1880. Le régime résultant de ces textes ressemblait beaucoup à celui de l'Église catholique; cependant les consistoires, organes essentiels pour l'administration spirituelle et temporelle, étaient électifs ;

pour le culte israélite, les D. 17 mars 1808, dont l'un consacrait le règlement, élaboré par une assemblée générale tenue le 10 décembre 1806, et l'O. 25 mai 1844. Les consistoires étaient électifs également. Il est à remarquer que les

ministres du culte israélite n'étaient salariés que depuis la
L. 8 février 1831 (1).

II

Le régime des cultes d'après la loi du 9 décembre 1905.

505. I. Principes. — La L. 9 décembre 1905 n'a pas conservé la distinction entre les cultes reconnus et les cultes non
reconnus. Elle s'applique à tous les cultes, sauf de très légères
différences.

Son article 1 proclame deux principes : liberté de conscience, liberté du culte.

506. 1° *Liberté de conscience.* — Elle signifie pour tout
individu la liberté d'avoir une foi religieuse ou de n'en pas
avoir, la liberté d'adopter telle ou telle foi religieuse, la
liberté de changer de religion.

Elle a été presque complètement ignorée de l'Ancien
Régime. Un moment, elle fut assurée aux protestants, ainsi
qu'une certaine liberté du culte, par l'Édit de Nantes, révo-
qué plus tard. Elle figure dans la Déclaration des Droits de

---

(1) Il est impossible de ne pas remarquer que l'État français n'était pas tout à
fait dans la même situation à l'égard des différents cultes. Ses rapports avec les
cultes protestant et israélite étaient réglés par des lois et décrets qui étaient son
œuvre exclusive ; il eût montré de la courtoisie et de la prudence si, avant d'abroger ces actes, il avait consulté les représentants autorisés de ces confessions religieuses, comme il les avait consultés avant de les faire ; mais il usait de son
droit strict en légiférant comme il l'a fait à leur égard.

Ses rapports avec le culte catholique étaient réglés, au moins dans leurs principes dominants, par une convention conclue entre le Premier Consul et le Pape,
à laquelle on a pu disputer le nom de traité international, mais non le caractère
bilatéral. Il était indispensable, sinon de négocier la rupture de ce lien, du moins
de le dénouer régulièrement. L'État français a préféré ignorer le Pape ; cette attitude n'a pas été seulement discourtoise et impropre à obtenir du Pape des mesures
conciliantes ; elle a été surtout imprudente. La parfaite obéissance que le clergé et
les fidèles catholiques ont observée à l'égard des instructions pontificales, obéissance qui semble avoir révélé au Gouvernement l'énorme force morale dont jouit
encore l'Église catholique, cette obéissance a contraint l'État français à modifier
ses lois pour chercher à tâtons les formules que le Pape crût pouvoir accepter.
Cette procédure est plus humiliante, à tout prendre, que ne l'eussent été des négociations officielles.

1789, article 10 (1). Elle n'a pourtant empêché ni la constitution civile du clergé (L. 12 juill.-14 août 1790), ni les persécutions de la Terreur.

507. Ses conséquences pratiques sont :

que le fait de pratiquer une religion, de pratiquer telle religion, de ne pratiquer aucune religion ne peut être la cause d'aucune différence légale et officielle entre les hommes ;

que nul ne peut être contraint ou empêché de pratiquer une religion. La L. 9 décembre 1905, article 31, punit (16 à 200 francs d'amende, six jours à deux mois de prison) « ceux qui, soit par voies de fait, violences ou menaces contre un individu, soit en lui faisant craindre de perdre son emploi ou d'exposer à un dommage sa personne, sa famille ou sa fortune, l'auront déterminé à exercer ou à s'abstenir d'exercer un culte »... sans préjudice des peines plus fortes qui peuvent être portées par le C. P. (art. 33) ;

que les lois doivent s'arranger pour qu'un citoyen ne soit jamais obligé à affirmer ou à renier une foi religieuse. Par suite : la L. 12 juillet 1880 a abrogé la L. 18 novembre 1814 qui prescrivait l'observation des dimanches et fêtes ; — la L. 13 juillet 1906, article 2, fixe en principe le repos hebdomadaire au dimanche, mais pour des raisons qui n'ont aucun rapport avec la religion ; elle admet d'ailleurs des dérogations ; — tous les services publics sont sécularisés ; ainsi l'état civil ; ainsi l'école primaire, en ce sens que son programme ne comprend pas l'instruction religieuse (L. 28 mars 1882, art. 1), que l'instruction religieuse ne peut être donnée dans le local scolaire et doit être donnée à dès heures autres que les heures de classe (L. 28 mars 1882, art. 2), que le personnel enseignant est nécessairement laïque (L. 30 oct. 1886, art. 17) : les funérailles ne peuvent comporter aucune différence pour cause de religion, ainsi au point de vue des honneurs militaires, des heures et itinéraires (L. 15 nov. 1887,

_____

(1) « Nul ne doit être inquiété pour ses opinions, même religieuses, pourvu que leur manifestation ne trouble pas l'ordre public établi par la loi. »

art. 1-2; — les cimetières ne peuvent pas être affectés par parties distinctes aux différentes religions (L. 14 nov. 1881 abrogeant D. 23 prairial An XII, art. 15). — La L. 9 décembre 1905, articles 28-29, interdit, pour l'avenir, d'élever ou d'apposer aucun signe ou emblème religieux sur les monuments publics ou en quelque emplacement public que ce soit, à l'exception des édifices servant au culte, des terrains de sépulture dans les cimetières, des monuments funéraires ainsi que des musées ou expositions; les infractions sont punies de peines de simple police. — Enfin, toute mesure administrative qui prescrirait ou prohiberait un acte impliquant une foi religieuse devrait être tenue pour illégale et annulée contentieusement par le Conseil d'État.

Il faut convenir cependant : que les lois conservent le serment en matière civile et pénale et même pour certains fonctionnaires; le serment, même sous ses formes les plus abstraites, est un appel à une foi religieuse; — que les jours fériés, dont la fixation est conservée par la L. 9 décembre 1905, article 42, sont en très grande partie empruntés à la religion catholique.

508. 2° *Le libre exercice des cultes* (1). — Il est garanti

(1) La C. 1791 (tit. I) garantit « la liberté à tout homme... d'exercer le culte religieux auquel il est attaché ». — La Déclaration de 1793 (art. 7) dit que le libre exercice des cultes ne peut être interdit, et la C. 1793 (art. 122) « garantit à tous les Français... le libre exercice des cultes... » — Ces formules libérales furent étrangement appliquées par une législation draconienne relative principalement à la religion catholique et à ses prêtres. On essaya d'organiser une Église nationale indépendante du Pape, dont les évêques et les curés devaient être élus comme les autorités administratives (L. 12 juill.-24 août 1790). Pour vaincre la résistance du Pape, du clergé français et des fidèles, les lois s'attachèrent à favoriser l'abandon par les prêtres des règles et de la foi catholiques, notamment la renonciation à l'état ecclésiastique et le mariage (D. 19-27 juill., 12 août 1793, 2 frim. An II) et à punir rigoureusement (bannissement, déportation, mort) les prêtres réfractaires (D. 27 mai, 26 août, 17 sept. 1792, 18 mars, 23 avril 1793). En même temps, elles soumettaient l'exercice des cultes à des règles difficiles (L. 18 frim. An II, 3 vent., 11 prair. An III, 7 vend. An IV). D'autre part, elles affectaient la cathédrale de Paris au culte de la déesse Raison (D. 20 brum. An II) et essayaient d'organiser le culte de l'Être suprême (D. 18 flor. An II).

La C. An III (art. 354) dit à son tour : « Nul ne peut être empêché d'exercer, en se conformant aux lois, le culte qu'il a choisi... » Sous son empire, les rigueurs

par la L. 9 décembre 1905 « sous les seules restrictions édictées ci-après, dans l'intérêt de l'ordre public » (art. 1).

Les principales règles données par la L. 9 décembre 1905
concernent :

les réunions pour la célébration d'un culte (art. 25). Ces
réunions sont publiques. Elles sont dispensées des formalités
prescrites par l'article 8, L. 30 juin 1881. Mais elles doivent
être précédées d'une déclaration faite selon l'article 2, L. 30 juin
1881, par deux délégués de l'association cultuelle dont il sera
parlé ci-après, dont l'un au moins doit être domicilié dans
la commune. Elle doit être faite vingt-quatre heures à l'avance
(D. 16 mars 1906, art. 49); mais « une seule déclaration suffit
pour l'ensemble des réunions permanentes, périodiques ou
accidentelles qui auront lieu dans l'année » (L. 9 déc. 1905,
art. 25);

les réunions qui ont pour objet l'exercice du culte « restent placées sous la surveillance des autorités dans l'intérêt
de l'ordre public ». A cet égard, la L. 30 juin 1881 leur
demeure applicable ;

les cérémonies, processions et autres manifestations extérieures du culte. Elles continuent « à être réglées en conformité des articles 95 et 97 de la loi municipale du 5 avril
1884 » (L. 9 déc. 1905, art. 27), c'est-à-dire qu'elles sont
abandonnées au pouvoir réglementaire des maires, sous
réserve de la tutelle administrative et des recours contentieux ;

les sonneries des cloches, « réglées par arrêté municipal,
et, en cas de désaccord entre le maire et le président ou
directeur de l'association cultuelle, par arrêté préfectoral »
(L. 9 déc. 1905, art. 27). Selon le D. 16 mars 1906, art. 50,

de la législation antérieure furent un moment suspendues (L. 28 fruct. An IV,
7 fruct. An v), puis rétablies (L. 19 fruct. An v, art. 23).

Puis survinrent le Concordat et la L. 18 germinal An x. La liberté des cultes
figure parmi les objets du serment de l'Empereur (Sus. An XII, art. 53).

Selon les Chartes de 1814 et de 1830 : « Chacun professe sa religion avec une
égale liberté et obtient pour son culte la même protection » (art. 5); et l'Acte
Additionnel (art. 62) garantit à tous la liberté des cultes. Enfin, la C. 1848 dit :
« Chacun professe librement sa religion et reçoit de l'État, pour l'exercice de son
culte, une égale protection... » (art. 7).

l'arrêté du maire est communiqué au président ou directeur, qui a quinze jours pour déposer à la mairie une opposition écrite et motivée; si cette opposition est formée, le préfet statue. — Pour les sonneries civiles, la L. 9 décembre 1905, article 27, renvoie au règlement d'administration publique prévu par son article 43; et en effet le D. 16 mars 1906 contient deux articles sur ce sujet (art. 51 et 52);

les peines qui garantissent le libre exercice du culte. Sont punis (16 à 200 francs d'amende, six jours à deux mois de prison, sans préjudice des peines plus fortes qui peuvent être portées au C. P.) « ceux qui auront empêché, retardé ou interrompu les exercices d'un culte par des troubles ou désordres causés dans le local servant à ces exercices » (L. 9 déc. 1905, art. 32 et 33).

509. II. Organisation des cultes. — La L. 9 décembre 1905 ne se contente pas de garantir le libre exercice du culte, elle veut régler le fonctionnement du culte. A cet égard, les points principaux à signaler sont les suivants.

510. A. *Suppression de la reconnaissance.* — En premier lieu, « la République ne reconnaît... aucun culte... » (L. 9 déc. 1905, art. 2). — Il en résulte, non seulement que toutes les conséquences attachées à la reconnaissance d'un culte sont abrogées, mais encore :

511. 1o que « la République... ne salarie ni ne subventionne aucun culte. En conséquence... seront supprimées des budgets de l'État, des départements et des communes, toutes dépenses relatives à l'exercice des cultes » (art. 2). En outre, les associations cultuelles « ne pourront, sous quelque forme que ce soit, recevoir des subventions de l'État, des départements ou des communes » (art. 19 *in fine*). Les sommes que cette prohibition rend disponibles dans le budget de l'État devront être réparties entre les communes, au prorata de leur contingent dans la contribution foncière sur la propriété non bâtie, tel qu'il a été établi pour l'année qui a précédé la promulgation de la loi (art. 41). — Cependant « ne sont pas considérées comme subventions les sommes allouées pour réparations aux monuments classés » (art. 19).

« Pourront toutefois être inscrites auxdits bu..., les dépenses relatives à des services d'aumônerie et destinées à assurer le libre exercice des cultes dans les établissements publics, tels que lycées, collèges, écoles, hospices, asiles et prisons » (art. 2).

« Les édifices qui ont été mis à la disposition de la nation et qui, en vertu de la loi du 18 germinal An x, servent à l'exercice public des cultes ou au logement de leurs ministres (cathédrales, églises, chapelles, temples, synagogues, archevêchés, évêchés, presbytères, séminaires) ainsi que leurs dépendances immobilières et les objets mobiliers qui les garnissaient au moment où lesdits édifices ont été remis aux cultes, sont et demeurent propriété de l'État, des départements et des communes (art. 12). Mais la jouissance de ces biens est concédée aux associations cultuelles. Les édifices consacrés au culte et les objets qui les garnissent sont concédés gratuitement, d'abord aux établissements publics du culte, temporairement conservés, puis aux associations cultuelles auxquelles les établissements publics auront attribué ces biens (1). Cette concession oblige seulement aux réparations de toute nature, aux frais d'assurance et à toutes charges analogues. Elle peut cesser, en vertu d'un décret et sauf recours contentieux au Conseil d'État, dans cinq cas : dissolution de l'association cultuelle, cessation du culte pendant six mois consécutifs (sauf les cas de force majeure), défaut d'entretien mettant les biens en péril, association détournée de son but ou bien détournée de sa destination, association qui ne s'acquitte pas de ses charges légales ou qui ne paie pas les dettes à elle transmises par l'établissement public qui l'a investie. La désaffectation d'un édifice consacré au culte peut avoir lieu par un décret en Conseil d'État dans les cinq cas précités, par une loi en tout autre cas. En outre, un

---

1. Cette transmission doit s'opérer selon les règles légales applicables à ce genre d'opération, et l'entrée en jouissance doit être constatée par un procès-verbal contradictoire et en double expédition (D. 16 mars 1906, art. 26 et 27).

décret peut désaffecter les immeubles jadis affectés au culte, mais où le culte n'a pas été célébré depuis le 9 décembre 1904, ceux qui n'auront pas été réclamés par une association cultuelle dans un délai de deux ans, ceux dont la désaffectation aurait été réclamée avant le 1ᵉʳ juin 1905 (art. 13). Quant aux autres édifices non affectés à l'exercice du culte, les règles qui les concernent prendront place parmi les mesures de transition signalées plus loin (n° 524).

Enfin la loi exempte : de l'impôt foncier et de l'impôt des portes et fenêtres, les édifices consacrés au culte et appartenant à l'État, aux départements ou aux communes, mais non ceux qui servent au logement des ministres du culte, aux séminaires, aux Facultés de théologie protestante ; — de l'impôt sur les cercles (L. 8 août 1890, art. 33) et de l'impôt sur le revenu (L. 28 déc. 1880, art. 3 et 4 ; L. 29 déc. 1884, art. 9), les associations cultuelles et les unions qu'elles peuvent former entre elles (L. 9 déc. 1905, art. 24) ; — des droits de mutation, la transmission aux associations cultuelles des biens qui, sans appartenir à un établissement public du culte, étaient, avant le 9 décembre 1905, affectés au culte (L. 17 avril 1906, art. 57). — Au reste, toutes les attributions de biens faites en vertu de la L. 9 décembre 1905 sont exemptes d'impôts (L. de 1905, art. 10) ;

512. 2° que les établissements publics du culte sont supprimés... » (L. 9 déc. 1905, art. 2 *in fine*). Le culte cesse d'être un des objets de l'administration, les institutions qui le desservaient cessent naturellement d'exister, et les institutions nouvelles ne sont que des œuvres privées.

513. B. *Associations cultuelles.* — En second lieu, « pour subvenir aux frais, à l'entretien et à l'exercice public du culte » (art. 18), la L. 9 décembre 1905 prévoit des associations dites cultuelles, soumises en général à la L. 1ᵉʳ juillet 1901 (1) et à quelques règles spéciales données par la L. 9 décembre 1905.

(1) Naturellement, elles sont soumises aussi au D. 16 août 1901, règlement d'administration publique pour la L. 1ᵉʳ juillet 1901. En particulier, le D. 16 mars

Il est remarquable que la L. 9 décembre 1905 ignore, de propos délibéré, l'organisation intérieure que chaque religion a cru devoir adopter (1) : elle ne veut connaître que les organismes par lesquels les religions prennent contact avec la société civile et manifestent leur vie juridique. Ceci a des conséquences très importantes : l'État se désintéresse absolument de la nomination des ministres du culte, de leur hiérarchie ; par exemple, le Pape nomme les évêques français sans la participation et le contrôle de l'État ; — de même les évêques français ont tenu et tiendront encore des assemblées, des réunions, sans avoir à obtenir l'autorisation du Gouvernement.

514. Au contraire, la L. 9 décembre 1905 a réglé avec détails les associations qu'elle impose aux différents cultes comme organes de leur vie juridique.

Leur but unique doit être l'exercice du culte (art. 19) ; elles ne sauraient donc entreprendre les œuvres d'assistance et d'enseignement, dont les religions se chargent d'ordinaire.

Leur composition est régie par un petit nombre de principes ; elles doivent être composées de personnes (sans distinction de sexe) majeures, domiciliées ou résidant dans la circonscription religieuse ; le chiffre de leurs membres est fixé à sept au moins dans les communes de moins de 1.000 habitants, à quinze au moins dans les communes de 1.000 à 20.000 habitants, à vingt-cinq au moins dans les communes dont la population dépasse 20.000 habitants ; ces membres peuvent toujours, et malgré une clause contraire des statuts,

---

1906, article 31, leur applique l'obligation d'une déclaration faite selon les articles 1-6 et 31, D. 16 août 1901, qui précisera les limites de la circonscription et donnera la liste des membres. Une déclaration complémentaire est nécessaire pour toute modification à la circonscription, toute aliénation des biens attribués, toute acquisition d'immeubles, toute addition à la liste des membres faite pour garder le minimum légal (D. 16 mars 1906, art. 32).

(1) A cet égard, la formule vague donnée par l'article 4 qui subordonne la légalité des associations cultuelles à leur conformité, « aux règles d'organisation générale du culte dont elles se proposent d'assurer l'exercice. », est bien caractéristique. La L. 13 avril 1908 trahit un autre esprit, lorsqu'elle interdit aux mutualités ecclésiastiques qui voudraient recueillir les biens des caisses ecclésiastiques de retraite et de secours, toute mention de la discipline ecclésiastique.

sortir de l'association après avoir payé les cotisations de l'année courante et des années échues (art. 19). Surtout, règle essentielle, ces associations doivent se constituer « en se conformant aux règles d'organisation générale du culte dont elles se proposent d'assurer l'exercice » (art. 4).

515. L'administration des associations cultuelles est réglée en principe par leurs statuts. Cependant la loi exige : que, une fois au moins par an, les actes de l'administration soient soumis au contrôle d'une assemblée générale (art. 19); — que les associations tiennent un état régulier de leurs recettes et dépenses; — qu'elles établissent chaque année un compte financier et un état inventorié de leurs biens; — qu'elles subissent le contrôle de l'Administration de l'Enregistrement et des inspecteurs des Finances (art. 21) (1); — qu'en cas d'aliénation des biens ayant appartenu à un établissement public du culte, le prix soit, sous la responsabilité de l'acheteur, employé en rentes nominatives ou en achat, construction, décoration, réparation, de meubles ou immeubles destinés aux besoins des associations (art. 5).

516. Les ressources des associations cultuelles sont précisées par la L. 9 décembre 1905, article 19, et le D. 16 mars 1906, article 33 : cotisations soumises aux dispositions de l'article 6, L. 1er juillet 1901; quêtes et collectes; rétributions dues pour les cérémonies et services religieux, même par fondations; fournitures pour les funérailles. — Le silence de la loi leur refuse la capacité de recevoir à titre gratuit, et il ne semble pas même qu'elles puissent l'acquérir par une déclaration d'utilité publique, que la loi de 1905 ne prévoit pas.

517. Leurs charges, également précisées par la L. de 1905, sont :

les dépenses du culte, dépenses du personnel et dépenses du matériel;

les charges attachées aux fondations pieuses; mais ces

---

(1) Le D. 16 mars 1906 donne des détails sur la comptabilité à suivre et sur le contrôle des agents de l'État (art. 37 à 46).

charges ne peuvent consister qu'en cérémonies et services religieux;

les dettes transmises par les établissements supprimés; pour les acquitter et jusqu'à leur extinction, les associations cultuelles auront la jouissance des biens productifs de revenu qui doivent faire retour à l'État (art. 6);

les annuités des emprunts contractés pour des dépenses relatives aux édifices religieux, en proportion du temps pendant lequel l'association cultuelle a la jouissance de ces biens (art. 6);

toutes les réparations et frais concernant les biens affectés au culte (art. 13); les grosses réparations relatives aux biens d'autre nature ne sont pas à la charge des associations cultuelles (art. 14). Les réparations doivent être effectuées selon les règles établies pour les monuments historiques; les projets de grosses réparations doivent, un mois à l'avance, être communiqués au préfet (biens appartenant à l'État ou aux départements) ou au maire (biens appartenant aux communes) (D. 16 mars 1906, art. 28).

L'excédent des recettes sur les charges peut :

être versé (sans taxe de mutation) à d'autres associations cultuelles (art. 19).

servir à constituer : 1° un fonds de réserve destiné exclusivement aux frais et entretien du culte. Ce fonds ne peut dépasser (1) le triple (au-dessus de 5.000 francs) ou le sextuple (jusqu'à 5.000 francs) de la dépense moyenne (pendant les cinq dernières années). Il doit être constitué en titres nominatifs; — 2° une réserve spéciale exclusivement destinée à l'achat, construction, décoration ou réparation d'immeubles ou de meubles destinés aux besoins de l'association; cette réserve est déposée en argent ou en titres nominatifs à la Caisse des dépôts et consignations (art. 22). V. aussi D. 16 mars 1906, art. 34, 35, 36.

(1) Si le fonds venait à dépasser le maximum légal, le tribunal, en condamnant les directeurs ou administrateurs, pourrait ordonner que l'excédent fût versé aux établissements communaux d'assistance ou de bienfaisance (L. 9 déc. 1905, art. 23).

518. La dissolution d'une association cultuelle est en général régie par la L. 1er juillet 1901; en outre, lorsque les administrateurs ou directeurs sont condamnés pour infraction aux articles 18 à 22, le tribunal peut prononcer la dissolution de l'association cultuelle (L. 9 déc. 1905, art. 23).

Les biens d'une association dissoute sont : s'il s'agit de biens à elle attribués en vertu de la L. de 1905, mis sous séquestre par arrêté préfectoral, en attendant une nouvelle attribution ; s'il s'agit d'autres biens, dévolus selon la L. 1er juillet 1901, article 9, et le D. 16 août 1901, article 14, sans pouvoir jamais être attribués aux membres de l'association (D. 16 mars 1906, art. 47).

519. Les associations cultuelles sont autorisées à former des unions dans les conditions prévues par le D. 16 août 1901, article 7. Le régime de ces unions est en général identique à celui des associations (D. 16 mars 1906, art. 25; cep. art. 48).

520. C. *Police des cultes.* — En troisième lieu, la L. 9 décembre 1905 réserve à l'État des droits de police :

sur les biens. L'article 26 interdit de tenir des réunions politiques dans les locaux servant habituellement à l'exercice d'un culte. — L'article 16 prescrit un classement supplémentaire (1) des immeubles ou objets ayant un intérêt historique ou artistique, un inventaire des archives et bibliothèques (2). Le classement rend le bien inaliénable et imprescriptible, sauf une autorisation ministérielle. En cas d'aliénation autorisée, un droit de préemption est reconnu (dans l'ordre suivant) aux associations cultuelles, communes, départements, musées, sociétés d'art ou d'archéologie. Tout travail (réparation, restauration, entretien) à faire à un bien classé exige l'autorisation et la surveillance du ministre des beaux-arts. — Les biens classés pourront être visités gratuitement par le public (L. 9 déc. 1905, art. 17; aj. D. 16 mars 1906, art. 29).

---

(1) De nouveaux délais pour faire ce classement ont été donnés par la L. 2 décembre 1908, article 57, et par la L. 13 janvier 1912.

(2) Sur cet inventaire, D. 16 mars 1906, articles 20 à 24.

sur les ministres du culte. L'article 34 punit spécialement
celui qui, dans un lieu consacré au culte, a publiquement,
par discours, lectures, affiches ou écrits distribués, diffamé
un citoyen chargé d'un service public, la preuve des faits
restant permise. — L'article 35 punit celui qui, par les
mêmes moyens, a provoqué directement à la résistance contre
l'exécution des lois ou des actes légaux de l'autorité publique,
cherché à soulever ou à armer une partie des citoyens contre
les autres. — L'association cultuelle est déclarée civilement
responsable de ces infractions (art. 36).

sur l'exercice du culte. L'article 31 punit « ceux qui, par
voie de fait, violences ou menaces contre un individu, soit en
lui faisant craindre de perdre son emploi ou d'exposer à un
dommage sa personne, sa famille ou sa fortune, l'aurait
déterminé... à faire partie ou à cesser de faire partie d'une
association cultuelle, à contribuer ou à s'abstenir de contribuer aux frais d'un culte ».

521. D. *Dispositions pénales.* — A ces dispositions de
fond, on peut joindre de nombreuses dispositions pénales :
article 17, contravention aux règles relatives aux objets classés; article 23, contravention aux règles relatives aux associations cultuelles; article 29, contravention aux règles sur
la police des cultes; article 30, contravention aux règles
relatives à l'enseignement religieux; articles 31 à 33, sanction de la liberté de conscience et des cultes. L'article 363
C. P. et la L. 26 mars 1891 sont applicables à ces infractions
(L. 9 déc. 1905, art. 37).

522. En revanche, il est certain :

que l'État ne possède plus à l'égard des ministres du
culte les ressources répressives dont il disposait jadis. Ainsi,
l'appel comme d'abus a disparu : ce recours était consacré
par les articles 6 et suivants de la L. 18 germinal An x, que
la L. 9 décembre 1905 abroge expressément (art. 44); d'ailleurs ce recours suppose quelques relations juridiques entre
l'État et les Églises, et la L. de 1905 les exclut. Ainsi encore,

les articles du Code pénal qui réprimaient les infractions spéciales des ministres du culte. Cependant les articles 199-200 relatifs à la célébration du mariage religieux sans le mariage civil préalable sont restés en vigueur. — Il est à peine utile de dire que l'État ne payant plus de traitements au clergé, ne saurait pratiquer les suspensions dont il usait jadis.

que les dispenses, incapacités et incompatibilités établies autrefois au profit ou à la charge des ministres du culte ont disparu. Notamment, tout ministre du culte peut occuper toute fonction élective. La L. 9 décembre 1905, article 40, se borne à le déclarer inéligible au Conseil municipal pendant huit ans, à compter de la promulgation de la loi.

523. E. *Congrégations.* — La L. 9 décembre 1905, article 38, confirme le régime fait aux congrégations religieuses; il est décrit plus loin (n° 575).

524. F. *Mesures de transition.* — Il reste à signaler les très importantes mesures de transition prises par la L. 9 décembre 1905.

Les unes concernent les ministres des cultes. Les plus importantes sont relatives :

aux pensions (1), que la loi accorde aux ministres du culte (2). Ceux qui, au jour de la promulgation de la loi, avaient 60 ans d'âge et trente ans de services ecclésiastiques, rétribués par l'État, reçoivent une pension égale aux trois quarts de leur traitement; ceux qui avaient 45 ans d'âge et vingt ans de services, une pension égale à la moitié de leur traitement; le tout sans préjudice des pensions antérieurement accordées. — Ces pensions ne sauraient dépasser 1.500 francs. En cas de décès, elles sont réversibles pour

---

(1) Sur ce point, la L. 9 décembre 1905 a été complétée de façon importante par le D. 19 janvier 1906.

(2) Aux professeurs, chargés de cours, maîtres de conférences et étudiants des Facultés de théologie protestante est appliquée la L. 27 juin 1885, faite jadis pour le personnel des Facultés de théologie catholique.

moitié au profit de la veuve et des orphelins mineurs, pour un quart au profit de la veuve sans enfants mineurs; à la majorité des orphelins, leur pension s'éteint de plein droit. Les pensions ne peuvent se cumuler avec aucun traitement ou pension de l'État, des départements ou des communes;

aux allocations, accordées aux ministres du culte qui ne remplissent pas les conditions exigées pour les pensions. Ces allocations ne devaient durer que pendant quatre ans à compter de la suppression du budget des cultes, et décroissaient chaque année. Dans les communes ayant moins de 1.000 habitants, les ministres du culte qui continuaient leurs services jouissaient de l'allocation pendant huit ans.

Les départements et communes peuvent accorder des pensions et allocations analogues aux ministres du culte salariés par eux.

Les pensions et allocations ne sont accordées que sur une demande formée dans l'année qui a suivi la promulgation de la loi. Elles ne sont accordées et conservées qu'aux Français; elles cessent de plein droit en cas de condamnation à une peine afflictive et infamante, ou prononcée en vertu des articles 34-35 L. 9 décembre 1905. Elles sont incessibles et insaisissables, comme les pensions civiles (art. 11).

525. À ces règles principales, on peut joindre :

l'article 39, L. 9 décembre 1905 ; les élèves ecclésiastiques conservent la dispense de service militaire réglée par l'article 23 L. 15 juillet 1889, à la condition d'être, à 26 ans, pourvus d'un emploi rétribué par une association cultuelle ;

l'article 40 ; le ministre du Culte a été, pendant huit ans, inéligible au conseil municipal dans la commune où il exerçait.

526. *Les autres mesures transitoires* concernent les biens. La L. 9 décembre 1905 ordonne que les établissements publics du culte (fabriques, consistoires, etc.) transmettront tous leurs biens aux associations cultuelles (art. 4).

Cette transmission laisse aux biens leur affectation spéciale, et elle englobe les dettes avec l'actif.

Elle ne comprend que les biens servant exclusivement au culte ou à ses ministres; car les biens grevés d'affectation charitable ou de toute autre affectation étrangère au culte doivent être transmis, avec approbation par arrêté préfectoral ou, sur refus du préfet, par décret en Conseil d'État, aux établissements publics ou d'utilité publique dont la destination est conforme à l'affectation qui grève ces biens (1). En pareil cas, une action en reprise ou revendication, fondée uniquement sur un legs ou une donation, est ouverte à l'auteur de la libéralité ou à ses héritiers en ligne directe, dans le délai de six mois à compter de la publication de l'approbation au *Journal officiel* (art. 7).

De la transmission opérée, il est dressé un procès-verbal contradictoire, qui a pour base l'inventaire dont il est parlé ci-après (n° 532). Il est rédigé en deux exemplaires, dont l'un est déposé aux archives de la Préfecture. Il est publié par extraits au *Journal officiel* et au *Bulletin de la Préfecture* (D. 16 mars 1906, art. 4).

527. La transmission prévue à l'article 4 devait être opérée dans un délai d'un an à compter de la promulgation de la loi. Ce délai écoulé, les biens devaient être placés sous séquestre en attendant leur attribution par décret (art. 8) (2), attribution qui ne pouvait avoir lieu qu'un mois après la promulgation du règlement d'administration publique prévu à l'article 43, sous peine d'une nullité qui peut être demandée

---

(1) Sur cette attribution, le D. 16 mars 1906, articles 1-7, contient des dispositions importantes. Il en règle les formes, le délai, la publication au *Journal officiel*. Il exige qu'elle soit faite avant que tous les biens destinés aux associations cultuelles aient été attribués.

(2) Le séquestre et l'attribution sont l'objet de dispositions importantes dans le D. 16 mars 1906 (art. 8 à 12, 15). Le séquestre est géré par l'Administration de l'Enregistrement.

L'arrêté qui le constitue est publié au *Bulletin des actes de la Préfecture*. Les associations cultuelles ont deux ans pour demander l'attribution à leur profit.

Si ce délai expire sans demande ou si toutes les demandes sont rejetées, un décret règle l'attribution aux établissements communaux de bienfaisance ou d'assistance. Il est inséré au *Journal officiel*, et cette insertion fait courir le délai pendant lequel le décret peut être déféré au Conseil d'État pour excès de pouvoir ou violation de la loi.

aux tribunaux judiciaires par toute partie intéressée et par le ministère public.

528. Les biens sont transmis à l'association cultuelle qui a la même circonscription que l'établissement supprimé. Mais, selon le D. 16 mars 1906, plusieurs associations peuvent être formées pour une même paroisse ; la même association peut desservir plusieurs paroisses, et, dans la suite, les diverses associations d'une même paroisse ou de paroisses limitrophes peuvent fusionner (art. 31-32). Tous ces faits ne mettent aucun obstacle à la transmission ; seulement, en cas de fusion, chaque masse de biens doit rester distincte et garder son affectation (art. 48).

En outre, la L. 9 décembre 1905, article 5, décide que les biens possédés par les établissements supprimés, qui proviennent de l'État et ne sont pas grevés d'une fondation pieuse postérieure à la L. 18 germinal An x, font retour à l'État. Les départements et communes peuvent exercer une réclamation analogue (1). Comme garantie, les biens ainsi revendiqués ne peuvent être aliénés, transformés ou modifiés, avant le jugement rendu par les tribunaux compétents. L'État, les départements et les communes supportent les dettes afférentes aux biens revendiqués et régulièrement contractées.

529. Par exception, la L. 9 décembre 1905, article 14, accorde la jouissance gratuite des évêchés et archevêchés pendant deux ans, des presbytères et de leurs dépendances, des séminaires, des Facultés de théologie protestante pendant cinq ans, à compter de la promulgation de la loi. Avant ce terme, la jouissance peut être retirée dans les formes et avec les conséquences indiquées ci-dessus pour les édifices concédés sans terme ; et un décret en Conseil d'État peut distraire au profit d'un service public les parties superflues d'un presbytère. — Enfin les indemnités de logement dues par les communes à raison de la L. 5 avril 1884, article 136-11°, sont restées dues pendant cinq ans ; elles cessaient de plein droit si l'association cultuelle est dissoute.

(1) Les formes de cette reprise sont réglées par le D. 16 mars 1909, article 6.

530. La L. 9 décembre 1905 a prévu :

le cas (art. 8) où, dans une même circonscription, se formeraient, dès l'origine ou dans la suite, deux ou plusieurs associations antagonistes pour le même culte. L'attribution faite à l'une d'elles pourra être contestée devant le Conseil d'État au contentieux, qui tiendra compte de toutes les circonstances de fait. La contestation doit être formée dans l'année qui suit soit la notification au préfet de la transmission opérée, soit l'attribution par décret. L'attribution peut de même être contestée en cas de scission survenue dans l'association originaire, d'association nouvelle formée après un changement apporté à la circonscription, d'association devenue incapable de remplir sa tâche;

le cas où aucune association cultuelle ne se formerait dans le délai légal. Un décret attribue les biens aux établissements communaux d'assistance ou de bienfaisance situés dans la circonscription ecclésiastique (art. 9). Le revenu global de ces biens demeure affecté au paiement des dettes régulières de l'établissement supprimé (art. 6) (1);

le cas où l'association cultuelle est dissoute. Les biens sont attribués par décret en Conseil d'État, soit à des associations cultuelles de la même circonscription ou, à défaut, de circonscriptions voisines, soit aux établissements mentionnés pour le cas précédent (art. 9).

Dans les deux derniers cas, les actions en revendication doivent être formées dans les six mois qui suivent l'insertion du décret au *Journal officiel;* elles ne sont ouvertes qu'aux auteurs des donations ou aux héritiers en ligne directe des donateurs ou testateurs (art. 9).

531. Le D. 16 mars 1906, article 17, prévoit le cas où une association cultuelle ne réclamerait pas les biens qui lui reviennent. Ces biens seraient mis sous séquestre et les revenus seraient employés à acquitter le passif, sans recourir au fonds commun déjà cité.

---

(1) Le D. 16 mars 1906, article 19, prescrit la formation d'un fonds commun qui recueillera les revenus des biens ayant fait retour à la disposition libre de l'État et qui servira à payer les dettes.

532. Comme préliminaire à cette transmission, la L. 9 décembre 1905, article 3, ordonne un inventaire descriptif et estimatif des biens mobiliers et immobiliers appartenant soit aux établissements publics du culte, soit à l'État, aux départements, aux communes. Cet inventaire devait être dressé par les agents de l'Enregistrement auxquels pouvoir était donné de se faire communiquer tous titres et documents. Il devait être fait en la présence ou après due convocation des représentants légaux des établissements (1).

533. G. *Dispositions particulières.* — Pour achever l'examen de la L. 9 décembre 1905, il ne reste plus à signaler que :

des règles spéciales pour les départements de la Savoie, de la Haute-Savoie et des Alpes-Maritimes (art. 15);

les articles qui prescrivent des règlements d'administration publique, soit pour l'application générale de la loi, soit pour son application dans les colonies (art. 43), soit pour la disposition relative aux élèves ecclésiastiques (art. 39);

la formule d'abrogation de l'article 44, qui donne une liste de textes expressément abrogés, et qui, en outre, abroge toutes les dispositions contraires au texte de la L. 9 décembre 1905.

III

L'application de la loi du 9 décembre 1905.

534. Tel est, dans ses grandes lignes, le régime donné aux cultes par la L. 9 décembre 1905. Silencieusement accepté ou subi par les cultes non catholiques, il a été nettement condamné et repoussé par l'Église catholique. Une première condamnation, théorique et générale, se trouve dans l'encyclique papale *Vehementer nos,* en date du 11 février 1906. Cet acte protestait contre le principe même de la loi, et annonçait d'ultérieures instructions pratiques.

(1) Cet inventaire est réglé avec détails par le D. 29 décembre 1905. Cette formalité a suscité des troubles graves dans certaines paroisses.

La question principale qui se posait au point de vue pratique était celle-ci : l'Église pouvait-elle accepter et organiser les associations cultuelles prévues par la L. 9 décembre 1905? L'assemblée des évêques français, tenue à Paris à la fin du mois de mai 1906, avait cru pouvoir organiser des associations dont les statuts lui paraissaient respecter à la fois les exigences de la loi française et celles de la discipline ecclésiastique.

L'encyclique *Gravissimo*, du 10 août 1906, repousse absolument les associations cultuelles; elle repousse aussi les associations imaginées par le clergé français « tant qu'il ne constera pas, d'une façon certaine et légale, que la divine constitution de l'Église, les droits immuables du pontife romain et des évêques et leur autorité sur les biens nécessaires à l'Église, particulièrement sur les édifices sacrés, seront irrévocablement dans lesdites associations en pleine sécurité ». En même temps, le Pape invitait les catholiques français à user du droit commun.

535. Ces décisions pontificales ont eu pour résultat d'enlever à des parties considérables de la L. 9 décembre 1905 presque toute efficacité pratique (1). Il a fallu cependant statuer d'une part sur l'exercice du culte catholique, d'autre part sur le sort des biens de diverse nature possédés par les établissements publics du culte catholique.

536. Sur le premier point, l'appel au droit commun élevé par le Pape a suggéré deux combinaisons.

L'une consistait à appliquer la L. 1er juillet 1901, qui est le droit commun des associations : le culte aurait pu être assuré par des associations formées en vertu de la L. de 1901, et non de la L. de 1905, étant d'ailleurs bien entendu que ces associations, soustraites au régime spécial de la L. de 1905, ne pourraient pas réclamer les avantages, et notam-

---

(1) L'Église catholique a cependant usé des règles avantageuses qu'elle a trouvées dans cette loi : le Pape a exercé librement le droit de nommer les évêques ; — les évêques français ont tenu librement des assemblées; — de nombreux ministres du culte ont réclamé et obtenu les pensions et allocations.

ment la transmission des biens, que la L. de 1905 donne aux associations cultuelles. Cette combinaison a été réprouvée : par le Gouvernement français : il a affirmé que toute association destinée au culte était une association cultuelle, et qu'elle ne pouvait être légale que si elle se conformait à la L. de 1905; — et par le Pape; sa condamnation a été moins catégorique; mais il a assez nettement découragé les entreprises qui essayaient de satisfaire à la L. de 1905, tout en se réclamant de la L. de 1901. Dans la suite, l'attitude du Gouvernement français se modifia; une loi vint décider que le culte pourrait être assuré par des associations formées en vertu de la L. de 1901 seule (L. 2 janv. 1907, art. 4) (1). Mais le Pape ne leva pas son interdiction.

L'autre combinaison consistait à appliquer la L. 30 juin 1881, qui est le droit commun des réunions : le culte aurait été assuré grâce aux règles relatives aux réunions en général. Comme la précédente, cette combinaison était moins avantageuse pour les catholiques que la L. de 1905 : celle-ci dispense les réunions cultuelles de la constitution d'un bureau, exigée par la L. 30 juin 1881, article 8; elle accepte une déclaration unique pour toutes les réunions qui doivent se tenir dans le même local pendant une même année, tandis que la L. de 1881, article 2, exige une déclaration pour chaque réunion ou pour chaque office. — Cette combinaison, assez étrange d'ailleurs, car la L. de 1881 n'avait pas été faite pour les offices religieux, n'a pas eu meilleure fortune que la première : le Pape ordonna au clergé français de s'abstenir de déclarations. Le Gouvernement français, après avoir fait dresser un certain nombre de procès-verbaux pour violation de la L. de 1881, renonça à une répression impossible. Il se décida même à présenter et à faire voter d'abord la L. 2 janvier 1907, dont l'article 4 accorde aux réunions

_____

(1) « Indépendamment des associations soumises aux dispositions du titre IV de la L. 9 décembre 1905, l'exercice public d'un culte peut être assuré tant au moyen d'associations régies par la L. 1er juillet 1901 (art. 1, 2, 3, 4, 5, 6, 7, 8, 9, 12 et 17), que par voie de réunions tenues sur initiative individuelle en vertu de la L. 30 juin 1881 et selon les prescriptions de l'article 25 de la L. 9 décembre 1905. »

cultuelles tenues en vertu de la L. de 1881 les règles favorables que 'contient l'article 25 de la L. 9 décembre 1905, ensuite la L. 28 mars 1907 (1), qui affranchit toutes les réunions, cultuelles et autres, de la déclaration que la L. 30 juin 1881 exigeait.

537. Sur le second point, relatif aux biens, le Gouvernement crut impossible d'appliquer strictement la L. de 1905 et d'enlever en conséquence au clergé catholique tous les biens, sans distinction, dont il avait la jouissance. La L. 2 janvier 1907 admit, au contraire, une distinction essentielle entre :

les édifices affectés à l'exercice du culte ainsi que les meubles les garnissant. Ces biens « continueront, sauf désaffectation dans les cas prévus par la L. 9 décembre 1905, à être laissés à la disposition des fidèles et des ministres du culte pour la pratique de leur religion. — La jouissance gratuite en pourra être accordée soit à des associations cultuelles constituées conformément aux articles 18 et 19 de la L. 9 décembre 1905, soit à des associations formées en vertu des dispositions précitées de la loi du 1er juillet 1901, pour assurer la continuation de l'exercice public du culte, soit aux ministres du culte dont les noms devront être indiqués dans la déclaration prescrite par l'article 25 de la L. 9 décembre 1905. — La jouissance ci-dessus prévue desdits édifices et des meubles les garnissant sera attribuée, sous réserve des obligations énoncées par l'article 13 de la L. 9 décembre 1905, au moyen d'un acte administratif dressé par le préfet pour les immeubles placés sous séquestre et ceux qui appartiennent à l'État ou aux départements, par le maire pour les immeubles qui sont la propriété des communes. — Les règles susénoncées s'appliqueront aux édifices affectés au culte qui, ayant appartenu aux établissements ecclésiastiques, auront

---

(1) « Art. 1. — Les réunions publiques, quel qu'en soit l'objet, pourront être tenues sans déclaration préalable. — Art. 2. — Sont abrogées, en ce qu'elles ont de contraire à la présente loi, les dispositions des LL. 30 juin 1881, 9 décembre 1905, 2 janvier 1907 ».

été attribués par décret aux établissements communaux d'assistance et de bienfaisance, par application de l'article 9, § 1, de la L. 9 décembre 1905 » (art. 5).

Deux cas sont prévus par ce texte : celui d'un contrat conclu entre les autorités publiques et les ministres du culte. Cette combinaison paraissait désirée des deux parts, bien que l'assemblée des évêques eût indiqué que le contrat serait conclu partout ou nulle part. Les négociations entreprises entre l'archevêque de Paris et le préfet de la Seine ne purent aboutir, et cet échec a arrêté partout la conclusion des contrats, — celui où aucun contrat n'a été conclu; les édifices consacrés au culte gardent leur affectation ; et les ministres du culte et les fidèles en ont la jouissance sans titre défini autre que celui que leur confère la L. 2 janvier 1907, article 5, et sans les charges qui accompagneraient à coup sûr un titre défini.

Telle est la condition actuelle de l'Église catholique au point de vue des biens affectés au culte.

et les biens non affectés au culte. A ceux-ci, la L. 2 janvier 1907, article 1, applique rigoureusement la L. 9 décembre 1905 : n'ayant pas été réclamés par une association cultuelle dans le délai légal, ils sont remis définitivement à la libre disposition de l'État, des départements et des communes, qui en sont propriétaires. Ces biens pourront être loués aux ministres du culte; ainsi les presbytères par les communes : mais le contrat devra être soumis à l'approbation du préfet, évidemment pour que celui-ci s'assure qu'il y a location sérieuse et non concession gratuite. Naturellement, les indemnités de logement dues par les communes en place de presbytère sont supprimées (L. 2 janv. 1907, art. 1). Quant aux biens qui appartenaient aux établissements du culte supprimés par la L. de 1905, ils sont définitivement attribués aux établissements communaux d'assistance ou de bienfaisance, dans les conditions déterminées par les articles 7, 8, 9, L. 9 décembre 1905 (L. 2 janv. 1907, art. 2).

Enfin, l'article 3 de la L. 2 janvier 1907 prononce la

déchéance de plein droit des allocations accordées par l'article 11, L. 9 décembre 1905, pour les circonscriptions où il n'y aura eu ni association cultuelle ou autre, ni déclaration de réunion. La déchéance sera constatée par le ministre des Finances sur le vu de la sentence judiciaire qui punit l'infraction à l'article 4.

CHAPITRE XXXIV

De la liberté de l'enseignement.

---

538. I. Principes. — La liberté d'enseigner est une forme de cette « libre communication des pensées et des opinions » qui, selon la Déclaration de 1789, article 11, « est un des droits les plus précieux de l'homme ». Elle se rattache à la liberté individuelle par un autre lien : la liberté individuelle implique pour l'homme la faculté de développer et d'enrichir sa personnalité, donc la faculté d'apprendre (1); et la liberté d'apprendre serait illusoire pour les uns si la liberté d'enseigner n'existait pas pour les autres, si celui qui veut apprendre ne pouvait s'adresser qu'à une catégorie de maîtres.

539. Cette deuxième justification est moins directe et plus complexe que la première : elle est décisive pour l'adulte, présumé apte à choisir ses maîtres, et justement responsable de ses erreurs; elle n'est pas suffisante pour l'enfant, qui ne peut choisir en connaissance de cause; or c'est pour l'enfant que la question est le plus intéressante et pratique. Elle se pose ainsi : qui choisira les maîtres de l'enfant, le père ou l'État?

Le droit du père me paraît démontré par les raisons suivantes : le père a le devoir de former et de développer la personnalité de son enfant; devoir moral, à ce degré de géné-

---

(1) La liberté d'apprendre a pour corollaire la liberté de ne pas apprendre. Celle-ci n'est pas entière : l'instruction primaire est obligatoire (L. 28 mars 1882, art. 4). Cette obligation est fondée sur l'intérêt de l'État, qui a besoin de citoyens suffisamment instruits et sur l'intérêt de l'enfant, auquel certaines connaissances sont nécessaires pour affronter la vie. Le père ne saurait prétendre au droit de laisser son enfant dans l'ignorance.

ralité, devoir légal quand il s'agit de l'enseignement primaire, du minimum des connaissances exigées par la loi.

Ce devoir, il peut le remplir en personne, et nul jusqu'à présent ne lui a contesté cette faculté. Comment lui interdire de choisir le maître qui le suppléera? S'il a le droit de communiquer lui-même à son enfant ses idées, il a, sans doute aucun, le droit de faire communiquer les mêmes idées par un maître de son choix. Pour le contester, on devrait contester au père lui-même le droit de former son enfant. — En outre, si l'État était préféré au père, on obtiendrait, l'État étant représenté par des hommes, ce résultat étrange, que, entre deux hommes, c'est celui qui est étranger à l'enfant qui serait chargé de diriger la formation intellectuelle et morale de cet enfant, tandis que le père serait exclu de cette tâche. Une solution de ce genre est manifestement contraire à la nature comme à la liberté; elle pourrait créer entre le père et le maître une lutte odieuse dont l'enfant serait à la fois l'enjeu et la victime, et troubler cruellement la vie familiale.

Il est vrai que l'enfant sera citoyen un jour, et que l'État a un intérêt dans les moyens et les résultats de l'éducation de ses membres. Mais cette remarque n'aurait une valeur que si l'État était une abstraction permanente et impartiale. Il n'en est rien : l'État est aux mains de certains hommes, qui le gouvernent d'après leurs idées. Ces hommes essaient naturellement de propager leurs idées; ils essaieront de les inculquer aux enfants qu'ils enseigneront. Si cela leur est permis, pourquoi cela est-il interdit aux autres, à ceux qui, de leur côté, veulent conquérir l'État? Pourquoi surtout cela est-il interdit au père? Ce père, d'ailleurs, peut essayer de persuader ses voisins, des inconnus, la nation tout entière; comment lui serait-il refusé de persuader son fils?

540. Au reste, si la lutte s'engage entre l'influence paternelle et l'influence de l'État, celle-ci a de nombreux et grands avantages. L'État organise un enseignement officiel avec les amples ressources dont il dispose et qu'il tire même de ses adversaires; il peut lui donner une supériorité écra-

sante, il peut en abaisser le prix de manière à rendre la concurrence impossible. L'État fixe lui-même les conditions de
capacité et de moralité que doit remplir toute personne vou-
lant enseigner publiquement. Cela doit suffire, et si cela ne
suffit pas, si les écoles officielles sont délaissées pour les
autres, il faut, au lieu de recourir à la contrainte et de violer
la liberté, reconnaître loyalement que les écoles officielles
ne satisfont pas la nation et les réformer en conséquence.

541. Il est à peine besoin de faire allusion au désir de
réaliser l'unité morale de la nation. Désir chimérique et
irréalisable; mais surtout désir funeste qui enlèverait à la
vie intellectuelle du pays sa variété, son intérêt, son inten-
sité; désir tyrannique, exprimé par tous ceux qui, à diverses
époques, ont voulu étouffer la liberté, en y mettant des
formes et des mots.

542. La liberté d'enseignement se trouve ainsi démontrée
pour tous les degrés et toutes les formes de l'enseignement.

L'État garde cependant la faculté légitime de prendre des
mesures pour que l'enseignement soit donné dans des conditions satisfaisantes au point de vue moral, intellectuel et
matériel. Ses droits ne vont pas au delà; ils ne lui permettent
ni d'exclure *a priori* telle ou telle catégorie de citoyens, ni
de se réserver le monopole d'enseigner.

L'État organise un enseignement officiel, qui est un service public; plus encore, il impose à tous ses membres un
minimum d'enseignement, en déclarant obligatoire l'enseignement primaire, dont il dresse le programme. Ces deux
faits ne sont pas absolument contraires à la liberté d'enseigner. Lorsque l'État impose un minimum d'instruction, il ne
fait que reconnaître et sanctionner l'obligation qui incombe
au père de famille à l'égard de son enfant; seulement il a de
son côté le double devoir de garder à cet enseignement une
neutralité complète, et de l'aménager de telle manière que
du temps soit laissé libre pour les autres enseignements, et
surtout pour l'enseignement religieux que le père voudra
donner ou faire donner à son enfant. — L'organisation d'un

enseignement officiel offre tous les avantages d'un service public, et, par exemple, elle assure des écoles à des localités où l'initiative privée ne les eût pas créées; elle assure à la science, sous toutes ses formes, des ressources bien supérieures aux produits que donnent les rétributions scolaires. Ces avantages compensent largement l'inconvénient de la concurrence faite ainsi par l'État à l'enseignement privé.

543. II. HISTORIQUE. — En France, depuis 1789, la question de la liberté d'enseigner a toujours été mêlée à celle de l'enseignement officiel. Il faut les réunir dans un historique succinct.

La liberté de l'enseignement n'est pas inscrite en propres termes dans la Déclaration des droits de 1789; elle se trouve contenue dans « la libre communication des pensées et des opinions » de l'article 11. En même temps, la C. 1791, titre I, déclare : « Il sera créé et organisé une instruction publique, commune à tous les citoyens, gratuite à l'égard des parties d'enseignement communes à tous les hommes... »

La liberté d'enseigner est proclamée expressément par la L. 29 frimaire An II, section 1, article 1; mais cette loi exige de l'instituteur un certificat de civisme (art. 3) et punit non seulement celui « qui outrage les mœurs publiques », mais encore celui « qui enseignerait dans son école des préceptes ou maximes contraires aux lois et à la morale républicaine » (sect. 2, art. 2 et 3).

Le principe de liberté se trouve encore dans la C. An III (art. 300) qui prévoit aussi des écoles officielles (art. 296 et s.).

Il ne figure pas dans la C. An VIII. Au contraire, après la L. 11 floréal An X, dont l'article 8 exige une autorisation du Gouvernement pour l'ouverture d'une école secondaire, la L. 10 mai 1806 dispose : « Il sera formé, sous le nom d'Université impériale, un corps chargé exclusivement de l'enseignement et de l'éducation publics dans tout l'empire » (art. 1). C'est le monopole de l'État, organisé par le D. 17 mars 1808, et Napoléon ne cachait pas son dessein de le subordonner à sa politique.

Ce système, ardemment combattu pendant la première moitié du xixᵉ siècle, fut vaincu en plusieurs fois. Dans cet ordre d'idées, les faits principaux sont les suivants.

L'Université, comme institution distincte, fut fortement atteinte par la création du ministère de l'Instruction publique (O. 4 janv. et 10 fév. 1828), et finalement supprimée par les L. 24 mai 1834, article 8, 17 août 1835, article 9.

La Charte de 1830, conforme aux veux souvent exprimés par les libéraux sous la Restauration, promit une loi sur la liberté de l'enseignement (art. 69-8°).

L'enseignement primaire fut organisé libéralement par la L. 28 juin 1833. Elle accorde le droit d'enseigner à tout individu âgé de 18 ans, pourvu d'un brevet de capacité et d'un certificat de moralité (art. 4) ; la déchéance de ce droit ne peut être prononcée que par les tribunaux judiciaires (art. 7). Elle organise aussi des écoles publiques.

L'enseignement secondaire attendit un peu plus longtemps la liberté. En réalité, le Gouvernement avait, en vertu du D. 17 mars 1808 (art. 2), autorisé un grand nombre d'établissements libres et surtout beaucoup de petits séminaires. Après 1830, deux projets de loi furent soumis aux Chambres ; aucun ne fut voté.

La question ne fut pas soulevée pour l'enseignement supérieur pendant cette période.

La C. 1848 contient une déclaration générale et catégorique : « L'enseignement est libre. — La liberté d'enseignement s'exerce selon les conditions de capacité et de moralité déterminées par les lois et sous la surveillance de l'État. — Cette surveillance s'étend à tous les établissements d'éducation et d'enseignement, sans aucune exception » (art. 9). Et la loi sur l'enseignement figure parmi celles que l'Assemblée Constituante devait faire avant de se séparer (C. 1848, art. 115 ; L. 11 déc. 1848).

Cette loi fut faite plus tard. Elle porte la date du 15 mars 1850 ; c'est la célèbre loi Falloux. Elle concerne l'enseignement primaire et l'enseignement secondaire.

L'enseignement primaire est déclaré libre, et tout Français âgé de 21 ans peut le donner, s'il est muni d'un brevet de capacité. Par exception, ce brevet peut être remplacé par certaines qualités, ainsi celle de ministre d'un culte reconnu; et, pour les religieuses, par la lettre d'obédience délivrée par l'évêque (art. 25 et 49). Les écoles libres sont sous la surveillance de l'État; mais, en outre, les ministres du culte peuvent à tout moment entrer dans l'école pour surveiller l'enseignement religieux (art. 44).

L'enseignement secondaire est libre aussi; tout Français âgé de 25 ans, remplissant des conditions de moralité et de capacité déterminées par la loi, est autorisé à ouvrir une école secondaire, après une déclaration faite au recteur (art. 60). Aucune condition n'est exigée pour les maîtres qui enseignent dans un établissement privé.

Enfin, les ministres des cultes reconnus ont des places dans les conseils académiques et dans le conseil supérieur de l'instruction publique (art. 1 et 10).

Il n'est pas encore question de la liberté de l'enseignement supérieur.

Celle-ci ne fut donnée que par la L. 12 juillet 1875, qui, pour la collation des grades aux étudiants des établissements privés d'enseignement supérieur, organisait des jurys mixtes, où siégeaient des professeurs de ces établissements et des professeurs d'État (art. 13 et s.). La L. 18 mars 1880 a rendu la collation des grades aux Facultés de l'État (art. 1).

544. La Troisième République a donné aux questions d'enseignement une attention persévérante. Elle s'est efforcée de développer et perfectionner les services publics d'enseignement, à tous les degrés et dans tous les sens.

L'effort le plus considérable a été dirigé vers l'enseignement primaire, pour l'organisation duquel ont été votées les très importantes lois des 16 juin 1881, 28 mars 1882, 30 octobre 1886.

Elles consacrent de nouveau la liberté en la soumettant aux naturelles exigences de la capacité et de la moralité.

Elles abrogent au surplus la L. 15 mars 1850 sur ces matières, et par suite enlèvent aux ministres des cultes et aux congréganistes les avantages qui leur étaient donnés par cette loi. — Elles déclarent l'enseignement primaire obligatoire avec un programme déterminé, tout en laissant aux familles le choix de l'instituteur. — Elles ont laïcisé l'école dans tous les sens du mot : l'instituteur officiel est nécessairement un laïque ; le programme de l'école officielle exclut l'enseignement de la religion ; les ministres du culte ne peuvent entrer dans l'école pour y donner l'enseignement religieux. L'école officielle doit vaquer un jour par semaine, outre le dimanche, pour que l'enfant puisse recevoir l'enseignement religieux, lequel d'ailleurs peut aussi être donné tous les autres jours, mais à des heures autres que les heures de classe à l'école. — Elles ont rendu gratuit l'enseignement primaire officiel.

Pour l'enseignement secondaire et supérieur, l'État contemporain s'est borné à en améliorer les services de façon très importante.

Pourtant un mouvement très vif s'est prononcé dans la majorité parlementaire contre la liberté d'enseignement. Il a failli aboutir au monopole de l'État, au moins pour l'enseignement secondaire. En ce moment, il semble arrêté.

545. Cependant, on doit reconnaître que la liberté de l'enseignement n'est plus entière ; elle a été atteinte, supprimée au préjudice des congréganistes.

Une première tentative dans ce sens avait été faite en 1880, avec le projet qui est devenu la L. 18 mars 1880. Le Sénat l'avait écartée. Une autre tentative a mieux réussi. La L. 1er juillet 1901, article 14, dispose : « Nul n'est admis à diriger, soit directement, soit par personne interposée, un établissement d'enseignement de quelque ordre qu'il soit, ni à y donner l'enseignement, s'il appartient à une congrégation religieuse non autorisée. » Les sanctions sont la fermeture de l'établissement et des peines. Cette incapacité, édictée contre des citoyens français à raison de leur qualité de congréganistes et de la forme spéciale que prennent leurs convictions religieuses, est une atteinte certaine portée à l'égalité et à la liberté d'enseignement.

Encore la L. 1er juillet 1901 maintenait-elle les autorisations antérieures, et ainsi celle donnée par la D. 17 mars 1808 (art. 109) aux Frères de la Doctrine chrétienne. Mais, par une application contestable de l'article 13, § 2, L. 1er juillet 1901, le Gouvernement ordonna la fermeture d'écoles ouvertes en conformité de la L. 30 octobre 1886, mais non autorisées spécialement comme établissements nouveaux d'une congrégation autorisée.

Enfin la L. 7 juillet 1904 interdit aux congrégations, même autorisées, « l'enseignement de tout ordre et de toute nature », et supprime dans un délai de dix ans toutes les congrégations autorisées au seul titre de l'enseignement ou qui, en fait, se livrent à l'enseignement seul » (art. 1). Cette mesure est du même ordre que la précédente. Elle vise la congrégation et en elle viole le droit d'association; en réalité, elle atteint le congréganiste et viole la liberté d'enseignement.

546. III. Règles actuelles. — Sauf l'exception relative aux congréganistes, l'enseignement à tous ses degrés est libre.

Pour l'enseignement supérieur, la L. 12 juillet 1875 permet à tout Français (1) âgé de 25 ans d'ouvrir un cours ou de fonder un établissement (art. 2). Des associations peuvent être formées pour le même but moyennant une déclaration faite au recteur, au préfet, au procureur de la République (art. 10).

L'ouverture d'un cours doit être précédée d'une déclaration adressée au recteur ou à l'inspecteur d'académie, indiquant l'objet et le local. Le cours ne peut être ouvert que dix jours après la déclaration (art. 3). Pour un établissement, la déclaration doit être signée par trois administrateurs de cet établissement (art. 4).

(1) Un étranger ne peut enseigner qu'en vertu d'une autorisation ministérielle donnée sur avis du conseil supérieur de l'instruction publique (L. 12 juill. 1875, art. 9; L. 15 mars 1850, art. 78; D. 5 déc. 1850, art. 1).

Dans les dix jours précités, le procureur de la République peut former une opposition en se fondant sur l'incapacité légale d'un professeur ou sur le caractère immoral de l'objet à enseigner. L'opposition est jugée par le tribunal civil, sauf appel (art. 20).

Un établissement libre d'enseignement supérieur peut prendre le titre de Faculté libre, à la condition d'avoir parmi ses professeurs autant de docteurs que la Faculté d'État qui compte le moins de chaires pour le même ordre d'enseignement (art. 5). Il ne peut pas prendre le titre d'Université (L. 18 mars 1880, art. 4).

Il ne peut être déclaré d'utilité publique que par une loi.

Le personnel de l'enseignement supérieur libre est soumis à la juridiction disciplinaire du conseil académique, sauf appel au conseil supérieur de l'instruction publique (L. 27 fév. 1880, art. 7 et 11).

547. *L'enseignement secondaire* donné à titre individuel n'est soumis à aucune formalité ou condition.

Pour ouvrir un établissement, il faut :

des conditions : la qualité de Français (1), l'âge de 25 ans, la jouissance des droits civils, l'absence de condamnation, le baccalauréat ou un brevet spécial de capacité, un stage de cinq ans comme professeur ou surveillant dans un établissement public ou libre ;

des formalités : une déclaration adressée à l'inspecteur d'académie. Celui-ci en avise le préfet et le procureur de la République. Chacun de ces trois fonctionnaires peut former une opposition fondée sur des motifs de moralité ou d'hygiène. L'opposition est jugée par le conseil académique, sauf appel au conseil supérieur.

Les établissements secondaires libres peuvent être subventionnés par les départements et les communes (2).

---

(1) Un étranger ne peut enseigner qu'en vertu d'une autorisation ministérielle donnée sur avis du conseil supérieur de l'instruction publique (L. 15 mars 1850, art. 78 ; D. 5 déc. 1850, art. 1).

(2) Conseil d'État, 17 avril 1891, S., 93. 3. 42.

Les professeurs de ces établissements sont soumis aux mêmes conditions de capacité et de moralité que les directeurs. Le pouvoir disciplinaire à leur égard est exercé par le conseil académique, sauf appel au conseil supérieur.

548. *L'enseignement primaire* donné à titre individuel n'est soumis à aucune formalité ou condition.

Pour ouvrir une école libre, il faut :

des conditions : celles que l'État exige lui-même de ses instituteurs (1).

des formalités : une déclaration adressée au maire, à l'inspecteur d'académie, au procureur de la République et au préfet. La déclaration doit être accompagnée des pièces qui justifient des conditions légales. Elle doit indiquer le local.

Une opposition peut être formée par le maire et l'inspecteur d'académie pour des raisons de moralité ou d'hygiène. Elle est jugée par le conseil départemental de l'instruction publique, sauf appel au conseil supérieur. A défaut d'opposition, l'école peut être ouverte un mois après la déclaration à la mairie.

Le personnel de l'enseignement primaire libre est soumis à la juridiction disciplinaire du conseil départemental, sauf appel au conseil supérieur.

(1) Selon la L. 30 octobre 1886, article 4, un étranger ne peut enseigner qu'en vertu d'une autorisation ministérielle donnée sur avis du conseil départemental de l'instruction publique. Cette dernière formalité a été supprimée par le D. 13 septembre 1914.

CHAPITRE XXXV

De la liberté de la presse.

————

549. I. Principes. — La liberté de la presse est une forme, une conséquence de la liberté d'opinion et se rattache ainsi à la liberté individuelle, à la personnalité humaine. Elle est, en outre, nécessaire dans un régime représentatif; la presse, les journaux, sont indispensables pour former l'opinion publique sur les problèmes de la politique et les actes des pouvoirs publics. — Il est aisé, d'autre part, de dénoncer les maux imputables à la presse, les troubles qu'elle fomente, les erreurs et les calomnies qu'elle propage, les torts qu'elle cause aux hommes publics et aux particuliers.

Lorsque les premières idées sont prépondérantes, la presse est déclarée libre, sous la responsabilité des auteurs et gérants, à raison des délits ou dommages causés; aucune mesure préventive n'est prise, seule la répression est organisée. Spécialement, les écrits sont affranchis de la *censure*, de l'examen préalable par des agents de l'État qui accordent ou refusent la permission d'imprimer. — Lorsque les autres idées prévalent, la presse est soumise, outre la répression des fautes, à une série de dispositions (censure, brevet d'imprimeur, autorisation de journal, impôts élevés, cautionnement du gérant, etc.) qui s'efforcent d'empêcher le développement des imprimés et d'assurer leur parfaite innocuité. C'est entre ces deux systèmes qu'a varié la législation moderne.

550. II. Historique. — La liberté de la presse figure dans la Déclaration des droits de 1789 (1) et elle est confirmée par la C. de 1791 (2), par les C. de 1793 (Décl. des dr., art. 7) et de l'An III, articles 353 et 355 ; seules, des mesures réprimant les infractions sont annoncées. Les restrictions apparaissent sous le Directoire (3). Elles deviennent très rigoureuses sous le Consulat (A. C. 27 nivôse An VIII) et l'Empire (D. 5 fév. 1810) : le nombre des journaux est limité, la censure préalable est organisée, les brevets d'imprimeurs sont accordés par l'Administration. Il est vrai, le Scs. 28 floréal An XII, article 64, crée dans le Sénat une commission de la liberté de la presse ; mais elle n'était pas destinée à protéger les journaux.

La Charte de 1814 proclame la liberté de la presse et revient au système répressif (4). Entre 1814 et 1830, de nombreux actes (5) réglèrent le régime de la presse en des sens différents. Les textes les plus importants sont les LL. 17 mai, 26 mai et 9 juin 1819, qui, presque sur tous les points, ont déclaré les principes que le droit moderne a conservés ; elles maintiennent cependant pour les journaux le cautionnement du gérant et l'impôt du timbre.

La violation de la liberté de la presse (6) est parmi les causes occasionnelles de la Révolution de 1830. Aussi la

---

(1) Art. 11 : « La libre communication des pensées et des opinions est un des droits les plus précieux de l'homme ; tout citoyen peut donc parler, écrire, imprimer librement, sauf à répondre de l'abus de cette liberté dans les cas déterminés par la loi. »

(2) « La Constitution garantit pareillement, comme droits naturels et civils..., la liberté à tout homme de parler, d'écrire, d'imprimer et publier ses pensées, sans que les écrits puissent être soumis à aucune censure ni inspection avant leur publication... » (Tit. I).

(3) La L. 28 germinal An IV exige que tout imprimé répandu dans le public porte le nom de l'auteur et le nom de l'imprimeur. Elle organise la répression des délits de presse.

(4) Art. 8 : « Les Français ont le droit de publier et de faire imprimer leurs opinions, en se conformant aux lois qui doivent réprimer les abus de cette liberté. »

(5) L. 21 octobre 1814, 31 mars 1820, 17 et 25 mars 1822, 26 juillet 1821, 18 juillet 1828.

(6) O. 25 juillet 1830, suspendant la liberté de la presse et établissant la censure.

Charte nouvelle supprime-t-elle la censure (1), et la L. 8 octobre 1830, article 1, déclare le jury compétent en principe pour les délits de presse (2); les mesures répressives furent rendues plus sévères et le taux des cautionnements fut augmenté par la L. 9 septembre 1835, après l'attentat de Fieschi.

La Seconde République se montra fort libérale pour la presse. Les D. 6 mars et 9 août 1848 abrogèrent la L. 9 septembre 1835; le D. 9 août 1848 abaissa le taux des cautionnements. Au point de vue répressif, le D. 11 août 1848 adopta les règles de la L. 17 mai 1819. A son tour, la C. de 1848 proclame la liberté de la presse (3). La L. 27 juillet 1849 est purement répressive, mais déjà la L. 16 juillet 1850 soumet les journaux à l'obligation du cautionnement et à l'impôt du timbre (art. 1 et 12).

Le D. 17 février 1852 exigea une autorisation administrative pour la création d'un périodique politique ou économique (art. 1), sans préjudice du cautionnement (art. 4) et du timbre (art. 6 et s.), et permit au Gouvernement de suspendre et même supprimer un journal (art. 32). La L. 11 mai 1868 supprima l'autorisation préalable (art. 1) et réserva aux tribunaux judiciaires le droit de suspendre et de supprimer (art. 12).

551. III. RÈGLES ACTUELLES. — Le régime de la presse est aujourd'hui réglé par la L. 29 juillet 1881 (4) dont le système général a consisté à écarter les mesures préventives et fiscales et à édicter seulement des mesures répressives (5).

(1) Art. 7 : « Les Français ont le droit de publier et de faire imprimer leurs opinions en se conformant aux lois. — La censure ne pourra jamais être rétablie. »

(2) V. aussi L. 29 nov. et 14 déc. 1830, 8 avril 1831, 16 fév. 1831.

(3) Art. 8 : « Les citoyens ont le droit... de manifester leurs pensées par la voie de la presse ou autrement. — L'exercice de ces droits n'a pour limites que les droits ou la liberté d'autrui et la sécurité publique. — La presse ne peut, en aucun cas, être soumise à la censure. » — Art. 83 : « La connaissance... de tous les délits commis par la voie de la presse appartient exclusivement au jury. »

(4) Entre la chute du Second Empire et la L. de 1881, on peut citer les D. 5 et 10 septembre, 10 et 27 octobre 1870, les LL. 15 avril et 6 juillet 1871 et 29 décembre 1875.

(5) La guerre 1914-1918 a naturellement apporté des changements importants

Ses principales dispositions concernent :

l'imprimerie et la librairie. Elles sont libres (art. 1). Cependant les imprimés destinés au public doivent mentionner le nom et le domicile de l'imprimeur (art. 2) et être déposés, selon les communes, au ministère de l'Intérieur, à la préfecture, à la sous-préfecture, à la mairie (art. 3).

la presse périodique. Pour fonder un périodique, il suffit d'une déclaration faite au procureur de la République, indiquant le titre du périodique, le nom et le domicile du gérant et de l'imprimeur (art. 7). Le gérant doit être Français et jouir de ses droits (art. 6); son nom est imprimé au bas de chaque exemplaire (art. 10). Chaque numéro doit être déposé d'une part au parquet du procureur de la République, d'autre part, selon les communes, au ministère de l'Intérieur, à la préfecture, à la sous-préfecture ou à la mairie (art. 10). La loi réserve aux fonctionnaires et aux particuliers visés dans un périodique le droit d'exiger l'insertion gratuite, à la même place et en mêmes caractères que l'article, d'une rectification (fonctionnaires) ou réponse (particuliers); la longueur de la réponse ne peut dépasser celle de l'article (art. 12-13) (1).

dans le régime de la presse. D'une part, la L. 5 août 1914 interdit de publier, sur divers sujets énumérés (opérations militaires, effectifs, etc.), des informations et renseignements autres que ceux qui seraient communiqués par le Gouvernement ou le commandement (art. 1), sous des peines graves (art. 2), et permit au ministre de l'Intérieur d'interdire l'introduction en France, la circulation, la mise en vente ou distribution de journaux, brochures, écrits ou dessins de toute nature publiés à l'étranger (art. 3). Le D. 12 octobre 1919 a fait cesser l'application de cette loi.

D'autre part, il résulte des explications données à la Chambre des Députés, le 21 janvier 1916, au sujet d'une proposition de loi tendant à la suppression de la censure, que, aux termes d'un accord conclu dès les premiers jours de la guerre entre le Gouvernement et les représentants de la presse, ceux-ci avaient accepté le rétablissement d'une censure préventive, la suppression des articles jugés dangereux et, comme sanction, la suspension des journaux.

Enfin, dans la même circonstance, le Gouvernement affirma que, si cet accord n'avait pas été conclu ou était rompu, il pouvait appliquer l'article 9 de la L. 9 août 1849, qui permet à l'autorité militaire « d'interdire les publications et les réunions qu'elle juge de nature à exciter ou à entretenir le désordre ». Sur ce point, il fut contredit par des députés qui soulinrent que le texte précité avait été abrogé par la L. 29 juillet 1881, article 68.

En somme, pendant toute la guerre, la presse a vécu sous le régime de la censure préventive, sanctionnée par la saisie, la suspension, la suppression des journaux délinquants.

(1) Le droit de réponse a été réglé à nouveau par la L. 29 septembre 1919.

Le Gouvernement peut interdire la circulation d'un périodique étranger sur le territoire français (art. 14).

l'affichage. Il est libre, la L. de 1881 ayant supprimé toutes restrictions (art. 15)(1). Quelques règles spéciales concernent : les affiches officielles ; elles seules peuvent être imprimées sur papier blanc ; elles sont exemptes de timbre ; dans chaque commune, un emplacement leur est réservé par le maire (art. 15) ; — les affiches électorales, exemptes de timbre ; elles peuvent être apposées sur tous les édifices, sauf ceux consacrés au culte (art. 16). — Les affiches apposées sur une propriété privée ne peuvent être arrachées que par le propriétaire ; toute autre personne encourt des peines ; un agent de l'administration encourt des peines correctionnelles (2).

le colportage et la vente sur la voie publique. La profession de colporteur est soumise à une déclaration à la préfecture ; celle de vendeur de journaux, à une déclaration à la mairie ou à la sous-préfecture ; en ce dernier cas, elle vaut pour tout l'arrondissement. Le vendeur de journaux ne peut en annoncer que le titre, l'opinion politique, les noms des rédacteurs, le prix (L. 19 mars 1889).

552. *les infractions.* Les unes consistent dans la violation des prescriptions purement administratives (dépôt, etc.) ; ce sont de simples contraventions sans grand intérêt juridique. — Les autres constituent les délits de presse au sens propre du mot : ici le régime assez doux de la L. de 1881 a été modifié et aggravé par les LL. 2 août 1882, 16 mars 1893, 28 juillet 1894, 16 mars 1898. Les principales sont : la provocation aux crimes et délits et l'apologie de certains crimes et délits (art. 23-25) ; l'offense au Président de la République (art. 26), aux chefs d'État et diplomates étrangers (art. 36) ; l'outrage aux bonnes mœurs (art. 28) ; la diffamation et l'injure, soit contre les particuliers, soit contre les fonctionnaires (art. 29 et s.) ; la publication de fausses nouvelles

(1) Il en résulte que la profession d'afficheur est à l'abri des règlements municipaux (Cass., 30 juin 1892, S., 92. 1. 604).

(2) L'infraction ainsi commise par l'agent administratif appartient à la compétence judiciaire (Conflits, 15 fév. 1890, S., 92. 3. 71).

(art. 27); la publication de certains actes (comptes rendus des procès en diffamation lorsque la preuve des faits allégués n'est pas permise, des procès en divorce, actes de procédure criminelle avant leur production en audience publique, etc.) (art. 38 et s.); l'ouverture et l'annonce d'une souscription ayant pour objet de compenser une condamnation pécuniaire (art. 40).

La responsabilité pénale et civile de ces infractions incombe en première ligne au gérant du journal, considéré comme auteur principal, alors que l'éditeur et même l'auteur de l'article coupable ne sont considérés que comme des complices ayant fourni les moyens de commettre l'infraction. À défaut de gérant, la loi déclare responsables et dans cet ordre : l'auteur, l'imprimeur, le vendeur, distributeur ou afficheur. Le propriétaire du journal est civilement responsable des condamnations pécuniaires (art. 42-44).

La poursuite est intentée par le ministère public; mais en des cas nombreux et importants, son action est subordonnée à une plainte de la partie lésée (art. 47); celle-ci a la faculté de saisir directement la juridiction répressive, dans les termes du droit commun. La juridiction est, en principe, la cour d'assises, c'est-à-dire le jury, parce que les délits de presse sont des délits d'opinion, et le jury doit être considéré comme un bon interprète de l'opinion; — exceptionnellement, ainsi pour les diffamations commises contre les particuliers, le tribunal correctionnel (art. 60).

La preuve des faits allégués contre des fonctionnaires, avec comme conséquence l'acquittement, est permise aux inculpés (art. 35).

553. On peut rattacher au régime de la presse celui des annonces légales. La jurisprudence considère comme étant encore en vigueur le D. 17 février 1852, article 23, en vertu duquel le préfet fixe le tarif des insertions (1); mais le D. 28 décembre 1870 permet aux intéressés de choisir tout journal de langue française publié dans le département.

---

(1) C. d'État, 17 nov. 1899, S., 1902. 3. 89.

CHAPITRE XXXVI

De la liberté de réunion.

———

554. La C. de 1791, titre I, garantissait aux citoyens la liberté « de s'assembler paisiblement et sans armes, en satisfaisant aux lois de police ». Ces lois ne furent pas faites, ou furent insuffisantes, ou restèrent inappliquées. La liberté absolue des réunions engendra les clubs (1), dont l'action politique est restée tristement célèbre. La Terreur finie, lorsque la Constitution de l'An III entra en activité, le Directoire prit des mesures énergiques; les clubs sous toutes les dénominations furent fermés (2), et un régime de surveillance gouvernementale fut organisé. Il dura jusqu'en 1848. En vain objectait-on les LL. 16-24 août 1790, titre XI, article 3, 19-22 juillet 1791, titre I, article 9, qui réservaient aux autorités municipales la police des réunions; la centralisation semblait permettre au Gouvernement et aux préfets d'autoriser ou prohiber les réunions; et la pratique dura même après la L. 18 juillet 1837, qui émancipait les communes. On

———

(1) Les clubs avaient été reconnus par l'Assemblée Constituante (D. 13-19 nov. 1790), qui cependant exigea une déclaration à la municipalité (D. 19-22 juill. 1791, tit. I, art. 14), et qui dut réprimer leurs essais d'empiétement sur les autorités publiques (D. 29 sept. 1791). — Au contraire, le D. 25 juillet 1793 les protège contre les agents administratifs et les particuliers. Puis les mesures restrictives reprennent : D. 9 brumaire An II, qui prohibe les clubs de femmes et ordonne que les séances soient publiques; D. 25 vendémiaire An III, article 1, qui interdit les affiliations entre clubs.

(2) D. 6 fructidor An III (art. 1), 19 fructidor An V, article 37, 7 thermidor An V; Arr. 24 ventôse An VI.

sait qu'une prohibition de ce genre fit éclater la Révolution
de 1848.

La liberté absolue de réunion fut proclamée de nouveau
(19 avril 1848). Elle suscita les troubles qui, à leur tour, ame-
nèrent des mesures restrictives (D. 28 juill. 1848). Même la
L. 19 juin 1849 (1) donna expressément au Gouvernement
la faculté d'interdire une réunion.

Le D. 25 mars 1852 appliqua aux réunions de plus de
vingt personnes le régime des associations (2) (C. P., 291-
294, L. 10 avril 1834, art. 2), et exigea pour toute réunion
une autorisation préalable. L'Empire libéral déclara accorder
la liberté de réunion (L. 6 juin 1868) ; mais la loi excepte les
réunions tenues pour traiter des questions politiques ou religieuses (art. 1), c'est-à-dire celles pour lesquelles la liberté
est le plus intéressante et nécessaire ; et elle permet à
l'Administration d'interdire toute réunion qui lui paraît dangereuse (art. 13).

555. Actuellement, la liberté de réunion est proclamée par
la L. 30 juin 1881 ; elle reste soumise à quelques précautions
qui ont pour but d'assurer, le cas échéant, la répression.

Elle a été modifiée sur un point capital par la L. 28 mars
1907. La L. 30 juin 1881 exigeait, pour chaque réunion,
une déclaration faite par deux citoyens domiciliés dans
la commune ; déclaration indiquant le lieu, le jour et l'heure
auxquels la réunion devait être tenue ; déclaration portée, selon la commune, au préfet de police, au préfet, au
sous-préfet, au maire. Cette exigence avait pour but d'avertir l'autorité publique, qui pouvait prendre les mesures

_____

(1) Cette loi provisoire fut prorogée par les LL. 6 juin 1850 et 21 juin 1851.
(2) Les lois actuelles distinguent avec exactitude la liberté de réunion et la liberté
d'association. La différence paraît assez claire ; l'association crée un lien permanent, la réunion ne rapproche les hommes que pour un temps très court et ne crée
entre eux aucun lien de droit. Cependant, les lois anciennes ont confondu, et cela
s'explique : les seules associations intéressantes à ce moment, les clubs, étaient
formées pour tenir des réunions, et la plupart des réunions étaient organisées
par les clubs et tenues par leurs membres. Aussi fut-il admis pendant longtemps
que les articles 291-292 C. P., qui punissaient les associations de plus de vingt personnes formées sans autorisation, s'appliquaient aux réunions.

utiles selon les circonstances. Or, la L. 28 mars 1907, article 1, dispose : « Les réunions publiques, quel qu'en soit l'objet, pourront être tenues sans déclaration préalable » (1).

Elle ne dit pas comment l'autorité publique sera avertie.

556. Les autres dispositions de la L. 30 juin 1881 restent en vigueur (2).

Toute réunion doit être tenue dans un local fermé, d'où la prohibition des réunions sur la voie publique; -- toute réunion doit être terminée à 11 heures du soir, sauf les communes où les établissements publics sont autorisés à rester ouverts au delà de 11 heures (art. 6); — toute réunion doit être dirigée par un bureau composé de trois membres au moins (art. 8).

A chaque réunion, l'Administration peut envoyer un représentant, un commissaire de police, qui peut dissoudre la réunion, soit sur la demande du bureau, soit quand il s'y produit une voie de fait ou une collision (art. 9).

L'article 7 L. 30 juin 1881 confirmait l'interdiction prononcée contre les clubs; il a été abrogé par l'article 21 L. 1er juillet 1901.

La L. de 1881 ne concerne d'ailleurs que les réunions publiques; les réunions privées, c'est-à-dire sur invitations nominatives, sont entièrement libres.

557. On peut rapprocher des réunions les attroupements, qui sont des réunions tenues sur la voie publique, donc illicites. Les attroupements armés doivent être dispersés immédiatement par la force; les attroupements non armés (ceux dans lesquels personne n'est armé) sont dispersés par la

___

(1) La L. 28 mars 1907 a été faite pour rendre légales les cérémonies religieuses auxquelles la L. 9 décembre 1905, article 25, accordait déjà des règles spéciales. Mais le Pape n'avait accepté ni les règles de la L. de 1905, ni celles de la L. de 1881 (n° 521).

(2) Cependant, en supprimant la nécessité d'une déclaration préalable, la L. 28 mars 1907 a supprimé la différence que faisait la L. 30 juin 1881 entre les réunions ordinaires qui devaient être déclarées vingt-quatre heures à l'avance (art. 2) et les réunions électorales qui pouvaient être déclarées seulement deux heures à l'avance (art. 3). Par suite il n'y a plus à tenir compte de l'article 5 L. 30 juin 1881, qui définissait la réunion électorale (n° 170).

force, quand ils mettent la tranquillité publique en péril, après trois sommations (D. 21 oct. 1789, L. 7 juin 1848, art. 3).

558. A la liberté de réunion, on peut rattacher la question du théâtre. Car si l'impression d'une pièce de théâtre est soumise au droit commun de la presse, les réunions qui se font pour assister à la représentation de la même pièce ne sont pas soumises au droit commun des réunions. Une pièce de théâtre ne peut être représentée en public qu'en vertu d'une autorisation gouvernementale qui peut être refusée ou même retirée arbitrairement. C'est le célèbre régime de la censure.

L'entière liberté du théâtre sous la responsabilité des auteurs et des acteurs fut proclamée par la L. 13-19 janvier 1791. Elle exigeait cependant une déclaration préalable à la municipalité, et reconnaissait le pouvoir d'inspection du maire. Mais bientôt la L. 2-3 août 1793, article 2, ordonne de fermer les théâtres dans lesquels « seraient représentées des pièces tendant à dégrader l'esprit public et à réveiller la honteuse superstition de la royauté », et de punir les directeurs. Un régime de police plus étendu fut organisé par l'arrêté du 25 pluviôse An IV.

Puis vint le D. 8 juin 1806 : le nombre des théâtres est limité dans toutes les villes, sauf Paris, et partout l'ouverture d'un théâtre exige une autorisation administrative. Aucune pièce de théâtre ne peut être jouée sans une permission spéciale. Ce régime dura longtemps, et même, bien que la censure eût été abolie par la Charte de 1830, article 7, fut consacré par la L. 9 septembre 1835, articles 21 et suivants.

La C. de 1848 maintient implicitement la censure des théâtres (art. 8) qui est expressément confirmée à titre provisoire par les LL. 30 juillet 1850 (art. 1) et 30 juillet 1851, à titre définitif par le D. 30 décembre 1852.

Le D. 6 janvier 1864 rend la liberté à l'industrie théâtrale (art. 1), mais conserve la censure (art. 3). Il est encore en vigueur, malgré l'extrême vivacité des critiques, malgré les votes de la Chambre des Députés, malgré la suppression, au budget de 1906, du crédit affecté à la rétribution des censeurs. Mais il résulte de cette suppression que la censure ne fonctionne plus à Paris (1).

(1) Elle a cependant fonctionné pendant la guerre.

CHAPITRE XXXVIII

De la liberté d'association.

———

559. I. PRINCIPES. — Pour les hommes d'aujourd'hui, la liberté d'association est la conséquence naturelle, nécessaire, de la liberté individuelle. Notre temps a vu se former un si grand nombre d'associations sans la loi et même contre la loi, qu'il a désiré ardemment et qu'il a fini par obtenir une loi, qui consacre et organise la libre formation des associations.

L'association rassemble et utilise des forces, des ressources individuelles qui, isolées, resteraient inefficaces, inutiles. Elle enrichit la personnalité humaine des facultés qu'elle lui permet d'exercer dans un domaine nouveau, le domaine propre à chaque association. Elle développe ainsi l'activité individuelle et la renforce. Elle concourt au perfectionnement de chacun et au bien-être de tous.

Ses œuvres multiples et diverses, que la liberté multiplie et varie encore, ne peuvent pas être toutes accomplies par les collectivités politiques et administratives. Celles-ci, quelque étendu que leur rôle puisse être conçu, ne sauraient embrasser tout ce que font, tout ce que sont capables de faire les associations. Matériellement, la tâche est gigantesque et grandit tous les jours; juridiquement, leur rôle est limité aux objets qui intéressent, sinon tous les membres du groupe, du moins le plus grand nombre, un grand nombre de ces membres; l'association est assez souple pour s'adapter aux besoins les plus spéciaux.

Ces raisons suffisent pour faire comprendre comment les nations modernes, après avoir traversé un âge d'individualisme outrancier, se sont reprises d'un goût très vif pour l'association.

Une raison d'un autre ordre s'est ajoutée aux précédentes : l'individualisme excessif s'est combiné avec l'excès de la centralisation et de la puissance publique. Pour se défendre contre des autorités, que leur origine élective ne détourne pas toujours des mesures arbitraires, les individus ont compté sur l'association, et ont noué dans un faisceau solide leurs faiblesses isolées (1).

560. L'association n'est pas sans dangers. Elle peut acquérir une influence, des ressources, une force inquiétantes pour l'État; selon la formule traditionnelle, elle peut arriver à constituer un État dans un État, se juger assez puissante pour méconnaître les lois et braver les pouvoirs publics.

Elle peut accumuler et immobiliser des richesses considérables, des biens de mainmorte. Ces biens qui ne circulent pas, qui ne s'aliènent pas, qui ne se transmettent pas, nuisent à la vie économique, qui s'en trouve privée et appauvrie, et au fisc, qui perd d'importants droits de mutation.

Elle peut même exercer sur ses membres une autorité tyrannique.

561. II. Historique. — Selon les époques, les avantages ou les inconvénients de la libre association sont plus fortement sentis. Ainsi s'expliquent les lois successives et diverses.

Une distinction s'impose tout d'abord entre les associations à but lucratif et les associations sans but lucratif.

Les associations à but lucratif ont peu inquiété l'État. Il

_____

(1) La décentralisation est un mouvement parallèle, né du même besoin de combattre l'autorité trop puissante de l'État. Elle aboutit, en somme, à reconnaître, en les dotant de droits considérables contre l'État lui-même, des associations dont le lien le plus sensible est le fait d'habiter le même territoire. — Elle est insuffisante : comme l'État, le département et la commune ne peuvent entreprendre que des tâches d'un intérêt général; leurs autorités, comme celles de l'État, inclinent naturellement vers les abus de pouvoir.

n'a pas peur des hommes qui s'unissent simplement pour gagner de l'argent, des associations qui n'assument pas la satisfaction des intérêts intellectuels et moraux, des tâches analogues aux tâches administratives et politiques. La loi admet les sociétés civiles et commerciales à une certaine liberté, et leur reconnaît même la personnalité juridique, c'est-à-dire l'instrument efficace de leur durée et de leur prospérité.

Cependant, au début, la loi a eu des inquiétudes au sujet des sociétés anonymes, qui peuvent acquérir une grande ampleur, rassembler des ressources énormes. Le C. co., article 37, exige pour elles une autorisation administrative. Au bout d'un certain temps, cette exigence a été supprimée en principe (L. 24 juill. 1867, art. 21). Elle a cessé pour les tontines et les assurances sur la vie, par la L. 17 mars 1905, article 22. Elle ne subsiste plus que pour les sociétés étrangères qui veulent faire des opérations en France (L. 30 mai 1857).

562. Quant aux associations sans but lucratif, leur condition a été toujours beaucoup plus dure. Aujourd'hui encore, après la L. 1er juillet 1901, elle est bien moins favorable.

La Révolution de 1789 n'a pas fait figurer la liberté d'association parmi les droits de l'homme et du citoyen. Au contraire, elle détruisit et prohiba (L. 14-17 juin 1791) toutes les corporations et associations professionnelles, considérées comme contraires à la liberté individuelle ; l'État lui paraissait suffire à satisfaire tous les besoins collectifs (1). D'ailleurs la liberté d'association n'était pas bien distinguée de la liberté de réunion.

Le C. P., article 291-294, ordonnait la dissolution de toute association comptant plus de vingt personnes et formée sans l'autorisation du Gouvernement, punissait ses chefs et aussi ceux qui lui fournissaient un local. La L. 10 avril 1834 avait

---

(1) La C. An III a, sur l'association, quelques règles restrictives (art. 360 et s.), qui cependant impliquent la liberté.

aggravé ces peines et spécifié qu'elles étaient applicables aux
sections de moins de vingt personnes affiliées à la même
association (art. 1-2).

Ce régime d'autorisation administrative a duré jusqu'à une
époque toute voisine de notre temps. La C. de 1848, article 8,
avait vainement proclamé la liberté de s'associer. Faute d'une
loi organique, cette liberté était demeurée une simple formule, et le régime antérieur avait continué. Il n'était tolérable que grâce aux nombreuses autorisations accordées sans
difficulté, tout au moins aux sociétés qui n'avaient pas un
objet politique hostile au Gouvernement. Un inconvénient
grave subsistait : les associations, même autorisées, n'avaient
pas la personnalité civile, manquaient des moyens juridiques
indispensables. Elles ne pouvaient les acquérir que par
une déclaration d'utilité publique, laquelle n'était accordée
qu'avec parcimonie.

563. III. Règles actuelles : lois spéciales. — Le régime de
l'autorisation administrative a été attaqué et détruit d'abord
sur quelques points déterminés par des lois spéciales, puis
par une loi générale.

Les lois spéciales sont inégalement importantes, et les plus
récentes, comme il est naturel, sont les plus importantes.

1° *La L. 21 juin 1865* a permis aux propriétaires fonciers
de s'associer pour des travaux d'intérêt commun; et selon
l'article 5, « les associations syndicales libres se forment sans
l'intervention de l'administration ». Elles jouissent de la
personnalité civile (art. 3), mais non des avantages que les
articles 13 à 19 accordent aux associations autorisées, à la
formation desquelles l'Administration a concouru.

564. 2° *La L. 21 mars 1884*, sur les syndicats professionnels.
Les associations professionnelles, dont on connaît les abus
sous l'Ancien Régime, avaient été spécialement visées par les
prohibitions révolutionnaires. C'est pour elles qu'a été faite
la première grande loi favorable à la liberté. C'est aux travailleurs manuels que l'association était le plus utile. Délivrés des

jurandes et des maîtrises, ils avaient été condamnés à une action individuelle, manifestement insuffisante pour la défense de leurs intérêts.

Les articles 414 et 415 C. P. prohibaient et punissaient les coalitions des ouvriers (et aussi celles des patrons) formées en vue d'une grève ; l'ouvrier, isolé par force, luttait inégalement contre le patron. Condition qui devint moins tolérable lorsque la grande industrie eût créé les ateliers nombreux, rapproché les ouvriers, révélé leur force, suggéré l'association. En réalité, les associations se formèrent malgré la loi, avec la tolérance du Gouvernement. Leur nombre augmenta encore après la L. 25 mai 1864, qui modifia les articles 414 à 416 C. P. Alternativement encouragé et arrêté par les Gouvernements et les circonstances, le mouvement devint assez fort pour obliger le Parlement à faire une loi de liberté. Ce fut la L. 21 mars 1884, loi spéciale encore, puisqu'elle ne concerne que les individus exerçant une profession, mais qui donne la liberté d'association à des catégories très nombreuses.

Elle abroge la L. 14-17 juin 1791, qui prohibait l'association professionnelle, et l'article 416 C. P., qui punissait les plans concertés relatifs à la liberté du travail. Et elle soustrait les associations professionnelles au régime de l'autorisation, déclarant que les articles 291 à 294 C. P. et la L. 10 avril 1834 ne leur sont pas applicables (art. 1). En conséquence, ces associations, quel que soit le nombre de leurs membres, « pourront se constituer librement sans l'autorisation du Gouvernement » (art. 2).

Elles ne peuvent se former qu'entre « personnes exerçant la même profession, des métiers similaires ou des professions connexes concourant à l'établissement de produits déterminés » (art. 2).

Ceci permet, d'une part, soit les syndicats de patrons seuls, soit les syndicats d'ouvriers seuls, soit les syndicats mixtes de patrons et d'ouvriers ; d'autre part, l'association de nombreux intérêts analogues. En outre, les syndicats professionnels peuvent se grouper en unions (art. 5). En revanche, « les syndicats professionnels ont exclusivement pour objet l'étude et la défense des intérêts économiques, industriels, commerciaux et agricoles » (art. 3).

Pour toute formalité, le syndicat est obligé de faire une déclaration réglée par l'article 4.

Le syndicat professionnel a la personnalité civile. L'article 6 lui reconnaît : le droit d'ester en justice, — le droit d'employer le produit des cotisations; mais il ne peut acquérir que les immeubles nécessaires à ses réunions, à ses bibliothèques et à des cours d'instruction professionnelle (1), — le droit de constituer, entre ses membres des caisses spéciales de secours mutuels et de retraites, — le droit de « créer et administrer » des offices de renseignements pour les offres et les demandes de travail.

Tout membre du syndicat peut s'en retirer à tout moment, nonobstant une clause contraire dans les statuts, sous la condition d'acquitter la cotisation de l'année courante et en conservant ses droits acquis dans les caisses de secours mutuels et de retraites (art. 7).

Des peines sont infligées, pour violation des articles 2 à 6, aux directeurs ou administrateurs; le tribunal peut prononcer la dissolution du syndicat et la nullité des acquisitions faites en violation de l'article 6 (art. 9).

565. Cette loi n'a pas eu tout le succès qu'en attendaient ses auteurs. Deux points surtout doivent être signalés.

En premier lieu, si les syndicats sont nombreux, peu d'entre eux groupent un nombre considérable d'adhérents, surtout d'adhérents sérieux, payant les cotisations avec régularité et apportant aux intérêts communs un véritable soin. En réalité, les statistiques affirment qu'un dixième à

---

(1) En cas d'acquisition contraire à cette règle, la nullité peut en être demandée aux tribunaux judiciaires par les intéressés ou par le ministère public. Les immeubles acquis à titre onéreux sont vendus et le prix est versé à la caisse du syndicat. Les immeubles acquis à titre gratuit font retour aux disposants ou à leurs ayants cause (art. 8).

peine des ouvriers sont syndiqués. Pour corriger ce résultat, on a souvent proposé de rendre le syndicat obligatoire. Le parti révolutionnaire espère que les nouveaux venus suivront ses impulsions, déjà si puissantes auprès des syndiqués. Certains catholiques croient que du syndicat obligatoire renaîtrait l'antique corporation à inspiration religieuse.

Quoi qu'il en soit de ces espérances contradictoires, l'obligation serait une véritable atteinte à la liberté, et elle ne saurait être édictée. Sans doute, les syndicats ouvriers ne se trompent pas quand ils reprochent aux non-syndiqués de leur nuire. Mais leur intérêt ne saurait exiger le sacrifice de la liberté d'autrui.

Quelques réformateurs s'imaginent que les syndicats seraient plus nombreux si leur capacité juridique était plus grande, si leur composition était plus souple et plus facile. C'est, semble-t-il, accorder une importance exagérée à des règles qui n'ont pas frappé l'attention des classes ouvrières.

En second lieu, le syndicat n'a pas toujours été l'instrument de force pacifique qui avait été souhaité. Trop souvent, cédant à une minorité plus turbulente que laborieuse, il a suscité des grèves injustes et inopportunes. Il a recouru à des moyens violents pour contraindre soit les patrons, soit les non-syndiqués, soit les syndiqués adversaires de la grève. Et on peut dire que si, grâce à lui, la liberté de ne pas travailler est sauvegardée, la liberté de travailler est menacée par lui. Il a fait ouvertement de la politique. Enfin un assez grand nombre de syndicats se sont constitués en une Confédération générale du travail qui ne dissimule pas son dessein de venir à bout par la force de la société capitaliste actuelle.

La L. 21 mars 1884 a été modifiée par la L. 12 mars 1920. Celle-ci porte sur les points suivants :

les femmes mariées peuvent faire partie d'un syndicat et du conseil d'administration sans autorisation maritale; les majeurs de 16 ans peuvent faire partie d'un syndicat, non du conseil, sans autorisation; les personnes qui ont exercé la profession pendant un an peuvent continuer à faire partie du syndicat;

la personnalité civile du syndicat comprend : le droit d'ester en justice, le droit d'acquérir des meubles et des immeubles à titre onéreux et à titre gratuit, le droit de se porter partie civile pour l'intérêt collectif de la profession, le droit de fonder toutes œuvres professionnelles (caisses de secours mutuels et de retraite, habitations à bon marché, jardins ouvriers), le droit de subventionner des coopératives, le droit de louer, prêter ou répartir entre leurs membres les objets nécessaires à la profession, le droit de concourir à la vente des produits, celui de conclure des contrats avec tous autres syndicats, sociétés ou entreprises, celui d'établir des labels. Les biens nécessaires aux réunions, aux bibliothèques et aux cours d'instruction professionnelle, les fonds des caisses de secours mutuels et de retraite sont insaisissables;

les syndicats peuvent s'unir pour la défense de leurs intérêts économiques, industriels, commerciaux, agricoles; les unions ont les mêmes droits que les syndicats;

tout membre peut sortir d'un syndicat en payant la cotisation pour six mois à venir;

en cas de dissolution, les biens sont dévolus conformément aux statuts ou par décision d'une assemblée générale; ils ne peuvent jamais être répartis entre les membres;

la faculté de former des syndicats est reconnue aux professions libérales; une loi spéciale statuera pour les fonctionnaires.

566. 3° *La L. 1ᵉʳ avril 1898*, relative aux sociétés de secours mutuels. Elle leur assigne des buts exactement énumérés (art. 1); elle exige qu'elles garantissent « à tous leurs membres participants les mêmes avantages, sans autre distinction que celle qui résulte des cotisations fournies et des risques apportés » (art. 2); elle refuse aux membres honoraires la participation à ces avantages (art. 3, al. 1). Ces restrictions n'empêchent pas que les sociétés de secours mutuels ne jouissent d'une suffisante liberté.

Elles se forment sans autorisation (1); les femmes mariées
s'y affilient sans l'autorisation de leurs maris, les mineurs
sans l'autorisation de leur représentant légal (art. 3, al. 2).

La loi se contente d'exiger le dépôt préalable à la préfecture ou à la sous-préfecture des statuts et de la liste des
administrateurs (art. 4), et d'indiquer quels points les statuts doivent déterminer (art. 5).

L'administration est réglée par les statuts. Mais elle ne
peut être confiée « qu'à des Français majeurs de l'un ou
l'autre sexe, non déchus de leurs droits civils ou civiques,
sous réserve pour les femmes mariées des autorisations de
droit commun » (art. 3, al. 3) (2). Le contentieux des élections qui y pourvoient est porté au juge de paix, sauf recours
en cassation (art. 6).

La dissolution est : ou *volontaire*. Elle est décidée par
une assemblée générale, à la majorité des inscrits, aux deux
tiers des présents (art. 11); — ou *judiciaire*. Lorsqu'une
association est détournée de son but, après un avertissement
donné par le préfet, le tribunal civil (sauf appel) prononce
la dissolution, à la requête du ministère public. En cas de
fausse déclaration ou de dissimulation du véritable objet de
la société, des peines sont encourues, et le juge de répression déclare la société dissoute, à la requête du ministère
public (art. 10).

La liquidation a lieu selon les statuts, sauf homologation
du tribunal civil. En cas de dissolution judiciaire, le jugement désigne un administrateur pour y procéder (art. 11).

Toute société de secours mutuels a, selon l'article 13, le
droit d'ester en justice par son président ou un mandataire
spécial. Pour le reste, l'article 14 distingue trois catégories
de sociétés :

la société libre. Elle a une capacité limitée. Elle peut rece-

(1) Par exception, « les sociétés de secours mutuels constituées entre étrangers
ne peuvent exister qu'en vertu d'un arrêté ministériel toujours révocable » (art. 3,
al. 4).

(2) Les sociétés composées d'étrangers peuvent être administrées par des étrangers (art. 3, al. 4).

voir et employer les cotisations « et généralement faire des
actes de simple administration », posséder des objets mobiliers, prendre à bail des immeubles pour l'installation de
ses services. Elle peut même recevoir des dons et legs mobiliers; le préfet (exceptionnellement le Chef de l'État) en
autorise l'acceptation et en règle l'emploi. Mais elle ne peut,
à peine de nullité, acquérir que les immeubles affectés à ses
services, et toute libéralité immobilière doit être aliénée
(art. 15).

la société approuvée. Toute société peut demander pour
ses statuts l'approbation ministérielle, qui ne doit être refusée
que si les statuts sont contraires à la loi ou s'ils ne prévoient
pas des recettes proportionnées aux dépenses (art. 16). L'approbation est retirée par décret en Conseil d'État (art. 30).
Le refus et le retrait sont susceptibles d'un recours contentieux devant le Conseil d'État (art. 16 et 30). — La société
approuvée peut acquérir, même à titre gratuit, des immeubles sous une autorisation par décret en Conseil d'État
(art. 17), jusqu'à concurrence des trois quarts de son avoir
(art. 20).

la société reconnue d'utilité publique. La reconnaissance
est faite par un décret en la forme des règlements d'administration publique (art. 32). Elle confère le droit de posséder
et d'acquérir, vendre et échanger des immeubles, dans les
conditions déterminées par le décret de reconnaissance
(art. 33).

La L. 1er avril 1898 contient en outre des règles sur : les
avantages accordés et les obligations imposées aux sociétés
de secours mutuels (art. 7, 18 à 21, 26, 27, 29) ; — les unions
que les sociétés sont autorisées à former entre elles, auxquelles
l'approbation et la reconnaissance d'utilité publique sont
applicables (art. 8, 16, 32) ; — le conseil supérieur de la
mutualité et sa section permanente (art. 34, 35).

567. IV. RÈGLES ACTUELLES : LOI GÉNÉRALE. — La loi générale
qui a apporté la liberté d'association est la L. 1er juillet
1901.

Elle commence par définir l'association : « la convention par laquelle deux ou plusieurs personnes mettent en commun d'une façon permanente leurs connaissances ou leur activité dans un but autre que de partager des bénéfices » (art. 1).

Au point de vue de la validité, qui est le point de vue du droit privé, elle est régie « par les principes généraux du droit applicables aux contrats et obligations » (même texte).

568. Au point de vue du droit public, la L. de 1901, article 2, déclare l'association libre : « Les associations de personnes pourront se former librement sans autorisation ni déclaration préalable... »

Cette règle proclamée avec quelque solennité a une grande importance en droit. Par elle, le droit français abandonne le système du C. P. et de la L. de 1834, et ajoute une formule libérale aux autres.

En fait, sa portée est moindre. Les textes qu'elle abroge étaient demeurés sans application et n'étaient rappelés à l'activité que dans des circonstances vraiment exceptionnelles. Les autorisations administratives étaient rarement refusées. En somme, les associations jouissaient d'une liberté pratique que la L. de 1901 a reconnue plutôt que créée.

Cependant, il serait injuste de méconnaître le progrès réel qu'elle donne. La condition des associations cesse d'être précaire, abandonnée au bon vouloir de l'Administration, et le Gouvernement est dépouillé d'armes, rouillées peut-être, mais non pas hors d'usage. Si rare, si exceptionnel qu'en fût l'emploi, il se produisait encore quelquefois. Il ne peut plus se produire, c'est un gain sérieux.

569. Si libre que soit l'association, elle ne peut, sous peine de nullité, être « fondée sur une cause ou en vue d'un objet illicite, contraire aux lois, aux bonnes mœurs », ni avoir « pour but de porter atteinte à l'intégrité du territoire national et à la forme républicaine du Gouvernement » (art. 3). Et de même qu'elle est librement formée, les membres sont toujours, et au besoin malgré les statuts, libres de la quitter, après avoir payé les cotisations échues et celle de l'année courante (art. 4).

570. La L. de 1901 proclame la liberté, mais non l'égalité des associations entre elles. Elle distingue :

les associations non déclarées. A celles-ci, l'article 2 refuse la capacité civile. Pour elles, tout le bénéfice de la loi se réduit à la suppression de l'autorisation administrative et des peines. A tous les autres points de vue, elles sont dans la condition que le régime ancien faisait aux associations qui n'avaient pas été déclarées d'utilité publique.

Cette condition, qui peut être définie le néant juridique, était au fond moins mauvaise qu'en apparence. — L'association ne pouvait pas être propriétaire, mais ses chefs étaient les propriétaires apparents et géraient le patrimoine commun. Ils devenaient de même créanciers et débiteurs à la place et pour le compte de l'association (1). De même, ils plaidaient pour elle comme maîtres apparents de son patrimoine, et les difficultés que pouvaient susciter les règles de la procédure ne se produisaient pas souvent, car personne ou à peu près n'avait intérêt à les soulever.

Il en est de même aujourd'hui des associations non déclarées.

571. *les associations déclarées.* Dans le système de la L. de 1901, une association ne peut acquérir la personnalité civile, devenir une personne juridique, que si elle a été rendue publique par les soins de ses fondateurs (art. 5) (2).

Cette publicité, selon la L. de 1901, résulte d'une déclaration faite à la préfecture ou à la sous-préfecture du siège social. Le D. 16 août 1901, article 1, y ajoute : l'insertion d'un extrait au *Journal officiel* et au *Recueil des actes administratifs de la préfecture ;* et l'article 2 autorise toute personne à

---

(1) Sur ce point, la L. de 1901 aggrave le droit antérieur : l'article 17 déclare nul tout acte fait par personne interposée pour permettre à une association d'éluder les dispositions de la L. de 1901 et notamment l'article 2 qui refuse la capacité juridique aux associations non déclarées.

(2) Le D. 16 août 1901, article 1, dit : «... ceux qui, à un titre quelconque, sont chargés de l'administration ou de la direction de l'association ».

prendre communication et à obtenir un extrait de la déclaration et de toutes les pièces qui s'y réfèrent.

La déclaration doit contenir le titre et l'objet de l'association, le siège de ses établissements, les noms, professions et domiciles de ses directeurs ou administrateurs. Elle est accompagnée de deux exemplaires des statuts (L. 1er juill. 1901, art. 5).

Tout changement apporté aux points précisés par la déclaration (1) doit être déclaré de même dans le mois. Il ne devient opposable aux tiers qu'à partir de la déclaration.

L'association déclarée est une personne juridique. La L. de 1901, article 6, lui reconnaît quelques droits dont elle peut user sans autorisation spéciale :

le droit d'ester en justice ;

le droit d'acquérir à titre onéreux ;

le droit de recevoir des subventions de l'État, des départements et des communes ;

le droit de posséder et administrer : 1° les cotisations de ses membres, ou les sommes qui rachètent la cotisation, pourvu qu'elles ne dépassent pas 500 francs; 2° le local destiné à l'administration de l'association et à la réunion de ses membres; 3° les immeubles strictement nécessaires au but qu'elle se propose.

Cette personnalité est bien pauvre, bien insuffisante.

C'est en vain que la liberté a été donnée aux associations déclarées; elles n'en sauront que faire. En tout cas, l'avantage qu'une association trouve à être déclarée est si faible, que la L. de 1901 n'a pas amélioré pratiquement, effectivement la situation antérieure.

572. *les associations reconnues d'utilité publique.* Cette reconnaissance a lieu par un décret rendu en la forme des règlements d'administration publique (L. 1er juill. 1901, art. 10). Elle serait retirée, le cas échéant, par un décret analogue. La concession et le retrait sont laissés par la loi à

_____

(1) Le D. 16 août 1901, article 3, ajoute : le changement d'adresse dans la localité, les acquisitions et aliénations d'immeubles.

l'appréciation du Chef de l'État, appréciation d'opportunité,
qui ne peut faire l'objet d'un recours contentieux.

Les associations reconnues d'utilité publique jouissent
d'une capacité relativement étendue. Elles « peuvent faire
tous les actes de la vie civile qui ne sont pas interdits par
leurs statuts » (art. 11). A cette formule large, la L. 1er juillet 1901 elle-même apporte d'importantes restrictions.

« Elles ne peuvent posséder ou acquérir d'autres immeubles que ceux nécessaires au but qu'elles se proposent »
(art. 11). Et la loi ne distingue pas entre les acquisitions à
titre gratuit et les acquisitions à titre onéreux. Cette disposition est dictée : par la crainte, traditionnelle chez le législateur français, de la main morte immobilière ; crainte un peu
étrange de notre temps, où la richesse mobilière est bien
plus considérable que la richesse immobilière ; — peut-être
aussi par le désir d'augmenter la foule déjà nombreuse de
ceux qui placent leurs fonds en rentes sur l'État français ;
ceci n'est pas sans danger, une association qui jetterait sur le
marché financier une quantité considérable de rentes pourrait susciter un trouble plus grave que la mainmorte immobilière.

« Toutes les valeurs mobilières d'une association doivent
être placées en titres nominatifs » (art. 11), précaution qui
garantit l'association contre les détournements de ses agents.

Les associations reconnues d'utilité publique « peuvent
recevoir des dons et des legs dans les conditions prévues par
l'article 910 C. civ. et l'article 5 de la loi du 4 février
1901 » (art. 11). Il résulte de ces derniers textes qu'une libéralité adressée à une association a besoin d'être validée par
une autorisation administrative, qui est donnée par un
arrêté préfectoral en général, par un décret en Conseil d'État
quand la libéralité consiste en immeubles ayant une valeur
supérieure à 3.000 francs. Cette formalité a pour but principal d'assurer l'observation du principe de spécialité, d'empêcher que les associations acquièrent « d'autres immeubles
que ceux nécessaires au but qu'elles se proposent ». Si cette

condition n'est pas observée, la libéralité n'est pas nulle :
« Les immeubles compris dans un acte de donation ou dans
une disposition testamentaire qui ne seraient pas nécessaires
au fonctionnement de l'association sont aliénés dans les délais
et la forme prescrits par le décret ou l'arrêté qui autorise
l'acceptation de la libéralité; le prix en est versé à la caisse
de l'association. » (L. 1ᵉʳ juill. 1901, art. 11.)

Enfin « elles ne peuvent accepter une donation mobilière
ou immobilière avec réserve d'usufruit au profit du donateur » (même texte). Cette réserve, qui empêche le donateur
de souffrir de la donation, rendrait les donations trop fréquentes au gré de la loi.

573. L'association cesse d'exister : d'une part, pour les
causes qui lui mettent fin selon le droit privé; d'autre part,
par la dissolution qui est réglée par la L. 1ᵉʳ juillet 1901.

La dissolution est prononcée :

tantôt par l'autorité judiciaire. Il en est ainsi : 1° quand
l'association tombe sous le coup de l'article 3. L'article 7 dit
qu'en ce cas « la dissolution de l'association sera prononcée
par le tribunal civil, soit à la requête de tout intéressé, soit
à la diligence du ministère public »; — 2° quand les dispositions de l'article 5 ont été violées. L'article 7, § 2, dispose
de même que pour le cas précédent. — Si, malgré le jugement de dissolution, l'association se maintient ou se recons-
titue, les fondateurs, directeurs ou administrateurs encourent
des peines (16 à 5.000 francs d'amende, six jours à un an de
prison) (art. 8). Les mêmes peines sont encourues par toutes
les personnes qui auront favorisé la réunion des membres
de l'association dissoute, en consentant l'usage d'un local
dont elles disposent » (même texte).

tantôt par un décret en conseil des ministres. Cette mesure
menace « les associations composées en majeure partie
d'étrangers, celles ayant des administrateurs étrangers ou
leur siège à l'étranger dont les agissements seraient de nature
soit à fausser les conditions normales du marché des valeurs
ou des marchandises, soit à menacer la sûreté intérieure ou

extérieure de l'État dans les conditions prévues par les articles 75 à 101 du Code pénal » (art. 12). Les peines précitées s'appliquent dans le cas où l'association ainsi dissoute se maintiendrait ou se reconstituerait. Le décret de dissolution est sujet, selon le droit commun, au recours en annulation devant le Conseil d'État; spécialement, il devrait être annulé s'il était motivé par des faits autres que ceux visés par l'article 12. La précision de ce dernier texte est une garantie appréciable contre l'arbitraire gouvernemental.

574. Dans tous les cas où l'association cesse d'exister, les biens qui lui appartenaient « seront dévolus conformément aux statuts, ou, à défaut de disposition statutaire, suivant les règles déterminées en assemblée générale » (art. 9). Mais l'assemblée « ne peut, conformément aux dispositions de l'article 1 de la L. 1er juillet 1901, attribuer aux associés, en dehors de la reprise des apports, une part quelconque des biens de l'association » (D. 16 août 1901, art. 15).

Le D. 16 août 1901, article 14, a prévu le cas où la liquidation et la dévolution des biens n'auraient été réglées ni par les statuts, ni par une assemblée générale des associés. Le tribunal, à la requête du ministère public, nomme un curateur, qui exerce, en général, les pouvoirs donnés aux curateurs des successions vacantes (C. c., 813), et qui, spécialement, « provoque, dans le délai déterminé par le tribunal, la réunion d'une assemblée générale dont le mandat est uniquement de statuer sur la dévolution des biens ». Le cas où cette nouvelle assemblée ne pourrait pas être tenue n'est pas prévu.

575. V. LES CONGRÉGATIONS. — Tel est le régime ordinaire des associations. Des règles spéciales, très rigoureuses, concernent une catégorie particulière d'associations, les congrégations religieuses (1). Ces règles sont contenues dans la

(1) La loi civile s'est toujours et partout inquiétée des congrégations religieuses. L'Ancien Droit, qui reconnaissait les vœux monastiques, leur attribuait de graves effets civils ; des vœux de chasteté et de pauvreté, il concluait que le religieux

L. 1er juillet 1901, articles 13 et suivants, et dans les L.
4 décembre 1902, 17 juillet 1903, 7 juillet 1904, qui ont
encore aggravé les dispositions de la L. de 1901. Il convient
de citer aussi les D. 16 août 1901, 2 janvier et 17 juin 1905.

L'application de cette législation exceptionnelle semble
exiger une définition légale de la congrégation religieuse. Or
le législateur de 1901, comme d'ailleurs ses prédécesseurs,
paraît avoir reculé devant la difficulté et les dangers de cette
définition. Tout au plus peut-on dire qu'à ses yeux une congrégation est caractérisée par les traits suivants : la vie en

était en dehors du droit de la famille et en dehors du droit des biens, en sorte que
le religieux n'avait aucun des attributs de la vie juridique et de la personnalité
civile. En outre, le pouvoir royal avait, à plusieurs reprises, prescrit des règles et
des mesures pour enrayer le développement des ordres religieux. Au xviiie siècle,
un effort énergique avait été tenté dans ce sens ; la suppression des Jésuites est
l'incident le plus connu, sinon le plus caractéristique et le plus important, de cette
tentative.

La législation révolutionnaire fut très radicale. Les LL. 13 février 1790 et 18 août
1792 déclarent ne plus reconnaître les vœux monastiques et supprimer à jamais
les ordres et congrégations où il est fait de pareils vœux. — Les congrégations ne
sont pas mentionnées dans le Concordat ; et elles semblent prohibées par l'article 11
des Articles organiques, qui, après avoir autorisé les chapitres et séminaires dio-
césains, ajoute : « Tous autres établissements ecclésiastiques sont supprimés. »
Plus clairement encore, le D. 3 messidor An xii, qui supprime les congrégations
reconstituées, confirme « les lois qui s'opposent à l'admission de tout ordre religieux dans lequel on se lie par des vœux perpétuels » (art. 3). Il prévoit cependant
une autorisation donnée par décret sur le vu des statuts et règlements (art. 4). En
fait, plusieurs congrégations furent autorisées sous le Premier Empire. La légalité
des décrets avait été contestée, mais reconnue par la jurisprudence (Cass., 19 déc.
1861, S., 65. 1. 18).

Dans la suite, la L. 2 janvier 1817 sembla impliquer que la loi seule pouvait
autoriser une congrégation ; et cette règle est donnée en termes exprès par la
L. 24 mai 1825, qui permet à titre transitoire l'autorisation par ordonnance des
congrégations de femmes qui existent en fait. Le D. 31 janvier 1852 admet l'autorisation par décret pour toute congrégation de femmes qui adopte les statuts d'une
congrégation précédemment autorisée par une loi, et en quelques autres cas
(art. 1-2).

Malgré cette législation défavorable, un assez grand nombre d'établissements
congréganistes s'étaient formés. Par deux D. 29 mars 1880, le Gouvernement donna
trois mois à la congrégation des Jésuites pour se dissoudre, et donna aux autres,
pour demander l'autorisation, un délai de trois mois, passé lequel c les seraient
dissoutes à leur tour. Aucune ne demanda l'autorisation. Beaucoup furent dispersées par la force. Pendant un moment, la légalité des décrets fut contestée, et
aussi celle des mesures qui les avaient exécutés. Puis le silence se fit, et peu à
peu les congrégations se reconstituèrent. Leur développement attira de nouveau
sur elles l'attention et les rigueurs de la loi.

commun, la soumission à une règle religieuse, les vœux d'obéissance, de pauvreté, de chasteté. Cette induction, tirée des travaux préparatoires et des débats parlementaires, n'est pas une règle juridique. Les tribunaux chargés d'appliquer les lois relatives aux congrégations résolvent la question pour chaque espèce, avec les circonstances de la cause et leurs propres lumières (1).

576. Comme principe, la L. 1ᵉʳ juillet 1901, article 13, déclare : « Aucune congrégation religieuse ne peut se former sans une autorisation donnée par une loi, qui déterminera les conditions de son fonctionnement. » Ainsi la loi, non seulement accorde (ou refuse) la vie juridique à la congrégation, mais elle en règle même le fonctionnement. Un décret en Conseil d'État suffit pour autoriser les nouveaux établissements (2) d'une congrégation autorisée ; un décret en Conseil

---

(1) Les tribunaux ont à résoudre une autre question pratique, celle de la sécularisation. Les règles canoniques admettent que, moyennant certaines formes et conditions, un congréganiste perde cette qualité, rentre dans la vie du siècle, soit *sécularisé* par l'autorité ecclésiastique. Un grand nombre de religieux ont déclaré avoir obtenu cette sécularisation, pour échapper aux rigueurs des lois faites contre les congrégations. D'autre part, le D. 3 messidor An XII, article 2, ordonne aux membres des congrégations dissoutes de se retirer dans leurs diocèses. Les tribunaux ont eu à décider si l'observation des règles canoniques et du D. An XII était nécessaire et suffisante pour que la sécularisation s'imposât à la justice. Les décisions actuellement rendues signifient que cette observation n'est ni nécessaire ni suffisante ; malgré elle, la qualité de congréganiste pourrait être reconnue ; sans elle, elle pourrait n'être pas reconnue (Cass., 13 mars à 13 juin 1903, S., 1903. 1. 425).

Sous l'empire de la L. 1ᵉʳ juillet 1901, le sens de la formule « nouvel établissement » avait été discuté. Notamment, on avait soutenu qu'elle ne s'appliquait pas à un établissement auquel la congrégation prêtait son concours sans le posséder exclusivement, et même sans le diriger ; telle une école fondée par un particulier, et confiée à un ou plusieurs congréganistes.

Un avis du Conseil d'État en date du 23 janvier 1902 (S., *Lois*, 1902, p. 419) concluait à exiger l'autorisation par décret, et des arrêts contentieux avaient admis la même solution (C. d'État, 20 juin 1903, S., 1905. 3. 154). La raison principale de ces solutions est que le caractère laïque ou congréganiste d'une école est déterminé par la qualité de l'instituteur.

La question a été formellement résolue dans le même sens par la L. 4 décembre 1902, qui a ajouté à l'article 16 de la L. 1ᵉʳ juillet 1901 la disposition suivante :

« Seront passibles des peines portées à l'article 8, § 2 : 1° tous individus qui, sans être munis de l'autorisation exigée par l'article 13, § 2, auront ouvert ou dirigé un établissement congréganiste de quelque nature qu'il soit, que cet établissement appartienne à la congrégation ou à des tiers, qu'il comprenne un ou plusieurs congréganistes... ».

des ministres suffit pour fermer un établissement ou même pour dissoudre une congrégation (même texte). Ce décret est sujet à un recours contentieux en annulation.

577. La congrégation autorisée jouit de la personnalité civile : elle doit même être assimilée à une association reconnue d'utilité publique, car l'intervention de la loi doit avoir autant d'effet que celle d'un décret. Mais la L. de 1901 la soumet à des obligations particulières.

La congrégation est obligée : de tenir un état de ses recettes et de ses dépenses; de dresser chaque année le compte financier de l'année écoulée et l'état inventorié de ses biens meubles et immeubles; d'établir la liste de ses membres « mentionnant leur nom patronymique, ainsi que le nom sous lequel ils sont désignés dans la congrégation, leurs nationalité, âge et lieu de naissance, la date de leur entrée ». Ces documents doivent être communiqués, sans déplacement, à toute réquisition du préfet ou de son délégué. Les déclarations mensongères et refus de communiquer sont frappés de peines (L. 1er juill. 1901, art. 15).

L'article 17 frappe de nullité tous les actes, à titre gratuit ou à titre onéreux, directs ou indirects ou par personne interposée, qui ont pour objet de permettre à une congrégation de se soustraire aux articles 2, 6, 9, 11, 13, 14, 16. Et la loi établit diverses présomptions d'interposition de personnes, qui admettent cependant la preuve contraire.

578. La congrégation non autorisée n'est pas seulement dépourvue d'existence juridique; elle est déclarée illicite par l'article 16 de la L. 1er juillet 1901, qui, en outre, frappe ses membres des peines prévues à l'article 8, § 2, et ses fondateurs ou administrateurs de peines doubles. Par suite, elle peut être dissoute par la force. La nullité et la présomption d'interposition de personnes établies par l'article 17 s'appliquent aussi à elles.

579. A titre de mesure transitoire, la L. 1er juillet 1901, article 18, qui confirme implicitement les autorisations et reconnaissances antérieures, ordonne que les congrégations

non autorisées justifient, dans les trois mois de la promulgation de la loi, « qu'elles ont fait les diligences nécessaires
pour se conformer à ses prescriptions ».

Comme sanction, « à défaut de cette justification, elles
sont réputées dissoutes de plein droit. Il en sera de même
des congrégations auxquelles l'autorisation aura été refusée »
(même texte). Cette sanction a acquis une portée considérable
parce que beaucoup de congrégations ont négligé de demander l'autorisation, et que, d'ailleurs, le Parlement a refusé
en bloc toutes les autorisations demandées par d'autres congrégations. Il est vrai que les conséquences qui en découlent
ne doivent se produire que pendant un certain temps; mais
elles sont graves par elles-mêmes, et, à en juger par les années
écoulées, ce temps sera fort long.

580. Toute congrégation dissoute doit voir liquider ses
biens. La liquidation a lieu en justice. Selon la L. 1er juillet
1901, article 18, un jugement, rendu public dans les
formes des annonces légales, ordonnait la liquidation et
nommait un liquidateur. A la suite de scandales, la L.
30 mars 1910 a confié toutes les liquidations à l'Administration de l'Enregistrement.

La liquidation doit aboutir à la vente des biens. Mais
auparavant, la L. 1er juillet 1901, article 18, prescrit la res-
titution aux congréganistes : des biens et valeurs qui leur
appartenaient avant leur entrée dans la congrégation, de
ceux qui leur sont échus depuis, soit par succession *ab intes-
tat* en ligne directe ou collatérale, soit par donation ou legs
en ligne directe. Quant aux autres dons et legs, ils ne sont
restitués que si le congréganiste fait la preuve qu'il n'était
pas personne interposée au profit de la congrégation.

En outre, les biens acquis à titre gratuit peuvent être
revendiqués, aussi ancienne que soit la libéralité, par le
donateur ou testateur, ses héritiers ou ayants droit; mais si
la libéralité avait pour but « de gratifier non les congréganistes, mais de pourvoir à une œuvre d'assistance », le
revendiquant doit assumer la « charge de pourvoir à l'accomplissement du but assigné à la libéralité » (art. 18).

Toutes ces revendications doivent, à peine de forclusion, être formées dans les six mois qui suivent la publication du jugement.

Cette première phase terminée, le liquidateur procède à la vente en justice (1) des biens qui restent entre ses mains et qui ne sont pas affectés à une œuvre d'assistance. Le produit de cette vente est déposé à la Caisse des dépôts et consignations. Sur l'actif réalisé, le liquidateur paiera les dettes de la congrégation et aussi les frais de la liquidation, lesquels sont privilégiés soit comme frais de justice, soit en vertu d'une disposition formelle de la L. de 1901, article 18 (« l'entretien des pauvres hospitalisés sera, jusqu'à l'achèvement de la liquidation, considéré comme frais privilégiés de liquidation »).

Finalement, « l'actif net est réparti entre les ayants droit », mais la L. 1er juillet 1901, article 18, le D. 16 août 1901, article 6, le D. 2 janvier 1905, articles 21-22, le D. 17 juin 1905, le D. 27 janvier 1917, prescrivent et règlent l'allocation d'un capital ou d'une rente viagère aux congréganistes qui demeurent sans moyens d'existence et qui pourraient avoir contribué par leur travail à l'augmentation du patrimoine congréganiste.

Au reste, en attribuant le reliquat aux « ayants droit », la L. de 1901 a remis aux tribunaux la solution d'une difficulté qui a été vivement débattue. Cette formule a l'avantage d'écarter l'attribution à l'État (comme biens vacants et sans maître), qui avait été demandée avec insistance ; mais elle ne définit pas les ayants droit. C'est aux tribunaux qu'il appartiendra de les désigner ; il est vraisemblable qu'ils désigneront souvent les anciens congréganistes : car ce reliquat correspond sans doute au travail ou aux économies des congréganistes.

581. On a vu que, depuis la L. 1er juillet 1901, aucune congrégation n'a été autorisée, soit que les congrégations

_____

(1) Selon la L. 17 juillet 1903, la vente a lieu « suivant les formes prescrites pour les ventes de biens de mineurs ».

n'aient pas formé de demande, soit que leur demande ait été rejetée par le Parlement. Or le nombre des congrégations non autorisées était considérable; leur appliquer la L. 1ᵉʳ juillet 1901 devait donc être une opération colossale. Comment a-t-elle été accomplie?

Et d'abord, constatons que, malgré les termes généraux et impératifs de la loi, l'application n'a pas été complète. Le Gouvernement a distingué, alors que les textes ne distinguent pas : il a respecté les congrégations vouées à des œuvres charitables, soit qu'il ait jugé inhumain de frapper les assistés en même temps que les congréganistes, soit qu'il ait craint de heurter sur ce point l'opinion publique; il a appliqué rigoureusement la loi aux autres congrégations.

582. Pour le moment, il n'y a donc à s'occuper que de celles-ci. Quelles mesures la loi autorisait-elle à leur égard? Quelles mesures ont été prises en fait?

Si on se reporte au texte de 1901, on constate que deux sortes de mesures, qui d'ailleurs peuvent être cumulées, y sont prévues : d'une part, l'article 16 inflige des peines aux membres de la congrégation illicite et à leurs complices laïcs; d'autre part, l'article 18 déclare dissoute de plein droit et met en liquidation la congrégation qui n'aura pas demandé ou obtenu l'autorisation requise. Dès lors, la marche à suivre semblait devoir être celle-ci : si la menace ou l'infliction même des peines n'amenait pas la dispersion des congréganistes, le ministère public demanderait et obtiendrait la nomination d'un liquidateur, et à son tour celui-ci obtiendrait du tribunal l'expulsion des congréganistes, qui ne sauraient plus avoir un titre légal à l'occupation des biens. L'emploi de ces ressources serait réitéré aussi souvent que la congrégation se reconstituerait.

Sans doute, ces mesures judiciaires ont paru trop lentes au Gouvernement, qui s'est montré pressé de voir disparaître les congrégations. Il a dispersé les congrégations *manu militari;* il a apposé des scellés sur des immeubles occupés par eux; et si ces biens appartenaient à des laïques, il n'a consenti la levée des scellés que si les laïques s'engageaient à ne plus recevoir la congrégation.

Il est manifeste que ces mesures ne sont pas permises par la loi spéciale du 1er juillet 1901. Il ne me semble pas qu'elles appartiennent aux pouvoirs généraux de l'Administration : l'apposition des scellés est une mesure très particulière dont l'emploi a besoin d'être autorisé par une loi formelle (1); l'emploi de la force, même considéré comme la ressource universelle de la police, n'est pas plus légitime, car il implique une sorte de nécessité urgente, qui, à coup sûr, n'existait pas dans les circonstances.

On a cru justifier les actes du Gouvernement en disant que, sans eux, la L. de 1901 serait restée sans sanction. Cet argument est deux fois mauvais : en fait, la L. de 1901 se donne à elle-même des sanctions précises (2), bien qu'un peu lentes; en droit, si une loi a été assez imprévoyante pour ne pas sanctionner ses prescriptions, il n'appartient pas au Gouvernement d'y suppléer par la force. Il y a beaucoup plus d'inconvénients à violer la liberté individuelle qu'à laisser incomplète une loi que le Parlement pourrait très promptement compléter.

La vérité est que le Gouvernement a voulu aller vite, ce qui n'est pas toujours bon pour la liberté, et frapper rudement les congréganistes, auxquels sans doute il ne reconnaissait pas tous les droits de l'homme et du citoyen.

La jurisprudence a reconnu la légalité de l'apposition des scellés (3).

(1) Elle était permise par les D. 14 novembre 1811 (art. 3), 3 janvier 1812 (art. 3), qui concernent des départements récemment annexés, et que le Gouvernement avait invoqués en 1880. Mais il est permis de penser que la L. 1er juillet 1901 a abrogé implicitement ces textes. Au reste, la jurisprudence qui s'est formée à la suite des actes de 1880 n'a pas reconnu la force obligatoire de ces textes; elle n'a statué que sur une question de compétence.

(2) En fait, la question s'est posée pour des établissements nouveaux de congrégations autorisées, et on a observé que les sanctions pénales n'ont été appliquées à ce cas que par la L. 4 décembre 1902. Il est vrai, mais les sanctions civiles leur étaient applicables, et elles suffisaient.

(3) C. d'État, 19 fév. 1904, S., 1906. 3. 73.

La Cour de cassation a jugé que le bris des scellés ainsi apposés est une infrac-

583. Les congrégations enseignantes ont été soumises à un régime spécial.

Déjà la L. 1ᵉʳ juillet 1901, article 14, disposait : « Nul n'est admis à diriger, soit directement, soit par personne inter-posée, un établissement d'enseignement de quelque ordre qu'il soit, ni à y donner l'enseignement, s'il appartient à une congrégation religieuse non autorisée. — Les contrevenants seront punis des peines prévues par l'article 8, § 2. La fermeture de l'établissement pourra, en outre, être prononcée par le jugement de condamnation. » Mais cette règle, particulière aux membres des congrégations non autorisées, respectait, comme la L. de 1901 dans son ensemble, les congrégations autorisées.

Bien plus grave est la L. 7 juillet 1904, article 1 : « L'enseignement de tout ordre et de toute nature est interdit en France aux congrégations. — Les congrégations autorisées à titre de congrégations exclusivement enseignantes seront supprimées dans un délai maximum de dix ans. — Il en sera de même des congrégations et des établissements qui, bien qu'autorisés en vue de plusieurs objets, étaient, en fait, exclusivement voués à l'enseignement, à la date du 1ᵉʳ janvier 1903. — Les congrégations qui ont été autorisées et celles qui demandent à l'être à la fois pour l'enseignement et pour d'autres objets ne conservent le bénéfice de cette autorisation ou de cette instance d'autorisation que pour les services étrangers à l'enseignement prévus par leurs statuts. » La fermeture est opérée par arrêté ministériel, publié au *Journal officiel*, notifié au supérieur de la congrégation et au directeur de l'établissement, affiché à la porte de la mairie (art. 3). Les congrégations enseignantes ne peuvent .

tion (Cass., 28 nov. 1902, S., 1904. 1. 57). D'autre part, les propriétaires ayant demandé aux tribunaux judiciaires la mainlevée des scellés et les préfets ayant élevé le conflit, le Tribunal des conflits a confirmé l'arrêté de conflit (Trib. confl., 6, 13, 20 déc. 1902, S., 1905. 3. 88) ; ceci signifie seulement que les tribunaux judiciaires ne peuvent ni apprécier la validité de l'apposition administrative des scellés, ni statuer sur une action en responsabilité fondée sur cet acte administratif.

recruter de nouveaux membres et former des novices que dans la mesure nécessaire aux écoles françaises en pays étrangers, dans les colonies et dans les pays de protectorat (art. 2). — Quant aux biens, ils seront |liquidés, et il est remarquable que, après prélèvement des pensions dues aux congréganistes et revendication des ayants droit, le reliquat « servira à augmenter les subventions de l'État pour construction ou agrandissement de maisons d'écoles et à accorder des subsides pour locations ». Si la congrégation est autorisée à plusieurs titres, les biens affectés aux services scolaires sont affectés aux autres services statutaires (art. 5).

CHAPITRE XXXVIII

De la liberté du travail, du commerce et de l'industrie.

———

584. Elle n'est pas proclamée par la Déclaration de 1789, sans doute parce qu'elle découle naturellement de la liberté individuelle. Si l'homme est libre dans son corps, il est libre de l'employer à tel travail, à telle occupation qui lui convient. Cependant, les C. de 1793 (Décl., art. 17) et de 1848 (art. 13) ont une affirmation formelle à ce sujet.

Au reste, les idées se sont profondément modifiées au sujet de cette liberté, du moins pour les relations qui s'établissent soit entre les travailleurs manuels, soit entre ceux-ci et ceux qui les emploient. Au contraire, la question des rapports entre les professions et l'Administration n'a pas sensiblement changé de principe.

585. Sur le premier point et en ce qui concerne l'organisation intérieure du travail, le droit issu immédiatement de la Révolution est fondé sur un individualisme absolu ; le droit contemporain admet une intervention importante et positive de la loi et de l'Administration, et tend à considérer les employeurs et les employés comme deux groupes compacts et opposés, entre lesquels (et non entre leurs membres) les relations juridiques doivent s'établir.

L'Assemblée de 1789 conçoit la liberté du travail tout simplement comme la destruction des jurandes et maîtrises. Parmi les décisions votées pendant la nuit du 4 août figure celle de réformer les jurandes. La L. 2-17 mars 1791 supprime les jurandes et les maîtrises; elle déclare : « ... Il sera libre à toute personne de faire tel négoce ou d'exercer telle profession, art ou métier qu'elle trouvera bon » (art. 7).

Elle réserve seulement l'établissement d'un impôt et de règlements de police. Allant plus loin, trop loin, la L. 14-17 juin 1791 interdit « de rétablir de fait, sous quelque prétexte et quelque forme que ce soit..., toutes les espèces de corporations des citoyens du même état ou profession », comme contraires à « une des bases fondamentales de la constitution française » (art. 1). Elle continue en prohibant les coalitions et les grèves, comme « attentatoires à la liberté et à la déclaration des droits » (art. 4).

586. Ces principes, appuyés sur les principes relatifs aux associations, durèrent longtemps. Ils inspirent : le Code civil, qui traite le louage de services ou contrat de travail comme toute convention entre deux particuliers libres, égaux et maîtres de leurs droits; — le Code pénal, dont les articles 414 à 416 punissent les coalitions et les grèves.

Ils restreignaient, il est vrai, la liberté des patrons comme celle des ouvriers; mais outre que le Gouvernement tolérait les associations patronales et non les associations ouvrières, cette législation appliquait des idées fausses. On a vu (n° 559) ce qu'il faut penser de l'association. Pour le moment, on remarquera que si le patron et l'ouvrier sont juridiquement égaux, ils ne le sont pas pratiquement : le patron dispose d'une force économique, le capital, qui manque au travailleur; la véritable égalité, la liberté de l'ouvrier ne sont assurées que si le contrepoids de l'association s'oppose à cette force économique. Pour la même raison, la coalition et la grève, tant qu'elles n'usent pas de violences, sont pour les travailleurs des ressources indispensables. Elles doivent aussi être mises à la disposition des patrons.

Ces vérités, dès longtemps enseignées, triomphèrent un moment en 1848. Les émeutes ouvrières compromirent ce succès éphémère et le régime ancien reprit. On a vu (n° 562) cependant que de nombreuses associations s'étaient formées.

les unes avec l'autorisation, les autres sous la tolérance des pouvoirs publics.

587. La législation se décida enfin. La L. 25 mai 1864 reconnut implicitement le droit de coalition et de grève. Dans les lois qui ont suivi et qui, pour la plupart, datent de la Troisième République, deux groupes se séparent : les unes donnent aux initiatives individuelles une liberté et des ressources nouvelles ; les autres règlent impérativement certaines conditions de travail.

588. Dans le premier groupe, la loi la plus importante est celle du 21 mars 1884 relativement aux syndicats professionnels, analysée à propos de la liberté d'association (n° 564). A la rigueur, on peut y joindre les textes qui encouragent la formation des associations professionnelles.

La liberté du syndicat, de la coalition et de la grève ne doit pas dégénérer dans l'obligation sanctionnée par la violence. Si les ouvriers ont le droit de se syndiquer et de faire grève, chacun d'eux garde la liberté de ne pas se syndiquer et de travailler malgré la grève des autres. Et comme, par malheur, la grève n'est pas toujours pacifique, comme les grévistes usent parfois de violences pour empêcher les non-grévistes de travailler, la loi et le Gouvernement ont le devoir d'assurer la liberté de tous. Les articles 414 et 415 C. P. frappent de peines spéciales les violences et voies de fait qui portent atteinte au libre exercice de l'industrie ou du travail. Le Gouvernement, lorsqu'une grève éclate, prend des mesures militaires propres à garantir l'ordre et la sécurité, tant des patrons que des ouvriers qui veulent travailler. Parfois, quand la grève menace un service public (transport des correspondances par mer) ou un besoin de première nécessité (pain), le Gouvernement supplée les grévistes par des marins ou des soldats. Au mois d'octobre 1910, il a même eu recours à la mobilisation militaire pour combattre une grève des chemins de fer.

Par contre, les D. 17 septembre 1900 et 2 janvier 1901, en organisant des conseils électifs du travail, réservaient l'électorat aux membres des syndicats formés selon la L. 21 mars 1884. Cette règle est difficile à justifier : en droit, on ne peut affirmer que seuls les ouvriers syndiqués constituent le monde du travail ; une pareille affirmation serait contraire à la liberté de se syndiquer ou de ne pas se syndiquer; en fait, les ouvriers syndiqués sont trop peu nombreux au regard des non-syndiqués pour que cette dernière catégorie soit écartée. La L. 17 juillet 1908, article 5, a admis à cet électorat tous les ouvriers.

589. Le second groupe comprend un très grand nombre de lois modernes qui ont réglé de façon obligatoire plusieurs points. Les plus importants sont :

les heures de travail. La L. 23 avril 1919 dispose : « Dans les établissements industriels et commerciaux ou dans leurs dépendances, de quelque nature qu'ils soient, publics ou privés, laïques ou religieux, même s'ils ont un caractère d'enseignement professionnel ou de bienfaisance, la durée du travail effectif des ouvriers ou employés de l'un ou de l'autre sexe et de tout âge ne peut excéder soit huit heures par jour, soit quarante-huit heures par semaine, soit une limitation équivalente établie sur une période de temps autre que la semaine. » Des règlements d'administration publique (1) déterminent, par profession, par industrie, par commerce ou par catégorie professionnelle, pour l'ensemble du territoire ou pour une région, les délais et conditions d'application de l'article précédent..., notamment :

1° la répartition des heures de travail dans la semaine de quarante-huit heures, afin de permettre le repos de l'après-midi du samedi ou toute autre modalité équivalente ;

2° la répartition des heures de travail dans une période de temps autre que la semaine;

3° les délais dans lesquels la durée actuellement pratiquée dans la profession, dans l'industrie, le commerce ou la caté-

_____

(1) Ces règlements d'administration publique seront fixés après consultation des organisations patronales ou ouvrières intéressées.

gorie professionnelle considérée sera ramenée en une ou plusieurs étapes aux limitations fixées ;

4° les dérogations permanentes qu'il y aura lieu d'admettre pour les travaux préparatoires ou complémentaires qui doivent être nécessairement exécutés en dehors de la limite assignée au travail général de l'établissement, ou pour certaines catégories d'agents dont le travail est essentiellement intermittent ;

5° les dérogations temporaires qu'il y aura lieu d'admettre pour permettre aux entreprises de faire face à des surcroîts de travail extraordinaires, à des nécessités d'ordre national ou à des accidents survenus ou imminents ;

6° les mesures de contrôle des heures de travail et de repos et de la durée du travail effectif, ainsi que la procédure suivant laquelle seront accordées ou utilisées les dérogations ;

7° la région à laquelle ils sont applicables.

« La réduction des heures de travail ne pourra, en aucun cas, être une cause déterminante de la réduction des salaires. Toute stipulation contraire est nulle et de nul effet. »

le repos hebdomadaire. La L. 13 juillet 1906 « interdit d'occuper plus de six jours par semaine un même employé ou ouvrier », et le repos hebdomadaire doit avoir une durée minima de vingt-quatre heures consécutives (art. 1). Il doit être donné en règle générale le dimanche, exceptionnellement un autre jour que le dimanche, ou du dimanche midi au lundi midi, ou le dimanche après-midi avec un repos compensateur d'une journée par roulement et par quinzaine, ou par roulement à tout ou partie du personnel (art. 2). Les exceptions sont accordées par des arrêtés préfectoraux (art. 8), soumis à un recours au Conseil d'État (art. 9). Cependant la loi admet de droit le repos par roulement pour des catégories qu'elle détermine (art. 3) ; et elle règle quelques cas spéciaux (art. 4 et s.). Des peines sanctionnent les contraventions (art. 13 et s.) ;

les conditions générales du travail. L'hygiène et la sécurité des travailleurs sont réglées par les LL. 12 juin 1893 et 11 juillet 1903 et par de nombreux décrets. Sont soumis à ces règles : les manufactures, fabriques, usines, chantiers, ateliers de tout genre et leurs dépendances. — Certains travaux sont l'objet de règles spéciales : par exemple, pour garantir la sécurité dans le travail des mines, la L. 8 juillet 1890 organise la surveillance par des délégués mineurs qu'élisent les ouvriers.

la responsabilité des accidents survenus pendant le travail. La L. 9 avril 1898, modifiée et complétée par de nombreux textes, oblige les chefs d'entreprise à verser aux victimes des indemnités pour la privation totale ou partielle, permanente ou temporaire de salaire, à payer les frais médicaux, pharmaceutiques, funéraires (art. 1). Toute convention contraire aux dispositions légales est nulle (art. 30). Le droit commun privé est inapplicable (art. 2).

le travail des femmes et des enfants (L. 2 nov. 1892, 30 mars 1900). Les enfants ne peuvent être employés avant l'âge de 13 ans (12 ans s'ils sont munis du certificat d'études primaires), à moins d'un certificat médical d'aptitude physique (art. 2). Les mineurs de 18 ans et les femmes ne peuvent être astreints à plus de dix heures de travail effectif par jour (art. 3). Le travail de nuit leur est interdit, sauf pour certaines industries occupant des femmes, et alors sous des conditions, restrictions et autorisations (art. 4). Les enfants ne peuvent être employés dans les théâtres et cafés-concerts sédentaires (art. 8); les femmes, dans les travaux souterrains des mines et carrières (art. 9). — En outre, la L. 29 décembre 1900 oblige les chefs d'entreprise qui occupent un personnel féminin dans des boutiques ou magasins à mettre à sa disposition le nombre de sièges nécessaires.

590. De ces lois générales et impératives peuvent être rapprochées les mesures par lesquelles l'État améliore la condition des travailleurs qu'il emploie, même indirectement. La plus célèbre et la plus importante est le D. 10 août 1899 : il prescrit l'insertion, dans les cahiers des charges

dressés pour les travaux et fournitures de l'État, de clauses
qui obligent l'entrepreneur à payer un salaire normal, à
limiter la journée à une durée normale, à accorder un jour
de repos par semaine, à n'admettre qu'un nombre déterminé
d'ouvriers étrangers. Deux autres décrets du même jour permettent l'insertion des mêmes clauses, jadis tenues pour illégales et contraires à la liberté du travail, dans les marchés
passés par les départements, les communes et les établissements publics.

591. Tel est l'état actuel de la législation sur l'organisation intérieure du travail. On est loin de l'individualisme
révolutionnaire et du Code civil.

Dans certains groupes politiques et économiques, on
demande bien autre chose encore : l'abrogation des articles 414-415, C. P. ; — le syndicat obligatoire pour tous les ouvriers et la formation du contrat de travail entre le patron et le
syndicat, celui-ci se chargeant d'assurer l'obéissance de ses
membres. Ce contrat de travail vraiment collectif ne se conçoit guère que si le syndicat est obligatoire : sinon, s'il y
a des travailleurs non syndiqués que le patron puisse embau-
cher, le contrat avec le syndicat risque de rester lettre
morte. Or, on l'a vu (n° 588), la liberté du travail ne peut
s'accommoder du syndicat obligatoire. Autre difficulté : le
syndicat n'offre pas au patron des garanties de solvabilité et
de responsabilité suffisantes pour que le patron puisse être
contraint de traiter avec lui ou de ne traiter avec personne.
Bien plus, beaucoup de syndicalistes nient que le syndicat
puisse être rendu responsable. L'égalité serait manifestement
rompue entre les contractants : le patron ne peut être livré
sans garantie au syndicat ouvrier. Après avoir libéré l'ouvrier,
il faut tâcher de ne pas asservir le patron.

592. Sur le second point, et en ce qui concerne les rapports des professions avec l'Administration, il convient de
distinguer (1).

_____

(1) La guerre a suscité une législation et une réglementation très étendues et
très importantes, mais temporaires.

Certaines professions, certaines industries, certains travaux sont absolument interdits par les lois et constituent des infractions pénales. Les unes violent un monopole que l'État s'est réservé (monnaie : C. P., 132 et s.; timbres-poste : L. 13 avril 1892, art. 4) ou qu'il a concédé (billets de banque : C. P., 139 et s.; L. 11 juill. 1885); les autres sont tenues pour contraires à l'ordre public (usure : L. 3 sept. 1807, 19 déc. 1850, 12 janv. 1886; maisons de jeu : C. P., 410; paris sur les courses de chevaux : L. 2 juin 1891, 1ᵉʳ avril 1900, 31 mars 1903, art. 102; écrits, affiches, etc., contraires aux bonnes mœurs : L. 16 mars 1898).

D'autres professions s'exercent sur des objets qui ne peuvent exister qu'en vertu d'une concession émanant de l'État ou, avec le consentement de l'État, d'une autre personne administrative. Les plus importantes sont les mines et les chemins de fer. Elles sont soumises à des règles multiples et l'État les contrôle de près.

D'autres professions sont monopolisées plus ou moins complètement par l'État. Il en résulte non seulement que les particuliers ne peuvent exercer ces professions, ou ne le peuvent que dans la mesure qui échappe au monopole, mais encore que certains modes de jouissance de la propriété individuelle s'en trouvent atteints. Ainsi le monopole du tabac est cause que les propriétaires fonciers ne peuvent pas librement cultiver le tabac.

593. D'une façon générale, le monopole n'est pas plus contraire que l'impôt à la liberté du travail; il est, comme l'impôt, rendu nécessaire par les besoins pécuniaires de l'État, et tout ce que produit le monopole, c'est autant de moins que devra fournir l'impôt. Le travail et la propriété, restreints et chargés par le monopole, se trouvent soulagés d'une partie de l'impôt. Ces raisons cesseraient d'être suffisantes, si le monopole s'appliquait à des choses de première nécessité comme le pain ou le charbon. Elles suffisent pour les monopoles qui touchent à des consommations facultatives, comme le tabac.

Certains monopoles se justifient par d'autres raisons. Les uns servent à la défense nationale (poudres) ou à la sûreté publique (dynamite). Les autres sont érigés en services publics ; ils sont organisés surtout pour procurer à l'ensemble de la nation des avantages, des commodités jugées indispensables, et que seul un service public impartial et désintéressé peut procurer à toutes les localités, à tous les groupes de population. Tels les monopoles des postes, des télégraphes, des téléphones.

Ces raisons diverses légitiment l'atteinte à la liberté du travail qui, plus ou moins grave, se trouve dans tout monopole.

594. D'autres professions ne peuvent être exercées qu'en vertu d'une autorisation administrative : celles qui s'exercent dans les établissements dangereux, incommodes ou insalubres (L. 19 déc. 1917). Ici l'atteinte à la liberté du travail est caractérisée, mais justifiée. Comme toute liberté, la liberté du travail a des limites, celles qu'elle trouve dans la sécurité et la salubrité publiques, dans les droits des voisins et du public. L'Administration est chargée de dire où est cette limite et, en conséquence, d'accorder ou de refuser l'autorisation ; sa décision est susceptible d'un contentieux de pleine juridiction.

Un régime particulier est imposé à certains établissements (ainsi aux fabriques d'explosifs à la nitro-glycérine : L. 8 mars 1875, D. 24 août 1875).

À cette catégorie, nombreuse et importante, s'ajoutent quelques cas spéciaux : selon la L. 14 mars 1904, article 1, un bureau de placement ne peut désormais être créé qu'en vertu d'une autorisation administrative dont le retrait est toujours possible et ne donne lieu à aucune indemnité ; les bureaux existants à la date de la loi peuvent être supprimés par mesure administrative, mais moyennant une indemnité.

595. D'autres professions ne peuvent être exercées qu'après une déclaration, qui du reste ne peut être repoussée, à une autorité administrative : celles relatives aux matières d'or et d'argent (L. 19 brum. An VI, art. 72-73, 8 avril 1910, art. 31-47), le commerce des substances vénéneuses (L. 19 juill. 1845 et 12 juill. 1916, D. 14 sept. 1916), l'exploitation d'un théâtre (D. 6 janv. 1864, art. 1), des mines à ciel ouvert et des carrières (L. 21 avril 1810, art. 81 ; 9 mai 1866 ; 27 juill. 1880), des débits de boissons (L. 17 juill. 1880, art. 2), la publication d'un journal et le colportage (L. 29 juill. 1881, art. 5 et 18), la fabrication des armes (L. 14 août 1885, art. 3), le commerce de brocanteur (L. 15 fév. 1898), les professions ambulantes (L. 16 juill. 1912, art. 1), etc. Les compagnies d'assurances sur la vie ne peuvent fonctionner qu'après leur enregistrement au ministère du Commerce (L. 17 mars 1905, art. 2).

Pour diverses professions, des conditions de capacité sont exigées (médecins : L. 30 nov. 1892 ; pharmaciens : L. 21 germ. An XI, 25 juin 1908).

En outre, la pratique et la jurisprudence admettent que le Gouvernement fasse des règlements pour l'exercice de professions qui touchent à la salubrité et à l'ordre publics (eaux minérales : O. 18 juin 1823, dont la légalité a été reconnue (1) ; mise en circulation des voitures automobiles : D. 10 mars 1899 et 10 septembre 1901).

Enfin les maires puisent dans les articles 91 et suivants de la L. 5 avril 1884 le pouvoir de faire des règlements sur les professions qui ont quelque rapport avec la sûreté, la tranquillité et la salubrité publiques. Mais ces règlements sont tenus de respecter la liberté du travail, du commerce et de l'industrie, et cette réserve est sanctionnée à la fois par le pourvoi en annulation porté devant le Conseil d'État et par l'exception d'illégalité opposée devant les tribunaux judiciaires aux poursuites à fin de peines.

(1) C. d'État, 5 fév. 1875, S., 76. 2. 308.

CHAPITRE XXXIX

Du droit de propriété.

---

596. La propriété est définie par le Code civil, article 544, « le droit de jouir et disposer des choses de la manière la plus absolue, pourvu qu'on n'en fasse pas un usage prohibé par les lois ou par les règlements » (1).

Pour le moment encore, elle est considérée comme la conséquence et la garantie à la fois de la liberté individuelle en général, et de la liberté du travail en particulier. Elle découle de la liberté individuelle, car elle est le produit de l'action humaine appliquée aux choses, et cette action ne serait pas pleinement libre si elle ne restait pas maîtresse des œuvres qu'elle a produites, et sur lesquelles d'ailleurs elle ne cesse de s'appliquer; il y aurait contradiction à admettre que l'action individuelle peut librement s'appliquer aux choses, et que cependant elle n'a pas la libre disposition et emploi des effets qu'elle a produits. Même on ne saurait fixer le point et le moment où elle cesserait d'être libre; et ainsi, lorsqu'elle s'applique à des choses non déjà entreprises par une autre activité, sa liberté doit être complète, c'est-à-dire que le droit de propriété doit être absolu.

Elle garantit la liberté individuelle. Elle lui donne la cer-

(1) Cpr. la définition donnée par la Déclaration de 1793, article 16 : « Le droit de propriété est celui qui appartient à tout citoyen de jouir et de disposer à son gré de ses biens, de ses revenus, du fruit de son travail et de son industrie »; et celle donnée par la Déclaration de l'An III, article 5 : « La propriété est le droit de jouir et de disposer de ses biens, de ses revenus, du fruit de son travail et de son industrie. »

titude du lendemain, lui procure la sécurité et même le loisir sans lesquels aucune existence n'est profitable ni même possible. Elle lui ouvre un nouveau champ de développement. Elle lui donne des moyens d'influence sur la société économique, des moyens de s'accroître, de se diversifier, de s'enrichir; car elle met à sa disposition des instruments nouveaux, plus variés, plus puissants; et en même temps, offrant une garantie palpable aux autres activités, elle les encourage à collaborer. Pour toutes ces raisons, elle protège l'individu contre les attaques, soit des autres individus, soit des autorités publiques.

597. Elle découle spécialement de la liberté du travail. Si l'action individuelle en général mérite d'être libre, et si cette liberté mène à la propriété individuelle, tout cela est vrai particulièrement du travail.

De même, elle garantit la liberté du travail comme la liberté en général. Elle réalise les conditions matérielles sans lesquelles il serait vain de déclarer le travail libre. Les avantages qu'elle procure stimulent l'activité du travailleur et la récompensent selon ses vœux.

Enfin, et bien que ceci ne se relie pas étroitement à l'idée de liberté, la propriété donne à l'individu les moyens et de conserver et perfectionner sa personne et de remplir ses devoirs envers la société et les autres hommes.

598. La propriété figure, tout de suite après la liberté, dans la Déclaration de 1789, article 2, parmi *les droits naturels et imprescriptibles de l'homme.* Elle est, d'après l'article 17, « *un droit inviolable et sacré ; nul ne peut en être privé, si ce n'est lorsque la nécessité publique, légalement constatée, l'exige évidemment et sous la condition d'une juste et préalable indemnité* ».

Elle est encore parmi les droits naturels et imprescriptibles de l'homme de la Déclaration de 1793, articles 1-2, garantis par l'article 122 C. 1793; parmi les droits de l'homme en société de la Déclaration de l'An III, article 1; la C. An III, article 358, « garantit l'inviolabilité de toutes les propriétés, ou la juste indemnité de celles dont la nécessité publique, légalement constatée, exigerait le sacrifice »; parmi les bases que se donne la C. de 1848, dont l'article 11 déclare : « Toutes les propriétés sont inviolables. Néanmoins l'État peut exiger le sacrifice d'une propriété pour cause d'utilité publique légalement constatée, et moyennant une juste et préalable indemnité ». Quant à l'inviolabilité de la propriété proclamée par les Chartes de 1814 (art. 9) et de 1830 (art. 8) et par l'Acte additionnel (art. 63), elle concerne les biens nationaux.

Le sens de ces diverses formules n'est pas que l'État doive procurer à tous ses membres des propriétés, mais seulement que les lois ne peuvent ni empêcher un individu quelconque d'accéder à toutes les formes de la propriété, ni gêner le libre emploi et la libre disposition de ses biens.

599. Les formes de la propriété se sont multipliées avec le temps et la civilisation. A côté des formes antiques, qui ont pour objet des choses matérielles, mobilières ou immobilières, se sont placées la propriété des fonds de commerce, celle des marques de fabrique et des brevets d'invention, la propriété littéraire et artistique, et ces formes nouvelles se diversifient à leur tour trouvant des objets nouveaux.

Il en résulte que la notion de la propriété est, dans une certaine mesure, variable.

Sans doute, elle comporte dans tous les cas la distinction des trois éléments traditionnels : *usus, fructus, abusus*, et un droit auquel manquerait un de ces éléments ne pourrait être classé dans la catégorie de la propriété. Mais le contenu de ces éléments n'est pas identique dans tous les cas; ainsi l'*abusus*, la faculté de disposer à son gré, de détruire, est complet pour la propriété mobilière, elle ne l'est pas pour la propriété d'un fonds de terre. La perpétuité est en général un des attributs de la propriété; non seulement elle cesse pour les choses dont la consommation est l'unique emploi, mais la loi limite la durée de certaines propriétés : la propriété industrielle est limitée à quinze ans (L. 5 juill. 1844,

PRÉCIS ÉLÉM. DE DR. CONSTIT. 37

art. 4) (1); celle des dessins et modèles déposés dure cinquante ans (L. 14 juill. 1909, art. 7); la propriété littéraire dure pendant la vie de l'auteur et pendant cinquante ans après sa mort, s'il a laissé des ayants cause (2).

600. La définition donnée par le C. c. annonce les restrictions résultant des lois et règlements (3). Elles se groupent en deux catégories.

Les unes ont trait, comme le dit le C. c., art. 544, à l'usage des biens. Entre elles, une nouvelle distinction est concevable : d'un côté, certains usages de certaines choses sont prohibées pour des raisons de police (bon ordre, sûreté, salubrité); d'un autre côté, des charges sont imposées à différents biens, non les charges générales constituées par les impôts, mais des charges spéciales comme celles que supportent les immeubles riverains du domaine public.

La distinction est importante, car de simples règlements administratifs, pourvu qu'ils soient fondés sur une raison de police et que d'ailleurs ils ne violent aucune liberté, suffisent pour interdire tel ou tel usage de tel ou tel bien; les charges ne peuvent être établies sur la propriété privée que par une loi.

Les autres consistent dans la perte de son bien imposée au propriétaire par la puissance publique. La plus connue consiste dans l'expropriation pour cause d'utilité publique, mentionnée par le C. c., article 545, après beaucoup de textes. Il y en a d'autres, comme les réquisitions militaires, comme les destructions exigées pour des raisons de police. Ces mesures si graves sont soigneusement réglées par des lois, auxquelles l'Administration ne peut ni suppléer, ni ajouter.

(1) La durée a été prolongée à raison de la guerre (L. 8 oct. 1919).
(2) L. 19 juillet 1793; D. 1er germinal An xIII, 5 février 1810, articles 39, 40; L. 3 août 1844. D. 28 mars 1852; L. 14 juillet 1866, 9 février 1895. V. aussi L. 20 mai 1920 relative au droit de suite des artistes sur le prix de vente de leurs œuvres.
(3) Au cours et à cause de la guerre, des restrictions nombreuses et importantes, mais temporaires, ont été édictées.

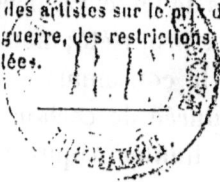

ADDITIONS ET CORRECTIONS

Page 15, lignes 2 et 26; page 17, ligne 6; page 18, ligne 20; page 287, ligne 31 ;
 page 291, ligne 6, *au lieu de* : 401, *lire* : 402.

Page 19, ligne 3; page 21, ligne 20; page 284, ligne 7, *au lieu de* : 313, *lire* : 314.

Page 21, ligne 24, *au lieu de* : 290, *lire* : 292.

Page 31, ligne 21, *au lieu de* : 54 et 58, *lire* : 56 et 59.

Page 36, ligne 28, *au lieu de* : 394, *lire* : 407.

Page 113, note 2, ligne 5, *après* : cardinaux, *ajouter* : amiraux.

Page 117, ligne 14; page 258, ligne 8, *au lieu de* : 406, *lire* : 412.

Page 122, ligne 12, *après* : 115, *effacer* : et s.

» ligne 19, *au lieu de* : 117, *lire* : 115.

Page 135, ligne 8; page 210, ligne 32; page 211, ligne 19; page 251, ligne 2 ;
 page 298, ligne 10, *au lieu de* : 324, *lire* : 325.

Page 136, ligne 3; page 144, ligne 8; page 145, ligne 15; page 146, ligne 13 ;
 page 161, ligne 17; page 212, ligne 10; page 229, ligne 18; page 237,
 ligne 1; page 258, ligne 14 ; page 297, ligne 25, *au lieu de* : 439,
 lire : 440.

Page 138, ligne 30; page 379, ligne 6, *au lieu de* : 255, *lire* : 254.

Page 140, ligne 31 ; page 178, ligne 18; page 297, ligne 23, *au lieu de* : 386, *lire* :
 387.

Page 141, ligne 4, *au lieu de* : 391, *lire* : 392.

Page 142, ligne 2, *après* : 115, *effacer* : et s.

Page 146, ligne 20, *au lieu de* : 144-187, *lire* 107-110.

Page 147, ligne 7, *au lieu de* : 196, *lire* : 198.

Page 151, ligne 1, *au lieu de* : L. 17 juillet, *lire* : L. 12 juillet.

Page 164, ligne 10, *au lieu de* : as, *lire* : ans.

» ligne 19, *au lieu de* : 1909, *lire* : 1919.

Page 186, ligne 11, *au lieu de* : 182, *lire* : 184.

Page 190, ligne 17, *au lieu de* : 140, *lire* : 141.

Page 198, ligne 19, *au lieu de* : 234, *lire* : 236.

Page 204, ligne 16, *ajouter* : de même les fonctions de président du conseil
 d'administration et de directeur d'un port de commerce maritime
 autonome (L. 12 juin 1920, art. 9).

Page 210, ligne 32; page 251, ligne 2, *au lieu de* : 453, *lire* : 455.

Page 226, ligne 5, *au lieu de* : 188, *lire* : 190.»

» ligne 31, *au lieu de* : 202, *lire* : 204.

Page 232, ligne 30, *après* : année, *mettre un appel de note* (2), *et mettre en note* :
 (2) En 1920, une session extraordinaire a été convoquée (D. 17 sept.
 1920) à raison de la démission imminente du Président de la République
 et en vue de la réunion de l'Assemblée nationale.

Page 237, ligne 11, *au lieu de* : 368, *lire* : 327.

Page 239, ligne 27, *au lieu de* : 312, *lire* : 313.

Page 242, ligne 24, *ajouter* : Le Sénat vient (25 nov. 1920) de reviser son règlement.

Page 243, ligne 27, *au lieu de* : 248, *lire* : 249.

Page 245, ligne 26, *au lieu de* : 414, *lire* : 426.

Page 249, ligne 5, *au lieu de* : 205, *lire* : 207.

Page 252, ligne 9, *au lieu de* : 300, *lire* : 306.

Page 253, ligne 9, *au lieu de* 226, *lire* : 228.

Page 254, ligne 1, *au lieu de* : 251, 249, *lire* : 250, 251.

Page 256, ligne 17, *au lieu de* : 1873, *lire* : 1875.

Page 259, note 2, ligne 1, *au lieu de* : 257, *lire* : 259.

Page 263, ligne 3, *au lieu de* : 20 nov., *lire* : 30 nov.

Page 270, ligne 5, *au lieu de* : 189, *lire* : 190.

Page 282, ligne 4, *au lieu de* : 347, *lire* : 355.

» ligne 28, *au lieu de* : 355, *lire* : 356.

Page 284, ligne 2; page 297, ligne 22; page 305, ligne 19, *au lieu de* : 423, *lire* :
426.

Page 293, ligne 16, *effacer la phrase qui commence par* : « Aucun amendement.

» ligne 33, *au lieu de* : 334, *lire* : 342.

Page 296, ligne 7, *mettre un appel de note* (1), *et mettre en note* : (1) Comp.
L. 6 fév. 1920, qui, selon son art. 4, cessera d'être en vigueur à une
date fixée par un décret.

Page 297, ligne 18, *au lieu de* : 446, *lire* : 447.

» ligne 22, *au lieu de* : 428, *lire* : 429.

Page 298, ligne 5, *au lieu de* : 354, *lire* : 355.

Page 316, *remplacer les trois premières lignes par les mots suivants* : Le président renvoie la proposition, etc.

» *remplacer les trois dernières lignes par le texte suivant* : Le rôle des
bureaux est resté considérable au Sénat jusqu'à la récente revision du
règlement : notamment, ils étaient saisis des projets et propositions de
loi et les discutaient, ils nommaient les membres des Commissions.
Aujourd'hui, il en est des bureaux du Sénat à peu près de même que
des bureaux de la Chambre.

Page 317, *remplacer les lignes 10-23 par le texte suivant* : Le Sénat, au début de
la session ordinaire qui suit chaque renouvellement partiel, nomme
quatorze commissions : armée ; marine ; affaires étrangères, colonies
et protectorats ; douanes ; travaux publics, transport et outillage
national ; agriculture ; enseignement ; travail, hygiène et prévoyance
sociale ; législation civile et criminelle ; administration générale,
départementale et communale ; commerce, industrie et postes ; comptabilité ; Alsace-Lorraine ; régions libérées. Ces commissions sont
élues pour trois ans. Elles comptent chacune 36 membres. Chaque
groupe a un nombre de commissaires proportionnel au chiffre de ses
membres. Les listes proposées par les groupes sont publiées et deviennent définitives si 20 sénateurs ne remettent pas une opposition au
président du Sénat. S'il y a opposition, les bureaux votent au scrutin
de liste.

Aucun sénateur ne peut faire partie simultanément de plus de trois
commissions ; les membres de la commission des finances ne peuvent
faire partie, en outre, que d'une seule grande commission.

Le Sénat nomme de même une commission des finances de 36 membres qui est annuelle.

Il peut toujours créer une commission spéciale élue soit selon les règles qui précèdent, soit dans les bureaux.

Page 317, ligne 24, *ajouter* : et de chaque session ordinaire.

Page 318, ligne 11, *au lieu de* : trois, *lire* : deux.

   »   note 1, ligne 4, *effacer* : et des économies; ligne 6, *effacer* : publique ; ligne 8, *effacer* : du suffrage universel.

Page 325, *au lieu de* 81, *lire* : 83.

Page 335, note (2), ligne 9, *effacer* : Colombie.

Page 337, ligne 3; page 348, ligne 27, *au lieu de* : 437, *lire* : 440.

   »   ligne 17, *après* : Versailles, *ajouter* : aux jours et heures indiqués par le président de chaque assemblée en séance publique et par le président du Sénat dans la convocation adressée à chaque sénateur et à chaque député.

Page 340, ligne 8, *au lieu de* : trois fois, *lire* : quatre fois.

   »   ligne 9, *ajouter* : le 21 septembre 1920.

   »   ligne 13, *après* : trois, *ajouter* : premières.

   »   ligne 15, *après* : démission, *ajouter* : Le 21 septembre 1920, dans chaque Chambre, le président a lu un message de démission du Président de la République. Le président a exprimé des regrets et des vœux de guérison auxquels le président du Conseil s'est associé au nom du Gouvernement.

Page 343, ligne 23, *au lieu de* : 445, *lire* : 448.

   »   ligne 24, *au lieu de* : 430, *lire* : 433.

Page 345, note (2), *ajouter* : La L. 6 février 1920, article 4, dispose qu'elle entrera en vigueur dès sa promulgation.

Page 346, note (2), ligne 2, *au lieu de* : 15, *lire* : 345.

Page 347, ligne 17, *au lieu de* : 460, *lire* : 452 et 463.

Page 348, ligne 16, *au lieu de* : 356 et 384, *lire* : 365 et 386.

   »   ligne 21, *au lieu de* : 404, *lire* : 407.

   »   ligne 27, *au lieu de* : 437, *lire* : 440.

Page 354, ligne 11, *au lieu de* : 404, *lire* : 407.

Page 361, ligne 19, *ajouter* : Cependant c'est sous la forme d'un décret en Conseil d'État qu'il est statué en dernier ressort sur les prises maritimes.

Page 364, ligne 15, *au lieu de* : 343, *lire* : 345.

Page 373, ligne 12, *au lieu de* : 20 décembre, *lire* : 29 décembre.

Page 398, ligne 15, *après* : ministres, *ajouter* : du moins, des plus importants.

Page 399, ligne 25, *remplacer la phrase* : Le chiffre maximum... *par celle-ci* : Le chiffre maximum (11) a été atteint par le Cabinet du 24 septembre 1920.

Page 405, ligne 5, *au lieu de* : 260, *lire* : 267.

Page 419, note 2, *étendre au Sénat ce qui est dit de la Chambre des Députés*.

Page 432, ligne 27, *après* : fonctions, *ajouter* : ou en sortant.

   »   note 4, *remplacer son texte par celui-ci* : V. le message de départ de M. Poincaré et le message d'entrée de M. Deschanel, le 17 février 1920; le message de départ de M. Deschanel, le 21 septembre 1920, et le message d'entrée de M. Millerand, le 25 septembre 1920.

Page 433, ligne 16, *au lieu de* : 339, *lire* : 342.

Page 437, ligne 26, *au lieu de* : 457, *lire* : 462.

Page 450, ligne 7, *au lieu de* : 322, *lire* : 332.

Page 465, ligne 5, *au lieu de* : 276, *lire* : 277.

Page 492, ligne 31, *au lieu de* : 194, *lire* : 195.

INDEX ALPHABÉTIQUE

Les chiffres renvoient aux pages.

TABLE DES MATIÈRES

38.250. — Bordeaux, Y. CADORET, impr., 17, rue Poquelin-Molière.

www.ingramcontent.com/pod-product-compliance
Lightning Source LLC
Chambersburg PA
CBHW031720210326
41599CB00018B/2459